西北大学办学理念与改革实践文选
（2003—2022）

主编／姚聪莉
副主编／周　超　宁　岗　郑　立

西北大学出版社
·西安·

图书在版编目（CIP）数据

西北大学办学理念与改革实践文选：2003—2022 / 姚聪莉主编．—西安：西北大学出版社，2022.11
ISBN 978-7-5604-5044-5

Ⅰ.①西… Ⅱ.①姚… Ⅲ.①西北大学—学校管理—文集 Ⅳ.①G649.284.11-53

中国版本图书馆 CIP 数据核字（2022）第 205995 号

西北大学办学理念与改革实践文选（2003—2022）

XIBEIDAXUE BANXUE LINIAN YU GAIGE SHIJIAN WENXUAN

姚聪莉　主编

出版发行　西北大学出版社

（西北大学校内　邮编：710069　电话：029-88302621　88303593）
http://nwupress.nwu.edu.cn　　E-mail:xdpress@nwu.edu.cn

经　销	全国新华书店
印　刷	西安华新彩印有限责任公司
开　本	787 毫米×1092 毫米　1/16
印　张	29.5
版　次	2022 年 11 月第 1 版
印　次	2022 年 11 月第 1 次印刷
字　数	697 千字
书　号	ISBN 978-7-5604-5044-5
定　价	80.00 元

本版图书如有印装质量问题，请拨打 029-88302966 予以调换。

《西北大学办学理念与改革实践文选（2003—2022）》
编委会

主　　任　姚聪莉　常　江

副主任　　周　超　宁　岗　郑　立

编　　委　陈志军　赵小白　张冰冰　徐志平

　　　　　唐　明　梁　木　杨　涛（校庆办）

　　　　　李　琛　史　伟

我对中国大学精神的理解

张岂之[①]

中国大学精神有自身鲜明的特色。通过对抗日战争时期西北联大精神的进一步提炼，肯定对中国大学精神会有更加深刻的认识。

这里，我想谈谈自己对中国大学精神的理解。

中国大学精神似可归纳为：

民族蒙难，教育救国；

科学精神，人文依托；

文化传承，新知创造；

大学昌盛，国家富强。

以下略作解释：

一、民族蒙难，教育救国

我国现代大学有一百多年的历史，起步时正是列强侵华的危难时刻。大学之设，肩负着振兴中华的使命，救国是第一要义[②]。这和西方中世纪大学、近代大学形成的历史背景不同。在我国，大学的人才培养一直与民族的命运联系在一起。

二、科学精神，人文依托

我国大学培养人才，在教育实践中倡导实事求是的科学精神和学术自由独立精神。这种精神既借鉴了西方大学传统，也是对中国古代教育思想中精华的传承、发扬，与中华人文精神有紧密联系。这里说的"人文依托"，并非仅仅指大学里的人文学科，而是中华民族团结统一、

[①] 张岂之：著名思想史家，西北大学名誉校长，中国思想文化研究所所长，教授。本文系作者2013年8月3日在第二届西北联大与中国高等教育发展论坛上的发言。

[②] 清光绪二十四年（1898年）4月23日下诏变法，康有为上书，提出"兴学养才"，使国家富强，建议成立京师大学堂。光绪三十一年（1905年）国势危殆，复旦公学（复旦大学前身）在上海建立，取《尚书大传》中"日月光华，旦复旦兮"，即复兴中华的理想作为校名。

自强不息精神的写照。抗日战争中，我国大学的科学精神与人文依托，在西南联大、西北联大和其他高校得到充分表现，成为中国高等教育继续前进、发展、提升的强大动力。

三、文化传承，新知创造

中华文化有五千多年历史，绵延不绝，从未中断，在世界上是仅有的。"文化是民族的血脉，人民的精神家园。"中国大学一百多年的历史，从文化视角看，可以说是中华文化传承创新的过程。面对西方工业化社会及其科学技术的进步，我国的高等教育应如何对待中华优秀传统文化？实践表明：民族虚无主义是错误的，因为它毁坏民族自信心；全盘西化也是错误的，因为它没有看到自己民族的"根"。中国大学应尊重、爱护、发展中华优秀文化传统。在中国特色社会主义理论体系中，马克思主义中国化包含着马克思主义与中华优秀传统文化相结合的丰富内涵。我国大学曾经为中华文化传承创新做出过重大贡献。不过，我们在大学工作的同仁仍然可以思考：中华优秀传统文化有多少走进了大学生的精神生活？

文化传承与新知创造不可分。如果在文化科学上没有持续性的新创造，只是墨守成规，中华民族难以自立于世界民族之林，这是明白无误的真理。"新知创造"需要有合适的环境，如：尊重人才、尊重知识（在高校首先应当做到）、学风纯正、公平竞赛、践行百家争鸣、允许实验失败；还要有良好的物质条件和人际氛围。在我国，科学技术上的发明创造应大力鼓励，人文社会科学同样重要。

四、大学昌盛，国家富强

所谓"大学昌盛"，是指"人民满意的高等教育""高质量的大学教育""培养出全面发展优秀人才的高等教育"。这些是我们建设富强、民主、文明、和谐的社会主义现代化国家的基石。

今天我们有理由作出这样的估量：中国特色大学体系已基本建立，有待完善。对一百多年来的中国高等教育，特别是新中国成立以来高等教育的经验教训，作出符合实际的、深刻的理论总结，是大家的期待。

中国高等教育与中华民族复兴存在紧密联系，这不是任何人的意志使然，而是历史形成的；这不是"缺失"，也不是"先天不足"，而是我们用之不竭、取之不尽的教育资源和精神财富。从这样的角度去研究我国高等教育的历史，包括对西北联大的研究，会有助于我们更加深刻地理解我国大学精神。

传承创新办学理念　谱写新时代改革发展新篇章

西北大学肇始于1902年的陕西大学堂和京师大学堂速成科仕学馆,1912年始称西北大学,是西北地区第一所真正意义上的现代大学,被誉为"西北高校之母"。120年来,西北大学依托西部人文与自然资源,扎根中国大地,放眼世界科学前沿,为国家建设和区域发展提供了重要的智力支持、科技支撑和人才保障。现为国家"双一流"建设高校、国家"211工程"建设院校、教育部与陕西省共建高校。

办学理念是一所学校办学的理想和信念,是学校办学的灵魂和指针,也是学校可持续发展的精神支柱,是基于"办怎样的学校"和"怎样办好学校"的深层次思考。它是一所大学经过长期历史积淀所形成的对学校发展的理性认识、理想追求和独特的办学观念,包括在大学办学实践和教育管理活动中所包含的学风、教风及校风等各个方面的系统性的认识,其根本应该是"培养什么人""怎样培养人""为谁培养人"。

大学的办学理念总是随着时代的变迁而不断丰富深化。正如英国教育学家阿什比(Eric Ashby)所言,大学是遗传和环境的产物,一所大学的办学理念发源于办学初期,但是它的内涵、外延又是一脉相承、不断发展的。西北大学自创建初期,就树立了"博古通今适于世用,砥德砺行报以国华"的理念和追求,特别是在西北联大时期,明确了"发扬民族精神,融合世界思想,肩负建设西北之重任"的办学愿景,逐步形成了以"公诚勤朴"校训为集中体现的大学精神。改革开放以来,学校确立了"团结　进取　民主　奉献"的优良校风和"勤奋　严谨　求实　创新"的优良学风。20世纪90年代以来,学校在总结办学历史和成就的基础上,凝练出"艰苦创业、自强不息"的西大精神,建设有特色高水平研究型综合性大学的思路、举措更加明晰。新时代以来,西北大学以更加开放的胸怀、更加包容的气度、更加坚定的担当,与时俱进、守正拓新,发扬好的精神文化传统,深度融入到时代潮流当中,扎根中国大地、根植西北沃土办大学,提出并践行符合实际的理念、思路和追求。

党的十八大以来,西北大学坚持以习近平新时代中国特色社会主义思想为指导,全面贯彻习近平总书记关于教育的重要论述,紧紧围绕立德树人根本任务,聚焦"双一流"建设目标,加大改革步伐,转变理念、更新思路,在继承原有办学理念的基础上,坚持立德树人根本任务,回归大学本质,确立了"质量立校、人才强校、改革兴校、特色建校、开放办校、依法治校"的发展战略,其中质量立校是核心基石,人才强校是基础支撑,改革兴校是动力源泉,特色建校是有力抓手,开放办校是必然路径,依法治校是重要保证。同时,明确了"回归常识,抓住本质,尊重规律,注重长远"的治校理念。回归常识就是办学要从学术组织的特征出发,将大学的根本任务坚决地指向人才培养,抓住本质就是大学的本质是求真育人,尊重规律就是认清和遵循教学规律、科研规律、治理规律等,注重长远就是要以"功成不必在我"的心态,多做打基础、利长远的事情,注重内涵式发展。通过深入实施"六大战略"和构建"统筹管理、分类指导、一院一策"管理模式,西北大学办学特色更加鲜明,师生获得感、社会认可度不断增强,综合实力实现新跃升,地质学、考古学入选国家"双一流"建设学科名单,学校成为陕西省属高校中唯一的国家"双一流"建设高校。

当今世界正面临百年未有之大变局,从国际看,新一轮科技革命和产业革命深入发展,国际环境日趋复杂,不稳定性明显增加,全球人才和科技竞争将更为激烈;从国内看,我国已进入新发展阶段。党的二十大报告明确提出教育、科技、人才是全面建设社会主义现代化国家的基础性、战略性支撑,必须坚持科技是第一生产力、人才是第一资源、创新是第一动力,深入实施科教兴国战略、人才强国战略、创新驱动发展战略。这为新时代教育和科技创新工作指明了前进方向,也对高等教育发展提出了更高的要求。

作为一所拥有120年历史文化积淀的"双一流"建设高校,面对全面建设社会主义现代化国家的历史任务,西北大学将紧紧聚焦"中国特色、世界一流",始终坚持"党的全面领导"这一根本保证,把握"马克思主义"这一鲜明办学底色,坚定"扎根中国大地办大学"这一根本要求,在加快建设教育强国、科技强国、人才强国的征程中,坚持强化统筹、优化结构、持续改革、内涵发展,努力实现高质量发展,切实发挥好高等学校的基础性、战略性支撑作用,推进"双一流"建设迈上新的台阶。

《西北大学办学理念与改革实践文选(2003—2022)》(以下简称《文选》)作为西北大学120周年校庆出版物之一,以办学理念为题,以西北大学的改革实践为脉络,探寻新一代西大人承前继后、奋力开拓、锐意进取的改革历程与道路。我们希望《文选》的出版在记录西北大学发展历史的基础上,为学校持续深化改革提供理论和经验支撑,能够帮助西北大学在适应高等教育新变化、守正创新、踔厉奋发,主动服务和融入国家重大战略和区域地方发展中去,为全面建设社会主义现代化国家、全面推进中华民族伟大复兴贡献西大智慧和力量。

王亚杰

郭立宏

2022年11月于西北大学长安校区

目 录

第一编　教育理念与大学精神

大学精神与文化育人 …………………………………………………………………… 张岂之　3

深化地球科学课程改革　适应多样化人才培养需要 ……………………… 张国伟　赖绍聪　6

相信自己　尊重别人
　　——郝诒纯先生教我做人做学问 ………………………………………………… 舒德干　10

回归学术　培育自觉
　　——谈研究生学术自觉意识的培养 ……………………………………………… 彭树智　13

教材建设一定要开放 …………………………………………………………………… 史启祯　15

对标要求　强化责任　扎实推进迎评工作 …………………………………………… 李军锋　17

分层次办学　构建有重点有特色的学科发展格局 …………………………………… 孙　勇　24

传承创新大学精神 ……………………………………………………………………… 乔学光　28

为什么要纪念西北联大 ………………………………………………………………… 方光华　29

努力办好让党放心让人民满意的新时代高等教育 …………………………………… 王亚杰　33

理念引领　改革先行　为高等教育事业发展注入强劲动力 ………………………… 郭立宏　40

第二编　教育思想与实践探索

明确办学理念　提高管理水平　开创西北大学特色化发展道路 …………………… 孙　勇　49

高校如何科学推进人才工作 …………………………………………………………… 乔学光　57

西北联大的战时教育思想及实践	赵万峰	60
课比天大	李　浩	65
学贵勤奋而立　自得独创之见	彭树智	67
西北联大与抗日战争	贾明德	70
创新教育教学理念　提升人才培养质量	赖绍聪	75
西北联大的学术自由及其历史价值	姚聪莉	81
西北联大融汇世界的办学思想与实践	姚　远	86
弘扬西北联大精神　勇于担当不忘使命	王亚杰	93
大学，在大小之间	郭立宏	96
大学理念与大学精神的淬炼与传承		
——以西北联大为例	郭立宏	99
阅读的量变与质变	曲安京	103
何炼成教授治学育人思想述评	马莉莉	105

第三编　学校党建与文化育人

提高认识　加强研究　不断提升高校党建工作水平	黄建民	111
关于构建高等学校腐败预防体系的思考	杨春德　王根教	118
"原理"课如何实现教材体系向教学体系的转变	王　强	122
加强党风廉政建设　为构建和谐校园做贡献	李焕卿	126
文化自觉　文化素养　文化经历		
——西北大学文化素质教育的思考与实践	方光华	130
大学素质教育与通识课程探析		
——西北大学的探索与实践	倪小勇　申素丽　李　晰	135
大学素质教育的"三位一体"	李　浩　曹明明　李剑利　周　超　倪小勇	140
把立德树人作为高校研究生教育的中心环节	任保平　李　军　徐哲峰　寇　楠	145
西北大学：扎根西北大地践行初心使命	王亚杰	149

加强思政课导航　开创育人新格局	郭立宏	151
西北大学传承弘扬延安精神　推进纪检监察工作高质量发展	李邦邦	153
昂首阔步走中国特色社会主义道路	王亚杰	157
论中华优秀传统文化与高校的育人实践	王永智	160
中华优秀传统文化与大学文化素质教育	张岂之	164
全面加强新时代教师思想政治工作　建设高素质专业化创新型教师队伍	惠正强	166

第四编　教学改革与人才培养

认清学科发展趋势　探索古生物学课程改革	张云翔　崔智林　符俊辉	171
大学教学与人本文化	张岂之	176
研究生教育与过程管理中若干问题探讨	刘丹冰　王思锋	179
本科生—研究生贯通培养的实践与探索	常江　赖绍聪　华洪　喻明新　王震亮	182
锐意进取　不断创新　努力开创西北大学学位与研究生教育工作新局面	惠泱河	188
西北大学应用型创新艺术人才培养模式的改革与实践	庞永红　屈健	193
多样性教学模式与综合大学人才培养	王正斌　李晰	196
专业教育与人文教育融合　推进创新人才培养	任宗哲　任保平	202
立足原著与方法论教学两大支点　夯实经济学人才培养基础 ——兼论后改革时代中国经济学教育的使命与创新	白永秀　任保平　吴振磊	207
综合性大学与创新人才培养 ——西北大学的教育实践	方光华	212
创新人才培养的逻辑及其大学教育转型	姚聪莉　任保平	217
提高认识　深化改革　确保人才培养质量	乔学光	223
以计算思维为指导提升大学文科计算机教学质量	耿国华	226
综合性大学开放课程建设的探索与实践	方光华	232
把握信息化趋势以教学信息化推动课程教学改革 ——西北大学课程教学信息化探索与实践	王正斌　李剑利	237

地方综合性大学化学创新人才培养课程
　　新体系的建设……………………………申烨华　王尧宇　李剑利　常　江　张逢星　241
人工智能时代经济学专业人才培养体系改革的思考……………………………任保平　246
新时代下一流本科教育的改革探索与创新实践……………………………………王尧宇　251
高校如何构建特色高端人才培养体系………………………………刘建妮　张云翔　256
精准识变　抢抓机遇　深化改革　全面开启"新文科"建设新篇章………………曹　蓉　260
扎根西部　矢志育人　全面建设高质量本科教育教学体系………………………奚家米　264
我国高校人文和社会科学实践教学体系的创新路径选择……………………………雷晓康　267

第五编　战略规划与一流学科

20世纪80年代西北大学的联合办学…………………………………………………梁星亮　275
创建一流学科　教师队伍建设刻不容缓……………………………刘永昌　王　康　279
西北大学"十五""211工程"建设工作报告…………………………………………孙　勇　282
地方高等学校的合理定位与发展策略选择…………………………惠泱河　杜育峰　289
对当代中国高等教育的几点思考……………………………………………………李映方　294
加快交叉学科建设　提升高等院校科研创新力……………………………………刘　丰　300
西部地方高校：怎样光大传统特色学科……………………………………………常　江　304
重点突破带动整体提升　大力推进特色学科发展…………………………………方光华　308
弘扬学校文化传统　营造民主科学学术氛围　推进学校学术水平提升……………乔学光　312
"双一流"背景下地方高水平大学建设的认识与思考………………………………汪　涛　315
深化数字管理　突出科学运营………………………………………卓　宇　胡　莎　320
新形势下地方高校学科建设规划的认识与实践……………………………………汪　涛　327
"双一流"背景下高等学校学科建设策略分析………………………………………赖绍聪　332
志存高远谋发展　敢为人先谱新篇
　　——奋力推进考古学世界一流学科建设…………………………………………马　健　339

西北大学地质学系一流学科建设暨"十三五"科研成果总结

　　——献礼西北大学百廿华诞…………………张志飞　龙晓平　李青彦　李政伦　封从军　黄康俊　343

以家国情怀引领世界一流团队建设

　　——西北大学早期生命与环境创新研究团队访谈报告……………………赵丹龄　刘　伟　万　聪　349

以中亚考古为契机　构建丝路沿线文明交流

　　与国际合作新格局………………………………………………张银仓　任惠莲　纪　喆　董鹏飞　354

夯实马克思主义理论学科建设的五个支撑………………………………………………………吕建荣　358

第六编　学术创新与社会服务

集聚优势学科　提升高校科技创新能力……………………………朱恪孝　郭鹏江　赵　强　杨　晶　363

论高校科技工作的统筹规划和重点突破……………………………………马朝琦　郭鹏江　杨　晶　367

以策划实施重大项目为突破口提升高校科研水平…………………朱恪孝　郭鹏江　杨　晶　杨　英　374

高校科研管理理念若干思考……………………………………………………………张远军　胡胜强　378

论高校人文社会科学研究的几个误区…………………………………………………刘　丰　陈理娟　383

提升地方高校哲学社会科学学科社会服务能力………………………………………任宗哲　卜晓军　387

全面提升高校科技创新能力………………………………………………………………………高　岭　391

高度重视"硬科技"创新和发展…………………………………………………………………陈　超　393

学科、学术、学养、学人：构建中国特色哲学社会科学的四个维面……………………………吴振磊　395

齐心守护丝路遗产　聚力弘扬中华文化…………………………………………………………王亚杰　399

分类指导　强化统筹　开启科技创新新征程……………………………………………………杨　涛　403

联合考古谱写中乌友好新篇章……………………………………………………………………王建新　406

第七编　综合改革与创新发展

改革就要放权给院系………………………………………………………………………………郭立宏　411

"一流学科"建设背景下的地质学系综合改革…………………………………华　洪　喻明新　刘　涛　413

实施"一院一策"推进高校内部管办评分离改革……………………………郭立宏 姚聪莉 419
使命与担当：西北大学化学教育领域锐意进取………………………………马向科 谢 钢 425
"放管服"改革如何激发大学办学活力………………………………………………郭立宏 427
以大部制改革推动内涵式建设 积极探索西大特色的"大健康"学科发展新路径………陈富林 431
坚持问题导向 凝聚共识共为 以"一院一策"改革推进事业蓬勃发展……杨 晶 张 宇 435
西北大学建设"全国继续教育示范基地"的实践探索
　　与理论思考……………………………………………杨德生 赵春林 梁 炜 许 杰 441
中东研究所教学与科研改革的成效与存在问题……………………………………韩志斌 446

后　记……………………………………………………………………………………………454

第一编
教育理念与大学精神

大学精神与文化育人

张岂之①

一、大学精神是以人为核心的文化精神

2011年4月24日,胡锦涛同志在清华大学100周年校庆大会的讲话中,关于大学的任务谈了四条,其中有一条是:我国高等学校全面提高教育质量,"必须大力推进文化传承、创新。高等教育是文化传承的主要载体和文化创新的主要源泉。要积极发扬文化育人的作用……"这里将高等教育与文化育人联系起来,认为文化育人在高等教育中具有主要的地位。

文化育人并非只对综合性大学而言,对我国所有的高校都是适用的。

文化育人是我国教育优秀传统的继续和发展。我国古代教育已经在进行文化育人工作。人是文化的存在——我国古代思想家早就认识到这一点。他们提出"人禽之辨""文野之分"的命题,也就是说,当人们接受教育,理解到人与禽兽的区别,懂得文明与野蛮的对立,这才能提高人的文化自觉性,进入文明境界。古代教育家、思想家们总是将人的文化素养和文明水平作为人的基本要求。这就是说,对人的教育与文化传承发展,这二者相互联系,互相促进。在春秋时代,孔子办私学,又将文化与教育的相互关系推进到一个新的高度,他把以前的文献典籍(文化成果)《诗》《书》《乐》《礼》《易》《春秋》进行系统整理和修订,编成教学用书,后世称之为"六经",这些是文化传承的基本经典。

我国进入改革开放新的历史时期,在教育理念上提出实施素质教育,其中包含文化素质教育。大学文化素质教育是作为大学全面实施素质教育的切入口而提出的,至今已有17年,特别是在以工科为主的大学里取得了很大成效。胡锦涛同志提出"文化育人"理念,将此与文化传承、创新联系起来,这说明他对大学开展文化素质教育给予肯定和鼓励,希望将此提升到"文化育人"的高度继续深化实施。

"文化育人"的核心是思想或称之为价值观,人的行为是由人的内在价值观支配的,这就要求高等教育在进行"文化育人"的时候,将价值观和道德教育放在首位,以此作为文化传承、创新的坚实基础。

---

① 张岂之:著名思想史家,西北大学名誉校长,中国思想文化研究所所长,教授。该文原载《大学素质教育研究会2012年会暨高层论坛论文集》。

文化传承与创新密不可分。众所周知，文化传承要靠教育的世代相传，不断努力，才能生效，这是因为文化的延续和发展是无穷尽的。

从以上的推论来看，可得出这样的论点：大学精神归根到底是以人为核心的文化精神，是在人才培养中所体现的民族优秀文化的传承创新精神，也是人类优秀文化与民族文化相融合的会通精神。

二、利用高科技将大学课堂中的文化育人推向社会和世界

今天科学技术日新月异，世界进入互联网时代，我们需要利用先进的科学技术手段，为文化育人工作服务，将大学课堂里的文化育人推向社会和世界，使更多人受益。

在这方面，美国大学的一些做法值得借鉴。2001年，美国麻省理工学院率先揭开网络公开课程的序幕，以免费的方式将其教学资源传播到网络上。接着，哈佛、耶鲁，还有英国的剑桥、牛津等名校也加入进来。目前多所名校联合推出系统的网络课程。有些课程的影响很大，有一例：哈佛大学桑德尔（Michael J. Sanders，1953年生）讲授的"公正——该如何做是好？"是国外公开视频课程中影响较大的一门课程。这门课程由12讲组成，由波士顿公共广播公司负责录制，从2009年9月开始播放，谁感兴趣谁就可以免费下载。桑德尔所讲的是以美国为代表的西方世界的价值观。

还要提到，哈佛大学设立的视频核心课程由7个门类组成，分别是：外国文化、历史、文学、道德判断、数理判断、科学、社会分析。仅以"道德判断"为例，其中除桑德尔的《公正——该如何做是好？》外，还有13讲，如《民主与平等》《伦理学中的基本问题》《儒家人文主义》《有神论与道德观念》《比较宗教理论》《传统中国的伦理和政治理论》《现代政治哲学史》等，听众很多。可以看出，西方的话语体系经过视频课程的传播，影响到全世界。

在今年6月初由中宣部召开的一次理论研讨会议上，李长春同志在讲话中有一段话，他希望在发表时用黑体字来印刷，以便引起读者的关注，这段话是："如何在学习借鉴人类文明成果的基础上，用中国的理论研究和话语体系解读中国实践、中国道路，不断概括出理论联系实际的、科学的、开放融通的新概念、新范畴、新表述，打造具有中国特色、中国风格、中国气派的哲学社会科学学术话语体系，是理论界和学术界面临的重大而紧迫的时代课题。"

我国教育部借鉴西方国家大学录制视频课程的若干经验，经过周密准备，于2012年年初开始落实开设视频课程的计划，以推动大学人文社会科学工作者用自己的话语体系来阐述研究成果。根据教育部关于录制视频课程的评审条例，我们西北大学中国思想文化研究所由我牵头，提出了录制"中国传统文化"精品视频课程计划，由所里的几位教授方光华、谢阳举、张茂泽等人承担主讲。这套课程录像于2012年4月获准立项，直到10月才通过验收。原因是教育部有关方面对视频录像、所讲内容有严格要求，而且在技术上也有硬性标准。对每一讲，我们往往反复修改几次，甚至达到十余次，深感录制视频课程并不是轻而易举的事，但这是一次难得的学习机会，我们今后还要继续关注视频课程，在讲授内容和录制技术上加以提高。

三、提高研究水平，促进更多人文学术成果走向世界

去年（2011年）10月，党的十七届六中全会召开，通过《中共中央关于深化文化体制改革、推动社会主义文化大发展大繁荣若干重大问题的决定》，提出"培养高度的文化自觉和文化自信，提高全民族文明素质，增强国家文化软实力，弘扬中华文化，努力建设社会主义文化强国"的宏伟目标。

文化"走出去"就是将我国灿烂的文学艺术、思想文化、价值观等精神瑰宝向全世界传播，让更多的人了解中国，并在与世界文化交流中促进文化创新和发展。在这方面，我国已迈出了重要的一步。2004年11月21日，全球第一所孔子学院在韩国首尔揭幕，短短几年，世界上涌现了387所孔子学院和509个中小学孔子课堂，覆盖全球108个国家和地区。目前，我国已经和100多个国家签订了文化合作协议，以"文化年""国家年""交流年"为主题在全球展开多种形式的国际文化交流活动。在巴黎、柏林、东京等多个城市建立了"中国文化中心"。国家现在设立了中华学术成果翻译和对外出版基金项目。这些对中华优秀文化走出去具有积极意义，应该得到更大的支持。

中华文化走向世界，需要有一批不仅精通外国语言，还精通中国文化的学者。这种将中文作品译成外文的工作，要求很高。除此，还有版权贸易、著作权方面的规范化、正常化等，也是值得注意的问题，不过，在大学工作的学人们如果把学术成果送出去看成是我们的责任，即或有困难，也是可以克服的。中华文化和学术走向世界，也会推动我们积极主动地了解外国文化，在相互交流中培养出更多"中西贯通"的学者。

大学里的人文社会科学工作者在"文化育人"的同时，需要关注自己著作"走出去"的问题，以便在这方面做得更好些。我自己有这样的体会：由我主编的《中国传统文化》于1994年出版不久就被译成英文，主要是因为这本书简明扼要，有一定的理论性，也有相当的形象性，比较适合外国读者。还有《中国历史十五讲》一书已被列入外销书，正在翻译中，此书的简明性和专题性，适合外销。最近由我主编出版的《中华优秀传统文化核心理念读本》，我们也会设法将其译成英文，往海外推销。

学者们关心中华文化走向世界，开始时可能会遇到一些困难，逐步积累经验，这个渠道就会逐渐畅通起来。我们从课堂上进行文化育人，到视频教学，将成果送到国外去，这样，我们的眼界会越来越开阔，使文化育人的根基越扎越深；这样，大学精神作为一种文化精神就会长久而不衰。

深化地球科学课程改革　适应多样化人才培养需要

张国伟　赖绍聪[①]

《国家中长期教育改革和发展规划纲要（2010—2020 年）》明确指出，高等教育承担着培养高级专门人才、发展科学技术文化、促进社会主义现代化建设的重大任务。提高质量是高等教育发展的核心任务，是建设高等教育强国的基本要求。中国高等教育在未来的发展中，结构应该更加合理，特色更加鲜明，人才培养、科学研究和社会服务整体水平全面提升，并建成一批国际知名、有特色、高水平的高等学校，高等教育国际竞争力应显著增强。

世纪之交，我国高等教育的跨越式发展，使我国进入一个优化结构、提高质量、增强国际竞争力的大众化教育阶段。为了满足现代社会对人才的多样化需求，高等学校要以社会需求为导向，走多样化人才培养之路。因此，当前形势下，高等学校如何合理建立新的适应多样化创新人才培养需要的培养模式已成为亟待解决的一个重要问题。

一、教育观念更新

高校定位是自身对社会与经济贡献最大化的条件。类型划分是高校定位及确定发展方向的前提。近年来，我国学者对高校分类进行了较多探讨，最有代表性的是将我国高校分为四大类：研究型大学、教学科研型大学、教学型本科院校和高等专科学校或高等职业学校。不同类型的高校应有不同的分工，具有不同的发展目标、重点与特色，应有不同的要求，彼此应不可替代。研究型大学应以知识创造、生产和加工为中心，将基础理论研究和原创性研究放在发展的首位，满足国家对高层次学术型人才和研究成果的需求。教学科研型大学具有研究型大学的某些特征，但教学与科研并举，更侧重于基础教学与教育。教学、科研和服务涉及很多学科领域，既要重视科技研究、知识创新和学术型人才的培养，又要重视应用型人才的培养。教学型本科院校，是提供全面的本科普通教育的理科、工科或理工科综合大学或专业学院，主要培养社会经济发展需要的专业通用人才与应用型人才。高等专科学校或高等职业学校主要承担岗位型、操作型高技能人才的培养，应以市场和就业为导向，以务实的态度，主动为社会专门技能需求与地方经济发展服务。

[①] 张国伟：中国科学院院士，西北大学地质学系教授；赖绍聪：国家级教学名师，西北大学副校长，教授。该文原载《中国大学教学》2011 年第 11 期。

学校决策者要根据自身的类型定位，选择差异化发展策略，办出特色。各类学校都是社会的需要，各有任务，不可一味都追求同类型、高层次、大规模，要有效规避"千校一面、千人一面"的局面。

二、多样化人才培养的实质

为什么要实施多样化人才培养？因为统一培养目标、统一培养规格的教育模式已明显不能适应我国当前社会发展的多样化需求，不能适应学生的多样化的教育服务需要，也不能适应现在各种不同层次、不同类型以及内部千差万别的客观条件限制的学校和专业发展目标与实际情况。因此，实施多样化人才培养，目的就是要让教育适应社会的多样化人才需求，适应学生对教育服务的多样化需要，适应不同教育层次和教育水平的学校多样化的发展，有利于学校办学特色的形成与发扬。因此，多样化人才培养的本质是适应社会和国家的需求面向学生的教育，是建立适应学生需求驱动的高等教育体系。

多样化人才培养体现在由不同类型、层次、规模、学科结构和办学形式的高等学校所组成的一个多样化的高等教育体系。根据各学校的专业定位和多样化人才培养的要求，在人才培养方案的制订中应该体现出不同专业方向的差异，在夯实专业知识基础的前提下，培养具有不同专业知识结构的人才。

三、适应多样化人才培养的地球科学课程体系优化

为适应以学生需求驱动的高等教育体系，需要从宏观和长远发展的角度看待专业设置和课程体系，切不可急功近利，过分追求一时的热点。大学要保持一定的理性和学术性，以合适的角度切入社会发展。不要过分苛求教育目标都是厚基础、宽口径，应该是建立各种各类的人才目标。既有厚基础、宽口径的高潜力通才，也有培养目标定位明确在某一项上的窄专尖人才，百花齐放、百家争鸣。切勿走入专业不精、基础不牢、知识不宽不深不透的培养误区。

符合多样化人才培养需要的课程体系优化和教学内容改革是改革的核心，也是人才培养模式改革的重点与难点。目前，我国地学类高等院校仍然在不同程度上存在先进的科学理论、技术与老的课程体系设置以及旧的教学内容、体系的矛盾。因此，需要优化课程体系，使教学内容尽可能跟上时代发展的步伐。从人才培养目标定位出发，建立相适应的课程体系，组织力量编写有特色、高质量的教学参考书及选修课教材；创造条件，引进有特色的原版教材，推进双语教学，并让学生尽可能多地接触学科发展新成果及最新动态信息；通过教学与科研的结合，将教师研究成果充实到教学内容中等，都亟待进一步加强与深化。

在课程体系优化过程中，我们还应该注重改变以往以验证为目的的课程教学内容，培养学生全新的地学观及综合分析能力和创造性，加强新思维、新技术和新方法在课程教学中的应用，建立特色鲜明、科学合理、循序渐进的课程教学新体系，全面体现课程教学的知识性、技能性、思维性、综合性及创新性。

地球科学类的课程很多具有很强的实践性、经验性，以往地学类课程的教学多是以观察描

述为主，即以验证为教学的主要内容。面对当前的新形势，我们应该适时加速改革，必须因"课"制宜，努力寻求有效的方法让学生在课程学习中获得良好的感性认识，提高志趣与学习主动性，更好地消化理论知识，并体现课程教学的设计性和综合性，启发引导学生学习的创造性思维以及实践动手能力。在基础平台课程教学改革的过程中，要结合课程内容进行综合教学，通过资料阅读，由教师引导，学生自行提出问题，自行设计解决问题的教学途径，达到提高学生分析问题、解决问题能力之目的，完成自我设计、自我解决的综合性与探索性的教学过程。

在专业课程优化过程中，我们应该根据各个院校自身的学科优势与特色，打破陈旧的课程教学体系，将新的科学理论、观念与新的科研成果融入教学。建设各院校自身独具特色、符合当代地球科学发展趋势、与国内外学科发展同步的优质课程群，实现人才培养的高起点和多样化。

四、适应多样化人才培养的教学方法改革与信息化技术应用

教学方法对于培养学生至关重要。各种教学方法在教学活动中存在着各自不同的功能和作用，关键在于用什么教育思想指导其使用，并使之真正发挥作用。因此，在开展课程体系优化和教学方法改革中，应鼓励教师树立正确的教育观念与思想体系，根据不同类型人才培养的教学目标、教学内容、教师自身特长特点以及学生的个体差异去选择最合适的教学方法，去探索各具特色的适合多样化人才培养目标的新教学方法。

教育信息化技术的应用是指在先进教育思想和教育理论的指导下，应用现代科学技术尤其是信息化技术，通过对教学过程及教学资源的设计、开发、利用、评价和管理，实现教学方法优化的理论与实践。随着现代信息技术的发展，教育技术的应用方式也在不断地发展。当前教育技术的应用方式主要包括：以音像技术为基础的课堂多媒体组合教学方式；卫星电视广播远距离教学方式；基于多媒体计算机的个别化交互学习方式；基于多媒体教室网络环境的协商学习方式；基于因特网的远程通信教学方式；虚拟现实仿真教学方式等。

教育信息化技术应用的核心问题是如何应用多样的信息化技术探索和建构适应多样化人才培养目标的新型教学模式，并通过新型教学模式的实施提高教学质量和教学效率，实现培养不同类型多样化新型人才的目的。这是教育技术应用观念上一个重要的转变。

信息化技术的合理应用应该充分体现在优质教学资源的建设与共享方面。这项工作对于推动高等学校的教学改革、提高教学效率和教学质量、培养学生自主学习和创造性方面将发挥积极作用。

因此，充分利用信息化技术，加强优质教学资源建设和共享，加强精品教学内容研究，构筑全方位的、多层面的、有利于多样化人才培养需要的高度信息化育人空间，将对培养高素质多样化创新人才起到重要作用。

然而，我国目前在利用现代信息技术建设多样化优质教学资源，实现优质教学资源信息共享，尤其是信息化教育资源分层次建设等方面还存在较多问题。比如：教育资源信息化建设一味追求"高层次、理论化"，缺少适合应用型尤其是技能型人才培养的优质信息化资源；信息化建设环境还不完善，致使教育信息化技术标准规范难以有效推广，许多有用的教学资源各成体系，无法实

现基于现代信息技术的有效交流和共享，造成大量低水平的重复性开发工作等。同时，由于缺少必要的教学资源信息化评价机制和有序的管理，致使信息化教学资源质量良莠不齐，难以推广。

因此，要进行优质教学资源信息化建设，必须变革教学观念。充分考虑不同层次、不同类型、多样化人才培养的实际需要，分层次建设。同时，要以学校类型和人才培养类型为主导，以适合不同类型学生实际应用为主体，实施多层次、全方位的立项和建设，努力构建适应国家经济发展实际需求的多层次系统化优质信息化教学资源。这样才能真正推动不同类型优质教学资源的同步建设并逐步实现各类优质教学资源的实际共享。

五、适应多样化人才培养的实践教学体系

地学是以地球及其外层空间为研究对象的一门科学，天体地球的大自然是其天然的实验室。因为地学研究的是自然状态下的天体地球的物理、化学、生物作用的综合复杂动态系统，研究的问题常常是复杂多变量动态非线性级联效应的综合结果，天体地球是宇宙中一个相对独立的复杂动力学系统，所以必须要从客观实际出发，培养学生实际应用和综合思维的能力。

地学现象的不同观察和不同认识、不同学术观点的讨论是培养正确的地球科学认识观、独立思考和创造性思维的过程。地球科学的发展与自身特点和社会进步对人才的需求促使国内外地学工作者和教育者必须努力探索培养多样化地学人才创造性思维的途径。除课堂理论基础教学外，尤其要重视实践性教学环节，将理论与实践紧密结合。实现从单科性向综合性，从认识性、继承性向研究性，从验证向创新探索，从灌输式向启发式、讨论式，从传统向高新科技的观念与方法的转变，构建全新实践教学体系。要突出以学生为主体，全面改造实践教学环节的教学方法和方式，实现多样化和分层次的知、辩、行的全面训练，培养基本素质和综合思维，激发创新精神与创造探索思维能力。

良好的实践动手能力是对研究型人才、应用型人才、复合型人才和技能型人才的共同要求，对地学人才培养尤为重要。传统教学在进行知识传授的同时，也注重学生的实践，但它强调实践教学的验证性过程，注重对经典学说的认知和接受，创新性实践环节较少，尤其是学生的实际参与不足，制约了学生的创造性。现在需要在已有实践教学改革的基础上，基于多样化人才培养的实际需要，分层次努力统筹不同类型人才培养的不同阶段、不同课程的教学内容和计划，构建课堂教学与实践教学内容与人才培养类型协调配置、循序渐进的实践教学新体系，完善多样化人才培养的本科实践教学环节。

需要强调的是，要注意加强建设具有典型代表性、在地域上相互关联、在教学内容上循序渐进、具有适用性并符合不同类型人才培养的不同年级野外实践教学基地和不同理论课程的课间野外实践基地，不可一味追求"高、精、尖"。这是构建新的适应多样化人才培养实践教学体系的基础与重点。

同时，还应该在实现硬件和软件建设相结合的基础上，开发新技术、新方法，使之与传统的行之有效的地质方法密切结合，从而更好地建设与当前地球科学发展和不同人才培养类型相适应的系统完善的实习、实践教学实验室和野外实践教学基地。

相信自己　尊重别人
——郝诒纯先生教我做人做学问

舒德干[①]

时光过得真快，郝诒纯（1920—2001年）先生离开我们快20年了。岁月无情人有情！春秋似流水，悄悄地逝去，毫不留情，然而先生的音容笑貌却一直驻留心间，从未消去，不经意间就浮现眼前。

最初认识郝先生，是从20世纪60年代在北京大学求学时学习她与杨遵仪先生合编的《古生物学》教材开始的。但真正亲聆先生教诲则始于1985年初，那时我有幸考到北京的中国地质大学（当时称"北京研究生部"）做郝先生的博士生。与先生谋面之前，早就听说她一身正气、德高望重，对待学生既亲切热情，又严格要求。先生是大学问家，又是有影响的社会活动家，日常活动安排紧凑，我们学生也没有太多的机会向她当面请教。但在有限的接触中，有几件事对我触动很深。先生的人品、学识和精神，耳濡目染，让我学会不少做学问的道理，受益终身。

入学3个月后的一天，郝先生让我到她的办公室讨论我的学位论文选题问题。由于我的硕士学位论文及其后的研究方向是寒武纪高肌虫化石，郝先生同意我沿着这个方向继续做，但是她强调："过去你与硕士生导师霍先生合作完成一部高肌虫专著，已经有了一定的研究广度和深度。这次博士学位论文不能只是些添添补补，应该有较大的突破才交得了账。"接着又补充说："你以前在北京大学、西北大学学习，那是理科学校。我们学校的底子是北京地质学院，工科性质明显，非常重视实践，你要有在野外踏实苦干的思想准备。"以前我们的高肌虫研究集中在扬子地层区西分区的下寒武统，遵照郝先生的指导，我的学位论文重点放在过去从未发现过高肌虫的扬子地层区东分区和中分区的中、上寒武统。由于工作量大，自然遇到了经费不足的问题，郝先生便千方百计帮我额外申请到3 000元研究经费。基于4次野外采集和大量繁杂细致的室内酸蚀、挑样工作，我完成的论文被评价为"多有重要创新"。3年后，基于这篇学位论文出版的专著被评为国家教委优秀专著，还获得了国家教委科技进步奖二等奖。毕业前夕，我还荣幸地被评为校级优秀党员和三好学生。

[①] 舒德干：中国科学院院士，西北大学地质学系教授。该文原载《自然》2021年第3期。

郝先生的另一位博士研究生叫雷新华，数学基础很好，被安排用数理统计方法做古生物化石数据库的学位论文。先生高瞻远瞩，认为古生物学是一门古老的学科，大胆引入各种数学方法将能使学科发展获得新的重要生长点。这对我启发很大。我向郝先生汇报，我的数学基础也还可以，有兴趣在化石形态学由传统定性描述向定量研究发展上做些探索。这种想法立即得到老师的鼓励：你学术精力旺盛，在保证做好学位论文的前提下，完全可以在你感兴趣的学术问题上去大胆探索；做学问就应该有点敢为人先的精神。次年，我便在《地质论评》上发表了一篇《化石形态学中的对数螺线及其应用》的论文，受到学术界的好评。几年后，以这篇论文为主的一个小型系列性成果作为我的一个"副业"，居然还获得了陕西省科技进步奖二等奖。

求学期间，亲眼见到郝先生一个硕士研究生被处分退学，使我受到很大的触动。大约是在我读博士学位的第二年，这位硕士研究生由于外语成绩突出，被选中拟派往国外学习深造。那时，能出国学习是件既光彩又实惠的美差。不巧，正在这时，这位同学用做野外工作的经费去外地看望女朋友。此事似乎不十分严重，但郝先生知道后，坚持要求学校给予该生退学处分。过后一段时间，我们几位同学当着郝先生的面表示替这位同学感到惋惜。郝老师很严肃地对我们说：公私不分，在社会上就很难做人，而且这种人在学术上也不会有很大的培养前途。此后的十几年，先生的这些肺腑之言一直警示着我，在任何情况下做人做事都不要出格，否则将自讨苦吃。人生应该积极"giving"，谨慎"taking"。这件事也使我明白，为什么郝先生学生众多，分散在各行各业，却极少有人品和学风道德不端的现象发生，正是因为先生一身浩然正气和对学生的严格要求。她的学生大多德才兼备、甘于奉献，出类拔萃者众。多才多艺的董军社学弟"文武双全"，年纪轻轻就主管中国科学院古脊椎动物与古人类研究所的党务工作，推动研究所快速发展。其人品受人敬重，后升任中国科学院大学的主要当家人之一。万晓樵和苏新两位老师长期在郝先生身边学习和工作，耳濡目染，深得先生真传，修得人品学品一流。尽管他们都比我年少，但出师在我之前，而且当我在先生那里求学期间，他们都给了我诸多关照和热情帮助，所以我一直尊称他们为学兄和学姐。晓樵学兄乐于助人，治学严谨，成果丰硕，成为我国白垩系研究的主要领军人物。苏新学姐为人善良忠厚，聪慧勤学，早年研究微体古生物，后来转向古海洋学全面发展，在诸多方面都做出了突出贡献。郭宪璞与我是同一届学友，为人厚道，好学，悟性高。他在学术上与郝先生的白垩系研究方向一致，更兼多次合作，近水楼台先得月，赚得先生更多指导，使他在学术上发展更快，贡献多多。汪筱林学弟天资聪颖，思维敏捷，为人豪爽，尤其醉心于野外工作，在科学发现上多有建树，是我国翼龙研究的顶级学者，更兼科普先锋，多次获高层次学术奖励，被选为巴西科学院通讯院士。

拿到博士学位后不久，我有幸获得到德国做洪堡学者的机会。临出国前，我与妻子到先生家去辞行，她送给我一本十分精美甚至有些华贵的缎面大相册，并亲笔题辞"赴德深造纪念"。我非常珍视这份礼物，尤其尊重其中"深造"二字。在德国一年多，生活条件十分优越，但我一直不敢懈怠，牢记"深造"二字对我的鞭策。连洪堡基金会提供给每一位洪堡学者偕同配偶免费全德游览三周的休闲机会，我们也放弃了。在德国宽松的学术氛围和紧张的学习、工作，使我受益最多的不仅是进一步学到一些做学问的真本领，更重要的是让我深刻地感受到当时我国与西方国家在基础研究上的差距，更激发我为国家科学事业多做点实事的决心。从德国归来之后，我便与西北大学同仁一头扎到澄江化石库的研究中，在此期间曾得到先生的许多鼓励和支持。在 20 世纪 90 年代中期我十分缺少野外工作经费的情况下，郝先生亲自找到科技部负责人，帮我申请到一笔不菲的经费，使我得以心无旁骛地继续从事澄江动物群研究。20 多年来的艰辛也终于有了较好的结果，我以第一作者身份在 *Nature* 和 *Science* 杂志上发表 10 余篇论文构成的系列性成果，包括发现"第一鱼"昆明鱼目，建立古虫动物门，提出"三幕式寒武纪大爆发"假说。这些作为进化生物学的标志性成果，已经在国际学术界得到较广泛的认同，其中 3 篇 *Nature* 杂志上的以"Article"形式发表的"长文"，还分别被列入"1999 年中国十大科技进展""2001 年中国十大科技进展"和"2004 年中国高校十大科技进展"。我还有幸先后获得国家自然科学奖一等奖和二等奖。学生心里明白，这其中浸透了恩师的不少心血。

20 多年前的一天，去先生家中拜访，她语重心长地提醒我："有了成绩，一是要继续进取，不要停步；二是要更谨慎，不骄不躁。"我回答先生："从您的治学精神中，我学到了两条：一是相信自己，二是尊重别人。"先生笑着鼓励我："看来你该成熟了。"

先生辞世前两天，我专程赶赴北京，相邀几位同学去医院探望她。遗憾的是，由于病情加重，先生已被医生隔离治疗，我们没能最后见到先生一面。但聊以自慰的是，我们记住了先生的教诲，也继承了先生的遗志，不尚空谈，都在各自的岗位上踏踏实实地做事，争取对社会多奉献、少索取。我们也都在心里默默念着："谁言寸草心，报得三春晖。"谨以此告慰先生在天之灵。

回归学术　培育自觉

——谈研究生学术自觉意识的培养

彭树智[①]

由于历史和现实诸多复杂原因,研究生教育需要改进的地方颇多。我指导研究生多年,深感回归学术本位、培育研究生的学术自觉意识,是导师义不容辞的职责。

研究生入学后,大都期望在本学科本领域中做出突破性的成果,但很快就会发现,问题不那么简单。他们最缺少什么?从深层的本源看,是学术自觉意识。他们在步入学术自由殿堂之初,思想上的自发性多于自觉性,自在性多于自为性,盲目性多于目的性。导师在引导他们从事学术前沿课题研究的过程中,应当以科学理性思维为指导,多方面地、不断地培育他们学术的自觉意识。

首先,培育学术生长点的自觉意识。学术史昭示我们:学术生长点是治学的基础。选好生长点犹如农民育良种之植沃土,决定着学术的生命活力。好的学术生长点源自学士阶段对学术生长点的选择、硕士阶段对学术生长点的确定、博士阶段对学术生长点的发展这三个阶段的连续性训练;源自对本学科本领域研究的空白点、重点、难点、前沿热点这四点的开拓;源自对学术研究德性、悟性、韧性这三性的锻铸。学术生长点不仅是知识、能力的学术积累,而且是人文精神和科学精神的升华。学术生长点的生根、开花、结果的长时段效应,可能使研究生对自己认定的方向坚持十年、二十年、三十年,甚至终身受益。当然,稳定的学术生长点是绝对需要的,但不是绝对不变的。学术的自觉会引领学者因条件变化而转移自己的学术生长点。

其次,培育学术研究的主体自觉意识。学术史也昭示我们:学术研究的主体性是治学的根本。学术研究应具有开放的视野,必须花大力气学习借鉴古今中外一切文明的优秀成果,在认真吸收消化中进行固本创新。当前,面对学术界失去自我、照搬照抄、人云亦云、食"洋"不化的倾向,应该以《庄子·秋水》中提到的"邯郸学步"故事自警。由于余子只知机械模仿、不思独立创造,非但没有学到赵国的名艺,而且连自己原本的走步都忘掉了,遂爬行而归。这个哲理故事启示今人,学术个性化是学人的本色,对此要保持清醒头脑。为此要记住宋代姜夔

[①] 彭树智:西北大学中东研究所名誉所长,教授。该文原载《学位与研究生教育》2008年第1期。

的"论文要得文中天,邯郸学步终不然"的诗训,在治学中一定要善于学习、自主创造,加强主体自觉意识。

再次,培育学术理论思维的自觉意识。学术史还告诉我们:学术理论思维是治学的灵魂。"一个民族要想站在科学的高峰,就一刻也不能没有理论思维。"恩格斯这句名言也适用于研究生的学位论文训练:"论文要得文中天",就一刻也离不开理论思维的穿透。理论思维的培养,不仅要寄希望于灵性,更要在学术研究的具体实践中借鉴前人和反思自己经验,并付出扎实而艰辛的劳动,思而学、学而思,孜孜以求,方能有所收获。理论思维是学术悟性的表现,更是本学科理论和研究方法理性思考的结果,理性思维不是"怀疑一切"的"理性",而是诚挚对待人类文明。理性思维会产生学术研究的良性增殖反应,这就是理性的自觉的意义所在。

复次,培育学术问题的自觉意识。学术史又告诉我们:学术问题意识是治学的关键。学术研究永远始于问题,终于问题,在研究中深化问题和启发新的问题。发现问题、提出问题、分析问题和解决问题,组成了研究生学习思维逻辑的中轴线。问题意识产生于坚实知识基础和对当代学术研究动向的把握这两个基点上。导师要引导研究生关注尚未形成定论的问题。我把问题意识概括为"七问":何时?何地?何人?何事?何故?何果?何向(走向)?"七问"也可称之为"七何"。"七何"之中,"何故"(何以、为何、缘何)最为重要,其要旨在学问和问学。问题始于怀疑,问题是疑问,而疑问是学术的转机之处。学问首先要学,关键在问,目的在求得真知。从学术史上看,那些出于对学术的兴趣、热爱,把学术职业(谋生的职业)变成"志业"(志趣的事业),从而毕生追求科学真理的伟大学者,无不具有自觉、敏锐的问题意识,他们才是研究生"法乎其上"的学习目标。

最后,培育学术道德自律的自觉意识。学术史也告诉我们:学术道德自律是治学的戒律。自律是自由的必然要求。一个道德高尚的人,违背了自律,就会感到惭愧而不自由;实践了自律,就会感到自尊和自由。我在给研究生讲课时,谈到人类文明交往的有序运行必须敬畏"三律":自然律、法律、道德律。这种敬畏,实质上是对人类良知的敬畏和人文精神的崇尚。学术界一如社会其他各界,也要谨守三律。因此,我经常提醒青年学者,要严格自律,树立勤奋、严谨、求实、创新、协作的良好学风,克服浮躁和急功近利的倾向。首先要坚守学术气节,保持学术气度,恪遵学术道德,要有健全的学术人格,要爱护自己的学术生命,不可无天、无法、无德。学贵自律,而自律贵在自觉。

学术自觉归根结底是文化自觉、文明自觉和交往文明化的自觉。黑格尔在《哲学讲演录》的《开讲辞》中说,哲学要向前发展,首先要"回复自身""得到自觉"。我借用他的思路,谈研究生教育的发展,其重要之点和结语是:回归学术本位,深化培育学术自觉意识。

教材建设一定要开放

史启祯[①]

国内理工科教材普遍更新太慢,跟不上科技发展速度。这几乎成了全社会的共识。试看以下两个例子:

2005年,一位委员在全国政协会议上的发言指出:"现在大学里培养的工程师是我们国家第六代工程师,但用的却是培养第三代工程师的教材。"这位代表这里显然指的是工科教材。

2005年,由教育部化学学科教指委撰写的《化学类专业发展战略研究报告》指出:"课程内容膨胀、陈旧,熟悉的内容难以舍弃,内容更新困难重重……"这段话也许可以反映理科教材的状况。

类似的声音在我们耳边萦绕了二三十年,如果把理工科本土教材看作一个"机体",这个"机体"难道是一个"病体"?或者说,是处在一种由营养单一而造成的"亚健康"状态?从这个意义上讲,几年前教育部有关领导关于"必须大量地、不断地引进国外原版教材"的表态可能是一剂良方,可能会产生长远影响。如果能够积极推动、科学实施,可能成为本土教材摆脱目前状态的突破口。

大家知道,早在1977年,邓小平就对教材问题发表过重要谈话。邓小平指出:"要进口一批外国教材……日本的、英国的、美国的、法国的、联邦德国的自然科学教材,结合我们自己的实际编好教材,以后就按新教材来上课。"

我们不能把邓小平的谈话仅仅看作"十年文革"后,应对大学招生的应急措施,谈话的意义远远超越了教材问题本身。它表达了一种战略思考,即教育需要"对外开放"、需要"面向世界"的战略思考。他在1983年提出教育要"三个面向"的战略方针,与这次谈话的思路一脉相承。从1977年到教育部表态的2000年,时间过了23年。如果算到今天,则过去了将近30年。30年了,理工科教材内容陈旧问题仍然是高等教育一个沉重的话题。我们不敢轻言教育战线开放力度太小,但至少让人觉得,实施的开放举措很少惠及教学和教学活动,其中包括教材。

我想要表达的意思是:引进国外优秀教材,不是要让本土教材"边缘化",而是要促进本

[①] 史启祯:国家级教学名师,西北大学化学与材料科学学院教授。该文原载《中国大学教学》2006年第10期。

土教材更快、更好地发展。回头再看邓小平这段谈话的末尾是怎么说的："要结合我们自己的实际编好教材！"

教材的功能是什么？通常将教材看作知识的载体。这种认识当然不错，但我觉得，它同时还折射着产生教材的那个社会的教育理念。即，教材的功能有二：一是承载着知识，二是折射着作者的教育理念。

使用国外教材，不但学生可以学到本学科的最新知识，教师还可以"零距离"地接触并研究教材所折射的西方教育理念。

可以指望，国外优秀教材能为我们提供新的营养要素，从而导致营养要素多元化。我相信，不同教育理念的碰撞与融合，将会催生新一代优秀本土教材。

先看一个例子。影片《断背山》本没有一丝与华人相关的戏剧元素，但它的华人导演居然获得了2006年奥斯卡最佳导演奖。我们只要看看李安成长的背景，就不难理解他取得成功的奥秘。这是媒体的一种评论："李安用中华美学的营养滋润了一部地道的西方文艺作品！"（《中国新闻周刊》载文评论）

教育界的例子也许更有说服力。最近看到长江文艺出版社出版的一本名叫《八位大学校长》的书，该书介绍20世纪上半期，中国著名大学的8位校长的教育理念和教育实践。这8位校长分别是：蒋梦麟、胡适、梅贻琦、张伯苓、竺可桢、罗家伦、任鸿隽、胡先骕。他们对当时的北京大学、清华大学、南开大学、浙江大学、中央大学等著名高等学府的建设以及对现代中国教育体制与学术体制的缔造，做出了卓越的贡献。上述8位校长中，有7位曾经留学美国。他们的辉煌业绩，是中国优秀传统教育理念融合西方教育理念和科学精神的范例。我们很难想象，没有中国传统文化深厚根基的美国教育家和没有西方教育背景的中国教育家，会在中国土地上取得那样的辉煌。

当然，大量使用国外原版教材，不是说做就能马上做到的。有许多问题待解决。例如，书从哪里来？学生买得起原版吗？即使买得起，长期习惯了的学习方法能很快适应那些大部头教材吗？等等。所以，我们宁可把它当作努力的方向之一，当作一个过程。我认为，基础课的授课教师们至少可以做起一件事：选择与课程相关的两三本国外教材，认真读一读，几年内就会见效。

最后请允许我做一点说明。本土教材培育了（包括我自己在内的）几代人，功不可没。我本人也是本土教材的作者，这个身份也许能帮我避开"否定本土教材"之嫌。我也曾经热衷于引进国外优秀教材，方式是翻译出版。在兰州大学化学系分管教学期间，还曾组织过这样一次使用国外原版教材的教学实践，那次实践历时4年，涉及当时化学专业的5门主干基础课。所以，本文只是反映了我最近20年从事教学和教材工作的体验，不妥之处，请大家批评。

对标要求 强化责任 扎实推进迎评工作

李军锋①

再过几天就是建党 83 周年纪念日,在"七一"前这个时刻,我们召开全校党员、干部迎评动员大会,具有非常特殊和重要的意义。

自从去年 12 月 5 日我校召开迎接教育部本科教学工作水平评估动员大会,正式全面启动迎评工作以来,在全校上上下下、方方面面的共同努力下,我们已经基本完成了第一阶段即宣传动员阶段和第二阶段即自查、自评和建设阶段的主要任务。以校内专家 6 月中旬对各院系进行的模拟评估为标志,迎评工作已转入了第三阶段即整改、总结、提高阶段。值此阶段转换的关键时期,校党委和行政决定再次召开动员大会,重点对干部、党员并通过大家对全校师生员工进行一次再动员。目的就是要在总结前两个阶段工作的基础上,安排和部署今后特别是第三阶段的工作,尤其是进一步明确广大党员、干部在迎评工作中的重大责任和具体要求,通过充分发挥党员干部的先锋带头作用,激励和带动全校师生员工斗志高昂、扎实有效地做好迎评的各项工作,推动迎评工作到一个新的高度。下面,我讲两个方面的问题。

一、迎评工作前两个阶段取得的进展和存在的问题

我校的迎评工作实际上是从 2000 年开始的。当时为了加强本科教学工作,学校于 2000 年上半年召开了教学工作会议。在教育部正式确定于 2004 年 10 月对我校进行评估以后,我校的迎评工作,以 2003 年 12 月学校召开的迎评动员大会为标志,正式紧锣密鼓地全面展开。半年来,我校广大党员、干部和师生员工认真贯彻教育部"以评促建,以评促改,以评促管,评建结合,重在建设"的指导方针和学校迎评工作的安排意见,克服困难,扎实工作,推动了迎评工作的顺利进行,在以下几个方面取得了较大进展:

1. 迎评创优工作深入人心

去年底,学校党委和行政研究 2004 年工作时就把迎评工作确定为今年的重点工作。2003 年 11 月党委和行政发文,对我校迎评工作做出全面安排部署,成立了学校迎评工作领导机构,

---

① 李军锋:西北大学原党委书记。本文节选自作者 2004 年 6 月 24 日在迎接教育部本科教学工作水平评估党员、干部动员大会上的讲话。题目系编者据原文另拟。

孙勇校长担任迎评领导小组组长,去年12月召开了全校迎评工作动员大会,并明确地确定了我校评估工作要达到的目标就是优秀,而且要志在必得。今年初,学校八届一次教代会将迎评工作作为主要议题。自去年下半年以来,党委常委会、校长办公会多次专题研究迎评工作,作出一系列加强和推进迎评工作的重要决策,特别是加大了经费支持力度。学校调动各方力量,采取有力措施,全力以赴努力做好迎评的各项准备工作。今年2月,学校派出考察组赴南京师范大学和苏州大学考察学习。各院系还结合实际制定了各自的迎评工作分解方案,逐步加大工作力度,积极开展迎评准备工作。同时学校不定期多次召开工作会或现场办公会,通报工作进展情况,及时发现问题,解决问题,督促工作。按照迎评工作的总体进度安排,也为了更为准确全面地掌握我校迎评工作的具体进展情况,6月11日至15日,学校用3天半的时间,严格模拟教育部专家组进校考察评估的具体工作步骤与方法,按照从严、从高、从实要求的原则,组织5个专家小组逐一对全校17个院系和体育教研部进行了"真刀实枪"的检查评估。通过评估,我们发现,我校迎评准备工作确实取得了一系列明显的进展和令人振奋的成绩,尤其是争创优秀的意识在学校全体师生员工中不断得到强化,这主要表现在以下两点:

一是院系领导班子对迎评工作给予了高度的重视,而且思想统一,党政团结。在校内检查中,专家组高兴地发现,各院系党政领导班子对迎评工作都给予了高度的重视,班子成员的思想和主要精力都能投入到迎评准备工作中来,党政之间团结一致、群策群力,又互有分工、各有侧重。院系高度重视,学校机关各部门也同样高度重视,各部门各环节都积极行动起来了,从自身的职能出发,投身到了迎评的各项工作中去,并组织开展了丰富多彩、有成效的活动。从总体来看,各单位对迎评工作组织有力,积极工作,成效明显,思想认识基本到位,创优意识不断强化。

二是师生员工普遍焕发出了积极高涨的热情。广大师生员工对于迎评工作表现出了积极的关心和高度的重视,他们不仅能够理解、支持迎评工作,而且大多数人能以主人翁精神参与和投入到迎评的工作中来。很多教师和干部职工讲大局、讲奉献,热情高涨,主动积极,放弃休息,加班加点,为完成前两个阶段的任务做了大量细致扎实的具体工作。通过学校加强课程随机评估,开展"爱岗敬业,精心育人,我为创建教学工作优秀学校做贡献""树优良学风、创成才之路"等活动,教风、学风得到进一步好转。广大学生对于在校期间恰逢学校本科教学迎评创优,表现出了真诚的热情和积极参与的强烈意识。

2. 以评促建初步显示成效

我校始终把教学工作作为学校经常性的中心工作,把提高人才培养质量作为学校发展的生命线。近年来学校一直高度重视办学基本条件的改善。2000年以来新增校园面积1 560亩,新增校舍建筑面积18万平方米,使现有校舍面积总数达54.5万平方米;教学方面的投入超过亿元,使我校的教学条件得到根本性的改善,教学科研仪器设备总值达1.8亿元。全校图书资料总量达245万余册,各种中外文数据库49种;新建多媒体教室92个,座位总数近1万个;扩建、改建、新建实验室50多个。教学条件的改善,基本上满足了学科专业建设和人才培养的需要,尤其是6个国家人才培养基地建设取得长足的进步,最近经济学人才培养基地在教育部组织的评估验收中又被评为优秀基地。

在教学制度建设方面，我校相继实行了领导干部听课制度、教学考核一票否决制，以及教学状态评估、学生评教、辅修、校内转专业、课外附加学分等制度，加大了教学奖励力度，要求教授上讲台为本科生讲课，增加了开放性实验和设计性实验。通过这些措施，建立起一套较为完整的教学运行机制和教学质量监控与保障体系，使本科教育教学和人才培养质量稳步提升。在校园建设和环境整治上，也取得了明显进展。

在迎评全面铺开的这段日子里，学校的基本教学条件和教学制度建设又有了进一步的加强，并将继续得到新的加强。特别值得肯定的是，各院系在"以评促建"方面主动性、自觉性明显增强，对教学的经费投入、人力投入、精力投入都在不断加大。可以说，我们对"以评促建，重在建设"这一主题的把握是准确的，采取的措施也是切实有效的。

3. 迎评材料准备工作进展顺利

从这次校内专家检查评估的结果看，除上述办学条件等硬件建设取得的成效外，有关迎评准备的各种材料、文档等软件建设也进展顺利，各种软硬件建设的进展完成情况，基本符合我们原定的计划与安排。前一段时间，学校完成了向教育部和省教育厅上报的各种材料。学校的自评报告、特色报告等迎评主材料也接近完成，有关的支撑材料正抓紧进行。尤其是在教学文档的规范化管理方面，无论是学校，还是各院系的教学文档和资料等迎评专柜都已积极成型。另外，具有全新面貌的我校 2003 版人才培养方案已经成套印发；改革开放以来我校教学建设与改革的系列总结与成果展示材料，有的已经基本完成，有的正在紧张进行中。学校和院系的迎评材料正在向科学化、规范化、系统化和集约化发展。迎评网的开通，迎评专栏在校内报刊和电视电台的开辟运转等，为迎评工作创造出了良好的氛围。

总的来说，我校迎评准备工作取得了阶段性成果，成绩令人鼓舞。在此，我代表学校党政对在迎评一线辛勤工作的党员、干部、师生员工表示衷心的感谢！同时，我们必须看到，我校迎评工作中也还存在一些问题与不足，离优秀的标准还有一定的差距。我们必须保持清醒的头脑，决不能掉以轻心。存在的主要问题有以下几点：

一是迎评工作进展不平衡。个别院系迎评工作进展较慢，甚至还存在思路不清、定位不准等问题；少数教职工对教学评估的重要性认识不足，对指标内涵理解不透；有的院系的个别项目建设尚未到位。

二是教职工的积极性和主动性发挥不够充分。部分单位思想发动、任务分解、责任到人工作做得不够扎实、不够明确，导致一些教职工对自己在迎评工作中所承担的任务、扮演的角色还不甚明了，积极性、主动性未能充分发挥。

三是迎评材料还需进一步规范和完善。主要表现在：部分院系自评报告对办学总结得不够到位，对存在问题找得不够准确，对办学思想、办学特色的挖掘不深，个别院系在这方面思路不清。

四是教风和学风建设还需进一步加强。少数教师备课不充分、上课不认真，部分学生上课迟到、不认真听讲甚至旷课等。另外，部分管理人员服务意识不强，管理粗糙，不能适应现代高等教育发展和人才培养的需要。

这些问题虽然是局部的、部分环节上的，但反映出我们还存在差距，对此不能掉以轻心，要采取积极措施解决这些问题。

二、下一阶段迎评工作的任务和要求

同志们，10月中旬，教育部专家组将进驻我校，屈指算来，也就三个多月时间，我们的时间紧、任务重、压力非常大！迎评工作是学校当前面临的最紧迫、最重大的任务，已到了十分关键的时期。如何使迎评工作扎实有效地推进，确保评估获得优秀结果，这对全校师生员工是一个重大的考验，更是对全校党员干部十分重大的考验。我们必须抓紧用好"整改、总结、提高"这一阶段的时间，全面进行整改建设，把迎评工作的各个方面提高到一个全新的平台上。在这里，我对全校党员干部，也通过大家对全校就做好迎评工作提出几点任务和要求。

1. 科学、全面、深刻地理解评估工作的重要意义和基本特征，进一步强化迎评创优的思想意识

统一思想提高认识，是我们做好迎评工作的基础和前提。在去年的迎评动员大会上，我和孙勇校长都对充分认识和理解评估工作的重要意义作过阐述。今天，我再次就这个问题作进一步阐述，并将其放在首要位置加以强调。

党的十六大指出，教育在我国现代化建设事业中居于基础性、先导性、全局性的战略地位。与此类同，我认为，本科教学工作在整个高等教育事业中也是居于基础性、先导性、全局性的战略地位。高等学校，不管是以教学为主的，还是建设教学、科研两个中心的，甚至是建设研究型的大学，通过教学和教育工作来培养高层次人才永远是学校的根本任务，教学工作始终是学校的中心工作。提高本科人才培养质量是任何一所高校永恒的主题。本科教育是高等教育的主体和基础，在高校中，本科生数量最大，而且将来大部分要到经济建设和社会发展的第一线去工作，因此，本科生的质量决定着我国经济社会发展第一线人才队伍的质量。同时，本科教育又是研究生教育的基础，没有优秀的本科生，就难以有优秀的研究生，难以培养出更高层次的优秀人才。在这个意义上来认识教育部对全国高校本科教学工作进行的水平评估，我们的眼界可能就会更宽广一些，我们的目光也可能会更深邃一些。教育部之所以开展本科教学评估工作，其目的就是要通过评估，大力推动学校转变教育观念，明确办学思想，加大教学投入，加强教学建设，深化教学改革，严格教学管理，保障和提高人才培养质量。

我们西北大学作为一所百年老校，历来十分重视本科教学工作。我校过去为国家培养出了一批又一批优秀的本科毕业生，他们有的成了院士，有的成了全国著名的专家学者，有的成了党政部门的领导者，当然，更多的是成了各条战线的骨干力量。他们在推动社会经济发展、个人建功立业的同时，也为西北大学争得了巨大的荣誉。我们作为西北大学现任的领导者、教育工作者，应该发扬光大这一优良办学传统，使我校的本科教学工作水平不断得到提高，要比前辈先贤们培养出更多高质量的本科大学生。而本科教学工作水平评估就为我们提供了这样一个重大机遇。站在学校角度看，科学全面、善始善终地做好这项工作，有利于提升学校教学改革的理念，有利于拓展学校教学改革的思路，有利于完善教学改革的措施，有利于加强教学条件的建设，有利于加强师资队伍的建设，有利于提高教学质量，有利于提升总体办学水平，有利于提高学校的社会地位。实际上，教学评估的重大意义不止以上八个"有利于"，相信随着迎评工作进程的深入，大家一定会进一步认识和感受到教学评估对我校长远发展的积极影响和作用。等到我们最终获得优秀评价以后，大家一定会说，虽然经历了千辛万苦，付出了汗水和劳动，但是这一切都可以浓缩成一个字：值！

为了进一步搞好迎评创优，根据自查初评的结果和迎评工作的总体安排，学校要求各院系、各单位近期要组织全体教职工深入开展本科教学评估的学习讨论活动。进一步学习教育部和学校关于教学评估的有关文件，进一步深刻领会文件精神和评估要求，结合本院系、本单位自评、初评中发现的问题，进一步分析、研究和梳理办学思路，总结、凝练办学特色，进一步提高思想认识、寻找工作差距、提出整改措施。要充分依靠广大教职工办学，使全体教职工对于学校和本院系的办学思路和办学方向都能比较熟悉，使广大师生员工充分认识到我校的教学评估必须获得优秀，进一步调动和发挥广大教职工投身迎评和教学建设工作的积极性和主动性。

2. 以认真扎实的态度、严谨求实的作风，深入细致地做好迎评的各项工作

这次教育部对全国高校进行的本科教学工作水平评估，是对全国具有本科学历教育的高校进行的一次总体办学水平评估。其评估指标体系，是教育部在10年来对200多所高校评估实践的基础上总结制定出来的，这是一个非常科学的体系，具有相当的权威性。专家组在执行过程中也非常严格。从已经进行过评估的学校来看，未能获得优秀成绩的学校，原因是多方面的。有的原本平时的工作基础就差；有的学校教学的基础工作和条件并不差，但也没能获得优秀，最主要的原因就是准备不够充分、不够细致、不够深入、不够具体。在评估过程中，专家组除了听汇报、查阅资料、走访师生、进行座谈、问卷调查外，还要深入教学第一线听课、看论文、抽查试卷等，相当细致，相当深入，相当全面。所以说，我们的各项迎评工作要认真再认真，细致再细致。毛泽东同志有句名言："世界上怕就怕认真二字，共产党就最讲认真。"胡锦涛总书记大力提倡求真务实的科学精神和工作作风。我们要以此来要求大家。全校每个人都要确立"迎评工作无小事，事事都要认真做"的观念，认真对待和做好迎评工作中的每件事情。尤其是各级领导干部和广大共产党员，更要讲认真，无论是宏观层面的大事，还是微观层面的琐事，都要认认真真做好。如果稍不认真，略有懈怠，就可能产生"木桶效应"，因细小的问题造成对全局的损伤。特别是迎评材料方面更要认真。与认真相关联，就是要扎实。迎评工作千头万绪，涉及面广，可以说全校工作的方方面面都与评估相连，每个环节都关系评估，这就要求我们一定要求真务实、实事求是，扎扎实实地做好每个方面、每个环节的工作。

通过最近的自查和初评，我们较为全面地了解了前一段迎评各项工作好的方面和薄弱环节。从现在起，迎评工作转入了全面攻坚阶段，这是一个弥补不足、造峰填谷的阶段，也是全面创新、扩大成果的最佳时期。我们必须抓住机遇，树立科学的发展观、建设观，紧扣迎评的核心和主题，在"以评促建，重在建设"这八个字上做文章。当前，一是要抓紧做好教学设施等基础条件建设。要进一步加大工作力度，提高工作效率。全校各单位今年的教学基础设施建设、实验室建设等相关硬件建设任务必须在 8 月 30 日前完成。要切实加快新校区建设步伐，继续搞好校园环境建设。二是抓好办学思想建设，进一步发动广大师生员工讨论总结，凝练概括和提出具有我校特色的办学思想、办学思路。三是加强教风学风建设，要认真查找存在问题的根源，提出解决的措施和办法。属于个别人工作态度、学习态度的问题，要通过组织谈话，解决思想问题；属于管理不力或脱节问题，有关部门要加大管理和协调力度；属于支持力度不够的，要采取措施给予必要的支持。四是加强管理制度建设。我们要抓住这次迎评的机遇，建立和健全学校的各项管理制度，特别是教学管理制度，为提高学校管理水平，促进管理规范化、科学化，为学校长远发展奠定良好的制度基础。

各单位、各院系要依照评估标准和学校进度安排，明确下一阶段的具体工作任务，制定出详细的倒计时工作日程，把任务分解落实到每一天，把工作责任落实到每一个人。要做到建设有目标、改革有思路、管理有措施。严格按照目标责任制度的要求，督促各项任务在规定的时限内高质量地完成，为转入下一阶段和做好总体评估工作奠定坚实基础。

3. 充分发挥党员和干部的先锋模范作用，顽强拼搏，无私奉献，带动师生员工为实现优秀目标努力奋斗

半年多来，我们为评估所做的各项准备工作，是对西北大学教育教学工作一次全面的梳理和系统的总结，也是对我们这所百年学府未来发展建设的一次推动和奠基。前一阶段，同志们为此付出了巨大的艰辛和努力。从今天起，迎评的攻坚战就要打响了。学校号召并要求全校各级党组织、全校党员干部、全体教职工继续发扬连续作战的作风，顽强拼搏，无私奉献，团结奋斗，誓夺优秀。我校目前有党员 3 000 多人，仅教职工党员就 1 031 人，占教职工人数的一半。党员和干部数量占教职工的大多数。党员和干部历来是我校改革发展建设的中坚力量，他们具有巨大的战斗力和创造力。在我校过去争取"211 工程"、举办百年校庆、预防"非典"等重大工作中，党员和干部都发挥了十分重要的先锋带头作用。面对迎评这个学校发展建设的重大机遇和重大任务，广大党员干部仍然是我们必须依靠的骨干力量。如果我们全体党员、干部都能发挥先锋模范作用，团结协作，就会形成巨大的力量，任何困难都能克服。

对于广大党员来说，要身体力行"三个代表"的要求，体现共产党员的先进性，以高度的责任感和使命感投入到工作中去，充分发挥先锋模范作用。在困难和任务面前，要以大局为重，为学校利益着想，自加压力，勇挑重担。要成为迎评创优工作中的一面旗帜，影响和带动广大教职工积极投身迎评工作。要善于做群众工作和思想工作，使广大群众都明确评估的重要性、内容和要求，坚定必胜的信心，共同做好迎评创优工作。

对于广大干部来说，在下一阶段工作中负有更大的责任，因为干部担负着教学评估工作的决策、组织、贯彻实施的重任，干部的工作状况直接决定着这次迎评的效果。学校要求，各级干部首先要把迎评工作作为当前的首要工作，其他一切工作都要围绕迎评来安排。推进工作首先要保证迎评工作的优先地位和顺利进行。其次，各级干部要充分发挥领导和组织作用。院系干部要领导和组织好对本院系办学思想、学科建设、专业和课程设置、人才培养模式、办学优势和特色等问题的探讨和梳理，并在理论上提高，在此基础上形成西北大学系统化的办学思想。全体干部和职工要履行好服务和管理职能，围绕迎评做好工作。要强化全局意识、服务意识，组织做好服务于教学一线、服务于师生员工的工作。总之，要各司其职、各尽所能，创造性地组织和开展好迎评工作。

迎评是我校进入新百年之后所经历的第一次极为重要的考验。顺利通过教育部优秀评估，将会对我校今后的发展产生极为深远的影响。这个关键时期，学校专门召开党员、干部动员大会，这在多年来还是第一次。这充分显示了校党委和行政对迎评工作的高度重视，也说明在遇到重大问题的关键时刻，学校对全体党员、干部寄予厚望。我们一定要抓住这次机会，利用好这次机会，变压力为动力、变考验为跨越，全面加强本科教学工作，真正达到"以评促建，以评促改，以评促管，评建结合，重在建设"的目的，确保评优目标的实现，为把我校建成国内一流、国际知名、有特色的研究型大学打下坚实的基础。

分层次办学　构建有重点有特色的学科发展格局

孙　勇①

高等教育事业自诞生以来，就与文明的发展和人类的进步密切相连，并日益融入社会的方方面面。世界上一切追求进步、文明的民族和国家，都因其创新文化、培养人才和服务社会的独特功能，而对大学的发展给予关注和重视。面对经济社会发展的多元化需求和日趋激烈的竞争，作为个体的大学，也在不断探索超越自我、追求卓越的发展道路。近年来，我国高等教育事业取得了长足发展。特别是"211 工程""985 工程"和"质量工程"的相继实施，更为高等教育事业实现科学发展提供了良好的机遇。面对这一机遇，各类高等学校如何在科学合理定位的基础上，分层次办学，并在学科建设上采取非均衡发展策略，推动自身办学水平和办学实力的稳步提升，就显得至关重要。

一、分层次办学：人才培养的关键

就国家层面而言，分层次办学主要是指高等教育事业的健康协调发展需要合理的层次类型结构，这是经济社会和高等教育自身的发展规律所决定的。即人们常说的，我们需要世界一流的研究型大学，也需要更多数量的世界一流的职业技术学院。实践中，分层次办学主要通过两种途径实现：一是重点建设一批高校，从新中国成立初期设置重点大学，到"211 工程""985 工程"等的相继实施，其实质都是集中有限力量重点建设一批高校，在政策、经费等方面予以倾斜；二是对高校办学权限进行审批，比如学位点审批和学科专业设置的审批等。分层次办学作为我国高等教育的一个重要原则，已经成为国家对高等学校进行有效管理、推动高等教育事业发展的一项重要政策。

需要指出的是，就高校而言，要实现自身事业的发展，也必须坚持分层次办学的道路。这里所谓的分层次办学就是紧密结合区域经济和社会发展需求，立足自身办学基础和发展现状，对现有的学科专业科学规划办学层次，以实现学校整体事业的协调发展。不同的学校要根据自身在高等教育系统内所承担的任务及地位，确定自己的发展道路；同一个学校在内部各个学科专业之间也要实行分层次办学。一些在国家创新体系建设和国家重大战略需求中承担重要任务的高校，就要选择"高精尖"式的人才培养道路；而其他一些高校，则要承担面向国家和区域

---

①孙勇：西北大学原党委书记，教授。该文原载《中国高等教育》2007 年第 18 期。

经济社会发展主战场,培养应用型人才的任务;还有一些高校,则要走在校内分层次办学的道路,具体来说,就是一些学科将重点培养量少质优的高层次拔尖创新人才,而另外一批学科将以宽口径办学为主,承担为社会培养应用型人才的重任。

首先,高校应主动适应社会需求,优化学科专业结构。知识经济时代,大学的发展不仅要立足办学实际,更要紧密结合国家和区域经济社会发展需求,以贡献求支持、以服务求发展,加快学科专业结构调整和优化,这是时代对现代大学提出的要求。一方面,要大力设置主要面向区域和地方支柱产业、高新技术产业、服务业的应用型学科专业,为地方经济建设和社会发展输送急需人才;另一方面,要科学运用市场调节机制,合理配置和调节教育资源。近年来,西北大学坚持以社会需求为导向,通过裁并、重组的方式,根据学科类别对部分专业进行了调整,成立了公共管理学院、新闻传播学院、信息科学与技术学院等,淘汰了部分落后于社会发展需求的专业,适度精简专业数量,合理控制招生规模。目前,已基本形成了文理比例结构合理、基础与应用协调发展的学科专业布局。

其次,高校应明确规格,分类培养。对应用型学科专业,要采取拓宽专业口径、重组课程体系、更新教学内容、不断加强实践教学、实施创新教育工程等措施,着力提高学生实践能力和创新能力,努力建立符合现代教育特征的人才培养体系,使这些专业的社会适应能力不断增强。在需求导向的引领下,这些对经济社会发展具有直接推动作用的应用型学科专业显而易见会得到较大的发展空间和较为坚实的发展平台。而一些基础学科专业则因其在推动人类文明进步过程中发挥的作用是渐进的、前瞻的,而容易受到忽视甚至弱化。对这些学科专业,要本着为国家培养和输送"少而精""高层次"的基础型人才这一目的,按照"加强基础理论教育,重视基本技能训练,注重创新能力培养,提高学生综合素质"的基础性专业人才培养思路,在政策、资金方面对基础型专业予以适当倾斜,为其不断提升专业发展水平创造良好条件。

最后,高校应挖掘潜力,彰显特色。大学的办学特色,是在其长期办学过程中形成的独特办学风格、鲜明个性以及在相互竞争中凸现出的比较优势,是大学竞争能力与发展水平的直接体现。需要特别指出的是,特色化的实现途径并不是单一的。也就是说,特色和优势可以体现在高水平学术研究上,但最终还要体现在人才培养中。作为一所具有百余年办学历史的高校,西北大学充分发挥综合性大学优势,按照"加强基础、强化应用,提高素质、注重创新,激励个性、体现特色"的人才培养指导思想,形成了素质教育基础之上实施专业教育的宽口径人才培养模式和"基地班"的精英教育模式。经过多年跟踪调查,社会普遍认为本校毕业生具有"基础扎实、作风朴实、工作踏实、综合素质高、发展后劲足"的特点。

二、非均衡发展:学科发展的必需

一所大学的发展,不外乎在教学上下功夫,培养出高质量的人才以服务社会,同时以高水平的学科获得社会声望,最终获取社会的支持,不断将办学推向卓越。其实一所大学只要有少数几个学科处于国内顶尖,这所大学也就是国内一流;如果在国际上都处于顶尖的位置,那么,这所大学也就具备了世界一流大学的资格。要实现这一构想,在学科建设中就必须坚持非均衡发展。必须立足于学校自身学科专业发展的实际状况，科学定位各个学科的发展目标，凝练方向，发挥优势，突出特色，构建重点突出、特色鲜明、协调有序的学科发展格局。在资源配置上，妥善处理重点与一般、传统与新兴、基础与应用等学科之间的关系，集中力量，突破个别。

不断激发学科活力，调动各学科积极性。非均衡发展，并不是只扶持重点学科而将其他学科置于不顾。也就是说，既有重点学科和非重点学科之分，又要采取一定的激励措施和竞争机制以激发学科内部的活力和潜能，使重点和非重点学科之间始终存在竞争态势并实现互动，即所谓的动态管理。

坚持有所为，有所不为。其实质是科学、合理地配置资源，使有限的投入发挥最大的效益。在办学过程中，学校不能简单地取舍，而要妥善处理重点和一般的关系，实现协调持续发展。在现有众多学科中，要选择重点学科予以扶持，汇聚有限资源，形成拳头优势；对一些基础较为薄弱的学科在资源配置时可以适当予以阶段性"收缩"。在一个学科内部，也要对其在科学研究和人才培养两个方面的发展潜力分别予以分析，有所侧重，重点建设。同时，要认识到"有所为"和"有所不为"并不是一成不变的，要结合其发展态势和建设效益适时予以调整。

在学科建设、高层次人才培养和引进、高水平科技创新基地建设等一些关键领域下大力气。学科是人才成长的摇篮、学术研究的基地、技术创新的发源地。坚持"非均衡发展"，就要把学科建设作为重中之重。要坚持"扬优、支重、改老、扶新"的建设方针，提高传统优势学科建设水平，凝练学科方向，倡导多学科交叉融合，鼓励新兴应用学科发展，持续加大投入。作为一所学科门类齐全的国家"211工程"大学，学校提出了"以国家重点学科和'211工程'立项学科建设为核心，分层次构建国家级—省级—校级三级重点学科建设体系"的学科发展构想。仅"十五"期间，就有7个"211工程"立项建设学科直接投入学科建设经费逾1亿元。大力度的投入，不仅使这7个学科中大陆造山带与盆地动力学、早期生命演化、中国思想史等基础学科方向的优势更加明显，也形成了油气资源勘探、生物芯片、文化遗产保护等具有特色的研究方向。以张国伟院士为带头人的学术团队在造山带与盆地动力学研究领域取得系列新进展的基础上，从国家能源战略的高度进行"中国南方（中上扬子）大陆构造与海相油气前景"研究，获得中石化研究经费1.5亿元，为我国"十一五"期间扩大石油天然气勘探领域进行了有益的探索。

进一步完善师资队伍建设制度保障和经费投入，保证师资队伍建设的各项措施落在实处。高校应坚持"办学以教师为主体"，按照"全面提高、立足培养、积极引进、协调发展"的方针稳步推进人才强校战略，将教师队伍建设和人才工作放在事关学校发展全局的战略高度，通过提高待遇、优化工作环境、改善生活条件，吸引、汇聚、稳定和培养一支具有创新能力和优良素质的教师队伍。近年来，西北大学在师资队伍建设方面积累了一些有益的经验。学校强调"非升即走，非升即转"，挖掘现有师资的潜力；避免"近亲繁殖"，逐步优化学缘结构，重视师资储备建设，选派优秀研究生赴国外攻读博士学位后回校任教；推行院系教师高级职称评审试点，扩大院（系）自主权，调动院（系）积极性；不断完善以学科带头人凝聚学科队伍的人才组织模式，加强创新团队建设；开辟海外人才绿色通道，广纳贤才，加大聘请外籍专家力度，使专家聘请工作更具科学性、针对性。由于隶属关系和所处地域等原因，西北大学在吸引高层次人才方面并不具备明显优势。但是经过努力，学校已经在一些学科形成了较为明显的人才高地。舒德干教授带领的国家"创新团队"，首次揭示出了寒武纪大爆发的全貌轮廓，在早期生命起源和演化探索方面取得突破性进展，先后在 Nature、Science 发表 11 篇论文，其研究成果在 2003 年获得国家自然科学奖一等奖。自 2003 年以来，生命科学学科相继引进了陈超、崔亚丽等高层次人才 19 人。陈超教授来校后，已先后获准国家"863 计划"重大专项等研究课题 10 余项，获得研究经费 2 800 余万元，以他为首的学术团队在基因芯片研发领域取得了一系列重要的新进展，使学校生命科学学科的办学实力和学科水平得到了空前的快速发展，已成为国家级专业技术产业化孵化基地。

建设高水平科技创新基地，构建学科发展平台。在科技创新基地建设中，要强调学科群的观念，下大力气整合现有资源，坚决避免低水平重复建设，发挥最大的建设效益。学校大陆动力学国家重点实验室为造山带与盆地动力学、大陆演化重大构造事件与地球生物演化、中国西部含油气盆地及固体矿产评价等多个学科方向的发展搭建了较为坚实的条件平台。国家微检测系统工程技术研究中心搭建了高覆盖率寡核苷酸芯片、组织芯片等 5 大类技术平台，开发出系列生物芯片产品，已成为我国三大生物芯片研发基地之一。电分析化学、物理无机化学和现代分离科学 3 个实验室购置了飞行质谱仪、多功能电化学分析仪等大中型仪器 20 多台件，形成了分析科学、物理无机化学、现代分离科学和有机合成四个重点研究方向，最近三年，在 SCI 源期刊上年均发表论文达 80 篇以上。这些高水平科研创新基地，为地质学、生命科学、化学、物理学等学科持续保持国内领先地位构建了坚实的科研创新平台。

传承创新大学精神

乔学光[①]

《国家中长期教育改革和发展规划纲要》已经明确"建设高等教育强国"的奋斗目标。如何才能建设高等教育强国,大家都在思考和探索。综观西北联大的发展历史,我有一点体会,那就是:没有独特的大学精神,就不可能创建出世界一流的现代大学。西北联大孕育出的大学精神在今天弥足珍贵。

大学是民族精神的自觉发扬者。七七事变后,平津院校师生颠沛千里之遥,内迁来陕组建西北联大,虽然办学条件极其艰苦,但联大师生心里燃烧着对民族独立与自由的不懈追求,甚至弃笔从戎、从军抗战。它表现出师生的民族大义和崇高气节!

大学是国家战略的自觉实践者。内迁来陕以后,西北联大适应国家发展西北高等教育、开发西北的战略需要,将西北联大按学科门类重新调整,立志承担"发展整个西北教育之责任","全力促进西北建设",表现出优秀知识分子视国家和民族的利益高于一切的责任担当!

大学是民族文化的自觉传承者。西北联大致力于传承创新民族文化,分立各校也认识到"务使国有文化得以发扬,优美立国之精神,得以昌大,进而推广此精神于世界,使中国文化复结一辉煌灿烂之果"。西北联大的继承者们,在传承创新民族文化方面取得了丰硕成果。

西北大学继承和发扬了西北联大的光荣传统,依托西部人文与自然资源,放眼世界科学前沿,紧密结合国家和区域发展需要,积极投身于西部大开发战略和民族伟大复兴事业。

学校先后产生了中国思想史学科中的侯外庐学派、中国五大地质学派之一的"地壳波浪状镶嵌构造学说"、被誉为"中国的骄傲"的"侯氏变换"和"王氏定理"等一批重大理论创新成果。

从西北大学先后走出了以6位中国哲学社会科学学部委员,22位两院院士,4位国际研究机构院士和通讯院士为代表的著名学者,涌现出大批中青年杰出人才,赢得了"中华石油英才之母""青年经济学家的摇篮""作家摇篮"等诸多美誉。

近年来,西北大学多次荣获"中国高校十大科技进展",校党委获得"全国创先争优先进基层党组织"荣誉称号,著名物理学家侯伯宇教授被追授"全国创先争优优秀共产党员"荣誉称号。

21世纪伊始,西北大学正在向有特色高水平研究型大学迈进,将在人才培养、科学研究、服务社会、文化传承创新方面不断取得新的进步。

[①] 乔学光:西北大学原党委书记,教授。该文原载《光明日报》2012年9月19日14版。

为什么要纪念西北联大

方光华①

西北联大与西南联大是国民政府同时决策组建的两个大学共同体。抗日战争全面爆发，1937年9月10日，教育部第16696号令："以北京大学、清华大学、南开大学和中央研究院的师资设备为基干，成立长沙临时大学。以北平大学、北平师范大学、北洋工学院和北平研究院等院校为基干，设立西安临时大学。"其中长沙临时大学不久转徙云南，合组西南联合大学；而西安临时大学复迁陕南汉中，改为国立西北联合大学。十分遗憾的是，目前有关西北联大的研究极为薄弱，其史实很少为世人所知。

事实上，西北联合大学对中国高等教育的发展产生过重要推动作用，在中国高等教育史上具有十分重要的地位。

一、西北联大是西北高等教育生长发展的重要推动力量

在组成西北联大的几个高校到来之前，西北虽然有一些高等教育的萌芽，但根基相对薄弱。而西北联大的主体都有比较好的基础，有较强的实力。例如北平大学有工学院、医学院、农学院、法商学院、女子文理学院五个学院。北洋工学院是中国第一所工科大学。北平师范大学是中国第一所师范大学。北平研究院有物理、化学、镭学（后改为原子学）、药物、生理、动物、植物、地质、历史等9个研究所。这些院校和研究机构迁徙到西北，组成一个高等教育联合体，大大提高了西北高等教育的实力。

在西安期间，西安临时大学分文理、法商、教育、农、工、医6大学院，24个系，教授计有106名。据1938年2月10日的统计，全校学生总计1 472人（含借读生151人）。太原失守，西安东大门告急。1938年3月6日，西安临大奉命迁离西安，翻越秦岭到达陕南汉中。4月，改称国立西北联合大学，依然设有6个学院23个系。

1938年7月，教育部将西北联大工学院、农学院独立设校。1939年8月，西北联大再次改组，由文、理、法商三学院组建国立西北大学，医学院独立设置，称国立西北医学院，师范学院独立设置，称国立西北师范学院。西北联大虽然分设为西北大学、西北工学院、西北

---

① 方光华：西北大学原校长，现任陕西省副省长、省工商联主席，教授。该文原载《西北大学学报（哲学社会科学版）》2012年第3期。

农学院、西北医学院、西北师范学院五校，但这些学校并没有因为分立而缩小，反而得到扩大和发展。

如西北大学共设文、理、法商3学院12系，形成了文学、史学、哲学、经济学、法学、社会学、数学、物理学、化学、生物学、地理学、地质学等完整的高等文理教育体系。西北工学院复汇入东北、中原工学高等教育，形成了土木、矿冶、机械、电机、化工、纺织、水利、航空，以及从本科生到研究生的完整高等工程教育体系。西北农学院由西北联大农学院与国立西北农林专科学校合并而成，设有农艺学、森林学、农田水利学、畜牧兽医学和农业化学等6系，1940年后又增设植物病虫害系、农业经济系、农业机械学系和农产制造学系，形成了完整的高等农学教育体系。西北医学院汇入陕甘医学教育，奠定了西北医学高等教育和西北医学科学的基础。西北师范学院设立有国文系、英语系、史地系、公民训育系、数学系、理化系、博物系、教育系、体育系、家政系、劳作专修科系。

抗战胜利后，这些学校除西北工学院、西北师范学院一部分迁回平津复校为北洋工学院、北平师范大学、河北省立女子师范学院以外，所有分出院校皆留在西北，为西北地区构建文、理、工、农、医、师范等较为完整的高等教育体系奠定了牢固的基础。今天在西北的不少高等院校均与西北联大有直接源流和传承关系。从某种意义上来说，没有西北联合大学，就没有今天的西北高等教育。

二、西北联大的办学理念和文化传统具有独到的光彩

与西南联大一样，西安临时大学和西北联合大学不设校长，由北平大学、北洋工学院、北平师范大学三校校长和教育部特派员共四人组成常委，商决校务。1938年10月19日西北联大第45次校常委会通过决议，以"公诚勤朴"为联大校训。根据黎锦熙的解释，其中"公"是以天下为公，"诚"是不诚无物，"勤"是勤奋敬业，"朴"即质朴务实，表达了西北联大为国家富强和民族复兴不懈奋斗的赤子情怀。西北联大有黎锦熙撰成的校歌。其词曰："并序连黉，卌载燕都迥。联辉合耀，文化开秦陇。汉江千里源嶓冢，天山万仞自卑隆。文理导愚蒙；政法倡忠勇；师资树人表；实业拯民穷；健体明医弱者雄。勤朴公诚校训崇。华夏声威，神州文物，原从西北，化被南东。努力发扬我四千年国族之雄风"。校歌将三校在平津办校40年，各有鲜明特色，在秦陇联合举办文理、政法、师范、农、工、医教育，以"公诚勤朴"为校训，传承民族文明、发扬民族精神的办学目标作了高度概括。

特别值得指出的是，在西北联大的迁徙过程中，国民政府逐渐意识到西北联大对"发展西北高等教育、提高边省文化水平"的重大意义。南迁汉中以后，教育部部长陈立夫指出："西北联合大学系经最高会议通过，尤负西北文化重责，钧以为非在万不得已时，总以不离开西北为佳。"根据国民政府建设西北后方的战略，教育部将西北联合大学分设为国立五校。当时就有姜琦教授指出"改组西北联合大学，按其性质，分类设立，并且一律改称为西北某大学某学院"，目的就是"使它们各化成为西北自身所有、永久存在的高等教育机关"。

西北联大及其分离出的国立五校逐渐形成了扎根西北、传承文明、放眼世界的办学理念。

1939年5月2日，西北联大在城固本部举行开学典礼，常务委员的报告即说明，"本校现改名为国立西北联合大学，其意义一方面是要负起开发西北教育的使命，一方面是表示原由三校院合组而成"。教育部部长陈立夫1940年6月曾到西北大学视察，并为西北大学第四届同学会题词："学成致用，各尽所长，经营西北，固我边疆"。1943年11月，西北大学主办的《西北学术》月刊创刊号出版，校长赖琏指出："我们要恢复历史的光荣，创建新兴的文化，建设一个名副其实的西北最高学府，真正负起开发大西北的重大使命"。编辑部主任郭文鹤在《发刊词》中也指出：西北大学，为西北最高学府。其宗旨即"发扬民族精神、融会世界思想、肩负建设西北之重任"，表达了传承中华五千年灿烂文明、融会世界优秀文化成果、建设祖国辽阔西部的高远追求。而独立出来的西北师院，也在1940年决定西迁兰州，并于1944年全校迁到兰州办学。西北医学院也在侯宗濂先生的主持下，在1945年抗战胜利前夕做好了西迁兰州办学的准备。

三、西北联大取得了意义深远的教育成就

1937—1946年，西北联大与其子体国立五校形成了505名教授、1 489名员工的教职工队伍，培养毕业生9 257名。在西北联大与其子体国立五校的教师中，有徐诵明、李蒸、李书田、胡庶华、汪奠基、黎锦熙、马师儒、许寿裳、曹靖华、罗根泽、陆懋德、黄文弼、罗章龙、袁敦礼、虞宏正、张伯声、林镕、沈志远、汪堃仁、魏寿昆、盛彤笙、刘及辰、曾炯、傅种孙、张贻惠、黄国璋、李仪祉、高明等一大批著名学者。例如黎锦熙开创拼音方案研究，编纂多部陕西地方志，所著《方志今议》被奉为现代方志学的"金科玉律"。外文系曹靖华一生致力于传播俄罗斯和苏联文学，号称现代苏俄文学第一人。历史系陆懋德研究中国史学方法成就卓著。黄文弼三次参加西北科学考察团，获得了大量文物，发现西汉纸、首次论证了楼兰、龟兹等古国的位置，填补考古空白。数学系曾炯，以两个"曾定理"和一个"曾层次"闻名，丘成桐认为他是20世纪唯一可与日本数学家齐名的中国数学家。地质系张伯声的地壳波浪镶嵌构造学说被公认为地质构造五大学派之一。地理系黄国璋是我国传播近现代西方地理科学的先驱，特别对中国古地理学的改造发挥过重要作用。农学院汪厥明为我国农业统计学科的创始人。虞宏正为我国西北地区的农业科学教育事业做出了开拓性工作。医学院蹇先器是中国皮肤性病学科的奠基人之一。林几是中国现代法医学的创始人。严镜清是国内遗体捐献的发起人和践行者。体育系袁敦礼、董守义在1945年联名倡议，首次提出我国申办奥运会。

西北联大及其分立五校学生中有师昌绪、叶培大、傅恒志、史绍熙、吴自良、高景德、张沛霖、李振岐、赵洪璋、涂治、侯光炯、于天仁、王光远等杰出人才。例如师昌绪，1945年毕业于西北工学院，2010年荣获国家最高科学技术奖。赵洪璋，1940年毕业于西北农学院农艺学系，培育出我国小麦推广面积第一的"碧玛一号"，毛泽东主席曾多次接见他，亲切地称他"挽救了新中国"，人们也把他和水稻专家袁隆平并称为"南袁北赵"。

四、西北联大体现了知识分子共赴国难的民族精神

抗战时期,平、津、冀四校一院,从平、津、冀沦陷区到西安,复从西安南迁陕南汉中,其中部分力量再从汉中迁西康、迁兰州。抗战胜利后,一部分再回迁复校,大部分扎根西北。

整个联大的图书馆,刚开始时只有2 000多册图书。抗战期间教师的工资按"薪俸七折"发放,再加上抗战和通货膨胀的影响,生活极其艰辛。学生上晚自习用自制油灯照明。但师生们不畏艰苦,谱写出我国战时高等教育壮美的诗篇。

在日寇入侵、国难当头的大环境下,联大还主动适应抗战需要,开展了一系列抗日救国活动。1938年9月8日,全校组织了734名学生参加了为期两月的陕西省学生军训活动。1944年西北联大有300余师生报名从军抗战。时年43岁的地质地理系教授郁士元主动要求到抗日前线,被称为"抗战以来教授从军第一人"。

可见,西北联大将高等教育体系系统植入西北,奠定了西北高等教育的基础。它为战后中国西北建设储备了人才,奠定了思想文化基础。它凝聚和发扬了中华民族不屈不挠的精神,为中国高等教育的发展积累了宝贵的历史经验。胡锦涛总书记在清华大学百年校庆大会上的讲话中指出,我国高等教育凝聚了两大光荣传统:文化传统与革命传统。西北联大以其独特的历史地位和作用,成为20世纪我国高等教育精神传统的生动体现。我们认为,西北联大的先驱者在民族大义面前,与祖国共命运、与河山同沉浮、义无反顾的献身精神不应被忘记,他们对祖国西北开发使命的崇高自觉不应被忘记,他们期待祖国辽阔西北有发达的高等教育的愿望不应被忘记!

努力办好让党放心让人民满意的新时代高等教育

王亚杰①

当前,中华民族伟大复兴战略全局和世界百年未有之大变局相互交织、加速演进,党和国家对高等教育的需要比任何时候都更加迫切,对卓越人才的渴求比任何时候都更加迫切。高校是人才第一资源、科技第一生产力、创新第一动力和文化第一软实力的重要结合体,建设社会主义现代化强国、实现中华民族伟大复兴的中国梦、推动人类文明进步,高等教育承担着基础性、先导性、支撑性和全局性作用。

党的十八大以来,以习近平同志为核心的党中央深刻分析和把握世界发展态势,着眼"两个大局",对教育工作,特别是高等教育提出了一系列富有创见性的新理念、新思想、新观点,系统回答了事关高等教育改革发展的一系列方向性、全局性、战略性的重大问题,是高等教育改革发展的根本遵循,也是高等学校办学和治校的根本遵循,必须毫不动摇、始终不渝地坚持。"十三五"以来,西北大学以习近平新时代中国特色社会主义思想为指导,全面贯彻习近平总书记关于教育的重要论述,紧紧围绕立德树人根本任务,聚焦"双一流"建设目标,积极回应历史和人民赋予高校的新使命、新要求、新任务,全方位提升办学能力和治校水平,推动高质量内涵式发展,努力办好让党放心、让人民满意的新时代高等教育。

一、办学层面:做足"中国特色"、争创"世界一流"

中国的事情必须按照中国的特点、中国的实际办。我国有独特的历史、独特的文化、独特的国情,中国的大学发展既要遵循大学发展的一般规律,更要彰显中国风格、中国特色。我们必须坚持中国特色社会主义的教育发展道路,扎根中国、融通中外、立足时代、面向未来,发展具有中国特色、世界一流的现代高等教育,努力走出一条建设中国特色、世界一流大学的新路。西北大学坚持的"中国特色",其基本内涵就是坚持党的全面领导、坚持马克思主义指导地位、坚持扎根中国大地办大学,充分彰显中国特色社会主义大学最本质、最鲜明的特征,更好为人民服务、为中国共产党治国理政服务、为巩固和发展中国特色社会主义制度服务、为改革开放和社会主义现代化建设服务。西北大学争创的"世界一流",其基本内涵就是胸怀"两个大局",心系"国之大者",围绕国家和人民的需求和期盼,紧紧聚焦"双一流"建设目标,

---

① 王亚杰:西北大学党委书记。

确立一流标准、建设一流学科、培养一流人才、产出一流成果、提供一流服务，为建设创新型国家和科技强国、文化强国提供更加有力的人才支持和科技支撑。

1. 牢牢把握"党的全面领导"这一根本保证

中国共产党是中国特色社会主义事业的领导核心，处在总揽全局、协调各方的地位。党政军民学，东西南北中，党是领导一切的，是最高的政治领导力量。高校具有鲜明的政治属性和重要的政治功能，习近平总书记在全国教育大会上从确保党和国家事业后继有人、确保红色江山永续相传的战略高度，明确提出坚持党对教育事业的全面领导是办好教育的根本保证。站在"两个一百年"奋斗目标的历史交汇点上，必须毫不动摇地坚持和加强党对高校的全面领导，把党的领导贯穿高校办学治校、教书育人各方面、全过程，确保党的教育方针和党中央决策部署在高校有效贯彻落实，为培养社会主义建设者和接班人提供坚强保证。

坚持党的全面领导，一方面，必须坚持将党的领导与党的建设有机统一。只有依靠党的领导才能推动党的建设，只有通过党的建设才能保证党的领导。坚持党的领导，就是要充分发挥好党总揽全局、协调各方的领导核心作用，全面履行好把方向、管大局、抓班子、带队伍、做决策、保落实的领导责任，为党的建设提供根本保证。抓好党的建设，就是要按照新时代的党的建设总要求，以政治建设为统领，全面推进党的政治建设、思想建设、组织建设、作风建设、纪律建设，把制度建设贯穿其中，深入推进反腐败斗争，不断提高党的建设质量，为党的领导提供有力保障。另一方面，必须坚持将党的领导与事业发展有机统一。党的领导是根本，事业发展是目标，只有通过加强党的领导才能保证事业发展，只有通过事业高质量发展才能体现党的领导和党的建设质量。新修订的《中国共产党普通高等学校基层组织工作条例》明确规定："坚持高校党的建设与人才培养、科学研究、社会服务、文化传承创新、国际交流合作等深度融合，为高校改革发展稳定、完成党和国家重大战略任务提供思想保证、政治保证、组织保证。"这是我们党第一次将高校党建与事业发展深度融合作为高校党组织必须遵循的一条原则，以党内法规形式作出规定。进入新发展阶段，高等学校只有不断推动党的领导、党的建设与事业发展深度融合，促进学科建设与产业发展、社会需求、科技前沿紧密衔接，才能全面提升人才培养、科学研究、社会服务、文化传承创新和国际交流合作能力，为服务经济社会高质量发展奠定坚实基础、提供有力支撑。

2. 牢牢把握"马克思主义"这一鲜明办学底色

马克思主义是我们立党立国的指导思想，也是我国大学最鲜亮的办学底色。"没有革命的理论，就没有革命的行动"。毛泽东同志指出："领导我们事业的核心力量是中国共产党，指导我们思想的理论基础是马克思列宁主义。"马克思主义深刻揭示了自然界和人类社会发展的普遍规律，是科学的世界观和方法论，是人们认识世界和改造世界的有力思想武器。正如习近平总书记在庆祝中国共产党成立100周年大会上所深刻指出的："中国共产党为什么能，中国特色社会主义为什么好，归根到底是因为马克思主义行！"把马克思主义作为我国大学最鲜亮的底色，既是由社会主义大学本身性质所决定的，也是由马克思主义的真理力量决定的。

进入新时代，坚持马克思主义办学底色就是要坚持习近平新时代中国特色社会主义思想这一当代中国马克思主义,推动习近平新时代中国特色社会主义思想进教材、进课堂、进头脑,提高运用这一最新的科学理论武器武装头脑、指导实践、解决问题的能力。在办学中,要始终聚焦师生思想政治素质这一根本指向,全员、全过程、全方位塑造人这一根本方法,世界观、人生观、价值观这一"总开关",牢固树立师生对马克思主义"真学、真懂、真信、真用"的自觉意识,"热爱党、热爱祖国、热爱人民"的真挚情感,"道路自信、理论自信、制度自信、文化自信"的坚定信念,以及"两个维护"的政治自觉,真正系统解决好"爱谁""信什么"这个核心问题,切实提升运用马克思主义基本立场、基本观点、基本方法观察世界、认识世界的能力,使马克思主义的办学底色真正转化为全体西大人鲜明的共同思想底色。

3. 牢牢把握"扎根中国大地办大学"这一根本要求

中华优秀传统文化中有着丰富而深厚的教育思想,并在长期的教育实践基础上形成了有教无类、因材施教、知行统一等一系列教育理念,不仅对我国教育发展有着重要影响,而且对世界现代教育发展具有启迪作用,这些优秀的传统文化和教育思想必须得到继承和弘扬。习近平总书记坚持扎根中国大地办教育的重要论述,具有深厚的文化基础,表现了深刻的理论自觉,也体现了我们坚持中国特色社会主义的教育发展道路的坚定文化自信。在新的实践中,我们要特别重视挖掘中华五千多年文明中的精华,把中华优秀传统文化的根脉保护好、传承好、发扬好。

同时,当代中国正经历着我国历史上最为广泛而深刻的社会变革,正在进行着人类历史上最为宏大而独特的实践创新,在这样的时代背景下,教育首先要解决好"服务面向"的问题,真正回答好"培养什么人""如何培养人""为谁培养人"这一根本问题。习近平总书记指出,我国是中国共产党领导的社会主义国家,这就决定了我们的教育必须把培养社会主义建设者和接班人作为根本任务,培养一代又一代拥护中国共产党领导和我国社会主义制度、立志为中国特色社会主义奋斗终身的有用人才。高校的立身之本在于立德树人,我们必须紧紧围绕培养德智体美劳全面发展的社会主义建设者和接班人这一根本任务,把立德树人的成效作为检验学校一切工作的根本标准,抓住人才培养这个中心环节,进一步健全全员育人、全过程育人、全方位育人的体制机制,引导学生增强"四个自信",坚定理想信念,厚植爱国主义情怀,教育引导学生真正做到在中国、爱中国、为中国,努力成为堪当民族复兴重任的时代新人。

二、治校层面:提升治理能力、协同推进"六大战略"

大学治理的基石是建立符合现代大学发展要求的制度体系,其核心是坚持和完善"党委领导下的校长负责制"这一党领导高校的根本制度,在此基础上着力构建现代大学制度,实现大学治理能力和治理体系的现代化。现代大学治理体系和治理能力的现代化是一个历史过程,2021年底,我国高等教育在学总规模4 430万人,毛入学率达到57.8%,已经建成了世界最大规模的高等教育体系,正由高等教育大国向高等教育强国迈进,提升治理能力、实现高质量发展已成为引领高等教育发展的时代主题,也是高等教育适应经济社会发展的现实要求和自身发展的历史必然。基于此,西北大学结合学校面临的重大形势、发展阶段和工作重心,在治校层面,以推动治理体系和治理能力现代化为目标,以高质量发展为引领,确立了协同推进"质量立校、人才强校、改革兴校、特色建校、开放办校、依法治校"的发展战略，着力提升教育质量、核心竞争力和综合实力，持续推进大学治理体系和治理能力的现代化。

1. 质量立校是核心任务

人才培养是大学的基本功能，人才培养质量是检验高校办学质量的试金石，也是高校办学治校一切工作的出发点和落脚点。只有培养出一流人才的高校，才能够成为世界一流大学。高校必须紧紧扭住人才培养质量这个核心，牢固树立人才培养在学校工作中的中心地位，把育人作为一切工作的中心目标。

坚持质量立校，首先要保证育人质量。坚持以人为本、德育为先，坚持不懈传播马克思主义科学理论、培育和弘扬社会主义核心价值观、促进高校和谐稳定、培育优良校风学风，教育引导学生正确认识世界和中国发展大势，正确认识中国特色和国际比较，正确认识时代责任和历史使命，正确认识远大抱负和脚踏实地，坚定理想信念、实现全面发展，把人生追求同国家发展进步、人民伟大实践紧密结合，扣好人生第一粒扣子，着力培养具有高度政治自觉和严明纪律意识的时代新人。其次要提升管理质量。要在全体教职员工中强化质量意识，在各项工作和管理中强化质量导向，全面落实全员岗位管理，明确岗位职责要求和工作质量标准，将质量标准纳入工作全过程，使每个岗位都有质量要求，每项工作都有质量标准，以工作质量保障育人质量，以育人质量体现发展质量，推动学校真正步入内涵式发展道路。近年来通过持续努力，学校地质学、经济学、化学3个基地入选国家基础学科拔尖学生培养基地2.0计划，入选数量位居全国29位，陕西省第2位，全国省属高校首位。共有54个专业入选一流本科专业建设"双万计划"，其中国家级"一流本科专业"建设点37个，省级"一流本科专业"建设点17个，"一流本科专业"建设点相关专业占学校可申报专业总数近70%，数量名列全国高校前茅、陕西省属高校第1位，一定程度反映了学校育人质量和管理质量得到了新的提升。

2. 人才强校是基础支撑

习近平总书记讲，国家发展靠人才，民族振兴靠人才。对于学校来说，人才队伍的水平决定着一所大学的水平，并且影响着现在和未来，学校越是向前，知识和人才的重要性就愈发突出，人才的地位和作用就愈发凸显。近年来，西北大学着力写好"文化聚才""改革强才""服务兴才"三篇文章，逐步走出了一条符合自身办学实际的特色化"人才强校"之路。

学校在人才强校战略中始终坚持全员动员、全员参与，将人才作为办学第一资源，确立科学全面的人才观，牢固树立"人人都是人才、人人皆可成才""依靠高素质的人才培养人才、人人为培养人才作贡献"的理念。按照"奖励高端、调动中坚、扶持青年"的人才工作思路，持续改革完善全方位、全体系、全过程的人才队伍"育引服管"体制机制，实现人才队伍"盘活存量、做大增量、激发能量、提升质量"。全力为人才安居乐业、创新创业搭建全方位服务体系，充分发挥高层次人才在建设一流学科、服务创新驱动发展、促进文化传承创新等方面的关键作用，实现以高水平的人才培养高质量的人才、产出高水平的成果、为经济社会发展提供高质量的服务、引领文化传承与创新。"十三五"期间，学校新增包括2名中科院院士在内的国家级高层次人才101人次、省部级人才234人次，增量超过"十一五""十二五"的总和，

《光明日报》头版刊发文章，称这种现象为"西北大学人才井喷奇观"。

3. 改革兴校是活力源泉

大学治理体系改革的主要目标是活化办学机制，释放办学活力，达到发展模式的升级和提升。大学治理体系改革的核心是体制创新，而体制创新的关键是明确管理模式。传统的大学管理模式是牵引模式，通过学校及其职能部门牵引院（系）运行。体制创新的实质就是进行校院（系）两级管理体制改革，将相对集中的管理模式向统筹管理、分类指导的管理模式转变，激发各个层面、各个因素的活力，形成推动学校高质量、内涵式发展的合力。

西北大学的改革始终围绕理顺体制、活化机制，充分调动全体西大人的主动性、积极性和创造性展开。学校层面，通过破解体制要动力。按照"目标牵引、问题导向、统筹管理、分类指导、一院一策"的原则，全面推进校院（系）两级管理体制改革。切实贯彻"分级管理、分级负责""权责利对等""首要权力、首要责任"的原则，实行"一院一策"改革，推动管理重心下移，促进管理模式由"学校办大学"变为"学院办大学"，以管理模式的升级推动发展模式的升级，使学校的发展模式由传统的"单一牵引式"转变为每一个院系都发力的"动车模式"，使每个学院都成为充满活力的动力源；院系层面，通过活化机制要活力。把考核、用人、管理、评价、分配的权力下放到院系，按照"公平、公开、竞争"的原则，充分调动每个教职员工的积极性，调动所有人全发力，调动每个人发全力，激发每一位教职工成为办学贡献的发力点。近年来，学校被确定为陕西省深化新时代教育评价改革试点高校，入选教育部全国管办评分离改革试点单位，是全国12个入选单位中唯一一所高校。"一院一策"改革被中央教育工作领导小组作为全国教育大会精神贯彻落实工作典型在《教育工作情况》专门介绍。《光明日报》头版头条以《西北大学：深化改革激发办学新动能》为题，对学校综合改革举措和成效等进行了专题报道。

4. 特色建校是有力抓手

从大学的性质功能来讲，大学是以学科为基础构建起来的学术组织，学科是一种知识体系的组织逻辑，是大学的承载体，是大学发展建设的基础工程。与部属大学和东部地方大学相比，中西部地方大学在一流学科建设中面临更严峻的形势，存在一流人才吸引力低、建设经费有限、学科生态系统失衡等困境。基于此，西北大学按照学科建设的基本规律，坚持"一流标准""差异发展""相对优势""效益与公平兼顾"等原则，结合学校实际，探索适合自己的特色发展道路。

近年来，学校紧紧围绕"双一流"建设目标，持续做强学科优势，以学科优势凸显学科特色，以学科特色体现人才培养特色和服务贡献特色，从而彰显自身的发展特色。学科特色上，紧紧依靠西北地区特有的自然和人文资源优势，建设西大特有的"世界一流学科"，全力打造一流学科高峰。人才培养特色上，塑造具有人文情怀、社会责任、创新能力和国际视野的，堪当民族复兴大任的高素质人才。服务贡献特色上，坚持"顶天"和"立地"齐头并进，基础学科瞄准世界科学前沿，产出重大成果；应用学科紧紧围绕国家重大战略和地方发展需求，提出西大方案、做出西大贡献。2017年，地质学入选国家"世界一流学科"建设行列；2022年，考古学也成功入选国家新一轮"双一流"建设学科名单,成为陕西省属高校唯一新增建设学科,圆满实现了"保一争二"的预定目标。在第四轮学科评估中2个学科进入A类,16个学科进入前30%。地球科学、材料科学、化学、工程学、临床医学、药理学与毒理学、农业科学、植物与动物科学等10个学科进入ESI全球前1%,学科整体实力实现了新的跃升。

5. 开放办校是必然路径

开放办学不仅是时代赋予大学的使命,也是高等教育发展的基本规律与趋势,更是大学高质量发展的必然选择。社会资源配置方式有两种,一种是政府资源,另一个种是市场资源。政府的投入是保基本的,要想发展得更好,只能从外部要资源、要支持。对于西北大学这样地处西部内陆省份、长期面临资源硬约束的省属高校来说,开放办学尤为迫切、尤为重要。开放办校的重要目标就是要减少资源获取的单一路径依赖,让社会和市场上的好平台、好人才、好资源为我所用,实现各类生产要素在学校自由流动、高效聚集。

此外,随着新经济时代的到来,大学所面临的机遇与挑战,已经不仅仅局限于和所在国家内部的合作,而要在全球竞争的环境中呈现大学独有的全新面貌,通过国际化的交流与融合,提升自身的核心竞争力。从这个意义上讲,大学已经成为一个与外部世界互相融合、合作共进的开放型组织。因而,开放办学必须立足国内和国外两个层面。国内层面,要立足服务国家、区域经济社会发展需求,加强与政府、企业、社会相融相通,主动对接重点行业、重点地区、重点单位、重大工程、重大项目需求,让学校培养的人才面向先进制造业、现代服务业和现代农业等各领域,通过提供高质量的服务社会能力撬动和吸纳社会资源,通过吸纳社会资源提高服务贡献能力。国际层面,要以学生的全球竞争力培养为目标,打造重要的留学生教育基地,实现全球来源;以参与全球教育治理和学术体系为主线,积极走出去,深度参与国际科研合作,实现全球存在;以中外人文交流为特色,促进文明交流互鉴,达到全球影响,不断提高学校的知名度、显示度、贡献度。"十三五"以来,学校立足国内,放眼世界,与140多个国内企事业单位和政府部门、20个国家和地区的高校和科研机构开展了广泛的合作交流。特别是围绕国家重大战略需要,先后获批全省唯一的国家"一带一路"联合实验室,成立全国首家培养"碳中和"领域专门人才的碳中和学院,国务委员兼外长王毅在"中国+中亚五国"外长会议上宣布在学校建立的多国别的丝绸之路考古合作研究中心已基本建成,走出了一条特色鲜明、成效突出的开放办学之路。

6. 依法治校是重要保证

依法治校是依法治国战略的重要组成部分,是实现高校治理体系和治理能力现代化的重要保证。全面推进依法治校、坚持党委领导下的校长负责制、加快建设现代高校制度、构建现代大学治理体系,是依法治国和国家治理体系治理能力现代化对高等教育领域的具体要求,对于运用法治思维和法治方式深入推动高等教育改革发展,积极履行人才培养、科学研究、社会服务、文化传承创新、国际交流合作的办学职能,具有重大而深远的意义。

近年来,学校坚持将依法治校作为学校治理的基本理念和基本方式,深入学习贯彻习近平法治思想,将提升法治认知能力与法治治理水平贯穿学校教育、管理全过程,以法治体系建设为基础,以全面落实依法治校的基本要求为保障,构建有中国特色和有竞争力、有生长力的现代大学制度,努力形成完备的办学治校制度体系,以法治思维和法治方式引领、推动、保障学校事业高质量发展。一方面,大力提高全校师生员工法治观念和法律素养,使全体西大人具有法治思维、法治意识、法治方式,积极培育全校上下办事依法、遇事找法、解决问题用法、化解矛盾靠法的法治意识。另一方面,深刻认识新形势新变化对学校法治工作提出的新任务新要求,通过建立科学合理完备的制度体系,构建现代大学制度体系,使所有办学行为、组织行为和个人行为都有章可循、有规可依,所有重大办学行为都纳入法治化、制度化、规范化轨道,有效提高和增强了运用法治思维和法治方式深化改革、推动发展、维护稳定、应对风险的能力。

作为我国西北地区建校历史最为悠久的高等学府之一,西北大学不仅开辟了西北高等教育的先河,也绘就了我国西部地区教育事业发展的光辉篇章,为党和人民的教育事业作出了应有贡献。120年来,虽然历经风雨坎坷,但一代代西大人始终坚守兴学报国的初心和使命,秉承"公诚勤朴"校训,发扬"艰苦创业、自强不息"的西大精神,顽强拼搏、薪火相传,走过了120年光辉的发展历程。面向未来,我们要牢牢把握培养社会主义建设者和接班人这一根本指向,牢牢把握坚持党的全面领导这一根本原则,牢牢把握让党放心、让人民满意这一基本立场,在中国共产党的正确领导下,在习近平新时代中国特色社会主义思想的指导下,坚守"为党育人、为国育才"的崇高使命,坚持"中国特色、世界一流"的目标方向,遵循教育规律和人才成长规律,解放思想、改革创新、艰苦奋斗,不断创造新的辉煌业绩,为实现中华民族的伟大复兴做出西大人无愧于历史和人民的新贡献。

理念引领　改革先行
为高等教育事业发展注入强劲动力

郭立宏①

近年来，西北大学将综合改革作为事业发展的"一号工程"，不但在发展理念上达成了深入的共识，而且在改革框架的搭建和目标确定上，在改革的重点突破和整体推进上，及早进行谋划和推动，各领域、各方面优势逐渐彰显，改革红利也日渐惠及师生、惠及长远发展。

一、理念先导引领发展

理念是行动的先导，一定的发展实践都是由一定的发展理念来引领的。习近平总书记将新发展理念提升到极其重要的战略地位，强调坚持新发展理念，是关系我国发展全局的一场深刻变革。具体到一个组织，只有理念明晰了、认识凝聚了，才能形成自觉行动的磅礴力量。总结西北大学近年来的办学实践，一方面，牢固树立创新、协调、绿色、开放、共享的新发展理念，并将其作为学校一切工作的总遵循；另一方面，基于学校面临的重大形势、发展阶段和当前的工作重心，及时转变理念、更新思路，形成一套基于西北大学实际的新的理念体系，并在改革中自觉践行，不断取得实效。

1. 学校整体事业上，要有理念指引发展

学校确立了"回归常识、抓住本质、尊重规律、注重长远"的发展理念。回归常识就是办学要从学术组织的特征出发，回归大学的本来面目，正确处理好大学和政府、大学和社会的关系，处理好学校和教师、学校和学生、学校和院系以及教学和科研的关系，将大学的根本任务坚决地指向人才培养。抓住本质就是大学的本质是求真育人。求真就是研究学术，追求真理；育人就是培养真才实学的人才。所以必须抓住人才这一本质，聚集人才、培育英才。尊重规律就是教育是一条长线，不是一蹴而就的。只有认清和遵循教学规律、科研规律、治理规律等，才能潜移默化、润物无声，办出境界和格局来。不能过于急功近利，否则欲速则不达。注重长远就是要以"功成不必在我"的心态，接好接力棒，稳步推进各项工作，多做打基础、利长远的事情。同时，不追求一时的发展速度，摒弃竞技攀比式的办学思维，注重内涵式发展。

---

① 郭立宏：西北大学校长，教授。

2. 各个工作层面上，要有理念引出思路

人才培养方面，强调"以生为本，以本为本"，"健康成长，全面发展"，尊重学生个性，注重对学生人文情怀的培养。人才队伍建设方面，奖励高端、调动中坚、扶持青年，让每一位教师尊严工作，体面生活。学科建设方面，强调"精基础、强应用、重交叉、促转化"。基础学科要"养"，要少而精；应用学科要"放"，要大而强。开放办学方面，坚持"立足陕西、服务西部、面向全国、走向世界"，以改革促开放，以开放求发展。后勤保障方面，要超前谋划、贴心服务，不能等到问题来了，才想办法、找措施；不能花了钱，还让师生抱怨连连，好事办坏。要用心、用情、用智、用力做事，不能拖延、不能推托、不能得过且过。

3. 工作方式方法上，要有理念指导实践

首先是坚持超常规发展。超常规发展就是要抓住真问题，推进真改革，在尊重规律、不触碰红线和底线的前提下，突破传统的思维模式和工作方式，打破定势，主动出击、主动作为，大胆改、大胆试、大胆闯，别人认为可为可不为的，我们一定要有所为，别人认为可办可不办的，我们一定要办成。比如打破年度均衡的超常规预算，倾全校之力的超常规引育人才等。其次是坚持"服务、沟通、引领"。更新服务理念、内容、方式，全身心投入管理工作，全方位提升服务保障水平；加强与上级部门、分管单位、师生的联系和沟通，及时发现和解决问题；在广泛沟通的基础上，把问题变成建议，把经验变成政策，推动、引领学校发展。再次是坚持规范化、科学化、精细化。规范化就是要讲规矩，科学化就是要讲规律，精细化就是要有针对性，符合实际。

二、改革先行驱动发展

深化综合改革，一方面需要理念作先导和指引，另一方面是解决深层次问题，将愿景和理念转变为实践最直接和最有效的途径。在前期调研和思考的基础上，2016年学校正式提出建立"统筹管理、分类指导"的管理模式，推行"一院一策"，启动综合改革。2017年全力推动，2018年不断深化，2019年改革升级，2020年总结巩固。2021年以来，我们继续推动改革方案优化升级，抓各重点领域的持续改革，抓教育评价改革，强化改革的系统性、整体性、协同性。通过7年的改革，应该说"统筹管理、分类指导、一院一策"的改革理念已经深入人心，也把这种理念转化为了做法和实践。从总体来说，在涉及改革的方向、内容、目标等重大问题上，基本上都实现了预期目标。

1. 深入推进"一院一策"改革

改革的目标是建立统筹管理、分类指导的管理模式。统筹管理就是要从战略性、全局性、关键性的角度，做好顶层设计，解决院系解决不了、解决不好的事情。具体说，就是解决协同和共享的问题，协同学科力量，交叉融合，产生新的增长点等；共享学科学位点、共享大型仪器设备、图书资料等。分类指导是基于学科实际，解决差异和特色的问题。文、理、工的差异，学科内部不同方向的差异，都需要差异化对待。

改革的核心就是深化校院两级体制改革，实施"一院一策"。实质就是放权给院系，做实二级学院教学科研和办学主体地位，激发基层活力。学校层面主要做好顶层设计、宏观决策与管理服务，处理关系学校改革发展全局性、方向性、战略性重大事项。教师聘用、科研项目管理、课程设置、资源使用等都授权给院系，使院系在人财物管理上拥有更多自主权。

改革的路径是问题导向、目标牵引，"自下而上"与"自上而下"相结合。改革是由问题倒逼而产生，又在不断解决问题中得以深化。改革的路径就是要坚持问题导向，找准集中反映深层次问题的关键领域和薄弱环节，并要精准聚焦，要有目标指向。"自下而上"强调从院情、系情出发，深入研究本院系发展弱项在哪，束缚发展的症结是什么，切实梳理出本院系本学科真正存在的突出问题，弄清楚问题之间的关系，系统推出院系自身的"顶层设计"。"自上而下"强调改革的整体思路和改革中共性的内容由学校整体把握，统一部署。学校要做好顶层设计，围绕"放管服"建立对接院系的工作机制，强化"统筹管理、分类指导"的系统性、科学性。同时要充分考虑到人才培养、师资队伍建设、学科建设的关联性和一致性，整体推进，协同发展。

改革的内容要从政策突破、机制创新、投入增加着手。政策突破主要是获得上级部门授权，争取纳入改革试点，并在校内开展改革试点。只要有利于发展，就放手探索政策突破点；机制创新主要是畅通师生评价、激励和校内治理方面的渠道，使得各方面运行有序、通畅、高效；投入增加是在改革的框架下，目标牵引，在主要的几个方面加大资金支持力度。投入有保障，条件才有改善，质量才会有提升。要从三个方面系统思考，全面谋划，争取获得更大收益。

2. 持续推进"放管服"改革

"放管服"改革实质上就是"一院一策"的重要内容和支撑。我们总结了三句话：放权就要放得有序彻底，管理就要管得科学有效，服务就要服务得精准到位。在简政放权方面，把学校的权力、资源向下沉、向下放，在权力和资源配置等方面赋予院系更大自主权。在改革过程中，人力资源部下放职称评审权等5项，研究生院下放导师首次上岗资格审核权等12项，教务处下放调整本科专业权等9项，科技处下放横向经费使用权等8项。学校在率先实施改革试点的院系给予政策上的多项突破。如，下放职称评审、人员聘任与退出、考核分配、研究生导师遴选等权力，试点院系可以用结余项目经费招录博士后，教学科研人员可以根据情况延迟退休，实行货币化住房资助，教学科研人员可以带项目到企业工作，各类经费打通使用。在放管结合方面，学校成立全面深化改革领导小组，把握"一院一策"改革的整体思路和共性内容，做好顶层设计、宏观决策与管理服务，基于院系发展的差异化，对各院系改革方案逐一进行认真分析，与院系一起把脉，共同会诊，开出良方，并在实施过程中，由全面深化领导小组各成员单位拿出切实的"放管服"举措，为院系改革保驾护航。同时建立对接院系工作机制，实施精准考核，加强对院系改革方案的宏观指导，确保学校"放"得有序，院系"接"得有力。在优化服务方面，人力资源部、教务处、研究生院等10多个职能部门，深入院系开展调研，分析院系办学发展存在的困难、面临的问题和需求，管理重心下移、管理流程再造、服务流程优化，形成对接院系768条精准服务清单，为优化服务和质量问责提供依据。

3. 持续聚焦重点领域改革

不断拓展和丰富"一院一策"改革的内涵，深化重点领域改革，使得综合改革不但有筋有骨，也更有血有肉。推进完全学分制改革，构建多样化人才培养模式，提升学生专业、课程、学业进程的选择自由度。2022届毕业生中，已经有学生三年拿下了本科学位，并被保送至清华大学读研。深入推进研究生分类培养模式改革、公共课程改革。成立无行政级别实体研究机构43个。推进教师职务评聘改革，完善考核、激励机制。实施分层次建设"一流学科"计划，即"世界一流学科打造计划""国内一流学科培育计划""西部一流学科做强计划""新兴交叉学科扶持计划"。特别是以超常规思维、超常规方式建设地质、考古一流学科"特区"，支持一流学科在机制创新、任务实施等方面自主探索，在资源统筹、经费使用方面自主管理。通过政策优先保障、机制优先突破、经费优先投入，全面激发一流学科建设内生动力。建立校院科研工作对接机制，提供"订单式"服务，形成重大任务策划机制。通过重点领域改革，进一步巩固"一院一策"改革成果，激发各方面动力和活力。

在去行政化方面，我们也做了大量的探索。2016年以来，新成立的研究机构一律不设行政级别。在全校推动院系业务岗位取消行政级别，已有8个学院从院长到业务副院长完全取消行政级别。在全校推动设立无行政级别的外事副院长岗位，目前已有10个学院配备无行政级别外事副院长。通过这些，更加凸显院系的学术组织特性。

总的来看，学校综合改革的整个过程贯穿着一条基本的逻辑主线。改革的逻辑是基于调动师生积极性，从聚焦教师群体到聚焦学生群体，从聚焦院系本身活力到聚焦学科之间的交叉融合，从聚焦单项管理的机制创新到聚焦协同高效的系统集成，最终回归到惠及全体师生和学校的整体发展上。

第一个层面，主要从尊重教职员工的主体地位着手，推出"一院一策"系列改革举措，院系活力得以充分激发，广大教职员工对"统筹管理、分类指导、一院一策"有更加深入的认识，成为全面综合改革的支持者、参与者、推动者和受益者。

第二个层面，主要在"一院一策"改革夯基垒台、立柱架梁、整体框架基本建立，教职员工积极性充分调动的基础上，将改革聚焦学生，重点推进完全学分制改革，学生的个性和兴趣得到充分尊重，这既是"一院一策"改革的重要延伸和拓展，也反过来进一步推进教学、人事、财务、后勤、学生管理等更加聚焦"放管服"，进一步巩固综合改革成果。

第三个层面，在院系有动力、师生有活力，"一院一策"改革顺畅实施的基础上，势必产生突破院系界限、学科边界的动力，学校顺势而为，探索尝试打破学科边界，成立生命科学与医学部、史学部，正在论证成立地学部，将相关的学科资源整合起来、贯通起来、融合起来。

第四个层面，教师、学生、学科的活力的持续激发，必然要求在管理和服务要紧跟步伐，打破行政边界、变革机制、再造流程，做好系统集成的统筹、服务、保障各方面的工作。基于此，我们整合相关处室，成立了人力资源部、国际合作部、财务资产部，构建既同向发力、又各司其职的指导协调和管理服务工作机制。

这四个层面既层层推进，又相互融合和促进，形成了深化"一院一策"改革的良性闭环效应。

综合改革实施以来，西北大学事业实现了超常规发展，以实实在在的行动交上了一份满意答卷。2016年以来，习近平总书记撰写文章对我校中亚考古工作给予赞赏和肯定，并亲切接见和鼓励中亚考古队成员。全校上下深受鼓舞，以更加饱满的热情、昂扬的斗志，投身学校事业发展和服务国家重大战略之中。2017年，学校进入国家"世界一流学科"建设高校行列。2022年，地质学、考古学入选"世界一流学科"建设学科，学校进入"双一流"建设行列，是陕西省属高校中唯一的"双一流"建设高校。地球科学、材料科学等10个学科入选ESI全球前1‰。54个专业入选一流本科专业建设"双万计划"，"一流本科专业"建设点相关专业占学校可申报专业总数近70%。地质学、化学和经济学3个基地入选教育部"基础学科拔尖学生培养计划2.0"基地，入选数并列全国高校第29位、全国地方高校第1位。新增5个一级学科博士学位授权点，总数达24个。学生在国际、全国学科竞赛和体育艺术比赛中获得多项优异成绩。在2017年和2019年两届院士增选中获批2位院士，新增国家级高层次人才109人次，数量超过"十一五""十二五"的总和。以学校为第一作者在 Nature 和 Science 发表论文累计达19篇，获批国家自然科学基金、国家社会科学基金千余项，获得国家自然科学奖二等奖、国家科技进步二等奖、首届"创新争先奖"、中国专利金奖等奖项，产出了以"清江生物群"、大月氏考古发现为代表的一批重大理论成果。连续多年出版《中国西部发展报告》《中国经济增长质量报告》《丝绸之路经济带发展报告》，多份决策咨询报告被中央采纳。学校与榆林市政府共建"秦创原碳中和产业创新谷"和全国首家碳中和学院，成立陕西省秦岭研究中心、陕西省黄河研究院等机构，在秦岭环境保护和生态文明建设、黄河流域高质量发展、"一带一路"人才培养、推进西部大开发形成新格局、守护中华民族的精神家园等方面贡献了"西大力量"。

三、几点体会

1. 要及时把握教育发展态势，客观认识本校在全国教育格局中的地位

我们一方面要扑下身子、埋头苦干，另一方面也一定要放眼看世界、放眼看全国，要及时捕捉高等教育发展呈现出新的态势，多关注国家相关的政策和制度，多比较分析我们的短板和弱项。要清楚面临的大环境，清楚学校的阶段性目标、发展方式、改革路径等，特别是要明确这样的思路，那就是资源是有限的、时间是有限的，我们能做的就是在有限时间解决有限问题、实现有限目标。

2. 推动高等教育又好又快发展，理念要引领、改革要先动

针对高等教育改革，特别是高校改革，在党委领导下的校长负责制边界范围内的综合改革，我的感想是：一是作为校长，我觉得理念要彻底，理念越彻底，对现实的解释力指导性越强。二是高校综合改革，风险最小、成本最低、收益最大。三是改革没有壁垒。作为一所省属高校，在一些发展项目上，我们和部属高校有政策、起始的差异，唯独在改革上，不管是部属高校还是省属高校，谁先改革谁先收益，不会受到隶属关系政策的限制，给我们提供了公平竞争的机会。

3. 要不断强化办学条件保障，为全面深化改革提供有力支撑

除了管理服务理念、内容、方式等要转变、要提升之外，还要在涉及师生基本学习工作生活的硬件条件等方面建设到位、服务到位。在教育信息化建设方面，信息化背景下，传统的学习、教学、管理模式都发生巨大变化，新冠肺炎疫情使得这种变化更加深刻，极大地助推了教育信息化建设。但这又不是一朝一夕的事情，今后要全面提升教育信息化基础支撑能力，深度开展数据融合与共享。在基本建设方面，要下大力气建好教学科研、体育训练、实践实训、学习生活等基础设施和基建项目。在后勤保障方面，做好精细化服务工作，服务好教学科研工作。

4. 要加强协同合作，形成优势叠加效应

回顾这几年的发展历程，我们有一个深刻的感受，办大学不但要顶天，更要接地气，必须要有开放的胸襟和自觉的行动，与社会深度融合起来。最大限度地将外部优质资源转化为育人资源、科研资源、服务资源，形成优势叠加效应、互补融合效应，达到了双赢、多赢且不断向好的合作发展新局面。

改革是一项系统工程，也是一项常改常新的事业。西北大学将持之以恒把改革创新贯穿到事业发展的方方面面，聚焦重点难点，攻坚克难、激发活力、勇立潮头，为建设国际知名的有特色高水平研究型大学做出无愧于时代的贡献。

第二编
教育思想与实践探索

明确办学理念 提高管理水平
开创西北大学特色化发展道路

孙 勇[①]

一、学校历史与现状

西北大学诞生于国难深重、积贫积弱的晚清时期，肇始于 1902 年的陕西大学堂。1912 年，基于"关系于现实之建设、关系于将来之建设、关系于外部之防御"的目的，先贤们将这所西北地区历史最悠久的学堂更名为西北大学。1923 年 8 月易名为国立西北大学。1937 年抗战全面爆发后，国立北平大学、国立北平师范大学、国立北洋工学院和北平研究院等内迁来陕，组成国立西安临时大学，1938 年更名为国立西北联合大学，1939 年复称国立西北大学。新中国成立初期，西北大学为中央教育部直属的 14 所综合大学之一，1958 年归属陕西省主管，1978 年被确定为全国重点大学。现为国家"211 工程"重点建设院校和"西部大开发"重点支持建设院校。《大英百科全书》曾将西北大学列为世界著名大学之一。

百余年来，西北大学屡经迭变、历尽沧桑，但西大人献身于民族复兴大业而百折不挠的光荣传统薪火相传；为国家繁荣富强而默默奉献的赤子情怀从未泯灭。这种精神和信念，激励着一代代西大人在不同的历史时期艰苦奋斗，不断取得新的进步！

学校现有本部、桃园校区、南校区三个校区，总占地面积 2 360 多亩。现设 22 个院系，67 个本科专业。共有 6 个博士学位授权一级学科点、37 个博士学位授权点、92 个硕士学位授权点、4 个专业学位授权点，9 个博士后科研流动站，6 个国家人才培养基地，并设有国家大学生文化素质教育基地。现有 3 个国家级重点学科，39 个省级重点学科，4 个"长江学者奖励计划"特聘教授岗位，1 个国家工程技术研究中心，1 个全国普通高等学校人文社会科学重点研究基地，11 个省部级重点实验室和工程技术研究中心。现有教职工 2 300 余人，在校学生 19 000 余人。每年平均有近 50 位外国专家在我校从事教学或学术交流活动。

近五年来，全校共承担国家"973 计划""863 计划""攀登计划"、国家重点科技攻关项

[①] 孙勇：西北大学原党委书记，教授。本文节选自作者 2004 年 11 月 15 日在西北大学本科教学评估会上的报告，题目系编者据原文另拟。

目、国家计委重大产业化示范项目、国家自然科学基金重大（重点）项目等国家或省部级项目437项，其中包括国家"973计划"项目——"多种能源共存成藏（矿）机理与富集分布规律"、国家"863计划"项目——"功能基因组和生物芯片"等一批重大研究项目；获得了2003年度国家自然科学奖一等奖、1999年度国家自然科学奖二等奖、第九届"何梁何利基金科学与技术进步奖"、第二届"长江学者成就奖"一等奖等多项科研成果奖励233项；发表学术论文12 101篇，出版专著692部；据2000年、2001年、2002年统计，我校被SCI收录论文数在全国高校排名分居第27位、26位和28位。张岂之教授主编的《中国思想史》等系列成果，何炼成教授主编的《中国发展经济学》，彭树智教授主编的13卷本《中东国家通史》等著作，分别填补了国内各自学科领域的空白。

西北大学历来重视对外科技文化交流，已与美、日、英、法、德等10余个国家及香港、台湾地区的近50所大学和研究机构建立了友好合作关系。杨振宁、李政道、吴健雄、李约瑟、费正清、丘成桐、普利高津、哈肯、莫利斯等一批世界著名学者，先后来校进行学术交流与合作研究。2004年2月，西北大学与巴黎法语联盟合作成立了西安语言文化培训中心，为进一步繁荣国际交流与合作构筑了新的平台。

一百多年来，西北大学英才辈出，遍播寰宇，为国家培养各类专业人才10万余名。他们中的绝大多数已成为所在行业、地区或部门的骨干、学术带头人和领导干部。中国科学院院士阎隆飞、田在艺、任纪舜、刘昌明、侯洵、张殿琳、张国伟，中国工程院院士张彦仲，俄罗斯自然科学院外籍院士任益民，第三世界科学院院士牛文元，欧洲科学院通讯院士吴如山，"侯氏变换"的创立者、物理学家侯伯宇，"王氏定理"的创立者、数学家王戍堂，受到中央军委表彰的弹道专家闫章更将军，新中国第一代爆破专家王茹芝，著名播音艺术家齐越，著名诗人牛汉、雷抒雁，著名作家贾平凹，中国岩画学开拓者盖山林，经济学家张维迎、魏杰，我国"知识分子的楷模"罗健夫，献身于大漠戈壁的杨拯陆烈士，全国十大杰出青年李玉虎，担负省部级以上党政领导重任的申健、宋汉良、安启元、王岐山等，都是西北大学毕业生中的杰出代表。"中华石油英才之母""经济学家的摇篮"等赞誉，更是对西北大学办学成就的充分肯定。

二、教学建设与改革

1. 与时俱进，明确办学指导思想

进入21世纪，走过百年历程的西北大学继承传统，立足现实，放眼未来，明确提出今后一个时期的办学指导思想是：全面贯彻党的教育方针，主动适应国家和地方经济社会发展需要，围绕国家实施"科教兴国"和"西部大开发"战略，遵循高等教育规律，跟踪世界科技文化发展趋势，采取"突出重点、全面提高、优化结构、注重创新、发挥优势、办出特色"的方针，强化为地方和区域经济发展、社会进步服务的观念，加大改革力度，扩大开放视野，提高开放水平，在改革中求发展，在发展中求提高，在服务中求支持，全面提高教育教学质量、学术水平和管理水平，使学校整体办学实力迈上新台阶。特别是教育部推出本科教学工作水平评估制度以来，我校积极参照有关评估指标体系，坚持"六种观念"和"一个建设重点"加大本

科教学工作建设和改革的力度。

"六种观念"是：

——坚持本科教学工作基础地位的观念

——坚持以质量立校和以特色取胜的观念

——坚持素质教育与专业教育相结合的观念

——坚持育人为本、师德至上的观念

——坚持为地方和西部建设与发展服务的观念

——坚持教育国际化的观念

"一个建设重点"：始终把课程建设与改革作为教学工作的重点。明确的办学指导思想，为教学质量和办学水平的稳步提升奠定了坚实的思想基础，推动了教学工作全面、协调发展。

2. 重德崇才，建设高水平师资队伍

我们始终认为人才资源是第一资源，坚持把"人才战略"作为改革和发展的第一战略。

近年来，我们一方面采取了加大青年教师培养力度、积极推进国家高层次人才培养工程、实施西北大学"112人才培养工程"、实行"校内特聘教授制度"、推行"双聘教授制度"、开辟海外优秀人才"绿色通道"等有力措施；另一方面，按照"相对稳定、合理流动、专兼结合、资源共享"的原则与"不求所有，但求所用"的思路，探索和建立了流动与稳定相结合的教师队伍管理模式和机制，使师资队伍的整体实力得到了加强。

目前，我校共有在编专任教师1 130人，其中中科院院士2人，双聘院士7人，"长江学者奖励计划"特聘教授2人，博士生导师151人，教授249人，国家和省级有突出贡献专家35人，全国杰出专业技术人才1人，入选国家"百千万人才工程"5人，教育部"新世纪优秀人才支持计划"26人，陕西省"三五人才工程"15人，全国教学名师1人，陕西省教学名师3人，全国优秀（模范）教师6人，陕西省优秀教师18人，全国劳动模范、全国"五一"劳动奖章获得者14人，陕西省劳动模范、先进工作者20人。

同时，师资队伍的整体结构明显得到优化。教师的平均年龄稳定在41岁左右；具有研究生学历的教师占到63.5%；非本校本专业毕业的教师从"九五"初的38.5%上升到目前的56.11%。此外，242位国内外知名学者还被聘为兼职教授、客座教授和名誉教授。

目前，结构合理、发展趋势良好的教师队伍已经成为我校事业发展和教学水平不断提升的重要保障。

3. 加大投入，改善办学条件

"九五"以来，我校共投入1.9亿元用于本科教学工作。其中从2000年至2003年，共投入专项经费约1.02亿元，用于实验室改造和实验仪器设备的购置，2004年安排4 346万元用于教学条件改善；最近三年我校的四项教学经费分别为1 065.6万元、1 401.1万元和1 675.2万元，均占学费收入的30%以上，同时保持了生均教学经费的持续增长。

目前，我校生均占地面积87.63平方米。生均教学行政用房14平方米（含南校区在建项目生均22.77平方米），生均宿舍面积6.01平方米（含南校区在建项目生均9.93平方米），生均教室面积 2.55 平方米（不包括南校区在建的 5 栋教学楼）；生均教学科研仪器设备值 0.94 万元；全校共有本科教学实验室、实验教学中心 26 个。另外，11 个各级各类科研实验室均向本科生开放；校内实习基地 10 个，校外实习基地 133 个，其中签约基地 73 个，平均每个专业有实习基地 2 个；馆藏图书 244.23 万册，生均 120 册；校园网络总投资 2 160 万元，实现了与教育部教育网的千兆接入，建成了校内千兆到楼宇、百兆到桌面的校园信息网络系统。

超常规的经费投入和科学高效的经费管理，使我校的教育资源不断丰富，教学条件持续改善，满足了教学工作的需要。

4. 科学规划，加强教学建设与改革

我们按照"文理并重、注重应用、发展特色，为地方经济发展和社会进步服务"的专业建设指导思想，以国家人才培养基地为龙头，以特色专业和优势专业为基础，以新兴交叉学科和应用专业为发展重点，积极构建多规格的人才培养体系，不断提高本科专业建设水平。目前，文理比例协调、基础与应用并重的专业结构已经形成；发扬优势，突出特色，专业建设水平明显提升；更加符合当代高等教育规律，充分体现以人为本、全面发展教育思想的人才培养方案已经实施。

我校始终把课程建设作为教学工作的基础。为此，一方面，我们坚持"日常管理"与"项目管理"相结合，加大对课程建设的管理和支持力度。在日常管理中，对课程体系、教材建设、教学内容、教学方法、教学手段等每个环节都一丝不苟，高标准、严要求。另一方面，坚持抓好"教学改革与教材建设项目"和"课程建设项目"两类计划的实施。截至目前，先后启动教学改革项目 6 批 240 项，重点课程 3 批 155 门，精品课程两批 26 门。通过重点突破、以点带面，有力推动了课程建设和教学工作水平的不断提高。

重视实践教学是我校的优良传统。特别是近年来，我们采取完善实践教学体系、深化实验课程改革、强化教学实习与社会实践等措施，使实践教学环节不断加强。

5. 规范运作，提高教学管理水平

我们坚持教学管理队伍建设和教学质量监控与保障体系建设并重，努力提高教学管理水平。

近年来，教学管理人员主持或参与的教育教学改革项目共 68 项，其中教育部和陕西省教育厅项目 27 项；公开发表论文 80 余篇。这些成果对提高教学管理水平起到了重要的促进作用。我校教务处 1993 年和 1999 年两次荣获"全国普通高校优秀教务处"称号。一支队伍稳定、结构合理、敬业爱岗的教学管理队伍已基本形成。

建立健全教学质量监控与保障体系，是加强教学管理的重要方面。首先，我们制定了本科教学建设与改革、专业建设、教务管理、教师管理、实验教学、教材管理、学生管理等方面的规章制度 60 余种，使教学工作有章可依。其次，坚持实行课程教学状态评估、教学检查和领导干部听课、教学督导、学生评教、教师评学和本科毕业论文（设计）评审与答辩等制度，对教学环节实行全方位、全过程监控。同时，建立了比较完善的教学奖励机制，设立了青年教师讲课比赛奖、教学质量优秀奖、教学成果奖、优秀指导教师奖、优秀教材奖、教案展评奖等。这些措施的实行，使我校的教学管理工作日趋规范、有效。

6. 教学相长，树立良好学风

学高为师，德高为范。我们始终重视发挥教师在创建优良学风中的重要作用，先后制定了《西北大学关于加强师资队伍建设的若干意见》《西北大学干部职业道德规范》《西北大学教师职业道德行为准则》等规章制度，从不同角度对师德师风建设做出了具体要求，积极探索新形势下师德师风建设的新方法、新途径，取得了明显的成效。

我们在严格学生日常管理、健全激励机制和丰富校园文化的同时，坚持制度创新，实行弹性学制、课外附加学分制、主辅修制、第二学位制及校内转专业制，积极营造有利于人才培养的良好氛围，使广大学生进一步端正了学习态度、激发了学习动力，取得了很好的效果。

7. 巩固成果，再接再厉，提高教学工作水平

长期的探索和努力，使我校教学建设与改革不断发展，人才培养质量稳步提升，办学声誉不断提高。

（1）教学建设与改革方面。

——专业建设卓有成效。目前，我校本科专业涵盖了文、史、哲、经、管、法、理、工、医九大学科门类。其中，文科类专业33个，理工类专业34个；基础性专业14个，应用性专业53个。地质学、物理学、化学、经济学、历史学和生命科学与技术6个专业先后被批准为国家人才培养基地；考古学等14个专业荣获"陕西省名牌专业"称号；地质学基地1998年和2000年两次被评为全国优秀基地，其中2000年评估结果位列全国第一；经济学基地2004年也被评为全国优秀基地。

——课程建设精品迭出。"构造地质学""中国传统文化""计算机基础（文科）"3门课程入选国家精品课程项目，数量名列全国第八；"古生物学"等13门课程列入"国家理科基地创建名牌课程"项目；"政治经济学"等16门课程入选陕西省精品课程项目。

——教材建设成绩显著。《中国历史》《无机化学与化学分析》等17部教材列入"国家面向21世纪课程教材"项目，另有8部教材列入"国家'十五'规划教材"编写项目。

——教学研究持续深入。"九五"以来，先后有37项成果获得陕西省教学成果奖，其中特等奖7项、一等奖9项、二等奖21项，获奖总数与等级居全省高校前列。在2001年国家级教学成果奖评选中，我校荣获一等奖1项、二等奖4项，获奖数居全国高校第16位。

——教学手段不断革新，积极推进双语教学。目前，全校必修课中使用多媒体授课的课程已达258门，双语教学课程55门。陈峰教授主编的我国首部文科多媒体教材——《中国通史》，在国内引起了强烈反响。

——毕业论文质量优良。我们在管理过程中特别重视严把毕业论文（设计）指导教师关、中期检查关和答辩关。坚持每年评选学校本科生优秀毕业论文（设计）。近四年的统计表明，我校毕业班学生的毕业论文（设计），优秀率约为30%；国家人才培养基地班学生的毕业论文，优秀率约为40%，总体比例适当。每年评选的学校优秀毕业论文（设计），占毕业论文总数的3%。

（2）人才培养质量方面。

——基本理论与技能得到强化。近年来，学生的毕业率、学位授予率、考研率以及大学英语四级通过率保持较高比例。在全国各级各类竞赛中成绩斐然，如在 2003 年全国数学建模比赛中，有 3 个队获一等奖，1 个队获二等奖，获奖总数名列陕西高校前茅。

——创新精神与实践能力显著增强。学生的小发明、小创造、小成果不断涌现，本科生发表的科学研究论文，数量和质量都发生了积极变化，据不完全统计，2001 年以来，我校本科生公开发表论文 287 篇，有的还发表在 SCI 源期刊。

——思想道德素质稳步提高。2000 年以来，学校党校共培训入党积极分子 7 565 名，发展学生党员 1985 名。2001—2003 年，先后有 165 名学生荣获省级以上表彰，10 263 名学生和 206 个集体获得学校奖励。

——体育综合素质全面增强。近年来，毕业生体育达标率稳定在 98% 以上。我校男子篮球队获 1996 年全国大学生运动会篮球赛冠军和 1998 年全国大学生篮球赛（CUBA）总冠军。2000 年以来，我校代表队在全国比赛中共获 5 金、3 银、2 铜；在省级比赛中获 31 金、20 银、8 铜。

（3）社会声誉方面。

——生源结构得到优化，生源质量不断改善。我校生源地已扩展到 29 个省市自治区，跨省招生人数已占学校本科招生总计划的 50%。近 3 年来我校在河南、辽宁、山东、云南、广西、新疆等十余个省份第一志愿录取率一直稳居 100%，录取分数较大幅度地高于各地重点院校录取分数线。

——毕业生就业率稳步增长。近年来，我校本科生一次就业率稳定在 92% 以上。自 1998 年我校被确定为解军后备军官培养首批试点院校之后，已为部队输送人才 1 000 多名。学校多次被评为"陕西省高等学校毕业生就业工作先进集体"。

8. 求真务实，开创有特色的发展道路

回顾百年历史，尤其是改革开放以来的奋斗历程，作为一所综合性大学，我们的办学体会与基本经验有：

——遵循教育规律，坚持把人才培养作为学校的根本任务。

——确立以特色取胜的发展道路，坚持把学科建设作为学校发展的龙头。

——牢记服务宗旨，坚持把服务陕西、服务西部作为学校的历史使命。我校生源 65% 来自西部，历届毕业生约有 50% 服务于西部；科技服务项目有 65% 来源于西部，服务于西部。陕西及西部需要西北大学，西北大学的建设与发展更离不开陕西和西部。

——树立"人才强校"的观念。坚持把师资队伍建设作为学校建设的基础；积极创造和改善办学条件，把培养和引进高层次人才作为学科建设的核心。

——秉承"公诚勤朴"校训，坚持把校园文化建设作为培育学校精神文化的主战场。我们始终倡导求真至善、开拓创新、民主奉献的科学精神和艰苦创业、自强不息的西大精神，形成了有利于人才成长、有利于教学科研创新的校园文化氛围。

与办学体会和基本经验相辅相成，我校形成了三个鲜明的办学特色。

——特色之一：地域特色。西北大学根植于陕西，秉承"立足陕西、服务西部，面向全国、走向世界"的办学宗旨，学科专业具有明显的地域特征，如地球科学学科、生命科学学科、历史学与考古学科、中国古代文学学科等，都具有浓厚的地域特色。经过长期的磨砺，这种特色已经完全转化为学科优势和办学优势，固化在课程体系和人才培养模式之中。在新的历史时期，我校的学科专业建设将继续面向西部，主动适应西部社会经济发展需要，为西部建设提供人才和智力支持。

——特色之二：人才培养特色。我们坚持育人为本，充分发挥综合性大学优势，按照"加强基础、强化应用，提高素质、注重创新，激励个性、体现特色"的人才培养指导思想，形成了素质教育基础之上实施专业教育的宽口径人才培养模式，以及"基地班"的精英教育模式。经过多年跟踪调查，社会普遍认为西北大学毕业生具有基础扎实、作风朴实、工作踏实、综合素质高、发展后劲足的特点。

——特色之三：办学传统与精神特色。在长期的办学实践中，西大人保持"爱国荣校、科学民主"的光荣传统，形成了"团结、进取、民主、奉献"的优良校风和"勤奋、严谨、求实、创新"的优良学风，以及"艰苦创业、自强不息"的西大精神。这些已经成为我们宝贵的精神财富。

三、存在的主要问题与整改措施

从2000年学校召开教学工作会议以来，我们一直按照"以评促改，以评促建，以评促管，评建结合，重在建设"的方针，加强教学建设与改革。经过全校上下的持续努力，教学建设不断加强，教学改革不断深化，教学质量稳步提高。通过自评自查，我们认真总结办学经验，看到了我们的办学优势与特色，使全体师生对西北大学的未来充满信心。同时，我们也清楚地认识到学校工作中存在的一些问题与不足。

1. 目前存在的主要问题

——教育教学改革意识有待进一步强化。我们需要与时俱进，不断更新思想观念，不断完善办学指导思想。

——办学条件需要进一步改善。由于我校处于经济欠发达地区，经费长期投入不足，条件建设欠账较多，体育场馆、专业实验室、教学办公用房等基础条件建设还需进一步加强。

——学科专业和师资队伍建设有待进一步加强。主要表现为学科专业发展不够平衡，师资队伍结构仍需进一步改善，还需造就更多的高层次学科带头人。

2. 整改措施

——与时俱进，不断更新思想观念。继续动员广大师生员工开展现代教育思想的学习讨论活动，提高认识，增强改革动力；不断完善办学指导思想，牢固树立"教书育人、管理育人、服务育人"的观念；继续深化教学内容和教学方法改革，不断提高教学水平和教学质量，积极营造创新人才成长的良好环境。

——坚持科学发展观，稳定办学规模，提升办学层次。坚持以特色取胜和内涵与外延并举的办学道路，稳定本科生规模，扩大研究生规模；优化学科专业结构，加大对优势和特色学科支持力度，发展新兴交叉学科和应用专业；发挥部分国内领先、世界一流学科的引领作用，进一步提高学科建设的整体水平。

——继续发扬"艰苦创业、自强不息"的西大精神，不断增强自我发展的能力。进一步争取政府和社会各界的广泛支持，提高自筹经费能力抓好南校区建设，拓展办学空间，加大资源整合力度，提高办学效益，不断改善办学条件。

——继续坚持"人才强校"战略，加大师资队伍建设力度。深化校内管理体制、人事分配制度和后勤社会化改革，加大培养和引进优秀人才的工作力度，提高师资队伍建设水平。

高校如何科学推进人才工作

乔学光[①]

高校作为国家科技创新的源头、人力资源开发的摇篮和优秀人才聚集的舞台,如何科学推进人才工作,努力造就德才兼备的高水平人才队伍,为实现教育事业科学发展、建设创新型国家和人力资源强国做出应有的贡献?我谈几点认识和体会。

一、切实加强领导和规划,是推进人才工作的前提和基础

人才是一个国家、一所学校发展的决定因素。人才兴,则国运昌;人才强,则高校强。

党管人才是新时期高校加强人才工作的基本原则,是高校大力实施人才强校战略、不断增强自身综合实力与核心竞争力的根本保证。在新形势下,高校必须牢固树立"人才资源是第一资源""人人都可以成才"以及"以人为本"的理念,将人才工作放在事关学校发展全局的高度。坚持党管人才原则,需要不断创新工作机制,把吸引、培养和造就高层次人才作为一项重要战略任务切实抓紧抓好。

党管人才就是党爱人才、党兴人才、党聚人才。领导干部要有育才的本领、识才的慧眼、用才的气魄、爱才的感情、聚才的方法,做到率先垂范,在本校内形成尊重人才的良好氛围。

高等学校要成立由党委书记挂帅,校长和其他校领导及有关职能部门参加的专门的人才工作领导小组。认真学习中央关于党管人才的方针、政策,认真研究学校贯彻实施党管人才的措施、办法,切实研究解决本校人才队伍的现状和突出问题,努力开创党管人才工作的新局面。

二、坚持引进和培养"双轮驱动",是推进人才工作的关键

高层次人才对于高校人才队伍建设具有引领作用,其数量和质量直接影响着一所学校、一个学科在国际国内的学术地位和影响力。

在新时期,高校要坚持以学科建设为龙头,围绕学科发展目标和急需,进一步做好高层次人才引进工作。要通过国家层面和省市层面各类人才支持计划,不断加大投入力度,广开进贤之路。要积极研究新形势下吸引高层次人才的新思路和新办法,坚持系统规划、内外并举的原

[①] 乔学光:西北大学原党委书记,教授。该文原载《光明日报》2012年9月29日。

则,充分利用国内国际两种人才资源,不断完善有利于吸引高层次人才的政策措施。要进一步整合科技力量,以重点学科建设、重点实验室建设和重大科研项目为依托,为人才引进搭建平台、创造机会,集聚一批具有战略眼光和卓越才能的高层次人才,努力为学校人才队伍注入新的活力。

在新时期、新阶段,高校必须从实际校情出发,着眼于优秀人才总量增长和整体素质的提高,正确把握培养与引进、培养与使用的辩证统一关系,改变过去那种"重引进、轻培养","重使用、轻培养"的短视行为,在加强高端急需人才引进的同时,切实把人才工作的重点转到对现有人才特别是青年人才的培养使用上,使培养与引进、培养与使用相互协调、相互推进、相得益彰,努力开创学校人才工作的新局面。

三、积极创新人才工作机制,是推进人才工作的制度保障

从根本上讲,人才的成长成才和发挥作用,要靠科学有效的体制机制来保证。当前,高校要把建立有利于人才脱颖而出、发挥作用的机制作为人才工作的关键环节,从制度改革、政策调整等多方面,进一步完善适应社会主义市场经济体制和人才自身发展规律的新的人才工作机制,充分调动和发挥高校人才创新、创业的积极性和主动性。

一是创新人才管理机制,建立健全以能力建设为主体、以岗位为平台、以目标为核心、以绩效为尺度、以薪酬为动力的动态人才管理模式,进一步深入实施岗位聘用制、人事代理制等改革,形成能上能下、能进能出、充满活力的人才管理机制。

二是完善高校人才引进机制,打破人才流动的体制性障碍,促进人才由单位人、部门人向社会人转变,拓宽人才引进渠道,建立高端人才引进的绿色通道。

三是不断完善人才使用机制,大力推行竞争上岗、双向选择,使之成为高校人才资源配置的主要形式,实施固定岗位和流动岗位、专职和兼职相结合的柔性灵活用人机制,努力创造公开、平等、竞争、择优的用人环境。

四是不断完善高校人才评价考核机制,根据不同学科之间的差异性以及教学、科研、社会服务等不同性质的劳动,按照分类管理的原则,建立更加科学合理的评价指标体系,使各类人才都能够各得其所、各尽所能、各尽其才。

五是以收入分配制度为重点,不断完善人才的激励约束机制,破除高校收入分配中存在的重职称、重岗位、重资历的弊端,进一步建立与人才贡献和业绩相适应的分配制度,努力做到一流人才、一流业绩、一流报酬,有效激发各类人才干事兴业的积极性、主动性和创造性。

四、营造良好和谐的人才软环境,是推进人才工作的根本

大学的竞争优势是由物化资源和软资源共同构成的。人才软环境包括历史文化传统、制度政策体系、学术氛围、人文环境、管理与服务工作的效率和水平、情感和人际关系等多方面的因素,是学校资源的重要组成部分。

在支持人才工作的众多条件中,物质待遇、工作设施物化资源是基础,具有刚性的特点,

具有相对稳定性和难以快速大幅提升的特征。人才软环境则具有弹性特征,具有更大的灵活性和持久的吸引力。优秀人才的成长和发挥作用,既需要必要的物质条件和经济待遇,但同时更需要事业发展的环境和精神层面的支持。从某种意义上讲,软环境对人才的作用更重要,对人才的成长更具有决定性的意义。凡能吸引人才、留住人才的学校,尽管硬件条件各不相同,但都有一个共同特点,那就是有一个良好的有助于人才发展的软环境,这些软环境因素成为它们吸引人才、留住人才的关键因素。

在新时期,高校要进一步做好人才工作,必须更多地从软环境着手培育自己的竞争优势,努力做到用宏伟的目标凝聚人才,用优良的机制激励人才,用良好的环境吸引人才,用真诚的感情团结人才,用精彩的事业造就人才。

西北联大的战时教育思想及实践

赵万峰①

20 世纪三四十年代,刚刚起步的中国现代高等教育经历过一段艰难困苦的抗战时期,为配合军事战线的斗争,爱国教育、军事教育、社会责任教育等内容与实践也成为了当时高等教育必不可少的教育内容,这些不同于和平时期的教育思想及实践可以称之为战时教育思想及实践。作为抗战时期中国现代高等教育典型代表的西北联大,在极困难的环境下,完成了保存中国现代高等教育和撒布西北高等教育火种的重任,同时在另一条战线上支持了中华民族的抗战大业。

一、西北联大的抗战爱国教育

学校直接组织抗战爱国思想的传达与宣传。《西安临大校刊》《西北联大校刊》是学校进行抗战爱国思想宣传的主要载体。一方面及时发布国民政府、教育部及学校相关训令、制度、要求等。《西安临大校刊》《西北联大校刊》共出 30 期,每期上面(《军训专号》除外)头版及靠前均是发布国民政府、教育部及学校相关训令、制度等的位置,规定了有关对全体国民、高校师生抗战爱国的具体要求等;《西北联大校刊》第十期"特载"了蒋介石"严斥近卫声明"的文章,对日本所宣扬的所谓"大东亚共荣""东亚新秩序""东亚协同体"等进行了揭露驳斥,意在使师生明了时局、统一认识,鼓舞士气、团结一心,继续抗敌救国;《西安临大校刊》在《发刊词》中也有描述中华民族所处之环境及民族抗敌之决心的内容,表达了当时每位西北联大师生的共同心声。另一方面是邀请军政长官,或者学校领导等对师生进行抗战爱国的教育演讲宣传。从《西北联大校刊》第六期以后可以看到,学校每周都要举行"总理纪念周"活动,讲演是核心内容。而对于演讲内容,学校有明确要求:"学术讲演在此非常时期,其讲演内容应注重:(1)国防科学、文学艺术;(2)战事有关之国际问题;(3)战时政治经济与社会情形;(4)非常时期教育;(5)西洋文化及历史、地理、资源各问题;(6)青年学生之修养问题。其他与抗战有关之重要问题亦可随时加入",即演讲内容应该契合抗战时期之社会现实与民众需要。常委胡庶华是第一次"总理纪念周"演讲的嘉宾,他讲了抗战的国内国际形势,希

---

①赵万峰:西北大学信息科学与技术学院党委书记,研究员。本文为节选,原载《西北大学学报(哲学社会科学版)》2012 年第 6 期。

望师生"彻底实施军事管理,养成守纪律耐劳苦的抗战生活,不要错过读书机会";教务主任张贻惠在演讲中认为应该将有关抗战教育内容提到整个教育的首要位置。许兴凯先生在第六次"总理纪念周"演讲中也提到:"武器改良,是研究科学同学的职责","至于训练民众,改良过去民众教育的错误,更是我们大学生的专责"。学校还请了当时城固县县长鞠海峰为师生就陕南的情况进行了通报,重点讲了县域在国家抗战大业中应该承担的责任等,帮助师生了解地方状况,坚定抗战思想。

教师对学生进行抗战爱国演讲与教育。在1939年1月30日"第十次纪念周"演讲活动中,杨立奎教授要求全体师生都要更加积极地支持和参与抗敌后援工作。在1938年学校举行的军事集训活动中,教授李季谷、许寿裳等给师生们讲历史故事。李季谷演讲的题目叫《中国历史上所见之民族精神》,其中讲了越王勾践为复国大业忍辱负重、精心计划的精神,荆轲义无反顾为国捐躯的精神,祖逖以光复中原为己任的爱国精神,文天祥视死如归的精神。许寿裳在《勾践的精神》的演讲中提到:"只要我们能学着勾践的精神有自信,有计划,刻苦耐劳,长期抗战,上下一心,共赴国难,那么我们的抗战建国,革命大业,一定是成功的"。1938年8月,历史系教师出于"使国人认识真相,巩固民众之自信力量"的目的,着手组织编写"抗战史料"。教师的宣传不仅仅停留在演讲中,实际上许多内容已经被悄悄渗透进学生的学业教育之中。教育系民国廿六年度(1937年)的学生论文登载在《西北联大校刊》第八期上的有15篇,15篇中共有7篇显示直接与抗战相关,这种现象在西北联大教师的教学实践中很普遍。

学生自发组织的各种以抗战爱国为主题的活动也是很好的宣传形式。师生们在学习生活环境异常艰苦的情况下,积极声援前方抗战一线,他们经常举行捐献现金、衣被等活动,在校刊每一期上面几乎可以看到这样的简讯、新闻等,甚至为了调动师生捐献的热情,在《西北联大校刊》第十五期上出现了学生采用竞赛的方式进行募捐活动的简讯,活动得到了积极响应,"诸同学莫不慷慨解囊。其献金总数,约在千元以上"。抗敌后援会是师生们于1939年1月自发成立的一个组织,该会多次修订了《简章》,调整充实了机构,在领导校内师生参与抗敌爱国活动、对外进行相关宣传和组织活动的过程中发挥了积极的作用。家政系"师生鉴于我前方抗战将士急需鞋袜,特将平日烹饪、缝纫实习成绩全部献出义卖,而以所得卖价制备鞋袜,捐赠前方将士,冀补抗战力量于万一"。学校制定了《节约办法》,其中要求师生"停止宴请""新制衣必须用国货材料""积极提倡储金""纸张均用国产,学校内部通知均用便条"等。

二、西北联大的军事教育

开设军事课程,加大军体教育分量。围绕抗战救国需要而开设相关课程,这是当时西北联大师生普遍认同的一种意见。战时军事知识与技能训练也成为西北联大一个非常重要的教学内容,《本校特殊训练技术训练队修订课程实施方案》显示,特殊训练技术主要分为五种科目:(1)军事测绘;(2)军事工程;(3)军事机械;(4)军事电讯;(5)军事化学。西安临时大学从西安迁徙陕南的活动,被学校看成了一次绝佳的军事行军训练。学校制定了《国立西安临时大学全体学生由西安至汉中行军办法》,成立了专门的行军领导组织机构负责本次行军军训工作。为了进一步加强学生军事技能，学校于1938年暑假举行了全校性的军事集训。

军事兴趣小组活动活跃，学习战争技能成为学校教育的组成部分。学校根据师生需要，以高年级学生为主，成立了"自然科学讲习班"，主要讲述一些战争常识。农业化学系同学组织战时食品问题研究会。其他相关的军事兴趣小组也积极开展活动，这都进一步激发了师生学习军事知识技能的兴趣与热情。

军事教育增加了师生抗战的信心与热情，一批师生直接走上了抗战的最前线。常委李蒸在"总理纪念周"演讲中，鼓励学生报名参加"短期军政人员训练"，然后"到各部队去服务"。1944年，地质系43岁的郁士元申请放弃大学教授的职务，要求参军上前线杀敌立功，蒋介石亲自接见并特授予其少将军衔。郁士元的参军入伍行动，鼓动了当时的知识界、教育界的参军抗战热情，西北联大约300余名学生参军。

三、西北联大的社会责任教育

重视社会教育的功用，积极发动民众。西安临时大学甫经组建，即积极投身于发动民众抗日的大潮中，"训练民众，组织民众，为动员全国军民，最重要之工作。本校为西北最高学府，唤起民众，责无旁贷。爰组织宣传队下乡宣传，以尽战时青年应负之责任"。教育学院李蒸院长在城固大礼堂对师生所作《在抗战期间社会教育之途径》的报告中，认为社会教育是目前"国家应现代化""国家将进入宪政时期""抗战胜利必属于我"的必要前提，其重要性不言而喻。学校积极响应教育部的训令，很快成立了社会教育推行委员会，在1939年1月22日举行的"总理纪念周"演讲中，李蒸将此事作为学校一件大事预先向师生进行了通报。很快，该会就举行了以"灌输民众防空防毒知识"为宗旨的防毒讲习班活动。学刊还专门转载了《简单防毒概设》。在教育民众方面，学校组织了校内教育方面的著名专家学者，组成了阵容庞大的培训团队，对陕南六县小学教师进行暑期讲习培训。组织了各种针对校内外积极分子参加的培训班等，如家事讲习班，就可以招收"曾经读书识字能做简单笔记的妇女"；学校女生参加看护训练；学校组织下乡宣传队，宣传的主要内容有：（1）壮丁训练；（2）社训军体育指导；（3）保安队军体育训练等。

在学生中积极推行实业教育内容。工学院李书田院长的著作《适应抗战期间之生产建置与工程教育》就是实业报国思想下的成果。他认为：（1）在大后方迅速建立战时及生活急需之生产工厂，恢复生产，以应时需。（2）对于工程技术人才培养的要求，要重军事技术学习，相对放松"八股工程"教育。（3）在教学科研实践过程中要重点进行实用技术的研究与教育。（4）对于工程教育应更加重视——不仅指战时，和平建设时期更需要工程教育提供发展动力。

进行深入的社会实践，"研究实用问题"。师生们积极利用所学的专业知识，深入进行调查研究，帮助所在地进行历史文化整理、教育能力培训、社会问题调研、实用技能的开发等。学校还将"试验"作为学生取得学业教育必须的内容之一，并制定相应办法。办法第一条说："本大学学生所习各课目，皆需举行试验，以凭考核学业。"

撒布西北高等教育火种。在西北联大不断迁徙的过程中，国民政府逐渐意识到西北联大对

"发展西北高等教育，提高边省文化"具有重大意义，开始为构建西北高等教育格局做长远考虑。1938年4月，教育部下令："国立北平大学、国立北平师范大学及国立北洋工学院，原联合组成西安临时大学，现为发展西北高等教育，提高边省文化起见，拟令该校院逐渐向西北陕甘一带移布，并改称西北联合大学。"这个时候起，国民政府已经有了让西北联大扎根西北的计划了。南迁汉中后，徐诵明、陈剑翛二常委赴汉口向教育部部长陈立夫汇报工作，本有继续西迁四川之意，陈立夫指示："西北联合大学系经最高会议通过，尤负西北文化重责，钧（均）以为非在万不得已时，总以不离开西北为佳。"从平津繁华之地迁移来的西北联大的师生虽然从感情上不愿意，但从理智上，他们已经接受了这个安排，并且乐意做"文化开秦陇"的先驱。1939年5月，在西北联大城固校区举行的开学典礼上，常委报告中即说明了改名西北联大的意义即在于"负起开发西北教育的使命"。抗战后期直至胜利，西北联大各学院虽有部分"复原"，但是相当一部分还是留在了西北：独立出来的西北师院，在1940年即决定西迁兰州，并在抗战胜利前夕的1944年举校迁往兰州；北平农学院部分师生留在了陕西武功县；而西北工学院、西北大学文理学院、法商学院等均留在了西安，西北高等教育的大格局就此形成。

西北联大给西部留下了珍贵的精神文化财富。在西安临时大学组建不久，学校发了一则布告："本大学受命于危难之际，由平津三校院移陕联合成立，幸未受时局若何重大影响，仍能照常上课，顺利布施虽设备上极感简陋，环境亦远不如往昔宁静，究能保存若干学术研究精神，弦歌未断，饔食宛然，特殊训练之外，不忘正常教学，埋头苦干，冀成学风，此未始非我一群学人领导知识青年共体国家维持战时教育之至意所致，然亦其力求精诚战胜危机之一种心理建设也。"其中保存学术精神，弦歌未断；特殊训练，不忘正常教学；埋头苦干，冀成学风的呼吁，正是西北联大战时教育思想的集中体现。学校志存高远，并未因偏安西北而降低对自己的责任要求，《西安临大校刊》第十一期一则新闻中说道："本大学应树立文化上之权威，使西北一切新学术新思想胥以本大学为中心，庶乎有济于国家之生存独立。"学校已然将自己看作振兴西北、扶助国家复兴的重要力量。

四、西北联大"为未来储才"的专业教育

师生们认同并落实"为未来储才"的思想。西北联大常委徐诵明在1938年5月2日学校南迁城固的开学典礼上说，上前线同敌人作战是救国，我们在后方研究科学，增强抗战力量，也一样是救国。1939年2月，黎锦熙先生在纪念周所做《青年学生学养与服务两个重要的条件》的演讲中说："青年学生，关于学养与服务，有两个重要的条件，第一个条件，是关于学养与修养的；第二个条件是关系在固时期的服务的。"1941年，西北学会成立大会在国立西北大学举行，其创办的《西北学报》宗旨之一即为"研求精神学术，砥砺个人品性"。学生们对于作为大学的首要功能也有清醒的认识，学生赵兰亭在军训感言中写道："我所谓军事化，并不是把一个普通大学改为军事学校，而是摄取军事的精神，把军事当做（作）研究各项学科的出发点，来适应抗战建国的需要。"

教师克服困难、因地制宜，体现出了良好的钻研精神。教师们没有因为国难当头、设备奇

缺、研究环境恶劣而放松对自己专业研究的要求。国文系的黎锦熙教授适应战时汉字普及的需要，开创了汉字拼音方案，并很快在国内进行了普及。他牵头编撰地方志，组织教师从陕南开始，编写了一批陕南地区的历史文化、地理、矿产等专门方志，其对方志编写的设想开阔宏大，编写的《方志今议》被学界奉为现代方志学的"金科玉律"。西北联大在考古领域的贡献也在现代考古学史上留下了浓重的一笔：王子云首开先河，进行艺术考古，搜集了1000余件文物，出版了《中国历代应用艺术图纲》等10余部著作；黄文弼三次参加西北科学考察团，获得了大量文物，发现西汉纸，首次论证了楼兰、龟兹等古国位置，填补了多项考古空白。数学系的曾炯，以两个"曾定理"和一个"曾层次"闻名，当代数学家丘成桐认为他是20世纪唯一可与日本数学家齐名的中国数学家。地质学系张伯声的地壳波浪镶嵌理论被公认为至今为止世界地质构造的五大学派之一。外语的曹靖华、历史的陆懋德、教育学的李建勋、地理系的黄国璋、农学的汪厥明、医学的蹇先器、体育的袁敦礼等均在他们各自的学术领域做出了令我们今人也惊叹不已的成就。

对学生的修养及学术要求标准不降低，鼓励学生参与科研与创业。李书田从一个知识分子的角度出发，不论出身，坚持施行精英教育理念。他坚持要在教育过程中把好三个关口：一是把好宁缺毋滥的招生关。"北洋招生有一年全国报考1 000多人，最后只招了一个，宁缺毋滥，绝对的精英式教育。他到了西北，报考1 000多人，他才招了100个，还坚持这样。"二是把好教师质量关。为了保证工学院的教师质量，李书田想到了一个教授考试的点子：要求凡在工学院任教的教师均必须经过统一考试，按照真才实学重新划级。第三是严把学生教育质量关。为督促学生刻苦学习，工学院推出了非常严苛的"末位淘汰制"：凡考试两门功课未及格者必须留级。工学院的高标准严要求也被学生所接受和认可，学生们昼夜苦读，学风极佳，出现了名噪现代高等教育史上一段"七星灯火"佳话。

五、小结

战时教育思想的内涵有三点：一是教育体系中有不同于和平时期的教育思想及体现；二是教育体系中有专门针对战争的思想教育及具体实践；三是不忽视教育本身所应具有的职责。"战时"只是一个特定的内涵，而这个内涵只是应时之需添加在"教育"这个基础概念之上的内容，以第三内涵为基础，包含有第一、第二内涵的教育思想才可以称为完整的战时教育思想。西北联大应全民抗战的现实需要，积极踊跃地宣扬抗战爱国思想，积极灌输师生以军事思想，积极培养师生的社会责任意识，并支持师生积极投身于支持抗战的宣传、发动民众、军事技能培养、战时资源准备、精神鼓动等方面的实际行动中去。同时，它没有因噎废食，更没有本末倒置，在艰难的环境中，深明大义，响应国民政府的要求，"战时应做平时看"，在师生的学术研究与学养提高的领域迸发出了比以往更大的热情，做出了令人惊叹的成就。她所体现出的完整的战时教育思想及实践是当时国内高等教育战时教育思想及实践的重要组成部分及典型代表。以西北联大为代表的战时教育思想及实践加深和丰富了中国抗战战线的深度和广度，也为抗战及战后建国人才的培养做出了极大的贡献。

课比天大

李 浩[①]

耶鲁大学是著名的美国常春藤盟校（Ivy League）之一，汉学家史景迁、傅汉思曾长期执教于此。傅汉思的华裔太太、合肥张氏四姐妹之一的张充和在该校教艺术史，还有同为华裔学者的比较文学专家孙康宜也在此课艺子弟，从西安赴美的康正果在该校教汉语。耶鲁大学教授有句口头禅：课比天大。

2011年初春，新学期伊始，北美连续暴风雪，学校当局开学前通知各位教授，鉴于天气恶劣，教授如赶不到学校，可事先请假停课。但开学前许多教授为了按时上课，事先预订了学校附近的宾馆旅舍，第一天几乎所有任课教师都按时上课，尽管风雪仍然很大。

事后有中国访问学者问及耶鲁教授，教授们便说：在耶鲁，课比天大。

春节过后，我在如山的报纸堆中看到这条材料，心头为之一震。专门剪下来嘱马向科编入学校的《信息参阅》，希望学校各位同仁都能关注这件事和这个提法。

巧的是，同年8月，张岂之先生在给学校班子成员介绍参加清华百年校庆，聆听中央领导讲话时，老先生也援引了这条材料，强调教学质量与人才培养的重要性。

受此启发，我在多个场合放言，学校工作中，教学是最大的政治。提升教育质量、培养优秀人才是学校工作的重中之重，也是判断学校工作是否正确的最重要指标。

幸运的是，2012年学校出台提升人才培养质量的文件，对教师教学特别是课堂教学做了很多的阐述，也提出了很高的要求。乔学光书记、方光华校长也在多个场合反复强调育人为本，课比天大。有人说这句话是乔书记的口头禅，大会小会都在讲。潜移默化中，这一理念也变成了学校的共识。

试想，工厂里生产出大批不合格产品、假冒伪劣产品，你能说该厂的工作搞得好吗？离开了高质量的产品，工厂的其他工作搞得再好有何意义？"文革"前的三十年中，最流行的一句口号是：抓革命，促生产。当时这样讲有特殊的背景，此不赘言了。但要放在现在讲，应该是抓生产，促政治。对应着学校的工作，应该是抓教学，促思想政治。

依我的浅见，学校工作千头万绪，强调任何一个方面都有其合理性。都有其逻辑的必然。

[①] 李浩：西北大学原副校长，现任中国文化研究中心主任，教授。该文原载《课比天大》（增订本，李浩著），生活·读书·新知三联书店，2014年5月。

但是育人为本、课比天大应该是元定理，应该是第一法则。抓住了这一点，就可以纲举目张，其他问题便会迎刃而解。教书育人工作应贯穿在学术研究、社会服务、文化传承与创新等各个环节中。

从高等教育学的角度来解析，"课比天大"的提法实质上体现了通过教学优先、课程设计优先、课堂组织优先、主讲教师优先等多层次多方面的保证，来实现人才培养本位或育人本位的目标。

浙江大学校长杨卫在接受《大学周刊》访问时，曾以美国大学为例说："它们是三流学校数论文篇数，二流学校数论文的影响因子，一流学校不对论文发表提要求，而顶尖的大学非常强调教学。"（参见《科学时报》2006年10月11日）杨卫是常春藤毕业生，可以这样讲，但也容易引起歧义，故有学者著长文进行详细解释（参见李志文《关于大学的分类》，原载《现代大学周刊》2014年2月1日）。只有当我们的教授比耶鲁的教授更重视教学，更重视人才培养，我们的学校比美国的学校培养出更多的拔尖创新人才时，我们才可以理直气壮地说我们办出了一流的学校，否则说得再多、口号喊得再漂亮，也是白搭。

报载，目前内地进入了第三次移民潮，有许多富人移民国外，造成中国财富的大比例外流，理由和原因很多，不一而足。但绝大多数受调查者都陈述的一个理由，就是为了子女的教育。虽然这可能仅仅是个借口，但也说明移民者正在用脚为我们的教育投票，真到了该反思我们大学教育的时候了。

学贵勤奋而立　自得独创之见

彭树智[①]

大学本科时，读清代学者赵翼《廿二史札记》《陔余丛考》等书，对他的治学精神深表敬佩。他曾有总结一生的治学诗："少时学语苦难圆，只道功夫半未全。到老方知非力取，三分人事七分天。"当时，我对他的人天"三七开"提法有不同看法，于是写了以下感言："水滴石穿，绳锯木断，勤奋学习，功效必见。"现在，坐八望九的我，对治学多了些经验和理性，对学术的规律性和治学者主观能动性之间的关系，也多了一些体悟。

学术的要旨在学，学贵勤奋而立，自得独创之见，这是学者的本真所在。我在负责西北大学历史系、文博学院和中东研究所工作时，曾经倡导"勤奋、严谨、求实、创新、协作"十字学风。它是以勤奋为基础、以严谨为要求、以求实为原则、以创新为方向、以协作为合力，其中贯穿着献身、科学和进取相互联系的三种精神。

勤奋，是我用来取代"刻苦"一词的。"刻苦"取自韩愈对柳宗元"居闲曾自刻苦，务记览"的赞誉。学者治学，离不开下苦功深入钻研，这是对的。但从奋发图强、积极向上的意义方面考虑，我选择了"勤奋"一词。勤奋，是勤劳奋进，它具有巨大的、锲而不舍的人格力量。学术是人类文明的事业。勤奋是人生敬业的本色。韩愈《进学解》云："业精于勤而荒于嬉，行成于思而毁于随。"学术史昭示，只有脚踏实地、不懈追求真理、上下求索的人，才能深刻领悟到勤奋的力量。在中华文明中，勤奋劳动是优秀的品德。人勤地不懒，勤劳创造着物质文明和精神文明。天道励志，所以要志存高远；人道励勤，所以要立地实干。《孙子·计篇》云："将者，智、信、仁、勇、严也。"可以把这句话转义于治学：学者，勤、严、实、新、协也。学者从勤奋开始，把严谨、求实、创新、协作贯通为一体，组成治学的坚定、坚韧和坚守的巨大力量。

勤学是学者治学的基本劳动实践。它需要勤读、勤问、勤思、勤写、勤交流，切磋探研，取长补短，使自得独创之见能自圆其说。学术上有不同声音和争论，这是正常现象，否定和超越是恒常规律。正如英国哲学家罗素所言："不能自圆其说的哲学，绝对不会完全正确；但能自圆其说的哲学，很可能是完全错误的。最富有成果的各派哲学，向来也包含着明显的自相矛

[①] 彭树智：西北大学中东研究所名誉所长，教授。该文原载《西北大学学报（哲学社会科学版）》2015年第2期。

盾，然而正因为如此，才部分正确！"这是治学者的自觉之言。这也许正是我在本文开头讲的赵翼"学语苦难圆"的真正原因所在，而且也是学者勤劳耕耘、孜孜以求的动力所在。

也正是因为如此，学人要学而时习之，学术生命不止，学习不止，要活到老，学到老。学如逆水行舟，不进则退。勤学与善学，久而久之，成为习惯，从而由爱学、好学、乐学而升华为勤劳奋进的诗意生存的审美人生境界。我认为，勤奋自立而得独创之见，在于有独特的学术个性，而不能"邯郸学步"。《庄子·秋水》中说："且子独不闻夫寿陵余子之学行于邯郸欤？未得国能，又失其故行矣，直匍匐而归耳！"寿陵，燕国城邑；邯郸，赵国都城。寿陵有位叫余子的人，到邯郸去学赵国的"国能"——走步（可能是一种健身的养生体操）。由于他不善学习，一味亦步亦趋地模仿而不思创造，因此，不但没有学到此种新的走步技艺，而且忘掉了原来行走的步法。最后他连走路都不会了，是爬着（匍匐）回去的。这个寓言启示我们，一切唯书、唯上、跟风、流俗、食洋不化、泥古不进，都是学习上的僵化之路。

人老了，思想不能僵化，学术生命不能缺钙。补钙之法之一就是勤学。现在有八十为下寿、百岁为中寿、百二十岁为上寿之说。依此说法，我在下寿之时，完成了近130余万字的3卷本《两斋文明自觉论随笔》（中国社会科学出版社，2012年）之后，在2012年又写成"下寿之作"——《老学日历》50余万字书稿。八十为老年的大坎，人老诸事懒，独不废学习。学术生命不止，学习不止。学习是终身事业。我沿着过去习惯，日写千字文、月作一个专题，记录下所学、所思、所得，年终统计，竟达数十万字。这本《老学日历》正是"日历体"的学术随笔。为了叙说"学贵勤奋而立 自得独创之见"的道理，我将其中的"卷首五题"分述如下：

一、题铭

知足：尽责知足，尽力知足，尽心知足。

知不足：学习知不足，学问知不足，学思知不足。

有为：为真求知，为善从事，为美养心。

有不为：不为名缰，不为利锁，不为位囚。

以上是《老学日历》中"知足知不足，有为有不为"的座右铭，是从勤奋学习中自得的人生铭言。学习是学人的精神追求、责任、生活思维和行为方式，说到底是把"人"字写正写好。"人"字一撇一捺，看似容易写，其实是最不容易写的。"人"字要用一生的时间，并且要用心、用力才能写好。所以，这个座右铭是放在本书稿《人的原问》这一节中。这是我对做人做学问的首要体悟。

二、题言

知物之明，知人之明，自知之明，交往自觉，全球文明。

以上是《老学日历》中的"文明交往自觉五字言"。人类文明史上的人与自然、人与人和人的自我身心之间的交往互动规律，告诉我们一个道理，所谓文明，就是人类对这三种关系"文而明之"的自觉性。唯有此种文明交往自觉，方有全球的文明。国际21世纪教育委员会向联合国教科文组织提出过 21 世纪教育的四大目标是：学会做人、学会生存、学会学习、学会合作。这是文明自觉的语言。清代学者全祖望所讲的"学贵自得，心明则本立"，也说明了知物、知人、知自我身心这"三知之明"，是学习的根本问题所在。

三、题辞

博学而约取，审问而问学，慎思而自得，明辨而鉴裁，笃行而为公。

以上是《老学日历》中的"学行辞"。在这里，我把《礼记·中庸》中的"博学之，审问之，慎思之，明辨之，笃行之"去助词而用约取、问学、自得、鉴裁、为公加以补充而成的学行命题。辞，如《荀子·正名》所述："辞也者，兼异实之名，以论一意也。"约取是博学的目的，问学是对审问的追问，慎思是勤奋学习而后的成果。鉴裁为明辨之后的选择，这是虞亮对王羲之"清贵有鉴裁"的赞誉；而为公对笃行则是方向性的指引，如西北大学校训"公诚勤朴"中，把"公"字置为首训的"天下为公"那样文明自觉的、少有的宏大气魄。

四、题诗

西潮涌起东潮动，西方东方异中同。水流河东与河西，气变东风又西风。西园载酒东园醉，东茶咖啡西洋醒。世界熙攘为权利，环球哪复计西东！历史统一于多样，事物万变归常恒。分斗合和均智慧，人文良知化大成。人类关注生产力，交往自觉共文明。

以上是我在《东方民族主义思潮》第 2 版序言中的一首诗，名之曰《西东谣》。该书系人民出版社 2013 年版。收入《老学日历》时，又作了修改。在人类文明发展中，东西方二元对立观念根深蒂固，我从全球文明化、人类交往自觉化角度上，写有此诗意治学之作，以表文明史观。

五、题史

爱自然，为人类，自然史，人类史，科学双轮驱动，天文人文，共同创造优秀文明成果。

以上是《老学日历》第十编《自然人类·编前叙意》中的一段话。此编收集了关于哥白尼、威廉·哈维、达尔文、牛顿、爱因斯坦及马基雅维利、马尔萨斯、亚当·斯密、索罗的生平与思想的学习笔记，旨在沟通自然科技和人文社科两大科学于人类文明交往自觉的宏大历史进程之中。

回顾《老学日历·卷首五题》写作之时，正是《东方民族主义思潮》第 2 版付印之年。我引用该书序言最后一段话作为本文的结语：

1991 年，完成《东方民族主义思潮》书稿时，我正值坐五（十）望六（十）之年。现在写这本书再版前言时，已经是 2012 年的 81 岁而望 90 岁之年了……现在回首过去，才感到时间真是不饶人。面对这本书，即使想再作修改，也力不从心了。好在我的头脑不会停止思考，也不会放下手中的笔。只是按老龄规律，量力而行，以暮年夕阳之光，再添一柱（炷）新烛，为烛照人类文明交往自觉之路而尽绵薄之力。

西北联大与抗日战争

贾明德①

西北联大与西南联大一样是抗战时期国民政府组建的两所大学共同体。西北联大的组建不仅保证了中国高等教育弦歌不辍，树立了高远的学术目标与学术追求，而且发扬中华民族优良传统，积极服务抗战事业，服务国家战略，服务经济社会发展，为国难时期兴学强国担负起了应有的责任、做出了应有的贡献，而这一切又发展与高扬了中国大学精神。值得我们深刻反思与认真总结。

一、积极宣传抗战、服务经济社会发展

西北联大是抗战的产物，在民族危难之际自觉肩负起国家重任，积极宣传抗战、服务经济社会发展。

西安临时大学组建不久，学校即指出全校师生要"尽匹夫匹妇救亡之责"。1937年12月20日，西安临时大学校刊发刊词指出："为适应战时之特殊需要，特于课外厘定军事、政治、救护、技术等训练，并由教授指导学生组队出发，下乡宣传（抗战）。"之后，临大常委会决定：本校学生均有下乡宣传的义务，下乡宣传的目的是为唤起民众及灌输抗战常识，以期民众之组织化及发挥自卫能力。宣传材料以简明图书为最佳，宣传方法可以是谈话交流，也可采用组织歌咏队、漫画班、话剧团、写标语、出墙报等形式，并要求宣传人员对民众必须要有谦和的态度，以收到良好的效果。临大时期，校歌咏队经常到西安等地群众中去宣传、演唱抗日救亡歌曲，以增强民众抗战的信心。当时演唱的歌曲有《义勇军进行曲》《松花江上》《打回老家去》《大刀进行曲》《黄水谣》等。

西安临大南迁汉中命名西北联大后，学校继续把抗战救亡宣传作为一重要任务。当时，学校群众性的社团利用课余时间，经常到陕南乡村教民众演唱《红樱桃》《在太行山上》《黄河大合唱》等抗日流行歌曲，同时进行农村社会调查。当时，西北联大剧团还与陕西省妇女联合会的部分同志，合组成立"西北联大战地工作团"，自费到黄河附近的潼关、华阴、朝邑等县的

---

①贾明德：西北大学原党委副书记、副校长，教授。本文节选自作者2015年11月28日在第四届西北联大与中国高等教育发展论坛上的报告。

城乡进行全面抗战的宣传、演出。之后，学校又正式组建"国立西北联合大学剧团"，联大剧团不但经常在陕南城固、南郑等县的农村和城镇巡回演出以抗日为内容的街头剧和中小型话剧，还到汉中大戏院演出大型话剧，深受陕南民众欢迎。

除了宣传抗战歌曲外，西北联大还积极普及民众抗战知识。为了普及民众防空防毒知识，联大社会教育推行委员会专门成立防空、防毒、防原子弹讲习班，普及民众防空防毒；之外，为了普及民众抗战科学知识，学校还成立了自然科学讲习班，由文理学院物理、化学、生物三系共同负责办理；在汉中，西北联大还响应国民政府号召积极推广国语教育，联大社会教育推行委员会曾通过议决，将国语教育作为文理学院应办事业之一，并成立国语注音符号讲习班；特别值得一提的是，联大从1938年8月1日起利用暑期举行了城固、洋县、西乡、南郑、褒城、沔县（今勉县）的"陕南六县小学教师暑期讲习会"，联大相关学科著名教授积极参与，所设科目主要有：精神讲话、学术讲演、战时教育问题、防空防毒知识、小学教育、各种教材及教法、学校卫生、民众组训、注音符号、体育、军事训练、音乐等；为了增强广大民众的抗战力量及必要的抗战知识，学校还根据当地实际需要成立了救护训练班、公共卫生训练班、乡村巡回诊疗队、法律常识讲习班、地方自治讲习班、商业补习班、民众学校、体育训练班等等，进行不间断的宣传教育、服务民众。

西北联大的抗日救亡宣传及普及民众抗战知识，不仅起到了训练民众、组织民众、动员民众的作用，而且锻炼了学生才干、增长了学生知识、开阔了学生视野，并极大地提高了广大民众对抗战的认识和文化道德素养的提升，这又架起了学校教育与社会实践的桥梁，对高等教育的理念创新与发展不无裨益。不仅如此，联大还将师生的教学工作、学术研究自觉与经济社会发展结合起来，积极为抗战服务、为国家经济发展服务。

早在西安临大时期，师生员工即秉持"勠力同心，艰危共济，尽瘁此临时教育事业"之豪情壮志，积极为经济社会发展贡献力量。临大筹备伊始，为了使师生的教学科研与经济社会发展密切结合，1937年12月29日，学校特邀请陇海铁路西段工程局副局长兼副总工程师——国内最富声誉的隧道工程专家李乐知（李俨院士）先生到学校作相关报告，临大二院土木系及矿冶系全体学生均前往听讲。之外，学校还积极联系地方政府，学以致用，共同解决经济发展中遇到的困难及面临的难题。如，矿冶系主任魏寿崑教授受陕西省建设厅委托，率学生到安康调研金矿情况，协同解决面临问题；1937年12月，纺织工程学系全体教授率领本系一、二、三、四各年级学生，到西安大华纱厂参观该厂设施，了解企业发展状况；1938年1月24日，农学系畜牧组同学为"明瞭（了）西安乳牛业经营情形起见"由该系李正谊教授率领前往南门外小雁塔东西京牧场参观，对该场经营业状况及经营方针，乳牛饲养情形及繁殖方法等进行详细调查，以备咨询。除以上几院系外，学校还组织化工系师生赴咸阳酒精厂参观实习；地理系师生赴泾阳渠附近作农村调查；文理学院女生60余人由教员率领赴咸阳一带乡村参观，了解农村发展状况。再比如，玉门油矿最初开办时，除极少数人员由其他单位调来以外，大部分技术人员是来自西北工学院等校的毕业生。另外，根据《西北联大校刊》各期所登载的一些毕业生状况来看，绝大部分留在了西北大后方工作，并且各专业就业状况良好，深受用人单位欢迎。这里特别值得一提的是，这些毕业于西北联大及其后继 5 校的学生中，日后也不乏杰出人物，在国家各个领域做出了杰出贡献，在此不做赘述。我们可以毫不夸张地说，自从组建设立西安临时大学起，西北联大即自觉担当起宣传抗战、服务抗战、服务国家经济社会发展的重要使命。这些毕业于西北联大及其后继 5 校的学生，为抗战时期及日后西北地区的经济发展做出了重要贡献，历史应该永远铭记他们！

二、秉持高远的学术目标与办学理念

西北联大虽然处在硝烟弥漫的战乱年代，但一刻也没有懈怠，始终秉持高远的学术目标与办学理念。

西北联大与子体各校在办学规程中逐渐形成了传承文明、放眼世界、建设西北的高远追求。陕西是中华文明的重要发祥地，周秦汉唐文明构建了中华文明的骨架。西北联大自觉"以复兴西北古代文化自任"，认为"本大学应树立文化上之权威，使西北一切新学术、新思想胥以本大学为中心"。并自觉将科学精神与中华文化有机结合，强调在办学理念上"应注重科学的方法及时代的认识"相统一，学校形成自觉共识："务使国有文化得以发扬，优美立国之精神，得以昌大，进而推广此精神于世界，使中国文化复结一辉煌灿烂之果。"

1943 年 11 月，西北大学创办的《西北学术》月刊创刊号出版，校长赖琏指出："国立西北大学创设陕西，吾人远观周秦汉唐之盛世，纵览陕甘宁青新区域之广大，不惟缅怀先民之功绩……故我们要恢复历史的光荣，创建新兴的文化，建设一个名副其实的西北最高学府，真正负起开发大西北的重大使命。"编辑部的《发刊词》也指出："西北大学，为西北最高学府。……今者学校当局，痛感文化使命之重，椎轮大路，先轫本刊，借以发扬我民族之精神，融合现世界之思想，且特别研究民族发祥地自西北数省，以冀对西北建设有所裨益，其意义至深且大也。"这一切充分说明，西北大学及分离出来的子体各院校学术目标明确、办学理念清晰，那就是"发扬民族精神，融会世界思想，肩负建设西北之重任"。

在此理念指导下，学校产生了一大批具有重要影响的学术研究成果，形成了一批别具特色的优势学科，影响深远。并且，西北联大在学校管理上与西南联大一样，不设校长，由校务委员会、常委商决校务，集中体现了"教授治校"及民主管理，这又发展和创新了大学联合管理体制。值得我们认真总结。

三、发展与高扬了中国大学精神

什么是大学精神？我想最根本的就是近代以来，中国大学在办学过程中逐渐凝练与形成的"独立之精神，自由之思想"。这一点无可否认，但是，在抗战时期，面对民族危机，国破家亡，西北联大还从其他方面对大学精神进行了很好的解读，值得我们认真反思。

1. 共赴国难的民族精神和爱国主义思想

抗战时期，平津院校师生远辞故园，天空敌机轰炸，地面交通阻隔，跋山涉水，历经千难万险从平津沦陷区到西安，复从西安南迁汉中又至兰州等地，为保存中华文脉、保证弦歌不辍做出了重大贡献。然而，不管是西安临大还是西北联大期间始终面临着极其艰难的办学条件。联大刚开始时全校师生图书资料匮乏；学校没有校舍，散居于陕南城固、勉县、南郑3县6处的农舍、祠堂、庙宇、教堂；从校长到教师，皆租民房而居；学生没有宿舍，就在教室席地而眠，为防日寇轰炸，还往往不得不躲到野外树林上课，甚至持枪戴钢盔全副武装上课。由于战时财政困难，教育部规定抗战期间教师工资只按"薪俸七折"发放，加之在物价暴涨的情况下，生活十分艰难，教授只能靠微薄的薪金和"米贴"维持最低限度的生计。但是，窘迫的环境、艰难的物质生活并没有影响课堂上师者的风范，相反"究能保存若干学术研究的精神"。汪堃仁院士一家4口，逃出北平后，经天津、中国香港、越南、昆明、重庆、成都，两遇敌机轰炸，在重庆又购买教学仪器，最后抵达汉中，教学中没有解剖实验用遗体，就捡取无主尸体代替，并开出了他在北平协和医院的全部现代生理学课程。历史系教授陆懋德，身着蓝布大褂，一顶瓜皮小帽，不仅学术精湛，而且风趣幽默，课堂常常妙语连珠、生趣盎然；黄文弼教授，在西北考古行程38 000公里，是第一个穿越塔克拉玛干大沙漠千里无人区的中国人，开创了西北考古事业，由于骑马骑骆驼常年风餐露宿，甚至不适应定居生活，他创建了我国最早的两个大学考古专业之一（北京大学、西北大学）和我国最早的两个边政学系（即西北边疆民族教育）之一（南京大学、西北大学），并任第一任系主任。他治学严谨缜密，终年一身中山装，两袖发亮，肘下裂缝，但是一上讲台，则引经据典，资料翔实，无一句闲话，使学生肃然起敬；文学院王守礼教授，自己在生活不宽裕的情况下，还叫学生到家中进餐讨论，其殷殷关爱之情，令学生多年后忆起仍是热泪盈眶。

抗战时期西北联大这种不畏艰难险阻的吃苦精神、敬业精神及爱国主义思想，今天仍然具有十分重要的现实意义，值得我们高度重视与发扬。

2. 自觉服务国家战略、服务国家大局的宽广胸怀

西北联大的广大师生从环境舒适的平津等地，来到当年偏僻贫瘠的西北地区，不能说他们没有思想波动或情绪，但是，可贵的是他们很快以知识分子特有的历史责任感、使命感投入到火热的事业中，自觉服务国家战略、自觉服务国家大局、自觉投身国家开发建设大西北总体布局。他们不仅取得了辉煌的学术成就，而且为大西北开发建设提供了理论支撑与智力支持。

数学系曾炯教授，是哥本哈根学派在中国的传人，研究抽象代数学的鼻祖，将中国近现代数学带入国际前沿领域，与李书田等开辟西康高等科技教育，以两个"曾定理"和一个"曾层次"闻名，丘成桐认为他是20世纪唯一可与日本数学家齐名的中国数学家。1976年，来华访学的美国著名代数学家麦克莱恩在其学术报告中，列出了11位世界著名代数学家，曾炯是唯一入选的中国学者。地质学系张伯声的"地壳波浪镶嵌构造学说"被公认为地质构造五大学派之一。抗战胜利后，西北大学地理系主任郑资约被蒋中正任命为接收专员，郑带西大四名学生，接收南海诸岛，撰成《南海诸岛志略》，成为今日外交谈判的重要依据。农学院汪厥明教授为我国农业统计学科的创始人。虞宏正为我国土壤化学、西北地区的农业科学教育事业做出了开拓性工作。医学院的蹇先器是中国皮肤性病学科的奠基人之一。林几是中国现代法医学的创始人。严镜清教授是国内遗体捐献的发起人和践行者。体育教授袁敦礼、董守义在1945年联名倡议，首次提出我国申办奥运会。

除此之外，西北联大还对大西北进行科学考察与调研活动，意义与历史价值不容低估。比如，1938年3月，西安临大派员赴甘肃、青海两省考察，获取大量有价值资料。1939年7月20日—9月20日，联大第二次组成教授考察团，对甘肃、宁夏、青海三省进行考察，考察范围分为政治、经济及历史、地理两组，此次考察对于甘宁青三省之政治、经济、历史、地理之研究具有重要意义。1942年夏，杨兆钧先生与学生前往青海省循化县，对撒拉族语言、风俗、习惯、生活等进行考察，费时共70余天，对青海及甘肃的历史、种族来源、宗教信仰、人种特征、房屋建筑、陈设、饮食、通婚、娱乐、经济生活、语言文字、族史、教育等各方面进行了翔实的调研。1940年，国民政府西北艺术文物考察团成立。从1940年至1944年间，考察团考察了陕西、甘肃、青海等省区，获得了丰富的文物资料。1945年4月，国民政府教育部将西北艺术文物考察团累年所得各类文物、拓片、模型、石窟临摹、绘画、照片等资料百余种，计2 000余件全部拨归西北大学，这不仅对西北开发建设，而且对于以后西北大学特色学科的形成具有重要意义。1943年，历史系教授黄文弼受西北大学委托第三次赴甘肃、新疆等地考察，他沿着河西走廊西行，先后考察了敦煌莫高窟及北疆、南疆，对西北边疆的考古工作起到了筚路蓝缕的作用，等等。通过科学考察与调研活动，联大不仅为国民政府及未来西部开发建设战略的规划、实施，提供了一定的历史依据与智力支持；而且为学校教学科研开辟了新思路、新领域，对日后学校学科建设产生了重大而深远的影响。

总之，西北联大在抗战的烽火中诞生，学校在民族危难之际自觉以兴学强国与服务抗战为己任，恪尽职守，乐于奉献，开辟西北高等教育。抚今追昔，西北联大师生们不计一己私利以国家大局为重的高风亮节，在我们今天实现中华民族伟大复兴的征途中，仍有十分重要的现实意义，值得我们永久垂范与景仰！

创新教育教学理念　提升人才培养质量

赖绍聪①

《国家中长期教育改革和发展规划纲要（2010—2020年）》指出，教育要发展，根本靠改革。要以体制机制改革为重点，鼓励地方和学校大胆探索和试验，加快重要领域和关键环节改革的步伐。"十二五"期间，我国高等教育教学改革不断深化，人才培养质量稳步提高，科学研究水平全面提升，社会服务能力显著增强，国际合作交流日益广泛，国际地位明显提高，各项改革取得突破性进展，高等教育迎来了生机勃勃的崭新局面。但是，目前我国高校人才培养仍然存在不少问题，还有许多薄弱环节，深化改革的任务相当艰巨。

一、我国高等教育人才培养中存在的问题

我国高等教育由于受到传统观念的影响，许多高校的教育理念并未跟上时代的发展，教育目标长久处在使受教育者获得一套对特定行业和职位有用的知识和技术的层面上，较多地把注意力放在对于知识要点的掌握上，而缺乏培养学生独立性和批判性思维能力的有效措施，学生创新能力不足。

由于教育观念落后，必然带来课程设置的不合理。课程结构单一，内容陈旧，不能及时反映时代、学科发展的前沿水平，课程开设的先后顺序不尽合理，各课程之间的联系也不密切。

教学渠道单一，大多仍然沿袭班级授课的单一传统模式，难以照顾学生的个别差异，严重限制了学生个性的发展。

教学方式方法缺乏创新。"讲授加考试"构成了教学活动主体。学生被动接受和学习。这种模式忽视了学生素质的提高和创新能力的培养。

教学评价体系偏颇。对学生的评价过分看重考试成绩，考试测验仍然是教师评价学生的几乎唯一的法宝，忽略了对学生潜在创新能力开发和评价。这种单一的形式不利于考查学生综合素质，不利于学生独立性、创造性的培养。对教师的考核评价方法单一，内容不尽合理，难以真实地评判教师的水平和成绩。

随着社会的发展，教育观念和教育功能正在发生显著的变化，这种变化主要表现在以下几

---

① 赖绍聪：国家级教学名师，西北大学副校长，教授。该文原载《中国大学教学》2016年第3期。

个重要方面：

（1）从以继承为主转向以创新为主。传统的以传授知识为主的教育教学模式已不能适应当前社会的发展，各国教学模式的改变几乎都朝着通过探究式学习、实践式学习和合作式学习的方向发展，以培养学生的创新精神和创新能力。

（2）从以能力为导向到以价值观为导向。而价值观导向归根结底就是教育学生如何对待自己，如何对待他人以及对待社会、国家和世界。

（3）从以课程为中心转向以学生为中心，以训练标准化的个性为主转向以培养多样化的个性为主。以学生为中心正在成为很多国家提升教育质量的核心导向。而以学生为中心主要体现在两个方面，一是全员化发展，即每个学生都是重要的；二是个性化发展，即每个学生都是不同的。

（4）从信息工具使用到教学模式的改变。近20年来，信息技术在教育领域得到了广泛应用，但仍然处于信息工具与技术使用的初级阶段，信息技术与教育教学的深度融合仍然欠缺。

（5）评估评价观念的重大转变。新的理念提出，评价评估要与教育目标保持一致；评价评估的重点应放在改进课堂实践，确保所有利益相关者尽早参与以及将学生置于核心地位。通过评价评估发现问题，为教师提供及时准确的信息，帮助他们改进教学，提高学生学业成绩。

因此，面对当前国际教育教学改革新的发展，抓住机遇，应对挑战，紧紧围绕高等教育质量这一生命线，乃是当前我国高等教育面临的最根本任务。我们需要正确认识我国高等教育发展的历史成就，客观深入分析我国高等教育发展面临的困难与问题。我们必须把高等教育工作重心放在更加注重提高质量上来，深入思考，探索并实践提高教学质量的有效方法和途径。

二、教育教学理念与教学改革思路

不断提高教学质量，培养创新性人才是高等学校永恒的主题。教学工作始终是高校的中心工作，教学质量始终是高校的生命线。

面对当前我国高等教育教学质量存在的问题，我们应该深入讨论与思考。在理论上，要对国家急需的各类人才培养的思路、方案、模式等进行更深入探讨，形成先进而完整的体系。形成办学特色；在实践中，要形成兼顾服务于学生全面发展和个性发展的思路，形成科学的适用于不同层次人才培养的课程体系、实践教学体系，并及时实施。最终达到实质性提高人才培养质量的目标。基于这一基本思想，本文提出在人才培养和具体教学过程中，我们需要密切关注的十个重要方面。

1. 明确人才培养的指导思想——立人教育

国际21世纪教育委员会向联合国教科文组织提交的教育研究报告称：教育是"保证人人享有他们为充分发挥自己的才能和尽可能牢牢掌握自己的命运而需要的思想、判断、感情和想象方面的自由"。马克思和恩格斯指出：教育是促进"个人的独创的自由发展"。孔子说："大学之道，在明德，在亲民，在止于至善。"而鲁迅先生则明确指出："教育是要立人。"我国著名教育家蔡元培先生认为："教育是帮助被教育的人给他能发展自己的能力，完成他的人格，于人类文化上能尽一分子的责任，不是把被教育的人造成一种特别器具。"在国际教育界有着同样类似的对教育的理解和认识。著名教育家雅斯贝尔斯认为："教育是人的灵魂的教育，而非理性知识的堆积。"教育家斯金纳则用更加简洁且极富哲理的语言深刻地揭示了教育的内涵，他认为："教育就是将学过的东西忘得一干二净时，最后剩下来的东西。"那么，所谓"剩下的东西"究竟是什么？我们认为，"剩下的东西"就是教育的本质和精髓，就是"独立的人格、探索的精神、学习的能力、践行的能力"。

因此，大学不是"职业培训班"，专业知识虽然重要，但更需要的是培养学生正确的价值观和探索、思考、学习以及践行的能力。

作为教育工作者，弄清楚什么是教育这个问题，对于认清教育的本质、明确自己的职能和职责、找准前进的方向是非常必要的。因为没有理性的自觉，是不可能在实践中做个自觉而清醒的教育者的。

2. 以"本科专业类教学质量国家标准"引导教学工作，形成先进的人才培养方案

人才培养方案是在一定的教育思想和理念指导下，为实现特定的教育目标，通过专业培养计划、课程体系、评价体系、管理制度等实施人才培养的方案与计划。简单地说，人才培养方案就是学校为学生构建知识、能力、素质结构的实施计划。

很显然，构建合理的、先进的、适应当代科学技术发展和社会需求的人才培养方案是决定人才培养质量的关键因素。要提高人才培养质量，就必须将人才培养方案的精心研制和凝练作为重点。

根据教育部高教司理工处 2013 年 7 月关于《理学本科专业类教学质量国家标准框架说明》的通知精神，本科专业类教学质量国家标准乃是该专业类人才培养、专业建设等应达到的基本要求。它主要适用于三个方面：一是作为设置专业的参考；二是作为人才培养和专业建设的指导性规范；三是作为质量评价的参考。

因此，"标准"是设置专业的基本准则，是人才培养和专业建设的指导性规范，是质量评价的基本依据。我们应该以"本科专业类教学质量国家标准"为基本依据，引导教学工作，按照基于"标准"、高于"标准"、突出"特色"的指导思想，依据各校各专业办学条件的实际，凝练形成先进的人才培养方案

3. 合理的课程体系与实践教学体系

目前，我国高等院校仍然在不同程度上存在先进的科学理论、技术与老旧的课程体系设置及教学内容、体系的矛盾。因此，密切结合国际科学技术发展趋势，统筹本科教育不同阶段、不同课程教学内容，梳理核心知识，优化课程体系，使教学内容尽可能跟上时代发展的步伐。从人才培养目标定位出发，建立相适应的课程体系，通过教学与科研的结合，将教师研究成果充实到教学内容中，实质性地形成特色鲜明、与国际接轨的理论教学体系，保证教学内容先进性。这些都是亟待进一步加强与深化的。

良好的实践动手能力对创新性人才培养尤为重要。传统教学在进行知识传授的同时，也注重学生的实践，但它强调实践教学的验证性过程，注重对经典学说的认知和接受，创新性实践

环节较少,制约了学生的创造性。我们需要在已有实践性教学改革的基础上,按照实践教学"认知—综合—探索"循序渐进规律,统筹本科四年的不同阶段、不同课程的教学内容和计划,构建课堂教学与实践教学内容协调配置、时间穿插的循序渐进的实践性教学新体系,完善本科实践教学环节。

总之,在构建合理的课程体系与实践教学体系过程中,我们应该突出思维方法训练,加强实践方法创新,打破课堂教学分门别类、自成体系的教学过程,使不同课程内容自然交融、互相关联。加强学生综合分析问题的能力培养,最终建立特色鲜明的"自然认知—方法实践—综合分析—探索创新"循序渐进的课程新体系。

4. 教学方法与方式的创新与探索

教学过程是教与学双边互动过程。教学是教与学的统一,教为学而存在,学又要靠教来引导,两者相互依存、相互作用。教学方式的改革必然要求和引起学习方式方法的改革。教学方法改革的基本思路是让学生变被动为主动,减少课堂讲授学时,增加讨论课和实践课,使课堂教学方式多元化。使用现代化教学手段,增加课堂信息量。积极鼓励学生直接参加部分教学活动等。我们应该以学生为主体,以能力培养为目标,针对传统教学过程普遍存在的教学内容单一、考核方式简单、教学内容单调、教学过程呆板、缺乏师生交流等不利于调动学生积极性和创新思维的弊端进行系统改革,形成创新的教学方法与方式。

对于课堂教学,应该根据教学内容的不同,灵活地采用孔子型课堂(知识驱动、教师主动、学生能动)、苏格拉底型课堂(问题驱动、学生主动、师生互动)、翻转型课堂(基于MOOC的在线学习、课堂质疑)、自主型课堂(程)学习(兴趣目标驱动、自主自觉行动、课内课外联动)等多种课堂教学形式。

通过教学方法与方式的创新,使教学过程实现五个转变,即从验证性到设计性的转变;从灌输式到启发、讨论式教学的转变;从传统技术到新技术与传统技术结合的转变;从单科性到综合性的转变;从认识性、继承性到创新性的转变。

5. 建设高素质教师和管理队伍

推进教育创新和培育人才,离不开教师的辛勤工作,也取决于教师队伍的素质。优秀的师资团队和教学管理团队是践行正确的教育教学理念、先进的教学体系以及创新教学方法的关键要素。

应该以深化教师聘任制度改革为重点,加强政策调控,科学设置机构和岗位,实行教师资格制度,实行"资格准入、竞争上岗、全员聘任",完善教师岗前培训、在岗学习、国内外进修体系,从而建设一支相对稳定的师资队伍。

师资队伍应具有合理的年龄结构。重视师资队伍学缘结构优化,采取有效措施促进学缘交叉,改善知识结构和教育背景。对于理、工、农、医类专业,还要不断加强实验教学队伍建设,形成能够满足实验教学需求、队伍稳定、专/兼结合的实验教学队伍。

专职教辅/教学管理人员队伍稳定、结构合理、团结协作、素质高、服务意识和质量意识强。

高度重视师德师风建设,完善制度,落实措施,不断提高教师的思想道德素质和业务素质,不断促进教师教育教学水平的提高。教师还应积极开展教学研究,积极参与教学改革与教学建设。

6. 建立一流的教学实验室

在实验室建设过程中,应始终坚持培养高素质创新性人才,不断提高教学质量是专业发展的生命线的主导思想,牢固树立实验室与学科建设同步发展的思路,带动实验室建设上台阶。并逐步实现学生在教师指导下进入实验室进行测试,为学生参加科研训练、提高科研素质提供平台和条件,这对促进本科教学质量和培养创新意识将起到积极作用。

在专业实验室的建设过程中,应该大力倡导"教学科研一体化"的主导思想。使专业实验室不仅能够全方位地服务于本科及研究生教学工作,而且能够在较高层次上进行科学研究工作。并在科学研究工作中不断积累经验,逐步改进实验方法,提高实验技术,这就极大提高了专业教学实验室的水平和档次,以最直接和最有效的方式将科研成果实时转化为教育资源。高水平科研资源向教学资源的转化,奠定了教学的高起点、高标准。激发创新意识,训练创新能力,达到培养学生观察事物、思考问题、自我设计、研究解决问题的素质,形成实践教学从理念到形式全面改革。同时,实践教学条件、实践教学方法、实践管理模式应该逐步国际化,这对促进本科教学质量和培养创新意识将起到重要作用。

7. 推行教育信息化,以信息资源服务教学工作

教育信息化是教育实现现代化和适度超前发展的重要途径。教高〔2015〕3号文件指出,大规模在线开放课程等新型信息化教学和学习平台在世界范围内的迅速兴起,拓展了教学时空,增强了教学吸引力,激发了学习者的学习积极性和自主性,扩大了优质教育资源的受益面,正在促进教学内容、方法、模式和教学管理体制机制发生变革,给高等教育教学改革发展带来了新的机遇和挑战。

信息技术在教育领域的应用可分为三个阶段:工具与技术的改变,教学模式的改变,最终可能产生学校形态的改变。而我们目前仍然处在"工具与技术改变"的初级阶段。近年来,随着MOOC的冲击,有可能真正迎来"教学模式的改变"。

很显然,信息化已经成为当前高等教育面临的重要挑战与机遇。我们必须积极应对当前面临的教育国际化和信息化的趋势,以传统教学模式与当代信息化技术的深度融合为抓手,在信息化的基础设施、信息化的资源配置、信息化的应用水平等三个方面加强建设,为学生自主学习、教师教学研究、师生资源服务提供高水平、高效能的保障。

8. 特色鲜明的第二课堂

对于高素质优秀创新人才,探索精神、科学素质、科研能力的培养十分重要。这些是很难通过某一门专门的课程来培养的,必须在教学过程中有意识地熏陶培养,在教学中改革内容、改进方法,以加强学生的科研能力,提高科学素质,培养学生创新意识,充分调动学生自我学习的能力。

第二课堂是指在教学计划所规定的教学活动之外,引导和组织学生开展各种有意义的学习、研究和探索活动。它的形式多样,内容丰富多彩,具有协作性、多样性、实践性、创新性等显著特点。第二课堂对于开阔学生的学术视野，提高学生的学习兴趣，加深学生对事物的理解和认识，帮助学生发掘自身的潜能，发现适合于自己的学习方法，激发他们的创新意识和探索精神作用显著。同时，对于加强学生的团队意识和协作精神、提高学生的综合素质也有重要的促进作用。

因此，不把教学活动囿于教室课堂，而要把它们扩展到整个校园以至于校园之外。建立特色鲜明、形式多样的第二课堂就显得尤为重要。第二课堂对于调动学生自我学习的能力，注重教育的个性和适应性意义重大，是培养优秀人才、提升本科教学质量的重要手段和途径。

9. 高效务实的教学质量监督保障体系

关键是实施教学管理制度创新，建立富有特色的和有效的教学质量标准以及教学质量监督机制。教学质量考核标准应该以兼顾规范性和个性化为原则，从而形成完善的自我约束机制。

（1）教学质量标准。教学质量标准应该兼顾规范性和个性化两个方面。在具体做法上，应该根据学科的发展，集体建立可供检查的教学大纲，加强教学大纲的评审机制，实行教学大纲听证制度，以确保教学大纲（教学质量评估的重要标准）的先进性和引领性。

（2）教学质量监控体系。为了规范教学管理，应该对课程教学实行三段式教学管理模式，即教前管理（大纲听证、大纲公示、教学纪律公示）、教中管理（教案公开、教学督导、听课检查）和教后管理（教考分离、教学质量评估），加强过程管理等。通过这些措施的实施，进一步加强教学质量的管理和监控，逐步形成"社会—管理层—教师—学生"多层面教学质量监控体系和自我约束、自我发展的教学管理机制。

10. 毕业生跟踪反馈机制及专业的持续改进机制

采用多种途径定期或不定期跟踪调查毕业生工作情况及升学后的学习情况，广泛收集信息，并以此作为改革人才培养模式、修订人才培养方案、调整招生计划等的参考依据。及时跟踪社会和科学技术发展，根据学科的内涵和功能变化，及时调整和提高人才培养目标，推动专业建设的持续稳步发展。

教育的目的，应该是让一个人变得健全和完善，形成正确的价值观，具备探索的精神，获得学习的能力以及实践的能力。大学教育不能局限于理性知识的堆砌，更不能将大学教育视作"职业培训班"。

优秀人才培养是一项系统工程。我认为，正确的教育理念、先进的人才培养方案、合理的课程体系、创新的教学方法、一流的师资团队、教学科研一体化的实验实践教学平台、先进的信息化教学、特色鲜明的第二课堂、高效务实的质量监控体系以及逐步完善的人才培养质量跟踪反馈及专业持续改进机制等十个方面，初步构成了逻辑关系明确、相辅相成、互为支撑的优秀人才培养的完整体系。只有牢牢地抓住每个关键环节，切实深化教育教学改革，才能实质性地提升人才培养质量，推进我国高等教育的健康发展。

西北联大的学术自由及其历史价值

姚聪莉[①]

西北联大在民族危亡的抗战时期，网罗天下一流人才，潜心育人，形成了扎根西北、传承文明、放眼世界的办学理念，并以"公诚勤朴"为校训，这些都构成了西北联大的核心精神。在此办学理念和精神的引领下，虽当时办学条件极其艰难，西北联大却拥有500余名教授，其中不乏如黎锦熙、张伯声、陆懋德等国内知名学者。据统计，1937年至1946年间，西北联大培养了9 257名毕业生，为我国培养了大量的精英人才。那么在当时，西北联大的学术氛围如何，其学术自由主要体现在哪些方面？笔者拟从历史的视角进行解析，以期对我国构建现代大学制度有所启示。

一、西北联大学术自由的体现和特征

1. 科学规范的制度体系是学术自由的基础

西北联大非常重视学术制度建设，早在西安临时大学时期，就建立了战时大学联合管理体制，成立了西安临时大学筹备委员会。在西北联大时期发展了这种管理体制，筹备委员会改为校务委员会，不设校长，由校务委员会、常委商决事务。校务委员会是西北联大的统一领导机构，下设各分委员会，"均系设计、研究及应付特种事件性质"。西北联大这种分权的管理理念为学术自由奠定了组织保障。同时吸纳教授在各分委员会中担任学术职务，并聘请教授担任行政职务，如聘请黎锦熙兼任秘书主任、许寿裳兼任法商学院院长及本校建筑设备委员会主席、胡庶华兼任学生贷金审查委员，推定杨立奎为导师会常务委员等，这些教授充分地参与了学校学术及行政事务的管理和决策。

学校高度重视对学生科学精神的培养，激励学生个性的发展。在《西北联大校刊》第八期刊登的《本校训导大纲》中，提出"厉行业业考察，并奖励勤奋，以养成彻底研究的态度"，引导学生勤奋探索，求真务实。在训导方式上，强调建立读书会、研究会，提出"导师会可期各种学科及实际问题组织研究会，令学生自由报名参加，并随时开会讨论"。老师和学生都作为平等的学术追求者，共同探讨"高深学问"及现实问题。西北联大时期制定了系列制度，旨

[①] 姚聪莉：西北大学高等教育研究中心主任，教授。该文原载《西北大学学报（哲学社会科学版）》2016年第2期。

在为师生创设自由探索、勤奋创新、平等交流的制度环境,也正因如此,西北联大的学者才具有了"独立的学术立场、严谨的学术态度、宽阔的学术视野和创造性的学术精神"。西北联大的制度化建设为学术自由精神在这所大学的弘扬和践行创造了良好的平台。

2. 兼容并包、勤奋敬业的师资力量是学术自由的保障

在师资力量方面,西北联大位列内迁高校前茅。据统计,1937—1946 年,西北联大及其分立的五校共有教授 505 名、教职员工 1 489 名,其中不乏国内一流学者。这些教授大多曾留学德、美、日等国,许多人在海外取得博士学位,具有深厚的学术造诣。如中国语言文学教授黎锦熙、外国语言文学教授徐褐夫、历史学教授陆懋德、地理学教授张伯声、工程技术学教授李书田,等等,都是学术界的泰斗级人物。他们使用英文教材和参考书,积极吸收国际科学理论成果,跟踪和把握世界学术前沿问题。

西北联大对教授的聘任不受非学术性标准的束缚,始终坚持以学术造诣为主要标准。正如徐诵明所言"学校聘请教授,一向只问其学问如何,不论政治派别"。正是在这种兼容并包思想的影响下,西北联大的师生虽然存在形形色色的思想和派别,但却能和谐共处,互不干扰。例如在西北联大的众校长中,每位校长的办学理念都有所不同,其中李蒸与李书田形成了鲜明的对比,李蒸主张平民教育,他认为教育是为了提高全民素质,而李书田则主张精英教育,他认为教育是为了培养卓越人才,二者各自按照自己的理念,培养出了适合不同层次需要的人才。还有一些进步教师以新观点授课,如杨慧修讲授的"文学概论""小说选",深受学生欢迎。

当时办学条件非常艰苦,全校散居于城固、勉县、南郑 3 县 6 处 10 公里范围内的农舍、祠堂、庙宇、教堂,从校长到教师,皆租住在民房中。由于战时财政困难,教育部规定抗战期间教师工资只按"薪俸七折"发放,教师们靠微薄的薪金维持生计。然而,正是在这样艰苦的条件下,教师们仍然坚持勤俭办学,严谨治学,细心治教,坚持科学研究,勤奋敬业,认真钻研,踏踏实实做好自己的工作,取得了丰实的教学成效和科研成绩。如黎锦熙编写了一本理论和实践相结合的方志学著作《方志今议》,并且在现代汉语语法学研究、国语运动和辞典编纂方面都有很大的贡献;地质学系张伯声提出的"地壳波浪镶嵌构造学说",是中国五大地质构造学说之一,等等。

3. 丰富多样的学术演讲和学术交流是学术自由实现的重要途径

学校开课以后,为提高学生学术、道德等方面的修养,每周均请校内外专家学者讲演。早在西安临时大学时期,就非常重视学术交流活动,曾邀请历史学家侯外庐、中国民主同盟负责人梁漱溟、女作家丁玲、水利学家、西安临大兼任教授李仪祉等各界人士到学校讲学或演讲。除此之外,学校经常组织学术调研和交流活动,如学校派人员赴甘青两省考察,历史系对张骞墓道进行清理考察,编纂抗战史料大纲,矿冶系赴安康调查沙金,纺织工程学系参观大华纱厂,农学系参观陕西棉产改进厂,农业化学系组织战时食品问题研究会等。这些调研为师生营造了良好的学术条件,为他们的学术研究提供了大量的素材,因此,出现了一批研究成果,例如校刊发表郁士元所撰《沔县煤矿区之地质》,黎锦熙所撰《城固县志续修例言》《城固新修县志方案》系列论文,以及历史系考古委员会《发掘张骞墓前石刻报告书》等。通过系列学术演讲活动，启迪青年学生严谨求实，崇尚学术；通过各种考察活动，引导师生逐步从封闭的"象牙塔"中走出，开始关注社会各种现实问题的研究，营造了自由探索、独立思考、求真务实的良好学风。

4. 种类繁多的校刊、期刊和学会营造了良好的学术自由氛围

创办学刊、成立学会，这些活动都为学术自由营造了良好的氛围。1937年12月20日，《西安临大校刊》创刊号出版，校常委陈剑翛在《发刊词》中指出"凡校内规制、法令、文艺、课程、训导方针以及全体师生之学术言论思想，悉选载之，诚本大学'教育情报'之总汇也"。1938年8月15日，《西北联大校刊》第一期出版。之后，《西北学术》《西北建设》《西北月刊》等学术性刊物相继创刊，此类事例，不胜枚举。1941年5月，原西北联大分立的五校联合组成"西部学会"，总会设于国立西北大学，在西北各重要学术地区设立分会。该学会创办《西北学报》，刊发了多篇学术文章。这些校刊、学刊发表的文章和消息以及创建的学会直接反映了西北联大师生的学术成果。

5. 丰富多彩的学生活动是学术自由的重要环节

据史料介绍，当时西北联大的学生社团很多，学生们在学习之余苦中作乐，编演话剧、创作诗词、组织学社，组织开办多样的娱乐活动，充实精神。在学术方面，他们秘密传看当时国统区的禁书《辩证唯物主义与历史唯物主义》，且在校内分别举办进步壁报《秦风》《中原》和进步杂志《读书月刊》《新地》等，同反动的文艺报刊相对抗，郭沫若还为《新地》题写了刊名。1943年，20名进步同学还组织了山阳读书会。

6. 灵活多样的选课机制和学习平台使学术自由在本科教育中得以实现

西北联大学科设置齐全，涵盖了文、理、工、商、法等多个学科门类，为学生在不同学科间选修课程、拓展学习领域提供了便利条件。西北联大可供学生选择的课程和专业方向丰富多样，鼓励学生个性发展。"本校课程，在可能范围内，应准各系学生互选"，鼓励各系学生互选课程。学校注重培养学生的修业习惯和学术素质，要求全校一年级学生都要写作"修养日记"及"读书札记"。修养日记应每日临睡前完成，主要内容为"以对于自己生活之反省与认识为主旨，对于社会实际问题及时事等，亦可自由发表本日之感想"。同时还要求学生做"读书札记"，内容涵盖哲学、宗教、社科、艺术等九大类，"积久即为各种专题研究论文之资料"，以扩大学术视野。黎锦熙、黄国璋两位教授在答复教育部征询各种问题时指出："学分制、学年制宜并重。……注重自修工作，……各系应设选修课程，使学生能按其性行所近，有自由选择之机会。"灵活多样的选课机制和学习平台不仅开阔了学生的视野，也为学生的个性发展提供了条件。

二、西北联大学术自由的历史价值

我国古代就有了学术自由的观念，春秋战国时期的"百家争鸣"，宋代书院的自由讲学传统，洋务运动时期的"中学为体、西学为用"等，都是学术自由的典范。抗战前的北京大学、清华大学，把学术自由的理念传播开来，发扬光大，形成了我国独具特色的学术自由观。学术自由思想不仅具有巨大的社会价值,而且具有不可替代的学术价值,也构成了大学的核心精神。近现代以来,学术自由思想促进了社会民主政治的发展,完善了整个社会功能,推动了人类文明的发展,同时,在不同历史时期,其一直被认为是建设世界一流大学所必需的保障,并成为现代大学竞争力与实力的原动力。

西北联大作为抗日战争那个特殊历史时期的高等学府,其学术自由蕴含着学者们的创造精神、批判精神、自由精神以及社会关怀精神,可以说是大学精神之魂,也成为西北联大生存发展的一大动力和保障。在学术自由的氛围中,西北联大涌现出一批杰出的学者和学生,为祖国富强和民族复兴贡献自己的力量。

以史为鉴,可以知得失。重新审视西北联大时期的学术传统和大学精神,彰显西北联大学术自由的价值,对当今我国高等教育发展将大有裨益。世界一流大学的发展,是以学术的提高和知识的创新为基础的,一流的大学需要一流的师资和一流的学生,而如果没有自由宽松的学术氛围作为保障,大学难以形成一流的成果,也难以跻身于世界一流大学的行列,国内外一流大学以及抗日战争时期联大发展的历史已给我们提供了最好的依据。

三、西北联大对现代大学学术自由的启示

学术自由是大学知识创新的基础。如今重拾西北联大时期学术自由精神,不仅可以为现代大学的发展提供动力,而且能够为大学培养人才提供有益的借鉴。

1. 大学管理体制应去"行政化",创造良好的学术自由氛围

西北联大时期行政权力与学术权力协调互补,相得益彰,共同促进了学术自由的发展。目前,虽然我国许多大学也如联大时期设立了学术委员会、教学指导委员会以及校务委员会等一系列组织,但大多数学术机构的作用尚未有效发挥,教授并未真正在学术事务咨询和决策中发挥实质性的作用。近年来,大学在学术成果评议、科研项目申报、职称晋升等环节舞弊现象频频发生,值得我们反思。大学存在的基础是知识、课程以及学科,而大学教授是知识以及学科的主体,是教师中层次、水平最高的学术群体,他们对教学、科研和学科建设的特点和规律有着深刻的理解,理应成为大学这一学术组织发展的中坚力量。所以,我们要给大学学术进行行政松绑,确保大学各项学术民主制度的顺利实施,学术权力不为行政权力所挤压,行政权力的运行以学术权力的保障为前提。

西北联大处于抗日战争年代,当时政府忙于抗战,对学校的管理时紧时松,却为学术自由的发展提供了一个相对宽松的外部环境。学术有自身的逻辑——以追求知识和科学为宗旨,最终服务于社会福祉。因此,学术需要更多的自由,政府要给学术提供自由宽松的环境,给予大学充分的自治权力,鼓励大学积极探索适合大学学术发展的管理模式。

2. 培养学者的创新意识和敬业精神

学者作为学术自由理念的实践主体,应具备创新意识和敬业精神。西北联大时期的学者不仅学术造诣深厚,而且思想开放,能把新思想、新观点带进课堂。且西北联大学者在当时非常艰苦的条件下,仍然坚持办学,坚持教学与科研活动并举,其敬业精神令人钦佩。因此,学者

所具有这种创新的意识和敬业精神是行使学术权力时应具备的首要品质。正如克拉克·科尔（Clark Kerr）所指出的那样，学术活动的主要目的是通过科研活动发现知识，通过教学活动传播知识。学术道德原则是固有的，应该是基于知识的创造和传播。学术研究的过程同时也是一个自我完善、精神境界不断提升的过程。学者在学术研究的过程中应专注于学问，宁静淡泊，远离名利，潜心研究，"坐冷板凳，做大学问"。也应勇于批判，敢于尝试，不断探索，最终取得原创性的成果。学者还需要砥砺意志，吃苦耐劳，具有为自己所崇尚的事业牺牲奉献的精神。同时也需要始终坚守学术自由，恪守学术规范，在充满艰辛而又充满惊喜的学术之路上孜孜以求，只有这样才能真正在学术上有所成就。

3. 应在责任和使命的基础上发展学术自由

西北联大时期，国民的责任和使命主要是抗日救亡，学校也是在这样的环境背景下发展学术自由，培养当时国家所需的各类人才，以期挽救处于危难之中的中华民族。而在当今，大学作为社会发展的思想引擎，工业经济的推进器，同样应有强烈的使命感和社会责任感，要为国家的繁荣富强输送具有社会责任、科学精神、创新精神以及引领现代科学技术发展的人才。应使学者和学生在自由轻松的氛围中根据个人的兴趣开展学术研究，这对于培养具有先进的科学技术知识，在国际学科领域能够处于世界前列的高精尖人才具有积极的意义。同时，学术自由的发展有利于知识的创新和进步，也有利于原创性科研成果的产生，知识的创新进步以及原创性科研成果的产生也会反过来促进学术的不断发展和繁荣，这将为我国真正实现人才强国和科教兴国的战略目标以及社会主义现代化建设打下坚实的基础。

西北联大融汇世界的办学思想与实践

姚 远①

西北联大有融汇世界教育办学的明确表述和实践，显示出其宽广的办学视野。

一、李蒸："当本'天下一家'与'世界大同'之理想，努力争取人类的互助合作与各民族文化的交流"

西北联大常委、国立西北师范学院院长李蒸在多处提到这种观念，在论及战后师范教育时，他指出：除对固有文化的承继与传承而外，"师范教育……必须具备远大眼光，当本'天下一家'与'世界大同'之理想，努力争取人类的互助合作与各民族文化的交流，以期巩固永久和平之基础"；"师范教育……必须担负起继往开来之责任……对于世界科学思潮要能吸收与消化"。

李蒸早年在哥伦比亚大学师范学院专攻教育学，博士学位论文为《美国单师制学校组织之研究》，对美国教育有深刻的研究和体验。1933年，他任北平师范大学校长期间创建的"北平师范大学研究所"，其实就是按照美国大学须具备"学者""学生""保存、发展和散布知识"三要素模式推动的一个大学功能的重要拓展。他在研究所开学典礼上的讲演中指出："欧洲的大学中，专门研究法律、医学、哲学和神学其他各种专门学科都不附在大学里面，而另设专科学校，或单科大学"；"美国则不然，大学与学院没有一定的界限。"他根据美国哥伦比亚大学校长巴特勒氏的说法，将美国大学归结为三要素，即"第一，有一个学者的集团，此项学者的集团必须有授予他人以学位，及学术上荣誉之权威；第二，进大学的学生必已受过充分的普通文学和科学的训练，有被指引研讨特殊的专门学术的能力；第三，应用图书馆、博物馆、实验室及出版物等得以保存知识、发展知识和散布知识。真正的大学，须具有这三种要素，否则不配称为大学"。然而，"在目前中国普通的大学教授，只是上课讲书，领导研究者甚少；进大学的学生在高中时代所受的训练多不充实，进大学以后必不能作特殊的专门研究，所以中国所谓的大学，实在不能算是真正的大学"。由此，他提出："研究所的任务，一方面研究教育学术，一方面造就教育专门人才，所以研究所才是真正的大学，研究生才是真正的大学生，师大所以

---

① 姚远：西北大学西北联大与大学文化研究院院长，教授。本文为节选，原载《河北师范大学学报（教育科学版）》2017年第1期。

必须成立研究所，原因即在于此。"同时，他规定了研究所的任务："第一是教育目标，必须明了世界思想、国家政策和人生理想"；"第二是儿童研究，现在还有成人研究，就是儿童和成人心理及生理发育的情形、天赋智能差异、社会经验差异之研究"；"第三是教育方法，就是如何带引赤裸裸的儿童进入理想的境界问题，其中包括有学习心理、教育用具、教学技术的研究"。

二、李书田等："未敢以自满，且以世界学术进步之速，时以落后为惧"，"俾渐渐走入世界学术之林，肩负挽救国家之重责"

李书田主持的北洋大学工程教育，一开始就确定了"程度与欧美各著名大学不相上下"的办学目标，使"其毕业生从彼时就能直接入美国东部各著名大学之研究院"，在工程各科教育发展顺序上，亦以世界先进国家为模，以"各国工程学术发展之先后，莫不先土木，次矿冶，再次电机，最后化工"，"中国高等工程教育发展之顺序"，亦应循此"天演之公例"。他提出在建立民族自信心的基础上，还要学习世界先进学术：中外工程技术人士，"得作技术上之研究，一方工程界与实业界可作事业上之联络。"本院并未敢以自满，且以世界学术进步之速，时以落后为惧，因是举凡学科之改进，设备之充实，无不唯日孳孳，企臻上理"，"以便督促本院，俾渐渐走入世界学术之林，肩负挽救国家之重责"。

周宗莲教授在《英国之土木工程教育》一文中，详细考察了英国的工程教育与国内工程教育的差距，他认为，"我国今后发展工程教育中的一大急务"，是"必须学俄国，来一个苦干的'五年实业计划'，使全国工业化"。赖琎在论及各帝国主义国家的工程技术教育时，指出我国战后需要"二百四十六万"实业技术人才，而目前仅两万人，相距甚远。除了派遣大批青年出洋深造外，国内的工科大学，也要把课程标准提高，技术训练加严，才可以造就成健全的技术人才"。同时，他也提出向苏联和英美培养技术工人的做法学习。

魏寿昆教授在《谈德国之大学教育》一文中指出，德国与英国相似，大学也分两种："一曰 University，直译大学，二曰 Hochschule，直译高等学校"，Hochschule 有工专（Technische Hochschule）。他尤其推崇"德国极其开放的大学教育"，"造就个性发展之人才"，"学生能任自己的意愿跟着教授跑，择自己最有兴趣的东西去研读，故最能发展个人之天性而造成天才教育"。他在论及战后重工业建设时，同李书田所说相同，也强调我们一定要在学习、引进、模仿外国先进技术的同时，建立我们的民族自信，逐渐摆脱"先向外国洋行请教"——"替你设计绘蓝图"——"到外国工厂订货"——"外国人监造一切机器"——"造好后运到中国"——"外国人安装好机器"——"替你训练工人"——"再当顾问指导生产"———一切由外人包办的局面。他在论及沦陷期间日本人在东北和华北经营成功的秘诀时，指出日本人的"成功不外四个英文字：一、Cooperation（合作），二、Coordination（联系），三、Crder（秩序），四、Discipsline（纪律），这四个方面都是属于管理和人事的，我们建设的失败，并非是技术上不如人，乃是因管理之不当，联系配合之不密切……工作之少效率，换言之，工业亦染上中国政治腐败之劣点，或其本身亦踏上腐败之路"；"我们急需要培植大量的工程人才，更需要工程教育家莫大的努力",其中尤其需要懂得"彼此密切合作"、会"统筹计划"、会管理的工程技术人才。这正是国立西北工学院设立工业经济系的重要意义所在。

三、李仪祉:"为世界和平计,为将来大同计","教育家的眼界""不能不注射于世界教育"

陕源国立西北大学校长、西北联大工学院兼职教授李仪祉,早年留德专攻水利,与德国水利界联系密切,且向以世界眼光办学和兴修水利,每当有一大型水利工程,必先办学培养人才,创立西北大学最早的工科、创建西北农林科技大学最早的水利系,即因应于当时的泾惠渠、渭惠渠建设。他早在民元时期,即创立三秦公学附设留德预备科,并阐述了放眼世界教育的思想。他在西北大学、三秦公学派出首批留日学生时的讲话中提出了教育家眼界的"四阶级说",即"教育之方法,以教育之目的而定,而教育之目的乃以教育之眼界为准。自野蛮时代以至文明时代,其教育发达之历史真可谓之教育界之眼界扩张的历史。可分为四阶级:一身家,二社会,三国家,四世界。"

在创建国立西北大学工科,并任教授兼主任后,李仪祉在国立西北大学一周年纪念会的致辞中,再次涉及面向世界办学的议题。他指出:"环顾世界强国所以发扬踔厉者,皆以有完善之大学故也,而中国所以如此委顿颓靡者,正以无如彼之大学也,故欲炽中国之膏肓,起中国之废疾,自以最高学府为急需。""欧美大学,包罗宏富,大学之责,不徒以培养数千数万之人才已也,而大学且为一切知识阶级之领袖,社会事业之指导者,国家恒以大学教授为顾问,藉(借)以解决重大之问题"。这里,他显然赞成欧美大学在培养人才主功能的基础上,生产知识、主导学术研究、服务和推动社会进步的做法。他将世界先进水利科学引入中国,改造传统的水利科学,并以泾惠渠等陕西"八惠"水利工程为示范,建成了民国时期最大的模范灌溉区,成为我国现当代水利工程教育和科学治水的先驱。李仪祉提出,"吾国水利必须有科学之研究","以科学从事河工","精确测验"。由此来看李仪祉在河海工程专门学校、陕西水利道路专门学校—西北大学工科、西北农专水利组、西安临大工学院土木系融汇世界先进水利科学思想的水利工程教育,以及西北联大工学院运用现代科学技术对陕南五门堰等水利工程的测量和规划,当具有更为广泛的意义。

四、姜琦:世界各主要国家的不同教育思想"可以充作吾人参考资料及研究方法"

西北联大—西北大学教授兼教务长姜琦早年留学日、美,并游历过欧洲主要国家,对西方国家的现代教育思想有着很好的了解和把握,并在西洋教育史研究方面卓有成就,先后发表《西洋教育史》《英国的新学校》等诸多研究世界教育史的论著。他的《道德原理》提出:中国的道德教育体系建设,"需要西洋科学,补其所短"。其《现代西洋教育史》(商务印书馆,1935年)与《西洋教育史大纲》姊妹篇,论述了自上古至近代西方自然的教育、新个人作业的教育、文化的教育、欧美教育现状与结论,并附有 50 余幅西方教育家的照片。他认为:中国教育的缺陷"不单是在于教育本身,而有大部分应该归因于中国社会组织,具体地说,中国社会是一个农业经济社会组织的社会,而教育却是模仿欧美及日本的工业经济组织的教育政策,大抵所学非所用,所用非其才",但因为没有实现"三民主义的社会组织",也就不可能形成"三民主义的教育政策",由此,他建议中国教育"仿苏俄与德国革命的办法","只使教育区促进政治及经济之发展,而不使政治家或经济家去利用教育作为维持他们自身利益之手段与工具","遵照孙中山先生的教育理想与教育政策",规定和出台新学制。同时,他也认为,中国教育也的确有了一些进步,比如"由文、法科教育转变到实科教育";"由都市教育转变到乡村教育";"教育与政治、经济互相结合"等。他认为,近代以来特别是在当代,世界上主要有三种教育思潮:一是法西斯国家的教育之趋势,即德、意、日等教育实施上最近的倾向,它以国家或民族为至上,具有集中化、军事化、民族化、农村化特点;二是社会主义国家的教育之趋势,即苏俄教育实施上最近的倾向,它以共产主义为最高原则,具有平等化、生产化、政治化特点;三是民主主义国家的教育之趋势,即英、美、法等教育实施上最近的倾向,它以自由平等为基本原则,具有平等化、社会化、个性化特点。他引述马克思的观点,阐述社会主义国家教育的特点,"在苏俄,它的生产教育或多艺教育是根据马克思的主张而设施的,马克思说'多艺教育的目标,在使儿童和青年了解生产历程上之普通的原则,并使其能运用工业上最简单的工具',后来浦龙斯克(P. P. Blonsky)就是根据马克思的这种主张设立机械工业的劳动学校,欲把学校作业建设于经济的生产劳动的基础之上",故"苏俄的生产教育,是以纯粹经济为出发点的教育"。姜琦指出:"中国底(的)现代教育之改革,还是受西洋教育之影响""似乎是法西斯国家、社会主义和民主主义三种国家的教育趋势之总和""有一种不分离的关系",但"三民主义教育的本身自有它的特殊性之存在""区别于法西斯、社会主义或民主主义""是一种独特的东西",世界各主要国家的不同教育思想"可以充作吾人参考资料及研究方法"。这就是姜琦对战时中国教育的一个总体理解。总之,今天的世界教育是我中有你,你中有我,故须相互借鉴和融合,但又不能脱离自我社会组织形态,去另搞一套,必须保有适合于自己民族或适应自我社会组织形态的教育体系。

五、郭文鹤:"研究东西学术,融汇现世界之思想"为建国先决条件的思想

国立西北大学文学院教授、《西北学术》编辑部主任郭文鹤在《西北学术》发刊词提出:"今日世界上之弱小民族,皆我民族之同类也,即帝国主义者之民族,亦我民族之同类也,团结全世界之民族,使皆求解放与独立,并组织民族国际,以进谋世界之大同,非我民族,岂异人任。"为此,"学校当局,痛感文化使命之重",提出"发扬我民族之精神,融合现世界之思想,且特别研究民族发祥地之西北数省"的办学理念,"以冀对西北建设有所赞益"。

他指出,办大学必须研究学术,而研究学术,则必须"融汇现世界之思想"。外来新思想

进入中国，必有新旧思想冲突时期、迎新厌旧模仿新思想时期和新旧思想融合时期，而这种"融合"尤为重要。西洋思想之入中国也，已300余年，已经过冲突时期，进入模仿时期，尚未完全达到融合时期，而大学则负有这种"融合"之责。他认为："欲竟此融合之全功，其责任悉在吾辈"；孙中山的"民生哲学、民生史观，即融合古今中外思想而铸成者也，国父开其端绪，发扬而光大之，其责任亦悉在吾辈"；"夫思想为精神之结晶，精神乃能力之发展，而学术又思想之表现也。一时代之思想，必表现于一时代之学术，而凝结成为一时代之文化。文化以学术之累积而益大，社会以文化之光辉而日新，故改进社会，必自研究学术始，研究东西学术，融合现世界之思想，其裨益我民族之社会改进，百不待再言而明"。他还进一步强调其意义："并世各民族，其土地狭小者，皆侵占他人领土，夷为殖民地，用以自肥。此弱小民族，所以与帝国主义斗争之原也。我民族本非弱小，亦受帝国主义者之凌虐，苟非奋起图存，不仅亡国，且将灭种。图存之道，一面抵抗，一面建设……尤建设中不可一日或缓者。……我大学设在西北，原负有建设西北之重任，则研究西北如何建设，实本大学所责无旁贷者也。总之，欲确保我中华民族之生存，必须注重西北发祥地，而发扬民族之精神，融合世界之思想，又为建设中华民国之先决。"这种思想，立足大学的责任、立足西北、立足民族精神，又不囿于本区域或本民族，而是胸怀世界、放眼大同，将"发扬民族之精神，融合世界之思想和建设新中国"有机地结合起来，确有其高超之处。

六、黄文弼、黄国璋、黎锦熙融汇世界学术的探索

1. 黄文弼推动的中西历史考古学融汇

19世纪末，欧洲的考古学已经日渐兴盛。第一次由中国学者主持的田野考古工作，是1926年从美国学习人类学归来的李济在山西夏县西阴村遗址的发掘。1927年4月，西北科学考察团出发，北京大学教授徐炳昶（旭生）被推选为中方团长，黄文弼代表北京大学考古学会参加该团去新疆进行考古工作，主要由黄文弼在吐鲁番附近调查发掘高昌古城、交河古城遗址和高昌墓地，在塔里木盆地周围调查汉唐时代的城堡、寺庙、沟渠和屯戍遗址，在罗布淖尔附近调查发掘史前遗址和汉代烽燧遗址。黄文弼在外国探险家长期把持的我国西北考古领域，"以中国传统学术思想为基础，积极研习西方现代考古学的理论和方法，走出了与李济、梁思永等人不同的另一条中国式考古学发展之路"，"所得材料之丰富，尤不亚于外人"。他虽然不懂外语，与斯文·赫定、贝格曼无法进行语言交流和文字交流，甚至由于黄文弼强烈的主权意识和多次阻止外国团员侵犯中国主权，也造成与外国学者的对立，但总体看来，这种野外考察制度、考察方法、互相观察模仿，甚至互相竞争式的交流，还是在中西考古学的交流史上具有特殊的意义。

2. 黄国璋推动的中国古地理学与世界新地理学的融汇

黄国璋教授是我国留美攻读经济地理学第一人，先后主持中央大学、北平师范大学、西北联合大学、陕西师范大学等7所大学的地理系，创办中国地理研究所，曾任中国地学会总干事，发起创建九三学社，任总干事。他在改造记述性我国传统的地志学，使之成为真正意义上

的现代地理科学做出了开拓性贡献。他从北平师大到西北联大主编的《地理教学》是实现他这一抱负的一个重要平台。

如何融汇世界地理新潮，改造中国古地学呢？黄国璋的切入点，选择了以《地理教学》为平台，首先由中小学地理教材的革新和改造做起，而这正是"以培养造就师资为能事"的北平师范大学地理系之所长，"亟图改进，当亦责无旁贷"。于是，他着手"积极充实图书仪器设备，改良研究环境，并于改进中小学地理教学，尤多注意，凡有利于中小学地理教学之事项而为本系人力财力之所及者，莫不规划周详，亟图实现"。为此，采取了很多有效的积极措施：一是"凡地理上之新学说、新发现，或以翻译，或以转载，或以摘要，或以专著为之介绍"；二是出版中小学地理挂图，制造中小学地理模型，供给"地理基本知识""小区域之专门研究""国内外之教学资料""各项新统计、图表"等地理教材；三是从地理教学原理、问题、实施方法等角度，"讨论教学方法"；四是设立地理教学咨询处，解答教学疑问；五是自1937年元旦始，按月刊行《地理教学》杂志，随时露布地理图书介绍、时事问题研究、国内外地理消息。哪怕抗战爆发学校迁西安组成西安临大—西北联大地理系后，他以刊物为阵地改造古地学的努力仍未中辍，赓续出版了一期，而到1947年北师大复原北平后，黄国璋重主地理系，遂继续出刊。《地理教学》发表了许多重要论文，对改造中国古地理学做出了重要贡献。

3. 以黎锦熙《方志今议》为代表的"地志历史化"和"历史地志化"创新

1938年，西北联大与陕西省合作，成立"修志委员会"，修纂《城固县志》，黎锦熙代表西北联大参加，另聘地理学教授黄国璋分任自然篇和经济篇的工商、交通二志；历史学教师何士骥、中国文学教授罗根泽、中文系教师吴世昌等分任文化篇；地理系教授兼主任殷祖英分任气候篇；地质学教授张伯声分任地质、地形、水文三志；植物学教授刘慎谔分任生物志；联大常委、水利专家胡庶华教授分任农矿志；地理学教授谌亚达分任人口志；龙文分任合作、卫生、祠祀三志；张永宣分任大事年表、疆域沿革表；陈瑾分任财政志；薛祥绥分任人物志、艺文志及文征等。成员全部为西北联大教授或学生，涉及中国文学、历史学、地理学、地质学、生物学、水利工程等各个学科。黎锦熙特地为此提出修志新体，即"明三术，立两标，广四用，破四障"。其中："三术"即续、补、创，其中的"创"，又分为"两标"，即"地志之历史化"和"历史之地志化"；"四用"，即用于科学资源、地方年鉴、教学材料和旅行指导；"破四障"，即破类不关文、文不拘体、叙事不立断限、出版不必全书。这其中的"创"，就是一种融合了中西方新历史观、新地理学观的一种新思想，表明史、地的分化以及综合性的地学向地理学和地质学的分化。比如在黎锦熙等新修的《城固县志》中，历史学与地志的分化、地理学与地质学的分化、人文地理学与自然地理学的分化，以及有关生物学等现代自然科学内容的入志，不仅是对我国传统史学、地志学、方志学的一种创新，也是对地理学的一种创新，体现了新的时代特征以及对世界新学科发展的融合。仅从其修志委员会的组成来看，就综合了语言文学、历史学、考古学、地理学、地质学、生物学等各个学科的专家，已不仅仅是修一部《城固县志》，或之后西北联大教授们修纂的8部陕西地方志，实际上它代表了以此为载体，民国中后期我国学术界和高等教育界吸收国外先进科学思想后，我国现当代学科融合、中西新学思潮融合的一次大演习和示范。看来，也只有类似西北联大这样由理工农医综合师范组成的多学科、综合性大学联合体，能够完成这样的大规模融合。

西北联大虽地处抗战时期偏僻的西北，却并不偏安于一隅，而是具宽大的胸怀和注射于世界的眼光，融汇世界先进民族的新科学、新学术，还尝试中国传统地理学改造、中国传统史学改造和中国传统地志学改造，并创立新的中国考古学、三重证据法、"明三术，立两标，广四用，破四障"等新的史学方法融入中国传统史学体系或地理学科，取得了开辟我国西北新学制和高等教育体系、存续中华民族文脉、创建我国最早的两个考古学科之一和最早的两个边政学科之一等重大教育成果，取得了出版第一部《史学方法概论》、出版第一部清代通史、开辟西北考古、创立我国艺术考古、开辟西北民族史研究、实施南海诸岛接收、测绘十一段国界线、完成第一部《南海诸岛志略》等重大学术成就，从而为中国学术和中国高等教育做出了重大贡献。

弘扬西北联大精神　勇于担当不忘使命

王亚杰①

今年是抗日战争全面爆发 80 周年，也是西北联大组建 80 周年。在改革开放与中国特色社会主义进入新时代的今天，我们怀着崇敬的心情纪念西北联大具有特别重要的意义！现在与 80 年前相比，世易时移，中国的面貌、中国高等教育的面貌虽然已经发生了翻天覆地的变化，但是，"培养什么人、怎样培养人"这一教育的核心命题始终没有变，"大学如何办、如何办大学"这一高等教育的核心问题始终没有变。站在新的时代起点，我们必须认真审视自我，回首来时的路，知道我们从哪里来，我们要到哪里去；知道我们有哪些东西不能丢，以及如何充分运用和发挥好这些宝贵财富和资源的价值，这才是今天我们发掘和弘扬西北联大精神最主要的目的。只有这样，我们才能按照习近平总书记要求的那样，真正"扎根中国大地办大学"，才能更好地回答现代高等教育必须解答的时代之问。

首先，我们应该发扬西北联大团结一致、不屈不挠的抗战精神。

抗战爆发后，西北联大组建西迁西安、汉中后，广大师生不畏艰苦，不惧敌机轰炸，屡迁校址。西安临大全校千余名师生从西安坐火车到宝鸡，又从宝鸡徒步 130 余公里，过渭河，渡柴关，涉凤岭，翻越秦岭，克服无数险阻，最终到达陕南汉中，成就了中国乃至世界高等教育史上"破天荒的大举动"。到汉中后，西北联大的办学条件更加艰苦。全校散居于城固、勉县、南郑 3 县 6 处十公里范围内的农舍、祠堂、庙宇、教堂，从校长到教师，皆租民房居住。由于战时财政困难，教授只能靠微薄的薪金和"米贴"维持最低限度的生计。学生没有宿舍，就在教室席地而眠，上晚自习时则用自制的油灯照明。尽管如此，西北联大师生还主动适应抗战需要，开展了一系列抗日救国活动。1937 年 12 月，临大师生组织宣传队，利用周末、假期下乡进行抗战宣传，"以尽战时青年应尽之责任"。1938 年 9 月，全校组织了 734 名学生参加了为期两个月的陕西省学生军训活动。史学家许寿裳还以《勾践的精神》激励学生，李季谷教授则讲《中国历史上所见之民族精神》，用"卧薪尝胆""勾践灭吴"和文天祥的《正气歌》，激发学生的爱国情怀。在艰苦的办学和生活条件下，西北联大师生还积极为前线将士捐薪、捐物、义卖、义演，并认购国债、慰劳伤兵、救济难民。为抗战救国，1944 年，43 岁的地质地理系

---

① 王亚杰：西北大学党委书记。本文节选自作者 2017 年 11 月 18 日在第六届西北联大与中国高等教育发展论坛上的报告。

教授郁士元也主动要求到抗日前线，被称为"抗战以来教授从军第一人"。联大师生的这些举动对振奋民族抗战精神，发扬爱国主义，起到了积极作用，值得我们铭记与发扬光大。

其次，我们应该发扬西北联大勇于担当、不忘使命的家国情怀。

西北联大为西北文化教育和社会经济的开发建设做了大量工作，全校师生不忘初心，勇于担当，牢记高等教育的使命。西北联大在办学过程中形成了统一的校训，1938年10月，联大第45次常委会通过决议，以"公诚勤朴"为本校校训。国文系教授黎锦熙对校训撰文加以解释，大意谓"公"是以天下为公，"诚"是不诚无物，"勤"是勤奋敬业，"朴"是质朴务实。为发展西北教育，西北联大向全国第三次教育会议提交议案，建议由教育部组织西北教育考察团，设计西北教育发展方案，以推进"建设西北"。联大师生先后赴陕南调查金矿、煤矿等，并代为计划开采事宜，负责设计、监修西安机场的全部扩充工程，勘探、规划、监修商洛公路、咸榆公路、汉白公路，前往甘、宁、青、新、蒙等省进行实地考察，从事西北开发研究，以支持政府早日完成建设西北大计。像黄文弼教授，衣服肘部磨得发亮、袖口、下摆"无边无疆"，他风餐露宿，穿越千里无人区，用双脚丈量大漠，伴着大风、伴着大漠，行数十万里路、著数百万字书，把一生献给考古事业，是中国解放前唯一到过新疆罗布泊地区进行考察工作的中国考古学家，成为西北考古第一人。他是西北联大学人群体的一个缩影，是公诚勤朴校训的践行者和楷模。

最后，我们应该发扬西北联大扎根西北、融汇世界的办学理念。

抗战时期，西北大学—西北工学院两校校长赖琏即指出，远观周秦汉唐之兴盛，近见西北区域之雄伟，我们应该以恢复旧的光荣，建设新的文化为己任，为最高理想。姜琦教授说，西北联大要"化成为西北自身所有、永久存在的高等教育机关"。陕源西北大学校长李仪祉提出了"为世界和平计，为将来大同计""教育家的眼界""不能不注射于世界教育"的思想；西北联大常委、国立西北师范学院院长李蒸提出：除对固有文化的承继与传承而外，"必须具备远大眼光，当本'天下一家'与'世界大同'之理想，努力争取人类的互助合作与各民族文化的交流……对于世界科学思潮要能吸收与消化"。国立西北大学学术机关刊物《西北学术》也提出了"研究东西学术，融汇现世界之思想"的办学理念。

即使在艰难困苦的环境中，师生们仍然做出了巨大的教育科学成就。沈志远完成了第一部马克思主义哲学辞典和介绍马克思主义经济学的第一部著作《新经济学大纲》；汪奠基最早介绍数理逻辑的著作和完成第一部中国逻辑思想通史；黎锦熙第一次科学、系统地揭示了我国白话文内在的语言规律；陆懋德完成我国第一部《史学方法大纲》和形成中国近代九大历史研究法；萧一山完成中国第一部《清代通史》；王子云发起我国现代美术运动，完成第一部《中国雕塑艺术史》，开创我国艺术考古；罗章龙完成第一部以"国民经济史"命名的通史性经济史学著作，取得经济史学研究方法的重要理论成果；郑资约教授完成了我国第一部《南海诸岛地理志略》，傅角今教授主持划定并代表国民政府对外正式颁布南海11段线国界线，等等。

抚今追昔，西北联大的历史正是中国知识分子救国救民、兴学求强可歌可泣的奋斗史，正是中国大学玉汝于成、自强不息的创业史，正是中国高等教育勇担使命责任、服务民族复兴的拼搏史。习近平总书记指出："重视历史、研究历史、借鉴历史，可以给人类带来很多了解昨天、把握今天、开创明天的智慧。"今天，在纪念西北联大建校 80 周年的时刻，我们更应该饮水思源、追本溯源，从那段宝贵的历史中汲取深刻的思想启示：

——**大学的命运要时刻与国家和民族的命运紧密相连。**

大学的命运始终是与国家和民族的命运紧密联系在一起的。在日寇入侵、国难当头的大环境下，西北联大师生以"兴学强国"为己任，开展了追求民族独立、国家富强的伟大斗争。以"兴学强国"为核心的西北联大精神是在民族危难、艰难困苦中磨炼养成的，是经过血与火的洗礼的，它是全体参加西北联大学校共同的精神财富，也是中国高等教育的精神财富。今天，在我国迈向全面建设社会主义现代化的新征程上，大学更应该牢记"兴学强国"的历史使命，肩负起中华民族腾飞的重任，更好响应与围绕国家战略部署，传承西北联大优秀传统，把高等教育事业推向更高更好的发展阶段，为中国梦的早日实现、为中华民族的早日腾飞而不懈奋斗。

——**大学要有自己的责任和担当。**

大学不能置身于社会发展的洪流之外，大学的治学和服务社会是要始终结合在一起的。大学在人类社会发展中承担的社会责任，既是大学理念的实践基础，也是实现大学自身价值的根本立足点。能否促进国家和区域的社会经济发展，是衡量一所大学办学水平的重要标准；一所大学能否成为一流大学，也与它是否清醒地认识到自己在国家、区域乃至世界发展中所处的地位、所应发挥的作用密切相关。大学应当紧密依托国家和区域资源，敏锐瞄准国家战略和学术前沿，在国家、区域乃至世界高等教育格局中谋求错位发展，努力为国家科技创新发展、社会全面进步贡献自己的担当和责任。

——**大学必须秉承艰苦奋斗的创业精神。**

汉中迁徙、七星灯火，抗战八年留下了数不尽的故事，闪耀着西北办学的"艰苦卓绝、艰难奋斗"的精神之光，锻炼了西北联大"艰苦卓绝、艰难奋斗"的大学精神。不论国力多么衰亡、时事多么艰辛，西北联大师生始终在艰难困苦中玉汝于成，成就了一大批开启历史先河的学术成就。今天，物质条件虽然极大丰富了，但艰苦奋斗的创业精神不能丢，自强不息的奋斗锐气不能泄，我们必须发扬艰苦奋斗的创业精神，在新的创业征程中创造出无愧于历史的业绩。

为了进一步继承和发扬西北联大的宝贵精神财富和历史资源，不久前，我校与汉中市政府协商，希望以西北联大后继院校的名义，在城固旧址设立西北联大纪念碑、纪念园、博物馆等，以更好纪念西北联大精神。诚挚希望各兄弟高校积极参与，共同推动西北联大纪念碑、博物馆等的建设，为弘扬西北联大精神、促进地方经济社会发展和文化繁荣做出贡献。

总之，西北联大形成的这些宝贵的办学思想和实践经验，是"扎根中国大地办大学"的生动实践和历史总结，也是我们今天大学办学方向"落地"的最好指引。我们愿与各兄弟高校一道，传承和光大西北联大在极为艰难困苦的条件下形成的这些优秀传统和办学经验，继续抒写"扎根中国大地办大学"的新的时代篇章，以创造中国高等教育新的辉煌。

大学，在大小之间

郭立宏[①]

大学深切地影响着现在和未来，不仅表达着一个时代的心音，还书写着人类文明进步的历史。

"人永远在选择，永远在向好里选择。人永远在创造，创造自己的价值。生命的意义是由自己选择而来的，是自己赋予的。"这是法国哲学家萨特的一段经典之语。借用于此，我是想说，进入大学不啻为人生的一次重要选择，而且必然是一次"向好"的选择。

大学是解读不平凡世界和不平淡生活的别样注脚。那么，大学应该担当怎样的社会角色，又应该如何让这一角色落地生根？大学要在大的维度上，宏阔构架，不息求真求新的思想之火；在小的落脚处，萃取不可穷尽的人生光华。

一、大学之"大"

大学之"大"，是大学之特质所在，也是大学之尊严和荣耀的象征。

大学之大史。大学深切地影响着现在和未来，不仅表达着一个时代的心音，还书写着人类文明进步的历史。大学的产生、传承、清宁、繁盛应始终与国家和民族的发展同向而行、相得益彰。大学的大历史体现在不断传承衣钵的一代代学人，不断展现思想光华的年轻学子，不断产出的新思想、新知识和新技术，使得大学保持着永久的活力与魅力。

有学者统计，从 1530 年至今，整个西方世界存活下来的机构一共 85 个，其中 70 个是大学。鲁迅先生也曾讲："北大是常新的。"其实，每一所有理想、有追求的大学都是历久弥新的。

八国联军攻陷北京后，光绪皇帝和慈禧太后仓皇西逃西安。民族危难之际，为拯救国运，培育人才，陕西巡抚奏请设立陕西大学堂，这就是西北大学的前身。从这时起，西北大学便成为中国高等教育延续的火种与新苗，是中国西北地区最早的现代高等学府，是抗战时期中国高等教育的两大堡垒之一。

大家可能对抗战期间的西南联合大学耳熟能详。与之遥相呼应的，在陕西还有一批平津院校迁来组成的西北联合大学。这所大学，不但聚集了大批的学术大家，培养了大批的国之英才，而且为西北地区形成完整的高等教育体系奠定了根基。

[①] 郭立宏：西北大学校长，教授。该文原载《中国教育报》2018 年 4 月 12 日。

在宏大的历史背景下，弥足珍贵、令人难忘的永远是一个个鲜活、生动的场景和瞬间。中国科学院院士高景德和中国工程院院士师昌绪当时就在西北联合大学就读，同班同宿舍的两个人，却很少在宿舍见面，一个人选择白天伏案，另一个人选择夜间苦读。当时课程很紧，图书馆座位又有限，为了岔开时间，许多人挑灯夜读，秦巴山间那一抹熹微而坚毅的灯火，点亮了无数青年学子求学报国的梦想。

大学之大道。"大学之道，在明明德，在亲民，在止于至善。"这句古代经典之语，体现了中国古代教育的实质，也是现代大学应遵循的方向。大学要使人内心光明，弃旧图新，明理向善，使知者不惑、仁者不忧、勇者不惧。朴实无华、淡泊名利的品质、包容大爱的精神，是大学之道的生动体现。

侯伯宇教授创立了著名的"侯氏理论"，是世界上以中国人姓氏命名的现代科技成果之一，被誉为"中国的骄傲"。在申报院士材料中，他居然舍弃了一些影响因子很高的论文，收录了一些发表在普通期刊上的论文。他说："要选就选那些更具生命力的文章。"

大学之大爱。有大德，必有大爱。西北大学终身教授、中华全国体育总会原副主席王耀东年逾百岁后还在指导学生进行体育运动。90多岁的历史学家张岂之坚持写作中华优秀传统文化普及文章，坚持给学生做学术报告，坚持去参加学生论文答辩等。

大学之大学者。无论古老的大学还是年轻的大学、综合的大学还是单科的大学，为其撑起一片天空的、赢得普遍尊重的，是人师、是大学者。大学的学者，要为学术价值、社会价值、历史价值的发扬光大而坚守。学术价值要体现在传播、创造知识方面有所建树，在本学科、本领域有一席之地，追求具有学术水准的荣誉和成功；社会价值要体现出关注和参与人类社会发展的自觉性和自信心，追求解决人类社会发展中的关键问题，为社会进步和区域发展做出贡献；历史价值主要体现在经过时间的洗礼，人才培养的效果、产出的成果、做出的贡献被载入历史，被后人铭记和传颂。

大学之大追求。大学的追求之大，在于高瞻远瞩的视野和胸怀，在于将人才培养、科学研究、社会服务、文化传承和创新、国际合作与交流融于高度的自觉行动中。近年来，"一带一路"的壮美画卷正在徐徐展开。执起画笔，书写传奇，对大学来讲是高远的追求。

谈到丝绸之路的历史，绕不过西汉时期的张骞和他的"凿空之旅"。20世纪30年代，西北联合大学师生对张骞墓进行了唯一一次正式科学发掘，对中国外交史、文化交流史和丝绸之路研究做出了开拓性的贡献。谈到丝绸之路的文明，我们会想到彭树智先生提出的"文明交往理论"。文明交往是对自身文明和其他文明的尊重、理解、宽容乃至欣赏。未来人类社会的发展方向是文明自觉，这也是对丝路精神的一种有力阐释。

大学之大天地。大学是海纳百川之所，是包罗万象之地，是梦想汇聚之乡。这里有五湖四海的学子，有百家争鸣的思想，有浩如烟海的藏书，有绚烂多彩的生活。这里的天地可以让一名懵懂少年破茧成蝶，可以让一名孜孜学者百尺竿头，可以让一段佳话传世不朽。这里的天地，既充满机遇，又面临挑战；既充满欢笑，又不乏泪水；既骄阳似火，又略带落寞。

每一所大学都有独特的精神特质，这些精神特质最终将汇聚成人类文明进步探索的灯塔。

学者蒋梦麟先生曾以学术自由、宽宏大度、安贫乐道、科学求真来评价北京大学老校长蔡元培的精神。回顾一百余年的中国现代大学史，此番评价可谓真切洞明、深入客观。既能勇以入世，有与国家民族命运休戚与共的责任和担当，又能清而出世，有不被社会洪流裹挟而行的独立与清醒，大学必有其宏大境界，又不乏其典雅入微。

二、大学之"小"

大学不但要着眼于"大"，还要落脚于"小"。

燃烧自己的小"宇宙"。大学阶段的求学不同于中小学，大家要逐渐形成自己的思维。20世纪著名思想家陈寅恪先生提出的"独立之精神，自由之思想"，我理解其核心应是有原则、讲科学、勇探索、重实际操作。大学里的每个人都要让自我思维和价值实现的"小宇宙"燃烧起来。

进行自己的小尝试。进入大学求学、求实、求知遇到的大多是新鲜事物，必须有大胆尝试的勇气、开拓创新的睿智和一往无前的创造。

敢有自己的小坚持。大学绝非风平浪静的休憩港湾。大学生涯规划、通专结合能力培养、未来人生道路的抉择等，不仅需要辨识，更需要始终不渝地坚持。古生物学家舒德干院士有一次谈及自己的科研心得时说："我其实没有什么特别才智，只有一颗坚持的心，一颗咬定青山不放松的心。"

承担自己的小责任。一个时代有一个时代的使命和责任。珍惜韶华、刻苦学习、勇于实践，是大学生的基本责任，责任虽小，但责无旁贷。每个人都是这个民族、这个国家走向辉煌的不可或缺的一分子，从这个意义讲，大家都肩负着舍我其谁的"小责任"。在我们身边，有很多服务西部、投身边疆、献身基层的优秀毕业生典型。一位叫吕丹阳的毕业生，有人问他："到边疆服务少数民族群众，父母亲有没有意见？"他没有直接回答，而是讲道，每次他从边疆休假回家再去边疆工作时，母亲都是"把我送得不能再送了才回去"。

绽放自己的小精彩。大学阶段是人一生中精力最为旺盛、视野最为开阔、思想最为活跃、求知欲最为强烈的一个时期。大学阶段，有人领衔，有人客串，方法不同，形式各异，但都算是大学阶段实现自我阶段性价值的"小精彩"。西北大学有一个至今已风雨三十余载的"黑美人"文化艺术节。不论是文科生还是理科生，在专业老师和辅导员的指引下，着眼家国情怀、着眼人生百味、着眼青葱岁月，自编、自导、自演属于时代的人生传奇。在学校的咫尺小舞台上，可以大声地说、放声地哭、纵情地笑、潇洒地走。不分主配角、不分前后幕、不分上下场，每个人的"精彩"都定格和浓缩在这座国家危难时期见证中国高等教育弦歌不辍的大礼堂里。

大学理念与大学精神的淬炼与传承
——以西北联大为例

郭立宏[①]

一、历经沧桑，淬炼成魂

国立西北联合大学及由其一分为五的国立西北五校，与生俱来就打上深刻的"西北"印记，在长期的办学实践中，这种西北区域特色日益鲜明。同时，西北联大各后继院校并未自我封闭于西北一隅，而是立足西北，放眼世界，将西北文化乃至中华文明放到整个世界文明的大背景之下，从而形成了植根西北融汇世界的独特教育理念和具有丰富内涵的"公诚勤朴"（以及一脉相承的"公诚勇毅""诚朴勇毅"）校训。在此基础上，逐渐淬炼成天下为公、报效祖国，诚实守信、襟怀坦荡，勤奋敬业、质朴务实，勇猛精进、敢为人先的西北学风，进而形成了"新三风"（新校风、新学风、新研究风）、"三实一新"（基础扎实、工作踏实、作风朴实、开拓创新）等校风和学风。由此，经过抗战烽火的洗礼和长期积淀，西北联大在追求民族独立和国家富强的总目标下，逐渐形成了"团结御侮，自强不息"的民族精神，"勇猛精进，兴学强国"的创业精神，"公诚勤朴，矢志报国"的奉献精神。其核心是爱国奉献和兴学强国，为民族的伟大复兴而努力奋斗，这就是它的精神，最根本的精神。正如西北联大校歌所唱："华夏声威，神州文物，原从西北，化被东南，努力发扬我四千年国族之雄风"，以及国立西北五校的共同认识，就是"务使国有文化得以发扬，优美立国之精神，得以昌大，进而推广此精神于世界，使中国文化复结一煌辉灿烂之果"。

这种大学精神完全不同于冲破宗教束缚而获解放的所谓独立自治、思想自由大学的西方大学精神，也不同于陈寅恪先生提出的"自由之意志，独立之精神"。近代以来，由于中国深受帝国主义的殖民苦难，并不存在绝对的自由和独立。因此要想获得学术自由和大学独立，必须以民族独立和解放作为先决条件。西北联大的历史说明：只有民族独立自由才有大学的学术自由，首先要实行全面抗战，全民抗战，获得抗战的胜利，大学也才能成为真正意义上民族精神

[①]郭立宏：西北大学校长，教授。本文节选自作者2018年11月10日在第七届西北联大与中国高等教育发展论坛上的讲话。

的弘扬者、实践者和传承者。这正是我们冒着日机从西安到汉中的跟踪轰炸中所历练出的精神；这正是我们在数千里西迁南渡中凝聚成的精神；这正是在"教授住屋透顶亮""水煮白菜一口沙"和"活蒸螃蟹"似的艰难困苦中积淀而成的精神；这正是我们的教授在穿越死亡之海罗布泊、征服千里无人区塔克拉玛干沙漠的科考途中历经艰险所形成的精神。为什么在民族危难之际，平津四校师生不畏千里之遥，衔命东来，又在日寇逼近西安东大门之际南渡迁汉中办学？为什么以郁士元教授为代表的西北联大 300 余名师生投笔从戎，主动要求奔赴抗日前线，成为"抗战以来教授从军第一人"？这是因为，联大师生深深懂得，没有民族的独立解放，就不可能有真正的学术自由。

同时，学术自由需要有准确的办学定位、独特的教育理念和高远的办学抱负，以及具有一支有着高度文化自信、文化自觉的知识群体和严密的高等教育共同体来实现这一理想。这正是我们在此要阐述的西北联大植根西北、融汇世界理念与大学精神淬炼与传承的命题。

二、扎根西北，复兴国族

我国西北地域辽阔，就陕甘宁青新五省而言，广袤 320 余万平方公里，占全国面积三分之一，若包括晋北、绥蒙于内，则有 500 余万平方公里，几占全国面积二分之一。至抗战军兴，半壁河山，沦为敌有，政治经济中心复向西移，西南西北成为支持抗战之根据地，且为争取胜利、复兴国族之原动力。于是，开发西北、建设西北，遂成为抗战建国的首要任务，地处西北的国立西北联合大学及其后继国立西北五校，也自然地被赋予开辟西北新文化、新教育的历史使命。

按 1938 年教育部划定的战时西北联大社会教育区，覆盖豫、绥、陕、甘、宁、青、新等七省区的辽阔范围，几占大半个中国。抗战期间形成南郑区、昆明区、四川区三大高等教育基地，"俨然是中华民族文化的三大堡垒"。这既表明了战时我国高等教育区域布局新格局的形成，也表明了战时高校办学逐渐找到了自己的区域定位。就国立西北联大及其后继院校在西北的分布来说，姜琦认为：这标志着"由'点''线'（大河流域或铁路沿线）的大学转变为（西北）'面'的大学"，将"化成为西北自身所有、永久存在的高等教育机关"，从而实现了中国高等教育格局由东部向西北部的一次战略性展布。其实，在由国立西安临时大学改为国立西北联合大学和改为各冠以"国立西北"名号的五所院校时，"建立西北高教良好基础"和"西北联合大学，尤负西北文化重责"的使命表述已成为国家层面的战略决策。

这逐渐为西北联大及其后继院校所认可，并在办学实践中演化为一种办学理念和远大抱负。西北联大常委徐诵明最早阐述了上述命题；教育部特派员陈剑翛常委也有"本校现更名为国立西北联合大学，其意义就是要负起开发西北教育的使命"的阐述。

国立西北五校也相继表述了自己植根西北的办学定位与使命：国立西北大学提出"恢复历史的光荣，创建新兴的文化""使之成为名副其实的西北最高学府"；国立西北师范学院提出"负起西北中等学校师资训练之重大使命，期有以付国家之重托"；国立西北工学院提出"奠立西北工程教育之基础"；国立西北农学院提出负起"领导西北农业建设之责任""成为全国最完善之农业学府"；国立西北医学院提出"以培植医学专才，发展西北卫生事业，促进民族健康为职志"。

三、传承民族，融汇世界

西北联大除有立足西北办学的明确表述之外，也有融汇世界教育办学的明确表述和实践，显示出其宽广的办学视野。西北联大常委、国立西北师范学院院长李蒸在论及战后师范教育时指出：除对固有文化的承继与传承而外，"师范教育……必须具备远大眼光，当本'天下一家'与'世界大同'之理想，努力争取人类的互助合作与各民族文化的交流，以期巩固永久和平之基础"；"必须担负起继往开来之责任……对于世界科学思潮要能吸收与消化"。李书田主持的北洋大学工程教育，一开始就确定了"程度与欧美各著名大学不相上下"的办学目标，使"其毕业生从彼时就能直接进入美国东部各著名大学之研究院"。由此，他提出在建立民族自信心的基础上，还要学习世界先进学术：中外工程技术人士，"得作技术上之研究，一方工程界与实业界可作事业上之联络"。"本院并未敢以自满，且以世界学术进步之速，时以落后为惧""以便督促本院，渐渐走入世界学术之林，肩负挽救国家之重责"。

国立西北大学在机关刊物《西北学术》中，对融汇世界的教育理念有更为概括的表述："发扬我民族之精神，融合现世界之思想，且特别研究民族发祥地之西北数省"的办学理念。

西北联大虽地处抗战时期偏僻的西北，却并不偏安于一隅，而是具有宽大的胸怀和关注世界的眼光，融汇世界先进民族的新科学、新学术，还尝试在中国传统地理学改造、中国传统史学改造和中国传统地志学改造方面，并创立新的中国考古学、三重证据法、"明三术，立两标，广四用，破四障"等新的史学方法融入中国传统史学体系或地理学科，取得了开辟我国西北新学制和高等教育体系、存续中华民族文脉、首开我国师范研究生教育和矿冶工程研究生教育的先河，创立高等教育训导制和发展导师制，创建我国最早的两个考古学科之一和最早的两个边政学科之一等重大教育成果，取得了开辟西北考古、创立我国艺术考古、开辟西北民族史研究、实施南海诸岛接收、测绘十一段国界线、完成第一部《南海诸岛志略》等重大学术成就，从而为中国学术和中国高等教育做出了重大贡献。

在"请进来"方面，聘请了英、美、德、日等10余位外籍教师常年任教；在"走出去"方面，有数十次出国考察、进修和出国留学。在开设课程方面，汪堃仁教授回忆，他在城固开设的生理学、解剖学等系列课程，均达到了国际前沿；曾炯教授使联大的数学教学直击抽象代数等国际前沿数学领域。余凤早教授、刘拓教授、徐佐夏教授在城固期间，在比利时、美国、德国的学术期刊均发表有国际一流的学术成果。王绶教授培育成的大麦品种，在美国获推广，并被美国学者定名为"王氏大麦"，成为美国著名品种之一，获得1945年美国与加拿大大麦分类奖。除此之外，还创办了《昆虫通讯》等80余种学术期刊进行国际学术交流，产生了广泛的国际影响。

四、光大传统，特色兴校

区域特色是一切事物最为显著的特征之一，随着岁月的流逝，有些特色会时过境迁，不复存在，但区域特色却很难失去，几乎像是与生俱来的胎记，相伴终生。虽说大学并非自然—地理环境和人文—地理环境所直接赋予，但这种环境毕竟提供了它生存的氛围、物质材料、文化营养，所以在一定程度上会影响其发展的趋向、规模和色彩。抗战时期的国立西北大学校长赖琏把西北大学远承周秦汉唐文明，近负建设西北新文化的责任首次上升到了"使命"的层位。他指出："国立西北大学创设陕西，吾人远观周秦汉唐之盛世，纵览陕甘宁青新区域之广大，不惟缅怀先民之功绩，起无限之敬仰。……故恢复历史的光荣，创建新兴的文化，实为西北大学所应负之使命"。他在西大任内的抱负就是要"使西北大学成为名副其实的西北最高学府"。抗战时期西大的另一位校长刘季洪也有"为西北建立高等教育基础"的任内目标。西北大学在抗日战争时期的陕南8年中，的确在西北矿产资源调查和开发、西北史地研究、西北考古、西北民族研究、西北科学文化考察、西北教育等方面为西北文化建设做出了巨大的贡献，积极地实践和发展了依托西北办学的思想。

西北联大融汇世界办学的理念也具有较强的师资基础，根据《西北联大史料汇编·西北联大教授列传》中所列的128名教授中，具有留学背景的就有120人次。这说明，西北联大具有学习和融汇世界教育和学术的便利条件。同时，这也说明，一个优秀的学术传统必须是一个开放的系统和与世界先进学术不断融合的过程，也是一个不断发展、不断积累和传承的过程，也在这种传承中不断发扬光大，聚集了巨大的能量和影响力。正因为如此，这种学术传统经过从北平师范大学地理系到西北联大地质地理系，一直到战后的西北大学地理系的传承和发扬，才能够担负起诸如接收南海诸岛、测绘十一段国界线、实施大范围、综合性的西北科学考察这样关乎国家民族重大利益的重要任务。

植根西北融汇世界的教育理念，也被传承至今。从2001年学校通过的《西北大学"十五"事业发展规划》，到2004年在教育部的本科教学评估中，提出"立足陕西，服务西部，面向全国，走向世界"的思路，再到2017年的《西北大学一流学科建设方案》，均将"发扬民族精神，融合世界思想，肩负西北之重任"作为办学指导思想。

大学理念和大学精神是一个包括认识、思想、价值观、定位、信念、意识、理论、理想，或者目标、宗旨、追求、愿景的复合概念。它不是人为设定的，也不是哪位校长或大师头脑中一时心血来潮的产物，而是多重因素长期融汇的结果。西北联大与其后继院校植根西北，融汇世界办学思想的形成正是在其独特的历史、地理环境、文化环境，以及国家意向、社会发展趋势中逐渐形成的。

这是一笔宝贵的精神财富，在今天的兴学强国和"双一流"建设中，仍然不失其价值，有着重要的历史意义和现实意义。今天，我们不断深挖西北联大办学理念和精神文化内涵，追寻高等教育文化的根与魂，激扬师生爱校爱国的主人翁意识和使命感，营造有特色的校园文化，将校史凝固于校园，展现大学之道，展现文化自信，展现家国情怀和民族大爱，传承和发扬优秀传统文化，凸显历史文化底蕴对学校发展的重要作用，为建设"双一流"大学和建设高等教育强国做出应有的贡献。

阅读的量变与质变

曲安京[①]

编者按：曲安京，数学史家，国际科学史研究院院士，入选国家级人才计划，享受国务院特殊津贴专家，第七、八届国务院学位委员会科技史学科评议组召集人。现任西北大学科学史高等研究院院长。2002 国际数学家大会 45 分钟邀请报告人。本文是曲安京结合自己在求学和教学过程中的文章阅读经验，总结凝练的文章阅读观点，对教师教学育人、学生学习阅读具有一定的指导意义。

曲安京的阅读始于稚气未退的 12 岁，当时因为意外骨折，他不得不整日躺在床上，父母怕其无聊，便从公共图书馆借来了几本文学作品。正是这几本书，开启了曲安京的阅读之路。1980 年，18 岁的曲安京以第一名的成绩考入西北大学数学系，相继获得西北大学基础数学专业理学学士、数学史专业理学硕士、数学史专业理学博士学位，其后在西北大学任教多年。

曲安京常常说："我们可能很喜欢去广泛地读书，享受涉猎各种知识的快感。但这种积淀式的阅读的作用可能不会立马体现在我们的学习和生活中。"求学期间，他在完成学习和科研任务之余，喜欢修读历史学、古文字学、科学史、哲学相关的书籍。当年的数学史方向只有曲安京一位研究生，能够开设的课程也有限，加之先前的阅读经验，促使他进行"流浪式"阅读和学习。那时候的他会乐此不疲地去各个学科蹭课，和各个专业的学生进行思想交锋。多个学科不同的角度、方法在曲安京的学生时代积淀，并在以后的学术生涯里助力曲安京度过了数学史研究的"平台期"，使得数学史的研究与教学得以在方法论的指导下获得突破。

一、不积跬步无以至千里，任何成功都不是一蹴而就的

曲安京很喜欢"一万个小时"定律，"人们眼中的天才之所以卓越非凡，并非天资超人一等，而是付出了持续不断的努力。一万小时的锤炼是任何人从平凡变成世界级大师的必要条件。"持久坚持一件事，持久在一个领域积累，就会得到意想不到的成就，从幼年便开始的阅读如今已经是曲安京的生活习惯，长期大量、专注的阅读培养了曲安京的学术思维，也造就了

[①] 曲安京：西北大学科学史高等研究院院长，教授。该文原载《西北大学报》2021 年 11 月 15 日，经编者整理而成。

曲安京的育人观念。现在他不仅仅将"一万个小时"定律运用在自己的科研和生活中，也常以此激励学生。

二、学术的本质是创新，进行一般阅读积累，应成为做研究的工具

持续的阅读能够感知世界在如何改变，这也是促使其阅读的内在动力。通过阅读积累，去做一件前人没有做过的事，是创新。阅读积累的过程也许是漫长的，但从量变到质变的改变，往往撼人心魄。

三、阅读主要取决于个人的各种专业背景、时间及精力分配

曲安京有着丰富的访学经历，阅读经验和生活经验的叠加使他对阅读有着独特的见解。曲安京认为，正如科学史研究重要的是讲方法一样，阅读也是如此，文科学生和理科学生的阅读方法与侧重点也应该有所不同。

1. 理科生的阅读应该相对集中，应着眼于专业书籍与相关参考文献

通过对教材的学习，掌握自己找问题、找方法的能力；通过对专业文献的分析，找到学习方法，发现新的问题。此外，理科学生也要选阅科学家传记、科学史、科学哲学方面的书籍，使自己更加了解所学专业的历史与现状，从而明晰学术方向、职业追求，塑造学术信仰。

2. 文科生的阅读则应更加丰富与广泛

区别于理科在文献中找方法与问题，文科研究中的方法与新问题往往无法仅从论文中得到，文科学生需要读大量的原始文献，要以大量的阅读为基础，以便找到新的研究方向。以哈佛文科学习为例，哈佛文科本科生一门课一周的阅读任务为10本书，同时需要根据阅读完成20多页的材料，硕博士阶段的任务则更为繁重。如此高强度的阅读任务与写作训练量可以提高学生的快速阅读水平，高效提炼技巧和清晰表达的能力。因此对于文科学生来说，阅读与写作是相辅相成相互促进的，平日快速阅读与写作的训练缺一不可。

曲安京常对学生说："科普是讲大多数人都不知道的事，科研是讲所有人都不知道的事。"只有在大量的阅读中，我们才能了解到一个领域的最新动态，才有机会找到一个新的研究领域，做出新的发现。以阅读为工具，才能将其视为发现世界的内在动力，阅读的意义也显现在此。

何炼成教授治学育人思想述评

马莉莉[①]

著名经济学家、教育家,全国劳动模范、"有突出贡献专家",西北大学经济管理学院创始人和名誉院长何炼成教授,因病于 2022 年 6 月 18 日在西安逝世,享年 95 岁。扎根西北、甘为人梯,何炼成教授以坚定的信仰、毕生的热情,为国治学育人,推进了西北地区经济理论研究和高等教育事业的快速发展,为创立中国发展经济学的西北学派奠定了坚实理论基础和人才基础。

一、治经世济民之学

何先生的童年和中学时期,正处在兵荒马乱、国难当头之际。通过勤奋学习,他考入武汉大学经济系,得到张培刚、谭崇台、刘涤源等经济学大师的言传身教,并深受张培刚先生的影响。大学毕业后,何先生被分配到西北大学财经学院任教,后赴马列学院培训部进行了为期三年的学习,在中苏两国教员的指导下,他熟读《资本论》三卷,系统学习马克思主义基本原理,奠定了坚实的马克思主义政治经济学功底。扎根社会主义建设和改革开放的肥田沃土,何先生提出诸多具有创新性和前瞻性的理论观点,主要体现在以下方面:

一是关于马克思的生产劳动和劳动价值论。我国学术界对生产劳动理论的讨论,是从 20 世纪 60 年代初开始的。1962 年,厦门大学的草英、攸全同志在《中国经济问题》第 9 期发表了《关于生产劳动和非生产劳动》一文,何先生于次年在《经济研究》第 2 期发表《试论社会主义制度下的生产劳动与非生产劳动》一文与之商榷,从而拉开了生产劳动理论大讨论的帷幕。在这一漫长的学术研讨进程中,何先生不仅以其理论敏感开讨论之端,而且以其执着追求参与始终,先后发表十余篇论文,观点独到精深,其中,《社会主义制度下生产劳动与非生产劳动的具体含义》一文获首届孙冶方经济学奖。

何先生认为,马克思有两种不同含义的生产劳动概念,第一种是从简单劳动的角度来考察的一般生产劳动,第二种是从资本主义生产方式角度来考察的特殊生产劳动即资本主义生产劳动。马克思关于一般意义的生产劳动的普遍定义和资本主义生产劳动的具体定义,是从生产力和生产关系两个不同方面来考察的。前者表明人对自然的关系,反映人们的简单劳动过程;后

[①] 马莉莉:西北大学经济管理学院院长,教授。该文原载《光明日报》2022 年 7 月 19 日 11 版。

者则表明资本主义制度下人们之间的经济关系，即资本与雇佣劳动的关系。

正是在考察社会主义生产劳动的特殊定义时，何先生在国内学术界率先把属于非物质生产领域的多种服务部门以及客运、邮电、文化、教育、卫生等部门的劳动划分为生产劳动，冲破了长期流行的单纯从生产力或简单劳动过程看问题的传统观点，正确表述了马克思关于"生产劳动是一定生产关系本质的反映"这一根本思想，并依据这一认识把社会主义生产劳动的外延扩大到非物质生产领域，这为国家进行三次产业划分和建立新的国民经济核算体系提供了理论依据。

随着知识经济的兴起，许多新现象新问题对经济学研究提出了新挑战。何先生在坚持马克思劳动价值论基本观点的基础上，系统论述了以下学术观点：强调必须坚持马克思的劳动价值论，并对服务劳动、流通、管理、"总体工人"等的劳动性质及价值创造进行深入剖析，提出两种含义的社会必要劳动时间共同决定商品价值的观点。

二是关于社会主义商品经济理论和市场经济理论。20世纪七八十年代，在关于计划经济改革的讨论中，何先生系统研究了商品经济的共性和社会主义商品经济的特性，在学术界率先提出，除社会分工这个前提和基础外，还应从社会主义经济中劳动者与生产资料多元多层次的结合方式来论证社会主义商品经济存在的原因。何先生系统阐释了社会主义市场经济的一系列基本理论问题，就劳动力商品与劳动力市场、计划与市场的关系、公有制与市场经济相结合、市场经济新秩序、市场经济与现代企业制度、资本市场、国有企业改革及社会主义股份制等重要理论问题提出了诸多前瞻性的观点。

三是关于专题思想史。基于坚实的国学功底和丰富的历史知识，何先生较早进行了中外专题经济思想史的研究及比较分析。为深入展开重大问题的研究与教学，何先生分别就价值学说史和经济管理思想史两大专题展开系统梳理。前者主要运用马克思主义观点，系统阐述了西方价值学说史和中国古代从先秦到清初近两千年的价格理论发展史，而后就中西方价值学说展开对比研究，这为后学者提供了宽广的视野和简明扼要的研学资料。20世纪80年代中期，在改革开放全面推进、经济管理实践问题不断涌现的背景下，何先生创立西北大学经济管理学院，并着手构建中国经济管理思想史的理论体系，主要基于马克思主义政治经济学再生产循环原理，从"富国""生产、分配、消费"各环节、宏观管理等层面，将中国历代思想家的经济管理思想进行概括提炼，由此为社会实践提供思想与方法论指引。何先生古今中外兼容并蓄的治学方式，确立起西北大学经济学研究与教学"两史一论"（经济史、经济思想史、《资本论》）的方法论框架。

四是关于中国发展经济学。发展经济学原来是西方经济学家研究发展中国家问题的经济学分支学科。在张培刚教授发展经济学思想的启发下，何先生在20世纪80年代末开拓性地把"中国社会主义经济发展学"作为西北大学经济管理学院的重点学科，并先后出版《中国发展经济学》《中国发展经济学概论》《中国特色社会主义发展经济学》等专著和教材，为构建中国发展经济学的内容体系作出了突出贡献。何先生的研究有以下特色：在理论层面，主要将马克思主义基本理论与西方发展经济学相结合，提出将社会主义经济发展规律概括为"八化"，即工业化、城市化、商品化、市场化、社会化、国际化、信息化、知识化，并涵盖"八大关系"，即所有制结构、三次产业结构、区域经济、国际经济、金融创新、人力资本、可持续发展、政府法制和文化；在方法论方面，何先生强调创建中国发展经济学，需要努力做到经济学研究方法与其他学科的研究方法相结合，特别是需引入"老三论"（系统论、控制论、信息论）、"新三论"（耗散结构论、协同论、突变论）以及结合法学、社会学、心理学等；在实践层面，指出西北和西部是中国这一发展中国家的发展中大区，中国发展经济学应重点研究西北和西部的经济发展问题，针对西部大开发，他创新性地提出"八大战略"和"八大政策"，实践证明，由中国学者从实际出发探索而来的发展经济理论，在指导西部发展和转型升级过程中取得显著成就，与不少拉美国家深陷"中等收入陷阱"形成鲜明对比。

二、守教书育人之道

何炼成教授扎根西北七十多年，一直坚守在教学第一线，培育学生超过万人。何先生坚持务实、创新、开放、包容的教书育人理念，培养的弟子人才辈出。

一是坚持实事求是。何先生要求学生"不唯书、不唯上、不唯师，只唯实"，摆脱思维禁锢，拥有思考问题的自主性，直面社会现实，实事求是，探究经济社会内在发展规律，寻找解决真实世界经济发展问题的有效方案。

二是坚守马克思主义立场。何先生在教学过程中，始终强调坚持马克思主义政治经济学，强调马克思主义政治经济学的思维方式，强调把马克思主义政治经济学和中国实践相结合，创造出具有中国特色的社会主义政治经济学。

三是勇于开拓创新。何先生提出，要"敢为天下先""敢啃硬骨头"，在面对研究难题时，不能逃脱回避，应无惧磨砺，敢于突破创新、锐意进取，开辟独特、广阔的发展路径。

四是讲究研究的科学严谨。何先生要求学生"大胆设想、小心求证"，学术研究需要发散性思维，更要求科学而严谨的探索和论证。

五是强调遵循教书育人的规律。作为教师，需要一手抓科研，一手抓教学，以丰富的前沿知识与时俱进地充实教学内容；作为学生，需要一边打牢基础课，一边强化调查研究，在边干边学过程中强化理论认知、提高实践应用能力。

六是提倡开放包容。何先生鼓励学生独立思考，对学生的不同观点持开放和鼓励的态度，只要能够"自圆其说"，就应该被肯定。

何先生关注重大问题，教书育人理念务实开放，门下桃李芬芳、人才济济，为国家改革开放和西部建设发展提供了重要的人才支撑。他培养出的学生共获得 8 次孙冶方经济学奖，魏杰、刘世锦、张军扩、王忠民、李义平、宋立、石磊等学者活跃在改革开放前沿，在我国的经济学研究与教学领域、国家经济政策的制定与实施等方面，提出诸多前瞻性观点，贡献卓越智慧和力量，产生了广泛影响，西北大学经济管理学院也因此被誉为"经济学家的摇篮"。

三、奠中国发展经济学"西北学派"之基

西北地区基础设施薄弱、经济发展水平低下,何先生来到西北后,用孜孜以求、笔耕舌耘的一生,聚焦发展中国家和西部贫困落后的现实挑战,积极参与全国性问题讨论,以开放包容的思维、博古通今的素养,形成了独特的问题意识、方法论和学术观点,为发展经济学"西北学派"的创立奠定了基石。

一是坚持马克思主义基本原理,注重兼容并蓄。在长期治学过程中,何先生始终坚持以马克思主义理论为指导,吸收借鉴古今中外各家之长,融会贯通,围绕中国特色社会主义建设各阶段的重大实践命题,提出坚持马克思主义、服务改革开放实践的一系列重要理论和观点。

二是重视西部地区经济发展实践面临的一系列重大复杂问题。何先生的理论研究并非书斋空谈,而是直面我国经济发展的现实问题,其中尤为强调调查研究西部地区特别是西北地区的发展问题。与东部沿海地区往往是某类或某些问题较为突出不同,西北地区基本汇聚了中国发展所面对的各方面问题,比如要素资源有限、产业基础薄弱、多重结构失调、生态保护任务艰巨、安全形势严峻等,有鉴于此,何先生倡导综合运用多学科方法,系统性地应对复杂问题,这决定了何先生研究的独特视角和方法论。

三是解放思想、开拓创新。何先生认为不管是经典马克思主义理论,还是西方经济学各流派,都难以给出有限条件下应对复杂矛盾的现成答案,这就需要不断解放思想、与时俱进、开拓创新,提出有实践意义的思路、观点与方法,并接受实践的反复检验。

四是从全国视野定位西部问题。何先生虽身居西部,但在很多全国性问题的讨论中,都走在了学界前沿,如生产劳动理论、劳动价值理论、社会主义市场经济理论、中国发展经济学等。具备全国性、全局性问题的理论背景,为他思考地区性问题提供了更广泛的视野,对西部发展问题的研究也更具前瞻性。

五是提出整体、动态的系统发展学。"中国经济学的核心内容是中国发展经济学",何先生以西北地区发展实践为导向的理论创新,表现出鲜明的整体性、动态性特征,也就是依循复杂矛盾内在关联、动态演化的特点,给出综合利用有限资源、全面应对复杂问题的系统发展学理论框架及观点体系。

何先生用扎根西部、奋笔疾书的一生,聚焦西北地区实践问题,为理论创新提供可行道路,勾勒出中国发展经济学西北学派粗线条的雏形。传承先生思想,推进我国经济学科研与教学的发展,服务于中国特色社会主义现代化强国建设,成为后辈不容推辞的责任与使命。

第三编
学校党建与文化育人

提高认识　加强研究　不断提升高校党建工作水平

黄建民[①]

我校加强党的先进性建设研究暨党建研究会成立大会就要结束了,会议期间成立了西北大学党建研究会,它标志着我校党建研究工作有了一个新的进展,标志着我校党建工作不再是一般化,而是朝着更加注重理论与实际结合的科学化的路子迈进。

高校党建工作是我们党的建设的重要组成部分,在全面推进党的建设这个伟大工程中处于重要地位。这里,我就搞好高校党建工作的几个问题,粗略地讲点我个人的看法和认识,和大家一起研讨。

一、进一步提高认识,切实增强搞好高校党建工作的责任感和使命感

高等学校担负着全面贯彻党的教育方针,培养德智体美全面发展的社会主义事业建设者和接班人的重要使命。高校能否真正完成培养人才的任务,关键在于党。随着经济增长方式的转变,我国高等教育从办学体制、管理体制、投资体制、招生和毕业生就业制度到人才培养模式、专业设置、教学内容和方法、教学管理等都发生着相应的深刻的变革。这种变革,是高等教育走向现代化、走向世界、走向未来的必由之路。同时,这种变革也使高校党建工作面临许多新情况。

1. 高校肩负的政治责任对高校党建和思想政治工作提供了新要求

高校作为汇聚人才和培养人才的基地,承担着人才培养、知识创新和社会服务的重要任务。培养社会主义合格建设者和接班人,这是中国共产党领导的社会主义大学必须肩负的政治责任。中央16号文件明确指出,高校培养的大学生是不是合格,首要标准是思想政治素质是不是合格。这对高校如何担起应负的政治责任提出了新要求,也指明了努力的方向。

2. 加强党的执政能力建设对高校党建和思想政治工作提出了新任务

贯彻党的十六届四中全会精神,加强党的执政能力建设,是高校党建工作的首要任务。加强执政能力建设,必须抓住领导班子建设这个关键,抓住思想政治建设这个灵魂。全国高校第十三次党建工作会明确提出,要全面提高高校领导干部的思想政治素质和领导水平,把高校领

[①] 黄建民:西北大学原党委副书记,研究员。本文为节选,原载《高教发展研究》2005年第4期,题目系编者据原文另拟。

导班子建设成为政治坚定、求真务实、开拓创新、勤政廉洁、团结协调的坚强领导集体。这对高校党的建设提出了新的任务。

3. 高校改革发展的形势对高校党建和思想政治工作提出了新课题

高校党建和思想政治工作的重要功能，就是要为高校的改革发展提供坚强的政治保证。这几年，高校改革发展的成绩很大，但随着高等教育大众化，学校的连年扩招，在校生人数逐年增加，高校教学和学生管理、学生就业压力越来越大，加之我国进入改革发展的矛盾凸显期。这些新变化，要求高校思想政治工作在内容、方法上要适应新情况，找到新的突破点，开拓思想政治工作的新空间，这给高校党建和思想政治工作提出了新课题。

总之，当前高校改革发展的新形势和新任务，要求我们必须把抓好高校党的建设摆在关键的位置上，从战略和全局的高度来认识和研究加强高校党的建设问题，来理解中央关于新形势下加强党的建设的重大部署，切实增强做好高校党建工作的责任感和紧迫感。

二、加强领导班子建设，努力提高领导干部队伍的政治素质

我校各级领导班子是学校改革发展的组织者、推动者和领导者，在学校改革发展稳定中肩负着重大责任。加强党的建设，必须从加强领导班子建设入手，抓好各级领导班子建设，就是抓住了学校党建工作的龙头。当前，加强我校各级领导班子建设，要根据党的十六届四中全会精神和全国高校党建工作会议精神，着重在思想政治建设、制度建设、作风建设三个方面取得新进展。

1. 切实加强思想政治建设

思想政治建设是领导班子建设的根本。面对当前高等教育改革发展的新形势、新任务，必须把加强学习，搞好理论武装作为思想政治建设的首要任务。学校工作千头万绪，纷繁复杂，很容易使我们的一些领导干部陷入具体事务性工作之中，容易产生放松学习、忽视学习的问题。对于领导干部的政治理论学习，目前应突出解决两个问题：

一是要进一步解决认识问题，提高学习的自觉性。这就是说，不能把学习看成是上级交给的任务，自己处于"要我学"的被动地位，而是要使学习成为个人的自觉行动，变成"我要学"。这几年通过健全学习制度，各级班子理论建设有所加强，但忙于日常业务，忽视、轻视政治理论学习和研究，在一些干部中仍不同程度地存在。领导干部身负重任、工作繁忙这是事实，但是不能因此而疏于学习，领导同志精通与自己工作岗位相关的业务是重要的，但要履行好自己的职责，绝不能缺少必要的理论功底，绝不能缺少理论思维的能力，否则，很难担当起自己的领导责任，也很难成为一个有作为的领导者。因此，各级领导干部都应在自觉坚持和刻苦深入上下功夫。

二是树立良好的学风，坚持理论联系实际。毛泽东同志讲过，学习马克思列宁主义理论要精通它、应用它，精通的目的全在于应用。我们要把学习理论、更新观念、解决问题、推动工作统一起来，做到真学、真懂、真信、真用，不断提高运用马克思主义基本原理指导解决实际问题的能力。当前，要把学习"三个代表"重要思想与推进学校改革发展稳定结合起来，用科

学发展观统领学校工作的全局，围绕"办什么样的大学""怎样办好大学"这个根本，思考和解决好"以什么样的办学理念引领学校""以什么样的发展战略建设学校"这些重大问题，确立工作目标，落实具体措施，切实提高学习成效，从而在领导班子中创造出一种认真学习、民主讨论、积极探索、求真务实的浓厚风气。

2. 切实加强制度建设

强调制度建设，是邓小平同志的一贯思想。他指出："领导制度、组织制度问题更带有根本性、全局性、稳定性和长期性。"因此，加强领导班子建设，必须加强制度建设。加强制度建设，最重要的是坚持民主集中制。民主集中制是我们党的根本组织制度和领导制度，是高校坚持党的领导的重要保证。是否认真贯彻执行这一制度，是检验领导干部政治素质高低的分水岭。当前，院系领导班子坚持民主集中制，要着重解决以下四个方面问题：

一是完善领导班子议事和决策机制，推进院系决策的科学化和规范化。凡属重大问题和重大事项，都应经过院系党政联席会议集体讨论。院系领导班子内部要注意防止和克服个人和少数人决定重大问题的现象。

二是尊重和发挥广大教师在办学中的主人翁作用。现代科学决策要求决策者必须顺应决策民主化的发展方向。高校作为教学科研和学术阵地以及高知识群体聚集的地方，民主气氛比较浓厚。因此，坚持和实行民主决策，充分调动广大教师参与办学的积极性、主动性，确保决策的正确性和有效性更显得重要。工作中，凡是出台涉及教职工切身利益的重大措施，事前都应广泛征求本院系专家、教授，不同层次、岗位上的教职工的意见。（因为教师对院系的情况最熟悉，因而最有发言权。）同时，要适应新形势的要求，积极推行和坚持院务公开，增强工作的透明度和开放度，使广大教职工对院系内事务有更多的了解和参与，不断扩大教职工对重大决策的知情权、参与权和监督权。

三是处理好院系和学校之间的关系。院系作为学校的一个组成部分，一定要增强全局观念，服从服务于学校工作的大局，自觉维护学校工作部署的严肃性，确保学校的政令畅通。当然，强调全局观念并不否定院系的局部利益，作为院系的领导当然要考虑本院系、本单位的利益，关键是看在局部利益同全局利益发生矛盾和冲突的时候采取什么态度；如果能够顾全大局，哪怕牺牲局部利益也在所不惜，那就是正确的态度；如果只从本院系、本单位的局部考虑问题，对学校的整体利益全然不顾，或"搞上有政策，下有对策"，那就是狭隘的、错误的，是我们必须坚决反对的。

四是要增强班子的团结。这是坚持民主集中制的一个十分重要的问题。团结就是力量，团结出凝聚力和创造力。我校大多数院系党政班子是团结的，但确有少数领导班子不同程度地存在不协调、不团结的情况。这主要不是在重大问题上有分歧，而是由于在枝节问题上、小是小非问题上有不同意见。我们做党务工作的领导干部，眼界和胸襟更应广阔，能容忍各方面，团结各方面，不搞小圈子。每个班子成员都要自觉增强党性观念，识大体，顾大局，不计个人恩怨和得失。今后，组织部门除做好干部换届和任免时的考察外，还要加强届中和平时考察，重视班子状况和班子成员在团结问题上的具体表现。对不团结表现突出的班子，在分清是非的基础上，要求限期改正。对问题较多、自身无力解决问题的班子和长期闹不团结的班子成员要采取组织措施，严肃组织纪律。

3. 切实加强作风建设

领导作风是领导者思想作风、工作作风和生活作风的综合体现。学校各级领导干部的作风如何，事关学校改革发展的大局，事关学校的声誉。学校的工作比较具体，事务繁杂，时效性强。这种工作性质和特点，要求我们各级领导班子和领导干部在作风上一定要求真务实，要干实事、讲实效，解决实际问题。这也是党的思想路线的内在要求和广大教职工的殷切期望。因此，我们各级领导班子和领导干部都要为人师表，大力加强作风建设，树立为民、务实、清廉的良好形象。

第一，要增强服务意识，自觉坚持全心全意为人民服务的宗旨。许多事实证明，这是很不易做到的，但是党的性质和社会主义大学的宗旨，要求我们必须努力做到。增强服务意识归根到底是心里要始终装着群众，切实为师生员工服务。从现实生活中看，我校绝大多数干部是这样要求自己的，兢兢业业、勤勤恳恳工作着的，但也有少数干部并不是这样。抓领导作风建设，就要下功夫解决这方面的问题，尤其是帮助个别同志克服争名、争利、争地位等问题，这类思想上的病毒，对领导干部来说是致命的弱点，如果任其发展，只会害了干部，严重损害团结，影响学校的事业。

第二，要改进工作作风。"实干兴邦，空谈误国"，形式主义和官僚主义作风是我们党的大祸害。对于各级领导班子和领导干部，改进工作作风，就是要改变文山会海、不知下情的形式主义作风。当前，改进工作作风，要着力推进三个方面的工作：一是要深入实际，加强调查研究。每个班子成员要根据自己的分工，有所侧重，扎实深入地开展一些调查研究，了解工作中的新情况、新问题，防止思想方法的主观性、片面性和表面性，使决策符合客观实际。二是要深入师生，了解民意，更好地为教职工服务。尤其要经常关心知名专家、教授、学术带头人的工作、生活问题，为他们提供较宽松的工作生活环境，解除后顾之忧，使他们全身心地投入教学科研及工作中去。三是注意抓好工作落实，在解决实际问题上下功夫。真抓实干，保证各项任务的圆满完成。基层工作千头万绪，如何有条不紊地做好工作，要靠领导班子成员的工作态度和工作作风。所以，狠抓落实，务求实效，是领导班子成员一切活动的出发点和落脚点。

第三，要廉洁自律，筑牢思想防线。高等教育作为一种特殊资源，在当前供需不平衡的大背景下，如果把握不好，很容易产生不正之风和腐败现象。因此，必须把加强作风建设同加强廉政建设紧密结合起来。廉洁自律，是合格领导干部必须具备的基本条件之一。各级领导干部要坚持以党章和党内政治生活准则来规范自己的言行，严以律己，防微杜渐，做到自重、自省、自警、自励，与此同时，还要管好亲属，管好下属工作人员，通过每一位领导干部身体力行的模范行为来树立班子的良好形象，提高班子的影响力和感召力。

三、高度重视党的基层组织建设，充分发挥基层党组织和党员的作用

党的基层组织作为党的细胞，是党的全部工作和战斗力的基础，是培养教育党员的前沿阵

地。我校现有的 4 500 多名党员生活工作在 25 个党总支（直属党支部）212 个党支部中，这些分布在全校的基层组织负责经常对党员进行管理和教育，担负着直接向群众传播党的声音，并将群众的意见和呼声及时反馈给上级党组织的任务。党的路线方针政策要变为群众的自觉活动，归根到底要靠基层党组织在群众中进行大量而有效的活动。基层组织搞不好，学校整个党的工作就失去了依托，党在高校的领导也就会成为一句空话。中央在研究部署第二批先进性教育活动时强调，更要注重加强党的基层组织建设，发挥党的基层组织的作用。我们要按照中央的要求，加大这方面工作的力度，并且围绕变化了的客观实际来进行基层组织建设，把我校基层党组织的建设提高到一个新的水平。

加强党的基层组织建设，学校各级党组织尤其是学校党委负有重要责任。学校党委要加强对各基层党组织的领导和具体指导，尤其是要选好党总支书记，为基层组织配备一个好班子，从而为基层组织建设奠定良好的组织基础。这是加强基层党组织建设的前提条件和关键所在。同时，各党总支也要高度重视基层组织建设尤其是党支部建设。近年来，各党总支在加强基层组织建设方面做了大量卓有成效的工作，尤其是在把握方向、推进发展、保证监督等方面发挥了应有的作用，在关键时刻是有战斗力的。但是，也应当看到，目前我校基层党建工作还存在着一些不容忽视的问题，主要表现在：对基层党支部建设重视不够，在安排工作时，客观上存在着抓教学科研一手"实"，抓党建和思想政治工作一手"虚"的问题。二是创新意识不强。对基层党支部建设面临的新情况和新问题深入研究不够。三是工作方法单一。要改变这种状况，要靠各党总支真正下功夫抓。当前，要充分利用和抓住党员先进性教育活动这个有利时机，下大力气抓好党支部建设。事实证明，抓与不抓大不一样。在这方面，要建立健全党委抓党总支，党总支抓党支部的一级抓一级的党建工作目标责任制，努力走出一条规范化、制度化的路子，从根本上改变目前存在的对基层党支部抓而不紧的状况。当前，要把基层党建工作抓紧抓实，在工作中各党总支要注意处理好以下"四个关系"：

一是处理好党建工作与学校中心工作的关系。在高校，党的建设和学校的中心工作虽然分工不同，但培养中国特色社会主义事业的建设者和接班人的目标是一致的，都担负着不可推卸的历史责任。因此，处理好党建工作和学校的中心工作的关系，显得十分重要。各级党组织必须坚持"围绕中心抓党建，抓好党建促发展"这个指导思想，把党建工作渗透到学校的教学科研等各项工作中去，克服和防止党建工作与学校的中心工作相脱节的"两张皮"现象。当前，学校改革发展稳定的任务很重，各院系承担着大量的教学科研和学科建设等方面的工作任务，特别是八个院系和机关搬到南校区之后，各方面的工作量明显加大。在这种情况下，各级党组织一定要集中精力抓好教学科研等工作，一心一意谋发展，同时也必须围绕学校的中心工作，抓好党的建设，聚精会神抓党建，发挥党组织的政治核心作用和战斗堡垒作用。不抓住机遇，加快发展，离开学校的中心工作去抓党建，是不对的，只埋头抓教学科研工作，忽视党的建设，不注重发挥党组织在学校改革和建设中的作用，也是不对的。我们必须坚持"两手抓，两手都要硬"，把党的建设和学校的中心工作紧密结合起来，要根据贯彻党的教育方针的需要来研究和部署党建工作，围绕学校的中心工作来开展党建工作，用学校改革发展稳定的实际效果来衡量和检验党建工作的成效。

二是处理好党政关系。实践证明，党政关系处理得好，合力就强，不仅能形成和谐融洽、团结向上的局面，而且能够提高党政班子的工作水平和行政效能。各院系党总支要切实履行好自己的职责，充分发挥政治核心作用，协同行政制定本单位的发展计划，参与重大问题的决策，在原则问题上把好关。在工作机制上，要进一步坚持和完善院系党政联席会议制度。按照《西北大学系级单位党政领导班子分工合作的暂行规定》，党政联席会议是系级单位有关党政共管事项或者行政工作的最高决策形式。各院系领导尤其是院系党政一把手都要认真贯彻执行这一规定，既不能用党总支会议代替党政联席会议，也不能用系务会议代替党政联席会议。要通过进一步细化有关规则，切实解决因党政职责不清而造成党总支包揽过多过细，或行政领导说了算等问题。系行政领导也要自觉接受党总支的监督，支持党组织开展工作。党务和行政水乳交融，就能避免"各吹各的号，各唱各的调"，从而形成合力，真正做到党政同心、目标同向、工作同步、互相促进。

三是处理好领导和群众的关系。对上负责和对下负责是统一的，对领导负责和对群众负责是一致的。学校是由一个个基层单位组成的，每个基层单位又是由教职工组成的，没有基层单位和教职工，也就没有学校，所以两方面都要兼顾。在实际工作中，我们往往忽视对下负责，所以有必要在这里加以强调。大学的声望，主要靠教师，尤其是靠其中的名师来树，不是靠领导和管理人员。因此，各级领导干部要淡化"管"的观念，强化服务意识；淡化坐等观念，强化主动意识，与广大教职工建立起最密切的联系。党的各级干部都要正确处理好领导和群众工作的关系，经常深入教学科研第一线，到重点学科和重点实验室去，到教师中去，到学生中去，了解情况，发现和解决问题，多为师生办实事、办好事，这样才能凝聚人心，使党的基层组织成为密切联系群众的"桥梁"。要把广大党员、干部、师生满意不满意、积极性调动起来了没有，基层党组织凝聚力、战斗力增强了没有，党建工作的效率和质量提高了没有作为衡量基层党建工作是否有效的根本标准。

四是处理好继承与创新的关系。创新是时代的特征，是事业发展的不竭动力，通过创新可以实现跨越式发展。在新形势下，高校党建工作出现了许多新情况、新问题，这使过去积累的一些工作经验、工作方法逐渐失效，而适应新形势的工作方式和工作手段还没建立起来。因此，各基层组织必须以与时俱进的精神推动基层党建工作，坚持把继承和创新结合起来，积极适应时代的要求，在继承和发扬优良传统的基础上，努力推进思路创新、方法创新。思路创新，就是要打破旧的思维定势，学会超前思维，善于把学校工作部署和本单位的实际紧密结合起来，形成自己的工作思路。方法创新，就是要适应变化的形势和任务，不断创造灵活多样、丰富多彩、行之有效的工作方法，使基层党建工作充满生机和活力。

四、加强高校党建理论研究，不断提高党建工作水平

高校党建工作的实践告诉我们，搞好党建工作和加强党建研究是相互联系、相辅相成的。搞好党建工作是开展党建研究的基础，深入研究又是推动党建工作上台阶、上水平的重要条

件。近年来，我校各基层党组织在加强新时期高校党建理论研究方面做了大量工作，取得了明显成效。从总体上说，我校党建研究工作已经有了一个良好的发展势头。这是我们继续前进的基础。同时，也应当看到，当前高校党建工作出现了许多新情况和新问题，要求我们必须把对高校党建理论研究深入开展起来，坚持下去。因此，我们要以"三个代表"重要思想为指导。进一步加强领导，乘势而上，采取切实有效措施和办法，积极推动高校党建理论研究向广度和深度发展，努力提高党建工作水平，更好地为学校改革发展服务。

1. 要把党的先进性建设的研究继续进行下去

在新形势下加强党的先进性建设研究，是一个很大的课题。这次的研讨，应当说只是在比较系统地研究党的先进性建设的问题上有了一个良好的开端。因此，要密切结合高校实际，继续把对党的先进性建设问题的研究引向深入。

2. 要把研究会的工作做实

成立党建研究会，是学校党委在新形势下加强和改进我校党建工作所采取的一项重要举措。其目的是为了加强和整合我校研究力量，组织党务干部和专业教师，共同研究和探讨新形势下高校党建工作的理论问题和实际问题，为改进和加强我校党建工作而努力。具体来说，研究会主要有两项任务：一是发挥优势，积极推动我校党建理论研究工作；二是要积极承担省上的课题。

最后，希望各级党组织和全体会员一如既往地重视抓好党建研究工作，积极探索、加强交流，向上攀登、向下深入，切实担当起高校党建理论学习、研究的重任，努力使我校党建工作的研究水平达到一个新的高度，取得新的成果，为推进我校各项事业快速健康发展做出更大的贡献。

关于构建高等学校腐败预防体系的思考

杨春德　王根教①

腐败者，钱权交易也，即是一种公权私用的社会现象。纵观历史，腐败现象伴随着人类社会的发展而存在，历朝历代都对当时存在的腐败现象进行过不懈的斗争。以代表人民利益的中国共产党对腐败更是深恶痛绝，在社会主义建设的不同时期都提出了铲除腐败现象的方针政策，有力地回击了腐败现象的蔓延和滋长。随着我国社会主义市场经济的建立和完善，人们的价值观念和利益驱动发生了更为复杂的变化，以权谋私、假公济私的腐败行为屡有发生。教育战线是社会行业的组成部分，在新的历史时期，也毫无例外。近年来，高校大案要案时有发生，案情触目惊心，成为继建筑、交通、金融等经济实权部门之后，又一个不容小觑的腐败高发领域，不能不引起我们的高度警觉和重视。要根治高等学校的腐败现象，必须坚持标本兼治、综合预防的方针。本文拟从教育防范、抓根治本、构建反腐败预防体系等问题试作初探。

一、高等学校腐败现象存在的主要形式和特点

我国高等教育担负着培养和造就社会主义现代化建设事业接班人的重任，学校以传授知识、培养能力、铸造灵魂为主要职责。多年来，学校素以净土一方、清贫乐道著称，受到了社会各界的尊重。随着教育体制、管理体制的不断改革和深化，办学理念由精英教育向大众教育的转化，办学规模不断扩大，办学层次逐步提高，开放办学的程度愈来愈高，教育投资、收费办学也不断上升。在这种情况下，由于受到社会不良影响和经济利益的驱动，高等学校的腐败现象时有发生。高等学校出现了不少经济案件。仅从近两年来，陕西省几所高校出现的经济案件来看，高校腐败现象有以下几种表现形式和特点。

1. 行业腐败

腐败案件多为工程招标、印制教材、招生就业、选人用人、财务往来、物质采购等领域。主要原因是这些行业个别当权者，权为己用，采取巧取豪夺、损公肥私等手段，收受财物；社会上的一些经营者或经商者，采取投机钻营、行贿受贿等方式，滋润关系，打通关节，从而腐蚀了我们一些干部。

---

① 杨春德：西北大学原副校长，研究员；王根教：西北大学机关党委原书记，研究员。该文原载《陕西师范大学学报（哲学社会科学版）》2005年第S1期。

2. "窝案"泛起

不少案件是从校外案件带发出来的,有的是内部有关人员检举揭发的。其涉及部门之广、人数之多、损失之大实属罕见,特别是涉及高校机关的相关部门,犹如破土挖红薯,提起芋蔓,带出薯果一窝。

3. 职务犯罪凸显,"一把手"犯案不乏其例

个别高校的党政"一把手"或部门的主要负责人,越俎代庖,视制度为空文,作风霸道,私欲泛起,主动伸手,被包裹着金钱的糖衣炮弹击中,走上了违背党的原则、违背人民利益的犯罪道路,给党的事业和学校声誉造成了极大的危害。"楼房盖起来,干部倒下去"的现象已成为不争的现实,给高校造成了极坏的影响。

4. 案件数量有增无减

资料表明,学校经济案件处在高发期,其案件的数量之多、涉案领导干部之多、数量之大令人触目惊心。据不完全统计,近两年多来,陕西省先后侦破高校腐败案件十多起,涉及6名校级领导干部,20名处级干部因经济犯罪先后受到查处,挽回经济损失百万余元。

二、高校腐败现象产生的主要原因

纵观高校腐败现象及特点,大多涉及基建、采购、招生、用人等方面,采取贪污、受贿、挪用公款等手段,中饱私囊。其产生的原因是多方面的,我们认为,主要是:

1. 思想不够重视

主要是一些学校的领导干部对腐败现象的严重性估计不足;认识还不够到位;对党风廉政建设工作落实不够;一手硬、一手软的问题没有从根本上解决;忙于抓学校的发展,忽视了廉政建设。

2. 制度不够健全

多年来,高等学校在反腐倡廉方面,虽然建立了一些规章制度,起到了积极的作用,但是随着教育的不断改革和发展,一些制度还未进行及时的修改和完善,形成了制度上的空白,给心术不正的人造成了"钻空子"的机会。与此同时,制度乏力,缺乏对行为的规范和约束,造成了滋生腐败的条件。

3. 日常教育流于形式

在日常工作生活中,虽然能保证政治理论学习正常进行,但是党的方针政策、行为规范并没有完全深入头脑,付诸行动,触及灵魂,缺乏对腐败现象软环境的约束。管理程序不够规范。有些方面虽有制度,但在执行过程中没有细致的操作程序,缺乏对工作环节的制约,易产生腐败现象。

4. 民主管理渠道不够畅通

一是民主集中制坚持得不够,个别领导视个人负责为个人决策,一切由个人说了算。二是群众监督如同虚设,凡出现腐败案件的高校,大多为重大决策对群众保密,只向群众布置工作任务,不公开管理过程,事项结果不予评议。

5. 组织监督体系不够健全

在日常管理工作中，学校党内的纪检部门、行政监察部门等机构，均在学校同级党委和行政的领导下开展工作，难以对自己的上级履行监督职能，组织监督作用发挥得不够充分。

三、根治高校腐败现象的对策

高等学校腐败现象不是孤立存在的，它是社会发展中不良因素诱导行为在学校的缩影。如何消除腐败现象的滋生和蔓延，必须通过深化改革，坚持标本兼治。教育是基础，制度是根本，法治是保证，监督是关键。我们以为，在高校反腐败斗争中，要以查处案件为标，防范教育为本，建立积极的预防体系要比查处动"手术"更为合理、合情和合算。我们应当转变观念，创新机制，实现从文本治理向人本管理转变，注重过程预防，积极构建预防体系，从源头上铲除腐败滋生的土壤，应当从以下几方面着力进行。

1. 思想教育为先，净化灵魂为本

胡锦涛同志指出，教育抓好了，德治加强了，领导干部的思想政治素质提高了，可以有力地防范和减少违纪违法问题的发生。反腐倡廉，必须关口前移，重在教育，防范在先。

高校反腐败斗争必须服从于改革发展这个第一要务，建立有效的防预体系，领导干部的思想政治素质是基础，随着开放的深入和市场经济的发展，经济成分的多样化、利益主体的多元化、社会生活的复杂化，使腐败表现形式愈来愈复杂，面对严峻的形势，抓好高校干部的理论学习，从思想上筑起一道拒腐防线，显得尤为重要。目前高校的党员，特别是领导干部要认真学习党的十六大精神和"三个代表"的重要思想，不断提高思想道德水平，特别是廉政自律意识，建立起以思想观念和伦理道德为基础的自律防线，牢固树立公仆意识和为群众服务的思想；牢固树立我们的权力是谁给的，当权是为了什么，和怎样当好权的新"官念"；牢固树立领导就是责任、就是服务的新理念。努力做到立党为公，执政为民。要以党风廉政建设的制度作为自己的行为规范，决策心系群众，办事多想后果，警钟长鸣，在复杂纷繁的事务管理中，将廉政建设的理念转化成自觉行为，保持清醒头脑，洁身自好，手脚干净，不留"后遗症"，永葆清正廉洁、积极进取的高校领导干部的气节。努力做到自强、自律、自警、自立，在内因上解决廉洁自律的问题。

2. 崇尚职业道德，营造倡廉环境

积极营造反腐倡廉的氛围是构建预防体系的外部环境。高等学校的各级领导干部应当自觉执行党的民主集中制原则，树立崇高的工作理想和良好的工作作风，在学校改革建设的工作过程中，服从党的事业需要，服从集体决策，讲原则、讲团结、讲奉献，善于抓大事、谋发展。在廉政建设方面，善于从小事、小节做起，不谋私利，不图方便，保持领导干部高尚的风格和人格魅力。积极参加党的组织生活会和民主生活会，开展批评与自我批评，正确对待来自各方面的批评意见或建议，不断丰富自己的思想和行为。积极开展并乐于接受警示教育，以反面案例为教材，从中吸取教训，增强抗体，形成腐败现象难以侵蚀的良好环境。

3. 健全完善制度，规范工作程序

没有规矩，不成方圆。廉政建设仅靠个人觉悟和自我约束是不够的，必须用制度去严格规范管理者特别是领导班子成员的行为。现代管理本质上是制度管理，制度更具有根本性。制度不健全，人们无所适从，管理必然混乱，就易于产生腐败。

显而易见，抓源头，建立反腐防预体系，必须抓住制度约束这个关键环节。健全完善制度，继续推行党风廉政建设责任制，把廉政建设落到实处。应继续坚持校内收支"两条线"，力戒收、支混管。坚持工程招标，避免暗箱操作。坚持管人管事公开公正，扩展干部选用视野，建立干部推荐考察责任制，注重德才兼备和群众公认，切忌伯乐相马，由少数人在小范围"圈定"干部。在招生就业方面，坚持服务为本，切莫贪占。另外应当在不同的管理领域制定各个执行过程的操作规则和责任。诸如工程建设方面，应确定工程目标、资金投入、建设质量等环节的把关措施。通过强化过程管理制度的建立，使腐败现象在学校这块肥沃的土地上断水、缺肥，难以滋生。

4. 实行校务公开，强化监督职能

在管理学中有两条重要原则：一是绝对的权力必然导致腐败；二是信任不能代替监督，否则就无法避免道德风险。加强高校廉政建设，必须强化监督，形成权力制衡机制和分权制约的格局。

实行校务公开，健全监督约束机制，是构建反腐倡廉预防体系的根本途径。权力和领导者若不进行校务公开，则会脱离群众，偏离了执政为民的立党之本，离开了监督制约，就会导致腐败和错误。事实表明，腐败行为总是在私下、工作八小时之外秘密进行交易的，是最怕见阳光的，实行校务公开则是遏制腐败最有效的途径。因此，我们应当在学校积极推进和完善教代会制度，继续推行校务公开、院系务公开，建立领导干部年度向教工报告工作，述职业绩包括廉政情况，接受群众的评议的监督，通过相互沟通得到群众对干部的理解和支持。与此同时，应当改进党内监督体制，实行纪检部门由上级垂直领导的新体制，更好地发挥其监督作用；还应当注重党外民主党派、新闻媒体和法规的监督作用，建立行之有效的激励办法，形成全方位监督、公开办事的新机制，力争把各种腐败现象拒之于高校外，为育人、创业、发展创造良好的条件。

综上所述，紧紧围绕高校发展、服务于教学科研这个中心，积极构建反腐败预防体系，是从根本上消除腐败行为的有效途径，只要我们以党的十六大精神和"三个代表"重要思想为指导，认真贯彻执行《中国共产党党内监督条例（试行）》和《中国共产党纪律处分条例》，坚持标本兼治，治本为首，预防为主，防患于未然，高校的各项工作就会有序、高效、廉洁地运行，学校的各项事业定会呈现风正人和、蓬勃向上的新局面。

"原理"课如何实现教材体系向教学体系的转变

王 强①

改进教学方法，促进教材体系向教学体系转变，是加强和改进高校思想政治理论课工作极为重要的一环。笔者结合自己从事"马克思主义基本原理概论"课（以下简称"原理"课）的实践，谈一谈如何实现教材体系向教学体系转变，使"原理"课真正成为大学生"真心喜爱、终身受益"的课程。

一、逻辑前提：朝向马克思主义本身

《改进高等学校思想政治理论课的意见》实施方案明确规定："'马克思主义基本原理'，着重讲授马克思主义的世界观和方法论，帮助学生从整体上把握马克思主义，正确认识人类社会发展的基本规律。"这里明确规定了"原理"课教学要把握"一个主题"，即什么是马克思主义；贯穿"一条主线"，即教育引导大学生正确认识人类社会发展的基本规律；突出"一个重点"，即马克思主义的世界观和方法论。要上好"原理"课，首先要把握本门课程的教学目的和要求，朝向马克思主义本身。

首先，马克思主义从来就不是肢解的而是总体的，所以要朝向马克思主义本身，就需要从整体上把握马克思主义，坚持总体性和分类性的统一。传统上，我们依据恩格斯的《反杜林论》（1878年）和列宁的《马克思主义的三个来源和三个组成部分》（1913年），将马克思主义分为哲学、政治经济学、科学社会主义三个组成部分。在这种认识的支配下，学科建设中没有整体的马克思主义学科设置，理论研究中没有整体的马克思主义研究，人们对马克思主义的认识囿于固有的模式，影响了对马克思主义的整体性认识。当然这种分门别类研究所取得的重大发展，对于马克思主义的继承和发展也起到了促进作用，不能简单地全部否定。马克思主义是内容丰富的宏伟理论大厦，所以我们要把握马克思主义的整体性就需要既源于三个组成部分，又高于三个组成部分，从整体上对马克思主义进行系统阐释，提取其精神实质和理论品格。

其次，要从世界历史的视角来阐释马克思主义。马克思主义的形成过程是追求人类解放的过程，而人类的解放实践是一个涉及经济、政治、文化、社会等各个方面的总体性活动，这就决定了要从整体上完整地理解和把握马克思主义，就需要将马克思主义置于发展史之中。马克

---

①王强：西北大学马克思主义学院常务副院长，教授。该文原载《思想理论教育导刊》2009年第10期。

思主义是人类思想发展史的一朵奇葩，所以要理解马克思主义就必须将其置于世界图景之中，借鉴国外对马克思主义研究的积极成果，拓展马克思主义研究视野。马克思主义之所以能在中国传播并成为主流价值观念，是因为马克思主义和中国传统文化有着内在的契合，所以要从整体上理解马克思主义，就必须将马克思主义与中国传统文化相结合。马克思主义本身就是实践的，它不仅能够解释世界，更重要的在于改造世界；它不仅是世界观，更是方法论，所以要理解马克思主义，就必须坚持实践的观点，将马克思主义置于中国改革开放的伟大实践之中。

最后，马克思主义不仅是科学体系而且是无产阶级的思想武器，所以要朝向马克思主义本身，就需要从精神实质上把握马克思主义，坚持科学性和革命性的统一。马克思主义是由马克思、恩格斯创立，并由其后继人不断发展的革命性和科学性相统一的开放的理论体系。辩证唯物主义和历史唯物主义是马克思主义的世界观和方法论，也是马克思主义理论的哲学基础；实现劳动人民为主体的最广大人民群众的根本利益，是马克思主义的政治立场；一切从实际出发，理论联系实际，实事求是，在实践中检验真理和发展真理，是马克思主义的理论品质；实现物质财富极大丰富、人民精神境界极大提高、每个人自由而全面发展的共产主义社会，是马克思主义的社会理想。我们只有从马克思主义的立场、观点、方法出发，才能从总体上把握马克思主义，并在朝向马克思主义的逻辑前提下，发挥"原理"课教师的主体性和创造性，在此基础上实现教材体系向教学体系的转化。

二、由单纯"叙理"向"依事说理"转向

在理论表述中，实践活动的经验形态容易在修辞过程中被不知不觉地抽干和掏空，当这些经过修辞后的理论再返回实践时，经验本身已经被遮蔽，以致出现理论面对实践推动的尴尬境地。在"原理"课教学中，我们必须把被遮蔽的经验还原出来，以事实为前提，否则就会导致理论变成灰色的、僵死的、教条的、苍白的，这样的讲授学生是不会"真心喜爱"的。所以我们要提高"原理"课的教学效果就必须实现由思辨式的、试图安排人类精神和生活的宏大叙述（Grand Narrative）向关注个体和群体内在世界和经验意义的经验叙述（Experience Narrative）转向。如果单纯强调理论形态的完整性、同一性和同质性，当面对实践的多样性时，就会显得虚幻而惆怅。

中国俗语讲"摆事实、讲道理"，一般是"事实在先""由事及理"，而实现由"叙理"向"依事说理"转变的主要途径是案例式教学。"原理"课案例首先要具有经典性，即在阐释原理时选择经典作家的例子或经典作家使用的例子。我们可以充分运用马克思主义创始人和继承者的人格、生平等资料编成的案例，这样就可以使马克思主义本身充满魅力和活力；还可以从经典文献中寻找案例，如马克思关于巴黎公社的剖析无论对于历史学家还是对于文献学家都充满经典案例的魅力。

其次，案例要具有时代性。新中国成立60年来，特别是改革开放30多年来，我国经济社会发展取得了巨大的成就，形成了中国特色社会主义道路，这其中有取之不尽的现实素材，需要我们认真发掘。以上两种类型的案例，我们可以组织专门人员进行编写，建立"原理"课的

案例库。

再次，案例可具有区域性。不同地区具有不同的文化和社会特色，所以适度收集具有地方特色的典型案例可以提高学生的文化认同感，调动学生学习的积极性。例如西安是十三朝古都，文化底蕴深厚，我们在"原理"课教学过程中把这种文化资源变成教学案例，这样就更具有说服力。

最后，案例可具有主体性。在日常生活中，无论是教育者还是被教育者都有通过直接感受所获得的具体经验，由这种具体经验所组成的案例最具有在场感，最能获得学生的共鸣和认同。教师从自身实践经验出发，所获得的是实实在在的案例，是正向的积极的理论与实践相结合的建构过程，是教师的创造活动，这种案例最容易拉近学生同教师和课程的距离，增强学生对教师的亲近感。如某高校一名"原理"课教师以自身的实际情况讲授改革开放所取得的成就，讲到动情处学生无不潸然泪下，继而是热烈的掌声。当然案例还要联系学生的实际，这样才能做到"贴近实际、贴近生活、贴近大学生"，提高"原理"课的教学效果。以上两种类型案例从教师和学生的实际出发，所以最能打动学生，但是由于其个性大于共性，这就需要教师根据自身和学生的实践编入教案之中，建立真正属于自己的案例群。

当然，强调教育的"叙事"性，并不否认理论的魅力，而是通过实践的知识叙述，从归纳和演绎的语言逻辑中再现这种魅力，这样才能使学生坐得住、听得进、学得好、用得上，并引起兴奋和共鸣。

三、由理论语言向大众化语言转向

语言是思想的家，所有的思想、理论都要通过语言来表征，但是理论界经常遭遇到的是思想和语言发展的不协调。此问题不在于语言本身，而在于用什么样的语言。就目前马克思主义学术研究而言，显然是理论语言一统天下。事实上马克思本人往往能够超越思想和语言的错位，突破理论语言的限制，从而把原本枯燥的学术作品写得通俗易懂、波澜壮阔，使广大无产阶级都可以阅读、理解。

"原理"课教材编写有特定的要求和思考，这在一定程度上决定了它对话语体系的选择必然为严肃的书写和公正的叙述方式，表现为学术语言、文件语言和书面语言，而叙事话语逐渐从理论中隐去。这样在理性分析、论证与结构化的写作模式中，理论就失去了固有的鲜活内容。而教学过程不仅是一种知识过程，更是一种生活的过程，正如杜威所说："教育是一种生活方式，是一种行动的方式。""原理"课教师对教材体系如果不加以分析和解释，在教学过程中就会出现同质化的趋向，教师的个性和人格魅力就无法彰显。其实教师授课并不是机械地照本宣科，而是一种能动的再生产过程，也就是说，同一理论在不同的环境下"消费"时，其意义也有不同的变化。同样是"原理"课，对不同专业背景、不同学力背景的学生讲授的要求就不一样，理论和实践的内在紧张正在于此。要消除这种紧张就要实现教育者和被教育者的平等对话，而这种对话的载体是使用习惯的大众化语言。

实现理论语言向大众化语言转变，要求教师在叙说马克思主义原理时有较强的语言驾驭能力，在课堂上通过清晰、生动、幽默、新颖的大众化语言，旁征博引，把课堂内容讲得形象、透彻、明白，用语言的魅力感染学生。其一，这种叙说是清晰的不是混乱的。清晰明了的表达是课堂教学的最基本要求，也是理论魅力被接受的关键所在，如果叙说过程思维混乱、逻辑不清，就会使学生如坠雾里，不知所云，教学效果就无法达到。其二，这种叙说是生动的而不是晦涩的。有的教师在讲授"原理"课的过程中由于认识误区，往往从概念到概念，从原理到原理，把马克思主义变成简单的概念罗列和抽象的逻辑体系，从而丧失了思想政治教育的实效性。我们在教学过程中要用通俗易懂、生动活泼的大众化语言，有时甚至可以用一些流行话语和网络语言来进行叙事，但是要避免落入"献媚"的庸俗表征。其三，这种叙说是幽默的而不是呆板的。幽默是调节课堂气氛的润滑剂，"原理"课教师在讲授过程中，如果能通过生动的故事、优美的语言、抑扬的语调以及丰富的身体语言来叙事和说理，课堂教学就会变得轻松自如，学生在学习过程中就会有如沐春风、如饮甘露之感。其四，这种述说是新颖的而不是陈旧的。随着社会生活的变化和理论研究的深入，人们会用一些新术语来概括不断涌现的新事物、新现象，我们应该把这些新概念和新术语运用于教学过程之中，这样既可以丰富"原理"课的教学内容，又可以使我们的教学富有时代气息，增强对学生的吸引力。

加强党风廉政建设 为构建和谐校园做贡献

李焕卿[①]

十六大以来，党中央在全面推进社会主义经济建设、政治建设、文化建设、社会建设和党的建设的同时，不断推进党的理论创新和深入开展党风廉政建设，先后提出了科学发展观、构建社会主义和谐社会等重大战略思想，出台了《建立健全教育、制度、监督并重的惩治和预防腐败体系实施纲要》等具体措施，为高等学校的发展提供了科学的理论指导和有力的思想保证。高等学校是先进思想和先进文化的前哨站，学校党风廉政建设搞得好不好，将直接关系到校园是否和谐与稳定。随着世界多极化和经济全球化趋势的进一步深入，科技发展的日新月异，为尽快减轻长期面对发达国家在科技、经济、人才方面所占优势的压力，我国高等教育连续走了几年规模扩张型发展的道路，以此来逐步满足经济建设和广大适学青年的需求。但是，也应该看到在教育事业快速发展的同时，高等学校中长期积累的矛盾和问题也逐步暴露了出来。一些违规违法案件持续发生，腐败和不正之风正在多方位多层次侵蚀着这块"神圣净土"。教育领域中的不正之风问题成了人们关心的热点。因此，我们必须把贯彻科学发展观、加强党风廉政建设作为当前和今后一段时期内一项重大任务来抓，为构建和谐校园提供有力保障。

一、用"以人为本"的思想引领党风廉政建设

高等学校是知识、思想和学术的共同体，是各种思想融会交流的平台，其根本任务是培养人、教育人。大学校园的和谐，首先是理念的和谐，其次是管理者与被管理者、教育者与被教育者、服务者于被服务者等多方面的和谐。我们在谋划高校发展、加强制度建设、创建美好校园环境等方面，要把体现以人为本作为前提，充分发挥师生员工参与学校建设发展的主观能动性，充分考虑学生知识结构的优化和有利于创新能力、个性潜能的发挥，不断激发学生德、智、体、美全面发展的内在动力，不断克服在一些教育工作者身上存在的功利化思想和行为。应当看到，高等学校经过持续几年的扩招和大学生数量占人口比例的增加，其功能也逐步由精英式教育转变为大众化教育。这就要求学校必须从教育方式、教育内容等方面进行调整和改革，以便更好地适应市场经济条件下对人才的需求，最大限度地考虑学生对学校提供的知识构架等方面提出的合理要求。从现实的情况看，不少学校的培养方式（特别是办学时间长的学校）由于

[①]李焕卿：西北大学原党委副书记、纪委书记，研究员。该文原载西北大学纪检网 2010 年 3 月 22 日。

受计划经济体制下传统办学思想的影响，教学改革的步伐较为缓慢，比如在学科建设和课程设置上，只注重学科建设的传统性、习惯性，而忽视创新性，学生在这方面的发言权、选择性相对比较小，他们只能是被动的接受者。在这方面甚至发挥教师的作用也做得不尽如人意，教师只能在现有的课程中选择授课，从而影响了其主观能动性的发挥。还有部分管理者在制度的制定过程中，往往只注重管理的方便，从而忽略被管理者的感受和实际使用的效果。

我们加强学校党风廉政建设，就是要引导和教育我们的教职员工，把以人为本的思想主动融入办学理念、学校管理、教学内容设计、后勤保障等各个环节，坚决纠正违背科学发展观、违背和谐校园建设要求的行为。使学校的社会主义民主能得到充分发扬，科学管理、依法治校能得到充分落实，尊重知识、尊重人才、鼓励创造，各类人员的创造力能得到充分激发，学校各种利益关系能得到妥善解决，教职工内部矛盾和其他矛盾能得到正确处理，公平正义能得到切实维护，促进校园真正实现环境优美、秩序良好，学生全面发展，职工安居乐业，既充满活力，又安定团结的和谐目标。

二、用制度建设推进党风廉政建设

制度建设是体现一个单位党风廉政建设是否深入扎实的一项根本性因素，在反腐倡廉预防腐败中具有龙头性的功能。依靠制度惩治和预防腐败也是从严治党构建和谐校园的必然要求，是我们做好反腐倡廉工作的重要保证。这几年，西北大学认真贯彻落实党中央、国务院和中纪委颁布的反腐倡廉法规制度和措施，积极探索贯彻落实的具体办法，着力建立和健全各项规章制度，不断提高制度建设的科学性、系统性、权威性，逐步形成用制度管权、用制度管事、用制度管人的管理运行机制。2004年修订印制了《西北大学党风廉政建设制度汇编》；2006年起草制订了《西北大学党风廉政责任制考核办法（试行）》《西北大学工程建设项目廉洁从业承诺书》及《西北大学党风廉政建设联席会议制度》等规章制度。在建立健全制度的基础上，重点围绕两个方面抓落实：

一是抓处级以上领导干部的责任落实。促使处级以上领导干部提高忧患意识，把忧患意识贯彻到干部党性锻炼和作风养成当中，保持旺盛斗志和昂扬向上的精神状态，着力解决干部中存在的思想懈怠，对权力责任认识不清、行为不端等行为；促使处级以上领导干部增强责任意识，把主要精力放在为学校谋发展解决职工实际利益上，着力解决干部中存在的漫不经心、工作推诿扯皮等现象；促使处级以上领导干部树立节约意识，把减少浪费、节约办学成本作为一种美德和追求方向，勤政廉政，着力解决一些干部中存在的贪图享受，搞不切实际的攀比和过分追求挡次的消费思想。2006年学校评选表彰了党风廉政建设先进集体和先进个人，收到了好的效果。

二是抓科学管理规范工作秩序，减少管理成本，提高办事效率。学校坚持开展重大事项民主决策制度、限时办公工作制度、学校会议决定的任务分解落实检查监办制度等，不断完善党委领导下校长负责制的工作机制，充分发挥纪委的监督协调功能，使校园管理逐步做到科学有序和谐。

三、用科学有效的监督强化党风廉政建设

坚持不懈地推进监督的机制和制度建设,是实施科学有效监督、预防腐败的关键。几年来,学校纪委按照中央关于《建立健全教育、制度、监督并重的惩治和预防腐败体系实施纲要》的要求,从抓制度建设入手,不断探索监督的有效途径和方法,确保学校各项工作健康有序开展。主要有以下几方面:

第一,围绕重要事项决策、重要干部任免、重要项目安排、大额度资金的使用进行监督,对学校的基建工程、大宗物资采购、人事干部任免、职称评审、图书采购以及项目的招标、验收等,纪委应采取全程监督,严把程序关。近三年,纪检部门的干部共参加招标验收的项目约400多项,及时发现和堵塞了一些程序中的漏洞,促使各项工作客观、公正地开展。

第二,对学校重点工作、重点部门开展专项监督检查。2002—2005年学校新校区建设期间,纪委牵头组成督察组,并派专人进驻建筑工地实施专项督察,既保证了建设工期,又保护了干部和维护了学校的利益。2003年围绕"非典"期间维护校园稳定等事件,2004年围绕本科教学评估等阶段性工作都成立工作小组,开展专项督察。2006年在治理商业贿赂的专项活动期间,督察组对可能涉及商业活动的数十个单位逐个进行走访排查,促使其自查自纠,取得阶段性成果。

第三,积极推进校务公开,落实党风廉政建设责任制,保障广大教职工的知情权、参与权、表达权和监督权。2002年,由纪委办、监察处、工会等单位组成工作组,对全校执行校务公开情况进行专项调研,适时提出校务公开"四点、三结合"的工作建议,即公开内容必须围绕学校改革发展的重点、教职员工普遍关心的热点、干部廉政建设的关键点、学校发展遇到的困难点,坚持校务公开的内容同学校阶段中心工作相结合,同调动广大教职工参与改革的积极性相结合,同教职工行使民主管理民主监督的职责范围相结合。2003年底,检查组又对学校院(系)务公开情况进行了以"四查四看"为主要内容的检查。一查公开是否正常进行,看涉及广大师生切身利益的重大人事、热点问题是否及时公开;二查公开内容是否真实全面,看是否把财务收支、人员调动、岗位津贴发放、研究生推荐、学生奖贷学金评定等情况逐项具实公开;三查公开程序是否规范,看各单位是否由党政领导班子集体研究公开内容,形成文字并存档备查;四查公开监督小组是否发挥作用,看各单位监督小组是否健全,对公开内容是否进行审核确认。纪委还通过任务分解、督促检查,建立党风廉政建设公告栏、协助设立校务公开专栏等形式,使校务公开逐步做到制度化、规范化,努力促进校园的和谐。

第四,坚持纠风查案优化校园环境。不正之风、腐败问题是和谐校园建设的毒瘤,只有不断清除才能使校园环境得到净化。在注重源头治理加强监督检查工作力度及时发现堵塞漏洞的同时,纪委始终把做好信访工作和查办案件作为一项重要职责抓紧不放松,通过坚持不懈的工作,有效地遏制了腐败现象的发生,既维护了学校稳定和广大教职工的合法权益,又维护了学校的利益和稳定的大局。

四、用廉政文化建设丰富党风廉政建设

廉政文化建设是党风廉政建设和反腐败工作中的一项"软件工程",它以其独特的功能成为构建惩治和预防腐败体系中的重要载体。它能通过文化渗透、教育等方式发挥出润物细无声的作用。学校廉政文化建设必须结合自身特点进行,既要突出先进性,又要注意其群众性;既要突出时代性,又要考虑其长久性。加强廉政文化建设应该注意三个方面:

一是注意精神凝聚。把廉洁教育作为源头治理的基础性工作,认真抓实做细,增强亲和力和感染力。学校通过对校训精神的研讨,使全校师生充分理解"公诚勤朴"的内涵,通过对"团结、进取、民主、奉献"校风和"勤奋、严谨、求实、创新"学风的宣传教育,不断凝聚广大师生爱国爱校的情怀,凝聚和激发师生员工艰苦创业自强不息的西大精神。使这种精神能牢牢地固化在每一个人的内在气质之中,通过到社会各行各业工作的实践得到展现。

二是利用灵活多样的方法和形式多样的廉政文化宣传教育的措施来促使习惯的养成。没有教育性,廉政文化建设就会偏离目标和方向,没有娱乐性,教育也会显得枯燥乏味,很难引人入胜和深入人心,廉政文化建设必须做到寓教于乐,融思想性、艺术性、知识性、趣味性为一体才能取得实效。从2001年开始,学校纪委并协同有关部门,举办了廉政漫画作品比赛、廉政书画展览、唱廉政歌曲、学习党章和廉政知识答题、党风廉政报告会等形式多样的廉政文化宣传创建活动,学校还在师生中举办了师德、师风报告会,在学生中开展"树魂立德"等系列活动,学校把廉政建设活动内容纳入了院系和干部年度考评的指标体系之中,使广大师生员工不断增强为人师表的意识,自觉做到以高尚的人格感染人、以文明的行为引导人,形成"以廉为荣,以贪为耻"的良好道德风尚;为构建和谐校园夯实思想道德基础。

三是坚持继承与创新结合紧扣时代主题,与时俱进。使校园廉政文化建设适应师生员工不断增长的精神文化要求,提高品位,体现时代特色。让廉政文化在继承传统优秀文化精髓的基础上,有所创新,有所发展,不断使廉政文化建设保持时代感和活力。

总之,构建社会主义和谐社会是党和国家的一项长期战略任务,和谐校园建设是构建和谐社会一个组成部分,党风廉政建设为上述任务的完成提供有力保障,二者相互依存相互促进,又都是需要我们不断研究探索和长期努力建设的系统工程,不可能一蹴而就。让我们在党的十七大精神指引下,振奋精神努力工作,为早日实现党中央提出的建设社会主义和谐社会的伟大目标做出应有的贡献。

文化自觉　文化素养　文化经历
——西北大学文化素质教育的思考与实践

方光华[①]

西北大学是我国西部地区建校历史最为悠久的综合性大学。其前身陕西大学堂成立之初，就提出要培养"博古通今，适于世用"的"庠序通才"。抗战时期，学校进一步明确了办学的目的是要培养"能治学、治世、治人、创业之通才与专才"。新中国成立以来，在侯外庐、张岂之等历届校长的大力倡导下，特别是我国高等教育素质教育理论提出以后，学校传承中华文明、融会世界思想，培养融会贯通、全面发展，既能治学、又能经世的人才的办学理念更加坚定，文化育人的教育思路和教育风格正在形成。回顾近年来西北大学素质教育的思考与实践，我们有三点体会：素质教育首先要着力培养学生的文化自觉。只有当大学生有了对自己所拥有、所依存的文化状态的清醒认识，善于将自己的民族文化融入到世界文化体系中，在世界文化体系中找到自己文化的位置与坐标，我们的学生才会有坚定的理想与信念。其次，要着力培养学生的文化素养。只有通过严密而有特色的学科专业知识与技能传授，使大学生在思维方式和处世方式上，尽快体悟到文化传承创新的基本内核，将文化知识转化成为内在的文化素养和人生智慧，我们的学生才会有承担文化建设的基本本领。第三，要着力培养大学生文化创意的经历。只有搭建宽广的实践平台，使大学生关于文化的设想在校园、在社区、在社会有更多的实践机会和经历，他们才会有投身文化建设的自信。

一、深化传统文化教育，培育学生的文化自觉

知识分子是文化传承创新最重要的力量。如果千百万大学生都有了"文化自觉"，我国的文化传承创新事业就会波澜壮阔。

西北大学很早就提出"发扬民族精神、融合世界思想、肩负建设西北之重任"的办学愿景，致力于传承中华五千年灿烂文明，融会世界优秀文化成果，建设祖国辽阔的西部。学校将激发大学生对于文化的自我觉醒放在重要地位，努力使大学生形成对祖国传统文化的基本认

[①] 方光华：西北大学原校长，现任陕西省副省长、省工商联主席，教授。该文原载《中国高教研究》2012年第1期。

识,并通过与世界其他文化的对比,使学生在观察世界其他文化时,树立"和而不同"的文化观,保持对文化的批评与建设意识。

陕西是中国文明的发祥地之一,周秦汉唐文明构建了中华古代文明的骨架。学校在科学揭示中华文明发展历史、挖掘中华民族精神遗产、推进文化交流传播方面有一定的积累。在中华文明的形成发展研究方面,古都长安及其周边地区、西北地区的重要考古遗址,都有西北大学考古学人的足迹。从关中平原到沙漠戈壁,从巴山蜀水到草原丝路,到处都洒下了西北大学考古学人的辛勤汗水。经过考古学人的探索,西北史前文化与中华文明起源的关系、周秦汉唐文明形成与发展的基本历程、古代农耕文明与西北游牧文明的关系,得到了更加清晰的认识。在中华文明的基本元素研究方面,由著名历史学家侯外庐奠基、张岂之先生主持发展的中国思想史学科,先后出版了《中国思想史》《中国儒学思想史》《宋明理学史》《中国历史》(6卷本)《中国思想学说史》(6卷本)等著作,对于中华文明中儒道佛等思想性元素的成熟与发展,及其对中国历史的促进作用进行了有深度的研究。在中华文明与中亚文明交流研究方面,西北大学彭树智先生所领导的中东史研究群体,揭示出中亚广大地区由塞族文明到中亚游牧文明与波斯、希腊、汉文明广泛交往的时代,再到阿拉伯文明发展的历史过程,研究了中华文明与中亚文明交流的历史,以及阿拉伯文明在全球化过程中的经验与教训,出版了《二十世纪中东史》《阿拉伯国家简史》《文明交往论》《中东国家通史》(13卷本)等著作。

依托这些积累,学校始终坚持让源远流长的优秀传统文化成为大学生的内在动力。20世纪80年代,张岂之先生就意识到传统文化是当代大学生道德和理性力量的深厚源泉,在大学生中开设《可爱的祖国》系列讲座,并在1993年组织撰写了《中国传统文化》一书,系统介绍中国哲学、道德、宗教、文物、教育、书法、绘画、医药与养生、饮食、建筑各方面的基本知识,并将传统文化的基本精神概括为"人文"精神、"自然"精神、"对偶"精神、"会通"精神。

随着大学文化素质教育理念的提出,以及中共中央、国务院《关于深化教育改革全面推进素质教育的决定》的发布,西北大学的传统文化教育得到深化,中国传统文化与大学生文化素质教育的联系也得到了更加清晰的论述。大家更加深切地认识到传统文化的价值观、道德观和行为准则可以为大学生确定人生信念提供参考,传统文化精神上追求"天人合一",政治上崇尚"礼乐教化",文化上主张"和而不同",可以为大学生判断世界文明的发展方向提供参照。大学生了解一些优秀传统文化,他们的责任感和使命感将会更加强烈,他们的现代化眼光将会更加深邃。

对于如何在大学生中进行优秀传统文化教育,学校做了积极的探索。如学校对传统文化的教学做了进一步的丰富,在教学内容上设计出物质文化遗产所呈现的中华文明发展史、中国思想所体现的民族文化精神、全球化背景下的中华文明等版块,并对各部分内容做了进一步深化。如中华文明的思想性因素方面,就开设出中国传统文化概论、中国哲学精神、中国历史精神、中国思想文化、中国宗教文化、传统文化与现代化等6门子课程,形成了一个有机整体,作为全校通识教育选修课程,按每学期2到3门滚动开设。同时,打造了更为完整的教材体系，先后出版了《中华人文精神》《中国思想史》《中国思想文化史》《中国历史 15 讲》《中国考古学 18 讲》《中东文明 18 讲》等多种教材，为学校中国传统文化的教学提供了有力支撑。此外，加强了与陕西主要文物博物馆的联系，在半坡遗址、黄帝陵、秦始皇兵马俑、法门寺等重要文化遗存，建立教学实习基地，将课堂教学内容加以延伸和拓展，使学生对优秀传统文化的理解及感受变得更加具体。

中国优秀传统文化的教育，不仅增强了学生的文化自觉，而且使文化逐渐内化为学生的品质与风貌。

二、传授严密而有特色的学科专业知识，培养学生的文化素养

大学的文化素质教育不是孤立的，不能独立于学科专业之外。学科和专业所包含的知识，是人类认识自然和社会的成果积累，其中蕴涵着文化发展的合理内核。大学生对于学科和专业知识了解得越深刻，就越能领会文化发展的精神，越具有文化创新的智慧。

为了使普遍性的学科专业知识在学生心灵中生根发芽，将知识内化为学生的智慧与德性，学校在以下三个方面做了一些努力：

第一，着力构建逻辑严密的学科专业知识体系。西北大学是以文理为主、工科为辅的学校，现有 19 个院系，涵盖了文学、史学、哲学、经济、管理、法学、理学、工学、医学、教育学等学科门类，设有 75 个本科专业，具有 19 个博士学位授权一级学科、39 个硕士学位授权一级学科以及工商管理硕士（含 EMBA）、公共管理硕士、工程硕士等 16 个专业学位授予权。在学校的学科群落中，人文社会科学和理学是学校的核心。目前拥有的 7 个国家人才培养基地、13 个国家特色专业、4 个国家实验教学示范中心，绝大部分都归属于人文科学、社会科学和理学。

学校始终保持理性调整学科专业结构和创新学科专业的能力。石油地质、药用植物、文物保护技术等 20 多个学科专业，都是结合学科知识结构，针对陕西和西部地区的人才需求，在全国率先设立的。最近又设立了数理经济学、化学生物学、金融数学与统计等一批文理交叉的学科专业。对学科专业，我们大都有自己独特的见解。例如国务院学位委员会最近颁发的学科目录，将历史学分为中国史、外国史、考古学三个一级学科，而西北大学除历史学、考古学专业，还有文物保护技术专业，并分设有历史学院和文化遗产学院两个学院。

我们认为，历史学的发展将包括历史、考古与文化遗产保护科学，通过历史学、考古学所认识的中国的、外国的文化遗产，都有一个保护问题。而文化遗产的保护，既需要有对文化遗产的价值认知，也需要专门化的技术手段，还需要有展示和管理规范。为此，西北大学率先对文化遗产学科进行摸索，建成了文化遗产研究、文化遗产保护技术、文化遗产管理与展示三位一体的文化遗产学科体系。经过多年发展，目前，文化遗产学科拥有的"文化遗产研究与保护技术实验室"已经成为教育部重点实验室，"文化遗产保护技术实验教学中心"获批国家级实验示范中心。西北地区文物系统业务人员中，西北大学毕业生占 70% 以上，在我国西部特别是西北地区的文化遗产研究、保护和人才培养方面，该学科取得了显著成绩。

第二，传授富有西大特色的知识和技能。如学校的地质学和生命科学的专业教育，紧密联系秦岭山脉的相关研究展开。学校地质学科早在上世纪80年代就开始致力于秦岭造山带形成和演化等方面的研究。生物学科则抓住秦岭动植物资源的多样性特点，长期关注秦岭动植物资源的研究、保护与开发。依托科学研究开展富有特色的专业教育。学校的学生一般能够很快体会出知识的内在精神与实质，在参与科学研究中深刻地理解、吸收和掌握特色化的知识与技能。

第三，突出科学与人文精神的融合。科学与人文的深度融合是文化素养的灵魂。科学精神与人文精神融会贯通是文化知识转化成为人生智慧和德性的关键。近年来，为突破学科专业的局限，西北大学已经在13个学科门类实行淡化专业界限、拓宽专业口径的大类招生，并依托学校学科的优势，建设了包括语言文学类、历史与文化类、宗教哲学心理学类、社会科学类、科学技术与工程类、艺术体育与素质拓展类等六大模块的素质教育课程体系。在人才培养方案设计上，我们将全校所有专业的选修课程学分提高到总学分的25%，并要求文、理、工等各专业的学生必须跨类别选修其他专业的课程。此外，还开放了14个辅修专业，鼓励学有余力的学生参加辅修专业的学习，根据学习情况申请双学士学位。通过这些努力，我们力求将科学与人文精神融入到学生的成长过程中。

三、搭建实践平台，培养学生的文化创造经历

文化素质教育的最终目的是提升学生的文化创造能力。这就需要通过激发学生的文化创造潜力，使学生敢于将自己的文化创意转化为文化创造，具备一定的实践经历。

西北大学充分发挥学科综合和地域资源优势，着力为大学生的文化实践搭建广阔的平台：

一是强化实践教学环节，提升学生的创新实践能力。我们通过提高综合性、设计性实验的比例，设立开放实验室基金、大学生创新试验计划，广泛开展课外科技创新活动等措施，基本构建了有利于大学生实践能力和创新精神培养的实践教学体系。目前，我校120个大学生创新实验计划在国家级"质量工程"项目中立项，其中49个国家项目结题并取得可喜成果。同时，重点加强国家和省级实验教学示范中心、野外教学实习基地和社会实践场所的建设力度，积极探索综合性实习基地的建设，如成立的可满足学校多个专业实习需求的"秦岭—宁陕综合实习基地"，已与中科院地质与地球物理研究所、美国堪萨斯州威奇塔州立大学达成了本科生和研究生的野外实践教学意向。2011年，秦岭野外地质教学基地建设项目获得国家基础科学人才培养基金项目立项。

二是为学生提供广阔舞台，倡导彰显个性的文化氛围。西北大学的校园文化活动，充分尊重和发挥学生的主体作用，形成了一定的文化影响力。学生用亲身体验的故事之美、音乐之美、情感之美、舞蹈之美，抒发他们对于自然、人生与社会的感受，陶冶情操，提高审美格调和生活品位，在人性塑造和人格养成过程中产生了积极的影响。学校的"黑美人艺术节"，自1987年在一群热爱戏剧的师生精心策划下诞生，已连续开展了25年，成为陕西乃至全国的校园文化品牌活动。由"小黑戏剧社"创作的《家里的玩偶》获得国际易卜生大学生戏剧节最佳剧目特等奖和最佳导演奖。学生自发成立的同慧影视工作室创作的《霸王年代》《紫陀螺》《火

箭鹁鹆》《童年的木剑》等影视作品,先后获得国际国内大奖。在2010年10月6日落幕的韩国釜山第三届中韩大学生电影节上,关兵同学凭借其纪录片作品《墨脱情》一举斩获金奖。这也是该电影节自开办以来,首次将最高奖授予纪录片。在学校参加的7次教育部主办的"五月的鲜花"文艺汇演活动中,西北大学选送的节目精彩纷呈,形成了以综艺情景短剧为形式,以多元艺术元素为点缀,以深厚文化底蕴、深刻社会思考为诉求的"西大特色"。

三是为学生经历与体验不同的文化创造条件。近年来,学校先后邀请土耳其总统居尔、韩国驻华大使金夏中、菲尔兹奖得主丘成桐、图灵奖获得者沃思以及4位诺贝尔奖得主等一批国际政要和学术大师来校进行访问交流并发表演讲,不仅使学生亲身领略大师们的风采,也为校园带来了不同的文化风格。同时,我们还与多所国外大学签署了学生交流协议,支持学生申请"国家建设高水平大学公派研究生项目""中美富布莱特项目""欧盟伊拉斯谟对外合作窗口全额奖学金"等国家公费资助出国项目;与菲律宾布拉卡大学合作建立孔子学院,派出学生开展交流;开设托福、雅思等全校公共课,为学生体验不同文化,拓展学生国际视野,培养学生开放思维做出努力。

《国家中长期教育改革和发展规划纲要(2010—2020年)》指出,高等教育要着力提高人才培养质量,其中全面实施素质教育是我国高等教育的战略主题。胡锦涛总书记在清华大学百年校庆大会上的重要讲话中强调,"全面提高高等教育质量,必须大力推进文化传承创新",指出"作为优秀文化传承的重要载体和思想文化创新的重要源泉,大学要大力推进文化传承创新"。目前,素质教育越来越成为社会各界关注、高等学校不断追求和探索的主题。西北大学将不断探索,不断前行,为深入实施文化素质教育,培养高素质创新人才,建设人力资源强国做出应有的贡献。

大学素质教育与通识课程探析
——西北大学的探索与实践

倪小勇　申素丽　李　晰[①]

素质教育是大学教育的基础，通识教育是实现素质教育的基本途径。通过通识教育课程实现素质教育是国内外大学的普遍选择。西北大学作为首批国家大学生文化素质教育基地，依托综合性大学的文化积淀与学科优势，以培养高素质人才为己任，以课堂教学为主阵地，对通识教育课程体系进行了积极的探索与实践。

一、通识教育课程是实施素质教育的基本途径

1. 通识教育与素质教育的内涵与联系

通识教育（General Education）源自西方古罗马时期的自由教育（Liberal Education），其教育理念主张大学要通过知识的基础性、整体性、综合性和广博性拓宽学生视野，培养健全人格和社会责任感。"通识教育重在培养'人'和培养'全人''通人'，是人的全面、和谐、可持续发展"。作为一种人才培养模式，通识教育已经被世界上大多数高等院校所采用，近年来我国各高校也积极探索通识教育人才培养的模式。当前，培养高素质人才是社会各界密切关注、国内外大学不断追求和探索的重大课题。素质教育的理念认为人才应具备传承和创新人类优秀文化所必备的知识与技能的基础，而且强调人才应兼容并蓄、博古通今，通融识见并赋有博雅精神。素质教育实践途径多样，大致可归纳为3类：第一类以建设文化素质教育课程为实施文化素质教育的重点。第二类以开展丰富多彩的课外文化活动，亦即"第二课堂"，为推动文化素质教育的重要方式。第三类以更为全面的学制改革去推动文化素质教育。由此可见，素质教育既可以看作通识教育的重要组成，又在促进知识、能力和素质的统一，孕育全面发展人才的目标上和所实施的途径上有更明确的要求。素质教育虽在内容与形式上与通识教育存在着一定的差异，但两者所秉持的理念与目标无疑是一致的，均以"全人发展"为核心。

[①] 倪小勇：西北大学教务处副处长；申素丽：西北大学科学技术处助理研究员；李晰：西北大学国内合作与校友工作处助理研究员。该文原载《高等理科教育》2014年第2期。

2. 通识教育课程是实施素质教育的重要途径

课堂教学是学生学习的主渠道，虽然素质教育的实现途径多样，但要使文化素质教育深入开展下去，必须将其纳入教学计划，并以素质教育课程的形式进入课堂。目前，国内绝大多数大学均将此类课程通称为通识教育课程。通识教育课程一般分为两类：一类是由各院系提供的不同学科的课程组成，基本目标在于拓宽学生视野。学校根据学科门类将该类课程划分为不同模块，要求学生在这些模块中选修一定学分。该类课程整体结构松散，缺乏系统性，很难实现通识教育的目标和理念。另一类是通识教育核心课程。核心课程整体结构较为严谨，具有特定的教育目标和内容。不同高校由于学校性质、育人理念的差异，对核心课程领域划分各有不同，但通常包含了大学所认定且学生必须具备的基本知识、态度和能力，旨在为所有专业学生提供共同的基础，不仅拓宽知识面，更承载着价值观念启迪和思维能力方法训练。通识教育核心课程涵盖了文史经典与文化传承、哲学智慧与批判性、科技进步与科学精神及艺术与审美等方面。

二、西北大学通识教育课程体系建设的探索与实践

西北大学的前身——陕西大学堂在成立之初，就提出要培养"博古通今，适于世用"的"庠序通才"，体现了西北大学传承文明、融会贯通、全面发展的人才培养目标。我校从2003年始设素质教育通识课程，经过十余年探索与实践，形成了颇具特色的通识教育课程体系。

1. 建设具有综合大学特色的通识课程体系

学科专业建设是课程建设的基础，是大学素质教育的重要平台。"合理的学科框架对人才的成长具有基本的'塑造'作用"。作为综合性大学，我校具有门类齐全、交叉融合的学科专业优势。现有21个院系，77个本科专业。目前已形成以人文社会科学、理学为主、以工科为辅的学科专业体系。7个国家人才培养基地涵盖了历史、经济、化学、物理、地质和生物等学科，13个国家特色专业涵盖了历史、文学、管理、化工、地质和物理等学科。在我校的学科专业建设中，特别重视凸显专业特色，力求给学生传授特色化的知识。比如经济学科就紧密联系西部大开发开展经济学专业教育；地质学多年来致力于秦岭造山带的深入研究，具有非常雄厚的专业基础，深受国内外学界的关注；生物学科潜心钻研秦岭动植物资源多样性的特点，长期关注秦岭动植物资源的研究、保护与开发；地理学科紧密结合渭河综合治理开展研究。不仅具有鲜明的专业特色和突出的社会价值，也为学生建立健康良好的社会责任感提供了很好的素质教育通选课内容。基于学科建设的优势和多学科交叉融合的特点，目前形成了较为成熟的通识教育课程体系，主要包括历史与文化类、社会科学类、语言文学类、科学技术与工程类、宗教哲学及其他、心理学类、体育艺术与素质拓展类7大模块，每年开设通识课程达150门左右，课程年更新率达10%～15%。

2. 坚持实施素质教育基础上的专业教育

西北大学坚持实施素质教育基础上的专业教育，不断改革人才培养模式。根据我校多学科专业特点，注重文理交叉与学科融合，整合优势资源，并将"夯实基础、通专结合、拓口径、交叉培养"作为制定人才培养方案的基本原则之一，从而进一步拓宽专业口径，淡化专业界

限，逐步实现按照学科大类培养，促进学生知识、能力、素质协调发展。目前，我校已在13个学科门类实行大类招生试点。另外，在现行人才培养方案中要求学生在校期间根据自己的兴趣，从素质教育通识课程7个模块中任意选择4门课程修读，其中1门须为人文类或自然科学类课程，毕业前需修够8学分。在素质教育通识课程的设置上，坚持用本民族和世界其他民族的优秀文化成果教育学生，使学生对文化的传承创新有深刻的感受，培育学生的文化责任与文化情操。引导学生广泛涉猎不同的学科领域，构建合理的知识结构，力求实现素质教育与专业教育、人文教育与科学教育的结合，为培养基础扎实、知识面宽、综合素质高、具有创新意识和创新精神的专门人才打下良好基础。为保障通识课程质量，在通识课程教师聘任方面，学校采用面向校内外公开聘任、择优上岗的制度，力求形成"名师开名课、学生上名课"。同时，学校鼓励通识课程积极参与教学改革项目建设，在各类教学奖项评选中也给予一定的倾斜政策。

3. 打造彰显学校特色的通识教育精品课程

经过数十年的积淀，我校已逐步形成了中国传统文化、科学史、大学语文、影视作品解读等一批颇具特色的素质教育通识课程。在此基础上，学校坚持重点建设30门左右由著名教授主持、彰显西大特色、令学生终生难忘的校级品牌课程。我校特别注重用传统文化陶冶学生的情操与品格，让源远流长的优秀传统文化塑造大学生的内在修养。中国传统文化课程1994年即成为我校本科生的选修课，通过一系列专题的介绍，力求使学生对中国传统文化的全貌有整体了解。

现已发展成为由中国历史精神、中国哲学概论、中国思想文化、中国宗教文化、中国道家文化、中国佛教文化、中国传统文化与现代化等多门课程为其子课程的系统选修课，并成为我校大学生文化素质教育课程建设的品牌课程和特色课程。大学语文课程一直是我校"大学生文化素质教育"的核心课程之一，该课程着眼于帮助学生在新的高度上形成语文意识，增进时代感，把语文的情感性、审美性、思想性与工具性融为一体。目前形成了诗歌鉴赏、宋代词鉴赏、实用写作、唐诗美学等丰富多彩的系列通识课程。另外，我校的影视作品解读、化石趣谈、企业管理学、第二次世界大战史、珠宝宝石鉴赏等课程不仅具有很强的专业特色，而且具有很强的文化和时代气息，深受学生欢迎。

4. 推动校本基础上的通识课程资源建设

结合校级通识教育课程实践，经过精心组织和筹备，我校目前有中国传统文化、中国重大考古发现、化石趣谈等3门课程已入选国家精品视频公开课建设计划。其中，中国传统文化已以"中国大学视频公开课"的形式在"爱课程"网及其合作网站——中国网络电视台、网易同步上网，受到社会大众的广泛欢迎，反响强烈。中国传统文化中国大学视频公开课目前已纳入我校网上通识课程供学生选修，深受学生欢迎。将校内外优秀网络教育资源纳入我校通识课程体系，是适应大学生学习方式变化、更新和完善我校通识课程资源的必然选择。我校已陆续将哈佛大学、麻省理工学院、耶鲁大学、南开大学等国内外著名高校的部分优秀公开课作为我校的网上通识选修课程。经过不断的努力与创新，我校素质教育通识课程建设已取得良好的效果，学生的综合素质已得到全面提升，为深入开展专业知识学习奠定了基础。西北大学毕业生在社会上得到广泛好评，这也是对我校素质教育实践的充分肯定。

三、西北大学通识教育课程改革的再思考

西北大学通识教育课程的建设与实践取得了显著的成效，但要切实贯彻素质教育，使我校的通识教育课程更加符合培养高素质创新人才的教育理念，还有较大的探索空间。

1. 设计符合通识教育理念的通识课程体系

目前，我校通识课程主要是由各院系教师根据自己的学科方向和个人特长申报，课程结构较松散，缺乏一定的系统性，教师和学生均很难把握通识教育目标，与真正达到通识教育理念尚有差距。从国内外高校通识课程经验来看，应重点建设核心通识课程，以纲带目，逐步形成通识课程体系。以核心课程为主干的通识课程体系着重于促进学生智性发展，培养学生深度阅读、批判性思考和沟通能力。其教学内容与传统通识课程有显著区别：人文社会科学类核心课程主要以研读经典名著为主，旨在将人类文明和伟大思想传授给学生，让学生对人类文明遗产有所体认，承担起传承文明的历史责任。经典著作文本选取的标准主要取决于阅读内容是否能激发学生多视角的思考和大学本身所传承的教育理念。自然科学类核心课程主要是趋向未来，应着重求新向前。核心课程体系的确立在任何高校都不是一蹴而就的，须根据学校实际确立1~2门课程进行试点，在总结经验的基础上逐步确立核心课程体系。"只有这样才能使通识教育走上可以逐渐有所积累而成熟的轨道，从而形成自己的传统，否则必然是永远无所积累而不断流入泛泛的肤浅课程。"

2. 探索多样化的通识课程教学体系及模式

目前通识课程教学模式较单一，基本沿袭了教师课堂授课学生被动接受的方式，课堂讲授也多以"通史"或"概论"的讲法为主。核心课程重在传授方法，启发思想，一般采用研讨型教学模式，即理论课由主讲教师大班授课，讨论课由助教主持分小班进行。在大班讲授中，主讲老师主要就围绕主题的相关概念及问题作提纲式引介；小班讨论课由助教主持，人数一般为20人左右，主要引导学生对主题做深入了解，并着重互动交流，发展学生的批判思维及写作技巧。小班讨论课对学生的课外阅读能力、思考能力提出了很高的要求，学生必须精读主讲老师布置的文献，以文献为依据，阐述各自的立场和观点。没有按照要求进行阅读和思考的学生无法投入到讨论中，讨论后还要就相关议题撰写小论文。由于小班讨论课需大量师资做支撑，只靠主讲教师是无法实现的，这就须建立"助教制度"。"助教制度"是由博士研究生来担任本科生课程特别是通识教育课的助教。助教的职责是随学生一起上大班理论课，主持小班讨论课和批改作业，每周须向主讲教授汇总各小班问题情况并讨论下周课程安排。由于博士研究生教学经验有限，需就核心课程的背景介绍、讨论主题、主持技巧等方面开展培训。

3. 建立健全通识课程教学质量保障体系

课程质量贯穿于课程的每个环节，要保障通识课程教学质量，须建立完整的通识课程教学质量保障体系。首先应使学校的决策人员、主讲教师、管理人员包括学生都能认同、重视通识课程的教育理念。在此教育理念的指导下，由专门的通识教育委员会对通识课程进行整体设

计，内容包括核心课程的认定、经典著作文本的选取、主讲教师资格的认定、助教的培训、学生的考核要求、课程评估。通识课程教学内容和教学模式在上文已提及，此处不再赘述。在课程的考核方面，应采取灵活多样的考核方式，将学生课堂、讨论、论文、试卷等方面结合起来进行考核。值得注意的是，通识课程着重于学生整体素养的培育，整体素质的提高有一个接受、吸收与内化的过程，短时期内在学生身上无法体现教育效果，因此在校学生的评估不能完全反映通识课程的真实状态，只能视为初步的评价。根据国内外大学的经验，通过在校友中展开问卷调查、邀请校友回校开展访谈等方式，将已毕业的校友作为评估资料收集对象是一种有效的方法。由于校友已离校一段时间，他们可以有更加充分的距离反省，能深刻感受到通识教育对自己产生了什么影响。

西北大学素质教育通选课程建设还处于起步阶段，要达到通识教育之育人目标，非朝夕所致，需几代学人的不懈努力。事实上，要从根本上提高通识教育通选课程的地位，还需进行更深层次的组织制度变革。在目前，应从大处着眼，重新考虑大学生应具备何种知识与素养；从小处着手，立足现实，踏踏实实地推进素质教育通选课程的改革，逐步建立更为完善的通识教育人才培养模式。

大学素质教育的"三位一体"

李 浩　曹明明　李剑利　周 超　倪小勇①

培养高素质人才是当前社会各界密切关注、国内外大学不断追求和探索的重大课题。西北大学作为首批国家大学生文化素质教育基地，依托综合性大学的文化积淀与学科优势，以培养高素质人才为己任，探索构建素质教育"三位一体"的模式，即坚持以通识教育课程为主要抓手，以高端前沿的学术讲座和创新实践项目为第二课堂，以广阔的实习实践为第三空间，追求文化育人、科研育人与实践育人的统一，在实施素质教育方面取得了明显成效，为高素质人才培养做了积极探索。

一、文化育人：以通识教育课程为主要抓手

"高等教育是文化传承的主要载体和文化创新的主要源泉。要积极发扬文化育人的作用。"西北大学的前身——陕西大学堂在成立之初，就提出要培养"博古通今，适于世用"的"庠序通才"，体现了西北大学传承文明、融会贯通、全面发展的人才培养目标。西北大学现任校长方光华教授认为："大学最根本的教育理念是文化育人，应该坚持以本民族和世界其他民族的优秀文化成果教育学生，使学生对文化的传承创新有深刻的感受，培育学生的文化责任与文化情操。"我校从2003年始设通识教育课程，秉承文化育人理念，经过近十年的探索与实践，形成了颇具特色的通识教育课程体系。

1. 建设具有综合院校特色的通识教育课程体系

我校在素质教育中始终坚持以中国优秀传统文化教育为主旋律。侯外庐先生是我校建国后的首任校长，他开创的将思想史和社会史相结合的中国思想史研究模式，对当代中国历史的研究产生了巨大影响，还培养了张岂之、李学勤、何兆武等一批当代史学界的领军人物。而由我校名誉校长张岂之先生牵头的西北大学中国思想文化研究所成为了我校开展大学文化素质教育的重要阵地。学校在实施素质教育的过程中，以中国优秀传统文化为切入点，以通识教育课程为主要抓手，基于多学科交叉融合的特点，形成了较为成熟的通识教育课程体系。包括体育

---

① 李浩：西北大学原副校长，现任中国文化研究中心主任，教授；曹明明：西北大学教务处原处长，教授；李剑利：西北大学实验室建设与管理处处长，教授；周超：西北大学党校办主任，副研究员；倪小勇：西北大学教务处副处长。该文原载《中国大学教学》2014年第7期。

艺术与素质拓展、历史与文化、宗教哲学、社会科学、科学技术与工程、心理学类、语言文字类七个大类。每年开设通识课程达150门左右，课程的更新率达到10%～15%。在通识教育课程的设置上，我们坚持以本民族和世界其他民族的优秀文化成果教育学生，使学生对文化的传承创新有深刻感受，培育学生的文化责任与文化情操。

2. 打造学生终身难忘的学校精品课程

经过数十年的沉淀，我校已逐步形成了"中国传统文化""科学史""生命科学导论""影视作品解读"等一批颇具特色的通识教育课程。在此基础上，学校坚持强调重点建设30门左右由著名教授主持，彰显西大特色，令学生终身难忘的校级品牌课程。如"中国传统文化"课程1994年即成为我校本科生的选修课，通过一系列专题介绍，力求使学生对中国传统文化的全貌有整体了解。现已发展成由"中国历史精神""中国哲学概论""中国思想文化""中国宗教文化""中国道家文化""中国佛教文化""中国传统文化与现代化"等多门课程为其子课程的系统选修课，并成为我校大学生素质教育课程建设的品牌课程。又如"大学语文"课程一直是我校大学生文化素质教育的核心课程之一，着眼于帮助学生在新的高度上形成语文意识，增进时代感，把语文的情感性、审美性、思想性与工具性融为一体，目前形成了"诗歌鉴赏""宋词鉴赏""实用写作""唐诗美学精读"等丰富多彩的系列通识课程。另外，我校的"影视作品解读""化石趣谈""企业管理学""第二次世界大战史""珠宝宝石鉴赏"等课程也都不仅具有很强的专业特色，同时具有很强的文化和时代气息，深受学生欢迎。

3. 形成高水平的国家精品开放课程

"十二五"期间，我校根据教育部关于国家精品开放课程建设的实施意见和要求，结合校级通识教育课程实践，经过精心组织和筹备，现有"中国传统文化""中国考古重大发现选讲""化石趣谈"等3门课程入选2012年度国家精品视频公开课建设计划。目前，我校建设的"中国传统文化"和"中国考古重大发现选讲"精品视频公开课已通过教育部有关部门审查，并以"中国大学视频公开课"的形式在"爱课程"网及其合作网站中国网络电视台、网易同步上网，受到社会大众的广泛欢迎，反响强烈。为了适应大学生学习方式的变化，现阶段我校已试点让学生网上选修"中国传统文化"等国家精品视频公开课，选课学生自行登录课程网址进行学习。通过网上选课的试行，我校后续建设的国家精品开放课程也将作为通识课程的教学资源提供给广大学生。

二、科研育人：以高端前沿的学术讲座和创新实践项目为第二课堂

"科学研究作为大学的重要功能，是高等学校尤其是研究型大学的核心优势之一。如何通过高水平的科学研究支撑高校人才培养质量的提高，已成为全面提高高等教育质量的关键，也引起了社会和高等教育界的普遍关注。"我校十分重视第二课堂在大学生文化素质教育中的潜在功能，通过开设高端前沿的学术讲座、实施创新实践项目、探索人才培养模式，将科研育人渗透到文化素质教育中去。

1. 举办高水平学术讲座和专题报告

邀请校内外知名学者、著名作家、艺术家、科学家等为我校师生举办有助于提高文化素养和科学研究兴趣的讲座和学术报告活动是我校优秀传统之一。2012 年，我校以 110 周年校庆活动为契机，将此活动提升为面向人文社会科学领域的"侯外庐学术讲座"和面向自然科学领域的"杨钟健学术讲座"。侯外庐先生和杨钟健先生均为西北大学前任校长，侯先生是我国马克思主义中国思想史学科的奠基人，杨先生是中国古脊椎动物学的奠基人。该系列讲座活动的举办，旨在传承科学精神，传播学术思想，推动跨学科、跨领域的学术交流，促进学科间的相互交叉、相互融合，为我校营造开放、民主的学术氛围，从而全面提升我校人才培养、科学研究、文化传承与创新的能力和水平。

此外，学校还举办了具有学科特点的系列讲座。经济管理学院设立的"关中大讲堂"和"学问与人生"系列讲座，着眼于提升学生的专业素养和综合素养，分别邀请国内外著名经济学家和人文、艺术、创业教育等方面的专家给学生做讲座。化学与材料科学学院则将涉及人生规划、就业创业、国学素养、身心健康等综合素质讲座纳入教学计划，要求学生 4 年内至少选听 10 次，计 1 个学分。地质学系每年有计划地邀请国内外学术大家为高年级本科生和研究生开设学科前沿讲座，授课方式为全英文教学，每门课程为 32~48 学时，在 6~12 周内完成。专业教育与学科前沿讲座的有机结合，将丰硕的科研成果通过学术讲座带进课堂，极大地开阔了学生的学术视野，提高了学生掌握学科前沿动态的能力，推动了创新人才培养。

2. 积极开展大学生创新实践项目

我校通过实施大学生创新实践项目，鼓励本科学生的创新精神，引导学生提前开展科研训练，提前进入实验室，进而培养学生的创新意识与创新能力。目前，我校 697 个校级大学生创新创业训练计划中，有 161 项在国家级"质量工程"项目中立项，项目研究成果显著，项目学生完成专著 1 部，发表论文 280 多篇，获国家知识产权局专利 20 余项，获国家版权局计算机软件著作权 10 项。100 余名同学已考取或免试保送到香港中文大学、香港科技大学、北京大学、清华大学、南京大学、复旦大学、浙江大学、中国科技大学、中国人民大学、北京师范大学及中国科学院等多所著名高校和科研院所攻读硕士研究生。从考取和保送研究生的比例来看，近年来已毕业的基地班学生中，有近 70%的学生攻读硕士研究生，非基地专业学生的考研率也达到 30%以上，一批拔尖创新人才已经脱颖而出。"十二五"期间，我校还将进一步加大大学生实践项目的建设力度，为大学生提供更多实践训练的机会。

3. 积极探索创新研究型培养模式

创新研究型本科生教育注重学生的探索意识、科研能力和创新意识的培养。我校在建立创新研究型人才培养模式方面做了有益探索。地质学系利用学科与地域优势，将导师制、创新基金研究计划、实验室开放及本科生论文有机地融为一体，使部分高年级本科学生实质性地独立承担小课题或加入到教师的科研群体中，形成了颇具西北大学特色的科研群体模式，实现了将科学研究纳入教学过程，实践教学由综合向研究性的转变。化学与材料科学学院通过免研加分制度、免研直通车制度、本科生科研奖励制度、本科生毕业论文制度等制度引导，鼓励本科生参与导师课题，参与科学研究，在本科生中形成了良好的科研氛围。2006年以来，化学与材料科学学院的本科生以第一作者或参与研究的署名作者发表论文200余篇，其中SCI论文80余篇。又如数学系在师资力量雄厚、科研能力强的数论代数等专业中进行本硕贯通培养试点，提前为本科生开设部分研究生基础课程，对数学有浓厚兴趣又立志于考取研究生的学生进行培养，使他们提前进入科研预备队，为学生更好地进行研究生阶段学习打下坚实数学基础。

三、实践育人：以广阔的实习实践作为第三空间

素质教育的最终目的是提升学生的实践能力和创造能力，我校充分发挥地域性、基础性、综合性等方面的优势，积极构建实践育人的第三空间，为提升大学生实践能力搭建广阔的平台。

1. 建设综合性实习基地，探索实习实践教学新模式

陕西是中华民族诞生的摇篮之一，历史上遗留下了丰富的文化遗产，西安也是我国西部重要的科技城和航天城。我校充分利用这些资源，建立了一批校内外文化素质教育基地。同时，学校依托学科和地域优势，重点加强野外教学实习基地和社会实践场所的建设力度，创造性地探索综合性实习基地的建设。我校2010年挂牌成立的"秦岭—宁陕综合实习基地"，可满足地质学系、经济管理学院、生命科学学院、城市与环境学院、艺术学院5个院系1—4年级10个专业近800名学生的专业实习需求，为进一步探索实习共享的实习教学模式提供了实证研究平台。同时，该基地已与中科院地质与地球物理研究所、美国堪萨斯州威奇塔州立大学达成了本科生和研究生的野外实践教学意向。

2. 搭建广阔的实践舞台，倡导彰显个性的文化氛围

西北大学的校园文化活动，充分尊重和发挥学生主体作用，不仅素有传统、特色鲜明，形成了一定的文化品牌影响力；而且还能与时俱进、不断创新，用学生亲身体验陶冶情操，提高审美格调和生活品位，在人性塑造和人格培养过程中产生了积极影响。我校"黑美人艺术节"自1987年创办以来，已连续开展27年，成为陕西乃至全国的校园文化品牌活动。由我校"小黑戏剧社"创作的《家里的玩偶》，获国际易卜生大学生戏剧节最佳剧目特等奖和最佳导演奖，并受邀赴挪威交流演出；《上海夫人》入围第三届国际大学生易卜生戏剧节大赛决赛。在教育部主办的历届"五月的鲜花"文艺汇演活动中，西北大学选送的节目精彩纷呈，形成了以综艺情景短剧为形式，以多元艺术元素为点缀，以深厚文化底蕴、深刻社会思考为诉求的"西大特色"。

3. 创办丰富多彩的学生刊物，搭建学生交流平台

我校文化素质教育基地成立初期，由学生自主创办的刊物《木香》，至今已出版28期。该刊物由学生全程参与，真实地反映了当前大学生的精神风貌、生活状态和现实诉求。同时还开展了《木香之约》系列访谈活动，为学生创建了实践和锻炼的平台。同时，学生结合专业学习，创建了各类学术刊物，延伸了专业教学的广度和深度。我校经济学基地2000年创办了《经济视窗》刊物，并建立了相应的网站和刊物电子版，迄今已发行56期，自创办以来共发表学术论文500余篇。地质学系学生自行撰稿、自主编辑的学术刊物《地学新苑》、文化遗产学院

学生自编的学术刊物《磨砺集》《格物》等成为同学们碰撞思想火花、进行学术交流的园地。

素质教育也要与时俱进，在实践中不断创新，在新的时代不断注入新的内容，不断增添新的时代精神。我们在课程教学特别是通识课程教学中贯彻素质教育，在科研训练中渗透素质教育，在实习实践过程中践行素质教育，将文化育人、科研育人、实践育人统一起来，实现专业教育与素质教育、科研与教学、理论与实践的有机结合，达到三足立鼎的效果，为塑造知行合一、灵肉统一的高水平高素质大学生进行了有益的探索。

把立德树人作为高校研究生教育的中心环节

任保平　李　军　徐哲峰　寇　楠①

习近平总书记指出高校思想政治工作关系高校培养什么样的人、如何培养人以及为谁培养人这个根本问题。2016 年 12 月 7 日至 8 日，在全国高校思想政治工作会议上的讲话中指出"要坚持把立德树人作为中心环节，把思想政治工作贯穿教育教学全过程，实现全程育人、全方位育人，努力开创我国高等教育事业发展新局面"。因此，高校的研究生教育不仅仅是专业教育，而且要在专业教育基础上重视思想政治教育，要把专业教育与思想政治教育相结合，知识教育与思想教育相结合，努力实现立德树人。

一、立德树人是大学之本

习近平总书记指出，要坚持把立德树人作为中心环节，立德树人不仅继承传统，而且语意深远，同时又具有现实意义。立德就是树立德业，坚持德育为先，通过正面教育来引导人、感化人、激励人；树人就是培养人才，坚持以学生成才和成人，通过合适的教育来塑造人、改变人、发展人。立德树人是高等教育研究的热词，党的十八大报告指出，把立德树人作为教育的根本任务。党的十八届三中全会进一步提出，要坚持立德树人。全国高校思想政治工作会议又更加强调了立德树人，把立德树人提高到了大学之本的地位。党的十九大报告进一步强调"要全面贯彻党的教育方针，落实立德树人根本任务，发展素质教育，推进教育公平，培养德智体美全面发展的社会主义建设者和接班人。"这是因为：

1. 立德树人是中华优秀的传统文化

中华文化主要是伦理道德文化，立德树人是对中华优秀的传统道德文化的继承和发展。立德来自于《左传》"太上有立德，其次有立功，其次有立言，虽久不废，此之谓不朽"。人生最高的境界是实现道德理想，其次是追求建功立业，最后是著书立说。这就是中国哲学中人生三不朽，而"立德"居于三不朽的首位。树人来自《管子·权修》："一年之计，莫如树谷；十年之计，莫如树木；终身之计，莫如树人。"因此，立德树人是中华优秀的传统道德文化在新时

---

①任保平：西北大学中国西部经济发展研究院院长，教授；李军：西北大学研究生工作部部长兼研究生院副院长，副研究员；徐哲峰：西北大学图书馆馆长，教授；寇楠：西北大学研究生院副院长。该文原载《高教发展研究》2019 年第 4 期。

期的继承和发展。

2. 立德树人是培养德智体美全面发展的社会主义建设者和接班人的奠基工程

教育具有基础性、先导性和全局性的功能。教育是社会进步与变革的基石。谁赢得了教育，谁就赢得了未来。将"立德树人"作为教育的根本任务，有着特定的内涵和时代意义，这对增强民族的认同感、文化的归属感有着极大的提升作用，并且对党的十八大提出的道路自信、理论自信、制度自信"三个自信"，以及"两个一百年"有着重要的奠基作用，这对培养德智体美全面发展的社会主义建设者和接班人具有重要意义。

3. 立德树人对解决当前高校的现实问题具有现实针对性

当前高校教育中，重视专业教育、忽视思想政治教育，重视知识教育、忽视道德教育，重智轻德、重分数轻育人的现象还比较普遍，形成了教书不育人的现实状况。同时信息网络、多元文化使得学生的成长环境更为复杂，对学生的健康成长产生很大影响。国际竞争日趋激烈，对学生综合素质的培养提出更高要求。

二、新时期强调研究生立德树人的新要求

立德树人主要强调"树什么人"。根据新时期高等教育的问题、时代特点，在培养学生高尚的道德情操、扎实的科学文化素质、健康的身心、良好的审美情趣的同时，突出强调要使学生具有中华文化底蕴、中国特色社会主义共同理想和国际视野，成为社会主义合格建设者和可靠接班人，力求使立德树人的方向性、民族性和时代性更加鲜明。"研究生教育是培养高层次专门人才的主要途径，是国家人才竞争和科技竞争的重要支柱，很多国家都把研究生教育作为培养和吸引优秀人才的重要途径。"立德树人要培育和践行社会主义核心价值观，弘扬中华优秀传统文化，进行人文、审美素养的培养等等。因此，新时期研究生立德树人应该有新的要求。

1. 要坚持正确的高校育人导向

教育作为实现人的全面发展的重要途径，必须以学生为本，关注学生的全面发展、和谐发展、持续发展、终身发展和健康成长。立德树人与教书育人在根本含义上是高度一致的，但现阶段如此强调，是因为立德树人在新时期有其特定的内涵与要求。当前，研究生立德树人要抓好两个教育：一是加强社会主义核心价值观教育；二是要加强和完善中华优秀传统文化教育。

2. 坚持正确的高等教育价值取向

立德树人的实现需要正确的研究生教育价值取向，《规划纲要》提出"为每个学生提供适合的教育"，这是国家在教育价值观层面上一次最为明确的宣示。"立德树人"要求我们必须解决教书不育人的现象，坚持培育学生健全人格。要培养学生积极的心理品质和乐观向上的品格，关注学生的内心世界，塑造学生纯真完美的心灵。高度重视对学生的人文关怀，为培育学生健全人格提供良好环境。

3. 坚持正确的高等教育价值观

"立德树人"要求我们必须致力于让每个研究生都能成为有用之才的教育理想。我们要尊重教育规律和学生身心发展规律，为每个研究生提供适合的教育，为每个研究生提供公平的受

教育机会，满足每个研究生的学习需要，促进每个研究生都主动地、生动活泼地发展。在为每个学生提供适合的教育的价值观引领下，我们要在坚持高专业水平的同时，加入特色、多样、选择和适合这样一些理念，这些构成了一个相对完整的教育质量观。

4. 进行高校人才培养模式的创新

立德树人的最终目的是要解决长期以来在人才培养模式方面的问题，而最终检验立德树人是要看我们是否培养了大批创新人才。为此，需要进行高校人才培养模式的创新，把专业教育与人文教育相结合，把知识教育与思想教育相结合，以理想信念教育为核心、以爱国主义教育为重点、以基本道德规范为基础、以全面发展为目标，开展思想政治和道德教育。

三、推进研究生立德树人的具体路径

立德树人是全面贯彻执行党的教育方针，推进教育体制改革和创新，培养研究生创新人才，为国造士的关键，是提高教育质量的根本。习近平总书记强调，立德树人要在六个方面下功夫：要在坚定理想信念上下功夫，要在厚植爱国主义情怀上下功夫，要在加强品德修养上下功夫，要在增长知识见识上下功夫，要在培养奋斗精神上下功夫，要在增强综合素质上下功夫。新时期坚持研究生立德树人的具体路径在于：

1. 坚持德育为先

2018年9月10日，习近平总书记在全国教育大会上指出："要在加强品德修养上下功夫，教育引导学生培育和践行社会主义核心价值观，踏踏实实修好品德，成为有大爱大德大情怀的人。"高校要培养社会主义事业的建设者和接班人，不要是培养白富美，不是培养精致的利己主义者。对学生进行专业教育，向学生传授文化科学知识是大学的一项主要任务，但不可忽视德育和思想教育。"研究生思想政治教育是落实立德树人根本任务的重要途径，其基本问题是破解当前研究生思想政治教育诸多理论与现实问题的关键"，只有树立崇高理想和远大志向，打好思想道德基础，学习才有动力，前进才有方向，成才才有保障。如果有才无德，即使学有所成，也不可能成为真正合格的建设者和接班人。

2. 强化课程育人效果

2018年9月10日，习近平总书记在全国教育大会上指出："要把立德树人融入思想道德教育、文化知识教育、社会实践教育各环节，贯穿基础教育、职业教育、高等教育各领域，学科体系、教学体系、教材体系、管理体系要围绕这个目标来设计，教师要围绕这个目标来教，学生要围绕这个目标来学。凡是不利于实现这个目标的做法都要坚决改过来。"课程是教育思想、教育目标和教育内容的主要载体，是学校教育教学活动的基本依据。要注意理论教学与实践教学相结合，课堂教学与学生自主发展相结合，要坚持以学生为本，以理服人、以情动人，紧密联系改革开放和社会主义现代化建设的伟大实践，联系学生的生活实际、思想实际，指导学生掌握马克思主义的历史唯物主义和辩证分析法，观照中国教育事业改革发展的实际，帮助研究生树立正确的世界观、人生观、价值观，培育学生从教的强烈使命感和责任感。

3. 发挥文化育人功能

2018年5月2日，习近平总书记在北京大学师生座谈会上指出："要把立德树人的成效作为检验学校一切工作的根本标准，真正做到以文化人、以德育人，不断提高学生思想水平、政治觉悟、道德品质、文化素养，做到明大德、守公德、严私德。"创新人才不仅仅不需要知识，知识教育是大学教育的一个方面，培养想象力和好奇心也是大学教育的重要内容。立德树人要发挥育人功能。校园文化是大学精神的重要载体，是文化育人的重要资源。进行校园制度文化、物质文化、精神文化、行为文化，让大学不仅是学生学习科学文化知识的地方，更是他们精神成长的重要摇篮。以社会主义先进文化为指导，结合时代特点、学校特色和学生需求，努力加强校风学风建设，优化校园文化环境，营造深厚的文化氛围，建立积极向上的校园文化，抵制各种有害文化和腐朽生活方式对大学生的侵蚀和影响，不断满足学生丰富而强烈的精神文化需要；要用学校自身深厚的文化内涵和悠远的历史传统，崇德尚学的校园风气和志存高远的育人理念来鼓舞和引导学生，提升学生的文化涵养和文化素养。

4. 专业教育和思想教育相结合

一是要培养学生的社会责任感。教书育人，育人为本；德智体美，以德为先。促进学生把个人价值与社会价值紧密结合在一起，把个人命运与国家命运紧密联系在一起，使每一位学生都能够成为对国家、对社会、对人民有用的人才。二是要着力培养学生的创新精神。尊重学生的个人选择，鼓励个性发展，激发学生的学习兴趣和好奇心，努力营造鼓励独立思考、自由探索、勇于创新的良好环境。三是培养学生的实践能力。强化实践教学环节，增加实践教学比重，推动大学生广泛参加社会调查、生产劳动、志愿服务、公益活动、科技发明和勤工助学等活动。

西北大学：扎根西北大地践行初心使命

王亚杰①

"不忘初心、牢记使命"主题教育开展以来，西北大学深入学习贯彻习近平新时代中国特色社会主义思想，统一思想认识、凝聚发展共识，广大干部师生对"为中国人民谋幸福，为中华民族谋复兴"的初心和使命的理解更加生动、具体，为党育人、为国育才的信念更加坚定、有力。

一、锤炼担当精神

西北大学牢牢把握"不忘初心、牢记使命"主题教育目标任务，着力推动干部师生学深悟透习近平新时代中国特色社会主义思想。

学校注重从底蕴厚重的校史中汲取精神力量，在校史馆、在抗战时期办学旧址，师生们感悟着代代学人坚守初心使命、敢于担当作为的高尚品格，立下积极投身中国特色社会主义伟大事业、自觉担当时代责任的铮铮誓言。在全国重大先进典型侯伯宇弘德育人、毕生奋斗的事迹里，在"老阿姨"龚全珍坚定信仰、求学历练的故事里，师生们以这些办学史上的师生先进典型为镜，映照自我、检视自我、提升自我，把持续的学习转化为立德树人、爱党爱国的鲜活实践。

学校在主题教育中选树的身边榜样——西北大学中亚考古队，把对党、对祖国的热爱融入服务"一带一路"建设，为还原丝绸之路历史风貌做出了重要贡献，在驼铃回响的千年丝路唱响了新时代高校师生知识报国的浩浩长歌。西北大学深入开展向中亚考古队学习活动，号召全校干部师生"秉持理想信念、保持崇高境界"，始终与党和国家的发展同向同行。这一做法，以育人优势涵养学校"不忘初心、牢记使命"主题教育鲜明特色，使"守初心、担使命，找差距、抓落实"真正成为广大干部师生的思想自觉和行动自觉。

二、厚植育人优势

立德树人，是教育的根本任务。检验大学生的思想政治状况是不是合格，关键是看能不能做到爱党、爱国、爱人民，是不是树立了道路自信、理论自信、制度自信、文化自信。

西北大学深入学习和贯彻落实习近平总书记关于教育的重要论述，深刻梳理和分析学校思想政治工作的现状和特点，形成了习近平新时代中国特色社会主义思想一面旗帜引领、十

---

①王亚杰：西北大学党委书记。该文原载《光明日报》2020年1月6日5版。

大方面工作支撑、"四真（真学、真懂、真信、真用）""三热爱（爱党、爱国、爱社会主义）""四个自信"的主线贯穿和质量标准牵引的"西大做法"，有效推动了全国高校思想政治工作会议精神落地落实，有力推动了学校不断加强和改进思想政治工作的新实践。

随着"不忘初心、牢记使命"主题教育的深入推进，西北大学领导班子成员围绕构建"三全育人"责任体系，在深入师生、广泛研讨、反复论证的基础上，对学校育人特色资源、问题短板有了更加精准的把握，明确了"发挥全国文明校园优势，深入动员各方面育人能动性，构建'三全育人'新体系"的工作思路，编制实施《西北大学文明校园提升工作方案》《关于深化新时代思想政治理论课改革创新的实施意见》等，使立德树人"西大做法"进一步得到丰富和拓展。

三、推动改革发展

高校办好人民满意的教育，关键在于全面深化综合改革，推进办学治校能力现代化。西北大学牢牢把握党中央、国务院统筹推进世界一流大学和一流学科建设的重大机遇，深入学习党的十九届四中全会精神，广泛凝聚改革发展动力，形成了一套基于学校实际的新理念，并在改革中践行，不断取得实效。

学校精准实施"一院一策"综合改革，变学校办大学为学院办大学，推动"放权""管理""服务"三个方面转型升级，以发展目标配置资源，赋予学院在人员聘用、资金使用、职称评审、薪酬分配等方面更大自主权，发展模式由传统的"牵引式"升级为"动车式"；精准实施"完全学分制"改革，制定出台《关于加强新时代一流本科教育的若干意见》，上什么课、上谁的课、什么时候上课交由学生自己选择；精准实施人才引育，推进"一人一策"，充分发挥人才引育的聚变效应，在人文关怀、政策支持、平台建设、资金投入上，持续向各类人才倾斜。

在"不忘初心、牢记使命"主题教育中，西北大学围绕深化综合改革、完善一流人才培养体系、引育一流人才队伍、构建一流学科体系、增强科研创新能力、推进开放办学、完善条件保障等方面，广泛开展大调研、大检视、大讨论，推动学科再加速、改革再升级、质量再提升，学校核心竞争力和文化影响力持续取得超常规进展。

四、坚定服务国家

扎根西北，既是历史选择，更是西北大学初心使命的生动表达。长期以来，西北大学师生坚定地将论文写在了祖国西北的广袤大地上。开展"不忘初心、牢记使命"主题教育，使学校扎根西北大地、践行初心使命的政治责任感和历史使命感愈发强烈。

2019年9月以来，学校积极响应习近平总书记在敦煌研究院同有关专家、学者和文化单位代表座谈时的重要讲话精神，与敦煌研究院共建"丝绸之路石窟和土遗址保护创新型人才培养基地"，探索文物保护创新型人才培养模式；与新疆维吾尔自治区哈密市签署校地合作协议，与巴里坤县、伊吾县共建丝绸之路古代游牧文化教学研究基地；充分发挥在秦岭造山带深部地质过程等学科领域的专业优势，成立陕西省秦岭研究中心和西北大学秦岭研究院，努力为生态文明建设和秦岭生态保护贡献"西大智慧"。

加强思政课导航　开创育人新格局

郭立宏[①]

2019 年 3 月 18 日,习近平总书记主持召开学校思想政治理论课教师座谈会并发表重要讲话,强调办好思想政治理论课是立德树人的关键,事关党和民族的千秋伟业,必须旗帜鲜明、毫不含糊。一年多来,全国各类高校认真贯彻落实习近平总书记重要讲话精神,坚持社会主义办学方向,全面贯彻党的教育方针,推动思政课改革创新,激发协同育人活力,落实立德树人的根本任务,努力培养担当民族复兴大任的时代新人。展望未来,我们应当从以下三个方面不断加强思政课导航,努力开创育人新格局。

一、将政治底色和价值指向融入学理性和知识性

旗帜鲜明讲政治既是我们党作为马克思主义政党的根本要求,也是中国特色社会主义高校的鲜明特色。高等教育要发展,一方面必须坚持正确政治方向,把立德树人放在首要位置,培养德智体美劳全面发展的社会主义建设者和接班人;另一方面需要注重科学性,努力实现知识传授、价值引领和能力培养的有机统一。推动思想政治理论课改革创新,"用学术讲政治",就是要坚持政治性和学理性、价值性和知识性相统一,把政治底色和价值指向融入学理性和知识性。而坚持以"用学术讲政治"为原则的思政课,既实现了讲政治有学理支撑,讲得透、不无趣;又实现了讲知识有价值引领,有深度、有立场。

高校思政工作应当遵循思政工作规律、教书育人规律和学生成长规律,不断提高工作能力和水平。具体而言,高校在办学治校过程中需要注重如下方法和路径。一是树立以育人为中心的治校理念。办大学需要回归常识、抓住本质、尊重规律、注重长远,立足世情国情,既认识到大学是学术组织,是文化的高地;也认识到我们是办中国特色的大学、办社会主义的大学,牢固树立人才培养的中心地位。二是明确以改革创新促进教育教学。推进思政工作与时俱进,坚持统筹管理、分类指导,深化人才培养模式改革,明确和落实课程、科研、实践、文化、网络、心理、管理、服务、资助、组织等环节的育人职责。三是抓住"全员育人"这个关键。发挥名师大家的示范引领作用,引导教师用真才实学和人格魅力来启发学生、引导学生。统筹推进思政课教师、专业课教师、校外名师队伍建设,同时抓好辅导员、导师、管理干部、后勤保

[①] 郭立宏:西北大学校长,教授。该文原载《中国社会科学报》2020 年 4 月 16 日。

障队伍建设，促进全体教职员工聚焦育人、协同育人。

二、坚持发挥马克思主义理论学科的指导作用

马克思主义理论是彻底的理论，具有强大的真理力量。坚持马克思主义，是中国特色社会主义大学的鲜亮底色。一方面，高校应当依托马克思主义学院，不断加强马克思主义理论学科建设，对马克思主义基本原理和贯穿其中的立场、观点、方法要研究透彻、阐释透彻。尤其重要的是，马克思主义理论学科应当紧扣时代脉搏，不断加强对习近平新时代中国特色社会主义思想的研究阐释。另一方面，以马克思主义理论学科为统领，实施"马克思主义理论+"学科群计划，加强马克思主义理论学科与其他哲学社会科学学科的互融互通，用马克思主义理论、用习近平新时代中国特色社会主义思想铸魂育人，引导学生增强中国特色社会主义道路自信、理论自信、制度自信、文化自信。

思政课程改革创新需要准确把握学校育人特色优势，解决好"主线""主导""主体"三个关键问题，坚持思政课程与课程思政同向同行、协同发力。主线，即紧扣学生对世界观、人生观、价值观的正确认识，解决好"信谁"的问题；紧扣学生对党、对人民、对民族和国家的正确认识，解决好"爱谁"的问题；紧扣学生对世态国情、历史使命和时代责任的正确认识，解决好"为谁"的问题。主导，即发挥教师的主导性作用，做到守土有责、守土负责、守土尽责。主体，即尊重学生的主体地位，动之以情、晓之以理、导之以行。另外，思政课应当构建集"课堂、实践、文化"于一体的育人模式，坚守课堂阵地，搭建实践平台，深挖文化载体。

三、努力构建中国特色哲学社会科学学科体系

高校学科门类齐全、人才密集，是构建中国特色哲学社会科学学科体系、繁荣哲学社会科学的生力军。高校在构建中国特色哲学社会科学学科体系中是不可或缺的重要力量，肩负着艰巨任务。首先，应立足中国实践。有生命力的理论源自实践，中国当代哲学社会科学的繁荣发展，基于中华优秀传统文化的思想哲理，基于社会主义现代化建设的生动实践，基于特有区位资源的有力依托，基于与世界不同文明的交流与对话。其次，应研究中国问题。当前，我国经济社会转型前所未有、深化改革前所未有、机遇挑战前所未有。深入研究党和国家面临的重大理论和现实问题，是当代中国哲学社会科学的重要使命。再次，应推动理论创新。我们应当在马克思主义指导下，加强对中国智慧、中国方案的理论总结和研究阐释，充分彰显中国哲学社会科学的继承性、民族性、原创性、时代性、系统性、专业性。

高校应当不断激发各个学科育人活力，尤其是把中国特色哲学社会科学的深厚底蕴、价值内涵内化到教育教学中，转化为课程思政育人元素。厚植各类课程发展根基，延伸课程思政育人效应，善于把做人做事的道理、社会主义核心价值观的要求、实现民族复兴的理想和责任、大学精神与文化融入各类课程教学之中，激发大学生把爱国情、强国志、报国行自觉融入实现中华民族伟大复兴的努力奋斗之中。

西北大学传承弘扬延安精神
推进纪检监察工作高质量发展

李邦邦[①]

延安精神是中国共产党在革命实践中所彰显和发扬的理想信念、精神风貌、品德作风的结晶。延安精神体现为坚定正确的政治方向，解放思想、实事求是的思想路线，全心全意为人民服务的根本宗旨，自力更生、艰苦奋斗的创业精神。延安精神体现了党的性质宗旨、与时俱进的思想风范、与人民同呼吸共命运的优良作风以及无产阶级的彻底革命性。延安精神是中国共产党光荣传统的重要组成部分，是克敌制胜的坚强精神支柱，具有超越时空的恒久价值。正是在延安精神的引领下，党的事业才不断从胜利走向新的胜利。习近平总书记指出，延安精神是中国共产党的宝贵精神财富，全面从严治党要继续从延安精神中汲取力量。要坚持不懈用延安精神教育广大党员、干部，用以滋养初心、淬炼灵魂，从中汲取信仰的力量、查找党性的差距、校准前进的方向。要把政治建设摆在首位，严肃党内政治生活，构建一体推进不敢腐、不能腐、不想腐体制机制，为各项事业发展提供坚强保障。中国特色社会主义进入了新时代，纪检监察机关要结合新任务新要求新实践，传承与弘扬好延安精神，奋力书写出合格的时代答卷。

一、坚定正确的政治方向，扎实走好新时代纪检监察工作的前行之路

"坚定正确的政治方向"是延安精神的灵魂，是共产党人引领社会历史前进的政治保障。一个政党的初心和使命，诠释着这个党"是什么、干什么""从哪里来、到哪里去"，是根本性、方向性的大问题。延安时期，中国共产党人牢牢把握政治方向，顺应历史民意，凝聚磅礴伟力，使延安成为抗战的政治中心，一批批青年志士心念延安，"打断骨头还有筋，割了皮肉还有心，只要还剩一口气，爬也爬到延安去。"甚至一些国民党人也义无反顾地加入了中国共产党。正是有了坚定正确的政治方向，中国共产党才领导中国革命一步步走向胜利，完成了争取民族独立和人民解放的神圣使命。实践证明，方向就是旗帜、灯塔和希望。对于马克思主义政党来说，准确把握历史发展的客观规律，让正确的政治主张化为亿万群众的行动纲领至关重要。中国共产党的初心使命，是建立在马克思主义科学理论基础之上的，充分彰显了马克思主

[①]李邦邦：西北大学原党委副书记、纪委书记，研究员。该文原载秦风网2021年3月9日。

义政党的本质属性。纪检监察机关因党而生、为党而战、兴党而强。纪检监察机关是管党治党的政治机关，从产生之日起就担负着维护党中央权威和集中统一领导的重大使命，为此，新时代纪检监察机关一是必须对"国之大者"心中有数，坚守信仰信念信心，增强"四个意识"，坚定"四个自信"，自觉肩负履行"两个维护"的特殊使命和重大责任，用铁的纪律维护党的团结统一，确保全党统一意志、统一行动，步调一致前进；二是必须更加突出政治监督，找准工作切入点、突破口和着力点，严明政治纪律和政治规矩，忠诚服务保障党和国家事业发展，确保党的路线方针政策和党中央决策部署贯彻落实；再次必须坚定不移推进党风廉政建设和反腐败工作，坚决同一切影响党的先进性、弱化党的纯洁性的行为作斗争，不断增强党自我净化、自我完善、自我革新、自我提高能力，不断纯洁党的思想、组织、作风和肌体，捍卫党的先进性和纯洁性。以此确保新时代纪检监察工作在正确的方向上前行。

二、坚持解放思想、实事求是的思想路线，稳步推进新时代纪检监察工作的高质量发展

"解放思想、实事求是的思想路线"是延安精神的精髓，是中国共产党人发展壮大的思想武器。延安时期，中国共产党坚持解放思想、实事求是的思想路线，坚持从实际出发，理论联系实际，坚持真理、修正错误，打破那些不符合实际的"习惯思维"和"主观偏见"，把解放思想、实事求是作为共产党人最根本的世界观、方法论和价值观，使解放思想、实事求是成为全党的思想路线和行动自觉。1942年开展的延安整风运动充分践行了实事求是的思想路线。正是有了正确思想旗帜的引领，中国革命的胜利才有了根本保证。历史经验反复证明，什么时候坚持这一思想路线，革命就胜利，事业就进步；反之，就会犯错误，事业就会受损失。"不论过去、现在和将来，我们都要坚持一切从实际出发，理论联系实际，在实践中检验真理和发展真理。"新时代纪检监察工作就是要坚持解放思想、实事求是的思想路线，保持与时俱进、求真务实、开拓创新的精神状态，突破习惯思维和主观偏见的束缚，把思想观念与发展变化的客观实际结合起来，始终用发展变化的观点创造性地改造客观世界。为此，新时代纪检监察机关一是要坚持稳中求进、标本兼治，在稳高压态势、稳惩治力度、稳干部群众对持续反腐惩恶预期的基础上，以改革创新激发内生动力，严格按照党章党规党纪和宪法法律法规开展工作，切实增强纪法意识，着力提高反腐败质量；二是要坚持无禁区、全覆盖、零容忍，坚持重遏制、强高压、长震慑，坚持受贿行贿一起查，有贪肃贪、有腐反腐，以纪律、法治持续高压震慑，使党员干部和公职人员自觉做到敬畏人民、敬畏法纪、敬畏组织、敬畏权力；三是要及时总结工作中发现的体制机制问题和制度漏洞，扎密织牢制度笼子，以制度管权管事管人，使党员干部和公职人员习惯在受监督和约束的环境下工作生活；四是要加强思想道德教育、党性教育，发展积极健康的党内政治文化，教育引导党员干部提高思想觉悟、坚定理想信念、筑牢拒腐防变思想堤坝，系统谋划、一体推进不敢腐不能腐不想腐，着力实现政治效果、纪法效果、社会效果相统一。

三、践行全心全意为人民服务的根本宗旨，着力实现新时代纪检监察工作的任务目标

"全心全意为人民服务的根本宗旨"是延安精神的核心，是中国共产党人赢得民心的"根本政治密码"。"为什么人，怎样为人"是任何一个政党在立党时必须回答的问题。共产党的性质决定了除最广大人民群众的利益之外，没有自己的特殊利益，党的一切工作都是为了实现好、维护好、发展好最广大人民根本利益。人民立场是中国共产党的根本政治立场。中国共产党在建党伊始，就把"人民"写在自己的旗帜上并始终为之不懈努力。毛泽东在党的七大上将"和人民群众紧密地联系在一起"列为党的三大作风之一，以其作为重要标志而区别于其他任何政党。延安时期，中国共产党把全心全意为人民服务作为共产党人的终极价值追求和根本宗旨，从制定路线方针政策到具体施政实践，从领导机关到基层组织，从党的领袖到普通战士，都坚持一切为了人民、为了人民的一切，坚持从群众中来，到群众中去，坚持面向群众、服务群众，为抗日战争和解放战争取得胜利积淀了深厚的群众基础。新时代坚持全心全意为人民服务的根本宗旨和党的群众路线，就是要坚持人民中心思想，筑牢人民主体地位，夯实"立党为公、执政为民"的宗旨，在自我革命中永远保持党的先进性本色，全面推进新时代党的建设新的伟大工程。为此，新时代纪检监察机关一是要坚决整治群众身边的腐败和作风问题，凡是群众反映强烈的问题都要严肃认真对待，凡是损害群众利益的行为都要坚决纠正，持续深入正风肃纪反腐惩恶，以实实在在的成效密切党和人民群众血肉联系；二是要坚决维护人民群众根本利益，以强有力的监督保障基本民生，满足人民群众对美好生活的向往。尤其当前，要紧扣统筹推进疫情防控和经济社会发展重大部署，在跟进监督、精准监督、全程监督上下硬功夫。紧扣决战决胜脱贫攻坚硬任务，在确保脱贫工作务实、过程扎实、结果真实上下硬功夫；三是要切实做到对纪法情理的贯通把握和综合运用，既讲依规依纪依法，又讲思想政治工作。既讲原则性、坚定性，又讲政策性、精准性，做到敢于斗争和善于斗争相统一。既讲除恶务本，又讲树德务滋，充分运用"三项机制"和"三个区分开来"，鼓励广大干部打消顾虑、创新进取、担当作为；四是要紧扣履行全面从严治党责任，补短板强弱项，推动政治监督和日常监督贯通融合，产生综合效果，推进治理体系和治理能力现代化，充分发挥监督保障执行、促进完善发展作用，以监督规范化常态化密切党群干群关系，营造良好的为民服务氛围。

四、弘扬自力更生、艰苦奋斗的创业精神，努力提升新时代纪检监察工作的能力水平

"自力更生、艰苦奋斗的创业精神"是延安精神的特质，是中国共产党人永不变色的政治根本。延安时期，面对先天的贫瘠土地、日寇的"三光"政策、国民党的肆意包围以及经济封锁的复杂环境，"延安人"住在简朴的窑洞里，睡在硬邦邦的土炕上，吃着粗糙的小米饭，穿着补丁的旧衣服，与人民群众同甘共苦。

毛泽东在《抗日时期的经济问题和财政问题》中提到，1940年和1941年面临最大的困难是几乎没有衣穿，没有油吃，没有纸，没有菜，战士没有鞋袜，工作人员冬天没有被盖。困难真是大极了。怎么办？无非三种办法，第一饿死；第二解散；第三不饿死也不解散，就得要生产。来一个动员，几万人下一个决心，自己弄饭吃，自己搞衣服穿，衣、食、住、行统统由自己解决。在毛主席号召下，中国共产党在延安领导开展了"自己动手、丰衣足食"的大生产运动，以密切联系群众、自力更生艰苦奋斗的"延安作风"最终打败了国民党脱离人民群众、奢靡腐败的"西安作风"，开创了革命事业的新局面。实践证明，中国共产党是敢于斗争、敢于胜利的伟大政党。新时代弘扬自力更生、艰苦奋斗的创业精神，就是在任何条件下，都应以自己的力量为主，外在力量为辅，坚持"锐意进取，埋头苦干"，奋力走好新时代的长征路。为此，新时代纪检监察机关一是要提升政治能力。将深入学习贯彻习近平新时代中国特色社会主义思想作为"基本功"和"必修课"，增强理论修养，准确把握党中央精神，加强对落实习近平总书记重要讲话精神、落实党中央重大决策部署、落实全面从严治党责任和保证权力在正确轨道上运行等情况监督检查，善于从政治上考量和分析问题，提升科学决策和抓落实能力；二是要提升专业能力。学党史、悟思想、办实事，在学习中求真知，在探索中找规律，在实践中开新局，严格执行监督执纪工作规则和监督执法工作规定，全面提高调查研究、应急处突、贯通运用纪法、群众工作和创造性抓落实等专业能力，以科学的思想、工作方法涵养解决实际问题能力，确保"三个效果"有机统一；再次要塑造"三种精神"。以"舍我其谁"的气魄、"爬坡过坎"的意志、"攻城拔寨"的决心，发扬自力更生艰苦奋斗的创业精神、持之以恒久久为功的钉钉子精神和"岂因祸福避趋之"的担当精神，坚定斗争意志、把准斗争方向、掌握斗争规律、讲求斗争方法，坚决同弱化党的先进性、损害党的纯洁性、破坏党的集中统一的行为作斗争；最后要强化纪律约束。牢固树立法治意识、程序意识、证据意识，严格按照权限、规则、程序开展工作，自觉接受最严格的约束和监督，切实提升治理能力，做党的光荣传统和优良作风的忠实传人，在政治过硬、本领高强、廉洁自律、改革创新上做表率。

昂首阔步走中国特色社会主义道路

王亚杰[①]

用历史映照现实、远观未来，可以更加坚定、更加自觉地牢记初心使命、开创美好未来。习近平总书记在庆祝中国共产党成立 100 周年大会上的重要讲话中指出："以史为鉴，开创未来，必须坚持和发展中国特色社会主义。"这一重要论述深刻阐明了中国特色社会主义道路是中华民族伟大复兴的必由之路，是改革开放伟大实践的成功之路，也是人类文明形态伟大创新的奋进之路。中国共产党和中国人民将在自己选择的道路上昂首阔步走下去！

一、党百年奋斗的历史结论

道路决定命运，是党的生命。一个国家实行什么样的主义，走什么样的发展道路，要看这个国家面临什么样的历史课题，需要完成什么样的历史任务。走自己的路，建设中国特色社会主义是党百年奋斗得出的历史结论。

以毛泽东同志为主要代表的中国共产党人在探索救国存亡道路的选择上，实现了从走资本主义道路向走俄国十月革命道路的伟大转变，为苦苦探寻救亡出路的中国人民指明了前进的方向，提供了全新的道路选择。在怎样进行社会主义革命和建设的道路选择上，实现了从走苏联的路向马克思主义同中国实际"第二次结合"的伟大转变，为中华民族的伟大复兴创造了根本社会条件，从而实现了中华民族有史以来最广泛而深刻的社会变革，为当代中国一切发展进步奠定了根本政治前提和制度基础。以邓小平同志、江泽民同志、胡锦涛同志为主要代表的中国共产党人，开创、坚持、捍卫、发展了中国特色社会主义，为实现中华民族伟大复兴提供了充满活力的体制保证和快速发展的物质条件。

党的十八大以来，以习近平同志为核心的党中央深刻把握我国社会主要矛盾的变化，着眼于新时代我国发展的历史方位和实践要求，紧紧围绕"新时代坚持和发展什么样的中国特色社会主义、怎样坚持和发展中国特色社会主义"这一重大时代课题，统筹推进"五位一体"总体布局，协调推进"四个全面"战略布局，统揽伟大斗争、伟大工程、伟大事业、伟大梦想，不断开辟坚持和发展中国特色社会主义的新局面，为实现中华民族伟大复兴提供了更为完善的制度保证、更为坚实的物质基础、更为主动的精神力量，实现中华民族伟大复兴进入了不可逆转

[①] 王亚杰：西北大学党委书记。该文原载《中国社会科学报》2021 年 7 月 6 日。

的历史进程。

中国特色社会主义是在改革开放40多年的伟大实践中得来的，是在新中国成立70多年的持续探索中得来的，是在我们党领导人民进行伟大社会革命100年的实践中得来的，是在近代以来中华民族由衰到盛180多年的历史进程中得来的。历史与实践证明，中国特色社会主义是历史的选择、人民的选择，是实现中华民族伟大复兴的必由之路。

二、实现中华民族伟大复兴的正确道路

改革开放40多年来，中国共产党始终坚持解放思想、实事求是，坚持推动马克思主义中国化时代化，形成了中国特色社会主义道路、理论、制度、文化，并在实践中取得了举世瞩目的辉煌成就。党的十八大以来，以习近平同志为核心的党中央不忘初心、牢记使命，团结带领全党全国各族人民砥砺前行、开拓创新、奋发有为，推进新时代中国特色社会主义伟大事业取得历史性成就、发生历史性变革，中国人民在富起来、强起来的征程上迈出了决定性步伐。

党的十八大以来，我国经济实力、科技实力、综合国力和人民生活水平跃上了新台阶。2020年国内生产总值达101.6万亿元，占世界经济比重达到17%左右，稳居世界第二位。人均国民收入突破1万美元，高于中等偏上收入国家平均水平。经过全党全国各族人民持续奋斗，我们在中华大地上全面建成了小康社会，困扰中华民族几千年的绝对贫困问题得到了历史性解决，我们意气风发向着全面建成社会主义现代化强国第二个百年奋斗目标迈进。

科技发展成就举世瞩目。在新发展理念引领下，北斗三号全球卫星导航系统建成并开通，"奋斗者"号全海深载人潜水器完成万米海试并返航，天问一号成功着陆火星，神舟十二号载人飞船与天和核心舱完成自主快速交会对接，中国人首次进入自己的空间站。这些不断涌现的标志性科技成果，彰显着创新中国建设迈出实质步伐。

开启全面建成社会主义现代化强国新征程。伴随着全面建成小康社会目标顺利实现，到2035年，我们将基本实现社会主义现代化；到本世纪中叶，将建成富强民主文明和谐美丽的社会主义现代化强国。

倡导推动构建人类命运共同体。中国特色社会主义进入新时代，给世界上既希望加快发展又希望保持自身独立性的国家和民族提供了全新选择，是对构建人类命运共同体的重大贡献。

取得抗击新冠肺炎疫情斗争重大战略成果。面对疫情带来的冲击，党中央统筹推进疫情防控和经济社会发展，加大宏观政策应对力度。在一系列政策促进下，中国经济在全球率先复苏，成为2020年唯一实现经济正增长的世界主要经济体。

改革开放以来，特别是中国特色社会主义进入新时代取得的伟大成就，深刻说明坚持和发展中国特色社会主义，全面建成社会主义现代化强国的目标一定能够实现，中华民族伟大复兴的中国梦一定能够实现。

三、必将引领人类文明新形态

中国特色社会主义是正确道路、科学理论、优越制度、先进文化的统一，既是我们防范化

解风险、战胜困难的保障，也是我们迎接挑战、开创未来的强大力量。

中国特色社会主义道路是中国人民在实践中经过反复探索，找到的一条以马克思主义为指导思想，从中国实际出发的现代化道路。这条道路从党领导中国人民进行社会主义建设的伟大实践中来，也将在人类文明史上书写辉煌新篇章。坚定走中国特色社会主义道路，锚定建成社会主义现代化强国和实现中华民族伟大复兴的宏伟目标，顺应人类文明发展趋势，必将通向更加光明美好的未来。

中国特色社会主义理论是在改革开放实践中形成并不断完善的科学理论体系。习近平新时代中国特色社会主义思想是当代中国马克思主义、21世纪马克思主义。在这一科学理论指导下，我们党解决了许多长期想解决而没有解决的难题，办成了许多过去想办而没有办成的大事。这一新的理论飞跃充分证明了中国特色社会主义理论是开放的、生机勃勃的，是社会主义文明发展的智慧结晶。

中国特色社会主义制度具有鲜明中国特色和显著优势，是推进社会主义现代化强国建设和实现中华民族伟大复兴的有力保障。历经百年锤炼，在中国共产党坚强领导下，中国特色社会主义制度必将释放更大治理效能，必将开创21世纪科学社会主义发展新境界。

中国特色社会主义文化深受中华优秀传统文化滋养，又熔铸了党领导人民在革命、建设、改革中创造的革命文化和社会主义先进文化；展现了以人民为中心的立场，坚持创新、协调、绿色、开放、共享的发展理念，彰显了全面、包容、平等、互鉴的情怀，强调构建人类命运共同体，体现了社会主义文明的进步意义和人类文明的光明前景，也必将成为激励中华民族不断向前的精神力量和走向伟大复兴的精神标识。中国共产党将继续同一切爱好和平的国家和人民一道，弘扬和平、发展、公平、正义、民主、自由的全人类共同价值，坚持合作、不搞对抗，坚持开放、不搞封闭，坚持互利共赢、不搞零和博弈，反对霸权主义和强权政治，推动历史车轮向着光明的目标前进！

中国特色社会主义根植于中华民族5 000多年历史演进中形成的灿烂文明之上，形成于中国共产党百年奋斗实践之中，并在积极学习借鉴人类文明的一切有益成果中不断发展、完善。正是伟大、光荣、正确的中国共产党坚持和发展了中国特色社会主义，推动物质文明、政治文明、精神文明、社会文明、生态文明协调发展，创造了中国式现代化新道路，创造了人类文明新形态。坚持和发展中国特色社会主义必将使中华文明面貌焕然一新，必将为人类文明发展继续贡献中国智慧、中国力量和中国方案。

论中华优秀传统文化与高校的育人实践

王永智[①]

当前,高校在青年大学生的育人实践中应大力弘扬中华优秀传统文化,汲取其合乎人类真善美的精神与价值追求,合乎中华民族五千年传承的文化基因与凝聚的发展意志,合乎人的成长发展与超越自我的教育教学内涵与规律,进行深入熔铸,在新时代莘莘学子的身心修为境界、道德价值践行、理想信念追求上留下鲜明印记,培育大学生的志气、骨气、底气,奠基起民族发展的推动力量。在新时代中华优秀传统文化与高校育人实践的结合上,应深入推进大学生的家国情怀、善爱品质、道义担当、勤新素养等精神培育,使中华优秀传统文化进入高校校园,进入大学生的践行实践、人格境界培育之中。

一、培养家国情怀

中华优秀传统文化与社会主义核心价值观的结合是培育新时代高校青年学子品德行为的基础性内涵。其中的核心奠基是青年学子家国一体情怀的构筑。中华优秀传统文化落实到个人是"忠"于群体—国家的作为、奋斗、奉献;"孝"于家庭的报恩、回馈、成就等。其中包含了对学子道德价值观的基础性奠基与铸造的意蕴。

第一,以"忠"为根本的培育理念构筑起学子的责任意识及奉献精神。《大学》言:"大学之道,在明明德,在亲民",为国家为民族而学习奋斗,为倡明人类真善美的"大道"而努力是大学其中的应有之义。培育大学生立大志,超越自我,有"诗和远方"的壮举和情怀,在民族振兴和存亡的关键之际,其"保天下者,匹夫之贱,与有责焉耳"。培育爱国的道德信仰、报国的本领才干、护国的意志品质是高校培养大学生"培养什么人"的根本,要培育骨气、气节与国格意识。在社会主义初级阶段,"忠"的核心是始终坚持以人民为本的核心价值观,坚守公平正义及共同富裕的价值理念。"忠"的内涵是培养大学生对国家、民族、人民,对职业的尽心、尽意、尽责、尽能。

第二,"孝"的核心在于培养学子的感恩意识和奋斗成就情怀。中华民族的族群意识和生命流的归属感是民族精神文化的重要皈依性特征。培养大学生的亲情、关爱、感恩、敬畏、成就、归属等品质,是将"报得三春晖"式的回馈父母与回报族群、国家、人类必然联系起来的

[①] 王永智:西北大学马克思主义学院教授。该文原载《中国高等教育》2021年第20期。

"推己及人""立人达人"式的品性涵育。其中蕴含的社会价值认同、族群价值认同及个人价值认同的一致性,使价值观的建立完整、理性和自觉。

第三,家国情怀的价值实现的核心在于家、国。中华民族价值观的根本是群体主义,"义以为上"。在私利与公利、家庭与国家、个人与群体利益发生冲突时,舍小我而就大我,舍私利而就公义。这就为新时代大学生注入了追求集体主义价值观、追求正义价值观、追求家国一体价值观的中华民族优秀传统价值观的本质内涵。

二、树立善爱品质

中华优秀传统文化的教化之本和做人之基是善爱品质的培育和践行。当前,高校培育大学生的善爱品质,应该从弘扬善爱文化、践行善爱规范、坚定善爱信念三方面来导引培育。

第一,大学生善爱品质的形成需要高校大力营造善爱道德文化。文化教化人、培育人、导引人。当前高校善爱道德文化的营造,应发挥社会主义核心价值观及校园主流文化的核心导引力,形成以善为义、以善为荣、以善为乐的导引体系。从大学生善爱心理—情感的觉悟培育起,自律、爱人、利人,唤醒良知、践行良知。其中,培育学子对民族善爱文化的自觉与认同至关重要。针对新时代大学生的认知践行特点,应大力倡导实践有利于国家、社会、民众、朋辈的大学生日常践行活动和志愿者活动,倡行关爱、帮人、助人的慈善意识、行为的养成,形成校园善爱文化价值实践的整体氛围。要充分发挥校园新媒体、文化娱乐活动和大学生日常文化活动的善爱审美观、价值观的引导力。其中高扬为国为民的英雄壮举、舍己奉献的悲壮行为、高尚纯粹的道德楷模等善爱力量的影响力至关重要。

第二,大学生善爱品质的形成需要构筑校园善爱道德规范体系。在高校,中华优秀传统文化中善爱礼仪及道德规范的继承、弘扬、发展是当前迫切需要解决的问题。在重大节庆日,践行对国家、对先贤英烈等的礼仪性致礼;在大学生人生的重要节点,进行规范性、典礼性活动;在学校生活中,培育学生对教师、父母、长辈的礼敬;在人际交往中,将礼貌、尊敬、诚信等规范作为交往的应然之则进行教育引导等。大学生善爱道德规范践行的目的是构筑每一位学子行之有矩、行之有范、行之有礼、行之有善的自律性行为范式。

第三,大学生善爱品质的形成需要培育善爱道德信念。汲取中华优秀传统文化诉诸个体善爱道德信念性的自觉与自省,从生命本真教育、人之为人教育入手,将善爱的信念融入到每一个学子的生命成长与发展之中,成为其安身立命、人之成人之基;将善爱教育与培养学子将个人与他人、家庭、国家、人类、自然相合一,将群体主义、仁爱主义、和平主义等传统道德价值理念加以弘扬,培育人与自然、人与国家民族、人与人类命运的共同体意识,走出自我,追求超越,将善爱广及于宇宙。

三、肩负道义担当

大学生是祖国发展的未来,其中的为国为民的道义担当是自身发展与进步的动力源泉。在中华优秀传统文化中,让学子有道义担当是为学至要。能够超越自我、坚守大道,有利于他人、民众、民族、国家者皆视为"义",这是中国人"道义"信仰论的核心方面。

在新时代高校的育人实践中,道义担当既是传承中华优秀传统文化的重要方面,又是"为谁培养人"的基础奠基。当前,大学生道义担当的培养,就是要大学生善于将马克思主义基本原理同中国具体实际相结合。要导引学子守信仰、立大志,谋求为国为民而努力奋斗;有担当、敢担当,为民众利益而"铁肩担道义";为真理和正义献身,为人民利益而奋斗牺牲,"吾爱吾师,吾更爱真理",不断超越前人,为人类真理的获取而勇于攀登。在大学生道义担当的培育实践中,中华优秀传统文化的"道义论"可以作为重要的汲取资源。

第一,要让大学生坚信,实践善性者必然会在人类社会及历史发展的长河中有好的结果。在中华优秀传统文化中,人践行善、良知与道义担当在德性上定然相通。因为,善、道、义均是合乎自然和人类发展规律的"在",因此,善良必胜。践行善、良知是培育当代大学生道义担当的道德基础。

第二,要让大学生坚信,践行正义、真理必然会在人类社会及历史发展的长河中有好的结果。中华优秀传统文化倡导"担责任于己肩",弘扬正义必然会战胜邪恶的价值观,捍卫国家尊严和人格尊严合一的尊严观,坚守"应当""本真"的理性自觉性。在当前大学生的生活、价值世界,要以此为根基,奠基起大学生正义必胜的信念,节操固守的自觉。

第三,要让大学生坚信,践行为民众利益而奋斗牺牲者必然会在人类社会及历史发展的长河中有好的结果。中华优秀传统文化往往将民众利益视为根本,颂扬为民众利益而兢兢业业、鞠躬尽瘁、赴汤蹈火、万死不辞者,奠基起人民必胜的信念。当前,要让大学生汲取此信念观,视人民的利益重于泰山,在学习、职业生活中,凡有利民众利益和愿望之事必当竭尽所能,勉力为之。

第四,要让大学生坚信,践行为人类的和平发展做出贡献者必然会在人类社会及历史发展的长河中有好的结果。中华优秀传统文化注重和平、和睦、和谐发展。为此一些志士仁人不惜"舍身求法""杀身成仁",奠基起和平必胜的信念。当代大学生应在此基础上,努力为民族团结进步、为人类和平发展、为人类命运共同体的构建而自觉担起责任,勠力同心,不屈不挠,推动人类和平进步事业的发展。

四、提升"勤""新"素养

高校大学生是实现中华民族伟大复兴的重要参与者和推动者。大学生是否拥有勤劳、勇毅、发奋、创新的素养,关系高校育人目的的实现和育人成效的提升。

在中华优秀传统文化中,勤劳是对学子素养培育的要务之一。核心是内化践行"天行健,君子以自强不息""赖其力者生,不赖其力者不生";倡导"人一能之,己百之;人十能之,己千之""克勤于邦,克俭于家",培养勤劳和俭朴的素质。在人的成就大业上,中华优秀传统文化既倡导"夙夜在公"的勤劳公忠价值观,同时又全面培育"勤之勤之,至道非弥"的理念及实践观。

在我国传统道德价值观中,"新"与中国人的理想、梦想与超越境界的追求与实现相联系。《周易》强调"日新";强调要"与时偕行",要谋求变化和发展。《大学》提出学子要"苟日新,日日新,又日新"。在社会实践层面,在处事安身上,强调"敬其在己""敬人事"。在立业上,追求"备物致用,立成器以为天下利"。中国文化的这种求新求变与不断创新使中华文明不断进步。

在新时代大学生安身立命、创新创业发展上，传统育人文化倡导的"勤""新"素养要坚定弘扬。要提升"勤""新"素养，要让大学生拥有自立自强的意志、能力和本领。中华优秀传统文化的立生在劳，立命在新，法天地而不断进取，创大业而披肝沥胆，这些"勤""新"文化的精华是要大学生汲取内化并身体力行的。创新是大学生有为的灵魂，将传统育人文化中的"日新"精神作为大学生的基本素养进行熔铸。在前人基础上，谋求创新发展，在创新思维、创新能力、创新精神、创新方法等方面进行不断塑造，"敬人事""立成器"，为创新型国家的实现贡献创新型人才。"勤""新"素养培育的关键是"在事上磨炼"。要培养大学生立足于当下，立足于实际，立足于每件事的精成之中，将创新性、超越性追求熔铸于具体性、实践性之中，在追求生命的不断进取与自立自强中充实发展自己。

五、坚定不朽追求

在对大学生的教育中，要大力营造人在现实社会中、在一生的追求中、在立身做人及从事的职业中积极寻求能够有所"立"，即有所作为和实现的生活观、价值观、理想观。大学生在现实社会中追求不朽，必须要以他们的主动追求和努力作为为基本前提。而这一过程，是建立在大学生将现实社会视为自己生命的归属之处、价值的实现之处和人生永恒意义的寄存之处的基础之上。为此，要把这一过程建立在现代大学生的生命成长及发展的教育实践中。

一要进行人的生命本质观、成长、发展观教育，以生命的有限与唯一，生命的联系与发展，生命的价值与意义等为核心内容来展开，使大学生追求"不朽"的生命价值观奠基在科学理性的基础之上。

二要将人是群体的存在者，即"人的本质是一切社会关系的总和"的思想融入每一个大学生的心里与精神世界，要大学生积极寻求在社会生产生活中，在与国家民族的联系与发展中，在为群体利益的奋斗与奉献中找寻生活及生命的价值与意义。要将中华优秀传统文化中的自我与他人、家庭、族群、国家、自然紧密结合的理念传递给当代大学生，以民族智慧、文化促使大学生在现实社会之中积极有为，追求"不朽"的生命价值实现。

三要有理想的追求与实现。中华优秀传统文化的核心理念在于人是理想的存在者，要推动莘莘学子将自我的潜力发挥出来，以修、齐、治、平，"经世济民"等的入世精神来实现人生"不朽"的意义与价值。在当前大学生的理想教育中，在道德理想上，应大力弘扬善为先，诚为本，义为上，真为基的中华优秀传统文化道德价值观的基本精神，诉之于大学生的自觉自愿，在道德理想建立的基础上谋求"立德"的作为和追求奉献超越的人生观的积极实践。在"立功""立言"的理想导引上，要大力倡导为人类、为中华民族伟大复兴而进行竭尽全力的创建和创造。要有"丰功"碑意识和英雄崇拜意识，要敬拜保家卫国、守土尽责的民族英雄，鞠躬尽瘁、秉公为民的为政者，变革图强、进取创新的改革家，文化开拓、科研创新的思想家、科学家等。要引导大学生在日常学习、社会实践和科研创新中谋求有所创新、有所作为，将"立功""立言"写在积极寻求、精钻深研、持续专注、创新发展之中；写在踏实进取、爱岗创业、有所实现、劳作奉献之中，形成民族创新发展的强大推动力。

中华优秀传统文化与大学文化素质教育

张岂之[①]

中华优秀传统文化源远流长，蕴含着丰富的关于文化素质教育的宝藏和资源，需要不断传承、创新和弘扬。

一、中华优秀传统文化能增强大学师生的民族自豪感、文化自信心和历史认同感

2015年9月3日，在纪念中国人民抗日战争暨世界反法西斯战争胜利70周年大会上，中共中央总书记、国家主席习近平两次提到中华民族5 000多年的文明成果。他说，中国人民抗日战争的胜利，"捍卫了中华民族5 000多年的文明成果，捍卫了人类和平事业，铸就了战争史上的奇观、中华民族的壮举。"讲话接近结束时，他说："中华民族创造了具有5000多年历史的灿烂文明，也一定能够创造出更加灿烂的明天。"

我们将中华思想文化放在5 000多年的文明史中去思考，将思考的结果加以总结、宣传，这是一项绿叶长青的研究实践课题。

二、中华优秀传统文化能增进大学师生的历史责任感与经世致用的担当意识

宋代著名思想家、哲学家、关学创始者张载（1020—1077年）胸怀"为天地立心，为生民立命，为往圣继绝学，为万世开太平"的抱负，在对中华文化和儒学传承、发展、创新中做出了重要贡献。他吸收了当时自然科学成果，充实和丰富自己的理论，成为新儒学（即理学）的重要奠基者和代表人物。

关学学风笃实，注重践行，崇尚气节，敦善厚行，求真求实。张载以后，历代关学学者大多具有宽广的学术胸怀，努力融会自然科学方面的研究成果，并将其提升到哲学理论的高度进行总结，论述了关学的基本论点。

[①] 张岂之：著名思想史家，西北大学名誉校长，中国思想文化研究所所长，教授。该文原载《华夏文化》2021年第4期。

三、中华优秀传统文化有助于增强大学师生对祖国悠久历史的理解

中华优秀传统文化不是神的文化，而是以"人"为核心的道德文化，讲如何做人，做有道德、有理想、有作为的人；与人讲诚信、讲相互尊重、讲"己所不欲，勿施于人"。

中华优秀传统文化是讲爱心的文化，爱祖国、爱大众，爱一草一木，即所谓"泛爱众而亲仁"。

中华优秀传统文化不排斥其他文化，主张和而不同，倡导博采众家之长的文化会通精神。

中华优秀传统文化重视人才培养，主张人们经过努力皆可以成才，体现了中华民族整体文化的特质。

中华优秀传统文化强调和而不同。它是"中华民族生生不息、永不衰竭的动力"。

四、中华优秀传统文化有助于培育大学师生关于中华文化的核心理念

2013年8月，习近平总书记在全国宣传思想工作会议上提出了四个"讲清楚"："要讲清楚每个国家和民族的历史传统、文化积淀、基本国情不同，其发展道路必然有着自己的特色；讲清楚中华文化积淀着中华民族最深沉的精神追求，是中华民族生生不息、发展壮大的丰厚滋养；讲清楚中华优秀传统文化是中华民族的突出优势，是我们最深厚的文化软实力；讲清楚中国特色社会主义植根于中华文化沃土、反映中国人民意愿、适应中国和时代发展进步要求，有着深厚历史渊源和广泛现实基础。中华民族创造了源远流长的中华文化，中华民族也一定能够创造出中华文化新的辉煌。"[①]

从2007年起，我和一些学者朋友尝试"讲清楚"中华优秀传统文化的核心理念，并探讨它们的现代价值，提炼出十二个核心理念，如：天人之学，道法自然，居安思危，自强不息，诚实守信，厚德载物，以民为本，仁者爱人，尊师重道，和而不同，日新月异，天下大同。每一个理念，都反映了中华民族生生不息的智慧与精神。以"天下大同"理念为例，它来自《礼记·礼运》，至今已有两千多年的历史。它是中华优秀传统文化的重要组成部分，随着中华历史的前进，不断充实其精神。中华儿女有责任对此加以传承与发展。

以上是我对中华悠久历史文化的理解，供读者朋友参考。

[①] 习近平总书记在全国宣传思想工作会议上强调："胸怀大局，把握大势，着眼大事，努力把宣传思想工作做得更好。"原载《光明日报》2013年8月21日第1版。

全面加强新时代教师思想政治工作
建设高素质专业化创新型教师队伍

惠正强①

习近平总书记在全国高校思想政治工作会议上强调，高校思想政治工作根本在于做人的工作，中心环节在于立德树人，核心在于提高人才培养能力。近年来，西北大学坚持以习近平新时代中国特色社会主义思想为指导，深入贯彻全国高校思想政治工作会议、全国教育大会和学校思想政治理论课教师座谈会精神，深入落实中共中央、国务院《关于全面深化新时代教师队伍建设改革的意见》《深化新时代教育评价改革总体方案》等部署精神，全面准确把握面临的新形势新任务新要求，紧紧围绕为党育人、为国育才的办学使命，增强"四个意识"、坚定"四个自信"、做到"两个维护"，推动新时代教师思想政治工作守正创新，着力建设高素质教师队伍，确保有效落实立德树人根本任务。

一、把握立德树人主线 提高教师思政素质

围绕落实立德树人根本任务，聚焦教师思想政治素质这一根本指向，全员、全过程、全方位塑造人这一根本方法，世界观、人生观、价值观这一"总开关"，统筹推进教师思想政治工作和师德师风建设。建立健全了学校党委统一领导、党政工团齐抓共管、牵头部门明确、院（系）具体实施、教师共同参与的教师思想政治工作体制机制，形成工作合力。健全教师理论学习制度，制定实施《教师政治理论学习办法》，坚持以习近平新时代中国特色社会主义思想武装教师头脑，组织党员教师、党外知识分子、青年教师、学生辅导员等各类教师群体深入学习党的创新理论，学习党史、新中国史、改革开放史、社会主义发展史。坚持常态化师德师风教育宣传，在新进教师岗前培训、青年教师能力提升培训、研究生导师上岗培训、新任辅导员班主任培训等环节中开展师德师风专题教育。围绕主线加强教育引导，使广大教师牢固树立对马克思主义"真学、真懂、真信、真用"的自觉意识，激发"热爱党、热爱祖国、热爱人民"的真挚情感，增强"道路自信、理论自信、制度自信、文化自信"的坚定信念，系统解决好

---

①惠正强：西北大学党委教师工作部部长兼人力资源部副部长，副研究员。该文原载《西北大学报》2022年5月15日，作者编辑后提供。

"爱谁""信什么"这个核心问题，全面提升教师的政治意识、思想素质，确保队伍的育人能力、育人成效。

二、突出党的政治引领 加强教师党建工作

坚持以政治建设为统领，加强教师党支部和党员队伍建设，充分发挥党建的引领作用。学校党委履行主体责任加强统一领导，党建工作领导小组、思想政治工作领导小组、师德师风建设委员会等加强统筹指导，各级党组织创新工作抓好落实。制定实施了《加快构建思想政治工作体系实施方案》《党委意识形态工作责任制实施细则》《关于进一步加强和改进党支部建设的若干措施》等工作举措。实施教师党支部书记"双带头人"培育工程，加大对学术带头人的培养和发展力度，增强党对高层次人才、海外留学归国人员的影响力和号召力，吸引更多的优秀青年教师积极向党组织靠拢，加强了基层党组织的班子建设。建立学校党委常委党支部工作联系点制度、院（系）领导班子党员成员联系党支部制度、优秀教师党员联系帮带学生党支部工作制度等，形成上下联动、横向交流、优势互补的党支部结对共建机制。通过加强教师党建工作，增强了党组织的组织力、凝聚力，引导党员教师争做"四有"好老师的示范标杆，带动了教师队伍潜心教书育人。

三、健全工作长效机制 构建"大思政"格局

坚持把师德师风作为评价教师队伍素质的第一标准，严格规范教师队伍管理，建立健全常态化长效化工作机制，构建教师思想政治和师德师风建设制度体系，把社会主义核心价值观贯穿工作全过程，落实新时代教师职业行为十项准则。学校党委专题研究教师思想政治与师德师风建设工作，推进落实中央和省上相关决策部署。出台《加强和改进新时代教师思想政治工作的实施意见》《加强和改进新时代师德师风建设的实施意见》《教师职业行为规范》《教师师德考核办法》《师德师风先进评选表彰办法》《教师师德失范行为处理办法》等系列教师队伍建设工作制度，基本形成了一套教师思想政治和师德师风建设制度体系。将教师思想政治工作和师德师风建设要求贯穿教师发展和管理全过程，在教师招聘引进、培养发展、考核评价、项目申报等各环节加强思想政治考察和师德师风考评，强化师德师风监督，经常开展警示教育，对师德失范实行"一票否决"，把好教师的思想政治关、师德师风关，形成有特色的长效工作机制和"大思政"工作格局。

四、发挥先进典型示范 营造育人良好氛围

加强教师荣誉体系建设，注重选树和宣传教师先进典型，充分发挥榜样的引领带动作用，激励广大教师把握新时代立德树人的职责要求，以赤诚之心、奉献之心、仁爱之心投身教育事业，努力成为大先生，做学生为学、为事、为人的示范，促进学生成长为全面发展的人；研究真问题，着眼世界学术前沿和国家重大需求，致力于解决实际问题，善于学习新知识、新技术、新理论；坚定信念，始终同党和人民站在一起，自觉做中国特色社会主义的坚定信仰者和

忠实实践者。学校产生了全国重大先进典型侯伯宇、全国教育系统先进集体中亚考古队、全国教书育人楷模张国伟、全国高校黄大年式教师团队基础地质教师团队和计算机类专业核心基础与文化遗产数字化保护教师团队等一批新时代教师先进典型群体。西北大学中亚考古队二十年如一日开展中亚考古研究，在服务"一带一路"建设的生动实践中有力诠释了新时代科学家精神和新时代高校知识分子的爱国情怀，先后3次受到习近平总书记的鼓励与肯定，获得陕西省"三秦楷模"等荣誉称号。通过大力发挥先进典型的示范引领作用，形成学校有榜样、榜样在身边、人人可学可做的局面，在全校营造了敬业立学、崇德尚美的良好氛围。

教师是教育工作的中坚力量，教师队伍建设是学校的基础工作。西北大学认真贯彻落实中央和省上关于深化新时代教师队伍建设改革的决策部署精神，尊师重教、以德施教成为全校广泛共识，紧紧围绕立德树人根本任务抓教师思想政治工作的举措更加有力，工作的长效机制不断建立健全，基层基础工作进一步夯实，教师队伍的思想政治素质和职业道德水平进一步提高，教师队伍整体素质不断提升，为培养更多德智体美劳全面发展的社会主义建设者和接班人提供了有力的队伍支撑。

第四编
教学改革与人才培养

认清学科发展趋势　探索古生物学课程改革

张云翔　崔智林　符俊辉①

"古生物学"是地质学科中三大支柱课程之一，为地质类学生最早接触的专业基础课。正确教授以生物发展的演化观为核心的课程内容，将为地质思想和地质思维的建立打下良好基础，也能够在新型专业人才的培养中发挥积极的作用。因此本课程内容改革对于理科基础专业课程调整具有"窥一斑见全豹"的效果，对当前教学改革有着一定的启示作用。

一、存在问题

随着社会的发展及专业教育规模的扩大，本科生的培养目标已发生了由专业型向素质型转移的过程。可持续发展的战略对地学人才的知识结构也提出了新的要求。具体到"古生物学"，其教学的目标已从化石鉴定逐步转向认识生物发展规律、了解学科研究方法与思路。但该课程内容长期以教授形态、分布等结论性认识为主，开发学生的综合分析和应用能力不足。初步统计表明，现行"古生物学"教材的形态描述部分一般占整个教材的80%左右甚至更高，而对生物演化机制、学科在自然科学和社会科学中的作用、意义及其与环境的相互关系阐述不足，对古生物学自身研究的理论也需进一步加强。作为一门发现性科学，近年来，一系列重大发现及新技术、新方法的应用极大地丰富了学科内容，一些认识有了飞跃的发展，而目前的课程体系往往造成教学内容落后于学科发展的局面，同时课程内容对于学科研究思想与思路等基本没有收录，未能对该学科研究方法进行阐述。显然古生物学的课程体系和内容对开发学生提出问题、解决问题的能力培养，新形势下地学人才对古生物学知识的要求有一定距离。实际上，重结论轻方法、重事实轻推理的问题在不少课程中都有不同程度存在，这当是目前课程内容改革的重点之一。

二、教学改革的内容与方式

1. 改革基本思路

随着市场经济的发展和国家对人才的需求，近年来出现了人才培养多种模式。我们的授课

---

①张云翔：西北大学原副校长，教授；崔智林：西北大学教务处原处长，西安邮电大学原党委书记，教授；符俊辉：西北大学地质学系教授。该文原载《高等理科教育》2004年第1期。

对象是国家理科教学与基础研究人才培养基地的学生，理科人才培养目标必须适应 21 世纪经济全球化、科技国际化的发展趋势，培养出具有人文精神、科学精神、科学思维，能够参与国际科学竞争的专门人才，服务于国家和社会的需要。课程内容设计要与人才培养目标相一致，重视基础、开发能力，特别是作为一门以发现为重要突破途径的特殊学科，其各种学说、结论随着新的发现不断得到补充和修改，"方法重于结论"的教育理念在本课程知识传授体现得更为充分。因此在教学过程中，通过基本技能训练、基础知识教育和多学科知识的综合运用，突出研究方法和研究思路教育，达到提高学生收集、获取、分析、解决问题能力及以提高学生的创新意识的目的。

发挥学生的学习主观能动性，启发学生的求知乐趣是提高教学质量的重要前提，也是我们在课程内容改革中要着重考虑的问题。授课中尊重个性发展，实施启发式和讨论式教学，对于提高教学效果和学生的培养质量起到了重要的作用。同时我们也强调教师的教育观念和教学方式要不断改进和提高。需要指出的是，现代教育技术的开发和应用，对传统的教育理念产生了巨大冲击，对人才培养目标、教师和学生在教学过程中的相对作用与定位等问题也产生了深刻影响。本课程涉及的内容绝大多数已无法直接观察到或已无法重复实验，加之大量的形态学内容需要描述，适合并需要采用现代科学技术进行模拟、仿真。所以教学手段改革是提高教学质量、提高学生学习兴趣的重要措施，通过教学手段的改革促进课程内容的改革。

正确处理科研与教学的关系，使之成为积极的互动关系，教师在课程内容中融入自己科研成果，使科研资源及时向教育资源转化，给课程注入新鲜血液，推动专业教学发展，也为学生提供了较好的学习和科研条件。模拟科研的教学把书本知识用于"实战"，学生在训练中不仅可以加深对书本知识的理解，而且在动手能力，科学思维以及发现问题、分析问题、解决问题的能力等诸多方面得到锻炼和提高，为进一步学习和研究奠定了良好的基础。

总之，上述改革的基本思路是教师教方法、学生学思路、教学新手段，基础加实战，最终使课程在深度与广度、理论与实践、教学与科研三个方面有机结合。

2. 课堂教学内容改革

对教学内容进行重新组合、补充和取舍是课程内容改革的中心环节。特别是近年来在专业课程学时大幅度减少的情况下，我们在课程体系和教学内容上进行了较大幅度的改革（表 1），实施了以提高学生综合素质为目标的教学活动，具体包括加强理论教育、减少描述教学、增加阅读与讨论。在课程内容上，考虑到"古生物学"是一门跨地质学和生物学的边缘学科，它既有生物学中的生物发生、发展及形态学的内容，又有地质学中时代、环境变迁的知识，更有生物发展和地质环境变迁密切相关的联系。因此需要体现学科之间的相互渗透、相互交叉，课程内容突出生物—环境一体化的体系。以生物进化—环境演化的主线将"古生物学"的整个内容串联起来。生命起源、生物发展的各重要阶段及其与相应地质事件、地质环境演变、地质时代的结合应是"古生物学"教学内容中的重点，在生命演化史与地球演化史、生物进化的内因与外因有机结合等方面得到充分展示，既让学生了解生物的进化、进化的证据及进化的理论，也了解环境进化对生物进化所产生的重大影响，使学生对整个地质历史时期生物的面貌有一个全面的了解，达到拓宽学生的知识面、改善其知识结构目的。在课程内容的讲授上，加强基础，侧重古生物学理论及研究方法等的介绍，强调生物组合与意义，增加现代生物学知识和生物进化论内容，在学习中理解古生物的价值。在深入了解代表门类后，其他门类以实习为主，把过去形态描述部分压缩到实验课中（由20世纪90年代以前讲授形态描述的48学时减少到14学时）。在实习中消化各类名词构造及其意义。每个门类选择少量有代表性的属种，熟记其构造特征、分布时代、演化阶段等。选材上给予学生较大的自主空间，以利于个性发展和改善知识结构。根据现代和未来地球科学的发展对地学人才知识结构的需求，使课程内容重点突出、简练。要求学生掌握其总体脉络，有一个清晰的思路，并由此联系和运用到相关学科的知识，开发学生的思维和创新能力。新的教学计划实施后，学生的知识结构明显改善，也推动了本专业教学的发展，开拓了学生思路，培养了他们提出问题和解决问题的能力。

表 1 教学改革前后的学时分配变化一览表

	20世纪90年代以前（108学时）		20世纪90年代早中期（72学时）			20世纪90年代后期（54学时）		
	讲课	实习	讲课	实习	电教	讲课	实习	课堂讨论与阅读
总论	12	4	8	2	2	8		6
各论—无脊椎动物学	26	32	14	16		6	12	
各论—脊椎动物学	12	6	6	4	2	4	2	
和论—植物及孢粉	10	6	6	4		6	2	
未定名标本实习				8			6	2
合计	60	48	44	34	4	24	22	8

课外阅读是扩展学生眼界、了解学科发展的有效途径之一，可以丰富学生知识、加深对课程内容的理解，有利于培养学生的思维能力。为此，我们积极组织学生课外阅读，撰写读书报告（比改革前增加2次讨论和1个资料选读报告），组织学生间进行交流。并开设了古生物资料选读课程，选择一些有普遍意义的命题，提供资料或资料目录，学生自己阅读并进一步查阅文献，在阅读的基础上写出学习体会及论评。这一做法是对学生所学知识全面的考察，也是提高学生灵活性、提高学习主动性的有效尝试。下一步我们将考虑在此基础上安排学生进行小型讨论会，使课外阅读的方式向更深层次延伸。

在教学实践中，我们对过去的教学手段进行了全面改革，课堂讲授已完全采用多媒体手段，实验课利用多种现代化技术，如显微显示系统、数字转换仪等，使教师与学生达到了同视域观察及高清晰、高倍数展示。这些手段的使用大大提高了教学效果。针对多媒体教学给学生带来"笔记难做"的实际情况，我们在地质系局域网上设置了教学园地，实施了教案上网，学生课后可随时调出教师的教案复习，补充笔记或直接下载。

3. 教学实践的改革

"古生物学"是实践性、经验性都很强的学科，其实验不像物理、化学等实验有固定的实验步骤，有时很难从理性认识转变为感性认识，学生们常常感到很抽象，需要发挥他们的想象力和思维能力才能理解。如某种生物的发生和发展，仅在课堂上做理论性的描述、在实验课上看标本，很难从静态的实物联想到自然界动态的发展。为了达到课堂实验目的，需要因地制宜，努力寻求有效的方法让学生在实验课中获得良好的感性认识，消化理论知识。为此实验课实施了一系列的改革措施。

（1）教师在每次实验课上利用 10~15 分钟时间把本节课的核心内容、要达到的目的用多媒体、显微投影等形式向学生展示和提出。既生动又形象，学生容易理解，同时也能激发学生的学习兴趣。

（2）为了提高实验课的教学效果，检查学生对实验内容的掌握程度，每节实验课教师都要求学生提交一份规范的实验报告，知道需要认识什么，描述什么，什么是重点，叙述的先后次序是什么，最后得出什么结果。这样就可以培养学生以正确、清晰的思路观察事物，顺理成章地得出结论，有助于学生清楚地掌握所学知识，也为培养学生良好的思维方式打下基础。

（3）控制实验课分组规模。近年来，随着实验条件的改善，实验设备也在不断更新和添加，使得实验室一次可容纳较多的学生同时上实验课。这样的实验课教师会因学生太多而顾此失彼，学生也有很多问题还没来得及解决。为了更好地达到实验目的，我们把实验课分组控制在 15 人左右，让教师能精力充沛地上好每一节实验课。

（4）为使学生能掌握更多的实践知识，在课程的后期安排综合实习，全面考察学生对该课程的掌握程度。安排模拟科研性质的教学实践，为学生提供未定名标本、化石产地剖面图及参考资料，让学生自己鉴定标本，确定含化石层的地质时代，并就标本的归属、相似标本的区别、地质界限的确定等问题进行讨论。实践证明，这是一个加强学生动手能力、综合能力训练行之有效的方法，对于提高学生思维能力有着良好的作用。

通过上述实验课程的改革，学生对实验能够掌握正确操作，全面理解实验内容，达到实验的目的和要求，掌握了大量需要通过实践来认识与理解的内容。因此加强实习课教学，将形态构造方面内容在实习课中解决，简洁了课堂的讲授，节约了大量学时，使学生有更多的自主时间。所以建立合理有效的教学实验体系，对于提高学生的综合能力，发展个性教育十分重要。

4. 发展特色教育

特色教育在现代教育中已受到日益重视，我校地处西北，这里是我国古生物资源最为丰富的地区，有着不同时代、不同构造背景下的生物组合。古生物资料的深入理解能为地质学研究提出更深层次的信息。通过我系开设的"鄂尔多斯盆地—秦岭造山带地质实习"的机会，充分发挥优势，学生在实践中认识不同构造背景下各有特色的古生物组合已成为我们课程改革的重要组成部分。结合我系科研之特长，为学生开设"古生物学专题讲座"，已成为学生开阔眼界、了解学科发展的重要窗口。

三、改革的成果

通过课程改革的初步实施，初步完善了符合培养目标、能够全面反映古生物学近年来的新进展、全面准确介绍古生物学的基础理论和工作方法的教学大纲，初步提出新的教学实验体系与训练方法，营造有利于培养学生创新能力、综合能力，有利于提高学生学习主动性和能动性，有利于学生个性发展、改善学生的知识结构的教学方法。

1. 在教学活动中采用新的课程体系

新课程体系改变分类描述占教材绝大多数篇幅的做法，将教材分为三个部分。第一部分导论以介绍生物学基础知识，生命起源、遗传学和生物进化的基本概念及最新进展，古生物学的基本理论，化石形成过程中的环境因素及信息丢失，古生物学研究理论与方法研究思路等为主。要求学生建立以生物进化为主线的古生物学研究思想，以进化重大事件为基础，了解生命形成以来的整体演化大纲，避免只见树木、不见森林的局限性；加强生物与环境相互依存关系，强调生物群与化石群之间的关系。第二部分以各生物类别的主要特征、生态、演化、形态与环境的联系为主。第三部分为附录，收录实习内容，在实习中消化各类生物构造名词及其意义，并安排设计性教学实践，加强学生动手能力、综合能力训练。

2. 充分体现古生物学近年来的新进展

古生物学近 20 年来取得了飞跃式的发展与进步，诸如人类进化的重大发现，寒武纪生命大爆发、重大生物聚群绝灭与复苏事件，重大地质事件的生物响应、化石埋藏学、宏进化与微进化等将编入教材，使得课程内容基本上反映上一世纪末期古生物学的研究水平。

3. 强化研究方法与研究思路的内容

全面介绍古生物学野外及室内的工作方法、工作步骤，强调科学、严谨的工作态度，以古生物学发展中的重大研究进展为例，分析研究思路。

4. 配合多媒体技术

充分发挥电子教材优势，利用声、光、电手段及三维技术，减少了不必要的形态描述，使生物进化、生物与环境、生物居群等方面的内容更加直观具体，极大地丰富了古生物学的教材内容和教学形式。

大学教学与人本文化

张岂之①

一、什么是大学文化

所谓大学文化，它是一种理念，这种理念是以人为本的科学发展观在大学中的具体化，可以把它概括为社会主义人本文化，即在教学中以学生为本，在办学上以教师为本。在教学中以学生为本，需要教师在教学中把以学生为本当作教师职业生涯中的信念、指导和精神；在办学中以教师为本，则应当成为学校管理者职业生涯的信念、指导和精神。一所大学里，大家共同尊重劳动、尊重教师、尊重知识、尊重人才、尊重创造，就是以人为本科学发展观在大学中的体现，这种特有的精神和理念，是大学文化，谈教学、谈科研都不能离开大学文化这个重要的前提。

二、大学人本文化的现实背景

大学的发展依赖于社会物质领域和精神领域的发展，社会中的种种现象都会在大学中程度不等地有所反映，讨论大学人本文化，不能忽略当前的现实社会背景：（1）社会主义道德观需要加强。经济发展是一把双刃剑，在经济建设持续快速发展的同时，也带来了一些不可避免的社会问题，社会上的阴暗面和消极面必然会影响到高等学府，国家的发展是走向钱本、官本还是人本，在报纸上、电视上和网络上都展开了讨论。针对这一问题，中央非常及时地提出了以人为本、全面协调的科学发展观。同时，胡锦涛总书记于近日发表了关于树立社会主义荣辱观的重要讲话，提出了"八荣八耻"的社会主义道德观，并强调，要把发展社会主义先进文化放到十分突出的位置，充分发挥文化启迪思想、陶冶情操、传授知识、鼓舞人心的积极作用，努力培育有理想、有道德、有文化、有纪律的社会主义公民。胡锦涛总书记所说的道德观，正是大学人本文化建设的基石，社会风气已经到了必须纠正的时候，在这个关头，大学应该走在前面，大学的文化建设应该在每个老师、每个管理人员中得到体现，所以，现在讨论大学人本文化的建设有着非常重要的现实意义，也具有一定的前瞻性。（2）全民科学素质有待提高。近

---

① 张岂之：著名思想史家，西北大学名誉校长，中国思想文化研究所所长，教授。该文原载《高教发展研究》2006年第3期。

日，国务院发布了《全民科学素质行动计划纲要（2006—2010—2020年）》，对全民科学素质建设做出了统一部署，根据2005年中科院中国科普现状调查报告结果显示，50个中国人中只有1个人具备基本的科学素养，远远低于发达国家，尤其是农村，更需要加强精神文明建设，没有社会主义新农村的建设，中国社会主义现代化很难圆满完成，国务院公布《全民科学素质行动计划纲要》，足以体现国家对提高全民科学素质的重视。大学是宣传普及科学文化的场所，有责任引领社会的发展，高校中的师生都是在学校中读书、学习、教学、科研，对外面的情况不甚了解，因此，在此背景下谈大学人本文化，就是为了引导大学教师在教学科研之外，还应该担负起服务社会、引领社会的责任。

三、大学教学是建设人本文化的主渠道

大学的目标是培养德智体美劳等全面发展的人才，培养人才必须进行教学活动，一所大学如果没有高质量的教学，这所大学就等于失去了自我，徒有其表，也就谈不上人才的培养。建设社会主义人本文化，必须大力推进高等学校的教学工作，从根本上扭转只重视研究生不重视本科生、只重科研不重视教学的现象，开展实事求是的本科教学水平评估，正是为推进大学教学而实施的一项有战略意义的工程。事实证明，本科教学水平评估也取得了比较显著的效果。教学活动是有高强度的创造性的智力活动，要搞好教学工作应该从两个方面入手：

1. 教材建设

教师要做好教学活动，提高教学质量，教材至关重要，《中共中央关于进一步繁荣发展哲学社会科学的意见》中明确指出，要立足当代，借鉴传统，立足本国，借鉴外国，写出具有中国特色、中国风格、中国气派的教材，没有好的教材，要培养出高质量的学生，提高教学质量很困难。培育高质量人才，提高办学质量，前提之一就是要有人本的文化观，以学生为本，肯花时间为学生编写好教材；前提之二就是编写教材是一个时间积累的过程，它不是一年两年的事情，而是数十年，几代人前后相续努力的结果，是教学经验和科研成果的积累，是具有特色的教学科研的展现。每个教师都应该用"十年磨一剑"的意志和精神去编写优秀的教材。

2. 课程讲授

作为一个爱岗敬业的高校教师，讲课需要具备"四心"，即爱心、责任心、耐心和是非心。教师要有爱心，热爱教学工作，坚持为本科生上课，以学生为本，热爱学生；要有责任心，对学生负责，对家长负责，对社会负责；要有耐心，在功利引诱非常强的当前社会，教师必须有耐心坐冷板凳，有耐心忍受寂寞，坚守岗位，提高科学人文素质，不断提高教学水平；要有是非心，大学教师必须要有高尚的品德和操守，以身作则，为人师表，进一步加强道德观的建设。

四、结合我校教学建设给出以下建议

1. 科学创新需要文化创新作为基础

培养学生的创新精神，需要有文化传承、文化创新。我校开展人文素质教育，有利于高素质创新人才的培养，应该进一步深化，将其发展为我校教学工作和人才培养的特色和优势。

2. 搞好高等教育的研究工作

在高等教育建设中，有很多问题需要从理论和文化的角度进行深层次的讨论，加强理论研究，为教学工作的发展提供理论指导。我校建立了高教研究所，为我校高等教育提供了理论和学术研究交流的良好环境与平台，有利于学校教学的发展，我们应该进一步发挥其作用和优势。

3. 加强交流与合作

高校教师一方面要有坐冷板凳钻研学问的精神，另一方面，也要走出去，作为地方性院校，应当争取机会参加全国性的有关教育问题的讨论会，交流思想学习经验，促进教学工作的提高和进步。

研究生教育与过程管理中若干问题探讨

刘丹冰　王思锋[①]

一、研究生教育的目标定位问题

目标定位是研究生教育必须要首先考虑的问题。要提高研究生的培养质量，就必须从实际出发，了解社会对研究生的不同需求，制定合理的培养目标。从目前各高校的研究生培养目标来看，包括我校在内的大多数高校和科研机构，仍将研究生培养目标定位为高级专门人才即研究型人才。这样的定位，在上世纪八九十年代确实对社会的发展起到了巨大的促进作用，研究生教育为社会各行各业培养出了大量的精英人才，基本满足了高等院校、科研院所、国有企事业单位对高级研究型人才的需求。但是，时至今日，这样的定位却存在很大的问题，研究型人才的培养目标严重与实践相脱节，与社会需求相矛盾。具体表现为：（1）学科差距在这样的定位中没有区别；（2）在研究生招生规模急剧扩大的情况下这种目标也难以实现；（3）这样定位的直接表现是，相当一部分研究生动手能力很差，很难适应工作的要求。

在当前形势下，重新定位研究生教育的培养目标，应该从实际出发，借鉴国外经验，制定科学合理的培养目标。我认为，研究生应实行多元化、分层次的培养目标，在继续培养研究型人才的同时，加大应用型人才的培养力度。这是发展的必然趋势，既有利于高校摆脱无序竞争，优化教育资源，保证培养质量；也有利于合理配置师资、设备和环境，提高教育资源利用效益。研究生培养目标的分层次、多元化，首先体现为横向层次的科学学位与专业学位应确定不同培养目标。面向不同职业和专业，培养专业应用型人才已成为当前研究生教育的重要使命，这是社会对研究生教育提出的新要求。在我国，培养应用型人才的专业学位近年发展得比较快，但是发展状况不尽如人意，原因主要是专业学位还没有真正体现应用型人才培养的目标和方向，基本上还沿用传统的研究型人才培养模式。其次，在科学学位层面，也要区分应用型学科与基础研究型学科。我们可以借鉴英、美等国家的做法，在科学学位层面，对基础研究型学科研究生重在培养学术研究能力的提高，对应用型学科研究生应重在实践能力的锻炼和提高。

[①] 刘丹冰：西北大学法学院教授；王思峰：西北大学法学院院长，教授。该文原载《高教发展研究》2007年第3期。

二、研究生课程设置与考核

课程设置是否合理、考试方式是否恰当直接决定着研究生培养质量的好坏。在明确培养目标后，必须首先从课程设置和考核方式上下功夫改革，采取合理的措施和方法，确保研究生课程设置和考核方式既体现稳定性，又具有适当的灵活性；既保持传统的课程设置和考核方法，又具有应现实需要的新特点。笔者以为，在这一过程中，要注意以下几个问题：

第一，要明确课程设置和考核的主体。研究生课程设置因专业而有所不同，而且导师上课也一般由院系来具体安排和管理，因此研究生课程设置和考核的主体应该是院系。院系应该有充分的课程设置和考核方式的自主权，学校一级主管部门应当是宏观管理。院系应当及时将课程设置和考核方式以及考核结果报送学校主管部门备案，作为日后研究生毕业审查的依据。

第二，研究生课程设置应稳定并兼顾一定的灵活性。研究生学位课程设置要保持稳定，不能变化太快。出于体现学科前沿和将最新的研究成果反映到教学中的考虑，应该允许非学位课程根据实际需要进行适当调整和变动。也就是说，研究生的课程设置既应当立足于专业的基础，又应当体现专业特色。

第三，研究生的考核方式应当体现多样化，不能单一，更不能"本科化"。研究生的课程考核首先应当尊重导师，由导师决定。笔者在研究生教学中根据不同课程采用了不同的考核方式。如"金融法与财税法专题"，由于该课程所涉专业知识较多，又是学生在本科阶段与生活中接触较少的，知识的积淀非常重要，故采用的是闭卷考试和论文考查相结合的方式，课程考试和论文考察各占50%，这样使学生既能深化对基础知识的消化和理解，也能把握本学科前沿问题，提高科研写作能力。而"经济法原理"课程，则采用论文考查的方式。因为在教师确定图书目录和讲授讨论的情况下，研究生基本能掌握本课程的基本理论与前沿知识。一般而言，该课程修完，每位研究生最少要完成两篇论文的写作。学生们普遍反映这种考核方式的难度明显大于闭卷考试。在本学期"经济法原理"的学位课程教学中，第一次上课是介绍必读图书目录和布置第一次科研任务。这次科研任务的内容是《生活中的经济法——我们的调研报告》，要求研究生在本科学习的基础上，经过自学将自己对经济法的基本理解通过撰写调研报告反映出来。这样既能锻炼研究生的动手能力，教师通过批改又能发现研究生学习的盲点，可以在以后课程的讲授中有针对性地进行引导。第二次科研任务布置是在本门课程的讲授中。由于不将某一类问题的讨论归类到某几个学生身上，每个研究生都有压力要准备教师所布置的讨论题。最后一次科研任务布置是在本课程结束之时，由学生自定题目完成一篇本课程范围内的学术论文。

三、社会实践环节与学位论文的撰写

研究生培养过程中重理论、轻实践的现象应予以重视。我校学位申请表中，安排了实践内容，这很好，但不应限定在教学实践范围内，应根据学科不同采取灵活多样的标准。如法学学科的研究生，实践内容既可以是课程要求之外的一篇论文、调研报告，也可以是导师帮助联系的校外教学实践，还可以是某些案件的代理词等等。法学学科是一门实践性、应用性非常强的学科，我院一直非常注重研究生的实践活动，鼓励和支持研究生通过各种途径从事科研实践以及各种司法实践训练。比如，由 2006 级研究生杨雪琴等几位同学组成的科研团队的研究课题"陕西省青少年法律援助调查与分析"在学院主管领导的大力支持和帮助下，获得了学校"陕鼓杯"大学生创业计划一等奖，同时还获得了第六届西安高新"挑战杯"陕西省大学生课外学术科技作品竞赛三等奖；由 2005 级孔晓玉等几名研究生组成的竞赛团队代表我校在陕西省大学生知识产权竞赛中获得二等奖。由我院三个年级研究生共同进行的三大法系模拟法庭司法审判，对英美法系、大陆法系以及中国司法审判进行比较和模拟，为国内同类院校模拟法庭实践活动的首创。

学位论文是研究生培养工作的重要组成部分，也是培养过程中的关键环节，是对他们进行科学研究或承担专门技术工作的全面训练，是培养创新能力，综合运用所学知识发现问题、分析问题和解决问题能力的主要环节。提高学位论文质量，应强化对论文撰写的培训和指导，严把开题关，重视写作过程管理，加强对论文再修改的跟踪和监督。我院除了导师平时抓科研训练之外，每年在开题后都安排学位论文专题讲座，邀请本学科领域的知名专家。另外，我院专门制定了《法学院研究生生学位论文撰写细则》，详细规定了学位论文撰写过程中的具体要求和阶段安排，明确了导师的职责以及研究生自己的责任。

本科生—研究生贯通培养的实践与探索

常江　赖绍聪　华洪　喻明新　王震亮①

本科生—研究生贯通培养是一种"精英型"教育模式,这种贯通培养不同于一般的大众型、适应型人才培养模式,也不同于传统把本科阶段和研究生阶段相对割裂的培养过程,而是使得两阶段教育相互衔接,相辅相成。我们都知道,研究生最重要的素质之一就是科研能力和创新意识,在本科生—研究生贯通培养机制下,本科生在低年级阶段学好基础课,夯实理论基础;而在高年级阶段,积极参加科研项目,有意识的开始科研训练,使其具备良好的科研素质,强化其对创新精神和创新能力的培养,从而在研究生阶段很快能够适用角色的转变。在硕士阶段,要求学生进一步稳定研究方向,着重培养其独立进行野外和室内创新型科学研究的素质和能力。在博士阶段,采取以导师为主、导师负责与指导小组集体培养相结合的方式,发挥整个学科群的指导作用,把培养重点放在学生的创新能力上,使其能在学科前沿取得突破。

近年来,西北大学地质学系采取了一系列措施,坚持在本科生中实施研究性教学改革和创新型人才培养工程。我们认为,研究性教学改革的核心主要体现在教育教学过程的设计性、综合性及创新性上,使教学内容实现了一系列的转变。这对于培养学生创新意识,提高学生科研素质,起到了实质性的推动作用。也正是研究性教学改革的实施,使得本科生—研究生贯通培养的思路得以实现。实践已经证明,这种培养机制不仅对于本科生的培养质量起到巨大的推动作用,也是研究生培养质量得以保证的有力措施之一。在教育部提出实施"质量工程"的当下,具有举足轻重的意义。

一、本科生—研究生实现贯通培养的基础

1. 研究生的生源基础,为本科生—研究生实现贯通培养提供了可能性

20世纪90年代以来,我系本科生招生规模始终保持在70~100人。从2000年开始,我系每年的硕士研究生招生规模控制在60~90人,博士研究生的招生规模控制在20~40人。同一时间段,我系本科生考研率(以全系应届毕业生做比)始终保持在65%以上,地质学基地

---

① 常江:西北大学副校长,研究员;赖绍聪:国家级教学名师,西北大学副校长,教授;华洪:西北大学地质学系教授;喻明新:西北大学发展规划与学科建设处正处级调研员,副研究员;王震亮:西北大学地质学系教授。该文原载《中国地质教育》2007年第4期。

专业本科生考研率保持在 90% 以上，考取研究生的学生 50% 以上在本系就读。正是这样的研究生生源基础，使得本科生—研究生贯通培养成为可能。

2. 研究性教学与创新型人才培养工程的实施，使得本科生高年级阶段成为预研究生阶段

近年来，我们在全系本科生范围内实施了研究性教学改革与创新型人才培养工程。我们的思路是，充分利用地域优势和学科优势，构建贯穿本科生—研究生教育全过程，在教学过程中循序渐进，在教学内容上密切协调，在实践教学的地域上相互关联、特色鲜明、科学合理的研究性教学体系。研究性教学改革的实施，使学生的学习由被动变为主动，包括查阅文献资料的能力、实践操作能力、学习能力、研究能力、创新能力等多方面能力得到了锻炼和加强，开阔了视野，完善了自己的知识结构，意志力也得到了磨炼。并使大学生有更多的时间和机会与导师、博士生、硕士生接触，在这样充满学术氛围的研究集体中，大学生的个性品质得到了锻炼，对科学研究的态度、对工作的认真踏实作风、对事业的敬业精神、对他人和社会的责任感等方面都得到了培养和提高。另一方面是教师的教育观念得到了转变。通过研究性教学改革项目的实施，学校教师对教育理念和人才培养目标有了新的认识，对能力培养和推进素质教育的重要性和必要性认识进一步提高，"以学生为主体，教师为主导"的观念进一步增强，对完善人才培养模式、加强教学与科研相结合、推进学生科研训练、培养学生创新精神和实践动手能力更为关注。在研究性教学改革过程中，教师会更加及时地融入最新的学科发展动态及教学改革成果，以保证教学内容的先进性。实践证明，研究性教学改革，有利于学生形成良好的学风和竞争意识，并使学生综合素质与技能培养得到整体提高。研究性教学改革具有显著的创新性和超前意识，为本科教育注入新的活力，使得高年级本科阶段成为研究生的预科，为本科生—研究生贯通培养模式的探索提供重要的、可供借鉴的宝贵经验。

3. 本科生导师制的实施

为了探索教书育人的有效途径，我们首先通过双向选择为地质学（基地）专业的本科生配备了导师，导师的资格要求是具有高级职称或获得博士学位。导师制的施行，使学生能够较早介入教师的科研工作，参与科学研究、技术开发和社会实践等课内外学术科技活动并得到基本的科研训练；导师制的施行，改变了"说教式""填鸭式"的教学模式，导师的作用更主要的是指导和启发，从而强化了学生的开拓精神和创新意识，培养了他们的实践能力和动手能力。导师不仅教会学生做人、做事、做学问的道理，更要在生活上关心学生，必要时在经济上予以补贴。一个导师同时指导博士生、硕士生和本科生，不同层次的学生共同完成导师分配的科研任务，在交流与合作之中形成"传、帮、带"的好传统，这种模式对本科生创新能力、协作精神和团队意识的培养与提高起到了不可估量的作用。目前，导师制的适用范围已经扩展到全系学生。

4. 优势科研资源向教育资源转化，实现本科生—研究生培养的高起点

西北大学地质学系有地质学一级学科国家重点学科（涵盖 5 个二级学科）和矿产普查与勘探二级学科国家重点学科以及 11 个省级重点学科。在这些学科中有一批著名的学者，他们工作在科研第一线，活跃在本学科的国际舞台。近年来，我系科学研究规模不断扩大，层次不断提高。先后申请获准多项"973计划""863计划"、国家重点科技攻关等主要科研计划项目，在 Nature、Science 等国外权威学术期刊上发表的论文显著增多，获得包括国家自然科学奖一等奖、二等奖在内的一大批重要科研成果。这些成果为科研资源向教育资源的转化奠定了坚实基础。我们以深化教学思想和教学内容的系统革新、强化素质教育和基础理论教育、强化思维方法训练和研究方法实践为基本思想，打破陈旧的课程教学体系，将科研成果融入教学，建立体现西部特色的课程体系，实现本科生—研究生培养的高起点。包括富平深水碳酸盐岩的发现与研究、陕北中新生代沉积演化、商丹缝合带的识别、秦岭造山带的结构和构造演化、秦岭造山带红色盆地的形成与演化等研究成果都及时反映在教学之中。这些优质的科研—教学相结合的教育资源对提高人才培养质量发挥了极其重要的作用。我系在教学过程中，不仅注重将科研成果及时转化为教学内容，也将科研工作中取得的科研标本、仪器设备等资源，直接用于教学，为本科生—研究生开出了新的实验，这些对于提高教学水平起着不可或缺的作用。

二、本科生—研究生贯通培养的思路与措施

1. 实施"创新课题研究基金"，强化本科生科学研究培训计划

为了加强本科生科研能力的培训，我系设立地质学本科学生创新课题研究基金。我们设立创新基金的宗旨是：强化学生的开拓精神和创新意识，培养他们的创新思维、创业精神和实践能力，使其尽早地参与科学研究、技术开发和社会实践等课外学术科技活动，并得到基本的科研训练。创新基金的资助原则为"理实结合、突出重点、鼓励创新、注重实效"，资助办法为"自主申请、公平立项、择优资助、规范管理"。为此，我们成立了"学生创新基金管理领导小组"，对基金重要事项和基金项目资助经费进行管理。

2003年度，我系批准创新基金立项21项，总资助金额达10.25万元，研究领域涉及岩石学、矿物学、矿床学、地球化学、古生物学、古生态学、石油地质学、环境地质与灾害地质学、工程地质学等十余个学科领域。2004年度立项17项，投入总经费9.8万元。2005年度，批准创新基金立项18项，总资助金额达10.50万元。2006年批准创新基金立项16项，总资助金额达11.50万元。

目前，在已经结题的2003年度、2004年度创新基金项目的实施过程中，承担项目的同学共提交项目学术论文70余篇，部分已公开发表于《科学通报》(SCI源期刊)《岩石学报》(SCI源期刊)《地质通报》《地球科学与环境学报》《西北大学学报》等学术期刊。有两项成果分获陕西省"挑战杯"课外学术科技作品大赛特等奖和三等奖。这些充分表明，创新基金计划的实施，成效十分显著，对提高高年级本科学生的创新能力，以及实现本科生—研究生的贯通培养有极大的推动作用。

2. 形成"教师—研究生—本科生"学术团队，培养学生的协作精神

我们通过本科生科学研究能力培训计划的有效实施，采取师生双向选择最终确定的方式，将本科学生自三年级起，就逐步地融入到教师的科研团队中。即通过由不同研究方向的教师根据自己的科研特色和研究实际，提出科研小课题（有限时间、有限经费、有限目标），学生根

据自己的兴趣和特长选择课题，将导师制与创新基金有机地结合在一起，初步形成了教师—研究生—本科生研究群体与教师的科研项目—研究生的论文选题—本科生的创新基金多层面的课题组，从而将导师制、创新基金研究计划、实验室开放及本科毕业论文有机地融为一体。这一措施，使部分高年级本科生实质性地独立承担小课题、加入到教师的科研群体中。本科生—研究生—教师共同进行野外工作、同场参与学术报告和学术讨论，形成了颇具西北大学特色的科研群体模式，真正实现了将科学研究实质性地纳入教学过程、实践教学，学生的团队协作精神有了大幅度提高，科研训练实践教学也产生了质的飞跃，学生以第一作者身份公开发表的论文数明显增加。

3. 创办学术期刊，举行"学术论坛"，强化学生科学研究学术氛围

为了充分利用地质学系的现有资源，引导本科生自主创新，参与科学研究和实践，为学生搭建交流与互动的学术平台，我系于2004年依托创新基金的阶段性成果，创办了本科生的学术期刊——《地学新苑》。这本期刊完全由地质学系本科生自主编辑、自行撰稿。创办至今，该刊物已出刊5期，发表学术小论文50余篇，已成为高年级本科生和低年级研究生采撷思想火花、交流学习心得和进行学术交流的园地，达到了提高学生理论水平、写作能力和综合素质的目的。

我们始终认为：研究生作为一支活跃的科研队伍，其科研能力、学术水平直接影响到我系研究生的培养质量，开展学术交流是研究生培养过程中的重要途径。学生之间的学术讨论加强了彼此之间的交流与沟通，对于开拓个人的视野与加强学术创新有着极大的促进作用，同时也大大提高了人际交流的能力。长期以来，我系各导师团队自发组织了学术沙龙、课题报告等各种形式的学术交流活动。在此基础上，2006年我们举办了首届"研石"研究生学术论坛（研石取研究石头、研究化石、研究石油之意），同时创办了研究生的学术刊物——《研石学刊》。论坛由系主管研究生培养和学生工作的领导负责，有各教研室负责人参加，由系团总支和研究生会具体操作。首届论坛主要面向地质学系在校的硕士、博士，并将高年级本科生纳入活动之中，通过交流学术成果，以达到共同提高的目的，引导我系研究生、本科生自主学习、自主思考。今年举办的学术论坛与由我系承办的第四届全国"地学与资源"研究生学术论坛相结合，争取提高学术论坛水平。

4. 不定期举办本科生—研究生联合学术沙龙，实现师生之间、学生之间、学科之间的广泛交流和相互启发

为了营造浓厚的学术氛围，为本科生、研究生提供更多的互相交流及学习机会，2000年正式启动地学沙龙。地学沙龙一般每月举办一次，经过6年多的实践，已逐渐成为西北大学地质学系青年教师交流学术心得、研究生扩大学术视野、高年级本科生培育学术思想的有效平台，成为促进研究生和本科生之间、师生之间、学科之间的广泛交流和相互启发的重要渠道。

地学沙龙力求在一种轻松愉快的环境中讨论学术问题，摒弃了一般学术报告的紧张与严肃，打破了长者与后学之间的界限，不同学科、不同专业的老师和学生围绕着共同感兴趣的问题出主意、想对策，各抒己见。地学沙龙不受专业限制，但每次预设一个主题，可以是某一学科方向的最新研究进展，可以是学生在学习或研究中的心得与体会，还可以是师生参加学术会议或出国访问的所见所闻，甚至是本科生、研究生毕业论文计划和老师在课题申请中遇到的问题。大家踊跃提出自己的看法和疑问，整个讨论过程气氛轻松、自由、热烈，上下互动，达到了交流提高的良好效果。许多学生认为十分棘手、百思不解的问题，通过不同专业老师的点拨豁然开朗，迎刃而解。

5. 从本科抓起，强化研究生培养的过程管理，为"百篇优秀博士学位论文"培养后备人才，造就研究型精英人才

"全国百篇优秀博士学位论文"评选工作开展8年以来，全国共评出661篇优秀博士学位论文，其中我系4篇博士学位论文入选百篇优秀博士论文，入选论文数在院系一级单位名列全国前茅。优秀博士学位论文的产生是一项系统工程，牵涉到博士研究生乃至研究生培养的方方面面，从根本上说是一个院系研究生培养水平和培养质量的综合体现。从我系入选的"百篇优秀博士学位论文"的培育上可以看出，瞄准学科中的前沿课题，鼓励学生创新固然十分重要，但稳定学科方向，鼓励学生坚持不懈的努力尤为关键。为此，我系建立了完整而有特色的本科生和研究生培养体系。高层次的人才培养从本科生抓起，实施导师制和创新基金研究计划，筛选出有培养潜力的苗子；硕士阶段稳定研究方向，注重科研能力培养；博士阶段则发挥整个学科群的指导作用，重点放在创新能力的培养上。在培养过程中，以参加科研课题为主线，采取理论学习与科研实践相结合，知识传授与素质教育相结合，基本训练与能力培养相结合的原则，特别注重对于创新能力、科学道德、严谨学风和敬业精神的培养。可以说，只要学生根据自己的特长稳定在某一研究方向上长期不懈地努力，就能凝练出有重要意义的科学问题并取得创新性研究成果。通过这些措施的实施，地质学系在培养创新型拔尖人才方面也取得了极好效果，涌现出一批颇具潜力的年轻英才。

6. 实施"后备师资计划"，为本科生—研究生贯通培养拓展了新路

为了加强我系的师资队伍建设，选拔培养具备良好品质、确有学术潜力的优秀人才，保障地质学系持续、健康、稳定的发展，从2005年开始，我系实施了"后备师资计划"。每年下半年，通过充分考察，从在读的本科生中选拔出优秀人员作为地质学系师资力量的后备人选，通过多种渠道资助其继续攻读学位，实行动态调整，毕业时经考察并达到要求者补充进地质学系师资队伍。选拔的程序包括本人申请、英语面试、教授会答辩和系务会终审，力图从各个方面考察申请者，把最优秀的学生选拔为后备师资。在取得后备师资资格后，这些学生从本科阶段开始就明确了研究方向，为他们选择的导师都是在所研究领域取得卓越成就的科学家，如果能够顺利通过各个阶段的考核，这些学生将按照本—硕—博连读的方式攻读学位，获得学校、系内和导师三个层次的经济资助。以"后备师资计划"为纽带，实现优质资源的强强组合，通过本科生—研究生贯通培养，一定能够产生一批理论基础扎实、学术视野开阔、科研能力突出的青年学者。

三、本科生—研究生贯通培养的效果

实践证明,本科生—研究生贯通培养机制的实施,促进了本科生、研究生的培养质量。

(1)近年来,本科生发表论文数量显著上升,本科生以第一作者身份在《科学通报》(SCI 源期刊)《岩石学报》(SCI 源期刊)《地质通报》《地球科学与环境学报》《西北大学学报》等学术期刊公开发表学术论文共计 40 余篇,部分已公开发表。2007 年,有 2 项本科生的研究成果分获陕西省"挑战杯"课外学术科技作品大赛特等奖和三等奖。

(2)从 2000 年开始,本科生、硕士生、博士生一次就业率连续 8 年达到 100%,毕业生培养质量得到用人单位的高度评价。

(3)从 1999 年开始,共有 4 篇博士学位论文入选全国百篇优秀博士学位论文。目前,仍有部分已毕业和在读博士研究生具备冲击全国百篇优秀博士学位论文的实力。

锐意进取 不断创新
努力开创西北大学学位与研究生教育工作新局面

惠泱河①

在全校上下深入学习贯彻党的十七大精神的重要时刻,我们齐聚一堂,迎来了我校学位与研究生教育工作会议的隆重举行。这次会议是在我校事业发展进入新的重要时期,学位与研究生教育快速发展的新阶段召开的一次重要会议。会议的召开对于落实我校"十一五"事业发展规划,加强我校学位与研究生教育,加快国际知名的高水平研究型大学的建设步伐具有十分重要的意义。我校学位与研究生教育取得了显著成就:一是学位点建设取得显著成效;二是研究生教育规模发展迅速;三是导师队伍建设不断加强;四是研究生培养举措得力,培养质量显著提高;五是学位与研究生教育促进了学校发展,提升了学校声誉。

回顾50多年来我校学位与研究生教育的发展历程,我们的基本经验有:一是坚持学位与研究生教育和学科建设相结合,把学位点建设作为学科建设的基础和重要内容,以学科建设带动学位与研究生教育发展。二是重视学位点申报工作,把学位点申报作为加快我校学位与研究生教育发展的基础工作。三是坚持研究生教育以质量为生命线,以创新为灵魂,积极采取各种有效措施,狠抓研究生培养质量,增强研究生创新能力。四是重视研究生导师队伍建设,严格遴选,培训提高,努力建设一支高水平研究生导师队伍。五是将研究生教育与区域经济社会发展需求紧密结合,以国家特别是陕西经济社会发展需求为导向,进一步优化学科专业结构,发展优势和特色专业,培养区域经济社会发展急需的创新人才,大力推动区域经济社会发展。

一、我校学位与研究生教育工作存在的主要问题

经过全校上下数十年的共同努力,我校学位与研究生教育取得了显著成绩,但是我们应清醒地认识到,与国外著名大学和国内一流大学相比,与我校提出的发展目标相比,我校学位与研究生教育仍然存在一些问题,主要表现在以下五个方面:

---

① 惠泱河:西北大学原副校长,西安石油大学原党委书记,教授。本文为节选,原载《高教发展研究》2008年第3期。

1. 对研究生教育的认识仍需提高

在我国高等教育发展的新时期，在我校事业发展的新阶段，研究生教育在学校未来发展中发挥怎样的作用，如何树立牢固的创新教育理念，怎样管理好、培养好这么多研究生，尚需我们进一步提高认识，进行深入思考和研究。

2. 研究生培养质量仍需提高

尽管我校研究生培养工作得到很大改进，但研究生培养改革的力度需要进一步加强，研究生生源质量需要进一步改善，研究生的创新精神教育、创新能力和实践能力培养需要进一步强化，同科研院所和企业进行人才培养合作的领域需要进一步扩大，研究生进行科学研究和学位论文的质量需要进一步提高。

3. 研究生导师队伍建设仍需加强

现阶段，我校个别研究生导师的责任意识淡漠；高水平的研究生导师团队、梯队建设需要加强；有些研究生导师的教学内容和方法、教学质量和水平需进一步提高；有些研究生导师的科研项目和科研经费不足，对研究生教育的科研支撑力度需要进一步加强。

4. 学科专业结构仍需优化

我校现有博、硕士学位点数量与全国"211工程"院校相比，高出平均水平，但博士与硕士教育、学术学位与专业学位教育发展不平衡，难以适应学校整体发展和社会需求。同时，学科专业结构呈现出理科较强、文科和工科较弱的局面。在我校博士学位授权一级学科中，人文社会科学学科仅占20%，部分学科博士学位点仍为空白，作为综合性大学，特别是建设研究型大学，学科专业结构还需进一步优化。

5. 研究生教育资源配置仍需优化

随着我校研究生教育的快速发展，办学规模的进一步扩大，研究生教育资源配置问题逐步突现，对研究生教育经费投入需要进一步增加。研究生创新平台建设急需加强，学校现有各种创新平台在研究生培养中的积极作用需要进一步发挥。

二、我校学位与研究生教育的目标任务

今后一段时期，我校加强学位与研究生教育工作的指导思想是：深入贯彻落实科学发展观，紧紧抓住建设创新型国家的历史机遇，按照"协调发展、注重内涵、分类管理、体现特色"的方针，以深化教育改革为动力，以提高人才培养质量为核心，以研究生导师队伍建设为关键，以研究生创新能力培养为重点，以强化过程管理为切入点，以优化资源配置为保障，推动我校学位与研究生教育工作迈上一个新的台阶，为国家和地方经济建设与社会发展培养一大批高层次专门人才。

今后一段时期，我校加强学位与研究生教育的总体思路和目标是：全面落实《西北大学"十一五"事业发展规划》中关于学位与研究生教育的工作任务，将学位与研究生教育作为学校工作的重点，按照"优化结构、强化管理、注重创新、提高质量"的总体思路，通过不断加强组织领导、规范管理环节、加强基本建设、优化学科专业结构、深化教育教学改革等方面的

措施，使我校学位与研究生教育的资源配置更加科学合理，管理运行机制更加适应人才培养需要，研究生的创新和实践能力切实增强，学位与研究生教育的国际化水平不断提高，总体办学质量和水平得到显著提升。

1. 深化教育改革，着力培养研究生的创新能力

——创新是研究生教育的主旋律，培养创新型人才是研究生教育最主要的工作任务。我们要大力加强创新教育，通过设立研究生创新基金，资助交叉学科、博士学位论文、自主创新等优秀项目，使研究生的创新能力在科研实践中得到提高。

——高水平的研究生教育需要高质量的研究生课程和教材。"十一五"期间，我校将重点建设100门左右研究生课程，积极推进公共外语课改革，力争形成一批内容新颖、特色鲜明、在国内能产生重要影响的精品课程。

——加强学位与研究生教育需要以理论为支撑，依靠理论指导实践、推动工作。我们要通过设立学位与研究生教育改革研究项目，加强学位与研究生教育理论探讨，深化研究生培养方案和培养手段研究，积极探索学位与研究生教育科学管理和分层分类培养问题，努力寻求培养高层次创新型人才的新方法、新途径，不断加强学位与研究生教育改革研究，力争取得一批省部级和国家级教学成果奖。

——思想政治教育是研究生教育的首要任务。我们要牢固树立"育人为本，德育为先"的教育观念，把研究生思想政治教育纳入到全校大学生思想政治教育整体规划之中，切实加强研究生思想政治教育。要积极推进研究生政治理论课改革，根据形势发展需要，及时更新教学内容，不断增强教学的针对性、实效性。要发挥党团组织，特别是院系党团组织、研究生党团支部和研究生会的重要作用，扎实推进研究生思想政治教育。要加强学风建设，教育引导研究生树立优良的学风、科学严谨的治学态度、卓越的团队精神。要加强研究生心理健康教育，注重培养研究生的良好心理品质和优良品格。要积极开展社会实践活动，增强研究生的社会责任感和社会实践能力。

——研究生教育国际交流是研究型大学的重要特征。我们要切实加强研究生教育国际合作与交流，大力发展留学研究生教育，积极扩大来校留学研究生规模，不断加强管理，切实提高培养质量。要依托国家建设高水平大学公派研究生项目，选送优秀研究生出国留学。要积极争取进入中法博士生学院中方高校联合体，加强与法国高水平大学的交流。要鼓励和支持研究生参加高水平的国际学术交流，不断提高我校研究生教育国际化水平。

2. 强化过程管理，不断提高研究生培养质量

——研究生生源质量是研究生教育的基础和前提，没有一流的生源，就很难能培养出一流的人才。我们要以提高生源质量为核心，积极推进研究生招生改革。要加大招生宣传力度，重点做好对高水平大学的定向宣传。要改革选拔方式，在注重对考生的基础理论、基本能力考核基础上，不断完善初试和复试制度，突出质量意识，加强对考生创新精神、创新能力的考查，并着意选拔在学术科研方面才能突出者。在招生中，要对承担国家原始性创新和高技术研究前沿领域的创新基地、创新平台和创新团队给予支持。

——为了不断提高我校博士生生源质量,吸引我校优秀硕士生进一步在校深造,我们在实行优秀硕士生提前攻读博士学位制度的同时,将尽快建立优秀硕士生直接攻读博士学位制度,逐步形成多种方式相结合的博士研究生选拔机制。

——考核是保证研究生培养质量的重要环节。我们要强化研究生阶段考核,建立完善的研究生考核和淘汰机制,不断提高研究生培养质量。

——学位论文是研究生学业的系统总结,是研究生学习和科研成果的结晶,是研究生学术水平的重要体现,是学位授予质量的基本标志。我们要通过进一步完善学位论文开题和中期检查制度,完善学位论文的社会评价机制,加强学位论文尤其是博士学位论文的评审工作,坚持"双盲"评审,改进学位论文答辩制度,切实提高学位授予质量。

——质量监督是研究生教育过程管理的重要组成部分。我们要健全研究生教育质量监督体系,切实发挥好多种监督主体在研究生教育中的作用。要发挥研究生业务主管部门的组织协调作用,全面统筹学位与研究生教育质量监控工作;发挥各研究生培养单位的主导作用,做好学位与研究生教育质量监督的落实工作;发挥研究生导师的核心作用,加强对研究生的教育和引导;发挥研究生的积极作用,大力开展研究生评教评管活动;发挥学校研究生教育质量督导组的重要作用,对研究生教育的各个环节进行督导,为学位与研究生教育提供科学的决策咨询和服务。

——研究生教育规模的迅速发展,给管理工作带来很大压力,我们要加快学位与研究生教育信息化建设,建立全程管理信息系统,实现学位与研究生教育管理网络化,大力提高工作效率和管理水平。

——建立完善的研究生奖助体系是调动研究生学习和科研的积极性、主动性,解决家庭经济困难研究生生活问题的有效途径。我们要进一步完善研究生优秀科研成果奖励制度,争取设立更多的社会奖助基金,切实做好研究生"助教、助研、助管"工作,积极推进研究生奖助制度改革。

3. 优化资源配置,切实加强学位点建设

——合理的资源配置是提高研究生教育质量的重要保障。我们要认真落实学校"十一五""211工程"建设计划,划拨专项经费,进一步加强和改善学位与研究生教育的办学条件。

——学位点建设既是学位与研究生教育的重要基础,也是学科建设的基础和重要内容。我们要根据学校发展目标和学科发展规划全面统筹学位点建设工作,形成符合我校优势和特色的学位点布局,力争博士学位授权一级学科申报工作取得新突破。

——专业学位教育是今后一段时期我校学位与研究生教育的重要增长点。我们要按照优化学科专业结构的思路,把专业学位教育放在我校学位与研究生教育发展的重要位置,积极开展多层次办学,进一步扩大专业学位研究生的比例,保证专业学位质量,树立我校专业学位研究生教育品牌。

——提高研究生培养质量导师是关键。我们要进一步加强研究生导师职业道德教育,强化研究生导师教书育人职责。

4. 健全机构，加强领导

——研究生院是我国高层次人才培养和解决国家重大科技问题的重要基地。我们要把申报研究生院作为推动我校学位与研究生教育大力发展的重要工作。

——我们要切实加强研究生行政管理和思想政治教育队伍建设，根据研究生规模和工作发展需要，适当加强研究生业务主管部门力量，在研究生培养单位建立一支专兼职相结合的高素质研究生行政管理队伍。

——我们要进一步加强组织领导，做好统筹协调，切实抓好学位与研究生教育工作。学位与研究生教育作为我校今后工作的重点，学校将定期召开专题会议研究和解决我校学位与研究生教育的重要问题，确保我校学位与研究生教育又好又快发展；研究生业务主管部门要不断完善学位与研究生教育的各项规章制度，做好全校学位与研究生教育的组织协调工作；各相关处室要积极支持，密切配合，为学位与研究生教育的发展创造良好的运行环境；各研究生培养单位要高度重视，定期研究本单位学位与研究生教育工作，发现和解决在工作中出现的新情况、新问题，切实推进我校学位与研究生教育工作上台阶、上水平。

西北大学应用型创新艺术人才培养模式的改革与实践

庞永红　屈　健①

古往今来，艺术以它多彩多姿的形式，记录了人类的物质世界和精神世界。其中艺术学的应用更成为人类社会各阶段和各方面不可或缺的重要内容。历史迈入 21 世纪的今天，随着科学技术的发展，信息与传播技术的不断开发和应用，学科交叉日渐突出，使艺术在社会生产生活中的应用更加广泛。特别是与视觉文化密切相关的应用型艺术形式，成为构建新时代审美文化模式与和谐社会的重要力量和保证。在当代信息社会，融合了科学与艺术的现代设计，将社会、经济、科学与技术的进步有机结合起来。从视觉角度传达了人们的价值观和审美观念。它不仅承载广泛的经济、社会、政治意义，并且意味着对当代社会生活物质文明与精神文明的构建，以及对人类未来和谐社会建设的规划和预见。

西北大学艺术学院作为西部地区重要的专业艺术教育机构，在应用型艺术人才培养模式的改革与实践中，创新思路、拓宽渠道，紧紧围绕"强化基础，突出应用"的办学思路，坚持"学科综合、西部特色"的培养定位，立足西部、面向全国，发挥西北大学作为国家"211 工程"重点综合大学学科门类齐全的优势，突出学科发展与专业培养模式的前沿性、交叉性与应用性，形成了鲜明特色。

西北大学艺术学院初创于 1985 年，是西北地区综合大学中较早建立的艺术教育机构之一。是西北地区较早获得美术学（1998）硕士学位授予权的专业院系之一。同时具有工业设计工程硕士领域的学位点，近年来，学科发展上升到一个新的阶段。目前学院下设艺术设计系、动画与新媒体艺术系、美术学系 3 个专业教学机构和中国书画研究中心、艺术设计中心以及动画与影视制作中心等艺术与设计研究机构。截至 2008 年 10 月，在校本科生、硕士研究生 1 000 余人。

经过多年学科建设与教学改革实践的磨砺，西北大学艺术学院应用型艺术专业已构筑了良好的基础和学科发展平台，为人才的培养提供了有力的支持，成为吸引高层次艺术人才施展才华的重要阵地，已初步形成教师队伍学历层次较高、学缘背景多样、年龄结构合理、专业水平过硬的特色。

---

① 庞永红：西北大学艺术学院教授；屈健：西北大学艺术学院原院长，现任西安美术学院副院长，教授。该文原载《美术观察》2008 年第 12 期。

目前，学院拥有专、兼职教授、副教授 17 人（4 人为博导），其中专职教授、副教授 10 人，教师 20 余人。专职教师中 4 人具有博士学位，1 人博士在读，18 人具有硕士学位。多人曾具有在国外学习或访问的经历。其中专职教师主持完成国家、省、市科研项目 8 项，出版学术专著和教材共 23 部，在国家权威、核心期刊发表学术论文数百篇，多人次参加国内外艺术大展并获奖。

在世界经济向数字化、网络化发展的新时代，基础与应用并重已成为艺术设计学科的发展趋势。学院密切关注社会需求的变化，在专业设置上始终坚持面向市场开放的原则，适时做出具有预见性的专业配置计划，不断调整专业方向与课程设置，开发具有发展潜力的和西部建设急需的、未来社会需求量大、学科兼容量大、科技含量高的复合型应用专业或专业方向，如动画艺术设计、广告设计、新媒体艺术设计、网页设计、环境艺术设计等，是其学科发展的重点。

近年来，学院教师以其突出的科研、教学成果有力地推动了学科建设的发展，使西北大学艺术学院已成为西北地区艺术设计人才、动漫人才培养的重要基地，并在全国产生了较好影响，为应用型艺术创业人才培养模式改革与创新实践的进一步发展奠定了良好基础，形成以复合型、应用型艺术设计与动漫人才培养为主体、适应国家人才培养模式，具有西部特色的完整教学体系。西部经济发展的关键问题是人才问题。陕西作为教育强省承担着缩小东西部差距、提高西部地区未来竞争力的重任，对西部地区乃至 21 世纪中国经济、文化的发展起着至关重要的作用。

综合多专业交叉合作能力，培养复合型人才，是学院创业人才培养模式创新与实践的重要特色。学院以培养具有创新精神、实践能力、创业魄力和综合素质的高级创业创新型人才为第一要务，积极探索人才培养新模式，充分利用综合大学学科资源优势，先后与校内外相关的理、工科类和人文社会科学类等多学科开展合作、交流与学科交叉，同时与社会上艺术设计公司、多家动漫制作公司、文博单位及媒体单位签订合作协议，并在学校相关部门的支持下，展开产、学、研的交互研究，极大促进了院内多学科交叉的互动性发展。

在教学中，学院特别注重培养学生创意思维能力。根据专业教学计划的安排和课程特点，开设综合性、交叉性实验教学，利用选修课、讲座等形式引导学生开拓思路。通过导入选题，鼓励学生独立设计创作方案以及计划书的撰写，培养学生独立、严谨的科学态度。学院提供专门场地，成立学生自主创新研发中心，发掘学生潜能，培养和锻炼学生的实践与创造能力。始终坚持以创意与创新为突破点，带动教学水平的提高，取得良好的效果。先后完成了数十项设计艺术项目和 60 余部动画短片以及 DV 作品。其中多人次获得国家级大学生教育创新实验项目、研究生创新基金项目资助，多人次参加国内外艺术设计大赛、国际动画节、DV 电影节、北京大学生电影节、西部题材动画大赛、北京电影学院"动画学院奖"、"西部·西部"艺术与设计大展等重要比赛并获奖。2007 年我院本科生拍摄的 DV 短片《火箭鹳鹆》获得上海国际电影节"未来电影新势力——国际学生短片展评"最佳创意奖，是本次获奖四人中唯一的华人本科生，其他三人均为外国研究生。2008 年在"教育部首届中国大学生文科计算机设计大赛"中，我院本科生创作的动画短片《AM8.05》《放羊小子》分别获得专业组一等奖和二等奖。我院研究生的招贴设计在 2006 西安华商广告奖的"新青年广告奖"中获得了一金、两银、两铜的好成绩。实验水墨动画短片《蜘蛛与甘露》获得"2008 海峡两岸学生多媒体作品竞赛"最佳作品奖。

在课程设置与课程类型配置上，学院以学科核心课为基础、带动学科方向课、选修课、通识课等几个层次的教学相互促进，互为补充，通过课堂教学、实践教学的有机结合，提高学生创新意识与创造能力。坚持以学生为本和个性化的培养思路，充分尊重学生个性差异，实现教学内容的弹性化运作机制，因材施教。以教师科研项目及大学生创业项目、创新性试验计划项目为带动，培养学生创新能力、团队协作能力。结合自身学科优势与办学特色，紧密结合区域经济发展的要求，培养有利于区域经济社会发展的创意与创业型人才。针对艺术设计、动漫、美术学专业最新发展特点，不断拓宽专业方向，在原有专业方向的基础上，近年来先后增开了新媒体艺术、广告设计、美术品鉴赏与修复等新的专业方向，并拟新增加网络游戏、数字艺术等与现代科技紧密结合、具有可持续发展动力和广泛就业前景的新型专业方向。

经过多年来应用型创新艺术人才培养模式的改革与实践，西北大学艺术学院已基本具备了根据社会发展需求培养不同层次的艺术设计、动画、美术学专业人才的能力。形成了基础扎实、视野开阔、层次多样、机制灵活的人才培养模式，为西部地区经济文化建设培养了一批具有创新意识、创造能力、业务素质良好的优秀艺术设计人才，获得广泛的关注，赢得了较高的社会声誉。

多样性教学模式与综合大学人才培养

王正斌　李　晰①

教学模式就是构成课程和作业、选择教材、提示教师活动的一种范式或计划,是将教学理念、教学目标、教学方法、教学评价等教学因素结合起来的一种相对规范的结构框架和模式。教学是大学的基本活动,大学教学的复杂性和创新性,使大学教学模式呈现出多样性特征,这一特点在综合性大学显得尤为明显。

一、多样性教学模式并存的必然性

"教学模式"这一概念虽然在20世纪50年代左右才正式提出,但是在漫长的教学实践中,很早就有了教学模式的雏形,并在实践中不断发展演变,形成了多种多样的教学模式。

1. 科技社会的发展使多样化教学模式并存成为可能。

教学手段的多样化,催生了多种多样的教学模式。在1980年,美国教育学家布鲁斯·乔伊斯和马沙·韦尔曾经做过一次统计,当时流行的教学模式就多达23种。随着科学技术的飞速发展,当代教学模式越来越重视引进现代科技的新成果,教学模式的技术手段有了极大地丰富和改进,广播、电视、投影仪、教学仪器、电脑、互联网等多种基于科技而产生的产品和媒介,正在越来越多、越来越成功地介入教学过程,在课堂内外发挥了重要作用。与此同时,新兴的现代科学理论也推进教学模式理论朝着多样化发展。人们利用新的理论和技术去研究教育学的各种问题,系统论、控制论、信息论、社会学、管理学甚至美学都对教学模式理论带来深远的影响,使现代教学模式研究基于非常广泛的理论基础,对教育学的发展和教学模式的改革完善起到了重要的作用,促使教学模式的表现形式趋向多元化。多种多样的教学模式正在形成庞大丰富的"教学模式库",为教学实践提供了选择多样化教学模式的广阔天地。

2. 个性化和多样化的培养目标促使多样化教学模式的采用

随着经济社会知识化、高等教育大众化,企业和非盈利组织对创新人才的创新能力和学习能力特别关注,人力资本日益受到重视,批量化的人才培养模式难以适应这种变化,所以大学更应该强调学生的个性发展,注重多样化人才培养,这一需求引导着教学模式朝着个性化、精

---

① 王正斌:西北大学原副校长,教授;李晰:西北大学国内合作与校友工作处助理研究员。该文原载《中国大学教学》2009年第2期。

细化和多样化发展。

3. 不断丰富的教学实践使教学模式趋向多样化

当代许多教学模式在实践操作程序上，并不是简单照搬、生硬套用、严格操作某种固定的教学模式，而是根据具体教学情况灵活变化，即便是使用同一种教学模式，在不同的教学情境中，都会演变成为若干的"变式"作为对"基本式"的补充以适应实际教学情况，甚至有的教学模式本身就没有一个固定的形式和框架存在，尤其是艺术化的、创造性的教学模式更是如此。

由此可见，无论是从社会的需求出发，还是着眼于人才培养的最终目标，抑或是教学实践的具体操作过程，都需要采取多种多样的教学模式，教学中既要注意知识和技能的传递与培养，又要注意过程和方法的体验与学习，同时还要考虑情感、道德、个性素养的养成，能培养身心健康、人格健全、视野宽广、学习和实践能力强、不断创新的人才的教学模式必须是多样的，没有放之四海而皆准的万能模式，因人、因地、因时、因学科与传授对象的不同而异的多样化教学模式的存在成为必然。

二、综合性大学需要多样性教学模式

1. 不同的学科和专业需要多样的教学模式

在我国高等教育体系中，综合性大学是重要组成部分，对我国高等教育的发展起到了基础性和引领性作用。综合性大学学科门类多、设置专业多、招收学生多、办学规模大，面对不同学科和专业的学生，综合性大学不可能一刀切式地采取统一的人才培养模式和教学模式，必须考虑到学科的多样性和专业之间的差异性，对于某一个学科而言，必须依据本学科的特点和教学目标来考虑选择哪些教学模式。只有遵循高等教育的发展规律，制定多样化的人才培养模式，采用多样化的教学模式，才能满足不同学科和专业学生的真正需要，真正做到以学生为本。

2. 全方位的社会服务目标需要多样的教学模式

社会的发展是多方面、全方位的，高等教育培养的人才需要适应社会的变化和需求，才能够为社会提供智力、技术和精神上的支持，推动社会的进步和发展，所以说，高等院校尤其是综合性大学的专业设置和人才培养目标应当全面多样的，而专业的多样化和社会对多样性人才的需要使多样性教学模式的开展成为必然。

3. 全面发展的现代人才培养目标需要多样的教学模式

当今多元化的社会需要大批综合素质高、全面发展的现代化人才来推动社会的进一步发展，复合型人才、应用型人才、国际化人才、适应性人才、综合性人才……都受到了现代社会的青睐，知识经济时代要求人的全面发展，综合性大学学科门类齐全，基础学科丰厚，学科之间有效均衡和内在融合，这些优势都成为了培养知识、能力、素质全面发展人才的有利条件，而这种多元的学科背景使多样性的教学模式，成为了培养高素质综合性人才的必要手段。

三、西北大学多样性教学模式的实践

西北大学是一所学学科门类齐全的全国重点综合性院校，现为国家"211工程"重点建设院校和国家"一省一校"计划重点支持建设院校,目前,我校有22个院系,71个本科专业,涵盖文理工艺术等多个学科,作为一所省属地方性大学,我校坚持"素质教育与专业教育相结合、课堂教学与实践教学相结合、个性发展与共性提高相结合"的原则,根据社会需求及时调整人才培养目标,制订人才培养方案,确立了"加强基础、强化应用,提高素质、注重创新,激励个性、体现特色"的人才培养指导思想,以培养具有创新能力和竞争力的高素质多样化人才为根本目标,长期注重基础、鼓励创新、文理并重、注重应用、教学自主、分享知识、合作研究的教学传统,促进了学生知识、能力、素质协调发展和全面提高,使西北大学赢得了"中国石油英才之母""经济学家的摇篮"和"作家摇篮"的美誉。

1. 采用多样的教学模式,促进宽口径的人才培养方案的顺利实施

自1999年扩招以来,我国高等教育开始从精英教育向大众教育过渡,办学体系呈现多样化进程,人才培养目标也转向了多元化的大众培养目标,具体到我校人才培养模式的构建上,学校充分发挥学科门类比较齐全的综合优势,满足社会对人才多元化的需求,培养知识面宽、实践能力强的应用性人才。在我校目前的人才培养方案中,设置了通修课程、学科核心课程、学科方向课程、通识教育选修课程、选修课程和实践教学环节等六部分,同一级学科统一设置通修课程和学科核心课程,淡化专业界限,拓宽专业口径,培养多样性人才以适应现代社会的需求。我校构建的人才培养方案把不同的课程类型,进行科学合理的安排,有利于学生由浅入深、由基础到专业的理解学科的基本知识,大量的选修课程,有利于开拓学生的思维,不同类型的课程对学生的知识构成都起到了不同的作用,构建了一个基础扎实、内容充实、延伸性强的课程体系。不同的课程类型需要采用不同的教学模式,这样才能达到教学的不同目的。学科核心课程,基础性较强,一般都是本专业的主干课程和保证学生达到培养目标基本要求的主要基础课、技术基础课,例如"西方经济学""中国古代史""文学概论"等课程,这些课程开设的目的,就是要传授给学生本学科最基本的理念和概念,教师一般采用"传递—接受式"或"概念获得式"等教学模式来实现其教学目的;通识教育选修课程就相对灵活,其目的是为了让学生了解该学科的基本知识,发掘学生对本专业之外其他学科的兴趣,因此,此类课程教师多采取形式多样的教学模式,从而调动学生的学习兴趣,有的课程为讲座形式,聘请校内外有关方面的专家进行讲授,比如"国学经典系列讲座""集邮学概论"等;有的课程将理论与实践相结合,如"社交与礼仪""食品与酒水学",教师在讲授理论的同时进行示范与训练,学生参与其中,在实际操作中掌握这门课程;有的课程是欣赏类型,比如"影视鉴赏""音乐鉴赏""美术鉴赏"等,可以采用互动的方式来增强学生学习的兴趣和主动性,旨在提高学生的艺术修养和综合素质,也提高了学习效率。

2. 采用多样的教学模式,培养创新性人才

现代社会需要创新性和应用型人才,近几年来,我校积极转变教学理念,与社会接轨,培养具有创新性、适应能力强的应用型人才。我校地质学系在教学过程中积极探索,不断实践,采用多样的教学模式以适应新的教学目标,地质学类多是实践性、经验性都很强的课程,以往此类课程教学多是先进行概念的讲授,然后以观察标本为主,以达到理解课堂中理论的阐述和验证课程中形态的描述，主要采用概念获得模式和验证式教学模式，我校地质学系根据地质学的特点，因课制宜，努力寻求有效的方法让学生在课程学习中获得良好的感性知识，消化理论知识，并体现课程教学的设计性、综合性以及研究性，在"古生物学"课程教学中，一般由教师先提出问题，即为学生提供基本的地质素材（包括未定名化石标本及化石产地地质剖面图），然后由教师提供解决该问题的有关线索，注意发展学生的自主学习能力，采用多种方法对未定名的化石标本进行鉴定，有可能的话自主设计实验对鉴定结果进行验证，之后检验学习效果，即在标本鉴定的基础上，对所提供的地质剖面进行分析，最终提供化石鉴定报告和地质分析报告，这种自学—讨论—实践—验证—总结的学习模式，有利于培养学生独立思考的能力；实习环节中，地质学系在全面统筹协调地学本科教学全过程的理论和实践教学基础上，以鄂尔多斯盆地—秦岭造山带地质走廊及相邻地块大陆地质为天然实验园地，构造了不同年级野外实践教学和不同理论课程课间实践的交叉配合、内容协调循序、科学合理的实践教学体系，完善了本科实践教学环节，营造了师生平等、情感交融、自由、开放的实践教学环境，实施了以学生为主体，以培养能力和兴趣，激发学生主动性、独立思考、自主研究和创造性思维为目的的启发、讨论式和研究性、综合性实践教学。经过多种教学模式的灵活使用，不但有利于增强学生对学科知识的理解，还有利于锻炼学生的创新能力和动手能力，达到了学以致用的目的，培养出了一批具有创新思维、创新能力的应用型学生，也形成了特色鲜明的一系列教学成果，"古生物地层学课程群教学团队"入选国家级教学团队，"地质学实践教学新体系"获得国家级教学成果二等奖，"鄂尔多斯盆地—秦岭造山带野外地质教学"入选国家精品课程，"古生物学"入选陕西省精品课程。

3. 采用多样的教学模式，以学生为本，实现个性化教学

大众教育并不意味着采用统一的固定不变的教学模式，恰恰相反，大众教育更需要采用个性化的人才培养模式与教学模式，以培养具有创新能力和竞争力的高素质人才，为此，我校采取了各种措施，注重学生个性发展，拓展学生选择空间。首先，我校在院系设置选修课程，并面向全校开设通识教育选修课程，供全校学生任意选择，选修课程学分不低于总学分的30%，拓宽学生选择空间，尊重学生个性发展，鼓励学生根据自己的特长和爱好跨学科、跨专业选择选修课程。其次，积极开展教学管理制度的改革与创新，制定了一系列能够激发学生个性发展与创新精神培养的制度，一是实行主辅修制与第二学位制，使学有余力的学生攻读第二学位专业，通过辅修制和第二学位制的实施，达到培养复合型人才，提高学生的综合素质的目标；二是实行校内转专业制，改变"一考定终身"的状况，尊重学生的个性发展，因材施教；三是完善学分制，实行弹性学制，适当加大选修课比例，拓展学生自我构建知识结构的空间，在学籍管理方面，对学生在校学习的年限做出了弹性规定。

各个院系也积极参与到课程改革和教学模式的改革中来，以学生为本，进行不断的改革和创新。我校化学系将"主辅修"引入课堂教学，"无机化学与化学分析"这门课程作为大学化学学科的首门学科核心课程，担负着化学导论的作用，为后续课程提供知识铺垫作用，同时又为创新化学人才培养提供素质培养的基础，我校化学系无机化学教研组将教学内容划分为正篇和副篇两部分，正篇讲授基本的知识，保证了基本内容的讲授，同时在副课中安排5次讲座、共10个课时，例如"超越化学看化学""美与化学""无机化学与环境""生物体中某些重要无机化学过程""周期表在化学学习和化学研究中的指导作用"等。将教学内容划分为正篇和副篇两部分，既保证了基本内容的讲授，又有可能满足个性化教育思想，拓宽融入新知识、新概念和新成果，真正起到了化学导论的作用和目的。该课程从主教材、辅助教材、电子教案到辅助挂图，均由高等教育出版社和科学出版社出版，建立了国家级精品课程网站，为国内同类课程教学提供了一套从教材到教案，从课堂讲授到课外学习的完整的、可行的教学模式，并推广到国内数十所高校应用，发挥了精品课程的带动作用。

4. 采用多样的教学模式，实现精英教育和大众教育并存

高校扩招、大学入学率的不断提高、高等教育的普及并不意味着我们不需要精英教育，大学是产生科学和思想的摇篮，如果仅仅是培养适应社会需求的人才而放松了科学研究，社会也将停滞不前。我校既充分发挥学科门类比较齐全的综合优势，满足社会对人才多元化的需求，培养知识面宽、实践能力强的应用性人才，又以人才培养基地为龙头，充分发挥基础学科雄厚的优势，为国家造就基础理论扎实、具有较强研究能力和创新能力的高层次基础性人才。我校地质学、物理学、化学、历史学、经济学、生物科学、生命科学与技术七个专业点为国家基础科学研究和教学人才培养基地，为确保基地班生源素质，提高生源质量，基地专业通过实行提前单独录取、减免基地班学费等一系列有力的举措，多渠道吸引优秀生源，每个基地专业为30人左右，实行班主任和导师双重管理制，加强对学生专业学习的指导和科研能力的培养，在本科四年级上学期末经过考核选拔品行兼优的学生直接进入硕士研究生阶段学习，在硕士研究生教育两年后，选拔品学兼优者提前攻博，实行"本科生—硕士生—博士生分流制"。在教学过程中，树立精英教育意识，加强创新教育，积极探索拔尖创新人才培养新模式，在组织制定基地专业教学计划时，打破了专业界限，按一级学科构建学科平台课程，宽口径培养人才，为研究生阶段的学习创造良好的条件，不断更新、充实、提高教学内容，将学科领域的最新研究成果及时反映和吸收到教学过程中。以我校地质学系为例，由于地质学学科研究内容的不断更新和扩充，新成果不断涌现，为了介绍最新的学科前沿知识，地质学系教师在课程教学中，灵活的采用自主学习模式，将教师自主命题和学生根据学科发展自己提出问题相结合的方法设立专题，制定激发学生主观能动地利用各种资源的阶段式考核，给学生更多的空间在课外利用各种渠道（图书馆、资料室和网络）收集与专题相关的资料，并严格按照科技论文的形式撰写各种形式的读书报告（学科发展综述、存在科学问题以及自己的看法与认识等），不仅可以培养学生独立收集阅读文献和综合分析资料的能力，而且还能锻炼科学研究的方法和技能，较早地进行科研能力的训练，很好地满足了这一学科发展的需求。化学系教师在为基地班学生讲授"无机化学与化学分析"的同时，努力开辟第二课堂，经常性地开设学术讲座和报告，将专题报告制度化，把学生引入学科的最前沿，开辟学生课外读书活动，组织翻译印刷双语读物，这些活动极大地提升了教学质量，满足了学生科学研究思维的培养，注重科学思维的启迪与科研创新能力的培养。经济学基地举办"现代经济学理论与方法创新论坛"，编印《经济视窗》交流刊物，开展社会经济调查。通过几年的建设，我校基地建设取得了较为显著的成效，每年保送比例为 50%以上，部分学生保送到北京大学、清华大学、中国科学院等知名高校和研究所，另外，一些特优人才已经脱颖而出，已有多名基地班学生在本科或研究生阶段，在知名刊物和全国核心期刊上发表科研论文。与此并存，我校非基地专业的人才培养也取得了较好的效果。

20 世纪 50 年代，一批石油地质人才从西北大学毕业，70 年代末 80 年代初，张维迎、魏杰、刘世锦等一批青年经济学家在西北大学学习，70 年代和 80 年代，贾平凹、迟子建、雷抒雁、延艺云等一批青年作家在西北大学接受教育。现代社会需要知识、能力、素质三位一体协调发展的多样性人才，统一的教学目标、统一的教学内容、统一的教学进度，这种统一"标准化"的教学模式会磨平受教育者个性的棱角，使他们成为千篇一律、千人一面的标准件，只有采取多样的教学模式，才能够培养出多样化的适应社会发展的高素质人才。综合性大学的多学科背景成为培养多样性人才的土壤，我们应该利于这一优势，不断完善原有的教学模式，在教学实践中创造出新的教学模式，并在实践中因时因人因地制宜地采用多样的教学模式，为社会输送大量的有用之才。

专业教育与人文教育融合　推进创新人才培养

任宗哲　任保平[①]

大学教育的任务具有二重性,既要教书,培养学生的专业知识;又要育人,培养具有创新精神和综合素质的创新人才。在现实的大学教育中,有一种现象是,由于专业分得太细,重视专业教育,急于培养有用之材,忽视认识人文教育。造成教书与育人不同步,通过加强专业科学教育,撒出了大量的"龙种",但是缺乏人文教育的沃土,结果收回的是"跳蚤"。培养出来的学生虽然具有一定的知识、技术,但知识面窄,缺乏创新精神和批判精神,缺乏较深厚的素养和全面综合素质,只会被动地接受知识,而不会创造。真正的大学教育不仅仅包括专业教育,还包括以养成深厚的文化底蕴、科学的思维方式、人文关怀为内容的人文教育,它是一切创新精神的泉源。加强人文教育的基础地位,通过将人文教育与以科学价值取向为核心的专业教育相结合,来全面提高人才培养的质量,这是目前我国高校创新人才培养中亟待解决的问题。

一、高校创新人才培养中专业教育与人文教育的关系

创新人才的构成要素主要包括创新精神和创造力。创新精神主要表现为敢于提出问题和解决问题;创造力则表现为发现问题和解决问题的能力,创造力的核心内容是创造性思维。创新精神来自于人文教育,而创造力则来自于专业教育。因此,专业教育和人文教育是现代高等教育中两个不可分割的组成部分,也是高校创新人才培养中不可忽视的两个方面。

在高校创新人才培养中,专业教育与人文教育整合的本质内涵是二者有机的结合,相互交融、相互协调。大学教育本来是人的教育,但是现在我们在高等教育中重视专业教育,而忽视人文教育,不知不觉中放弃了"育人"的责任,消解了高等教育的本质,人的教育被忽略了,知识的教育、科学的教育、专业的教育被强化了。从这个意义上说,高等教育的本质特征就是它的人文性,人文教育是不可以从大学教育中抽出的,人文教育在大学教育中具有重要的基础性地位。在高等教育中,专业教育与人文教育是相互促进的,相互结合的:

一方面,专业教育与人文教育的关系体现了高校成才教育与成人教育的关系。专业科学教育是成才教育,以改造自然、促进物质财富增长和社会发展为目的,向大学生传授科学技术知

[①] 任宗哲:西北大学原副校长,现任陕西省委副秘书长、省委党史研究室主任,教授;任保平:西北大学中国西部经济发展研究院院长,教授。该文原载《中国高等教育》2009 年第 Z3 期。

识，开发大学生的智力的教育，它体现的主要是以社会发展需要为标准的教育价值观；人文教育是成人教育，指对大学生所进行的旨在促进其人性境界提升、理想人格塑造以及个人与社会价值实现的教育，其实质是人性教育，它以大学生个体的心性完善为最高目标，体现的主要是以个人发展需要为标准的教育价值观。其核心是涵养人文精神，在根本上体现出高等教育的本质与理想。

另一方面，专业教育与人文教育的关系体现了科学取向与人文取向的关系，他们是科学化的人文教育和人文化的科学教育的有机结合，它力图使科学人文化，使人文建立在科学的基础之上，以人的全面发展为最高目标，以科学的发展作为基础和实现目标的手段。专业教育体现了科学取向，其最基本的功能就是培养大学生的创新能力和实践能力。人文教育的核心功能是教育大学生学会做人，以提高大学生对社会关系、人际关系、物我关系的认识和处理能力，引导大学生形成一定的人生观、道德观、价值观、审美观等为目的的教育，是对大学生所进行的旨在促进其人性境界提升、理想人格塑造以及个人与社会价值实现的教育。

一段时间以来，在高校人才培养中，由于在思想、观念上对人文教育的重视不够，很大程度上把大学教育等同于专业教育。它们始终坚持大学教育的任务就是教好专业，人文素质培养可有可无，造成了大学教育中人文精神与科学精神培养的割裂，以及教育与育人不同步。这样培养出的大学生难免存在综合素质偏低、人文修养欠缺、地理和历史基础薄弱、道德修养差、美育观念模糊等缺陷，缺乏创新精神、批判精神和思想理性，造成了成人教育和成才教育的割裂。当前国际激烈的竞争，不仅体现在科学技术和经济实力上，也体现在国民的文化底蕴上、创新精神上。现代科学的发展一方面使原有学科分工越来越细，研究越来越专业化，新兴学科不断涌现；但另一方面，科学的高度综合使得各门自然科学之间、自然科学与人文科学之间互相渗透、互相交叉，这就要求我们在大学创新人才培养中要加强人文教育。

人的主体结构包括理性因素及非理性因素，人的全面发展应该是理性与非理性的共同发展。人的理性需要科学教育来培养，科学教育主要是传授科学知识和技能，培养人的科学素养和科学精神。人的非理性部分则需要人文教育来熏陶，通过人文教育，可以使学生拥有美好的精神世界，养成良好的品德、兴趣和爱好，最终学会做人。因此，只有实现专业教育与人文教育的有机结合，才能实现大学生的全面发展，才能提高创新人才培养的质量。

二、高校创新人才培养中人文教育的重点

当前，一些高校过窄的专业教育、过分的功利主义色彩容易导致大学教育的片面发展和人文精神的滑坡。人文教育的缺失，导致了大学教育中教书与育人的不同步。因此，在高校的人才培养中，必须重视人文教育和专业教育的结合，在高校专业教育的基础上加强人文教育。人文教育的重要目的在于使大学生经由大学教育，能够抵制纯粹功利的职业取向，克服狭隘的专业意识，从细小的专业分支中走出来。当前高校创新人才培养中人文教育的重点在于：

1. 创新意识的教育

创新人才培养的关键在于创新精神和创造能力的培养，创新精神通过人文教育来培养，创

造力则通过专业教育来培养。传统大学教学拘泥于传授知识，而创新教育是以培养人的创新精神和创新能力为基本价值取向的教育，创新教育中的创新是指通过对学生施以教育和影响，使他们作为一个独立的个体，能够善于发现和认识有意义的新知识、新事物、新方法，掌握其中蕴含的基本规律，并具备相应的能力，为将来成为创新型人才奠定全面的素质基础。创新教育不仅仅是教育方法的改革或教育内容的增减，而是教育功能上的重新定位，是带有全面性、结构性的教育革新和教育发展的价值追求的变革。大学教育功能的重新定位需要将专业教育与人文教育有机结合起来，通过专业教育培养创造力，通过人文教育培养创造意识。创造意识是驱使个体进行创造行为的心理动机，没有创造意识的人不可能进行创造和发明。创造意识是指主动地想去创造的欲望和自觉性。培养创造意识主要就是能够保持好奇心，增强积极性、主动性、建设性，以及对问题的敏感性，发展探究性等个性品质，来激发创造动机，培育创造兴趣，产生创造热情，形成创造习惯。

2. 科学批判精神的教育

科学的创新是从质疑和批判开始的，创新人才培养不可忽视科学批判精神的教育。科学批判精神是指在批判活动中所体现出来的反思意识，对权威的反抗、否定意识和勇于创新的精神。这种反思表现为辩证的否定和对话。是对人类实践活动的自我否定、自我超越本性的理论表征。是对已有的文明主动积极地进行合理怀疑和理性反思的精神，这种批判精神蕴含着极大的勇气、胆识和力量，展示了主体的自主性、自觉性和能动性。科学批判精神是创新的前提基础，如果没有批判精神，人们只能被动地接受已有的知识和文明成果，难以形成创新。当代大学教育忽视这种批判精神的培养，重视接受，忽视质疑和批判，制约了创造力的形成和培养。因此，在专业教育的基础上，需要加强人文教育培养批判精神。

3. 道德意识的教育

道德意识教育即对学生进行道德理想、道德原则、道德规则的教育，激励大学生的高尚行为，指导学生的正确行为，约束学生的不良行为。道德意识教育包含理想、原则、规则层次的道德教育。道德理想教育即运用道德倡议形式激励学生的高尚行为；道德原则教育即运用道德倡议形式指导学生的正确行为；道德规则教育即运用道德指令形式约束学生的不良行为。从道德意识教育任务的角度说，道德意识教育包括发展学生的道德认识、陶冶学生的道德情感、培养学生的道德行为习惯等三个相互联系的方面。当前人文教育中的道德教育重在培养学生的道德判断力和道德敏感性。道德判断力即运用一定的道德标准对一定的事件或行为进行对与错、当与不当的判断的能力；道德敏感性即敏锐地感知、理解和体察自己、他人及社群的情感、需要和利益的能力。

4. 人的个性教育

人的个性是由体力、智力、思想、情感、意志、性格等构成的复杂的整合体，个性是当心理发展到能够由它来支配自己的行动和活动程度时才显示出来。个性有其十分丰富的内涵，包括诸如社会性、自主性、完整性、独特性、稳定性和可变性等众多特点。任何教育活动都对学生的个性产生影响，这种影响包括积极的和消极的两个方面，有些影响是自觉的，有些是盲目的。并非任何一种教育活动都能使学生的个性得到积极健康发展,有的教育活动使学生的个性发展受到压抑。人文教育中提倡的个性教育,则是有意识地形成受教育者积极的个性,使受教育者的个性得到积极、充分、自由的发展。人文教育中个性教育的根本任务是培养受教育者的自主性、独特性、创造性以及个性的完整性。实施有针对性的教育,发展学生的独特性。长期以来,我们的教育统得过死,从教育目的、制度到课程、教材、教育的形式、方法无不强求一律,结果培养出来的学生似乎是一个模式铸造出来的,压抑了学生个性的发展。事实上,人与人是不同的,就性格来说,也有极大的差异。不同的性格特征要求有不同的教育形式、方法,要反对片面强调整齐划一的倾向。在教育中既要有丰富多彩的课程及各具特色的教材,也要有多样化的教学模式和个别化的教学方法,通过实施有针对性的教育,发展学生的独特性。

5. 综合素质的教育

综合素质的教育,并非仅仅指一种知识上的所谓"通才"的教育,而是指知的教育、意的教育和情的教育兼备的人性教育的系统工程。在今天,对综合素质教育的强调,不仅是对教育本来宗旨的澄清,而且也作为对现代日益流行的唯知主义教育取向的纠拨,从而体现出教育的人文精神。综合素质教育期望通过教育把一定社会的政治准则、思想观念、道德规范、法律规范和心理品质的要求内化为大学生个体的政治素质、思想素质、道德素质、法律素质和心理品质素质。综合素质的教育要通过开设带有探索性、研究性的实验课、实习课、综合性作业等,培养学生的合作创新能力,将科学实践、社会实践和科学思维与大学的教学过程紧密结合,提高学生求知、分析、综合与理解的能力,以及运用已有知识提出和解决实际问题的能力,德、智、体、美、能各方面都得到发展。

三、高校创新人才培养中人文教育与专业教育融合的基本途径

专业教育与人文教育的结合是当今大学教育的发展趋势,也是当今社会发展对大学教育提出的客观要求。大学应树立专业教育与人文教育结合的教育理念,并在理论和实践中不断探索。只有这样,大学教育才能培养出高质量的创新型人才。因此,在高校创新人才的培养中,需要加强专业教育和人文教育的结合,推进人文精神和科学精神的结合,努力实现人文教育与专业教育相融合、理论与实践相融合、课内与课外相结合,将先进的教学改革成果固化到培养方案之中,力求形成课程结构合理、课程内容先进、选课机制灵活的先进课程体系,从知识传授式教育向培养学生认知能力的研究型教育方式转变。专业教育与人文教育的融合的基本途径有:

1. 转变思想观念,确立创造教育的主旋律意识

要做到专业教育与人文教育的融合,必须确立创造教育的主旋律意识。与传统的教育观念相比,创造性教育不仅强调知识的积累,而且更强调不断拓宽知识面、优化知识结构;不仅强调培养学生的各种能力,而且更强调创造力的培养。因此,专业教育与人文教育的融合必须进行从观念到实践的变革,要从民族振兴的高度来认识推进创造教育的重要性和紧迫性,真正把培养学生的创造性作为教育的基本目标。专业教育和人文教育是现代高等教育中两个不可分裂

的组成部分，专业教育与人文教育整合的本质内涵是二者有机的结合，相互交融、相互协调，其整合不应有固定的模式，应以创新教育为目标，打破学科间的人为壁垒，增强学科间的关联性，这种整合是高校全面推进素质教育的有效途径。

2. 改进人才培养模式，推行研究型教学

要做到专业教育与人文教育的融合，还必须改进人才培养模式，推行研究型教学。在人才培养模式上，要坚持知识传播和能力培养并举，并加强学生综合素质的培养。一方面要进行专业方面的改革，要由强调"对口性"转向为"适应性"，实行宽口径的专业教育，把单一的专业教学体系改为包容文、史、哲、艺和自然科学等基础知识的综合教学体系；另一方面要在课程建设方面进行改革，要改变人文教育和专业教育分离的局面，强调综合性基础知识的教学。在教学方式方面，要改变"知识继承型"和"单向灌输型"的传统教学方式，提倡并推行研究型教学，注重参与式教学，注重实践、创新能力的培养，使学生能够适应不断变化的外部环境。在考核制度方面，改革考试制度，培养学生创造个性的发展。针对信息化时代的特点，现代教育考试手段应注重考核学生捕获、处理信息的能力和创新能力，既要考学生的基本知识，更要考他们运用科学知识和方法解决问题的能力。把学生发现问题、提出问题、分析问题和发明创造的能力也按一定比例计入总分，以激励学生开发自身的潜能，培养学生创造个性的发展。

3. 加强综合素质教育，构建开发创新潜能的知识框架和价值理念

要做到专业教育与人文教育的融合，需要加强综合素质教育，构建开发创新潜能的知识框架和价值理念。创新人才的培养应该着眼于人的全面发展，注重知识积累、能力培养、人格修炼与个性发展，其核心是培养创造性人才。适应素质教育的要求，要做到专业教育与人文教育的融合，应克服目前高校教育中普遍存在的功利导向过重、过分强调共性的弊端，并建立相应的机制，拓宽专业口径、优化教学手段，实现全面发展与人的个性化的统一、知识传播与知识选择和创新的统一。总之，要做到专业教育与人文教育的融合，应当是以德育为前提条件，以能力素质培养为中心，体育、美育、劳技教育、心理教育、创造科学和其他素质教育为基本内容的有机整体，从而使学生既通过专业教育受到系统的创造思维和创造技能的教育，以构建具备开发创新潜能的知识框架，同时又通过人文教育受到创新意识的培养，构建开发创新潜能的价值理念。

4. 加强社会实践，营造专业教育与人文教育融合的环境

营造专业教育与人文教育融合的环境，教育者应侧重从时间和空间、硬环境和软环境等方面加以设计，其关键是要突破传统的灌输式教学。在时间上，给学生以更多的自主学习的条件和权利，以获得宽松的学习环境，拓宽个性发展的时间范围；在空间上，应积极发挥学生社团活动、校园科技文化建设和社会实践等载体的功能，为学生提供发挥特长、展示个性和创造力的舞台，使其在开放的环境下培养自己的创造能力。在硬环境建设上，要积极推进以教育网络化和信息化为主要内容的设备现代化进程，为学生获得和运用信息资源提供先进的手段，充分拓展创造性思维，开辟创造性得以发挥的新领域；在软环境建设上，则注重建立和谐的人际关系，营造自由的学术氛围，为专业教育与人文教育的融合创造十分有利的外部环境。

立足原著与方法论教学两大支点
夯实经济学人才培养基础
——兼论后改革时代中国经济学教育的使命与创新

白永秀　任保平　吴振磊[①]

后改革时代经济学专业要求学生掌握扎实的理论基础和现代经济学的分析方法,具有较强研究和创新能力。因此,经济学专业在人才培养中要立足原著教学与方法论教学两大支点,夯实经济学人才培养基础:一是加强原著教学,让学生牢固掌握马克思主义经济学和现代经济学的基本理论,为他们提供思想源泉,夯实创新的理论基础;二是加强现代经济学方法训练,使学生能运用数量分析方法开展经济学分析,夯实创新的方法论基础。

一、后改革时代经济学教育背景的变化

后改革时代中国经济发展需要实现一系列的转型,改革的主题由"发展"转向"和谐",改革的性质由对生产关系的调整转变为对生产力结构的调整,改革的任务由建立市场经济体制时期的"分离化"转变为完善市场经济体制时期的"一体化",改革的途径由"市场化"转变为"市场—计划"一体化。这些转型使后改革时代中国经济学教育的对象和面临的现实背景发生了变化。

1. 经济学教育对象发生了巨大的变化

后改革时代的来临使经济学教育的对象发生了巨大的变化,当前大学教育的对象是"90后"的新生代。"90后"新生代的优点:一是观念新,接受新事物快,与国际接轨程度高;二是知识面宽,掌握的资料多;三是信息化意识与技能强,新技术运用水平高。"90后"新生代的缺点:一是在单一环境中成长,缺乏社会实践,对中国社会现实缺乏了解;二是受社会和家庭的溺爱,吃苦精神不够;三是大学教育环境的开放性,导致"90后"大学生受到的诱惑越来越多,读书越来越不专一。"90后"的大学生被动听课多,主动读书少;被动接受多,主动

[①] 白永秀:西北大学经济管理学院教授;任保平:西北大学中国西部经济发展研究院院长,教授;吴振磊:西北大学副校长,教授。该文原载《中国大学教学》2011年第9期。

思考少，缺乏思想深度；应用现代教学设备多，动手与文字表达能力差。

2. 经济学教育环境发生了变化

后改革时代不仅教育对象发生了巨大变化，而且经济学教育面临的环境也发生了巨大变化，使中国经济学教育面临新的现实问题。

第一，后改革时代是价值观念多元化的时代。改革开放以来，人们的价值观发生了急剧而深刻的变化。商品经济自身的开放性、竞争性、求利性、盲目性，引起了人们价值观念与行为的嬗变，产生了多元并存的价值观。如本位观念、竞争观念、求利观念、功利观念、金钱至上观念、享乐主义观念等等。价值观念多元化来自于利益主体的多元化。进入后改革时代，多种经济成分并存之下的多种利益主体进一步发生分化，人与人之间、人与社会之间、集团与集团之间的利益调整、变化与重构，引起了人们价值观念的变化、冲突与失衡。价值观念多元化给经济学教育带来了严重挑战，导致教育短期行为严重，忽视理论教育。

第二，后改革时代是缺乏思想创新的时代。从社会大背景看，由于市场经济追逐利益，整个社会形成了强烈的物质主义倾向，人们更注重实际。表现在经济学教育上，就是过于重视技能与专业知识教育，而忽视人文思想教育，经济学教育进入到一个缺乏思想创新的时代：一是对现代科学技术知识普遍掌握，而缺乏思想理念，形成了整个社会"有知识、没文化"的现象。二是强调技术性、专业性教育，而忽视基础理论教育，造成了大学教育"有技术、没理论"的现象。三是重视方法、技巧，强调模型构建、数据分析、计量分析，而忽视经济学基础理论与思想教育，导致经济学教育"有方法、没思想"的后果。

第三，后改革时代是大学功能模糊的时代。在后改革时代，大学越来越成为一种"国家机构""公共服务机构"和"就业培训机构"。而回归本源，大学功能应当主要是人才培养、科学研究、推动社会经济发展。面对大学创造知识、培养大师的功能越来越退化的形势，必须对大学进行"瘦身运动"，剥离强加在大学上的一些附属功能。

二、后改革时代中国经济学教育的使命

我们认为，后改革时代中国经济学教育的使命是培养具有先进理念、良好心态、优良品德、优秀素质、卓越才能、创新理念的专家学者型优秀人才、企业家型优秀人才、社会组织领导型优秀人才。

1. 人才类型及其标准

第一类型：具有创新理念的专家学者（表1）。经济学专业首先要培养专家学者型人才，也就是要培养经济学家。专家学者型的优秀人才的培养标准应该包括学术品格、知识结构、学术能力、创新思维等四个方面：

表 1 专家学者型人才的培养标准

学术品格	道德；正义；爱心；激情；良知；社会责任；敬业精神；奉献精神
知识结构	经济学专业知识；数学与其他自然科学知识；哲学、历史、文化等人文科学知识；经济与社会知识
学术能力	观察能力；分析能力；创造能力；表达能力（口头表达与书面表达）
创新思维	形成新理念；创建新理论；提出新方案；做出新决策；发明新技术

第二类型：具有创新精神与思想的企业家（表2）。经济学专业不仅要培养理论研究型人才，而且要培养具有较高理论素养的应用型拔尖人才，在我国现阶段特别要注重培养具有创新型理论素养、创新精神、创新思想的企业家。

表 2 企业家型人才的培养标准

先进观念	市场经济本质观念；市场经济一般观念；现代市场经济观念
良好素质	理论素质；专业素质；心理素质；身体素质
企业家精神	创业与创新精神；敬业精神；奉献精神
经营能力	经营决策能力；开拓创新能力；市场分析能力；财务分析能力；工作效率能力

第三类型：具有创新思想的各类社会组织的领导人（表3）。后改革时代的到来为我国经济社会发展带来了一系列新矛盾与新问题，社会管理显得十分重要。针对这一要求，经济专业要注重培养各类社会组织的领导人，强化社会管理与服务。

表 3 社会组织领导型人才的培养标准

道德水准	团结协作的胸怀；宽以待人的修养；谦虚谨慎的态度
政治觉悟	政治立场；政治观点；政治品质
专业水平	经济学专业知识素质和业务技能
人文修养	正确的世界观和科学的方法论
心理素质	坚定的信心；坚强的毅力；顽强的意志；果断的性格；豁达乐观的心胸

2. 优秀人才素质的构成

从经济学优秀人才培养的基本定位出发，经济学专业优秀人才的素质包括以下几方面：

第一，先进观念。经济学专业优秀人才首先要适应知识经济和后改革时代的特征，树立先进的思想观念，而先进思想观念的基本要求是实行观念创新，观念创新是一切创新的前提和条件。经济学优秀人才应该具有市场经济的创新观念、自主观念、竞争观念、利益观念、差别观念、动态观念及交际观念等。

第二，诚实品德。经济学专业优秀人才，不论是将来从事学术研究工作，还是从事经济与其他方面的管理工作，都必须具备高度的社会责任以及诚实的品德、敬业精神和奉献精神。

第三，良好素质。后改革时代的特点要求经济学专业的优秀人才应该具备思想道德素质、经济学专业素质、心理素质、身体素质、审美素质、管理技能素质等基本素质。第四，卓越能力。经济学专业优秀人才要具有创新思维能力、抽象思维能力、逻辑思维能力、文字表达能力、口头表达能力、交际能力、组织协调能力、操作能力。

3. 理论素质的决定性

在各种素质中最重要的是理论素质。只有具有理论素质，才能增强理性思维以及运用理论观察、分析和处理问题的能力。理论素质决定于三个难度，思想有深度、理论有高度、胸怀和视野有广度。

理论素质源于认真研读与思考，特别是对经典著作的研读。大学生的理论素质需要通过原著教学来提高，原著是思想的来源与启迪。同时，有了理论素质还需要表达出来，表达是技术问题、方法问题。因此，经济学教育使命的完成，必须抓好原著教学和方法论教学。

三、后改革时代经济学教育的两大支点

从后改革时代的特征出发，顺应经济学学科发展趋势，为了实现后改革时代中国经济学教育的使命，并结合西北大学经济学教育的经验，后改革时代经济学教育必须抓好两大支点：

1. 加强原著教学

经济学原著的范畴包括马克思主义经济学经典著作、经济思想史上的经典著作、与经济学相关的其他经典著作。原著教学要引导学生认真研读经济学经典著作，开展课堂讨论，把握原著内容的精神实质，并联系现实经济问题进行理解和分析。通过原著教学，重点讲授部分经典名著，培养学生阅读经济学著作的能力，从而达到巩固经济学专业知识的目的，为培养学生的经济学理论素质打下基础，为后改革时代的经济学人才提供思想源泉。

西北大学经济学教育长期以来一直强调原著教学，包括以下三点：

第一，《资本论》教学与研究。长期以来坚持在本科生、硕士生和博士生中开设《资本论》课程，在经济学专业的培养方案中把《资本论》作为核心课程。经过常年实践，初步形成了老中青相结合的教学团队从事《资本论》教学，在教学中积极引导学生把《资本论》与社会主义市场经济的现实相结合。

第二，"影响世界的 20 位经济学家思想述评"的教学与研究。从经济学说史上选择了 20 位经济学家，包括亚当·斯密、威廉·配第、马歇尔、李嘉图、马尔萨斯、马克思、熊彼特、约翰·穆勒、弗里德曼、斯蒂格利茨、诺斯、舒尔茨等，从经济学家的成长经历、代表著作、学术思想、思想评价等四个方面进行介绍，由 10 多位教师共同完成这门课程的教学，每位讲授 1~2 名经济学家。在多年讲授的基础上，2010 年出版了《影响世界的 20 位经济学家思想述评》（中国经济出版社，2010）。

第三，经济学专业相关原著的教学与研究。开设了"经济学名著导读"（双语课），选择了

《资本论》以外的马克思主义经济学原著和西方经济学前沿性的一些名著名篇，进行教学。同时，在学生中开展了"经典细读"的读书活动，引导学生阅读名著，促进学生理论素养的提高。

在原著教学方面，我们的体会有两点：

第一，原著教学是全体经济学教师的基本功。一方面，我们认为熟悉原著既是经济学教师的基本功，也是经济学教师的责任，所有的经济学教师都必须讲授经济学原著；另一方面，全体教师熟悉与讲授马克思主义经济学与西方经济学原著，对学生既是一种导向，又是一种教育；既可以提高经济学教学的思想性，又可以提高学生学习的积极性。

第二，原著教学要突出三性。一是突出原著性（教与学都要用原著，不能把参考资料当原著），体现原汁原味。二是突出现实性，理论与实践结合，针对中国现实经济问题，调动学生学习的积极性。三是突出系统性，原著的选择要反映经济学的发展历史和经济学理论的发展脉络，反映经济学发展的规律和趋势。

2. 加强方法论教学

通过原著教学提高了学生的思想性，还必须在思想性的基础上加强研究方法的教育与训练。经济学的研究方法包括思想方法、逻辑方法和技术方法。思想方法是培养学生如何观察和思考问题；逻辑方法是培养学生如何把思想结果表达出来；技术方法是培养学生如何论证自己的观点与思想。

西北大学经济学方法论教育从两个方面开展：

第一，加强方法论课程教学。在经济学专业开设了"经济学方法论""社会调查方法""计量经济学""数理经济学"等课程，加强现代经济学的方法教育。

第二，举办现代经济学理论与方法创新论坛。从2004年开始，设立以基地班学生为主体，面向经济学专业本科生、硕士生和博士生的互动式与开放式相结合的"现代经济学理论与方法创新论坛"。由知名教授、学院教师、研究生、经济专业本科学生讲授自己的最新研究成果，并开展互动式研讨，每两周一次，迄今已坚持8年，举办116次，结集出版论文集7本。

在方法论教学方面，我们的体会有两点：

第一，方法论课程是经济学专业的核心课。方法论教学也是经济学教师的基本功，是引导学生把通过原著教学得到的思想，表达出来的一种具体途径。因此，全体经济学教师都应熟悉现代经济学方法论，经济学方法论课程应该成为经济学专业的核心课程。

第二，方法论教学应突出两性。一是现代性，应该让学生明白并掌握现代经济学的思想方法和具体研究方法。二是国际性，应该让学生掌握国际通用的经济学研究方法。

综合性大学与创新人才培养
——西北大学的教育实践

方光华[①]

创新人才培养是国内外高校不断追求和探索的永恒主题。如何才能培养出创新人才,不同类型的大学会有不同的回答。作为西部地区最早的综合性大学,西北大学在创新人才培养方面进行了百余年的探索。根据我们的初步体会,综合性大学培养创新型人才,需要构建逻辑严密的学科专业体系、传授特色化的知识和技能、着力陶冶学生的文化情操与品格。

一、构建逻辑严密的学科专业体系

一所综合性大学办得成功不成功,首先要看学校的学科框架是否合理。合理的学科框架对人才的成长具有基本的"塑造"作用。

西北大学的前身——陕西大学堂在成立之初,就提出要培养"博古通今,适于世用"的"庠序通才"。在抗战时期,学校进一步明确了"发扬民族精神、融合世界思想、肩负建设西北之重任"的办学远景,提出要培养"能治学、治世、治人、创业之通才与专才"。它朴素地表达了西北大学始终立足西部,传承文明,融会新知,培养融会贯通、全面发展,既能治学、又能经世的人才的云水胸襟。

以融汇中外优秀文化成果,更好地培养会通人才作为学科专业建设的宗旨,我校着力构建以人文社会科学、理学为主、以工科为辅的学科专业体系,力求体现学科专业的内在逻辑和学科交叉特色。现有 19 个学院,设置 74 个本科专业。有 19 个博士学位授权一级学科,39 个硕士学位授权一级学科,以及工商管理硕士(含EMBA)、公共管理硕士、工程硕士等 16 个专业学位授权。在学校的学科群落中,人文社会科学和理学是学校的核心。目前拥有的 7 个国家人才培养基地、13 个国家特色专业、4 个国家实验教学示范中心,绝大部分都归属于人文社会科学和理学。

我校对于学科的建设有自己的独立理解。例如历史学科,它是我校的传统优势学科。原来包含历史学专业,设立于 1937 年,考古学专业,成立于 1956 年,文物保护技术专业,设立于

[①] 方光华:西北大学原校长,现任陕西省副省长、省工商联主席,教授。该文原载《中国大学教学》2011 年第 10 期。

1989 年。其中历史学、考古学招收文科学生，文物保护技术专业招收理科学生。目前已经分设历史学院和文化遗产学院两个学院。我们认为，历史学的发展将包括历史、考古与文化遗产保护科学。这种理解与最近颁发的国务院学科目录也不完全相同。新的学科目录将历史学分为中国史、外国史、考古学三个一级学科，有一定道理，但我们认为，通过历史学、考古学所认识的中国的、外国的文化遗产，不管是物质的还是精神的，都有一个保护问题。而文化遗产的保护，既需要有对文化遗产的价值认知，也需要专门化的技术手段，还需要有展示和管理规范。为此，我校率先对文化遗产学科进行摸索，建成了文化遗产研究、文化遗产保护技术、文化遗产管理与展示三位一体的文化遗产学科体系。经过多年发展，目前，文化遗产学科拥有的"文化遗产研究与保护技术实验室"已经成为教育部重点实验室，"文化遗产保护技术实验教学中心"获批国家级实验示范中心。西北地区文物系统业务人员中，西北大学毕业生占大多数，在我国西部、特别是西北地区的文化遗产研究、保护和人才培养方面，该学科作出了重要贡献。

有一定历史的综合性大学一般都是在文理学科方面有比较雄厚的基础，在学科专业建设过程中，难免会遇到学校人才培养的基础性特征与国家和区域发展对专业技能型人才的迫切需求的矛盾，而技能型人才培养最迅速的途径是工科。西北大学成建制的工科只有化工学院，是否需要大力发展工科，一度成为学校讨论的热点话题。经过仔细思考，大家认为，与其新建工科，不如在巩固基础学科专业特色的同时，加强专业的交叉融合，突出学科专业的应用性。

例如我校的生物学科，创建于 1924 年，是我国高校中创建最早的生物学科之一，1937 年设立生物学系，2000 年组建为生命科学学院。学院最早的专业为植物学、动物学、微生物学。现在设有生物科学、中药学、生物技术 3 个本科专业。其中生物科学涵盖原有的植物学、动物学、微生物学，增加了生物化学、细胞生物学、分子生物学、生态学等新内容。中药学突出学院在植物学方面的积累，注重植物药用价值与功能的开发，将教学内容聚焦到中药生产、检验、流通、使用和研究与开发领域，旨在培养从事中药鉴定、新药开发、生物制药等工作的科学技术人才。生命科学与技术专业更是着眼于现代生物技术的理论和技能、具有创新、创业和经营能力，培养能够灵活应用现代生物工程和技术，进行基础研究和应用开发研究的复合型人才。这样的学科专业框架既顾及学院人才培养的传统，同时又着眼学科发展的应用趋势，寓应用于基础，目前发展势头良好。生物科学专业是国家理科基础科学研究与人才培养基地，生物技术和生物医药专业是国家生命科学与技术人才培养基地，中药学专业被评为国家级特色专业。学院已成为西北地区培养生命科学与技术高层次人才的重要基地。

综合性大学的工科，也只有走自己独特的发展道路，否则难以与行业性高校相抗衡。例如，我校的化工学科，原先偏重精细化工与化学工艺，过程装备与控制专业还是国家特色专业。近年来，针对我国日益突出的能源供需矛盾、极不合理的能源结构、较为低下的能源利用效率、大量化石能源消费造成的严重环境污染等问题，结合地方区域，尤其是陕北煤油等多种能源开发深加工的需求，我们将学科重点逐渐转向了"能源的高效转化与化工利用""能源开发利用过程中的环境保护""能源转化利用、环境保护相关的新材料开发"等三方面，形成了契合陕西省能源经济发展需求的新兴特色学科。2009 年 6 月，陕西省政府依托我校组建了"陕西能源化工研究院"。该学科坚持开门办学，积极为陕北能源化工基地建设培养实用人才，已成为陕西省在能源转化与化工利用方面不可或缺的智力与技术支持力量。

综合性大学需要具备理性调整学科专业结构和创新学科专业的能力。在西北大学的办学历史中，石油地质、药用植物、文物保护技术等20多个学科专业，都是针对陕西和西部地区的人才需求，在全国率先设立的。只有这样，才能构建较为完整的人才培养体系，为创新人才培养打下坚实的基础。

二、传授特色化的知识和技能

有了逻辑严密的学科专业框架，也不一定能培养出高素质的创新人才。还需要夯实专业基础，凸显专业特色，给学生传授具有特色的专业知识和技能。

西北大学特别重视专业教育与科学研究特色相结合，力求给学生传授特色化的知识和技能。例如我校的经济学科，设有经济学（含数理经济学）、财政学、金融学、统计学、国际经济与贸易等专业，专业名字与其他学校的经济学教育没有太大的区别，但紧密联系西部大开发展开经济学专业教育，是我校经济学教育的主要特色。我校的政治经济学是国家重点学科，理论经济学、应用经济学有博士后科研流动站，中国西部经济发展研究中心是教育部人文社科重点研究基地。学院面向国民经济建设主战场，紧密结合中国经济改革和西部经济发展中出现的新问题和实践需要，进行了深入的理论探索研究，取得了丰硕的成果。

又如我校的地质学和生命科学的专业教育，紧密联系秦岭山脉的相关研究展开。我校地质学科早在20世纪80年代就开始致力于秦岭造山带形成和演化等方面的研究。张国伟教授开发整理了秦岭造山带研究方面具有典型意义的"秦岭大剖面"，深受国内外地学界的关注。我校的生物学科抓住秦岭动植物资源的多样性特点，长期关注秦岭动植物资源的研究、保护与开发。胡正海教授重点研究西北地区经济植物的发育解剖学和被子植物的比较形态学，在植物的分泌结构、异常机构及药用植物发育解剖领域中取得重大进展。李宝国教授在秦岭腹地建立了我国第一个金丝猴野外研究基地，并在金丝猴种群研究方面取得了一系列国内首创的研究成果。由于鲜明的资源特色和较为丰硕的研究成果，我校地质学科成为一级学科国家重点学科，矿产普查与勘探、植物学成为二级学科国家重点学科，并建设了大陆动力学国家重点实验室、国家微检测工程技术中心、西部资源生物和现代生物技术教育部重点实验室，先后获得国家自然科学奖等一系列成果与荣誉。

我校的地理学科紧密结合渭河综合治理研究展开。长期以来，我校充分发挥在区域可持续发展研究、人口—资源—环境系统耦合等方面形成的研究传统，对以渭河为主轴的关中板块主体功能区进行了科学规划，主持完成的《陕西省主体功能区规划》提出了以渭河、关中环境保护为前提，发展高新技术为主的新思路。针对渭河流域污染严重的现状，该学科牵头制定了"渭河水污染防治与水资源开发利用规划"，进一步明确了关中、渭河总体治理的核心理念，成为陕西省政府治理渭河的行动纲领，推动了地方经济的可持续发展。

在现代大学教育中，学生获取学科专业的普遍性知识，主要通过学科和专业公共基础性课程。但这些普遍性的学科专业知识要在学生心灵中生根发芽，要转化成为学生的基本能力，离不开基于学校科学研究、有一定深度的感性实践。多年来，我校在学科专业基础课程建设方面，注意构建体系化的课程体系，力求既关注学科专业历史传统、又关注学科专业发展前沿，同时，又依托科学研究特色，在专业教育中力求体现我校知识和技能传授的特色，做了一些探索，产生了较好的效果，得到了国内同行的高度认可。

三、用传统文化陶冶学生的情操与品格

综合性大学有学科交叉的基本优势，但如何将这种优势转化为学生的情操与品格培养方面的特点，也不是一件容易的事情。我们认为，大学最根本的教育理念是文化育人，应该坚持以本民族和世界其他民族的优秀文化成果教育学生，使学生对文化的传承创新有深刻的感受，培育学生的文化责任与文化情操。

近年来，西北大学主要通过凝练并坚持核心教育理念、突出科学精神与人文精神教育的融合、加强文化领域重大问题的科学研究等办法，在陶冶学生的文化情操与品格方面进行了一些实践。例如，为更好地将科学文化知识转化成为学生的智慧和德性，我校已经在13个学科门类实行淡化专业界限、拓宽专业口径的大类招生，加强国家和省级实验教学示范中心、野外教学实习基地和社会实践场所的建设力度，强化实践教学环节，并将选修课程的学分提高到总学分的25%，力求尊重和兼顾不同学生多样性学习要求，激发学生的科学创造力。

在众多的尝试中，用传统文化陶冶学生的情操与品格，让源远流长的优秀传统文化成为大学生的内在动力，已经成为学校人才培养的优良传统。

在20世纪80年代，学校就意识到传统文化是当代大学生道德和理性力量的深厚源泉，在大学生中开设"可爱的祖国"系列讲座，并在1993年组织撰写了《中国传统文化》一书，系统介绍中国哲学、道德、宗教、文物、教育、书法、绘画、医药与养生、饮食、建筑各方面的基本知识，并将传统文化的基本精神概括为"人文"精神"自然"精神"对偶"精神"会通"精神。随着1995年大学文化素质教育理念的提出，以及1999年中共中央、国务院《关于深化教育改革全面推进素质教育的决定》的发布，我校的传统文化教育得到深化，中国传统文化与大学生文化素质教育的联系也得到了更加清晰的论述。大家认识到，文化素质是知识与能力的总汇，与民族传统文化具有紧密的内在联系。传统文化的价值观、道德观和行为准则可以为大学生确定人生信念提供参考；传统文化精神上追求"天人合一"，政治上崇尚"礼乐教化"，文化上主张"和而不同"，为大学生判断世界文明的发展方向提供了参照。青少年和大学生了解一些优秀传统文化，他们的责任感和使命感将会更加强烈，他们的现代化眼光将会越加深邃。对于如何在大学生和青少年中进行祖国优秀传统文化教育，也形成了许多深刻的见地。如传统文化教育必须服从文化发展的内在规律，必须立足于与现代化的深刻联系。传统文化教材要善于处理文化精神与文化内涵的关系，既要有对传统文化所包含的主要理论命题的深入浅出的分析，又要有对传统文化各个方面的全面介绍。传统文化教育需要调动学生参与的积极性，要加强扩充性教学资源建设等等。

目前，我校的中国传统文化教育在陶冶学生情操与品格方面形成了自身的特色，在创新人才培养方面发挥着举足轻重的作用。首先，作为由 6 门子课程组成的全校系列选修课，中国传统文化课程按每学期 2~3 门滚动开设。其次，大学生课程的设置，已基本形成一个有机整体，它主要包括中国传统文化概论：结合中国传统文化的丰富内涵，选择最有代表性的相关内容，进行专题介绍和提炼总结，力求使学生对中国传统文化有整体认识；中国哲学精神：介绍中国古代哲学及其现代发展概况，重点介绍中国哲学在天道与人道、历史与现实、主体与境界等方面的探索历程和成果，力争使学生对中国传统文化的灵魂有所领悟；中国历史精神：在吸收史学研究成果基础上，介绍中国历史发展脉络及其近现代走向，揭示中国政治、经济、军事、民族关系、对外交流、学术文化等主要历史内涵的特点；中国思想文化：将思想史与文化史结合起来，介绍中国历史上各学派的思想，揭示中国思想史发展的历程及其对文化发展的推动作用；中国宗教文化：立足青年人对信念的渴求，以科学的态度和方法，介绍历史上的宗教思想概况，探索宗教与政治、哲学、科学、道德、法律、文学、艺术的密切联系，揭示中国宗教的人文特点；传统文化与现代化：立足先进文化建设的理论需要，介绍传统思想文化的相关内容，并有针对性地进行中西对比，发掘传统文化的现代意义。配合传统文化教育，先后出版了《中国传统文化》《中华人文精神》《中国思想史》《中国思想文化史》《中国历史 15 讲》等多种教材，这些教材为我校中国传统文化的教学提供了有力支撑。

胡锦涛同志在庆祝清华大学建校 100 周年大会上的讲话中指出：我国高等教育要实现人才培养、科学研究、社会服务和文化传承创新的全面提升。在论述"全面提高高等教育质量，必须大力推进文化传承创新"时，他说："作为优秀文化传承的重要载体和思想文化创新的重要源泉，大学要大力推进文化传承创新。这是高等教育思想和大学职能的新发展，是新时期我国高等教育与时俱进极其重要的新任务。"我校的中国传统文化教育，将随着对高等教育功能认识的升华而得到进一步升华。

创新人才培养的逻辑及其大学教育转型

姚聪莉　任保平[①]

著名的"钱学森之问"——"为什么我们的学校总是培养不出杰出人才？"提出了中国教育事业发展的一道艰深命题，需要整个教育界乃至社会各界共同破解。国家教育规划纲要明确提出了高等教育的发展任务：牢固确立人才培养在高校工作中的中心地位，着力培养信念执着、品德优良、知识丰富、本领过硬的高素质专门人才和拔尖创新人才。"钱学森之问"、教育发展纲要的强调，使创新人才培养、教学质量成为热议的话题，但是这只是创新人才培养的现实呼唤，要使大学能够实现创新人才培养目标，还必须进行创新人才培养的逻辑追问。市场有市场的逻辑，政府有政府的逻辑，大学有大学的逻辑，那么，创新人才培养是否也应该有其独特的逻辑，本文拟就此做一些探讨。

一、创新人才培养的逻辑追问

目前大学在创新人才培养上处于探索阶段，尚未形成成熟的模式或一定的范式，因此没有经验可谈，只能进行创新人才培养的逻辑追问。创新人才培养的基本逻辑应该是人文教育与专业教育的有机结合。专业教育是成才教育，人文教育是成人教育，二者共同构成创新人才培养的基本内容。而创新人才培养的逻辑是创新精神和创新能力的逻辑。创新精神是创新人才培养的逻辑起点，创新精神形成创新意愿，是创新人才培养的充分条件；创造力解决创新能力问题，是创新人才培养的必要条件。创新人才的培养就是造就在创新精神的支配下，发挥创新能力，从事创新活动的人的教育过程。具体过程如图所示：

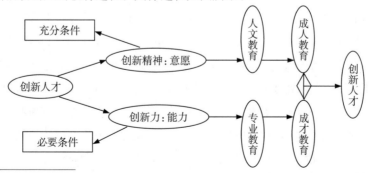

[①] 姚聪莉：西北大学高等教育研究中心主任，教授；任保平：西北大学中国西部经济发展研究院院长，教授。该文原载《中国高等教育》2012年第7期。

在《国家中长期教育改革和发展规划纲要（2010—2020 年）》中，关于人才培养体制改革，明确提出要更新人才培养观念，创新人才培养模式，目的是提高人才培养水平。目前我国人才总体水平与其他先进国家相比，仍存在着较大差距，这主要表现在高层次创新人才的匮乏以及人才创新能力的不足。根据《教育发展规划纲要》，未来十年人才建设的主要任务之一就是突出培养造就创新型科技人才，并且提出到 2020 年研发人员的总量达到 380 万人，高层次创新型科技人才总量达到 4 万人左右，并要求探索和推行创新型教育的方式与方法，突出培养学生的科学精神、创造性思维和创新精神。

二、创新人才培养的逻辑体现

创新人才培养的逻辑不受经济的逻辑、政治的逻辑的影响，主要体现在培养目标、培养内容、培养过程、培养体系等几个方面。

1. 培养目标上的逻辑体现——从培养对象的同质性与异质性出发构建目标逻辑

创新人才的培养应从培养对象的同质性与异质性出发构建目标逻辑，根据学生的不同情况和特点设置人才培养的目标规格。同质性教育是将一般智力的学生培养成为合格的专门人才；一般异质性教育是对智力超群的学生通过拓展知识视野培养成为复合型人才。我们当前的教育就是这两种，对于智力超群的学生没有发挥提拔的作用，所以应该在同质性教育和一般异质性教育之外，发展一种特殊异质性教育，对智力超群的学生实行特殊的个别培养，为其成为优秀的创新人才打下坚实的基础。因此，必须树立多元人才观，改变过去那种统一教学计划、统一教材、统一学制、统一管理的整齐划一的人才培养模式，采取灵活多样的培养方式，实施个性化教育。

个性化教育，是指以学生为本，注重学生个性发展，因材施教。个性是创新思维产生的基础，是创造力的核心。只有个性得到发展，才能形成创新。因此，要树立个性化教育思想，注重个性与个体潜能上的挖掘和培养，使每个学生都能实现其独特的价值。发展个性，是现代教育的一个重要标志，坚持以学生为本和个性化的培养原则，是培养创新人才行之有效的重要途径。

2. 培养内容上的逻辑体现——专业教育与人文教育相结合

大学教育的任务具有二重性，既要教书，培养学生的专业知识，又要育人，培养具有创新精神和综合素养的人才。二者缺一不可，但长期以来，我国大学教育一直以知识为本位，忽视培育能力、涵养品性。其实，教育是在传承文明、引领未来、雕刻心灵、诠释生命。因此，基于大学培养创新人才的历史担当，在教育观念上，要把以知识为本，立足于灌输知识转变为以人为本，立足于培育学生创新能力，让学生成为学习的主人，促进学生整体素质的提高。

真正的大学教育应将专业教育和人文教育相结合，人文教育是一切创新精神的来源，可以使学生养成深厚的文化底蕴、科学的思维方式、增进彼此之间的人文关怀。在高校创新人才培养中，专业教育与人文教育应实现有机结合，相互促进和协调。专业教育是成才教育，其最基本的功能就是培养大学生的创新能力和实践能力；人文教育是成人教育，核心功能是教育大学生学会做人，以提高大学生对社会关系、人际关系、物我关系的认识和处理能力，引导大学生形成一定的人生观、道德观、价值观、审美观，是对大学生所进行的旨在促进其人性境界提升、理想人格塑造以及个人与社会价值实现的教育。

专业教育与人文教育的结合是当今社会发展对大学提出的客观要求，也是大学发展的必然趋势。专业教育与人文教育的结合主要包括以下几个基本途径：第一，树立创造性教育的思想观念。与传统的教育观念不同，创造性教育不仅强调知识的积累，而且更强调不断拓宽知识面，优化知识结构；不仅强调培养学生的各种能力，而且更强调创造力的培养。专业教育与人文教育有机结合，相互交融协调，打破学科间的壁垒，全面推进素质教育。第二，提倡并推行研究型教学，注重实践和创新能力的培养，加强综合素质教育。在人才培养模式上，加强学生综合素质的培养，注重知识积累、能力培养、人格修炼与个性发展，坚持知识和能力的双重考核。第三，突破传统灌输式教育，营造专业教育与人文教育融合的环境。在时间、空间方面，为学生创造更多自主学习的条件，拓宽个性发展的范围。同时，加强硬软环境的建设，积极推进设备现代化的进程，营造自由的学术氛围。

3. 培养过程上的逻辑体现——激活学生的创造性潜能和创新的主动性以及对新知识的敏感性

创新型人才培养要求教师以自身的创新意识、创新精神以及创新行动和实践，在学生无惑时引惑，有惑时探惑。教师必须更新教学观念，始终把培养学生的探索精神、综合能力、创新意识和创新能力作为教学的主旨，尊重学生，建立民主、平等的师生关系，开展创造性教学活动，营造民主、宽松的研讨氛围，使学生在良好的教学氛围中互相学习、大胆交流、共同提高。同时，对学生的评价要激发学生独立思考，尊重并鼓励学生的创新意识和创新精神。通过师生间教学互动、思想交流、情感沟通、人格碰撞，将教师的专业知识、人生经验、科学思维方法、创新人格传授给学生，引导学生自觉地发现问题。

4. 培养体系上的逻辑体现——形成课程教学、实践教学和课外培养三大创新人才教育体系

创新人才培养体系是一种开放性、创造型的人才培养体系。创新人才培养体系开展的教学活动是一种面向社会、面向实践、面向生活的多层次、全方位开放的人才培养活动。它在教学活动中不仅让学生"学懂""学会"，而且还用"懂学""会学"来回答学习上"如何学"的问题。它在强调继承与适应的同时，强调创造与发展，注重培养学生的创造思维、创新精神和创造能力。是一种理论与实践相结合，以学生的智力开发和能力提高作为学习知识的目的的创造型教学实践活动。

通过课程内容的整合和扩展，形成课程教学、实践教学和课外培养三大创新人才教育体系，把创新教育思想贯穿于教育教学的全过程。课程教学培养基本的知识素质，实践教学培养基本的能力素质，课外培养、学科的交叉培养创新素质。

三、基于创新人才培养逻辑的大学教育转型

高校的创新教育、创新型人才培养之所以在今天引起更大的关注，这是我国经济社会发展

新阶段、建设创新型国家的迫切需要,是我国高等教育向更高层次迈进的重要标志,是高校提高教育教学质量、全面推进素质教育的突破口。高校要主动适应经济社会发展对人才创新能力的新要求,更新教育教学观念,遵循创新型人才成长规律,明确实施创新教育的基本原则,构建实施创新教育的体系,把学生创新精神和创新能力的培养融于人才培养的全过程,落实到教育教学的各环节。

面对大学创造知识、培养大师的功能越来越退化的形势,以及教育对象和教育环境的变化,从创新人才培养的逻辑出发,大学教育模式如同企业的商业模式一样需要转型。"转型"意指事物的结构形态、运行模式与人的观念的根本性转变过程。转型主体的不同状态及其与周围客观环境的适应程度,决定了转型内容与方向的多样化。转型是一个主动求新求变的创新过程。

1. 人才培养目标的转型——选拔创新人才培养的对象

当前大学培养方案是统一的,班级是固定的,这无疑扼杀了一部分拔尖学生的个性,违背了因材施教的教育原则。培养创新型人才,迎合时代的需求,满足社会的发展,大学教育需要从同质性教育向异质性教育转型。在实施通识教育的基础上,进行个性化培养,尤其是对智力超群的学生,需要重点挖掘其个体潜能,实现独特的价值,造就优秀的创新型人才。

2. 人才培养内容的转型——从片面的专业教育向多学科交叉融合的复合式教育转型

首先,拓宽专业。按照社会主义市场经济的需要,进一步拓宽专业口径,调整、改造、重组现有专业,增强专业适应性。其次,改革教学内容和课程体系。改变过去教学内容划分过细,各门课程过分强调各自的系统性、完整性的状况,加强不同学科之间的交叉和融合方式,推进教学内容、教学手段的现代化。(1)课程内容的改革。选择知识的标准应从"有用"转向"有效"。在确立了这一指导思想后,我们认为大学课程的具体内容应该包括:专业课程,人文、社会课程,科学方法论课程,现代信息技术,工具类课程和实践课程。(2)课程体系的三个转变。"认同性"课程转向"创造性"课程,主要特征是学生在课业学习过程中的创新意识、态度及创造性地掌握与创造性地解决问题能力的培养;"专业化"课程转向"综合化"课程,综合化课程一般采取两种形式,一种是有内在联系的不同学科的内容糅合在一起而形成一门新的学科,叫做融合课程,如科学与人文的融合;一种是合并数门相临学科的内容形成的综合性课程,叫做广域课程;"统一化"课程转向"多样化"课程,要培养学生的个性,就应尽可能开设较多的课程,除了最基本的知识实行必修课外,应实现真正意义上的选修课。为了保证学生合理的知识结构,可以实行模块式课程,将选修科目分成几个较大的模块,每个模块占一定的比例,这样既保证学生形成比较系统、完整的知识结构,又可以满足学生个性发展的需要。

3. 教学方式的转型——从单项式灌输教育向双向互动式教育转型

探索新的能激发学生创新思维的教学方式方法是创新教育的根本保证。这就要做到相互联系的"三个结合":一是教师的积极性、主动性与学生的积极性、主动性相结合。提高课堂教学质量,首要的是调动学习主体的学习积极性、主动性,激发学生的求知欲和好奇心,使他们由不假思索地被动接受知识转变为自觉地对新事物的思考和对新知识的执着追求。二是传授知识与培养学生探索未知的能力相结合。教师不仅要向学生传授前人已有的知识和理论,而且要向学生传授知识和理论获得的过程及规律，使学生在接受前人知识的基础上，焕发出更多、更大的"本质力量"，从而投入到创造新的科学知识、探索新的科学理论的活动中去。三是学生的全面发展与个性发展相结合。全面发展与个性发展是辩证统一的，全面发展是个性发展的基础，个性发展是全面发展的核心，没有个性发展的全面发展很难说是真正的全面发展，而没有全面发展的个性发展则可能是畸形发展。这就要求我们在注重学生全面发展的同时尊重学生的个性，培养教育对象独立的人格意志、鲜明的个性特点，使人的主观能动反映机能得以充分发挥，从而帮助学生养成独立发现问题、思考问题、解决问题的良好习惯。为此，最根本的是必须摒弃那种要求所有的学生用同样的答案来回答相同的问题，使学生的思维永远处于一种不敢超越前人思维范式的传统考试方式，探索能激发学生独立思考和创新思维能力的、多样化的考试方法。

4. 教学模式的转型——从知识传授型的教学模式向为提高学生创新思维和适应社会发展能力的研究型教学模式转型

创新思维是创新能力的核心组成部分，优秀的创新人才具有良好的素质也是得益于具有较强的创新思维能力。创新思维是指有创见的思维，它不仅能揭示事物的本质，而且能在此基础上提出新的、具有社会价值的思维成果。创新思维不是单独存在的一种思维方式，而是多种思维结合的成果。因此，训练学生的创新思维，就应该训练有利于产生创新思维的思维方式，这是提高学生创新能力的关键。要从发散思维和聚合思维的结合中训练学生的抽象思维；要从直接体悟和灵感激发的结合中训练学生的灵感思维。在教学中要让学生多动手、多参与、多操作，鼓励学生一题多解、一问多答，勇于异想天开、标新立异。

5. 教学体系的转型——从单一的课程教学向多层次体系转型

第一，改进教学方式。积极实行启发式和讨论式教学，激发学生独立思考和创新的意识。课堂教学以研讨式教学为主，在研讨式教学中，师生共同研究、讨论和解决各种理论的或实践的问题。团体学习是主要的课堂组织形式，每个学生都要充分展示研究和解决问题的过程及结论，以开放的心态接受教师和同学的评论；同时聆听他人的研究过程和结论，坦率地发表自己的意见。这是一种观摩、学习、借鉴的创新学习过程，也是一种创新实践的过程。

第二，加强大学生课外的科学研究和发明创新活动。各科教学中的研讨活动往往局限在较狭窄的知识领域内，与当今大综合的研发实际有一定距离。加强大学生的课外科学研究和发明创新活动有利于打破课程界限，培养学生综合利用多学科知识解决理论与实践问题的能力。这类创新活动应纳入教学计划，提供必要的财力与物力支持，由科研能力强的教师指导。在研讨式教学和综合性的科学研究、发明创新活动中，学生在教师的指导下，在同学的激发下边干边学，体验创新活动的成败得失，有助于他们掌握创新的诀窍。创新的诀窍是难以通过阅读和听课来掌握的，在教师指导下边干边学是掌握诀窍的有效途径。

6. 教育制度的转型——从断裂式培养向贯通式培养转型

在我国的学位制度中，学士、硕士、博士的培养阶段基本是断裂式的，不适合快速培养创新型人才。贯通式培养即本硕博连读模式有其明显的优势：培养目的明确，周期短，课程设置连贯而不重复，学术的传承性强且学生基础扎实。本硕博连读模式是近年来高校探索创新型人才培养模式的重要实践。在西方发达国家，本硕博连读几乎已成为通用模式，得到了广泛的认同和借鉴。

如何有效地实施本硕博连读培养模式，是值得认真思考和谨慎实践的问题。既要发挥这种模式的强基础、重能力、促创新的优势，又不能拔苗助长、急功近利。需要在模式构建、贯通培养计划、突出创新能力培养及科学管理等方面作艰苦细致的探索与实践，逐步探索出一条真正培养高层次、学术研究型创新人才的成功之路。

第一，高校应调整人才培养格局，实行"本—硕—博"连读长学制培养体制。本科阶段强化通识教育基础、加强实践创新能力培养、开展专业领域初步训练，硕士阶段强化学科基础和研究开发训练，博士阶段强化深入研究和创新发明，本硕博培养统筹优化，有机衔接。教学过程必须从知识的传授型向创新意识的激发型转变，以培养学生的能力为目标，加强基础，突出实践。以终身教育思想为指导，进行课程的整合和重组，加强课程之间的有机联系，避免课程重复，实现课程的模块化、系列化。

第二，强化创新理念，贯通本科和研究生教学计划。把科研创新能力的培养贯穿人才培养的全过程，培养计划充分体现了精英教育的理念，实行个性化管理，鼓励学生个性化发展。

第三，打造创新平台，培养学生的实践创新能力。在本硕博连读模式教学中强化实践教学环节，重点培养学生的实践能力，在完成课堂教学的同时，注重培养学生的自学能力、知识综合运用能力和创新开拓能力。营造学术自由的氛围，搭建创新平台，鼓励学生参与科研创新的活动。

第四，采用科学的教学方法，建立科学的管理机制。改革教学方法，充分调动学生的积极性和主动性，采用启发式和讨论式教学。培养学生的综合能力，使学生具有较为扎实的理论基础和从事专业工作的能力。建立科学的管理制度，保障本硕博连读培养模式的有序实施。例如可以建立教学督导制度，通过教学准备阶段的指导、教学过程的监控、教学结果的评价和反馈，全程监测课堂教学、实验指导和论文答辩等主要教学环节的运行情况，及时发现问题并给予指导，使教学秩序和教学质量有更坚实的保障。

提高认识 深化改革 确保人才培养质量

乔学光[①]

经过全校上下的共同努力，我校 2013 年教学工作会议隆重召开。这是一次贯彻党的十八大精神的会议，是一次贯彻落实国家教育发展规划纲要和教育部四号文件精神的一次重要会议，是一次能够表达和落实"西北大学之梦"的会议。

下面，我结合自己的教学管理经验和此次教学工作会议的主题，提出以下几点体会。

一、提高认识，巩固本科教学基础地位

高等教育承担着培养高级专门人才、发展科学技术文化、促进社会主义现代化建设的重大任务，而本科是大学生打基础的重要阶段，是高等教育的主体和基础，世界一流大学无不高度重视本科教学。耶鲁大学以对本科教育重视而著称，耶鲁强调自己的核心价值是注重本科教学质量，要求所有教授必须承担本科课程。哈佛大学第 25 任校长德里克·博克认为，本科院校是美国大学的基础和核心。牛津大学将育人功能置于大学的首位，科学研究服从且服务于人才培养。南京大学提出要集全校之力"办中国最好的本科教育"，实行"三三制"人才培养方案：第一个"三"是把本科教育分成三个阶段，第一阶段是通识教育阶段，一年级新生实施通识教育，二年级、三年级进入专业化培养阶段，四年级进入到多元化培养阶段；第二个"三"指的是多元化培养阶段中，学生需分为三个方向——专业化培养方向、复合人才培养方向、创新就业方向，分别针对愿意继续沿着本专业学习和深造的学生、想跨专业学习的学生，以及未来想创业的学生。可见，本科教学是提高整个高等教育质量的重点和关键。

本科教学工作是一项复杂的系统工程，我们始终要认识到，人才培养是学校的根本任务。高校承担着"人才培养、科学研究、社会服务、文化传承创新"四项主要任务，排在首位的就是人才培养，科学研究、社会服务、文化传承创新要服务于人才培养。同时，人才培养的质量又反过来影响着大学科学研究、社会服务和文化传承创新的能力。高等教育经历了数百年来的发展变化，其职能不断丰富和拓展，但培养能够承担社会责任、推动时代进步、满足经济社会发展需要的人才，始终是最重要的功能和根本任务。同时，我们还要认识到教学质量是学校的

[①] 乔学光：西北大学原党委书记，教授。本文节选自作者在西北大学 2013 年教学工作会议闭幕上的讲话，原载《西北大学报》2013 年 7 月 12 日。

生命线。国际化是高等教育发展的一个重要趋势,我们要走国际化的发展道路,那么人才培养质量的高低就是国际化道路能否走通的一个先决条件。同时,各个高校对优质教育资源的争夺也愈演愈烈。大家知道,今年的高考招生,陕西省扩大了第一批招生院校的数量,这更加剧了资源争夺的激烈程度,如果没有可靠的教育教学质量作为保证,想在优质生源的竞争中取胜是天方夜谭。因此,我们西北大学一定要狠抓教学质量不放松、不动摇。要把本科教学工作作为学校最基础、最根本的工作,领导精力、师资力量、资源配置、经费安排和工作评价都要体现以教学为中心,牢固树立人才培养的中心地位和本科教学的基础地位。

二、从严治学,狠抓教风学风建设

教风学风是大学文化的重要内容和核心,一切工作都要有利于校风学风的形成。校风学风也是反映学校办学水平、学科特色和体现学校品味及格调的重要标志。一所学校的教风学风随着学校的层次和水平有所区别,一般性的初级学校,校风学风无从谈起,以利益来驱动办学;中级层次学校的教风学风的形成依靠制度、文件和机械化的命令来形成,这样的教风学风没有生气和朝气;高级层次的教风学风是一种文化自觉,教风学风建设灵活的渗透到教学、科研和管理的各个领域,是一种自觉的文化行为。希望我们学校能够形成一个自觉的文化行为,形成一个严谨认真,有利于人才培养,经得起历史考验的校风学风。

教风学风建设是一个贯穿于从学生入学到学生离校的完整过程,不是一节课、一门课的表现,甚至要让学生毕业参加工作以后仍然表现出严谨求实的西北大学"风气"。优良的教风学风是学校创品牌、求生存、图发展的基础,是促进学生全面发展,是保证提高教学质量的重要条件。下一阶段,我们要继续狠抓教风学风建设,建立巩固教风学风建设的长效机制。

一是要坚持从严治学的原则。从目前学校教风学风的实际来看,不少问题出在少数教师对学生要求不够严格,行为不够规范,出现在学校的制度不够健全,执行不够到位,导向性发挥不够充分。因此,我们必须"严字当头",必须坚持一切从严的原则,完善教学管理制度,进一步强化管理,抓好教与学的重点层面和关键环节。

二是要建立齐抓共管、全员参与、常抓不懈的机制和氛围。教风学风建设是一个系统工程,涉及学校工作的各个方面,必须切实加强组织领导。院系和学校各职能部门要在教风学风建设中充分发挥其作用,各院系要将教风学风建设纳入年度工作计划,加强对教学过程的监控,加大教学检查力度,狠抓教学纪律,维护教学秩序。近些年,我们加大了青年教师的引进力度,对于这些青年教师,要从他们刚进校门起就抓好教风建设。

三、深化改革,确保人才培养质量的提高

一是要分析形势,更新理念,树立改革意识,明确改革目标。当前的改革改起来很难,一个重要原因在于很多人观念陈旧,对高等教育的形势和发展方向认识不清,没有改革的紧迫感和压力感,没有意识到改革是生存和发展的唯一途径,是提高人才培养质量的重要保证。针对这个问题,我们要加强学习,加强对形势的分析和评估,树立改革的意识和紧迫感。同时,我

们还要明确改革的目标和标准，如果我们的改革是为了解决部分老师没课上的问题，是为了方便有关职能部门的管理，那就是一种本末倒置的做法，这种改革一定是会失败的。一定要认识到学生的诉求和利益是学校改革的出发点，人才培养质量的提升才是学校改革的目标。

  二是要全员参与，科学规划，深入推动教育教学改革。学校最近已经在后勤、外事、资产等部门展开了力度较大的机构改革，接下来会进行深刻的教育教学改革。当然，任何改革都不能草率行事，学校会制定详细科学的规划，遵循事务发展的规律和实际校情，循序渐进地推进教育教学改革。同时，也要遵守分类改革的原则，根据学科的不同特点进行改革。教师是学校改革的依靠力量，改革的过程离不开老师们的参加和参与。改革是一个系统工程，是各个部门参与的协同工程，不是一个部门的单独行动。因此，我希望学校的职能部门、各院系、各位老师都能群策群力，来共同推动学校本科教学改革事业。

以计算思维为指导提升大学文科计算机教学质量

耿国华[①]

大学计算机基础教学,是培养信息时代大学生综合素质和创新能力不可或缺的重要环节。2012年5月,教育部高教司主持召开了"大学计算机课程改革研讨会",随后组织编制了《大学计算机课程改革项目指南》。由当时的教育部高等学校计算机基础课程教学指导委员会和高等学校文科计算机基础教学指导委员会(简称教指委)于2012年8月正式启动大学计算机课程改革项目的申报,教高司函〔2012〕188号文件正式公布批准"以计算思维为导向的大学计算机基础课程研究"等22个大学计算机课程改革项目,着力提升大学生信息素养和应用能力,推动以大学生计算思维能力培养为重点的大学计算机课程改革。

笔者作为项目领导小组成员参加《大学计算机课程改革项目指南》的编制工作。现结合主持大学文科计算机课程改革项目和精品资源共享课建设的改革实践,对以计算思维为导向的大学计算机基础课程建设问题,主要对文科计算机课程改革谈一些个人的理解与体会。

一、当代大学生文化素质教育的三要素

计算机基础教学是大学生文化素质教育的重要组成部分。当代大学生文化素质教育主要由三个要素构成。

(1)具备中华文化基础。中华文化是中华民族的血脉,建设中华民族共有精神家园,为人类文明进步做贡献是当代大学生肩负重任。中华文化是中华儿女的根,任何专业的学生,都应具备中华文化。

(2)掌握良好的专业文化。大学教育各专业都具有自身的专业特点、知识体系、研究方法、应用领域。大学生必须具备良好的本专业的文化知识,掌握本专业必备的基本技能。在信息时代,任何大学专业无一例外地都需要面对"信息核心技术与本专业的改革发展如何结合"这一现实问题。如何将信息技术应用于本专业已成为每个传统专业教育必须或迟或早需要解决的问题。

(3)理解计算文化内涵。随着社会的高度信息化和网络化,以计算机为核心的现代信息技

[①] 耿国华:国家级教学名师,西北大学信息科学与技术学院教授。该文原载《中国大学教学》2013年第10期。

术正在全方位地渗透到现代社会的各个领域，从而创造和形成了一系列的科学思想、科学方法、科学精神、价值标准等。人类社会的生存方式因计算机而发生变化，其产生的崭新文化形态极其深刻地影响着人们的思维、学习和工作方式。要求我们要适应社会变化需求，运用计算机技术、思想、方法去思考问题，解决问题，每个人都应该具备基本的计算文化素养。

中华文化、专业文化、计算文化，共同撑起了信息时代大学生的知识体系。

二、文科计算机教学改革提升动因

中国大学生人数位居世界第一，毛入学率达到30%以上。作为面向高校的大学计算机基础课程体系，面对97%以上非计算机专业的大学本科教育层次，是影响到培养德智体美全面发展、具有创新精神和实践能力的高级专门人才的信息素质培养教育。文科的学科门类占到所有学科门类一多半，文科大学生人数占到大学生人数的半数以上，作为文科大学生人才信息素质培养的计算机教学，其受众面宽、影响面广。文科文化底蕴深厚，思维活跃，更擅长形象思维，而现行的文科计算机基础课程内容侧重于具体工具的使用，教学内容由产品应用上升到技术思维方法，教学改革的任务非常艰巨。

1. 目前现状

计算机应用能力培养是"一体两翼"人才培养理念中重要的一翼。学科专业与信息技术相互结合、交叉渗透，生物信息学、电子商务、物联网、数字媒体等交叉新专业已成为现代科学发展的重要方面和新学科的生长点之一。理工、文科的计算机基础教指委已形成多版本《大学计算机教学要求》，建立了大学计算机教学的知识体系和课程体系，有力地指导了全国计算机基础的教学改革。

教学基本要求给出了大学各学科门类计算机教学的理论依据和开设课程的具体建议，为不同类型学校制订计算机教学计划提供指导，但由于教学要求的具体实施落实过程滞后，现行的计算机基础教学模式和课程体系缺乏有效解决有关计算思维能力培养的方法，与培养学生计算思维能力的要求还存在差距。课程教学中还普遍存在着"三多一少"（内容多、工具多、操作多、学时少）的状况，内容设置与社会需求匹配不够。具体体现为：

（1）目前的大学计算机课程教学中，有相当课程内容停留于产品级使用居多，属于"狭义工具论"的课程。只关注现有计算机工具产品及其使用方法，对信息技术快速发展、深层渗透当前社会需求的匹配程度不够。

（2）"浓缩版"的教材。基本上是有关领域的浓缩版导论，引导解决问题内容偏少，学生对大学计算机课程兴趣减弱。

（3）专业认可度降低。由于教学内容更新慢，校方对该课程作用认识受限，且因为学时紧，在制订新一轮教学计划调整时，双重因素致使计算机基础课学时普遍面临被裁减的危机。

（4）计算机基础课程设置单一。未能形成所在学校规范的"计算机基础+专业类别需求"的课程体系，计算机基础和专业应用脱节的矛盾突出。

存在问题与社会需求正是迫切需要我们进行计算机基础课程教学改革的直接动力。

2. 文科计算机教学目标

教指委《关于申报大学计算机课程改革项目的通知》中指出,大学计算机的教学总体目标要求是"普及计算机文化,培养专业应用能力,训练计算思维能力"。这既描绘了计算机基础的教学目标,又可看成计算文化、计算技术、计算思维三个递进层次。"普及计算机文化"使学生了解信息技术应用对人们生活、工作、学习方式所带来的变化和对学科专业与经济社会发展的巨大贡献与影响;"培养专业应用能力"使学生理解和掌握计算科学的基础知识、基本方法,掌握利用计算技术解决专业领域问题的思路和做法;"训练计算思维能力"要求培养学生掌握计算思维解决专业领域问题的能力。应用计算机改变了人们传统的思维方式和工作方式,培养学生掌握现代信息社会处理问题的科学方法,意义深远。

(1)理解目标。信息化社会是一个学习型社会,要培养学生成为掌握中华文化、专业文化、计算文化的高素质人才,计算机教育是其中的必备培养环节。大学生的信息素质教育需要强调数字化生存与数字化发展,使学生掌握获取信息、处理信息、发布信息的基础与能力。能够共享信息技术的新成果,并通过信息技术与专业结合应用,在信息化社会中求发展。对大学生实施计算机教学是素质教育的必需组成,现代计算机科学知识是大学生认识现代科学必需的基础,发展的计算机技术是大学生进入现代社会的必备手段与技能,良好的信息素质是大学生可持续发展的重要基础平台。

文科计算机教育应注重突出"四个一":训练一种思维方式——计算思维(具备使用计算机技术去解决问题的能力);存在一种环境——无处不在的计算(手机、电脑、课程、社会);掌握一类工具——和自己专业相关的工具;培养一代新人——掌握计算机文化、中华文化、专业文化的时代新人。

(2)适应需求。针对文科学生的计算机教育,强调"三个适应"的定位,即:

①适应教育层次与素质文化培养需求。小学、初中计算机教育以普及认识为主,高中的计算机教育以基本使用为主,但在大学教学内容突出问题是存在设置重叠(如教学内容都涉及计算机常规操作、常用的办公自动化系列软件使用等),内容深度有等同。大学阶段应讲方法,贯穿计算思维,适应素质培养的需求。

②适应学生专业培养需求。与中小学基础教育相对应的信息技术教育属普及教育;大学教育有了专业,且各专业与信息技术学科相互交叉渗透,其计算机教育属信息素质型,重心在培养信息技术与专业发展中的应用能力。

③适应社会发展与创新需求。个人对信息的获取与处理应用能力已成为文化素质的重要内容。个人的信息文化素养是社会中发展与创新过程中的个体细胞,能帮助人们运用计算机科学的基本概念求解问题、设计系统。回顾新技术发明对社会发展的影响可以发现,书写的发明解决了信息的存储(个人书写、记忆再现);印刷术的发明使信息大范围传播成为可能(个体书写、广泛传播);信息数字化改变了人类的思考方式,信息时代互联网的出现使信息记忆全球化成为现实(在网络上书写和阅读联为一体,通过搜索引擎实现信息即时在现),说明信息社会学生不仅应当使用传统图书馆资源,更要应用网络的数字图书馆获取信息。

（3）能力培养。要努力达到"三个增强"的能力培养目标，即：

①增强学生使用计算机的基本能力的培养。计算无处不在，学生使用计算机的能力已成为个人能力素养的重要部分。大学计算机课程应该培养学生使用计算机的基本素养，而不仅仅是使用某几种软件的能力。

②增强学生理解计算机系统、熟练专业应用能力的培养。计算机教育让学生掌握一类和自己专业相关的现代化工具，为专业学习、专业研究提供服务，计算机作为"工具"应能被自如地服务于专业需求。"工具"的自如运用需要学生对计算机系统的充分理解。大学计算机课程需要根据各专业体系的内在需求进行教学内容设置，从而体现对学生熟练进行计算机专业应用的要求。

③增强学生训练有素的计算思维能力的培养。计算思维是将问题形式化并提供解决方案的一个思维过程。大学计算机教育目标是增强学生主动运用计算机科学的基本概念，使用计算机技术分析问题、设计系统和解决实际问题的能力。

3. 已具备改革条件

（1）以陈国良院士为代表的一批科学界和教育界的专家学者长期关注、思考、指导大学计算机教学，对知识普及、能力培养、计算思维渗透已具备较成熟的顶层设计理念与实践，跨越突破，提升理念，已形成核心引领与指导。

（2）计算机基础教指委（理工、文科）已形成多版本《大学计算机教学要求》，文科计算机教学要求已有4版，计算机基础教学的系统要求初步确立，已逐步进入贯彻"计算思维"思想的课程内容体系建设阶段。

（3）2010年开始国内一些院校（C9联盟）已率先开始相关改革，积累实践，已出版了一批贯穿计算思维的计算机基础教学的教材及资源，进一步在全国范围内进行计算机教学改革的时机已基本成熟。

（4）为着力提升大学生信息素养和应用能力，推动以大学生计算思维能力培养为重点的大学计算机课程改革，教育部就有关大学计算机课程改革专门立项22个项目，分别从课程系统性规划研究、系列课程及教材建设两个层面对提升大学计算机教学展开探讨，已在全国形成对以计算思维为导向的计算机教学改革的有力推动。

三、对文科计算机教学改革的思考与探索

自2002年以来，担任十余年教育部高等学校文科计算机基础教学指导委员会副主任委员，参与了文科计算机教指委组织的对多所综合类、行业型（艺术、体育）院校的实地调研，我认为：

1. 应澄清对文科计算机教学的认识误区

（1）误区一：文科计算机教学比较简单，等于理工计算机课程的简单版。

提到文科计算机教学，流行的看法是简单，比理工的要求低。调研结果表明，鉴于文科门类宽，与社会联系紧密，享用信息化技术的要求更广，要求培养计算机应用的复合人才，从后

继课程设置角度上说比理工类更宽，如多媒体技术、数据管理技术、网络应用技术。也有程序设计开发类技术学习要求，如数据管理技术的学习深度未必低于理工类。

（2）误区二：文科计算机教学内容就是学办公软件。

目前对于文科计算机教学还存在与计算思维无关的认识误区。文科计算机教学不等同掌握办公软件，更重要的是学习收集处理发布信息的方法技术，学习信息技术与专业结合的能力。当然会使用计算机是必需的。

需要理解计算机能为专业的发展做什么。计算机的本质是"程序的机器"，不论是文科生还是理科生，对计算机程序一点也不了解，很难说他有很好的"信息素质"。程序设计的教学在文科计算机教学的程度要求不一，更注重理解在计算机平台是如何建模解决问题的。

（3）误区三：文科计算机教学就是成熟技术传授，无信息前沿技术引入。

文科计算机教学以计算机技术应用为特色的教育，不仅是成熟技术和流行技术的传授，更是交叉应用研究的前导基础。学科的交叉引入新的课程，授课教师来自多学科，交叉派生出新的专业，电子商务、数字媒体专业就是例证。领域专家提出的从表现到交互、三维输入处理输出技术的计算机应用课程理念，正是信息领域与艺术领域结合交叉的很好说明。用计算机技术、方法来表现和理解客观世界和主观意图，成为艺术的一种时尚。运用计算机技术，是时代对艺术类教学的要求。正如李政道博士指出"科学与技术的共同基础是人类的创造力，他们追求的目标是真理的普遍性"。

2. 内容更新是课程教学改革提升基础

课程内容体系需要从工具型内容为主更新为以计算思维导向为主。

（1）教学内容深度的把握。计算思维培养的内容顶层设计上，偏计算机科学导论的内容较多，需要考虑文科应用的需求和学科特点，分类指导。在内容定位上，应面向应用，提升体系，主辅分离。

（2）思维培养与应用能力培养的融合。针对文科学生的"三个增强"培养，计算思维并不应仅停留于理论层面，更应该是体现为"既能感受到、又能看得见、具体的计算思维"。与现在的计算机应用基础类的课程内容进行融合，从内容编排、体系结构方面渗透"计算思维"的本质特征，在了解基础理论、开阔视野领域、掌握应用能力的过程中培养文科学生"计算思维"能力。

（3）内容更新方式。课程内容体系贯穿理解计算机的基础理论、应用技术、开拓提高三个层面。

编排分基础篇、应用篇和提高篇，将"计算机导论"与"计算机基础"内容进行重组和融合。基础篇涵盖两大基础，一是计算理论基础（计算本质、计算工具、计算模型、计算复杂性、经典范例）；二是计算机系统基础（信息表示、硬件组成、软件系统）。应用篇围绕办公软件、网络应用、多媒体处理、数据库管理等计算机应用技术展开。提高篇着力于程序设计开发能力和将计算机前沿技术与应用结合的能力培养，以进一步激发学生将计算机新技术与专业需求应用结合的兴趣。

以主辅教材结构呈现相互联系，主教材用于课堂教学，辅教材用于机房教学，教授与实践相结合。

3. 教学改革应追求体系提升与师生认同并重

课程的改革提升应以教师认可、学生接受为前提。课程内容既体现出计算思维方法的引领，又能落实于具体实际，而非空对空的理论概述。

（1）教师的认同。课程内容的实施最终取决于教师，课程内容的理念及教材具体内容需要得到教师认同。文科计算机第一门课的教学，从教工具到教方法，上升到贯穿计算思维培养需要一个过程。面向计算思维的课程改革对教师提出更高要求，教师本身也需要对计算思维进行再学习，需要加强教师培训。在进行课程改革提升过程中，迫切需要引领示范的资源，示范者本身也需要在认识、方法等方面进行提升。

（2）学生的认可。文科门类众多、专业需求发散，学科体系差别较大，对具有理科性质和特点的"计算思维"知识的接受能力区别较大，难于趋同，需要在教学内容设计方面考虑学生的专业特点实施分类教学。传统的文科专业具有重定性、轻定量的特点，而计算机课程本身源于理工科专业，是进行定量计算的工具，课程中有关方法理论的提升内容方面，文科学生的接受会存在一定难度，教学过程中应该在教学方法、案例选取等方面创新，以减小学生对课程内容的接受难度。以实验指导方式满足学生的具体操作技能学习与培养的需求，又能同时满足等级考试类的备考要求，以此增加学生的认同感。

综合性大学开放课程建设的探索与实践

方光华[①]

本科教育是高等教育的主体，课程是本科教育的核心，是开展人才培养的主要抓手。在世界高等教育发展进程中，以课程教学为核心的教育教学改革推动了大学教育的变革与发展。因此，"重视本科教育，首先要重视本科课程的建设，以课程改革带动教育创新"。近年来，风靡全球的大学开放课程教育浪潮带来了国内课程改革的新契机，开放课程背景下的大学课程建设也变得任重而道远。

一、开放课程推动大学教学的重塑与发展

1. 开放课程冲击现有高等教育模式

自信息技术进入高等教育领域后，它已在教学方式方法等方面产生了深刻影响，如基于信息技术的多媒体教学、网络教学、数字化教学等，进一步扩大了教育资源的开放程度与普及效应。经过近十余年来的发展，教育信息化已然在国内高等教育界掀起了教育变革的狂潮，典型实例就是"慕课"的冲击。"慕课"是从英文 MOOC 音译过来的，学界冠之以"大规模在线开放课程"的英文简称，其始于 2011 年秋天，发端于美国。《纽约时报》报道时称这一事件为"慕课元年"。慕课现象在国内高等教育领域的出现，对大学已有教育体制产生了强烈的冲击与挑战，主要体现在对教学价值取向的影响和教学模式的冲击、对照本宣科和满堂灌等被动教学方式的挑战、对现行的教学评价方式的撼动、对高校人才交流与竞争的刺激更为频繁激烈以及对推动大学加快教育改革和提高教学质量的要求更为迫切等方面。面对慕课的出现，有学者指出："慕课带来的变化和冲击会越来越快，不以人的意志为转移，是信息技术革命的必然结果。"

2. 开放课程引导和推动高等教育重塑

课堂教学是创新人才培养的主阵地。现阶段，国内教育基本上仍停留在"黑板加粉笔"、照本宣科、满堂灌式的时代。纵观国内教育，往往是教师主动地教，而学生被动地接受学习的过程，学生的主体性和教师的主导性并没有很好地发挥。在这样的课堂教学机制下，知识传授效果欠佳，学生创新能力培养更无从谈及。由国外优质课程资源整合而成的"慕课"，对国内

[①] 方光华：西北大学原校长，现任陕西省副省长、省工商联主席，教授。该文原载《中国大学教学》2013年第12期。

高等教育既是挑战，又是整装待发的良好时机。在很多教育研究者看来，这是继印刷术发明以来教育领域最大的革新与改革，代表着未来教育的方向。一定程度上，"慕课"将重构教育发展的蓝图。从更为广域的视角出发，在遵循教育发展规律的前提下，开放课程建设正引领和推动着高等教育的重塑，并必将在教育教学理念、教学方式方法、学术课题研究、教学资源配置、教学管理体制等方面产生剧烈的变革。

3. 开放课程目标是提高教育质量

开放课程建设是高等教育发展的必然要求，是实现优质教育资源共享的现实选择。开放课程通过信息化教学平台与课堂教学的有机结合，在改变传统教学方式的同时，为学习者提供了更多的学习机会和兴趣选择。从国内开放课程建设模式来看，一方面，开放共享的课程资源打破了以往空间和时间上的壁垒，有利于发挥学生的学习自主性和积极性，为高等学校创新人才培养在体制机制方面的改革提供了契机。另一方面，现阶段的开放课程，基本上集中了国内各高校最为优质的课程教学资源，在一定程度上能够为不同类型高校实现教学资源的"找差补平"提供平台，提高教学效果。综合以上两个方面，开放课程是对传统课堂教学的良好补充，其最终目的和效用都是提高大学的教育教学质量。

二、综合性大学开放课程建设的路径探索

自国家精品开放课程建设工作启动后，各省级教育主管部门和高校也相继开展了相关工作，从硬件建设、软件开发、课程规划、视频制作等诸多方面进行建设和推进。西北大学依托综合性大学的优势与特色，通过实施"开放课程与通识课程相融通，网络教学与课堂教学相融通，素质教育与专业教育相融通"的建设思路，在开放课程建设方面进行了积极的探索与实践。目前，学校共有"中国传统文化""中国考古重大发现选讲""化石趣谈""数据结构""史前考古学""政治经济学"等六门课程入选国家级精品开放课程，获得了良好的社会反响。

1. 探索彰显综合性大学特色的开放课程体系

相对于单一学科类大学，综合性大学能够提供更为丰富多样的课程资源。西北大学是地处西部的综合性大学，现有84个本科专业，目前已形成以人文社会科学和理学为主、以工科为辅的学科专业体系，多样的学科门类促进了学校课程建设的多样化。在"十一五""质量工程"项目实施期间，学校建设了13门国家级精品课程，为精品开放课程建设奠定了坚实的基础。作为地方高校，在技术支持和经费有限的情况下，学校立足实际，集中力量建设能够凸显学校特色的精品开放课程。目前，我校有7个国家人才培养基地和13个国家特色专业，涵盖了历史、经济、文学、化学、物理、地质和生物等学科，其中不乏一些特色突出、在全国范围内有较大影响的学科专业。如史学、文学等学科长期致力于中国传统文化，尤其是陕西周秦汉唐文化的发掘整理，在"中国思想史""周秦汉唐文明""唐代文学"等方面享有较高的学术声誉；地质学在秦岭造山带形成和演化方面的研究，具有非常雄厚的专业基础，深受国内外学界的关注；经济学科紧密联系西部大开发与经济学专业教育，积极为西部经济社会发展尤其是在西部城乡经济社会一体化研究方面建言献策，得到了地方与国家的重视和社会的广泛关注；考古与

文化遗产学科积极探索西部文化与中国文明起源的关系以及丝绸之路的文明交往，形成了学校考古与文化遗产保护学科的重要特色。学校立足于自身优势，重点培育彰显西大特色、能够给学生传授特色化知识的课程，将有限的资源集中到真正能反映学校实力的课程上，培育和形成自身的核心竞争力。

2. 坚持开放课程与通识课程建设相融通

综合性大学通过文理工等多学科的整合教育给大学生提供丰富多彩的文化知识，开阔其文化视野，充实其文化底蕴，最终提高其综合素养，培养全面发展的高素质人才。国家精品开放课程建设要求中明确提出要充分发挥课程的辐射作用，扩大优质课程的共享面，组织建设一批文化素质教育网上通选课程，供全国本科院校学生选学。西北大学早在成立之初，就提出要培养"博古通今，适于世用"的"庠序通才"。从20世纪90年代开始，学校依托国家大学生文化素质教育基地，着力构建我校文化素质课程体系，目前已形成由历史与文化类、社会科学类、语言文学类、科学技术与工程类、宗教哲学及其他、心理学类、体育艺术与素质拓展类七大模块100多门课程组成的通识教育选修课程体系，积累了丰富的课程资源和建设经验。近年来，学校以精品开放课程建设为契机，提出要重点建设30门左右由著名教授主持、教学团队水平高、学生喜爱、终生受益、毕生难忘的校级品牌课程。同时，学校积极组织教师学习观摩国内外已上网的公开课程，在通识课程的基础上遴选推荐视频公开课程。我校"中国传统文化""中国考古重大发现选讲""化石趣谈"等课程都是多年面向全校学生开设的通识教育选修课程，其讲授内容和方式都得到了本校不同学科背景学生的充分肯定与认可。这些课程以"中国大学视频公开课"的形式在"爱课程"等网站上网，受到社会大众的广泛欢迎，反响强烈。此外，学校还依托优质网络教育资源，将国内外知名院校的名师名课作为通识教育选修课程的有益补充，进一步充实完善我校文化素质教育资源。目前，除了我校自主建设的课程外，还选取了南开大学"化学与社会"、哈佛大学"正义"、耶鲁大学"博弈论"、麻省理工学院"生物学导论"等课程供学生通过网络完成相关学习和修读计划，取得了良好的教学效果。

3. 坚持网络教学与课堂教学建设相融通

在"慕课"模式下，大学课程、课堂教学、学习进程、学生体验和师生互动过程等被完整、系统地在线实现，很多院校在网上提供课程乃至完整的学位培养计划，打破了大学的"象牙塔"，真正实现了教育资源的公平共享。与传统的视频开放课程相比，"慕课"的革命性在于强调学生对学习的体验和互动，巩固了学生的学习自主权。这种将网络教学与课堂教学相融通的教学方式是未来网络开放课程发展的必然趋势，也是提高网络课程质量的重要途径。随着慕课的兴起，国内许多地区和高校也在大力建设课程共享平台，如上海成立了专门机构积极推动30所成员高校的优质课程教学资源开发和共享，重庆大学发起成立东西部高校课程共享联盟，华中师范大学宣布未来3年内要将所有本科课程录制教学视频等。网络课堂和混合式课堂将成为该校的常规课堂。我校在开放课程建设过程中，出台了《西北大学通识教育选修课程（网上视频选修课程）管理办法》，将网络教学与课堂教学相融通，注重过程管理，确保学习质量。学校根据课程所属学科专业，以院系为单位组建课程教学团队，团队负责人必须为教授职称。

每学期开学第一周向学生公布网上视频选修课程名称、授课内容、教学团队、考核要求等相关信息，并组织学生选课。网上视频选修课程均采用自主学习方式，学生可根据自己的学习进度在规定的开放时间段内自行安排完成课程学习，学生在学习期间需按要求完成各项考核，按时间提交论文、作业等，网上视频选修课程学分计入通识课程总学分。通过一系列的改革，学校将以授课为主的开放课程与参与式、探讨式教学相结合，将线上授课与线下辅导相结合，加强学习过程考核。通过不同学科背景学生的学习与反馈，一方面在教学实践中逐步完善本校精品开放课程建设，促进课程质量的不断提高，为下一步在更大的平台上推广打下良好基础。另一方面也避免了网上视频课程"假学习，真娱乐"的现象，真正将国内外优质的教育资源为我所用。

三、对大学开放课程的理性认识与思考

大学开放课程建设是国家战略基础上的系统工程。与国外网络公开课相比，国内开放课程在教学设计、课堂互动、学习支持系统和使用效率等方面还有一定差距。因此，借鉴国外开放课程的成功经验，及时发现问题，建立我国开放课程发展的长效机制，显得尤为必要。

1. 发挥高校主体作用，推动开放课程持续发展

课程开放与共享是高等教育发展的必然趋势，也是向世界解读和传播中国文化的有效形式。《国家中长期教育改革和发展规划纲要（2010—2020年）》指出：要扩大教育开放，提升我国教育的国际地位、影响力和竞争力。精品开放课程的建设正是弘扬中华优秀文化，展示国人智慧，展现我国高等教育实力的有效途径。我国高校的开放课程刚刚起步，还需要更多高品质的课程向国内外开放，更好地发挥引领社会文化的大学使命。因此，做好我国开放课程优质教育资源的培育就势在必行。高校是开放课程建设的主体，为开放课程可持续发展提供课程资源。国家应为高校开放课程建设提供政策和资金技术支持，积极发挥高校在开放课程建设中的主体作用。开放意味着接纳与融入，兼容并包，吐故纳新，是教育进步的体现。通过开放与展示，有利于加强国际国内交流与合作，并使得各高校的授课质量和教学水平放在公开、透明的环境中供社会比较、评价，进而促进高校人才培养质量的提高。高校应积极转变观念，认识到开放课程所带来的挑战与机遇。在进行开放课程规划时，高校应立足于学校定位、类型和层次，探索体现学校优势和特色的课程体系，避免低水平重复，避免流于形式。

2. 提供政策支持与保障，提高教师参与积极性

现阶段，高校开放课程建设面临的困境是教学评价标准体系使得教师将大部分精力投入到科研工作中，教学地位的实际弱势和保障不力也使得教师不愿静下心来真正深入教学研究。开放课程建设的实际困境是，学校很难调动教师参与开放课程建设的主动性与积极性，课程负责人也很难调动课程团队参与的主动性和积极性，在一定程度上影响了开放课程建设质量与可持续发展。同时，课程团队成员缺乏对教学设计的必要培训。主讲教师对课程内容和课程资源关注度较高，但对影响开放课程效果的教学设计缺乏深入考虑。开放课程效果整体上仍不如人意，教学形式不够灵活，学生参与度比较低。事实上"教师需要得到专业化的教学设计师的帮

助,得到专业技术团队的支持""成功的网上课程开发最重要的不是经费,而是高水平的内容+教学设计技术"。要提高我国开放课程质量和课程效果,需改变我国现行的教师评价标准,使教师愿意付出时间和精力研究课程,并借鉴国外成功的网络公开课做法,为教学团队进行教学设计培训。通过尝试多样性的教学活动,激发学习者的学习兴趣,提高大学开放课程的吸引力。

3. 构建社会终身学习体系,提高开放课程使用效率

随着我国受教育人群的不断增多,社会大众已经建立起了一定的知识基础,对自身知识体系更新的愿望也在不断增强,终身学习理念被越来越多的人所接受。目前我国高校学习制度无法满足社会大众对知识体系更新的需求,开放课程正是顺应高等教育发展规律,实现教育公平和教育资源共享的举措。在建立有效的学习支持系统和平台来保障学习效果之外,还需为完成课程学习的学习者提供学分、学历和学位等学习资格认证。参加网络学习的学习者一部分是由于兴趣使然,其目的是为开拓视野、增长知识;另一部分由于就业、升职、加薪和学历提升等压力,其对学分、学历等也有一定的需求。"没有对学习者学习网络课程后希望能满足自己就业、晋职、加薪和学历提升等多种利益需求的政策激励设计,学习者仅凭个人兴趣学习难以坚持,学习者队伍也难以扩大。"因此,开放课程使学习者通过学习达到改善自身生活和工作条件的目标,是提高开放课程使用效率、建立民众终身学习体系的应有之举。

把握信息化趋势以教学信息化推动课程教学改革
——西北大学课程教学信息化探索与实践

王正斌　李剑利[①]

教学信息化是教学理念和教学模式的一场深刻变革,以信息化带动教育现代化是我国教育事业科学发展的重大战略任务。随着移动互联网的发展,移动应用对大学教育教学模式产生了重大影响,以移动、社交、云计算和大数据分析为代表的新一轮信息技术浪潮快速涌现,开始对传统教育教学模式形成前所未有的冲击。从大学自身来讲,应当高度重视并深刻理解信息技术对教育的重大影响,使信息化工作立足于人才培养这一根本任务,积极探索信息化对教育教学的影响,探索如何借助信息技术改变教学方式和学习方式,努力提高教育教学质量和人才培养质量。

一、西北大学教学信息化回顾

西北大学的教学信息化伴随信息技术的发展,大致经历了三个主要发展阶段。第一阶段是早期的电化教育直到20世纪90年代末的计算机多媒体教学,可以把它概括为多媒体教学时代,即利用多种媒体的优化组合改善课堂讲授的效果以改善教学。第二阶段是2000年左右计算机网络逐步普及以后的计算机网络辅助教学阶段,以网络教学平台的使用为代表,以精品课程建设为抓手,试图推进信息技术在教学中的深度应用。其核心特点是利用网络信息技术实现对教学过程的重构,探索有利于高素质创新人才培养的课程教学模式。第三阶段就是目前的信息技术与课程深度融合阶段,推进课程教学模式创新,改革人才培养模式。

在第一阶段,西北大学以历史系陈峰教授开发的"中国通史"、地质系于在平教授等开发的"地质学概论""鄂尔多斯盆地秦岭造山带野外地质素材库"为代表的一批优秀多媒体教材被应用于教学,并在全国取得较大的影响。在以网络辅助教学为特点的第二阶段,西北大学注重以信息化推进优质资源共享,利用开源软件着力搭建西北大学"网络教学平台"和"教学资源平台"。同时,利用信息化促进新型课程体系建设。"十二五"期间,学校依托"211工程"

[①] 王正斌:西北大学原副校长,教授;李剑利:西北大学实验室建设与管理处处长,教授。该文原载《中国大学教学》2016年第9期。

本科教学改革与人才培养专项经费支持，在校级"本科教学工程"项目中设立了课程建设与数字化教学资源建设计划。通过分批建设，共立项精品开放课程27门。通过校级开放课程的培育，我校33门课程获得省级"精品资源共享课"立项，18门课程获得"国家精品开放课程"立项，其中16门课程已全部完成建设并面向社会开放，其他课程正在积极建设并陆续上网。2014年，配合新一轮本科专业人才培养方案修订，学校还重点完成了全校83个本科专业共998门专业骨干课程的中英文介绍制订工作，进一步提升教育国际交流与合作水平。

此外，学校还依托优质网络教育资源，将国内外知名院校的名师名课作为通识教育选修课程的有益补充，进一步充实完善我校文化素质教育资源。目前，伴随技术的发展，一批如MOOC、微课、SPOC、个人空间等新型的教学模式，以及碎片化学习、移动学习、泛在学习、终身学习等学习理念，深刻影响了高等教育教学的发展，也提出了全球化和现代化等全新的发展需求，这要求我们全面审视、统筹布局，利用信息技术推进高等教育教学的深刻变革。

二、新形势下的挑战与思考

信息化进入新阶段，"互联网+"在改变甚至颠覆很多传统行业的成熟模式，催生出许多新业态、新模式。在新的形势下，西北大学在教学信息化方面进行了积极的探索与实践，并形成了以下四方面的认识。

1. 要从全球化、现代化、信息化的视角统筹规划高校教学信息化

信息技术发展带来的"慕课"现象的出现，对大学已有教育体制产生了强烈的冲击与挑战，主要体现在对教学价值取向的影响和教学模式的冲击、对照本宣科和满堂灌等被动教学方式的挑战、对现行的教学评价方式的撼动、对高校人才交流与竞争的刺激更为频繁激烈、对推动大学加快教育改革和提高教学质量的要求更为迫切。有学者指出："慕课带来的变化和冲击会越来越快，不以人的意志为转移，是信息技术革命的必然结果。"因此，我们需要立足高校国际化和现代化，用全球化学习的思维为未来重构大学办学模式统筹布局，做好铺垫。

2. 高校教学信息化的核心是课程体系建设与课程资源共享

课程教学是人才培养的基础与核心，教学信息化不能脱离课程。从20世纪90年代开始，学校依托国家大学生文化素质教育基地，着力构建我校文化素质课程体系。经过十余年的建设和完善，目前已形成由历史与文化类、社会科学类、语言文学类、科学技术与工程类、宗教哲学及其他、心理学类、体育艺术与素质拓展类七大模块100多门课程组成的通识教育选修课程体系，积累了丰富的课程资源和建设经验。对这些课程，以及我校长期积累的化石标本、生物标本、岩石标本、文物等资源进行数字化改造，进而与其他高校和全社会共享，一直是我们思考和探索的问题。学校决定加快利用信息技术实现教学模式变革，与兄弟院校合作与综合推进，实现资源共享。

3. 高校教学信息化关键在于激发广大教师的积极性，营造课改的良好氛围

教师是教学信息化的先行者和实践者，教师的教学观念转变和积极性调动，直接影响教学信息化的进程。因此，需要建立更为有效的政策支持、条件保障及教师工作和教师绩效评价体系，真正引导、激励教师投身教学改革，选择适合课程特点和自身特长的信息技术与所承担课程融合。

4. 高校教学信息化要逐步重构基于过程管理的教学评价体系

要依托网络教学平台建立对学生的学习评价和对教师的教学评价新机制。一方面，将学生全过程参与教学情况作为教师评价学生的重要内容，不再简单地以成绩论优劣，激发学生学习的主动性，提升学生的综合素质和创新能力；另一方面，将学生对教师的评价结果作为教师考核和学生选课的重要依据，激励教师不断开发优质资源，提高教学质量。

三、未来工作设想

1. 深化改革，推行开放课程教学实践

"十二五"期间，学校立项建设了一批精品开放课程与教学团队。下一步在"十三五"期间将加大投入，引导、推动已有课程与教学团队加快 MOOC 开发与建设，用于课程教学实践。这些课程将遵循"以生为主、以师为导"的新型教学理念，要求教师变"教学"为"导学"，引导学生变"听学"为"研学"。加快从"以教为中心向以学为中心""知识传授为主向能力培养为主""课堂学习为主向多种学习方式并行"转变，着力培养学生的学习主动性、能动性、独立性。结合传统课堂教学的优势，促进师生之间的学习互动，实现教育教学过程线上线下的有机互补。

2. 统筹规划，加快筹建全省人文社科 MOOC 中心

我校将按照省教育厅工作部署和有关要求，加快筹建陕西省人文社科 MOOC 中心。通过坚持"全面统筹、集中建设、订单开发"的原则，建成符合我省高校人文社科类课程教学需求和满足学生多元化学习的课程资源平台，解决课程资源共享、跨校选修、学分互认等问题，满足省内高校教学与人才培养的要求。我们的基本设想有：一是通过自主开发或竞标引进等方式，争取尽快建成 MOOC 中心平台，并接受省教育厅验收；二是参照国内主流课程联盟运行机制和经验，形成我省 MOOC 联盟合作协议、实施细则，并在主管部门的指导下成立联盟课程管理委员会；三是根据《教育部关于加强高等学校在线开放课程建设应用与管理的意见》及在线开放课程有关标准，形成我省人文社科类 MOOC 课程建设办法。希望兄弟学校作为课程建设或使用单位积极参与。

3. 三校联盟，促进校际间信息化教学资源共享

近期，学校联合西北工业大学和西安电子科技大学，推动三校间的优势教学资源互补与联合人才培养，在学生跨校选修、辅修双学位、学分互认等方面，已形成合作框架和实践方案。总体来讲，通过信息化促使三校联盟的形成，不但强化了信息化在教学优质资源共享、优势互补中作用的发挥，同时在人才培养的深度联合以及培养复合型、创新性人才方面，教学信息化更是开拓了一种新的合作办学模式。

4. 完善环境，切实推进信息技术与教学的深度融合

应用环境建设是教学信息化的基础条件。为了把教学应用落到实处，结合西北大学实际，我们将在"十三五"期间全面改造教室条件，把多媒体教学终端和网络通到每一间教室，实现全校教学场所无线网络全覆盖，构建校园泛在学习环境。另外，通过软件服务平台建设，构建教学资源管理与服务、课程组织与管理、学习过程跟踪与评价相结合的混合式教学支撑环境，探索实践创新性教学模式，真正促进信息技术与教学的深度融合。

5. 加强培训，提高教师信息化水平

校内培训和校外培训相结合。充分发挥学校教师发展中心的作用，开展信息化技术培训工作，强化教师在信息化环境下创新教学的能力，将信息技术全面融入教学之中。择优推荐教学名师、教学能手参加国内外高水平教学技术的培训和研讨会，鼓励他们主持或者参与在线课程建设，发挥名师引领作用，培育高水平精品课程。

课程教学信息化是改革教学模式、实现资源共享、提高人才培养质量的有效途径。我们应认识到，信息化是一个复杂的系统工程，需要理念引导、顶层设计、领导推动、条件保障等多方面的协同努力，并且信息化本身也是一个不断发展、不断完善、不断升级的过程。将课程教学信息化切实用于提高人才培养质量，努力发掘优势学科资源，才能提高教师参与课程建设的积极性，加强优质课程资源的培育和可持续发展。同时，需要加大力度激励教师积极投身教学和人才培养，推进教学理念转变、教学内容更新和教学方法改革，从而进一步提高信息化趋势下高校的竞争力和人才培养质量。

地方综合性大学化学创新人才培养课程新体系的建设

申烨华　王尧宇　李剑利　常　江　张逢星[①]

遵循人才发展规律，跟进学科发展方向，构建更符合学校实际、专业前景的课程新体系，并对教学内容进行改革创新，是教育部"质量提升工程"的重要建设内容之一，也是高等教育永恒的主题，对创新人才的培养具有举足轻重的作用。目前，化学学科的发展已经与生命科学、材料科学等深度交叉，传统课程体系无法为这一发展趋势提供充足动力，因此课程体系的构建需要深刻地关注这一现状。不少传统的理论课程需要减少学时，而反映学科交叉的新课程需要开设，才能使学生的知识体系更适应学科的发展，为创新能力的培养提供更坚实的基础。化学学科课程体系面临重新"洗牌"的形势。

西北大学是地方综合性大学，拥有化学国家理科基础科学研究和教学人才培养基地和化学国家级实验教学示范中心。人才的培养既要顺应学科发展的需要，培养国家基础研究人才，又要服务于地方发展的需要，培养地方经济建设人才。因此，在构建新课程体系的同时还须充分考虑不同人才的培养需要。

本文结合西北大学多年来对于化学学科发展的理解及本科创新人才培养的体会，以"育人为本、加强基础、注重融合、突出实践、强化创新、提高素质"为指导思想，以知识、能力、素质的培养为主线，以解决化学专业理论课程体系与创新人才培养目标脱节、学生知识面单一、实践能力不强、创新意识薄弱等影响创新人才培养的主要问题为目的，整合学校的优质教学资源，将构建地方综合性大学化学创新人才培养课程新体系与教学内容改革相结合，多方位进行改革与实践，着力构建"四位一体"课程新体系，并形成"三层次"的课程模块，采用更适合化学学科发展的创新人才培养的教育理念、模式和方法，在"大化学"环境背景下培养学生知识掌握能力、动手实践能力和专业创新能力。

一、"四位一体"的课程新体系

应对化学学科的发展趋势，以及创新人才的培养目标，着力构建"四位一体"课程体系，

[①] 申烨华：西北大学科学技术处原处长，现任西安理工大学副校长，教授；王尧宇：西北大学原副校长，教授；李剑利：西北大学实验室管理与建设处处长，教授；常江：西北大学副校长，研究员；张逢星：西北大学化学与材料科学学院教授。该文原载《大学化学》2018年第9期。

即从传统课程体系向"化学课程群—化学工程课程群—生命科学课程群—材料科学课程群"四位一体的现代课程体系嬗变,见图1纵向课程群。构建化学工程课程群是因为基本的工科素质可以使学生在知识结构上"理工融合、相互渗透",既具备良好的理科基础,又具备工科实践能力,将有力提升学生的创新能力。构建生命科学课程群和材料科学课程群是因为化学学科已经与之深度融合,了解这两门学科的基本知识体系,有利于学生开拓新视野,为创新能力的培养奠定基础。由图1可见,化学课程群包含23门课程,化学工程课程群、生命科学课程群和材料科学课程群分别包含10门、10门和8门课程。这样设置课程的原因是体现化学课程的主体地位,兼顾学科的发展方向。

二、"三层次"的课程模块

在"四位一体"课程体系的基础上,每一个课程群都建成层次分明、结构合理、内容优化的"三层次"课程模块。"三层次"包括学科平台课程模块(必修课)、专业方向课程模块(必选课)和选修课程模块(图1横向课程模块)。

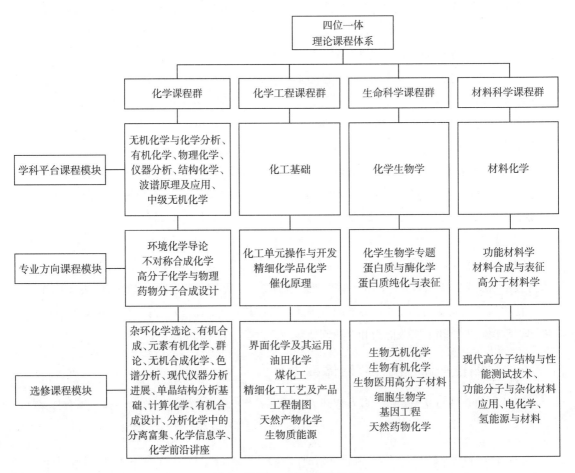

图1 "四位一体"课程新体系

1. 学科平台课程模块（必修课）

该模块为所有化学类专业必修模块，也是课程体系中最核心的课程，以化学课程为主体，反映化学学科的主体地位和基本知识构架。化学工程、生命科学和材料科学课程模块则各有一门课程用以提供知识结构的拓展，而这些课程又分为三个层次，分别是：第一层次，基础课程，包括无机化学与化学分析、有机化学、物理化学、结构化学；第二层次，提高课程，包括中级无机化学、波谱原理及应用、仪器分析；第三层次，交叉学科课程，包括化学生物学、材料化学、化工基础。10门核心的平台课程模块由"基础—提高—前沿交叉"相结合的三层次课程构成，前两个层次的课程对应于人才培养目标中"使学生具有扎实的化学基础"，第三个层次的课程确保学生"具有一定的工程、生命与材料科学知识背景"。图2显示了"基础—提高—交叉学科"三层次学科平台课程模块的组成与教学目标。

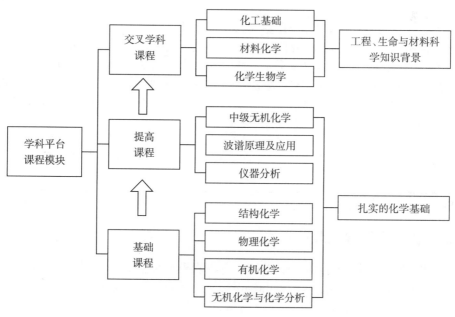

图2　三层次学科平台课程模块

2. 专业方向课程模块（必选课）

针对化学不同专业开设，由13门课程组成，包括4个课程群，分为"学术提高型—应用开发型"两种课程，学生必选3门，其余作为任选课程，目的是使学生具备一定的专业知识与技能，进行必要的专业教育。表1是专业方向课程目录。

表1　专业方向课程一览表

化学课程群	化学工程课程群	生命科学课程群	材料科学课程群
环境化学导论	精细化学品化学	蛋白质与酶化学	材料合成与表征

续表

高分子化学与物理	化工单元操作与开发	蛋白质纯化与表征	高分子材料学
不对称合成化学	催化原理	化学生物学专题	功能材料学
药物分子合成设计			

3. 选修课程模块

包括指定选修课和任意选修课，分为"学科前沿型—地方应用型"等课程，如化学信息学、化学前沿讲座、天然产物化学、煤化工、石油化工和学科新发展的课程等，扩大学生知识面。表 2 是选修课的目录。

表 2　选修课一览表

化学课程群	化学工程课程群	生命科学课程群	材料科学课程群
化学前沿讲座*、化学信息学*、杂环化学选论、计算化学、有机合成、现代仪器分析进展、元素有机化学、群论、色谱分析、无机合成化学、单晶结构分析基础、有机合成设计、分析化学中的分离富集	界面化学及其应用、油田化学、煤化工、精细化工工艺及产品、工程制图、天然产物化学、生物质能源	生物无机化学、生物有机化学、细胞生物学、基因工程、糖化学、核酸化学、病理学、天然药物化学	现代高分子结构与性能测试技术、功能分子与杂化材料应用、电化学、氢能源与材料、碳材料、生物医用高分子材料

注：* 指定选修课程

三、多层面的教学改革举措

在构建"四位一体"课程体系和"三层次"课程模块的过程中，为了使学生更好地适应化学学科的发展和创新，我们加大了课程改革的力度，通过合并课程、增设课程等，多角度、多层面对课程内容进行了改革。

1. 改革传统化学课程——无机化学课程与分析化学课程的改革

将"无机化学"与"化学分析"合并，重组为"无机化学与化学分析"课程，率先开设"中级无机化学"和"波谱原理及应用"课程，改革"仪器分析"课程，将传统的光、电、色内容调整为化学分析、生物分析、材料分析等。以上措施，均以"大化学"为背景，实现了教学内容的现代化，使教学内容更符合学科发展，同时通过课堂理论教学使学生具有更为深厚的化学功底，提高学生的科学研究能力。

与此同时，在改革传统课程的过程中，我校建成校级精品课程、省级精品课程、国家精品课程和国家精品资源共享课体系，出版"十五""十一五""十二五"国家规划教材，获得国家级教学成果奖二等奖、陕西省教学成果奖特等奖、陕西省优秀教材一等奖、二等奖等。2007 年，由无机化学与化学分析、中级无机化学、仪器分析和波谱原理及应用等课程组成的无机化学与分析化学基础课教学团队，获准为首批国家级教学团队。2009年无机化学与分析化学基础课教学团队被评为"陕西省教育系统先进集体"。

2. 增设前沿交叉课程群

根据化学学科的发展方向，在学科平台课程模块增设了"化学生物学"和"材料化学"课程，使学生了解学科发展方向。在专业方向课程模块和选修课课程模块增设了多门与化学密切结合或作为研究基础的生命科学、材料科学类课程，形成生命科学课程群和材料科学课程群，给学生提供宽广的知识体系。2011年有机化学与化学生物学教学团队被评为省级教学团队，2012年材料化学与结构化学教学团队被评为省级教学团队。

3. 增设化学工程课程群

"理""工"课程的交叉与融合，将培养学生的理科逻辑思维方式和灌输工程概念，学生在知识结构上"理工融合、相互渗透"，将开阔视野、拓展知识面。因此，增设化学工程课程群，目的是使理科学生具备一定的工科背景，打破单一的工科或理科教学模式，培养既具有良好理科基础，又有工科实践意识的创新能力强的学生。

四、推进困难与取得成效

由于新课程体系建设和课程内容改革会造成许多传统课程的课时减少及课程内容重排等问题，容易造成任课教师有畏难、嫌烦的情绪，所以统一教师的思想尤为重要。再者，在新课程体系的构建中，会增设专业见习、专业实习等将理论内容与具体实践相结合的课程，这就要求教师适应新体系，对教学方法也进行相对应的改革，使学生能够更好地将理论与实践融会贯通。

经过多年的研究、探索与实践，学院的人才培养质量稳步提高，同时也建成了国家理科基础科学研究和教学人才培养基地、国家级化学实验教学示范中心、国家级化学特色专业、国家级教学团队、国家级精品课程、国家级精品资源共享课程、国家级专业综合改革试点项目、国家级大学生校外实践教育基地等一批国字头平台。

本科生就业率95%以上，参加大学生科创项目350余项，以第一作者或署名发表文章240余篇，其中本科生发表SCI文章比例由研究阶段的17%增长到实践阶段的49%，本科生参加国内各类比赛共获省部级以上奖励70余项，创新人才培养效果得到社会的广泛认可。

五、结语

通过对大学化学理论课程传统教育模式的改革和创新，建立了特色鲜明、目的明确的地方综合性大学化学创新人才培养的课程新体系，形成"四位一体"课程新体系和"三层次"课程模块，增强了教学的针对性，促进了学生对于化学学科发展的适应性，提高了学生自主学习的能力，突出学生个性发展，使其创新意识和创新能力得到普遍提高，为学生的全面发展提供了更大、更高的舞台。需要说明的是本文仅涉及理论课的改革，与之相关的实验课改革，因为篇幅关系，另文阐述。

人工智能时代经济学专业人才培养体系改革的思考

任保平[①]

一、人工智能时代经济发展的新变化

随着新技术革命推动下人工智能的发展,新一代人工智能对经济运行和社会发展的影响得到了社会各界的关注。主要发达国家都把新一代人工智能作为经济发展的新动能培育,我国也将新一代人工智能作为经济发展新动能培育的引擎。

1. 人工智能时代经济发展的新变化

人工智能是用于模拟、延伸和扩展人的智能的理论、方法与技术及其应用的科学技术。人工智能时代是以人工智能技术及其应用为核心的经济发展时代。主要体现在智能制造、智能驾驶、智能医疗、智能服务等。

一是人工智能时代生产方式将会发生大的变革。人工智能的发展虽不改变社会经济发展的本质,但是提高了生产、交换、分配和消费的效率。人工智能技术将"人工智能+制造业"逐步体现在产品制造流程中,使传统的生产制造及管理流程实现智能化改造。信息技术驱使劳动力离开了生产过程,降低了商品的市场价格,毁坏了一些利润模型,并且制造了一代心理上倾向于免费物品的消费者。人工智能+的进一步发展,促进制造业生产理念的变化,促进制造业生产方式的变革,加快制造业智能化的规模化投入,进一步促进制造业经济结构的转型升级。

二是人工智能时代生产效率将会发生大的提高。人工智能把网络、数据、计算系统化和集成化之后,可以大大降低信息成本、交易成本、谈判成本等,通过降低成本从而提高效率。人工智能时代的机器人将是一场新的技术革命,在这场新的技术革命推动下更多的企业加入智能制造产业化进程中。在智能制造产品商业化、市场化进程加快的基础上,人工智能时代经济发展的效率将会提高,速度将会更快,经济发展规模将会更大。与此同时还会提供高质、高效率、可持续的经济增长点,这些新增长点的不断壮大将促进经济结构的升级。

三是人工智能时代就业和劳动力市场会发生大的变革。人工智能时代,智能化机器的大范

[①] 任保平:西北大学中国西部经济发展研究院院长,教授。该文原载《中国大学教学》2019 年第 9 期。

围、大规模使用，人工智能技术的不断渗透，使得经济运行和产业发展中出现从事简单劳动的员工逐渐被代替的风险，人工智能也会使许多行业出现以机器替代劳动力的现象。由于人工智能带来的劳动生产率改进，物质产品会极大地丰富起来，人们的闲暇时间会增多，生活质量会进一步提升，人们对精神、文化、服务等方面产品的需求将会增长，无论是生产服务业，还是生活服务业都会得到巨大发展，第三产业会成为人工智能时代新的就业增长渠道。人工智能时代的就业与劳动力市场上更多的要求劳动力与就业者要适应这个时代的需要，更需要人工智能时代的互补性劳动力，而非替代性劳动力。

2. 人工智能时代经济学的发展

在经济学发展的历史长河中，古典经济学是农业文明的结晶，新古典经济学是工业文明的结晶。信息文明时代需要超越现有的经济学，因为传统的经济学思想框架和知识谱系难以解释信息化时代的快速变化。因此，人工智能的发展也促进了经济学的发展。

人工智能对经济学的发展提出了更高的要求。人工智能产业作为以知识密集为特征的战略性新兴产业，将会加快经济学结构的升级。人工智能技术的迅速发展和在社会经济中的运用，会促进社会生产力水平的大幅度提高。人工智能作为一种新技术、新产业、新业态和高水平经济发展、产业结构升级的推动力，其对生产力水平提升的作用将会越来越明显。在人工智能背景下所形成的新的经济现象提出了许多新的挑战，对经济学提出的要求也就更高。人工智能时代的新问题、新现象，需要经济学重新构建经济模型，提出新经济理论，在解释人工智能时代新经济现象的同时，还要对实际经济运行给予指导。人工智能时代互联网、大数据等经济新形态的进一步发展，通过产业分立向产业融合转变，经济学中的边际收益递减发生改变，形成了规模报酬递增机制。与此同时，经济学不仅要解决资源配置问题，更要解决新资源的创造问题。

人工智能为经济学的发展提供工具。人工智能时代的新技术在经济运行和社会发展中的运用，将会产生许多新的值得研究的经济现象，这些现象可以为经济学理论的创新发展提供新的事实、新的素材和新的材料。不仅如此，人工智能作为新的分析工具可以为经济学研究提供更加有效的帮助。人工智能技术可以运用到经济学理论的研究、经济学模型的构建、经济学理论经验证明中去，还可以运用人工智能的逻辑思维进行经济问题的解决，通过人工智能工具推动经济学研究，加快经济学知识的积累，提高经济学知识积累水平。在经济学理论的经验验证中，可以运用人工智能技术进行大数据的挖掘、采集和运用，通过海量的数据为经济学研究的验证提供支撑，进一步增强经济学研究的实证性和科学性。

人工智能时代需要经济学理论的不断创新。在人工智能时代，经济系统变得越来越复杂，传统经济学中的绝对化、教条化和简单化的弊端日益显现，需要从人工智能时代的新特征入手，研究人工智能时代经济学理论的创新：一是人工智能与经济增长。一些学者的研究结果已经发现，人工智能技术会通过促进知识组合使经济显著增长，特别是知识增长的瓶颈被打破，将会形成经济超常规发展的"经济奇点"。二是人工智能时代的生产力。人工智能时代的生产力不同于农业经济时代和工业经济时代的生产力，农业经济时代和工业经济时代的生产力主要强调生产力的要素和数量，而人工智能时代的生产力主要强调组合生产力和生产力的质量，人工智能时代出现的新生产力现象和发展水平需要经济学进行研究。三是人工智能对市场结构的影响。人工智能会使市场集中，使得垄断的力量加强，引发新的垄断竞争关系，需要政府采取新的方式来进行宏观调控。总之，人工智能时代，经济学需要面对新的现实问题，进行经济理论的创新。

二、人工智能时代经济发展的变化对经济学人才的新要求

人工智能是以数学、统计学、系统学、工程学、计算机科学等学科为基础多学科交叉的产物，其内涵丰富，涉及的领域也较为繁杂。人工智能时代，需要的不再是单纯的经济学专业型人才，而是跨学科的复合型经济学创新人才。同时人工智能时代要求经济学专业培养人工智能时代的互补品，而不是替代品。因此人工智能时代对经济学人才的新要求体现在：

一是具备一定的人工智能知识。在未来的人工智能环境下，经济运行与发展将需要与大量的智能体进行交流合作，这就要求经济学专业培养的人才要掌握与智能体进行交流合作的知识与能力。因而经济学专业人才的培养要在数学、计算机科学、工程学、统计学等多学科交叉的视域下进行。从目前的知识结构来看，编程语言是重要的交流工具，所以掌握一门编程语言在智能化时代的经济学人才培养中具有重要的意义。另外经济学人才也应该掌握一些人工智能的基础性知识，比如机器学习、计算机视觉、自然语言处理、机器人学习等。

二是提升掌握知识的广度和深度。人工智能时代的学习是深度学习，深度学习不仅是知识本身，更是思维范式的转变。一方面要通过深度学习加深对专业知识的广度和深度理解，为此需要从人工智能时代的特征出发，引导学生构建基本的思维方式和知识基础。另一方面通过广度学习掌握人工智能相关的工具。在人工智能时代，信息获取、数据处理和计算能力是一种重要的能力，经济学专业学生必须熟练地掌握人工智能的基本工具，利用人工智能工具实现"人工智能+经济学"，对信息进行获取、处理和分析的能力，以培养学生对经济运行把握和预测的能力。

三是具有不断学习的能力。人工智能时代最大的特征是"快速"和"变化"，为了适应"快速"和"变化"，就需要培养不断学习的能力。在人工智能时代，随着人工智能技术的发展而不断升级，资源整合能力也会越来越强大，可以替代的工作边界也将逐渐拓展。在这个过程中，传统的人力岗位要求将不断升级，从而提升岗位的附加值。对于经济学专业的人才来说，要想完成岗位升级，一个重要的内容就是紧跟技术发展趋势，培养不断学习的能力，不断提升使用智能体的能力。

三、人工智能时代经济学人才培养体系的变革

在人工智能时代，深度学习帮助我们做海量无效信息的筛选和有用信息的重组，从而给人们提供更加高效的决策建议和更加智慧化的行为指引，这是人工智能发展的一个基本趋势。与此同时人工智能时代教育活动目标得到了巨大的改变，人工智能技术打破了教育的知识传播平衡，"以学生为中心"的人才培养模式得到了强化。人工智能时代学生深度思考、问题识别、

逻辑推理等高层次认知能力的重要性不断上升，背诵等低层次认知能力的重要性逐渐下降。因此，需要依据人工智能时代经济发展的新特征，促进经济学人才培养体系的变革。

1. 需要将"人工智能＋双创教育"纳入经济学人才培养的目标中去

人工智能时代的经济学人才培养要坚持创新引领创业，把"人工智能＋双创教育"纳入人才培养目标，在经济学理论学习的基础上，激发起学生的创新创业的灵感和活力：一是引导学生进行创新创业实践。针对人工智能基础理论、关键共性技术体系及其在社会经济发展中产业化运用的客观需要，以及"人工智能＋双创教育"的要求，引导学生在创新创业实践中加深对人工智能产业发展现实及其趋势的了解，为学生创造良好的实践条件，在把握人工智能产业发展的基本规律和趋势的基础上，进一步把握人工智能时代经济发展对经济学专业人才的需求。二是要培养学生的创新意识、创新精神。人工智能时代人们将面对许多复杂的经济问题，依据人工智能时代的特征，强化人工智能时代经济学人才培养的新理念，在经济学人才培养模式创新的基础上，加强理论学习和实践活动的有机结合。通过教学改革、教学方法创新，培养学生的创新意识、创新精神、创新能力以及解决复杂问题的能力。三是培养经济学专业人才的创新能力。人工智能时代学生的创新能力至关重要，需要突出学生创新能力的综合培养，培养学生的自主创新能力，运用自己的创新能力进行思维和知识系统结构的再创造。通过知识系统结构再造培养适应人工智能时代的思维逻辑。

2. 改革经济学专业的人才培养模式

在新技术革命的推动下，随着以人工智能、大数据、物联网、云计算为代表的新产业时代的到来，人工智能新技术和新产业的发展对人才培养提出了新的要求，需要改革经济学专业的人才培养模式。一是形成以学生为中心的人才培养模式。人工智能时代的人才培养模式将从灌输式转变为交互式，从单向知识传递转变为师生双向互动，更加强调了学生的核心地位，这一时代的人才培养要针对不同学生的特点和知识结构，加强个性化教育。二是建立开放型的人才培养模式。人工智能时代的经济学专业人才培养模式必须以市场需求为导向、紧跟世界人工智能技术的发展，建立开放型的人才培养模式。把人工智能与创新创业教育相结合，以新型的理念、创新的思维、开阔的视野、智能化的手段使学生在具备经济学专业素养的同时掌握基本的人工智能技术和知识，逐步成长为适应人工智能时代具有创造性思维和能力的复合型经济学人才。三是培养具有综合知识结构的复合型人才。培养"经济学＋数学＋计算机技术＋统计学＋人工智能＋"等的综合知识结构，旨在培养学生的学术敏感性、宽广的视野和战略的高度。

3. 形成人工智能时代经济学专业"以学生为中心"的学习模式

人工智能时代的学习应该是人的学习能力、机器学习能力、深度学习能力和逻辑推理能力是共融共生的阶段，因此在人工智能时代要形成经济学专业"以学生为中心"的学习模式：一是人工智能技术要提高经济学专业学生高层次的认知能力，引导学生走向以解决现实经济问题为主，促使学生基于深度理解的学习，在理论和实践结合的基础上，促进学生面向经济运行。二是人工智能技术要促进学生个性化学习。人工智能技术在人才培养中的进一步应用，给传统教育模式中的知识传播方式带来了挑战，使每一个学生的个性学习得到尊重。人工智能技术会渗透到高等教育的各个层面，这不是学生也不是教育工作者可以阻挡的一个趋势。为此人工智能时代经济学人才培养要转变观念，确立在全面基础上有个性发展的新价值观，研究学生的差异性，鼓励学生特长的发展。三是要通过各种方式改革传统课堂教学模式下的学习方式，拓展教学范围、加强实践教学，鼓励引导学生自主学习和探究式学习。

4. 形成人工智能时代经济学专业人才培养的特色

一是打造专业品牌特色。立足人工智能时代的需求，以突出时代特色，优化专业结构和课程结构，突出专业交叉，发掘经济学专业的新优势，提升整体水平，加强人工智能时代专业品牌特色建设，实现人工智能时代人才培养的特色发展。二是提高人才培养质量特色。要围绕立德树人的根本任务，坚持学生为本，提升人才培养质量，把适应人工智能时代需要的综合型人才培养作为新时代经济学专业人才培养的动力，提高人才培养质量特色。

5. 完善人工智能时代经济学专业人才培养的教学要素体系

人工智能时代经济学专业要培养学生以独立思考、逻辑推理、信息加工为主要内容的高阶思维能力，具有好奇心、想象力与创新思维的创新能力。为此，需要完善人工智能时代经济学专业人才培养的教学要素体系：一是适应人工智能时代的教师主体。教师首先要成为人工智能时代的互补者，不仅要掌握经济学的知识量与教学经验，而且要适应人机结合的教学模式，掌握人工智能知识、技术及其在经济学教学中的运用。二是调整课程结构、增加人工智能方面的课程，并在经济学教育教学之中形成"人工智能＋经济学"的课程结构。三是实现教学重心转移。重视人工智能时代对复杂经济现象认识能力提升的教育，重视对经济学专业学生信息加工、数据处理、预测模拟、分析结合、逻辑推理等高阶思维能力的培养，以思维教育为主，突出对学生计算思维、设计思维与创新思维的培养。四是优化教学环境。按人工智能时代教学方式的要求优化教学环境，教学资源要增加智能化的场景与设备，突出实验教学，加强数据处理、信息加工、预测模拟等方面的实验教学环节。

6. 完善适应人工智能时代经济学专业人才培养体系改革的保障条件

人工智能时代，经济学专业人才培养体系的改革，需要完善相应的保障条件：一是要围绕人工智能时代的特色专业建设，在课程体系中加入数字经济和人工智能类型的课程，在宏观经济学、统计学、计量经济学相关课程中引入大数据分析、人工智能类的相关内容，并进行师资培训。二是加强适应人工智能时代经济学专业人才培养体系改革的支撑体系建设，夯实人工智能时代专业建设的基本条件，建设好创新实践基地，为提高人才培养质量提供保障。三是完善人工智能时代的教育技术支撑。推进人工智能专业与经济学专业和课程建设中的信息系统协同建设，加强经济学教学研究的仿真和模拟，完善智能化的经济学教学基础设施，提高经济学研究的仿真、模拟和预测水平。四是强化制度保障。加强创新创业人才培养制度以及相应的管理制度建设，为人工智能时代经济专业人才培养体系改革提供制度规范和依据。

新时代下一流本科教育的改革探索与创新实践

王尧宇①

本科教育在高等教育中是具有战略地位的教育、是纲举目张的教育，一流本科教育是建设一流大学的重要内容和必然选择。多年以来，西北大学始终坚持"以本为本、以生为本"，把本科教育放在人才培养的核心地位、教育教学的基础地位、新时代教育发展的前沿地位，积极推动教育教学改革，努力构建"一流人才培养体系"。当前，在高等教育变革的新时代，为深入贯彻习近平总书记关于教育的重要论述和全国教育大会精神，西北大学立足质量本位，突出学生中心和教师主导，通过制度创新、政策倾斜、投入增加，加快建设一流大学，培养一流人才。

一、对标一流，树立西北大学人才培养的理念与目标

西北大学积极把握新时代高等教育发展态势，努力做到超前识变、积极应变、主动求变，及时转变理念、更新思路，全面深化改革，从被动适应转向主动服务当前国家、经济、社会发展需要，面向国家未来的发展需求，积极引领经济社会和行业产业发展。

一是在总体发展上，学校确立了"回归常识、抓住本质、尊重规律、注重长远"的发展理念。二是在培养目标上，我们坚持遵循教育规律，进一步坚定培养具有"人文情怀、社会责任、创新能力和国际视野的高素质人才"的人才培养目标。三是在工作思路上，围绕"建设一流专业、发展一流教学、培养一流人才"，以"强化课堂教学，加强实践教学，活跃课外教学"为主线，以"本科教学质量提升计划"暨"1239工程"为抓手，将学校本科人才培养的关键聚焦于"质量提升"，将打造西北大学特色"一流本科教育"的理念纳入到人才培养方案中，做好人才培养顶层设计。在专业发展、课程建设、教师能力、实践教学、第二课堂、教学改革、国际交流、教学保障、质量监控等九大方面实现突破性进展，促进本科人才培养质量不断提升。

---

①王尧宇：西北大学原副校长，教授。本文节选自作者2019年11月15日在全国九所地方综合性大学第二十五届协作会议上的报告。

二、深化改革，以机制创新激发院系办学活力

一流大学必须有一流的教育理念，而一流的教育理念通过顶层设计体现，须以更大的决心和勇气深化改革，破解难题、释放活力、增强动力、厚植优势。我校围绕一流人才培养目标，不断推动综合改革，促进本科教育体制机制创新。

1. 打破办学体制障碍，深化校院两级体制改革

学校通过"放管服"改革，超越传统的大学治理模式，通过建立"统筹管理、分类指导"的管理模式，推行"一院一策"，变"大学办学院"为"学院办大学"，进一步明确院系是学校的办学主体、教学科研主体、质量主体，推进学校管理重心下移，权力下放，将院系作为发展的动力源和发力点，让办学主体和专家学者具有学术行动能力和资源掌控能力，将学校发展的牵引力由普通火车的"车头带"模式变为动车组"节节发力"的同步同向模式，最大程度突破校院两级关系改革的"中梗阻"，在人才培养方面实现"一院系一方案、一专业一方案"，打通高等教育改革的"最后一公里"，从而最大程度激发各院系投身本科教育的积极性。

2. 推动开放办学，提高协同育人和实践育人水平

学校通过构建发展式教学，提高学生创新能力。综合运用校内外资源，深度推动校地合作、校企合作、校所合作，共同制定培养方案、共同开发优质教材，共同建设满足实践教学需要的实验实习实训平台，打造产学研用人才培养"试验田"，共建设国家级实践教育基地3个、省级实践教育基地6个。同时加强与兄弟高校的合作，依托"边家村联盟""长安联盟"，建立学分认定与转换机制，推进校际交流过程中各项标准的制定和工作的开展，构建不同类型教育相互沟通、相互衔接的教育机制。与西北工业大学签约打造战略发展共同体，在合作框架内，重点建设"八大工程"，推进两校办学实质性合作。

在"一院一策"改革的框架下，各院系也积极开放办学，推进协同育人。信息科学与技术学院与英国埃塞克斯大学（University of Essex）合作举办的"电子信息科学与技术专业本科教育项目"，生命科学学院与华大基因合作成立了西北大学华大学院，探索"人才、专业、学科、科研、企业"五位一体的人才培养模式。

学校通过构建"三层次四模块"相互衔接的实践教学体系，调动学生自主实践、主动创新的积极性，推动本科生向"体验式"学习思维方式转变。通过实施"大学生创新创业训练计划""本科生学科竞赛推动计划"等，促进项目参与学生的实践动手能力和创新能力。"十三五"以来，共建设大学生创新创业训练计划项目校级1 692项、省级1 337项、国家级319项，每年参加学科竞赛的学生6 000人次，年均获得国际、国家、省级奖项数量600余个。同时，学校还深入开展创新创业教育改革的理论与实践研究，提升创新创业教育培训的针对性和实效性，2019年我校创新学院获批陕西高等学校创新创业教育研究与培训基地。目前共建设校级创新创业教育线上课程11门、线下课程10门，9门课程获批陕西省创新创业教育课程建设立项。

3. 增加投入保障，推动信息化深度融入教育教学

不断探索智慧教室和智慧课堂建设，升级基于互联网、物联网技术集智慧教学、人员考

勤、环境智慧调节、视频监控及远程控制于一体的新型现代化智慧教室系统。同时，自2015年启动在线开放课程建设，已立项四批共119门在线课程项目，通过积极探索"线上+线下"相结合的课程教学模式，极大丰富了课程资源并拓宽了学生的学习途径。

"十三五"以来，学校共投入经费近4 000万元支持"本科教学质量提升计划"；34个专业入选陕西省"一流专业"建设项目，占我校本科专业总数的近40%；立项建设了近400个校级教改项目，39门MOOC项目已建设完成并上线运行；22个项目获2017和2019年度陕西高等教育教学改革研究项目立项；26个项目获2017年度及2019年度省级教学成果奖，3个项目获2018年度国家级教学成果奖；拥有3位"万人计划"教学名师和4位国家级教学名师；地质工程与资源勘查工程专业成功通过工程教育认证；在大学生"互联网+"双创大赛、电子设计大赛、数学建模竞赛、计算机设计大赛等国内国际竞赛中，我校学生均取得优异成绩。其中，连续两年获得了国家大学生"互联网+"创新创业大赛国家级银奖，在2019年国际遗传机器大赛荣获金奖，在第三届中国大学生Chem-E-Car竞赛中获得了中国区冠军。

4. 注重队伍建设，打造一批名师引领的教师团队

学校持之以恒地抓紧抓实教师队伍这个关键，坚持以"奖励高端、调动中坚、扶持青年"为指导，从体制、机制上加大建设力度，让归属感、认同感、荣誉感、幸福感在每位人才身上都能得到充分体现，努力营造"尊严工作、体面生活"的良好氛围，让教师愿意干、乐意干，而且干得实、干得好。

"十三五"以来，学校培育和引进中国科学院院士、国际科学史研究院院士、"长江学者""万人计划""杰青""优青"等国字号人才40余人，为西北大学打造一流本科教育提供了非常强大的一流教师团队保障。

5. 发挥学校综合学科优势，不断完善西大特色专业体系

学校依托百余年办学积淀和深厚的学科专业优势，基本形成了既适应国家战略需求和社会发展需要，又能够体现西大特色，多学科专业协调发展、独具特色的专业体系。

在基础专业建设方面，学校先后建立了7个国家科学研究与教学人才培养基地。

在特色专业建设方面，学校依托办学传统与地域优势，南依秦岭、北临渭河与黄土高原资源，坐拥周秦汉唐文明、丝绸之路起点的区位资源，借助西部大开发的政策机遇，走出了一条独具西大特色的学科专业发展之路。在新型专业发展方面，学校围绕陕西支柱产业，将物理、化学、生物以及计算机学科等基础理论学科方面的传统优势向应用领域延伸，发展高新技术学科，使光纤光缆传感、现代生物医药、新型电能、风能材料以及数字媒体处理新技术等新兴研究方向得到快速发展，重点发展生物工程、电子科学、企业管理、行政管理、化学生物学、材料科学等应用型和新型交叉学科专业，为能源勘探、医疗卫生、先进制造、软件生产等新兴产业的蓬勃发展发挥了重要作用。并以经济学基地、历史学基地、数学基地等专业为基础，先后设立了数理经济学实验班、金融数学与统计、金融工程、知识产权、国学实验班等新兴交叉学科专业方向，探索拔尖创新人才培养模式，引起了社会各界的强烈反响。

三、回归本质，以完全学分制改革构建一流人才培养体系

1. 推进完全学分制改革的思路与框架

2017年是我校学分制改革"元年"，学校出台了《西北大学完全学分制综合改革方案》。并在2018级和2019级学生中全面推行。为落实和推进完全学分制，我校着力实施了"1532"改革，做好以下四方面工作：

"1"指坚持一个根本：坚持"以本为本、以生为本"，以扩大学生学习自主权为核心，实现优质教育资源的有效配置，充分调动全体教职工和学生的积极性与主动性。

"5"指实现五大目标：通过完全学分制改革，建立专业自主选择机制，建立按学年注册、按学分收费、按学分毕业、按绩点授予学位的学籍与学费管理机制，建立"以选课制—导师制为核心，以重修制、主辅修制、学分互认制等为辅助"的教学管理模式，深化教学、人事、财务、后勤和学生管理制度改革，完善教学管理及教学信息服务体系。

"3"指抓好三项任务：一是优化本科专业结构。引导学生结合自身兴趣、爱好和特长，自主选择专业，加大学习自主权。二是完善人才培养方案。通过优化课程设置，建立"专业准入准出标准"和"人才培养分流机制"，构建多样化人才培养模式，形成适应完全学分制改革的本科人才培养体系。三是深化教学管理改革。主要包括教学运行机制、学生管理机制、教学支持机制三方面重点领域改革。

"2"指加强两个方面保障：一方面，加强顶层设计，统筹规划。成立改革工作领导小组和改革工作办公室，制定时间表和路线图，明确分工，夯实责任，加强协同。另一方面，加大投入，保障运行。构建与完全学分制相适应的教学管理体系，建立教学经费投入和学分制改革支持长效机制。

2. 推进完全学分制改革的措施与成效

一是构建了完全学分制培养体系。坚持"压缩总修学分、开放课程体系、加强实践教学、丰富选课资源"的基本原则，将所有教学环节均纳入学分制管理体系，形成与完全学分制相适应的本科人才培养模式与课程体系。

二是完善了完全学分制教学机制。进一步创新教育形态、丰富教学资源、重塑教学流程、优化管理手段。以全校通修课程改革为突破口，形成具体改革方案。我校将逐步引入课程竞争机制，加大教师投入本科教学力度，促进拔尖创新人才脱颖而出，还将引导各院（系）制定《西北大学课程学习指南》，构建丰富且具有西大培养特色的课程体系。

三是健全了完全学分制管理制度。目前我校已形成《西北大学完全学分制实施方案》和系列配套制度，为实施完全学分制奠定了基础。依托教授为本科生授课制度和教授、副教授兼做本科生导师制度，促进教师投入本科教学；完善选课制度，指导和规范本科生合理选课；在选课制和导师制基础上，按照"学生意愿与院系选留相结合、学生选择自由度与教学资源相匹配、优质生源培养与一流专业建设相促进"的原则，实行"专业分流、准入准出"。

四、把握要求,构建一流本科教育政策保障体系

我校拟定《西北大学关于加强新时代一流本科教育的若干意见》,从一流本科教育的各方面深化改革创新,促进人才培养质量全面提升。

在专业建设方面,我校将坚持调整优化现有本科专业结构布局,做强特色优势专业,升级改造传统专业,培育新兴交叉专业。对照国家专业类质量标准,坚持培养德智体美劳全面发展的社会主义建设者和接班人,提升学业挑战度,完善人才培养方案。加强"一流专业"建设,实行专业负责人制与"本科教育质量提升计划"任务清单制,催生一批一流课程、一流教材、一流成果。

在课程改革方面,我校提出打造西大特色"金课",调动优质教育资源投入本科教学,强化教师教学主体责任,实施课程准入与淘汰制度,建立健全课程质量标准,加强课程内涵建设,推动课堂创新革命。加强教研室、课程模块教学团队、课程组等基层教学组织建设,设立专业首席教授岗和"西北大学教学研究创新基金",激发基层教学组织活力。

在卓越人才培养方面,我校将实施卓越拔尖人才培养计划,加大创新学院、基地班、教改实验班等建设力度,大力开展拔尖创新高阶人才培养。统筹现有国家基础科学人才培养基地资源,有序升级为"国家基础学科拔尖学生培养基地"。按照"小规模、高起点、有特色"办学定位,办好"徐诵明医学卓越班",创建医者仁心的高水平医学教育。

在教学质量监控方面,我校将推进质量文化建设,把质量意识、质量标准、质量评价、质量管理等落实到教育教学各环节,建立以本科教学质量报告、院(系)本科教学评价、专业评价、课程评价、教师评价、学生评价为主体的教学质量评价与保障体系。

在激励机制构建方面,我校将强化教学导向绩效分配,按照"优劳优酬、贡献奖励、负面责罚"的教学绩效分配原则,完善本科教学工作量计算办法,实施本科教学绩效指标与津贴分配对应核算。建立本科教学绩效量化评价标准,加大本科教学考核力度,施行本科教学工作一票否决制。

在新时代学校改革发展的大背景下,西北大学在创建新时代一流本科教育上仍然任重而道远,我校将因时而变、顺势而为,转变观念,敢闯敢试,以高度的责任心和使命感,聚焦重点难点,攻坚克难、激发活力、勇立潮头,扎扎实实把全面深化改革推向深处,为建设国际知名的有特色高水平研究型大学做出无愧于时代的贡献。

高校如何构建特色高端人才培养体系

刘建妮　张云翔[①]

习近平总书记在全国教育大会上提出"要努力构建德智体美劳全面培养的教育体系，形成更高水平的人才培养体系"。其中依赖于高等教育所培养的具备世界一流水平的高端科研人才，是实现民族振兴、占据国际竞争主动位置的关键战略资源。如何摸索出既有自身特色，又有普适推广价值的人才培养方案，推动我国高等教育发展由"外延式"数量扩张向"内涵式"质量提升转型，是亟须解决的关键性、基础性问题。

一、培养目标的高端定位

对于高校而言，人才培养目标是对于"培养什么人"的理性思考与周密设计，具有导向价值、标识价值和激励价值，是教育活动的出发点。对于个人而言，拥有崇高的学术目标，才能在实践中发挥主观能动性，不断突破自我，追求卓越。西北大学古生物学与地层学专业，着力为学生设计关于其自身成长的原则要求与未来发展的愿望图景，形成了培养"以揭示早期生命与环境演化过程和规律为己任，掌握扎实理论基础与实践技能，具备国际前沿视野与原生创新能力的人才"的目标。具体来说，是由自身的发展历程与对本学科使命的认识理解共同决定的。

1. 不忘初心，牢记科学家的责任担当

开拓人类知识的终极边疆，是所有科学家本质的精神追求，也是西北大学古生物团队一贯的责任与使命担当。学校始终紧扣地球与生命演化这一漫长史诗中最关键的几个乐章，潜心钻研，开拓进取，获得了一系列突破性成果。如今，西北大学古生物学研究团队已经成为本领域在国际上最具前沿性与创新力的集体，将以习近平总书记"努力成为世界主要科学中心和创新高地"的要求为目标，继续加强在高端人才培养方面的成果。

2. 薪火相传，挖掘精神遗产的深层价值

西北大学古生物学与地层学学科创立于新中国成立初期。筹建之际，著名古生物学家杨钟健院士为其发展奠定了坚实基础。随后，经过霍世诚、王永焱等老一辈地层古生物学者的共同努力，将学科逐步推向繁荣强大。现阶段，形成了以舒德干院士为核心，由中年学者以及青年

[①] 刘建妮：西北大学地质学系教授；张云翔：西北大学原副校长，教授。该文原载《中国高等教育》2020年第10期。

科学家组成的团队，老中青三代学人将攀登科学新高峰的理想与艰苦奋斗、矢志不渝的精神贯彻始终。在人才培养中的体现，就是从学术情操、学术思维和学术能力对学生进行全方位教育，用先驱的精神鼓舞人，以前辈的经验引导人，保证光荣的传统代代延续。

3. 奋发图强，赓续我国知识分子特有的家国情怀

习近平总书记指出："我国知识分子历来有浓厚的家国情怀，有强烈的社会责任感，重道义、勇担当。"这在海外留学人员中引起了广泛的共鸣，其中也包括众多西北大学古生物学专业师生。近年来，西北大学古生物专业的绝大部分师生都有海外经历，且几乎全部回归报效祖国，成为本学科高端人才培养的中坚力量。如今，国际交流依然是学科发展必不可少的要素，只有将这种"受命不迁，深固难徙"的爱国心和报国志，作为精神烙印刻在每一个师生心上，才能保证在对外合作中的主体性，培养出不变本色的真正人才。

二、培养理念的构建落实

以高端人才培养目标为导向，西北大学古生物学与地层学专业将素质教育和专业教育相结合，将基础教育和科学研究相结合，将人才培养与国家需求相结合，围绕立德树人、全面发展的根本任务，设计提出了先进理念，具体体现在以下几方面。

一是科教融合。始终坚持"以教学促进科研，以科研反哺教学"的理念，采用"讲授研讨自主探究"的研究性教学模式，将本学科雄厚的科研实力与最先进的科研成果转化为高质量教学资源；通过"野外博物馆实习"作为特色载体，以提高学生兴趣为根本，促进学生创新能力和实践能力的生成；树立"本—硕—博"贯通培养的理念，打破不同阶段固有的知识壁垒和教学手段，将探索、创新的种子提早埋下，为人才能够脱颖而出提供一系列支持与保障。

二是大师引领。坚持让身处学科最前沿，有着丰富科研经验的教师承担本科教学任务并指导实践教学。通过在本科阶段引入导师制，结合本科生创新基金的制度，形成了充分考虑学生个体差异，因材施教的培养模式，并延伸至研究生阶段，保持了良好的学术延续性，使得研究生培养获得一个较高的起点，收到事半功倍的效果。高水平的学术大师，不仅能对学生进行学科专业方面的指导，更对学生进行追求真理、献身科研、严谨治学等方面言传身教，在潜移默化中，将高标准、高水平、高效率融入人才培养的方方面面。

三是国际合作。"放眼全球，整合优质学术资源；合作共赢，培养前沿领军人才"是西北大学古生物学团队从科研到教学一直坚持的理念。以"早期生命演化与环境学科创新引智基地"为依托，以剑桥大学、哈佛大学、哥廷根大学等国际一流学术机构为对象，进行深度双向交流。通过将优秀研究生或本科生"送出去"，将权威专家学者"请进来"，帮助学生树立国际视野，广泛汲取世界范围的优秀学术基因。同时自主承办诸如"国际埃迪卡拉系与寒武系科学大会"等高水平国际学术会议，在"家门口"为学生提供对接世界大师的窗口。

三、培养模式的创新实践

人才培养模式是处于办学模式之下、教学模式之上的一个理论范畴，其核心是规划、实施和管理"培养人"的整个过程，这就要求人才培养模式需要具有系统性、可操作性。西北大学古生物学与地层学专业以培养高端创新人才为目标，贯彻先进的培养理念，通过长期实践与创新，形成了以课程体系、实践体系、科研体系、管理体系为核心要素的培养模式。

1. 课程体系

课程设置是教学的基本载体，本学科的课程设置经过不断改进，已经具备了明显的全面性、综合性、模块化特点。体现基于通识教育，为所有具有潜力及兴趣的学生构建全面、协调的知识体系，满足学生根据自我认知和发展规划获取知识、能力的需求。在通识课程基础上，为学生提供门类齐全、内容丰富的主辅修课程，保证学生具有宽厚的基础教育资源。

通过"基础理论课前沿理论课"的框架，加强素质教育和基础理论教育、强化思维方法训练、注重研究方法实践，突出学科发展动态。同时，在遵循学校与院系专业设置的前提下，尽可能调整专业课程配置，打破课堂教学分门别类、自成体系、单课独进的教学过程和课程体系，使不同课程内容自然交融互相关联，兼顾全面性与灵活性，树立全新的地学观，加强学生创新性能力和综合分析问题的能力。例如，本学科的核心课程——"古生物学"是地质学和生物学的交叉学科，因而在教学过程中，两者有机结合，提出了将生物学（生命起源与生物演化）及地质学（相应地质时代特征、地质环境演变与地质事件）二者有机统一相辅相成的学科新理念，教学理念先进，教学效果良好，在国内具有引领和示范作用。

2. 实践体系

培养拔尖创新人才仅凭课堂教学还有所欠缺，国内外高水平研究大学的经验无不提倡实践教学环节。西北大学古生物学与地层学专业在学科点和自身发展历程的基础上，发展出了"课堂实习—野外实习—博物馆实习"的实践体系，以其"认识、方法、综合、研究循序渐进"的培养特色，成为了课堂教学的有力补充，全面体现了实践课程的设计性、综合性及创新性。通过论文设计、实验教学、科研实践、课题研究等形式使学生循序渐进地接受科学研究实践的训练，培养了学生主动探索、动手实践的创新意识，以及扎实的知识获取能力、运用能力、动手操作能力、团队协作与领导能力。

具体以"古生物学"课程的实习为例，课堂实习在以往的标本实习的基础上，安排模拟科研性质的教学实践，为学生提供未定名标本、化石产地剖面图及参考资料，让学生自己鉴定标本、确定含化石层的地质时代，并就标本的归属、相似标本的区别、地质界限的确定等问题进行讨论。野外实习除了鉴定化石与认识地层之外，特别强调生物与其生活环境的联系，注重生物对于环境的适应性表现；从而让学生在野外实习的基础上，深入认识了生物与环境的协同演化这一进化的核心思想。博物馆实习通常安排在课程基本结束时，目的是用时间这条主线将古生物学的整个内容串联起来，让学生对于生物演化全貌有一个系统的认识。

3. 科研助推体系

根据科教融合的培养理念，西北大学古生物团队进一步加强教学与科研的结合力度，大力提倡教学与科研协同，以高水平的科研带动高水平的人才培养。

为新生研讨课、专题研讨课、实验室科研探究课、大学生研究训练计划、国家大学生创新实验计划、学科竞赛等多个教学环节提供具有较高科研水平的师资力量，通过长期可靠的训练，循序渐进地提高本科阶段拔尖创新人才的科研能力、创新能力。

通过特色的"本科生创新基金项目本硕博贯通培养"的模式，充分利用学校综合教学资源和本学科雄厚的科研实力，给学生提供具备高度可扩展性的科研训练空间和平台。把学生从"以教师为中心"的培养模式转化为"学生自主个性发展"的培养模式，将学生与教师的观念从隔断的本科或研究生范畴中解放出来，以更加深远的视野规划学生的学术生涯发展以及教学方案实施。通过长效机制，有效规避急功近利培养模式与基础研究性学科的矛盾，使学生真正深入到古生物学科研与创新的过程，了解研究古生物学的基本理论和实验技能与方法等，激发其对于科学研究的热情。

为学生提供极为丰富的高水平讲座课程，邀请校内外、国内外的一流专家学者前来讲学，介绍最新科研动态与成果。充分利用科研活动形成的国际交流合作网络，通过联合培养、暑期学校、短期考察等方式，分期、分批将拔尖学生送到国外一流大学进行学习和交流。

4. 管理制度体系

科学有效的管理制度是研究型大学拔尖创新人才培养工作落到实处的重要保证。西北大学古生物学与地层学学科经过长期理论创新与实践摸索，总结出一系列适应于高端人才培养的管理制度，为拔尖创新人才的不断涌现提供了组织保障。

一是灵活的教学制度。优化学分制，充分发挥其富有弹性的特点，适应学生的个体差异，学生根据自身能力和兴趣选择课程，通过自主的选课机制逐步培养个性的专业知识结构和多学科渗透结合的文化素质。同时辅以弹性学年制，鼓励优秀的学生更早进入高级别的研究阶段。

二是多样化的考核方式。在考核学生学业时，不单一地注重知识的记忆或累积，更注重学生对知识的深入理解和运用情况，注重对学生能力的考评。在试卷考试中，考题设置更具灵活性、综合性，注重考核学生灵活运用知识和技能来解决实际问题的能力。此外，还有多样化的考核方式，如课程论文、实验报告、文献阅读及野外考察综合分析报告等，注重对学生整个学习过程的综合性评价，鼓励学生在完成考核任务的过程中多探索有创新价值的课题。

三是全方位的激励机制。依托地质学世界一流学科建设计划，在本科生创新基金的基础上，通过提供丰富的专项奖学金，提高奖助额度等方式，进一步加大支持本科生参与科研的力度，并进一步激励研究生产出高水平成果。综合配置地质学国家级实验教学示范中心、早期生命与环境国家级学科创新引智基地、大陆动力学国家重点实验室、"早期生命与环境"国家基金委创新群体、"古生物地层学课程群"国家级教学团队等高水平科研教学平台的高质量软硬件资源，充分发挥其支撑作用，使其成为高端人才的摇篮。

科学、合理的高端研究型人才培养模式，应从观念到制度、从硬件设施配备到软环境建设、从教师到学生进行全方位、多角度的系统构建。成功经验的总结让信心更加坚定，同时在高端人才的培养上，形成千帆竞逐、百花齐放的壮丽画卷，完成培养人才这一高校的基本历史使命，为实现中华民族的伟大复兴提供源源不断的智力资源。

精准识变　抢抓机遇　深化改革
全面开启"新文科"建设新篇章

曹　蓉①

2016 年，习近平总书记在哲学社会科学工作座谈会上指出："一个国家的发展水平，既取决于自然科学发展水平，也取决于哲学社会科学发展水平。一个没有发达的自然科学的国家不可能走在世界前列，一个没有繁荣的哲学社会科学的国家也不可能走在世界前列。"也就是说，哲学社会科学发展水平反映了一个民族的思维能力、精神品格、文明素质、关系社会的繁荣与和谐。高校作为人才培养的主阵地，有着为党育人、为国育才，培养担当民族复兴大任的时代新人的重要使命，而文科教育的开展对于传承优秀传统文化、培养民族精神具有重要的意义。2020 年 11 月，由教育部主办的新文科建设工作会议召开，标志着新文科建设的全面启动。对于高校而言，如何在新文科建设找到适合自己的发展路径，形成特色化的人才培养模式需要进一步探索与实践。

一、精准识变，把握"四新"建设新脉络

中国作为高等教育大国，改革开放 40 年来，不仅完成了从精英教育到大众化教育的转变，而且正从大众化教育迈向普及化教育。在新的发展阶段，党和国家事业发展对高等教育的需要，对科学知识和优秀人才的需要，比以往任何时候都更为迫切。早在 2018 年 11 月 17 日，习近平总书记在亚太经合组织工商领导人峰会上就指出，新科技革命和产业革命的时代浪潮奔腾而至，如果我们不应变、不求变，将错失发展机遇，甚至错过整个时代。随着中国日益走近世界舞台的中央，从中国奇迹、中国智慧到中国方案，全球治理格局中的中国因素日益凸显，需要中国在国际经济政治文化等各个领域发挥更大作用，更需要中国提升文化的创造力和引领力。刚刚召开的党的十九届五中全会勾勒了 2035 年基本实现社会主义现代化的远景目标，提出了建成文化强国、教育强国、人才强国的战略目标。这些，是我们建设高质量教育体系的宏阔背景和基本遵循，也是新时代对高等教育内涵发展与"四新"建设的强烈召唤。

---

①曹蓉：西北大学教务处处长，教授。本文节选自作者 2020 年 12 月 17 日在西北大学"新文科"建设工作会议上的报告。

"四新"建设是立足新时代新要求，服务国家改革发展的战略需要。重点面向本科人才培养，以学科和专业优化调整为主线，以专业建设和课程建设为主要抓手，以学科专业交叉、科技创新、科教协同、产教融合等为基本特征，进而推动高等教育在形态、结构、理念、标准、技术、方法和评价等方面的全面改革。2017年2月至6月，教育部先期推进新工科建设，先后形成了"复旦共识""天大行动"和"北京指南"，并发布了《关于开展新工科研究与实践的通知》《关于推进新工科研究与实践项目的通知》，全力探索形成领跑全球工程教育的中国模式、中国经验，开拓了工程教育改革新路径。2018年8月，党中央进一步提出，要推动高质量发展，进一步提升教育服务能力和贡献水平，发展新工科、新医科、新农科、新文科。2019年5月，教育部、科技部等13个部门正式联合启动"六卓越一拔尖"计划2.0，要求全面推进新工科、新医科、新农科和新文科建设，全面实现高等教育内涵式发展。其中：新工科是主动应对第四次工业革命的"先手棋"，要求我们加强战略急需人才培养，提升国家硬实力；新医科是构筑健康中国的重要基础，要求我们聚焦大国计、大民生，实现从治疗为主到生命全周期、健康全过程的全覆盖，提升全民健康力；新农科是落实习近平生态文明思想的重要抓手，要求我们用现代科学技术改造升级涉农专业，助力打造天蓝水净、食品安全、生活恬静的美丽中国，服务百姓的幸福生活，提升生态成长力；新文科是发展社会主义先进文化的重要载体，要求我们推动哲学社会科学与新科技革命交叉融合，创造光耀时代、光耀世界的中华文化。

二、抢抓机遇，明晰新文科建设新内涵

深入研判新时代下新文科建设的新使命，充分领悟新文科建设的重要性和必要性，是进一步明确新文科建设的新要求，剖析新文科建设内涵实质的基础。

一方面，文科教育是培养青年人自信心、自豪感、自主性，产生影响力、感召力、塑造力，形成国家民族文化自觉的主战场、主阵地、主渠道。新文科建设在推进文科教育创新性发展，培养具有国际竞争力的复合型、创新型时代新人，提升国家文化软实力、促进文化大繁荣、坚定文化自信，推动我国在世界舞台、国际坐标和全球格局中发出中国声音、提出中国方案，提高我国参与全球竞争和治理的能力，塑造国家硬形象等方面被赋予了艰巨的时代使命和责任。

另一方面，文科类学科专业具有数量大、覆盖面广的特点，在所有的12个学科门类中，文科学科占据了三分之二，文科教育的振兴关乎高等教育的振兴，文科教育的创新性发展和现代化建设在一定程度上影响着高等教育强国和教育现代化进程。我校现有本科专业中，文科学科门类有文学、历史学、哲学、经济学、管理学、法学、艺术学等7类，文科类专业有45个，占比超过50%。学校人才培养水平的整体提升离不开文科教育的高质量发展。

结合目前新文科建设的最新进展，总体来讲，其内涵实质主要体现为"四大遵循、一个目标、五项任务"。

首先是坚持四大遵循。新文科建设要坚持走中国特色的文科教育发展道路，坚持尊重规律、坚持立足国情、坚持守正创新、坚持分类推进。即要以文科教育特点和人才成长规律为前

提，不断挖掘新时代改革开放和社会主义现代化建设的伟大实践，将实践理论化、理论本土化，形成文科各学科的中国特色的理论体系、学科专业体系、教材体系；同时，要处理好传承与借鉴、共性与个性之间的关系，既要从中华优秀传统文化中汲取力量，也要借力新兴技术、借鉴先进经验，并且针对不同学科和不同专业特点，要强化分类指导、分类建设。

其次是明确总体目标。新文科建设是以"育人育才"为核心，注重以文化人、以文育人，通过文科教育的创新发展，构建学生、学术、学科一体的综合发展体系，从而推动形成哲学社会科学中国学派，创造光耀时代、光耀世界的中华文化。

最后是要做好五项任务。即强化价值引领、促进专业优化、夯实课程体系、推动模式创新、打造质量文化。

三、深化改革，探索新文科建设新路径

西北大学作为综合性大学，具有开展学科专业交叉培养和"新文科"建设的先天优势。特别是近年来，学校提出了"强化统筹、优化结构、持续改革、内涵发展"的改革思路，推动人才培养体制机制改革，在"完全学分制改革、学科交叉融合"等方面开展了一些有益的探索与实践，并取得显著成效。在总结先期探索经验的同时，我们还应深刻认识到，"新文科"的关键在于一个"新"字，这个新不是"新旧"的新，而是"创新"的新。其中的重点工作和主要抓手主要包含以下几个方面：

1. 创新文科人才培养机制

一是探索本科生院下的书院制管理模式。进一步完善"大类招生""专业准入准出"的人才培养模式，以通识教育为主要抓手，结合第二课堂和书院文化活动第三空间，形成"三位一体"书院制素质教育体系，注重文科人才培养的"浸润""熏陶""养成""感染""培育"，推进文、史、哲、经、管、法、艺术内部以及文理、文工、文医的交流和融通，营造交叉融合环境，厚植成长沃土。二是探索文科拔尖人才培养模式。探索本—硕—博纵向贯通培养模式，统筹设计文科专业课程体系及人才培养过程，建立本—硕—博课程衔接机制，高年级本科生提前修读研究生课程，实现连贯性和长周期培养，培养基础扎实、知识体系完备，具有深厚学术素养和研究创新能力的文科拔尖人才。三是推进新文科协同育人模式。综合运用校内外资源，深度推动校地合作、校企合作、校所合作、校校合作，共同制定培养方案，共同建设满足人才培养需求的教学平台和实践实训平台，打造产学研用人才培养的"试验田"，推进协同育人和创新型人才培养。

2. 优化文科专业结构

一是升级现有文科专业。加强学科专业建设顶层设计，建立健全动态调整机制，推动现有文科专业的转型升级，逐步淘汰"招生靠调剂、师资不支撑、就业没着落"的专业，更好地满足经济社会发展的需求。修订完善人才培养方案，通过培养目标和课程结构的改革调整，积极推动人工智能、大数据等现代信息技术与现有文科专业深入融合，提升专业建设内涵质量和时代适应度，实现文科人才培养质量和未来发展潜力的提升。二是深化交叉融合。充分发挥综合

性大学优势，打破学科专业壁垒，探索建设文科交叉融合新专业（新方向），促进文科内部相近专业集群、文科与其他学科交叉融合，发展适应和引领时代发展以及国家和区域发展急需的新兴专业。

3. 提升课程内涵质量

一方面，对标国家一流课程的"两性一度"建设要求，全面提高文科课程的高阶性、创新性和挑战度，着力打造具有学校特色的高水平文科一流课程群。鼓励支持教师积极创新课程教学新手段，注重启发式、互动式、研讨式教学，并开设跨学科专业的新型课程以及实践教学课程，培养学生的创新性思维、探究思考能力、跨领域知识融通能力和实践能力。同时，建立课程动态调整机制。强化教师教学主体责任，实施课程准入与淘汰制度，建立健全课程质量标准，完善课程质量评估体系，淘汰一批低阶性、陈旧性和低质量的"水课"，推动课堂教学的"质量革命"。另一方面，立足新时代中国特色社会主义实践，正确解读中国现实、回答中国问题，将中国特色社会主义理论体系和社会主义价值观教育贯穿至人才培养全过程，全面加强思政课程和课程思政建设，帮助学生形成正确的世界观、人生观、价值观，提高学生思想觉悟、道德水平、文明素养，坚定文化自信，促进身心和人格健康发展。同时，结合"新文科"建设理念，推进高水平教材建设，鼓励支持教师将优秀研究成果引入教材，并积极编写出版反映中国特色社会主义建设最新理论成果和实践经验的高水平教材，着力打造一批高水平哲学社会科学教材成果。

4. 建立教学质量文化

以日常教学数据为基础，对各类数据进行指标监控，建立大数据常态化监测体系。按照"学生中心、产出导向、持续改进"的 OBE 理念，坚持教学设计与教学实施紧密围绕促进学生达到学习成果（毕业要求）来进行，保证培养目标以需求为导向、毕业要求以培养目标为导向、课程体系和课程教学以毕业要求为导向、资源配置以支撑毕业要求与培养目标的达成为导向，并根据质量监测和反馈信息持续改进人才培养方案、培养过程和培养模式。同时，推进文科专业认证，把质量意识、质量标准、质量评价、质量管理等融入文科专业建设的全过程，建立文科教育质量保障机制，促进文科人才培养能力持续提升，形成文科特色质量文化。

扎根西部　矢志育人
全面建设高质量本科教育教学体系

奚家米①

人才培养是大学的根本任务。作为一所具有120年办学历史的综合性大学，学校以习近平新时代中国特色社会主义思想为指导，全面贯彻党的教育方针，坚持立德树人，突出德智体美劳"五育并举"，遵循教育教学规律，充分发挥综合性和多学科优势，深化教育教学改革，建设具有西大特色的高质量本科教育教学体系，努力培养具有人文情怀、社会责任、创新能力和国际视野的高素质人才。十年来，本科教育教学与人才培养取得了显著成效。

学校教育教学改革不断深化。坚持"以本为本，以生为本"，全面深化完全学分制改革；聚焦教学质量，实施"本科教育质量提升计划"。学校办学条件、教学环境显著改善，智慧教学广泛应用，教学信息化水平不断提升。

学校教学核心竞争力显著增强。积极响应"健康中国"战略，顺利复办临床医学本科专业。3个基地入选"教育部基础学科拔尖学生培养计划2.0"，32个专业入选国家"一流本科专业"，17门课程获批国家级"一流本科课程"，获得国家级教学成果奖8项、首届全国优秀教材奖和优秀集体4项，4位教师入选"国家高层次人才特殊支持计划"教学名师，各项教学核心指标稳居全国省属高校前列。

学校人才培养质量显著提升。每年近30%的本科生被清华大学、北京大学、中科院等知名高校院所录取深造，本科生发表SCI论文百余篇，学生在各类学科竞赛中表现优异。涌现出"中国十大科学之星"付巧妹、"华为天才少年"姚婷等一批优秀学生代表，多名学生入选《人民日报》国家奖学金获奖学生名单。

在长期的发展历程中，学校坚持以生为本，紧紧围绕高质量发展主题，深入实施创新驱动发展战略，在人才培养方面形成了可供借鉴的"西大方案"。

一、坚持立德树人，培养学生深厚的家国情怀

学校牢记"为党育才、为国育人"的初心使命，聚焦思想政治素质教育，围绕全员、全过

---

①奚家米：西北大学副校长，教授。本文节选自作者2022年5月18日接受教育部"教育这十年"主题采访的内容，作者编辑后提供。

程、全方位育人，通过抓好课堂教学主阵地、强化实践教学，探索构建了"课堂厘理—实践修身—文化铸魂"的思政教育教学体系，培养了学生"真学、真懂、真信、真用"的自觉意识、"热爱党、热爱祖国、热爱人民"的真挚情感、"道路自信、理论自信、制度自信、文化自信"的坚定信念，形成了思政教育的"西大方案"。

作为首批国家大学生文化素质教育基地，学校探索形成了以中国传统文化为载体、以人文精神为引导、以历史文化为基础的具有西北大学特色的通识课程教学体系，打造了"中国传统文化""中国重大考古发现""化石趣谈"等一批精品通识课程。张岂之教授团队围绕"中国优秀传统文化"，先后出版《史学概论》等多部教材。4位教师担任"马工程"重点教材编写首席专家，《中国思想史》等7部"马工程"重点教材先后出版。学校荣获"全国教材建设先进集体"称号。

同时，学校立足陕西、扎根西北，把百余年校史资源、以"公诚勤朴"校训为核心的大学精神融入专业教育，引导教师把鲜活素材、思政元素融入专业课课程设计和教学内容，打造"家国情怀+校史文化"的立体化育人资源。特别是新冠肺炎疫情期间，学校推出"开课第一讲"系列活动，把疫情"危机"转为课程思政建设的"契机"，加强对学生的生命教育、安全教育和心理健康教育。课程思政教育教学呈现出百花齐放的良好局面。

二、聚焦以生为本，改革创新人才培养模式

学校本科教育具有优良的教学传统和诸多开创之举。如20世纪80年代，率先同石油部、中国石油化学工业总公司携手，探索联合办学，订单式培养了一大批急需的高素质专业人才。为实现文理深度交叉，学校构建了文化遗产研究、文化遗产保护技术、文化遗产管理"三位一体"的考古人才培养体系，积累了培养"文理结合、通专并重"人才的丰富经验。"十三五"以来，学校深化教学改革，坚持以学生为中心，秉持"高端起步、后发优势、西大特色"的理念，积极推进完全学分制改革。一方面，充分发挥完全学分制下的学习自由，包括自由选课、选专业以及选择学习进程等，建立"本—硕—博"贯通培养机制，推进本科与研究生课程体系衔接和人才培养一体化设计。另一方面，深入推进"专业分流、准入准出与多元培养"机制改革，为学生复合型发展提供支撑，近10%的学生根据自身兴趣转入相关专业。完全学分制改革取得了显著成效，社会聚焦、家长关注、学生欢迎。

学校充分发挥综合性大学优势，形成以国家基础学科专业为特区、一流专业为重点，相互支撑、协调发展的专业体系。在基础拔尖人才培养方面：学校依托原有的7个国家基础学科人才培养基地，坚持"统筹规划、优先发展"的基地专业"特区"建设模式，聚焦"选、培、评"等关键环节，巩固深化"学分制、导师制、书院制、个性化、小班化和国际化"等"三制三化"体制机制改革。学校对基础学科人才培养基地在各项政策上予以倾斜，在教育教学改革方面先试先行，逐步形成了办学基础扎实、在国内外有较大影响的基础学科拔尖人才培养"基地群"。2021年，学校地质学、经济学、化学3个基地入选国家基础学科拔尖学生培养基地2.0计划，入选数量位居全国29位、省属高校首位。在卓越创新人才培养方面：面向"四新"建

设，学校积极探索校地合作、校企合作、校所合作，共同制定培养方案，共同建设满足教学需要的实训平台，打造产学研用人才培养的"试验田"。学校与华大基因合作成立西北大学华大学院，与故宫博物院、敦煌博物院等联合培养考古人才，在推进协同育人和创新型人才培养方面取得了显著成效。在实践平台建设方面：发挥综合性多学科优势，建立综合实习基地共建共享特色模式。学校以"秦岭—丝绸之路"为载体，建设以鄂尔多斯盆地综合实习基地为代表的"综合实习基地群"，不仅满足了学校所有学科专业实习需求，也丰富、拓展了交叉融合的内涵与外延，逐步形成了具有西大特色的"校内多学科融合—校外多学科实习"的实践教学体系。每学期"实践教学周"中精心筹划的本科生专业交叉融合综合实践系列活动深受学生好评。

三、主动服务地方，打造具有特色的知识体系

学校始终坚守"发扬民族精神，融合世界思想，肩负建设西北之重任"的办学理念，扎根西北、放眼世界、创新知识、传承文明，主动扛起服务地方经济社会发展的使命担当。

学校聚焦区域经济社会发展实际需要，把服务区域经济社会发展作为推进特色专业建设、培养高素质创新型人才的重要支撑。在持续推进保护"一座山"（秦岭）、呵护"一条河"（黄河）、融入"一条路"（丝绸之路）、壮大"一棵树"（地球动物树）、升级"一战略"（西部大开发）、建设和传承"一精神家园"（周秦汉唐文明）中不断探索实践，为国家和区域社会经济发展培养了一大批了解西部、钻研西部、适应西部、献身西部的专业人才。学校考古专业紧跟"一带一路"建设的时代步伐，以王建新为代表的中亚考古队跨越东西天山，寻找古代月氏人的文化遗存，探索丝路沿线人群迁徙交流历史进程，为揭示丝绸之路古代历史文化风貌、推动"一带一路"沿线国家民心相通作出重要努力，受到习近平总书记的亲切接见、撰文表彰和鼓励问候。

近年来，学校共为国家培养各类专业人才4万余人，其中，来自西部的占70%，毕业后服务于西部的占70%。学校为"西部计划""三支一扶"等基层就业项目、为新疆和西藏偏远地区输送人才千余人。在西部脱贫攻坚和乡村振兴、推进西部大开发、推动黄河流域生态保护和高质量发展、促进"一带一路"文明交往的前沿阵地，都能看到西大学子砥砺奋进的身影。

在新时代高校改革发展的大背景下，西北大学在创建一流本科教育上仍然任重而道远。学校将守正创新，全面深化教育教学改革，以高度的责任心和使命感，聚焦"四个面向"和新时代对人才的新要求，加快构建具有西北大学特色的高质量本科教育教学体系，扎实推进人才培养水平不断迈上新台阶，为国家和区域经济社会发展贡献"西大力量"。

我国高校人文和社会科学实践教学体系的创新路径选择

雷晓康[①]

一、问题的提出

当今世界，科学技术突飞猛进，知识经济已见端倪，国力竞争日趋激烈。教育在综合国力体系中日益趋于基础地位，国力的强弱越来越取决于劳动者的素质，取决于各类人才的质量和数量。面对知识经济的挑战，我们清楚地认识到，现行教育在体制、结构、人才培养模式以及教学内容、教学方法上都与培养现代化建设需要的创新人才有较大差距，而培养创新型人才就需要与社会接轨，按马克思主义教育观的说法是要与社会上的具体实践相结合，由此实践教学体系应运而生。从政策环境来看，党中央、国务院高度重视实践教学体系发展，积极应对"知识经济"的挑战，党的十八大和十八届三中全会做出重要决策，提出要加快建立人文社会科学实践教学体系的战略部署。1993年2月13日，中共中央、国务院印发《中国教育改革和发展纲要》，1995年3月18日，全国人大通过《中华人民共和国教育法》，1999年6月13日，中共中央、国务院发布《关于深化教育改革全面推进素质教育的决定》，2010年7月29日，国家中长期教育改革和发展规划纲要工作小组办公室发布《国家中长期教育改革和发展规划纲要（2010—2020年）》，这一系列系统决策法律法规文件，为加快人文社会科学实践教学体发展提供坚实的政策保障，为高校素质教育铺平了道路、指明了方向。

从根本上来说，高校高等教育水平的优劣与我国社会发展状况息息相关，当前高校人文社会科学实践教学中表现出的不足和社会发展对高素质人文社会科学专业人才需求的矛盾日趋增加，基于此，我们要加速构建科学而富有成效的高校人文社会科学实践教学体系。在理论层面上探讨高校人文与社会科学实践教学体系所秉持的价值理念，形成与构建高校人文社科实践教学体系的框架与实施细则，这对高校自身建设和高校教学模式的发展创新也具有重要意义。另一方面实践教学也是高校人文社科专业教学的重要组成部分，对于培养和提高学生的实践能力具有重要作用。因此，政府和高校应积极努力共同构建实践教学体系，进一步从实践层面上深

[①] 雷晓康：西北大学公共管理学院院长，教授。该文原载《高教发展研究》2022年第2期。

化高校人文和社会科学实践教学体系建设,发挥高校人文和社会科学实践教学体系对于高校人才培养和理论研究的能动积极性,使学生参与实践教学意愿得到激发,同时创新高校人文社科专业实践教学的工作机制。既能帮助我国应对国外"知识经济"浪潮带来的冲击,又能提高人才综合素质,提升高校社会服务功能,提高学生创业就业能力。

二、高校人文社科实践教学体系的三方影响主体

学校、教师、学生作为人文社会科学实践教学体系的三方影响主体,在人文社会科学实践教学体系建设中担任的角色各不相同。

1. 高校主体

高校作为社会公共教育机构,在市场中更多承担着教书育人的社会职能。而在人文社科实践教学体系建设中,高校主要承担着内容建设责任、质量监管责任和人员管理责任。第一,高校实践教学内容建设责任。高校人文与社会科学实践教学计划一般由各学院教学副院长负责,由教务处根据教育部门的相关政策法规和有关纲领性文件制定实践教学要求和具体措施,再由人文社科调研室进行审查,经过教育专家和领导委员会的层层审批在教务处汇总整理,下发给各个二级学院研讨、审批和执行。第二,高校实践教学质量监管责任。高校在实践教学的各个环节和最终评审中扮演着质量监管者的责任,负责在实践教学活动的各个环节开展质量审核工作。第三,高校实践教学人员管理责任。高校作为教师和学生生活学习的驻地,也承担着为其提供后勤管理的职责。

2. 教师主体

不同于公共教育机构的学校,实践教师作为高校中独立的个体,不仅具备"自然人"的属性,更多承载着教师这个职业的职业特性。实践教师在人文社科实践教学体系中扮演着多重角色,这主要是由教师的社会定位所决定的。首先,教师在实践教学活动中承担着传播实践信息的任务。教师身处在高校人文社科实践教学体系的核心位置,引导着实践教学课程的发展走向。教师作为实践知识信息的传播者,具备各种实践教学手段,通过与学生一起参与实践的方式把自身具备的实践知识和能力传授给学生。教师有时也会故意设置一些实践问题,隐藏一些问题线索,为的是吸引学生的好奇心,引导其自主发现,自主学习。在实践教学过程中,教师需要分类鉴别实践知识的种类和质量,保证所传递出实践知识的准确性,切实保障实践教学的教学质量和成效。

3. 学生客体

学生作为实践教学活动的客体,培养拥有实践能力的大学毕业生是实践教学活动的最核心任务和根本目标。相较于实践教学培养主体的高校和教师,学生客体在实践教学活动中承担的更多是学习任务。在校学生应当增强法治观念,培养良好的道德品质和行为习惯,认真学习和遵守学校各项管理制度和各项章程。学生应当认真学习实践理论,积极参与社会实践活动,努力掌握现代科学文化知识和专业技能,提高个人实践能力。实践教学中主客体的关系,在一定条件下也可以相互转化。在实践教学活动中,教师想要把实践教学成果转化为学生的实际才

干，离不开学生的亲身参与，离不开学生主动积极性的发挥，学生是学习和实际的主体要素。而教师主导作用的发挥，也必须充分调动学生学习的积极性、主动性和创造性，只有在学生自身的主动参与下才能实现自我的全面发展。

三、高校人文和社会科学实践教学体系中的主要问题

从学校、教师、学生三方分析实践教学的成效与存在的主要不足，从而深入剖析总结我国实践教学体系存在困境的原因。我国高校人文和社会科学实践教学体系建设中的问题主要分为内部问题和外部问题两个方面。

1. 内部：教学体系内容

（1）高校人文与社会科学专业实践教学体系定位问题。当前很多高校对人文与社科类专业实践教学认知存在偏见，认为人文学科的实践教学活动只是理论教学活动的有力补充，其目的是为了学生在实践中更好地理解理论知识，加快理论知识的学习进程，这从出发点就是错误的。人文与社会科学学科的学生本科入学考试大都是考取背诵的形式，熟记知识碎片，基本没有实践动手能力的考核。由此造成学生在高校的人文与社会科学专业学习中先天地认为人文与社会科学专业就是学习理论框架，只要记住了理论知识就算是学到了重点，从而轻视实践教学课程的学习。

（2）高校人文与社会科学专业实践教学体系创新问题。当前我国高校人文社科专业实践教学体系的开放性、创新性不足，不能与当代学生的创新创业活动有效结合，其根本问题是人文社科专业实践教学的模式老化、僵化，缺少时代创新和改进，这是由课程安排和师资力量两方面因素造成的。现在很多高校人文社科实践课程所选用的教材，大都是高校教授或者教育专家立足于过去的理论知识所著，很多课本沿用的都是几年或几十年前的知识结构和专业词汇，远远落后于时代的发展速度。另一方面，著书者在编著课本的过程中常常忽视实践教学的重要性，参与实践的论述部分严重不足。

（3）高校人文社科类专业实践教学体系供求关系问题。当前我国高校人文社科专业实践教学供求错位。随着经济、科技的迅速发展，社会对人才的需求多样化，教育机会均等和终身继续教育理念的提出和高等教育大众化的逐步实现，我国单一的本科生培养目标逐渐显现出与社会需求脱节的状况，导致本科毕业生就业形势下滑。我国目前的人文与社会科学本科教育从理念机制到教学内容、方法等各方面存在着理论脱离实际和产学脱节的问题，影响了高校人文与社会科学本科生人才教育的质量。

2. 外部：制度保障及相关资源投入

（1）相关法律法规和制度管理问题。从现实情况来看，地方政府、相关部门及高等学校缺乏对于人文与社会科学领域实践教学体系重要性的客观认识，所以各相关单位需要及时补充和有针对性地完善实践教学相关配套制度，为落实国家"素质教育"国策提供保障。另外在学校的管理规章制度层面，由于各大高校天生对实践教学的考核远没有对理论教学考核的严格，很多高校缺失规范的实践教学的管理制度和考核办法，杂乱无序的管理制度和考核办法给人文与

社会科学实践教学带来很大阻碍。

（2）相关资源投入及运用问题。我国目前财政教育经费投入方式仍然较为粗放，对高校实践教学资源投入缺乏相应的管理和监督机制。此外受一些历史原因的影响，学校与实践建设单位之间的关系松散而模糊，缺少深度合作机制。大多数高校内实践教学安排存在随意性，首先是实践内容安排的随意性，其次是实践教学时间安排的随意性，有些关键的实践项目仅停留在"认识状态"，而没有上升到真正意义上的"应用掌握"。

（3）高校的后勤服务问题。首先是校园安全问题，很多高校新校区建在城区以外，周围地形情况复杂，流动人口庞杂，这给校园安全造成很多安全隐患。其次，在实践教学活动中，很多高校的后勤部门轻视实践场地的维护工作，致使大量实践电子设备出现损坏、老化、闲置等问题，不仅实践设备安全有效性得不到保障，更是造成实践教学资源的大量浪费。只有后勤服务机构与高校其他机构加强协调配合，切实保障在校教师和学生的切身利益，提升后勤工作的务实性，才能更好地为高校人文与社会科学实践教学工作提供有力支撑。

四、加快高校人文社科实践教学体系建设的政策建议

本文基于对各个现实问题深入分析的基础上，从内部和外部两个角度出发，为规范我国高校本科人文与社会科学实践教学体系建设研究、全方位提高本科高校人文与社会科学办学质量，提出针对性的改进建议。

1. 内部完善

（1）重点完善内容设计，提供专业定位指导。高校领导层需要充分认识到人文与社会科学类专业学生参与实践教学的必要性，将人文与社会科学实践教学的认知拔高到与理工科实践教学一样的高度。要重点完善人文社科实践教学体系的内容设计，在课程编排和实践案例教学中紧贴现实，把握新时代的发展方向，将可操作性与实效性相结合，重点从学生的实际情况出发，制定学生可以理解和可以完成的课程环节和考核任务。高校要增加人文社科实践教学的课程比重，切实增加学生参与实践教学活动的有效时长，重点提升学生和教师的综合实践水平。另外，还需要做好学生的分类指导工作，对有特殊专业需求的学生进行分类，开展有针对性的帮扶工作。高校可以通过校园广播、互联网、微信、微博推送等现代媒体传播技术，扩大实践教学影响力，鼓励引导学生自主参与实践教学课程，激发其自主学习的积极性。

（2）把握时代创新精神，建立开放共享格局。高校人文社科实践教学体系的发展需要紧跟改革创新的时代精神，拓宽实践教学的创新渠道，切实保障实践教学工作的高效运行，这需要做到以下几点。首先，在各地教育出版社汇编新课程书目的过程中，各位专家学者应当汲取先进理论中的新知识新观点，不断提升实践教学教材内容的科学性和实效性。其次，在理论教学环节也不能放松对实践教学领域的关注，任课教师需要更多地在理论课程教学活动中设置实践活动任务和考核要求，积极为实地调研创造应有的机会和条件。高校可以采取开办师德师责专题讲座等方式，努力提升在校教师参与实践教学的积极性和创造性，以开办实践教学培训班、实践案例实训课程为契机，宣传普及网络化教学方式和现代教育技术。高校内部还应当建立实

践教学工作交流机制，在网络上建立实践教学知识的实时共享平台，教师通过网上平台进行视频学习和学术研讨，促进实践教学知识理论的创新发展。

（3）建立市场导向机制，提升教学的针对性。高校内部要建立实践教学市场导向机制，充分发挥市场在配置高校实践教学资源过程中的决定性作用。要坚持以高校培养为主体，以提升实践动手能力为宗旨，以创新就业为目标，以各用人单位为依托，全面提升人文与社会科学实践教学体系的针对性，突出实践教学的实用性和有效性。高校应当建立创新就业信息共享平台，紧密联系各用人单位，在新一年度招生工作开始之初就切实展开市场调研，参照未来劳动力市场需求调整招生专业配比，改进课程教学方案，实现实践教学和实际就业的有效对接。此外，高校在聘任新教师时还应当重点关注教师实践能力的考核，重点吸收有实际工作经验的老师开展执教工作，大力提升实践教学的业务水平和教师实践能力。有条件的高校可扩大兼职教师和兼职教授的数量占比，增设实践学习课程和实践学习小组，以推动新教学模式改革。

2. 外部提升

（1）加大法规政策扶持，提升管理服务能力。政府和各大高校必须要加快完善实践教学法规政策，建立人文与社会科学实践场地及人员的综合管理制度，切实提升高校管理服务的能力和业务水平。教育部主管部门应制定科学的实践教学评级标准，在政策层面扶持实践教学基地建设，增设实践教学案例培训，大力开展实践教学宣传活动，利用讲座培训等方式在各高校推广实践教学模式。另外，教育管理部门还应该牵头搭建各高校人文社科实践教学交流平台，在理论层面上讨论高校人文社科实践教学体系所秉持的价值理念。学校校一级管理机构可以参照学校理论教学时间安排，科学制定实践教学课件和课程安排，切实提高实践设备使用率，减少设备闲置和实践教学资源浪费。在实践教学人员管理层面，高校应当重视实践教学人员团队建设，在引进新教师和职称评定中引入实践教学工作的审核条件，同时加大在校教师的实践教学培训力度，建立实践教学绩效评估机制，合理提升实践教学教员薪资和福利水平，全面提升实践教学管理能力。

（2）整合高校优势资源，加快基础设施建设。政府层面，可以增设"实践教学专项资金"，明文规定资金使用去向，定点扶持实践教学领域发展。高校自身也应当加大对实践教学环节的教育资源投入力度，提高实践教学资金的使用效率，统筹调配好科研资金与实践教学资金比重，加紧提升实践教学的综合业务水平。在实践教学基建层面，各高校应当加快实训基地基础设施和配套设施体系建设，切实扩大实践教学基地的用地规模，提升硬件设施综合水准。另外在资金监管层面，实践教学资金的投入和使用应当建立专门的资金委员会，对实践教学资金和资源投入进行有效的管理和监督，提高资金使用透明度，切实防范腐败等问题的发生。最后，还需要积极发挥社会市场的力量，发挥市场在高校资源配置中的重要性作用，广泛吸收社会资源，吸纳社会资金，不断创新和完善与校方合作的用人单位参与学生实践教学的各项优惠措施，提升社会各方参与实践教学活动的积极性。

（3）提高后勤保障水平，助力实践教学工作。一方面，高校的后勤部门可以设计不同类型的应急预案，预防和应对可能出现的各种高校安全问题。同时在工作过程中应采取人性化管理服务，采用现代化经营管理模式，将工作流程精细化，提高工作效率，以改善教师和学生的学习生活环境。此外，为了尽量减少占用学生的课后休息时间，提升实践教室设备的在勤率，避免造成不必要的实践教学资源浪费，后勤维护部门需要充分考虑学生上课时间及学校实践教学教室和设备的使用和闲置情况，为教师和学生制定合理的实践教学设备维护时间表。最后，高校后勤部门需要加强学校周边的治安环境监管，严格把控食堂菜品安全，加大质量监督力度，提升实践教学设备的安全性和卫生性，提高宿舍及教室的安全和卫生系数，为师生的学习和生活创造一个舒适、安全、平和的环境，为高校实践教学工作的开展扫除后顾之忧。

第五编
战略规划与一流学科

20 世纪 80 年代西北大学的联合办学

梁星亮[①]

党的十一届三中全会后,新的学校领导班子进一步思考着学校的出路,郭琦校长首先在全校提出了西大"不能拿着金筷子银碗要饭吃"的口号,他认为,西大较长时期不能发展的原因就是单靠上级,一切"等、靠、要"。单靠吃"供给饭"是靠不住的,也是没有出路的。只有解放思想、转变观念,冲破旧的管理体制的束缚,靠自己的力量,才能找到新的出路,同时开始探索振兴西大的新路子,1980 年,生物系改造旧专业的基础上,为国家医药总局委培 24 名药用植物专业年制本科生;1980 年底,随着国际旅游事业日益发展,学校与国家旅游局商定,由国家旅游局投资 120 万元的资金和设备,经济系开办旅游经济专业本科专业,取得了明显的经济效益和社会效益。生物系、经济系的实践,使学校看到了出路,从此在开展跨地区、跨部门的联合办学上迈开了更大的步伐。进入 20 世纪 80 年代,随着改革开放的深入发展,陕西省委、省政府和国家教委、国家计委都十分关心西大的发展,不仅从财力上给予尽可能多的支援和资助,更为重要的是,陕西省政府支持西大在完成省上指令性招生计划的前提下,放开手脚,走联合办学、委托办学的路子,充分发挥西大的师资优势和办学潜力,为国家培养更多的人才。

1985 年,中共中央在《关于教育体制改革的决定》中,对委托办学给予肯定和支持,明确指出"为了鼓励学校挖掘潜力,多招学生,为了更好满足社会对人才的需要,近年来行之有效的用人单位委托学校培养学生的制度,要继续推行和逐步扩大,使之成为国家招生计划的重要补充,委托单位要向学校交纳一定的培养费,毕业生要按合同规定到委托单位工作。"中央的改革决定,更加坚定了学校发展横向联系,开展联合办学的信心和决心。首先,我校有开展联合办学的优势。我校是以基础学科为主,文、史、经、哲、外和数、理、化、生、地等学科比较齐全的综合大学,而且多数学科已有了相当的发展基础。在学科的综合渗透方面,在发展边缘学科和交叉学科方面,具有单科院校无法比拟的优势。许多部门单位正是看上了我校的这个优势。他们与我校的合作,不是单科的,都在七八个学科以上。不仅如此,他们还希望充分发挥我校综合大学的特点促进理论科学同应用技术的紧密结合、社会科学同自然科学的互相渗透,以便使培养出来的人才能适应现代化科学技术高度分化、高度综合和总体化趋势的需要。其次,我校的师资力量和科研力量有相当的基础,有开展联合办学的潜力。全校有正、副教授

[①] 梁星亮:西北大学延安精神与党的建设研究院院长,教授。该文原载《高教发展研究》2004 年第 3 期。

180 余人，讲师 440 余人。有些学科具有得天独厚的地位，有些学科在全国居于先进行列，如生物技术、计算机软件、环境科学、光信息处理等现代科学技术已经崭露头角，并在省内外有一定的影响。地质系石油地质专业更是享有盛名。与我校已经签约联合办学的中国石化总公司、石油工业部不仅希望我校能为其培养高质量的人才，而且还能进行科研协作，寄希望在有关科研项目上取得重大成果。随着国民经济建设和社会发展，社会对人才需求是急剧增加，许多单位主动登门，请求学校为他们培养人才。从 1980 年到 1989 年，学校先后与国家医药总局、国家旅游局、石油部、中国石化总公司、国计委、中国建设银行、陕西省建设银行、省委科教部、河南中原油田、宁夏回族自治区银南行署和石嘴山市政府、兰州炼油厂、西北第二民族学院、新疆生产建设兵团、陕西省文物事业管理局、陕西省公安厅、陕西省档案局、陕西省文化厅、陕西省水土保持局、陕西省土地管理局、陕西科委以及青海、甘肃、山西、内蒙古等省（区）的 20 多个部门和单位达成了联合办学、接受委托办学的协议，为这些部门和单位培养研究生、本科生、专科生，或举办短期训练班、专业证书班、干部培训等。1984 年，学校与中国石化公司联合成立了石油化工学院。1990 年，学校又与陕西省文物事业管理局联合成立了文博学院，大大促进了学校事业的发展。

学校的联合办学、委托办学是以培养本科生为主的多层次、多形式的办学方式。主要有五种类型：一是以培养本科生为主的长期联合办学。1981 年，学校与国家旅游局联办旅游经济本科专业，为期 5 年。1985 年，决定再投资 240 万元，建立旅游会计专业本科。1984 年，学校同中国石油化学总公司达成的 20 年联合办学协议中规定，每年招收本科生、研究生 250 人，20 年共培养 5 000 人；招生列入国家计划，学生毕业后由石化总公司分配工作；石化总公司投入基建费 1 000 万元，事业费按学生人数逐年下拨。同年，又与石油部达成委托办学协议，在校学生再增加 1 000 人。此外，学校还同国家医药总局、中国建设银行等部门签订了长期联合办本科专业的合同。二是与委托单位联合办学院，培养较高层次较高素质的专业技术人才。学校与中国石油化工公司的联合办学，确定在西北大学领导体制不变的前提下，成立石油化工学院。在校学生 1 000 人，西大所有专业向石化总公司开放，每年根据石化总公司对人才的需求情况，灵活地确定招生专业和人数。学校与陕西省文物事业管理局联办的文博学院，从办学体制、专业设置上扭转了过去单一的旧体制，建立了学校与社会用人单位密切的横向联系，展现出培养综合型、高层次、高素质文博人才的广阔前景。三是以培养专科生为主的短期联合办学。（1）办专科。学生从全国高考学生中录取，学制 2～3 年。学校还为甘肃、青海等省开办了专科班；为新疆两个地区在当地办了专科班。（2）办干部专修部。学校同国家计委签订了联办计划干部带职学习大专班的 10 年合同。还为河南石油勘探局开设石油地质、计算机软件、经济管理等专修班，培养近 400 人。几年中，学校共办干部专修科 18 个，在校学生 1 200 人。四是办培训班。学校先后为河南、山西、内蒙古等省（区）水土保持部门开办了十多期 3～5 个月的短训班，为西安市财会等部门办了数期短训班；各系也办了一些短训班；还承办全国高校助教进修班 4 个，招收学生近百人。从 1985 年到 1987 年三年中，经济管理学院受国家旅游局委托，担任全国涉外宾馆经理的培训统考任务，时间 100 天，开办了 5 期，培训和统考全国十几个省市的涉外宾馆经理、副经理约 200 人。五是为有关单位和省属地方院校定向培训研究生。1988 年 11 月，学校与河南中原油田签订培养高层次人才协议书。议定学校为油田代培在职研究生，并按硕士学位课程水平为在职人员举办各种形式的高级进修班和短期培训提高班。学校还受省属地方院校的委托，为他们定向培养了一批研究生。

我校的联合办学从起步到发展巩固，前后历十余年，从思想认识上经历了朴素的感性认识到理智的理性认识的发展过程，从办学经验上经历了由摸索、深化、总结，再到提高的过程。其中显示出许多特点：立足陕西，面向西北（特别是新疆地区），在向西部辐射中找立足点，为开发大西北服务；从学校是文理工管多科性综合大学的特点出发，根据国家经济建设和社会进步的发展需要，发挥学科全、师资力量雄厚的优势，培养各类综合型的高素质人才；在办学中开展科研协作和技术转让，建立教学、科研和生产联合体。

十年的联合办学，给学校的事业增添了活力，带来了生机，获得了发展，走出了一条在现行体制下挖掘高校潜力、促进高校改革的途径。

第一，联合办学使学校从只为主管部门一家服务转到为千家万户服务。多年来，学校在保证完成陕西省下达的指令性招生计划和科研任务的前提下，利用学校的智力、设备和信息资源，首先立足陕西，积极为西北地区的"四化"建设服务，同时面向全国，努力扩大服务对象和服务领域。学校联合办学的范围遍及全国各地；办学的专业文理工商各科俱有，基础理论应用学科并用；联合的单位从中央到地方，从部门到单位，乃至部分乡镇企业，都与学校建立了横向合作关系，使学校与社会靠得更紧了。

第二，联合办学促进了老专业的改造和新专业的建设。生物系根据国家医药总局的需要，将植物学专业改造成药用植物学专业，专业面向全国招生，学生面向全国分配，受到用人单位欢迎，解决这个专业长期"吃不饱"、学生分不出去的困难，使老专业得到改造，增加发展的潜力。同时，随着社会发展对人才的需求，招生和分配的范围扩大了，学校增加了许多应用和新兴专业。到 1989 年专业增加到 30 多个。

第三，联合办学开辟了多渠道筹集办学经费的途径，弥补了主管部门拨给经费的不足，使学校的各项设施有了较大的改善。截至 1987 年初，学校委托办学、联合办学共筹得基建经费 3 000 万元，相当于陕西省 30 年给西大学基资的总和，学校利用这些经费新建了十多幢教学和生活用楼房，总面积近 10 万平方米，学校每年还自筹科研经费和事业费 500 万元，所增科研经费相当于陕西省所给西大经费的 2 倍。同时，学校利用这些经费，更新了仪器设备、图书资料等，使教学科研手段有了改善。

第四，联合办学促进了学校和委托单位的全面合作。十年来，学校通过委托办学、联合办学与许多委托单位从开展人员培养发展到学生实习、信息交流、人员互访、合作研究。委托单位的重大科技攻关项目有的邀请我校教师参加，石油地质、生物、地理、考古学等专业先后参与或主持了委托单位的研究课题数十项，学校也获得研究经费数百万元。这种全面合作，密切了学校与社会、学校与企业、教学和生产的关系，使学校更好地为经济建设服务。

第五，联合办学挖掘了学校潜力，调动了教师的积极性，使办学效益有所提高。联合办学给教师提供了用武之地,为了满足委托、代培单位对人才知识结构和技能的需要,许多教师改变了备一次课讲若干年的做法,努力学习新知识新技术,并经常深入社会和生产部门,调查和了解实际需要,改写或重新编写新教材,有力地推动了教学内容的更新和教学质量的提高。到1987年教师与学生的比例发展到1∶6.9,提前三年基本上达到国家教委确定的1999年综合大学教师与在校学生比例为1∶7的指标。

第六,联合办学改变了大学全部按国家统一计划招生、毕业生全部由国家包下来分配的制度,促进了招生制度和毕业生分配制度的改革。联合办学使学校根据委托单位的用人需求,确定招生专业,教学内容与生产实践紧密结合。培养的学生符合用人单位的需要,不存在分配困难与专业不对口的问题。多年来,委托培养毕业的学生都能愉快地去用人单位并受到用人单位的欢迎,实现了招生与分配的统一。

我校开展联合办学受到国家教委和陕西省委、省政府的重视和肯定。新华社、《人民日报》《光明日报》《中国教育报》《科技日报》《中国高等教育》等十多家新闻媒体作了报道,得到了社会各界广泛好评。山西、新疆等省(自治区)的领导亲自率团来校取经、考察。1988年,国家教委召开全国高教工作会议,邀请西北大学在会议上作了典型经验发言。1989年4月,在陕西省十年改革先进典型评选中,西北大学被评为"陕西省改革先进单位",国家教委也将西北大学列为全国六所综合改革试点院校之一。

创建一流学科　教师队伍建设刻不容缓

刘永昌　王　康①

西北大学地质学科，现有2个一级学科、10个二级学科博士学位授予权，14个硕士学位（其中2个为工程硕士学位）授予权，2个博士后科研流动站，1个国家级基础科学研究与教学人才培养基地，4个国家级特聘教授岗位，1个教育部重点实验室，是国家"十五""十一五"期间"211工程"重点建设学科。如何在较短时间内把该学科建设成为国内外一流学科，要做的工作很多，但刻不容缓的头等大事是建设一支高水平的教师队伍。

一、现状分析

（1）教师队伍的总量与结构。截至2003年底，西北大学地质学系共有专任教师67人，其中中科院院士1人、双聘院士3人、教授33人、副教授22人、讲师8人。具有高中级职称者，分别占教师总人数的88.1%和11.9%。教师队伍中没有初级职称者。专任教师队伍中，具有博士学位的38人、硕士学位的21人，两项合计占教师总数的88.1%。专任教师的年龄结构为：55岁以上14人，占20.9%；45～55岁21人，占31.3%；45岁以下32人，占47.8%；老中青之比为1：1.5：2.3。

（2）教学状况。近年来随着地质学专业的调整与改革，在校学生人数较前几年有了较大幅度的增长，师生比相对提高，教师工作量有所增加，95%以上的教师工作量饱满，其中在中青年教师中有相当一部分老师的工作量处于超负荷状态。在教学工作中，大多数老师能够敬业爱岗，教学效果基本达到了培养方案、教学计划和教学大纲的要求。但是，由于种种原因，在教学方面还存在着重视不够、部分教师精力投入不足等问题。

（3）科研状况。我校地质学系的教师承担着全校近一半的科研任务，整体上处于超饱和状态。全系67名教师，近几年每年要完成2000多万元的科研任务，人均近30万元。这个系的教师不仅在工作量上处于超负荷运转状态，而且在科研成果方面也处于领先地位，如在基础理论研究方面，由张国伟院士主持承担的国家"八五"重大基础理论研究项目——"秦岭造山带岩石圈结构、演化及其成矿背景"，获得了1999年国家自然科学奖二等奖。舒德干教授在早期生命研究领域取得了突破性成果，连续在世界著名学术期刊 *Nature* 和 *Science* 上发表了9篇重

---

①刘永昌：西北大学组织部原部长，西安邮电大学原党委副书记，研究员；王康：西北大学纪委副书记，副研究员。该文原载《高等理科教育》2004年第5期

要论文，其中两项研究成果先后入选 1999 年和 2001 年"中国十大科技进展"，一项成果获 2000 年度"中国高校自然科学奖一等奖"，舒德干教授本人荣获 2000 年度"长江学者奖励计划"唯一的"长江学者成就奖"一等奖。在横向合作研究方面，不仅为生产单位提供了理论与技术，解决了许多重大问题，而且锻炼造就了一批科技新秀。

（4）待遇及稳定情况。就待遇而言，我校教师是比较差的。尽管一部分人除了工资收入之外，还可从科研项目中得到一些劳务补贴，但整体收入与东部地区的高校相差甚远。然而，我校地质学科教师并未怨天尤人，而是知难而进、顽强拼搏，营造出了一个不甘落后、蓬勃向上的学术氛围，大大增强了本学科的凝聚力。近年我校地质学教师队伍整体上基本稳定。

二、存在的问题

由上可见，我校地质学科教师队伍的基本情况是好的，但仍然存在着不少问题。

（1）大师级的领衔人物比较少。学科的竞争说到底是人才的竞争，特别是杰出人才的竞争。我校地质学科同国内外一流学科相比，最大的差距就在于大师级的杰出人物数量不够多。

（2）教师队伍"断层"问题尚未解决。有些二级学科仍面临着十分严峻的局面，特别是一些主干课程出现了年龄老化后继乏人的严重现象。还有一些青年教师，虽已具有较高学术水平，但相应职称却得不到解决，结果造成教师队伍在年龄、知识、职称等结构上都不能适应地质学高教事业发展的需要。

（3）现有教师队伍的知识结构相对于专业改造和课程体系改革的要求差距较大。这几年，我校地质学科各专业针对人才市场需求的变化，对传统专业进行了较大幅度的改造，相继新建了一批新专业，使我校地质学科的专业结构得到了较大改善。然而由于教师队伍建设的滞后，使得新专业的发展受到了极大限制。

（4）队伍的不稳定因素依然存在。一部分青年教师受"出国热""兼职热""从政热"的影响，不安心教学工作，或者把主要精力放在联系出国和校外兼职上，或者想方设法挤入政界。我们认为青年教师队伍不稳定的危害性，不是指"流失"数量上的多少，而主要是相互影响、涣散人心，任其发展下去高校将难以保持一支相对稳定热爱教育献身教育的高质量骨干教师队伍。

（5）部分青年教师科研主攻方向不明，随机性过大，教学濒于应付。主要表现在有些青年教师在科研上没有瞄准科学前沿选好方向，而是忙忙碌碌，东打一枪西放一炮，只满足于出出野外，完成一般的生产报告。有的青年教师受职称评审政策导向，参加科研课题很多身兼数职，对教学无心顾及，出现了重科研轻教学的不良倾向。

（6）工作生活条件不尽如人意，制约着青年教师的健康成长。我校地质学科的青年教师，大都是研究生毕业，基础理论比较扎实，他们思想敏锐接受能力强，对本学科的新理论、新技术、新手段比较熟悉，很想在自己的岗位上多做些工作，但苦于条件受限，加之青年教师一般都是上有老下有小，工资待遇较低，难免使这些同志产生消极情绪。

三、对策和建议

总结分析我校地质学科教师队伍状况，我们认为所存在的问题绝大多数属于高校师资队伍建设共同存在的问题，因此要解决这些问题，不仅要从我校地质学科教师队伍建设本身抓起，还必须由各级领导从整个高等教育发展的高度加以研究解决。

（1）领导要重视，认识要到位，措施要得力。各级领导要从高校发展的战略高度重视教师队伍的建设工作，要有超前意识，确实把教师队伍建设放在高教工作的重中之重，统筹规划，加大支持力度，推进制度创新，采取重大措施，着力解决队伍建设的关键性问题，使教师队伍建设的目标、任务落到实处。

（2）增加投入，强化竞争。高校教师的各种福利待遇还相对比较低（西部院校更低），目前在人力资源的市场配置上还处于劣势。这就要求国家必须对高等教育人力资源的配置给予强有力的支持性干预，通过法律、行政、经济等手段，大幅度增加对高等教育的投入，提高高校教师的经济待遇，创造良好的工作条件，使高校教师职业真正成为极具吸引力和竞争力的职业。

（3）切实解决"断层"问题。对我们地学的各学科梯队进行仔细分析，做到心中有数。充分利用地质学一级学科博士点和博士后流动站，加强青年教师队伍的建设。对一些重点学科，要通过我们已有的四个特聘教授岗位，向国内外公开招聘学术造诣高深的专家来校任教并担任学术带头人。与此同时就地选择一批素质好、潜力大，在教学科研中渐露头角的青年骨干教师作为学科带头人的苗子，重点培养重点扶持，为其创造必要的条件，使其在实践中尽快成才。要注意青年教师队伍兼容结构的合理性，努力造就一批由来自不同学校和单位、不同学术流派、具有团队合作精神的教师个体所组合而成的青年教师群体，尽量避免学术上的"近亲繁殖"，在各学科内部形成互相交流、促进、平等竞争的小气候，增强教师队伍自我调节的功能，真正建立起公开、公正、平等、择优的用人机制，实行优胜劣汰，优化教师资源配置，实现教师队伍的动态稳定。

（4）充分发挥老教师的作用，做好对青年教师的传、帮、带。我校地质学科有一批老教师，他们长期任教，并经历过许多风风雨雨的磨炼，具有较高的思想觉悟和较丰富的教学科研经验，是我们的宝贵财富。我们一定要重视发挥老教师的传、帮、带作用，大力宣传和提倡甘为人梯、辅佐青年教师成长的奉献精神，表彰那些一心一意培养帮助青年教师成长、作出显著成绩的老教师。青年教师要努力向老教师学习，尽快确定科研主攻方向，明确奋斗目标，力争把自己锻炼成教学科研双能手。

（5）加大改革力度，重新整合人才岗位，增设校内特聘教授、大师讲席、高级访问学者等岗位。坚持培养与引进相结合的原则。对于现有教师队伍，通过人事分配制度的改革，调动其积极性，对一些好苗子要舍得下本钱，通过多种途径，加大培养力度，促其尽快脱颖而出。对教师的培养采取校内研修和校外进修相结合，国内进修与国外进修相结合，以校外或国外为主的方针。要十分重视同国外的学术交流和人员互访，实现学术研究、人才培养和实验室建设等全方位的开放交流。

（6）对于高层次的学科带头人，要解放思想，面向国内外广开门路，以比东部更加优惠的条件，想方设法积极引进。要更新观念，采取"求其由我所有"与"求其由我所用"相结合方针。对一些拔尖人才，能够求其为我所有，要不遗余力，全力追求。"所有"一时做不到，也要力争求其为我所用，这一条对于我们西部院校尤为重要。

西北大学"十五""211工程"建设工作报告

孙 勇①

今天,国家"211工程"验收专家组对我校"十五""211工程"建设项目进行总体验收。我就西北大学"十五""211工程"建设情况做一汇报。汇报共分以下五个部分:建设目标完成情况和主要成绩;建设资金的使用和完成情况;项目管理机制及效果;建设的体会和存在问题;几点建议。

一、建设目标完成情况和主要成绩

西北大学经过"十五""211工程"建设,办学条件大为改善,学科建设、师资队伍建设不断加强,科学研究、人才培养质量和办学效益稳步提高,全面完成了建设任务,实现了预期建设目标,学校综合实力显著增强,为国家和地方经济社会发展做出了突出的贡献。

1. 学科建设不断加强,学科水平稳步提升

一是对地质学、化学、生命科学、史学、经济学、物理学、信息科学与技术等7个国家立项重点建设学科继续加大建设力度,重点发展了大陆造山带与盆地动力学、早期生命演化、秦巴山区生物多样性、分析科学、物理无机化学、理论物理学、中国思想史、中东史、中国发展经济学等基础学科研究方向,使这些学科方向得到进一步凝练,特色更加鲜明。二是主动适应国家和区域经济社会发展需求,大力支持应用学科的发展,形成了油气资源勘探、生物芯片、生物医药、秦巴山区生物资源保护与利用、现代分离技术、生物光子学、纳米材料、能源化工、计算机可视化技术及应用、文化遗产保护、区域经济学等具有特色的研究方向。三是对人文社会科学学科和新兴交叉学科给予大力支持,经过努力,这些学科新增2个一级学科博士学位授权点,6个博士学位授权点,4个陕西省人文社科研究基地。四是加强学科队伍和学术团队建设,形成了一批以院士、长江学者、国家重大项目首席科学家为带头人的高水平学术团队。五是加强重点科研基地建设,建设了一批省部级以上重点实验室、工程技术研究中心和人文社会科学研究基地,其中大陆动力学实验室、国家微检测系统工程研究中心分别获准进入国

---

① 孙勇:西北大学原党委书记,教授。本文节选自作者2006年5月31日在西北大学"十五""211工程"建设项目验收会上的报告。

家级重点实验室和国家级工程技术研究中心建设序列,文化遗产保护学科获准进入国家文物局文物保护科学研究基地建设序列。

经过努力,我校学科已覆盖9大学科门类,到"十五"末,我校获准3个国家重点学科,博士学位授权一级学科点由3个增至10个,二级学科博士学位授权点由19个增至76个,硕士学位授权点由64个增至143个,专业学位硕士授权点由1个增至4个,本科专业由56个增至69个,省部级以上重点实验室、工程技术研究中心和人文社科研究基地由8个增至15个;博士后科研流动站由4个增至9个,其中地质学博士后科研流动站获得全国地质学科中唯一的优秀博士后科研流动站称号。

2. 师资力量显著增强,队伍结构更趋合理

学校坚持人才强校战略,实施优秀人才培养计划,实行校内特聘教授制度,开辟海外优秀人才绿色通道,选派应用人文社科优秀研究生赴国外著名高校攻读学位,强化现代教育技术和外语培训,加强学术团队建设,队伍结构明显改善,整体实力得到提升。

"十五"以来,共补充教师337人,使全校现有专职教师增加到1 230人,其中,中科院院士2人,博士生导师204人,教授265人,副教授405人。"长江学者"特聘(讲座)教授3人,国家和省级有突出贡献专家35人,2人分别获得全国杰出专业人才和国家级教学名师称号,26人入选教育部"新世纪优秀人才支持计划",2个研究群体入选教育部"长江学者和创新团队发展计划"。

师资队伍的整体结构明显得到优化。具有研究生学历的教师达到81.5%,其中博士学位获得者达到30.5%;学缘结构得到明显改善,非本校本专业毕业的教师达到56.1%。

3. 科学研究水平不断提升,科技竞争力显著增强

"十五"期间,我校科研经费总量达到3.4亿元,主持承担各类科研项目1 506项,其中,国家"973计划""863计划""攀登计划"、重点科技攻关计划项目36个,国家自然科学基金、国家社会科学基金项目112个,省部级项目400个,横向合作和产业化等项目958个;共获得国家自然科学奖一等奖等各类科研奖励193项,其中省部级以上奖励105项;出版专著744部,发表论文9 072篇,其中在国际学术期刊发表论文2 434篇;2001—2004年,SCI收录论文919篇。

(1)瞄准科学前沿,自然科学基础研究取得重大突破。

①以舒德干教授为学术带头人的研究群体,首次揭示出了寒武纪大爆发的全貌轮廓,在早期生命起源和演化探索方面取得突破性进展,先后在Nature、Science发表11篇论文,其中"十五"期间发表7篇。其研究成果在1999年、2001年入选中国十大科技进展的基础上,2001年获中国高校自然科学奖一等奖;2003年获得国家自然科学奖一等奖;2004年获陕西省科学技术最高成就奖。

②以张国伟院士为带头人的学术团队在造山带与盆地动力学研究领域取得系列新进展,在获1999年度国家自然科学奖二等奖的基础上,"十五"以来,连续完成3项国家自然科学基金重点项目和"973计划"项目二级课题在Nature等国内外著名刊物发表了一批高水平研究论

文。其研究从国家能源战略的高度，为我国"十一五"期间扩大石油天然气勘探领域进行了重要的前期研究。

③以"973计划"首席科学家刘池阳教授为带头人的学术团队，长期工作在我国西部柴达木、鄂尔多斯、塔里木等盆地，围绕国家经济建设和能源安全战略，承担各类项目160多项，累计科研经费8 000余万元，为西部石油产量与储量的增加、油气勘探远景区域的圈定、丰富和发展我国资源勘探理论做出了一系列实质性的贡献，近年来又提出了石油、天然气、煤、铀多种资源同盆共存和综合勘探开发理论，获得"973计划"项目立项并已取得阶段性重要进展。

④中国科学院院士高鸿教授首创了示波分析，开辟了电分析化学的新领域，将示波分析由示波滴定发展到示波测定的新阶段，电化学分析法研究取得了一批重要研究成果，荣获2002年何梁何利基金科学与技术进步奖。

⑤物理无机化学学科在全国教学名师史启祯教授带领下，积极开展过渡金属有机化合物反应动力学与机理研究以及相平衡和热力学研究，荣获5项陕西省科学技术奖。

⑥耿信笃教授在现代分离科学研究领域，首次提出计量置换模型，建立了独立的、较为完善的计量置换理论体系。"计量置换理论及验证"研究成果获2005年陕西省科学技术奖一等奖。

⑦侯伯宇教授带领的学术团队在理论物理学研究方面取得新进展，场论非对易霍尔效应研究的论文被选为国家自然科学基金重大研究计划项目的代表成果；电子结构计算研究获陕西省科学技术奖一等奖。

⑧史真教授在绿色有机合成研究方面，提出了6项重要的绿色有机合成新反应和多种有机化合物重要的绿色有机合成新方法，两次获得陕西省科学技术奖一等奖。

（2）发挥自身优势，人文社会科学研究取得显著进展。

"十五"以来，我校人文社会学科共承担研究项目248个，其中国家级科目26个。项目层次也不断提高，涌现了一批高层次研究成果。

①张岂之教授及其学术团队在中国思想文化史综合研究方面取得系列成果，主持了国家社科基金重大项目马克思主义理论研究和建设工程——史学教材编写；出版的《中国历史》《西部人文学术丛书》等，对该领域前沿问题进行了卓有成效的探索。《中国历史》2005年获国家教学成果一等奖。

②彭树智教授带领的学术团队，"十五"期间，主持了国家社科基金重大项目"当代中东局势发展及我国战略对策研究"；出版了目前国内第一部系统完整的《中东国家通史》（13卷）。《阿拉伯国家史》2005年获国家教学成果二等奖；《二十世纪中东史》荣获陕西省哲学社会科学优秀成果奖一等奖。

③在周秦汉唐历史与考古研究方面，出版了《老牛坡》《宝山遗址》《慈善寺与麟溪桥》等系列考古报告和多部专著，对西北、西南地区古代文化内涵及其特点做出了有益的探索。

④何炼成教授及其学术团队长期致力于中国发展经济学研究，对中国发展经济学学科体系

进行了系统的研究与探索，出版了《中国发展经济学与西部经济发展》系列丛书（18部）。其中，《中国发展经济学》一书荣获陕西省哲学社会科学优秀成果奖一等奖及首届"张培刚发展经济学基金奖"。

⑤白永秀教授等出版的《区域经济理论与西部经济发展》系列丛书（11部）在学术界产生了广泛影响，《光明日报》用整版对该团队及其创新观点进行了报道。

⑥教育部人文社会科学重点研究基地——中国西部经济发展研究中心出版的《西部蓝皮书》及其系列成果，在学术界引起广泛关注。

（3）面向经济建设主战场，大力推进高新技术成果产业化。

"十五"以来，我校围绕国家目标和区域重大科技需求，重点发展了一批新兴、交叉、应用学科，服务国家和地方经济社会发展的能力不断增强。

①陈超教授主持承担了国家"十五""863计划"重大专项"用于药物筛选、疾病诊断和食品安全检测的系列生物芯片产业化技术和集成体系研究"，研制成了兼有磁性纳米材料和胶体金性质的新型磁性复合微粒，推出了18种具有自主知识产权的系列产品，申报5项国家发明专利，1项美国发明专利，其成果获得陕西省科学技术奖一等奖。在"863计划"项目的支持下，选用猪血红蛋白进行人血液代用品的产业开发，目前已攻克了主要技术难点。

②国家产业化前期关键技术和重大成套设备重点项目研制开发了蛋白快速纯化柱和色谱饼两大系列的变性蛋白复性与同时纯化关键设备，目前正在推向市场。

③利用秦巴山区地产资源植物秦艽和黄姜研发成功的用于肝炎和心血管疾病治疗的中药一类新药"秦龙苦素"和五类新药"黄姜素胶毒"，2003年获得国家药监局临床批件，目前已分别进入二期和三期临床研究。

④微生物代谢产物PHA（聚羟基烷酸）研究连续得到"九五""十五"和国家"863计划"项目支持，用PHA研制的临床骨损伤修复用骨钉、骨夹板等产品，目前已进入前临床研究阶段。

⑤基因工程法生产类人胶原蛋白项目得到国家科技部支持，2004年被国家发改委列为"国家重大产业化示范工程"。

⑥计算机辅助颅骨复原技术用于文物复原研究取得重要进展，研究成果获7项省部级奖励。

（4）科研基地和重点实验室建设取得重大进展，部分领域达到世界先进水平。

"十五"以来，我校加大了科研基地和重点实验室建设力度，为开展基础研究、应用研究和高新技术研究提供了重要的平台。

①大陆动力学实验室装备了多接收器高精度等离子质谱仪等具有国际先进水平的大型仪器设备，发展了可在同一点上进行锆石定年和稀土元素含量准确分析的两阶段激光剥蚀新方法，"难溶地质样品溶解的溶样弹"获国家专利。2001年以来，在国际地球化学类实验室盲样测试水平检验中，先后5次排名第一。在等离子质谱同位素测年方面，该实验室是国内唯一、国际上能够提供30Ma年龄数据（渐新世）的少数几个实验室之一，2005年，进入入国家重点实验室建设序列。

②生物芯片研究开发中心搭建了高覆盖率寡核苷酸芯片、组织芯片等5大类技术平台，开

发出系列生物芯片产品，已与国内外部分研发机构签订了销售及技术服务合同。2002年，该中心获准组建国家微检测系统工程技术研究中心。

③电分析化学、物理无机化学和现代分离科学3个实验室购置了飞行质谱仪、多功能电化学分析仪等大中型仪器20多台件，形成了分析科学、物理无机化学、现代分离科学和有机合成4个重点研究方向，并开发出系列产品，均获得陕西省优秀省级重点实验室称号。最近三年，在SCI源期刊上年均发表论文80篇以上。

④光电子技术省级重点实验室购置了准分子激光器等系列大型设备，搭建了飞秒激光系统与大功率激光器研发平台，承担8项国家"863计划"子项目，获2项国家专利，研制开发的大功率全固态多波长激光器，成为陕西省"十一五"十大科技产业化计划项目之一。

4. 教学建设成绩显著，人才培养质量稳步提高

学校不断深化教学内容和课程体系改革，加强特色专业和精品课程建设，积极推广现代教学方法与手段，努力提高人才培养质量。2004科教学工作水平评估并荣获优秀。

（1）地质学、物理学、化学、经济学、历史学和生命科学与技术6个专业先后被批准为国家人才培养基地，其中地质学基地、经济学基地多次被评为全国优秀基地。考古学等16个专业荣获"陕西省名牌专业"称号。

（2）"构造地质学""中国传统文化"等6门课程入选国家精品课程；"古生物学"等8门课程列入国家理科基地创建名牌课程项目；"政治经济学"等24门课程入选陕西省精品课程项目。

（3）《无机化学与化学分析》等7部教材列入国家面向21世纪课程教材项目，8部教材列入国家"十五"规划教材编写项目，6部研究生教材入选全国研究生教学用书。

（4）获国家级教学成果奖12项，其中一等奖2项；陕西省教学成果奖34项。

（5）2篇博士学位论文入选全国百篇优秀博士学位论文，使我校入选论文数达到4篇。

（6）在"稳定规模，提高质量"的方针指导下，本科生规模持续稳定在12 000人，研究生规模达到4 600余人，本科生一次就业率稳定在90%以上，为地方经济建设和社会发展做出突出贡献。

5. 公共服务体系保障有力，实验教学条件明显改善

完成图书文献网络服务平台升级改造工程；校园网阶段性建设计划顺利实施，实现了与教育部教育网的千兆接入，建成了校内千兆到楼宇、百兆到桌面的校园信息网络系统；新建、改建了13个公共基础实验室，新增教学仪器设备2 063台（件），为师生教学、科研、学习等提供了可靠、快捷、方便的条件平台。

6. 对外交流领域不断扩大，国际影响和知名度大为提高

"十五"期间，通过学术交流、合作办学、留学进修等方式，进一步加强了对外合作与交流。联合申请获准中国—欧盟欧洲研究中心科研项目；合作创办了巴黎法语联盟—西安语言文化培训中心，成为法国官方在西北地区设立的唯一一所法语培训基地和中法文化交流平台；承办了上海合作组织第一期中文培训班；共举办国际学术会议23次。2005年，接受长、短期留

学生469人。已与美国西北大学、法国巴黎高等师范学校、奥地利维也纳大学等70余所外国著名大学或科研机构建立了友好合作关系。

7. 基础设施建设成效显著，校园环境发生根本变化

完成了教学科研综合楼配套工程、教学图书综合楼配套工程、校园电力增容改造及无煤化供热工程、校园环境整治工程等建设项目；新增校园面积1544亩；校舍总建筑面积达82.9万平方米；学生宿舍面积翻了一番办学条件大为改善，校园环境发生了根本变化。

二、建设资金的使用和完成情况

根据国家发改委关于我校"十五""211工程"建设项目可行性研究报告的批复，"十五"期间共计划投入我校"211工程"建设经费2.34亿元，其中，中央专项资金3400万元，陕西省政府投入2亿元。建设资金中计划投入重点学科建设项目9109万元，公共服务体系项目3695万元，师资队伍建设项目1700万元，基础设施建设项目5630万元，不可预见费3266万元。上述经费均已到位，完成了立项时的投资计划，其中，重点学科建设项目完成11264万元，公共服务体系建设项目完成3799万元，师资队伍建设项目完成1720万元，基础设施建设项目完成6617万元。为适应学校事业的快速发展，我们又自筹经费，进行南校区建设及校园环境整治，拓展了学校的发展空间，为教职工创造了良好的学习、工作和生活环境。

三、项目管理机制及效果

（1）坚持实行项目法人和子项目负责人责任制，实行对项目的三级管理，层层落实责任和任务，加强对各建设项目的领导，为项目的顺利实施提供了组织保证。

（2）制定并完善了《西北大学"211工程"建设项目管理办法》《西北大学"211工程"专项资金管理细则》等一系列管理规章制度，严格执行国家专项资金管理办法及有关财务制度，确保了经费合理使用并产生最大效益。

（3）学校与各子项目建设单位签订《西北大学"211工程"建设项目年度建设任务书》，实行目标责任制管理。

（4）自"211工程"建设实施以来，学校坚持定期检查，实行对建设项目的滚动管理，保证了建设质量和效益。

四、建设体会和存在问题

总结10年来的建设工作，我们深切体会到，"211工程"我校百余年发展历程中具有里程碑的意义，已经成为学校发展的生命线工程。

在总结成绩的同时，我们也清醒地看到我校"211工程"建设存在的一些问题和不足，主要表现在：

（1）学校核心竞争力需要进一步增强，学科的结构有待进一步优化，应用学科尤其是工程技术学科需要进一步加强，优秀学术骨干不足及人才引进困难等问题依然存在。

（2）经费不足的矛盾仍很突出，办学条件仍需不断改善。由于历史欠账太多，现有办学条件与建设高水平研究型大学的目标，仍有较大差距，经费不足的矛盾依然十分突出。

五、几点建议

（1）继续加强"211工程"建设。"211工程"建设院校，肩负着打造一流学科和建设高水平大学的重任。通过10年的建设，"211工程"建设院校已经奠定了良好的发展基础。为此，我们建议国家在"十一五"期间进一步加大投入力度，加强对建设院校的指导，不断提高建设院校办学水平，使其为提高我国国际竞争力和建设创新型国家发挥更大的作用。

（2）加大对西部院校的政策倾斜和支持力度。西部高校由于办学基础和区域发展不平衡等原因，在队伍建设、办学条件和经费支撑等方面面临着更多的困难和问题。为此，我们建议国家继续对"西部重点建设院校"在政策、经费等方面给予适当倾斜。

地方高等学校的合理定位与发展策略选择

惠泱河　杜育峰①

高等学校的合理定位是关系到高等教育的质量、规模、结构和效益,进而关系到经济、科技、文化和整个社会发展的重大问题。在我国高等教育体系的重组过程中、在高等教育急速发展的情况下,高等学校的定位问题更加凸现出其重要性。高等学校合理定位的内涵包括:①办学方向和目标的定位。这是高校在整个社会大系统中宏观位置的选择,即高校在当代经济、科技、文化及整个社会发展的大背景中如何确定自身的目标和方向;②办学类型和层次的定位。这是高校在整个高等教育系统中位置的选择,即高校对培养人才的结构、规格和模式的定位;③办学水平和特色的定位。这是学校在其自身生存和发展空间中位置的选择,即高校在学科设置、专业结构、科学研究与技术创新等方面的定位。目前,我国由地方政府管理的普通高等学校1 441多所,占全国高等学校总数的93%,地方高校的发展直接关系到我国高等教育发展全局和发展的总体水平。因此,地方高校如何合理定位及科学选择发展策略,是一个亟待解决的具有重大理论价值和现实意义的突出问题。

一、国内高校发展定位中存在的主要问题

1. 办学方向和发展目标与办学实际脱节

我国的人均GDP刚刚突破1 000美元,高等教育也刚刚走过百年历程,而数十所大学要争着成为"国际知名""国际高水平",数以百计的大学要成为"国内领先",结果是几乎所有的大学在一个发展目标下,按照一个模式办学。对于一般的地方高校来说,无论是办学条件、师资水平,还是地方政府的支持,更是难以达到要求。一味的盲从,结果造成许多高校的"发展痉挛"。

2. 精英教育与大众教育错位

到2002年,我国高等教育的毛入学率达到15%,已经越过了国际公认的大众化教育的基准线。而我国高等教育却表现出较为严重的错位,一方面是争办国际一流、国际知名的大学,在全国各地大办职业技术教育与本专科层次的成人教育;一方面是以大众教育为主要任务的高

---

①惠泱河:西北大学原副校长,西安石油大学原党委书记,教授;杜育峰:西北大学校团委原书记,现任陕西省西安市纪委驻市公安局纪检组组长、市公安局党委委员。该文原载《西北大学学报(哲学社会科学版)》2006年第3期。

校，殚精竭虑申报硕士点、博士点，人才培养目标向精英教育看齐，千方百计提高考研的比例，造成许多高校原有教育市场的丧失。

3. 办学类型和层次追求大而全

"小的就是不好的"似乎成了中国高校的约定俗成，不同的学校争先恐后地设置同样的专业，会计学、法学、国际经济与贸易、计算机科学与技术，低成本专业高速度地复制。许多高等学校不顾自身办学实力，盲目提升办学层次，大专升本科、学院变大学，教学型想变成教学研究型、教学研究型想变成研究型，办学规模也盲目扩大。

4. 办学水平和特色趋同

高等学校的趋同现象较为普遍，几乎每个学校都是"高水平""研究型"或"教学科研型""综合性""国际化"等。翻开国内各高校不同专业的教学计划，不同类别、层次的高校，课程体系差别很小，使用的教材大多是统一的"规划教材"，学生的知识结构几乎都是"宽口径、厚基础"，许多的高校的原有优势和特色逐渐丧失。

二、地方高校实现合理定位的主要途径

地方高校由于所处的外部环境，以及自身对教育资源的占有和办学水平的限制，科学合理的进行定位显得尤为重要。同时，地方高校的定位又有其自身的特殊性。

1. 从教育的外部关系规律出发，把握好服务面向和角色定位

角色的定位，主要决定高校在国家和区域经济社会发展中发挥人才培养、科技创新、社会服务等基本功能时的目标导向。即解决提供什么样（数量、质量）服务和为谁服务的问题，实质上解决的是学校和其外部环境即社会关系的问题。角色定位的内容主要包括：确定高校自身在整个国家发展战略中所处的地位，高校在地方建设与发展中的地位与作用。教育与社会相结合、相协调，是教育产生与发展的过程中至高无上的客观规律。一所地方高校，无论是就其历史性、现实性抑或是未来性而言，它的生存与发展都与区域经济社会的发展有着千丝万缕的联系。而且按照我国的现有体制与国情，地方高校直接受地方政府管理，其主要办学经费来自地方支持，其主要的教育市场在于地方。地方高校肩负着一项重要使命，就是在人才培养、科技创新、社会服务、终身教育等方面，充分关注地方发展需求，积极、主动为地方发展服务，促进地方实现全面建设小康社会的目标。地方高校在确定自己的角色定位时，既要从整个国家发展战略全局及高等教育布局出发，确定自身在国家经济社会发展中的地位与作用，更要切实结合地方性特点，确定自身在地方经济社会发展中的地位与作用，特别是充分认识并处理好自身发展与地方发展的关系，争取地方的大力支持。

2. 从教育的内部关系规律出发，把握好办学类型与层次定位

办学类型和层次的定位主要是确定高校学科结构和办学水平，它决定了一所高校在整个高等教育体系中的特点和位置。通常我们按照高校学科结构，把高校划分为综合性大学、多科性大学、单科性大学等类型，根据高校的综合办学水平，把高校划分为研究型、科研教学型、教学科研型、教学型等层次。一所高校的办学类型和层次，既是国家高等教育体系在历史发展过

程中长期分工与磨合的结果,也是地方经济社会发展长期影响的结果。因此,地方高校的办学类型与层次定位,首先要从国家经济社会的发展大局和整个高等教育体系的发展大局出发,尊重高等教育发展规律,根据国民高等教育的整体性要求,找准自己的位置,各就其位、各司其职,在同一类型中和层次上办出特色,办出水平。其次要根据地方发展需要和地方经济社会发展水平,结合自身办学历史、办学现状与办学潜力,在地方经济发展中找准自己的位置。

3. 从学校实际出发,做好自身特色及发展目标定位

一所高校在确定了自身角色定位和类型、层次等相对宏观性定位之后,还需要从学校的实际校情出发,对自身特色、发展目标等要素进行定位。办学特色是独特性和优质性的统一,即"人无我有、人有我优、人优我强"。任何一所高校都难以做到全方位的全面发展,地方高校尤其如此。办学特色和发展目标定位就是确定一个高校的核心竞争力和今后一段时期的发展方向,实质上是对高校自身在其所属类型的高等教育系列里的发展空间和可能实现的最佳位置与发展潜力的定位。因而,它研究的内容,实际上是与同类院校相比较的有关学校办学条件、师资力量、学科设置、管理水平、资金投入等要素在学校发展中的优化组合与合理配置。为此,必须从学校的校情出发,从战略管理的高度出发,理性传承历史传统,扬长避短,科学合理地分析有关要素的最佳配置,坚持"有所为、有所不为",充分发挥自己的优势,办出特色。如在人才培养方面,不同的学校应努力发掘自身在人才培养方面的特点,制定不同的培养目标,设置不同类型的课程,采用不同的培养方式和方法,培养满足社会不同需求的人才。

三、地方高校的发展战略与对策选择

地方高校的定位决定了地方高校的发展战略与对策选择。地方高校应在合理定位的基础上,根据其所处环境,选择相应的发展战略与对策。

1. 树立科学发展观,形成符合自身特点的发展理念

一些地方高校目前存在的定位与发展战略选择问题,不仅在理论上是不可取的,而且在实践中造成办学效益的下降,教育质量的降低,也削弱了高等教育事业对地方经济发展应有的巨大促进作用。科学的发展观强调全面、协调、可持续发展,具有极强的现实性和针对性。在我国高等教育迎来大众化的今天,多样化既是我国高等教育发展大局的需要,也是每一所高校尤其是地方高校在争取发展空间时必须坚持的战略选择。我国东、中、西部地区经济发展水平差异较大,各地政府对高等教育的财政支撑能力及居民对接受高等教育的支付能力不同,各地对人才培养和科技创新的需求存在差异。因此,树立科学的发展观,要求地方高校在外部要合理确定自身在地方经济发展中的角色定位、在整个国家高等教育体系中的类型和层次定位,促进学校在经济社会的大环境与高等教育的小环境中赢得可持续发展;要求地方高校在内部保证影响其发展的各种因素的协调、统一,做到学科发展相协调,各类事业发展相协调;要求地方高校在制定发展规划时,必须结合实际,使学校自身的发展与当地经济社会发展及就业需求相协调,学校的发展规划与当地的经济发展规划、人才发展规划相匹配,在服务地方建设中寻求符合自身实际的发展道路。

2. 打造特色与品牌，凸现办学优势

特色与优势相近，但不完全相同，优势是高于同类，特色是有别于同类，在一定条件下，优势和特色又可以相互转化和促进。在我国高等教育的大众化、多样化已经成为一种不可逆转的发展趋势，在教育市场竞争日趋激烈的时候，高等学校尤其是地方院校只有在特色中才能赢得竞争优势。所以地方院校的发展定位，必须坚持特色战略，即遵循比较优势的原则，突出个性，打造特色，以特色树立学校良好的公众形象，以特色争取学校在激烈的教育市场竞争中的比较资源优势，从而求得学校更大的发展。如对于地方高校的学科发展定位而言，打造特色和品牌，就意味着通过自我评价和对比评价，确立特色学科专业和学科专业特色，集中调动有限的优质资源进行重点建设，构筑学科高地，提高其在人才培养、科学研究、社会服务等方面的核心竞争力，从而形成优势学科和学科优势。

3. 创办"特区"，全面提高办学水平

"特区"战略，是我国改革开放过程中经济发展战略的成功范例，对于高等学校尤其是地方高等学校的发展同样适用。对于办学资源相对有限的地方高校来说，在办学过程中全面出击、面面俱到，是最不理性的战略选择。以有限的资源，争取有效的竞争优势，赢得最大的发展空间，才是上上策。创办"特区"战略，就是集中优势兵力，采取倾斜措施，发展"特区"，以"特区"为试验田，开展教育改革的探索，以"特区"为排头兵，充分发挥其示范辐射和带动作用，促进办学水平的全面提高。如西北大学在专业建设中创办的"基地特区"，一方面，将国家人才培养基地专业与其所依托的优势学科捆绑建设，统一规划，构筑学校的"学科高地"，在"学科高地"上高起点建设基地特区，另一方面，将基地专业摆在学校教学工作的优先位置，基地专业的各项建设优先发展，在各项政策上适当倾斜，同时，通过基地专业所在院系创造性地开展工作，做深化教育教学改革的排头兵，充分发挥基地专业对其他学科专业发展的带动、示范和辐射作用，收到了良好的效果。

四、地方高校发展定位有关问题的思考

办学定位作为一所学校全局工作的风向标，引导着学校的改革与发展的方向，高等学校越来越认识到合理定位的重要性。同时，高等学校尤其是地方高校的定位与发展，又受到高校管理体制、政策导向、区域经济发展等诸多因素的影响和制约。如何尽快、尽最大限度地消除这些因素对高校定位与发展的影响，值得大家共同思考。

1. 国家政策导向方面

我国的现行体制和国情决定了政府在高等学校办学经费与办学资源方面的相对垄断，致使政府的政策导向对于学校的影响很大。目前高等学校的评估体系，主要依据研究型大学的标准制定，而高等教育的资源分配，部属院校、研究型大学远高于一般大学，结果造成不同类型的学校争奔研究型大学的独木桥。因而，国家在有关政策制定和高校评估管理的过程中，应该紧密结合我国高等教育大众化和多样化的教育布局和发展需求，具体问题具体分析，对于不同地区、不同层次、不同类型的高等学校，按照分类指导的原则，制定不同的评价指标体系和重点

支持政策，鼓励不同高校在同类型中办出特色，争创一流。

2. 计划经济体制下的高校布局方面

从理论上说，一个科学合理的国民高等教育体系，应该紧密结合国家经济社会发展的区域格局和不同需求而建立。但是由于长期受计划经济的影响，我国不少高校并不是完全按照区域经济社会发展的需要布局的，特别是近年来由中央部委划转到地方政府管理的高校。在我国高等教育的大众化、多样化已经成为一种不可逆转的发展趋势时，高等教育体系的重组与新生成为必然，促使全国各地的各类高校分别面向不同的教育市场和服务对象。因此，地方院校适应高等教育的新发展，重新调整自己的办学思路、重新审视与确定自己的办学定位与服务面向，是一个历史的必然。

3. 举办者与办学者的关系处理方面

地方高校的办学定位，应该是在举办者即地方政府的指导下制定的。由于历史的原因，我国不少地方高校实际的办学方向与目标与地方政府的要求存在较大的错位。但是，无论是什么原因，地方高校的定位过程中，都应该首先自觉地树立起以区域经济建设为中心的指导思想，立足地方，积极增强为地方经济和社会发展服务的功能，以服务才能求支持。同时，地方政府也应为地方高校的发展提供大力支持，制定本地区地方高校的整体发展战略，引导地方高校合理定位，提升其为地方经济社会发展服务的能力。

4. 区域经济发展不平衡方面

随着我国经济体制改革的日益深化，区域经济发展的不平衡也日趋严重，东部与西部、中部的差距拉大。从高等教育的发展来看，东部的高等教育也处于全国领先水平。因此，地方高校在定位过程中，应根据地方经济发展的实际，认真处理好规模、质量、结构和效益的关系，应根据地方经济建设的重点和人才需求，确定好办学方向和目标。教育具有先导性、基础性、全局性的地位，对于中西部地区，国家应在实施西部大开发等战略过程中，将高等教育作为重点基础工程给予大力支持，地方政府也应树立教育优先发展、超前发展的观念，加大经费投入，加快地方高校的发展步伐，从而以高等教育的大发展促进地方经济的大发展。

对当代中国高等教育的几点思考

李映方[①]

一、中国古代教育是当代高等教育的坚实基础

严格地说,中国古代教育不能完全等同于现代高等教育。或者说,中国当代高等教育不是古代教育自然发展的结果,而是从西方引进的舶来品,二者之间没有必然的历史逻辑,而是有着形式和本质的区别。当然,笔者并不否认中国传统教育给当代高等教育提供了丰富营养,包括优秀的教育思想和科学的教育理念;也不否认古代教育体制或者模式对当代高等教育的深远影响,基本认同西方高等教育传入以后与中国传统教育相结合的观点。或者说,中国当代高等教育既不是古代教育的延续,也不是西方教育的翻版。

众所周知,中国古代教育不包含宗教因素,也不受任何宗教的影响。中国古代武术与宗教之间的关系难解难分,许多武术宗派与寺庙或道观都有着各种联系,习拳练武不是为了某种宗教信仰,却与宗教或者迷信密不可分。而中国古代书院与任何宗教都没有直接或者间接的关系,如果某个书院与宗教纠缠不清的话,它就不再是一个书院,而会渐渐成为寺庙或道观的代名词。中国古代在教育思想和理念上,也形成了自身的优良传统,其中最突出的就是浓厚的理性主义和人文主义色彩。在这个方面,中国并不落后于世界其他国家。理性主义和人文主义是古代哲人给后世留下的极其丰厚的教育资源。孔子创立私学本身就表明了学术和教育具有极强的独立性,这与西周"学在官府"的情形有很大不同。除宋明以后文化专制主义盛行的时期以外,中国古代教育基本上坚持和恪守理性主义原则,提倡人文主义精神。

中国古代特别是先秦儒家的教育思想包含了很多优秀成分,在今天仍不失其应用价值。例如,注重道德教化,追求所谓"三达德"(立言、立德、立功)的人生信念与理想;有教无类、因材施教,重视在平民中普及教育,不因其出身低微或者家境贫寒而排除其接受教育的权利等等。所有这些优秀的教育思想对今天的高等教育产生了历时弥久的巨大影响。

中华民族有五千年文明历史,以儒家文化为核心的传统教育源远流长。在这样的文化背景下出现和发展的古代教育,形成了一些与西方高等教育有所不同的特点和范式、相对独立的教

[①] 李映方:西北大学原党委副书记,西安音乐学院原党委书记,教授。本文为节选,原载《西北大学学报(哲学社会科学版)》2008年第1期。

育理念和完整的教育体系。因为传统文化本身是中国古人独自创造并在几千年中逐渐积淀、传承下来的精神遗产，这使得中华民族的传统教育及其教育思想具有极强的个性，成为当代中国高等教育的坚实基础。

二、当代中国高等教育具有"后发次生型"特征

如前所述，中国的高等教育没有西方那样悠久的历史，中国第一所明确称之为大学的是1898年创办的京师大学堂（北京大学），至今也只有107年的历史，即使把它的"前身"京师同文馆计算在内，也就是145年的时间。与英国的牛津大学、剑桥大学相比，与美国的哈佛大学、哥伦比亚大学相比，中国高等教育的历史就是非常短暂的了。现在很多大学都在想方设法寻找延长自己办学历史的线索，其实没有必要。有人认为，从一定意义上说，中国是世界上高等教育产生最早而且是最发达的国家之一。笔者以为，这样的观点可谓"古已有之"论。在欧风美雨的冲击下，先进的中国人为了接受外来事物，寻找这样的借口以使西式教育在中国合法化，这是可以理解的。古代书院在中国有很悠久的历史，比西方任何一个大学的时间都要长很多，但那是传统的旧式教育机构，不是现代的高等教育，二者有很显著的区别。古代中国的学者们只是按照学术研究的类别，分为经、史、子、集，这也就是传统教育和学术研究的基本内容，科技发明或者数学、天文等自然科学知识并不是古代教育或者学术研究的主流。从历史发展看，中国当代高等教育的学科分类、专业设置和管理体制是学习西方的。可以明确地说，中国古代教育与西方高等教育完全是两个系统、两种形式，这一点是毋庸置疑的。

美国著名社会学家M.列维从人类社会发展的视角，把世界各国近代化模式归纳为两种类型，一种是"早发原生型"，一种是"后发次生型"。他认为，作为现代化进程的后来者，其现代化进程不再像现代化的先行者那样面临未知领域，许多方面可以借鉴先行者的成功经验、吸取其失败的教训，不走或少走弯路，跨越先行者必须经历的现代化早期阶段，能够比较清楚地看到未来现代化的前景，而且可以得到先行者在某些方面的帮助与支持，缩短近代化的进程。如前所述，中国自古以来就有比较发达而优良的教育传统，或者说带有某些现代高等教育的因子。但是，在近代以前的历史时期，教育的发展不可能脱离中国古代社会运行的历史轨道，其发展形式与"早发原生型"虽有一定的近似之处，而在本质上却没有突破"后发次生型"的路径和总体模式。中国高等教育在19世纪60年代以前还不存在实现现代化的社会基础和基本要素。因此，中国当代高等教育不是古代教育的自然延伸和逻辑发展，而是于19世纪末清朝国门洞开之后西学东渐潮流冲击背景下，在中国近代社会发生深刻变革的基础上产生和发展起来的，属于典型的"后发次生型"，即起步较晚且由外来因素所诱发，对西方高等教育的借鉴、模仿所导致的发展模式的不断转换，以及与传统教育相融合而形成的当代高等教育范型，这是中国高等教育的独特发展路径。

在西方教育包括高等教育传入中国以后，秉承传统观念的人们在心理上经历了排斥、抗拒、接纳与移植的演变过程。从19世纪60年代开始，中国出现了一批培养外语人才和军事技术人才的专门学校，培养通晓外国语言和军事技术的人才，其中最著名的就是1862年成立的

京师同文馆。1862年奕䜣等在《遵议设立同文馆折》中正式提出办学章程，其中提到同文馆内设立天文和算学馆。这所学堂标榜以西方现代学校为样板，并在不同程度上借鉴了西方学校的教学制度和课程设置。这是在中学为体、西学为用思想指导下出现的不同于古代教育机构的一所新式学堂，有的学者把它认定为北京大学的前身。这是中国出现新式高等教育的标志。

随后，张元济于1897年在严复等人的帮助下，主持设立通艺学堂。这所学堂比京师同文馆有所进步。从时间上比京师大学堂成立早一年。学堂专讲泰西诸种实学，其课程设置为"文学门"和"艺术门"。其中开设了算学、几何、代数、三角、化学、水火光音重学、天学、历算、地质学、制造学、政治学、哲学、法学、世界史、逻辑学、财政学等课程。张元济、严复等人试图以西学挽救国运。笔者以为这是中国当代高等教育课程设置的雏形。20世纪初，清政府颁布《癸卯学制》，这是中国第一部包括高等教育在内的具有现代转型意义的法规性文件。民国成立以后，蔡元培借鉴德国高等教育理念和教育体制，主持制订《壬癸学制》，对清末《癸卯学制》中有关高等教育的内容作了相应的调整。此时陆续颁行的一系列有关高等教育的法规、法令、制度，初步规范了中国高等教育的基本制度和框架，中国的高等教育开始在西方教育理念和教育体制的影响下重新起步。新中国成立以后，同属社会主义阵营的苏联派专家对中国高等教育进行基础性设计规划，对大学的培养目标、专业设置、教学计划、教学大纲、教学实习计划等进行了全面修订和调整，这对中国高等教育造成极大影响。1957年以后，中苏关系开始出现裂痕，苏联专家撤离中国，国际国内形势也发生了很大变化。由此，中国高等教育的发展逐渐走上独立自主的道路。

党的十一届三中全会以后，高考制度得以恢复，中国的高等教育拨乱反正，重新走向正轨，面向世界，吸收和引进一些国家先进的教育模式，并开始了逐步创立中国特色高等教育的历程。中央明确提出要建设若干所具有世界一流水平的大学，提出大学应该承担培养人才、探求真理、服务经济社会发展等任务。这就非常明确地规定了中国高等教育的历史使命和教育理念，高等教育真正走上了健康发展的道路。

总之，中国现代高等教育思想、教育理念继承了传统，近代以来我们又学到西方高等教育思想或理念的民主性、科学性精髓。从京师同文馆创办以来，中国近现代社会动荡不安，外国殖民主义对中国发动的侵略战争、国内革命战争、军阀混战，这是高等教育在旧中国的遭遇。新中国成立以后，历次的政治运动都与高等教育有密切关系。一直到1978年我国进入改革开放的新时期，高考制度的恢复，我们才真正开始了高等教育发展的新阶段。中国现代高等教育思想与理念、人才培养、学校体制和学科建设，就是在传统教育的体制之外引进西方的经验，创造了当代中国的高等教育模式。也就是说，中国高等教育仍然走着中西结合，即古为今用、洋为中用的道路，这是中国高等教育的"后发次生型"特征。

三、当代中国高等教育的计划与市场双轨制运行路径

应当指出的是，中国高等教育在最初出现的时候并没有强大的经济作为后盾，高等教育与经济发展之间并没有呈现应有的良性互动。从世界高等教育的发展过程看，没有经济的迅速发

展就不可能有高等教育的繁荣，反过来，没有高等教育的进步也就不会有经济的腾飞，高等教育与经济发展相辅相成，比翼齐飞。长期以来，中国处于社会主义初级阶段，这个阶段的主要矛盾是落后的生产力和人民群众日益增长的物质需求之间的矛盾，社会状况落后，人口众多，教育投入明显不足，高等教育规模小、底子薄、欠账多。各地区政治、经济、文化等方面的发展极不平衡，导致教育发展的不平衡特征。在这样的国情下，计划经济体制对高等教育的发展起到了积极的推进作用。客观地讲，计划经济体制对那个时期的高等教育发展起到正反两个方面的作用。党的十一届三中全会以后，高等教育面临市场经济的时代背景，已经不可避免地受到市场经济的冲击，同样，市场经济对高等教育的作用也是两面的，有积极的一面，也有消极的一面。从现阶段的高等教育发展的总体形势看，它受到计划体制与市场体制的双重影响。

如果我们把计划与市场都视为实现高等教育按比例和规模进行发展的手段，那么，计划与市场的结合，就是在高等教育发展过程中不同调控方式的结合，这二者就不存在绝对排斥的理由及其现象。高等教育需要计划，这是毫无疑义的。但这里讨论的不仅是高等教育自身活动是有目的的、有组织的、有管理的计划活动是否可能和必要，而且是指国家计划性管理对高等教育的必要性。国家计划存在的必要性，是高等教育十分关注的问题。如果我们在高等教育的发展中既想要计划，又想要市场，这就必然有一个二者是否能够相容的问题。中国几乎所有的经济学家都认为，市场和计划都有各自的不足，因而，就特别需要以两者的结合来克服各自的不足。有人认为计划与市场解决的是不同范围和层面的问题，计划解决的是宏观问题，市场解决的是微观问题，那么，如果我们用经济学理论套用在高等教育问题上的话，也就是说计划解决的是高等教育的宏观问题，而市场解决的是高等教育的微观问题。然而问题并不是如此简单明了。笔者以为，二者要结合，并不是计划与市场分别在不同领域或者层面发挥作用，而是要扬长避短，使二者的长处结合而不是短处结合。高等教育与工业、农业、商业以及其他行业有根本的区别，但是也有某些相似之处，否认市场对高等教育的作用是不客观的。可是我们还应该清醒地看到，高等教育不能完全走市场的道路，即使在美国那样市场经济基本规范的国家，高等学校本身虽有十分强大的独立性，仍然受到政府的干预和计划。在笔者看来，国家对高等教育的干预，是为了更好地实现高等教育的市场调节，克服市场调节产生的周期性波动和其他负面作用，这也是对高等教育的强有力保护；而国家计划则扩大了国家在高等教育发展中的作用，是对不规范市场行为的纠偏，符合社会主义高等教育的特征和发展规律。

四、中国化马克思主义对高等教育的领导地位

新中国成立以后，马克思主义占领了高等学校的思想政治阵地。特别是进入改革开放新的历史时期以来，高等教育以马克思主义、毛泽东思想、邓小平理论和"三个代表"重要思想为指导，深入贯彻科学发展观，不断采取有力措施，加强对高等学校工作的领导和指导，使各项工作适应改革开放和社会发展的新形势，收到了显著成效。因此，中国高等教育以中国化马克思主义的理论成果为指导思想，这是由中国社会的意识形态决定的。

坚持马克思主义在高等学校的领导地位，一是要着眼于社会主义现代化建设大局，主动为

经济建设、社会发展和文化繁荣服务，系统研究现代化建设事业对各类人才的需要，为提高我国的综合国力和国际竞争力做出更多更大的贡献，这是中国高等教育的历史使命，主要表现在把握高等教育的社会主义方向。二是要立足于大学生政治信念的树立，综合素质的培养，专业知识的学习，使他们学会做人、做事、做学问，培养有坚定的社会主义立场、有高尚的思想道德修养、掌握专门科学文化知识的各类高级人才。其核心问题就是如何增强马克思主义理论教育在高校的针对性、实效性和吸引力。

《中共中央国务院关于进一步加强和改进大学生思想政治教育的意见》说，随着改革开放的不断扩大，西方资本主义腐朽思想观念不可避免地侵入我国，在社会政治、思想、文化等领域产生了一些消极影响。因为我国正处在一个大改革、大调整、大发展、大变化的重要历史时期，思想文化领域也面临着种种复杂情况。随着社会经济成分、组织形式、就业方式、利益关系和分配方式日益多样化，人们思想活动的独立性、选择性、多边性和差异性也日益增强，社会思想空前活跃。各种思想观念相互交织，各种文化并存，各种矛盾错综复杂，社会意识出现多样化趋势。这种变化趋势从整体上讲是积极的，为青年学生的全面发展创造了更加广阔的空间，与社会进步相适应的新思想、新观念正在丰富着青年学生的精神世界。但在这个过程中，非马克思主义的思想意识也有所滋长，甚至出现了一些否定马克思主义的错误思想观点。面对意识形态领域的复杂形势、青年学生求知的需要，马克思主义在高等学校的领导和指导作用越来越具有现实的紧迫性。

经济发展、社会进步和文化繁荣对大学生提出了更高更严的要求。大学生也具有全面提升个人素质的强烈内在需求。随着世界科学技术的突飞猛进，综合国力竞争的日趋激烈，社会对人才素质的要求也越来越高。高素质的人才，既要有较高的科学文化素质，健康的身体素质和心理素质，更需要有良好的思想政治素质。思想政治素质是大学生最重要的素质，对其健康成长和全面发展起着不容忽视的决定作用。大学阶段是人生发展的重要时期，是世界观、人生观、价值观形成的关键时期。在这一时期，大学生在人格上将逐步确立自我，摆脱对家庭和父母的依赖。对于他们来说，完成这一人生途中的重要转变并不是一帆风顺的，他们在成长过程中难免会遇到各种困难和矛盾，产生各种困惑和问题，这些问题从根本上讲是世界观、人生观、价值观的形成与确立问题。

五、中国高等教育的科学发展

刚刚闭幕的党的"十七大"，进一步强调要增强自主创新能力，建设创新型国家。高等教育的科学发展，要紧紧围绕这个核心，抓住机遇，努力开创新局面。走中国特色高等教育之路，就要创新高等教育观念和模式，深化教学改革，培养具有创新精神和实践能力的各类专门人才，坚持产学研相结合，推进科技创新，为经济社会的发展服务；促进哲学社会科学的繁荣和发展，为物质文明、精神文明、政治文明、社会文明和生态文明提供强有力的思想和智力支持；积极探索、建立适应新世纪新阶段社会形势且充满创新活力的管理制度，依法治校，强化管理，从严治教，规范办学。

教育部领导同志认为，我国高等教育事业实现了快速稳步发展，已经从精英式教育转入大众化教育阶段，为社会主义现代化事业培养了大批高素质的专门人才；高等教育管理体制改革和布局调整基本完成，教育理念不断进步，教学改革也取得显著成效，高等教育在科技创新和为经济社会服务方面的实力进一步增强，科技成果转化取得新的进展，高等教育与市场经济的关系更加密切；马克思主义对高等教育的领导地位得到巩固和加强，哲学社会科学事业的发展势头良好；国际合作和交流日益广泛，促进了我国高等教育的国际地位不断提高。但是，就目前情况来看，我国高等教育还面临着一系列矛盾和困难，例如盲目追求扩大办学规模，人才培养方面存在薄弱环节等。深化改革的任务还相当艰巨，涉及学校健康发展的问题还比较突出。教育部领导同志强调，质量是高等学校的生命线，必须切实把高等教育工作的重点放在提高质量上，着力培养学生的社会责任感、实践能力和创造精神。当前高等教育要着力抓好以下工作：一是加快学科布局和专业设置调整；二是深化教育教学改革；三是推动高校人才培养与科技创新紧密结合；四是提高教师队伍的整体素质；五是形成良好的学风、校风；六是建立和完善高等教育质量检查体系。

高等教育的发展，必须与经济社会发展相协调，这是科学的高等教育发展观的重要内容。一方面，高等教育要受一定社会政治、经济、文化的制约；另一方面，高等教育又为一定的政治、经济、文化的发展服务。高等教育的产生与发展都同其他社会因素有着密切的联系，其中具有决定意义的是与当代社会的政治经济制度和生产力之间的联系、与人们思想观念的联系。这种联系一方面表现在社会的政治经济制度和生产力制约着高等教育的发展；另一方面表现在高等教育对社会的政治经济和生产力所具有的反作用。

经济社会是一个十分复杂的结构，需要各种类型、各种层次的高级专门人才，要特别重视对我国国情的全面认识。目前我国的经济和社会发展不平衡，对人才的需求非常复杂多样。高等学校需要分类发展、协调发展、规范发展，才能与经济社会发展相适应，才能实现各种资源的合理配置和有效利用，推动高等教育的科学发展。高等教育应准确定位，办出特色，提高水平，从而实现高等教育的多元化、多样化。

加快交叉学科建设　提升高等院校科研创新力

刘　丰①

党的十七大报告中明确指出:"推进学科体系、学术观点、科研方法创新,鼓励哲学社会科学界为党和人民事业发挥思想库作用,推动我国哲学社会科学优秀成果和优秀人才走向世界。"从一个前所未有的高度,明确了我们开展人文社会科学研究应该领受的重要任务。贯彻党的十七大精神,用宽广的视野和创新的理念引导学科间交叉,促进学科创新,孵化和寻求新的学科增长点,从而推动人文社会科学的繁荣与发展,已经成为我们理论与方法创新的关键点。

一、交叉学科含义及其特点

对于交叉学科的含义界定,常用的定义有两种:其一,交叉学科是以单学科或多学科结合为表现形式的由两门或两门以上的学科相互渗透、融合而成的综合学科;其二,交叉学科是指这样一种学科群,即在自然科学、社会科学和技术科学各学科之间,通过各学科的理论、观念和方法的"相重""共振""融合""吸附"和"潜入"等过程而产生的新兴交叉性学科群。尽管两种概念诠释的逻辑侧重点各有不同,但其共同点在于"两门以上学科的集合、学科之间的逻辑交结点"。简而言之,所谓交叉学科,"是有相对集中的学科研究背景下由两门或两门以上学科融合而形成的一种新的综合理论或系统学问。",它的关键是"有机融合",即两门或两门以上学科间内在逻辑关系的联结和渗透,从而形成的一门新的综合理论或系统。

交叉学科作为新兴学科,与传统单一学科相比较,有其自身特征,表现在以下几个方面:

综合性。对于交叉学科的研究,通常需要两门及两门以上学科之间的"有机融合",无论从交叉学科知识结构而论,还是就其研究活动的形式而言,交叉学科基本上是自然学科、社会科学和技术科学等学科观念、理论方法的高度综合运用,是学科间协调互动解决问题的一个平台和方法。

创造性。单一学科的发展,绝大多数是在原有理论基础上的替代,如新理论替代原有理论、新技术弥补替代旧技术等,而交叉学科通常表现为独特的综合性,有别于传统学科的单一性,这种综合性恰恰是多学科之间"交叉点"间的相互渗透和融合,从而诞生和创造新的学科增长点。

---

① 刘丰:西北大学博物馆正处级调研员,研究员。该文原载《技术与创新管理》2009年第6期。

实用性。交叉学科之所以发展，是由于其面临的问题常常是极其复杂的社会问题。这种社会问题的研究与一般的单学科所面临的知识应用是截然不同的，必须需要综合运用诸多学科的相关知识体系，来研究必须要回答和解决所面临的问题。可以说，交叉学科的实用性是交叉学科赖以生存和发展的决定性因素，不能有效解决重大问题的交叉学科研究必然被淘汰。

相对独立性。可以说，交叉学科并不是消极依赖于母体学科，而是通过有效整合后形成的自身发展系统。

二、发展交叉学科的必要性

首先，交叉学科是构建学科创新体系的关键。系统论认为"一个原理平衡态的开放系统，要形成高度有序的结构，并产生系统功能的放大，必须与外界或其他系统进行物质与能量的交换，即输入负熵流。"人文社会科学研究本身就是一个系统性工作，并且是一个开放性的系统。同时，由于学科间差距的存在，整个学科发展系统呈现一种非平衡的态势，这就意味着，任何一个学科要想形成有序的学科发展体系，实现学科自身发展的"利益"最大化，必须借助于学科之间的"科间"流动，达到学科的相对平衡发展，即学科间的协调良性发展。

在现代社会，传统学科的单科性在诸多方面显现出自己的局限性，而学科交叉和创新，则为新兴学科的增长提供了广阔的空间。学科交叉意味着突破传统单学科发展的范畴，交叉点为传统学科提供了新的研究方向和发展途径。通过学科间交叉，促进学科创新，通过学科创新促进学科发展并以此来孵化和寻求新的学科增长点；同时，学科交叉又诱导和诞生新的学科方向，在这个方向中将逐渐构建有别于传统学科的知识体系。"能够为学科创新提供富足的养料，不同学科之间的交叉本身就会酝酿新学科的诞生。"

其次，交叉学科是现代社会经济发展的需要。现代社会，伴随着经济的快速发展，人类将更加关注人生问题、环境问题、生态和能源问题。这些问题的解决绝非单一学科能够回答和解决，需要通过打破传统单一学科壁垒，整合各种社会资源，组织一批具有竞争实力的、跨学科的创新科研团队和研究群体，瞄准全局性、战略性问题，集聚团队跨学科优势和科研力量，为社会经济的发展做出积极贡献。

再次，交叉学科是高校自身发展的需求。高等院校不仅是知识创新的基地，又是国家创新体系的核心，发挥着科学研究、人才培养、社会服务和文化引领等主要功能，对推动当代中国经济社会发展发挥着巨大作用。但是与许多先进国家和地区的高等院校或者研究机构相比，我们还存在着不小的差距，唯有通过积极有效的创新机制建设方能缩小差距，尤其要重视交叉学科的建设。

在高等院校学科发展中，随着现代科学的技术的进步，知识在经历高度分化之后又呈现出高度综合的态势，传统学科已经不再固守自己的研究范畴，各学科之间多层次的学科渗透和交叉使得严整的传统学科界限不再明显，高度综合化、系统化、整体化和交叉化成为高校学科建设的主流趋势。不同学科之间的交汇融合不仅为传统学科拓展了新的发展空间，同时也孕育了新的学科，不仅应社会发展的需要解决了现实问题，同时还主动为社会服务，促进了高等院校自身的发展。

三、交叉学科发展的可行性

1. 发展交叉学科符合高等院校办学理念

当前,创办"综合性、研究型、开放式"办学模式是"21世纪一流大学的必然选择"。"综合性"既不是学科专业简单相加,也不是简单低水平扩大模式,而是多学科多方面的交叉。有交叉综合,才有深层创新"研究",才能更大程度的"开放"。曾经有位学者指出"大学之所以'大',不在于规模,而在于思想。"高等院校通过学科间交叉,为思想火花的碰撞提供了可能,而思想之树"常青",则正是大学存在的根本。

2. 高等院校为交叉学科发展提供人才储备

高等院校具有较多的学科专业,拥有多学科专家学者,建设有综合性的科研机构,设有综合性科研管理部门,并有大量跨学科专业的研究生,都为交叉学科思想、成果和队伍的形成提供了潜在可能。

3. 高等院校具有交叉学科发展所需的硬件支撑

交叉学科研究是一个动态过程,随着研究的逐步深入,交叉学科对人员的配备和仪器的使用,在不同研究阶段都有不同的要求,这就决定了交叉学科研究应尽量多聘用兼职人员和使用现有的仪器设备。而高等院校现有的图书资料和仪器设备,为交叉学科的进行提供了硬件支撑。

综上所述,高等院校具有开展交叉学科研究的有利条件,然而,就目前的现状而言,交叉学科发展还存在着一些困难,其原因在于:第一,传统学科保护主义,学科本位思想严重。第二,跨学科学者缺乏学科归属感。第三,多学科之间交叉的也是学术交叉,而非思想上的"交叉"。第四,从我国高校人文社会科学学科交叉的现状来看,人文社会科学或自然社会科学内部的交叉较为容易,而文理结合的跨学科研究与磨合推进起来就比较困难。

四、学科交叉的实现,以文化遗产管理与考古学研究中心为例

为了适应国家文化遗产保护事业发展的需求,西北大学在全国率先确立了建设和发展文化遗产保护学科的目标,成立"文化遗产与考古学研究中心"。该中心通过组建科研团队和夯实科研创新平台、重大项目孵化和培育、人才培养等措施促进了学科交叉,并通过学科交叉,促进学科专业适时调整和优化,更好适应了教育、科技、经济发展的社会需求,自身也得到快速的发展。

"文化遗产与考古学中心"的诞生是融汇自然学科和人文学科两大学科的一个成功集成。从文化遗产本身来讲,其自身具有的历史文化价值、艺术价值和科学价值,通过有效保护和利用,又可实现其社会价值和经济价值。因此,文化遗产保护学科包括价值认知、价值保护、价值实现三位一体的支柱体系。文化遗产价值认知体系,涵盖历史学、考古学、民族学、民俗学、美学、艺术学等学科的研究方法和成果,其中考古学是物质文化遗产价值认知体系的主要基础,各种现代科学技术为文化遗产价值认知提供了先进的方法和手段;文化遗产价值保护体

系包括技术保护和管理保护两个重要方面,化学、物理学、生物学、材料学、环境学等学科是技术保护的基础,管理保护需要管理学、社会学等学科的支撑;文化遗产的价值实现需要社会学、经济学等学科的支撑,而文化遗产管理又是实现其社会价值和经济价值的关键。因此,文化遗产保护学科具有文理工交叉、多学科融合渗透的显著特点。

优化配置学校各种资源,创新科研组织形式。该中心以"文化遗产研究与保护教育部重点实验室"为校内多学科协作构筑平台,与历史学、地质学、化学、物理学、生物学、计算机科学、经济学、管理学等校内相关优势学科建立密切协作机制,通过实验室和图书资料室互相开放、合作策划和承担科研项目、联合进行科研攻关、联合进行创新人才培养等方式,有效实现人才、技术、设备资源共享。并取得了一定研究成果。

整合人才资源,组建科研团队。中心现已组建由首席专家组成的跨专业学科的科研团队,利用不同学科背景的研究成员在思想方法上相互启发,研究灵感的相互"碰撞",不同专业技能成员在科研中相互配合,产生单一的科研工作者在独立从事科研活动中所达不到的效果,最终实现"这种整合优势不是数量上的'人多势众',而是质量上的系统整合效应。"中心已建成了一支具有多学科学术背景、年富力强、业务水平较高、学术梯队完善的专业研究团队,团队现有教师和研究人员35人,无论从团队成员学科背景、学历、年龄结构,还是职称结构来分析,都达到了"帕累托最优"组合。

加强与企事业单位密切合作,为学科交叉储备人力资源。中心通过吸引和培养高层次人才、整合校内外教师资源、委托培养和选派青年教师进修学习、选留优秀毕业生和鼓励在职攻读博士学位等方式,不断提高中心研究人员的综合素质。建立了多个稳定的教学科研实习基地,为我国文化遗产保护工作培养了一批跨学科综合人才;采取校外引进与校内培养相结合、国内培养与出国进修学习相结合方式,重点培养具有交叉学科背景的青年学术骨干。中心坚持"走出去、引进来"的人才培养理念,为学科交叉研究工作的开展储备了人才资源。

建立开放机制。我国是遗产大国,经过多年的研究,在文化遗产总体资源的时空分布、特征和价值认识等基础研究方面取得了许多重要成果,但与发达国家相比,还存在着文化遗产保护的科技资源和人才分布不合理的问题,基于以上考虑,中心一方面加强与国家文物局和西部各省区文物行政管理部门及文化遗产科研机构的战略协作关系,有效利用西部地区的文化遗产资源,实现文化遗产保护科技资源和人才资源的共享与交流,形成西部地区文化遗产保护研究和人才培养的核心平台;另一方面,进一步加强与中国社会科学院考古研究所、中国文化遗产研究院、北京大学、英国伦敦大学、美国圣地亚哥州立大学、意大利东方大学、日本同志社大学等国内外大学和研究机构的学术交流,开展合作研究,提高研究水平,扩大本学科在国内外的学术影响。

"文化遗产与考古学研究中心"通过组建科研团队和夯实科研创新平台、重大项目孵化和培育等措施促进了学科交叉,并通过学科交叉,促进学科专业适时调整和优化,取得了可喜的科研成果,同时为学科交叉的进一步开展奠定了坚实的基础。

西部地方高校：怎样光大传统特色学科

常 江①

近期，教育部下发了关于 2009 年质量工程立项项目的通知，西北大学地质学系赖绍聪教授领衔的"晶体光学与岩石学教学团队"顺利入选，这是继 2008 年张云翔教授领衔的教学团队之后入选的第二个国家级教学团队，赖绍聪教授本人也被评为国家级教学名师，地质学系申报的"地质学研究型人才培养新方案"成果荣获第六届高等教育国家级教学成果奖。自"高等学校本科教学质量与教学改革工程"（通常所说的"质量工程"）实施以来，西北大学地质学系屡获殊荣。2007 年，教育部首次开评地学领域国家实验教学示范中心和国家特色专业，西北大学地质学实验教学示范中心即获评成为国家级实验教学示范中心，地质学专业和资源勘查工程专业成为国家级第一、二类特色专业。近年来，地质学系有三门课程入选了国家精品课程，先后获得国家教学成果奖一、二等奖共 5 项。地质学系同时担任教育部地球科学教学指导委员会主任委员单位和国家级地学实验教学示范中心学科组组长单位。

——地质学系先后获得国家自然科学奖一等奖、二等奖，长江学者成就奖一等奖，陕西省科学技术最高成就奖以及省部级一、二等奖 20 余项。研究成果先后 2 次入选"中国十大科技进展"，2 次入选"中国十大基础研究新闻""中国高校十大科技进展"。

——在国家重点学科的评估考核中，西北大学地质学学科成为一级学科国家重点学科，矿产普查与勘探学科成为二级学科国家重点学科，是国内仅有的同时拥有理科和工科地质国家重点学科的两个单位之一。

——地质学博士后科研流动站于 2005 年获得"全国优秀博士后科研流动站"，是全国地质学领域唯一获此荣誉的博士后科研流动站。

——先后有 5 篇博士学位论文获得全国优秀博士学位论文，1 篇获得全国优秀博士学位论文提名论文。

作为一所偏处西部欠发达地区的地方院校的系科，西北大学地质学系缘何能在学科建设等方面均取得丰硕的成果并在竞争中脱颖而出？

---

① 常江：西北大学副校长，研究员。该文原载《科技日报》2009 年 12 月 22 日 7 版。

一、突出特色："有所为，有所不为"

"有所为，有所不为"是历任地质学系班子的发展思路。以有限人力、物力、财力，坚持在一脉相承的基础上重点突破。与创系之初相比，地质学系今天的学科布局没有大的变化。著名地质学家张伯声院士的"波浪状镶嵌构造学说"被公认为我国大地构造研究中的一个独立学派，张国伟院士领衔的研究团队潜心于前寒武纪和大陆造山带前沿特别是秦岭造山带的研究，不断取得突破性进展，使得西北大学构造地质研究在国内学术界独树一帜。古生物学研究方面，从霍世诚先生对高肌虫的系统研究，到薛祥煦教授在新生代古脊椎动物及地层的研究、沈光隆教授对中国古植物地理区系进行新的划分，再到舒德干教授在早期生命演化和脊椎动物起源领域研究，始终占据着研究高地。盆地地质与油气地质研究方面，赵重远教授早在20世纪60年代创立了"含油气盆地地质学"新学科，刘池阳教授更是在多种能源富集共生共存成藏方面取得新认识，使得地质学系在油气勘探理论方面形成自己的特色。第四纪地质研究方面，王永焱教授与刘东生院士等老一辈科学家一道对黄土进行了开创性的研究，回答了黄土原始物质来源这个长期争议的问题，岳乐平教授在防止荒漠化、减灾防灾方面开展了卓有成效的工作。同样的思路也体现在大陆动力学实验室的发展过程，从无到有，从小到大，始终坚持"有所为有所不为"，力争发展成为国内外激光等离子体质谱分析和研究的中心。目前，该实验室连续10余次在全球国际地球化学分析水平测试中名列前茅，推动了激光等离子体质谱在我国的发展及赶超国际先进水平。

二、明确目标：建设"五星级"院系

20世纪90年代，地质学系形成共识，通过十年的努力把地质学系建成同时拥有国家重点学科、国家基础学科科学研究与教学人才培养基地、国家重点实验室、博士学位一级学科授权点、国家自然科学奖一等奖五方面成果的"五星级"院系。"五星"涵盖了学科建设的各个方向。1993年，地质学系即获准设立地质学国家基础学科科学研究与教学人才培养基地，开启了发展"机遇之门"，在迄今为止的三次国家基地检查评估中，地质学基地均被评为"优秀基地"。以此为契机，地质学专业和地质资源与地质工程专业于1998年和2000年先后获准理学和工学博士学位一级学科授权。2003年，地质学系舒德干教授因其在早期生命科学领域所取得的卓越成果获得国家自然科学奖一等奖，这是陕西省迄今为止唯一获得的国家自然科学奖一等奖。2005年，大陆动力学实验室获准进入国家重点实验室建设行列，2007年底又以优异的成绩通过了国家验收。2007年，地质学学科和矿产普查与勘探学科分别被评为一级和二级学科国家重点学科。地质学系作为国内地质学教学科研中心之一的地位得到进一步巩固，几代地质人梦寐以求的"五星级"院系夙愿得以实现。

三、抓研究水平：策划实施重大科研项目

地质学系始终坚持面向学科前沿，国家重大资源、能源和社会可持续发展的需求，以重大

科研项目为依托，以取得重大科研成果为标志，形成了更加合理的人才梯队和创新研究团队，力争成为特色鲜明、国内一流、若干领域达到国际先进水平的地学研究和高级人才培养基地。通过解决国家级重大科研难题，地质学系的科研规模和研究水平不断迈上新台阶。早在1992年，张国伟教授就联合全国15所大专院校、科研院所的150多名专家学者，主持承担了国家自然科学基金委"八五"重大基础理论研究项目"秦岭造山带岩石圈结构、演化及其成矿背景"的研究，获得教育部科技进步奖一等奖和国家自然科学奖二等奖。舒德干教授领衔的"创新团队"首次揭示出了"寒武纪大爆发"的全貌轮廓，并在后口动物谱系的起源、脊椎动物和棘皮动物等重要门类的实证研究和演化探索上取得突破性进展。先后在 *Nature*、*Science* 等国际一流学术期刊上发表论文12篇，获得了2003年国家自然科学奖一等奖和2004年陕西省科学技术最高成就奖。特聘教授高山围绕中国大陆构造及其动力学、壳幔交换作用等关键问题进行了新的系统解剖研究，相关成果发表在 *Nature* 上。刘池阳教授于2003年获得国家"973计划"项目立项，提出了"多种能源矿产共存成藏（矿）机理与富集分布规律"的思想。张国伟院士承担中石化重大前瞻性海相油气综合基础地质研究项目，将为国家战略决策与能源接替做出新的贡献。

四、抓团队建设：打造一流师资队伍

保持优秀的教师阵容是大学的核心。历届地质学系领导班子都把师资队伍建设，特别是把青年教师队伍建设当作头等大事来抓。地质学系通过一系列严格程序选拔教师人才。注重机制创新，地质学系在高年级本科生中选拔"后备师资"，选拔出来的"后备师资"交由系里的科学家和一流学者指导培养，通过本科生—研究生贯通，力求培育出理论基础扎实、学术视野开阔、科研能力突出的青年学者。近年来，不断从海外学者、杰出系友和有良好协作关系的单位中吸引和选拔优秀人才，定期聘请国内优秀中青年学者为校内特聘教授来校任教、开展实质性的合作研究并参与实验室建设。以科研为纽带的团队建设，是地质学系师资队伍建设的一大特色。地质学系提倡合作共事，凝聚学科方向，整合学科实力，组成多学科配套、优势互补、老中青结合、梯队结构合理、富有朝气活力的学术团队。根据学科发展和科学研究的总体需要，逐步形成了构造地质学、古生物学、石油地质学、第四纪地质等多个学术团队。这些团队不仅具备了承担国家重大科研项目和解决科学关键问题的能力，更使得兼具献身精神和创新能力的一流人才不断涌现。

五、抓教学质量：建立创新型人才培养模式

教学质量是地质学系建设和发展的"生命线"。地质学系紧密依托基地建设，建立了完整而有特色的本科生—研究生贯通培养体系，全面推进"研究性教学改革和创新型人才培养工程"，成为学校教学改革实践的"排头兵"和"示范田"。地质学系在课程教学中全面培养学生全新的地学观及综合分析问题、创新性能力，结合实践教学上地域关联特性，多学科交叉融合，实施行之有效的科学管理，培养宽口径、高素质、具创新精神的地学基础人才。高层次科

研人才培养从本科生抓起，实施导师制和创新基金研究计划，筛选出有培养潜力的苗子；硕士阶段稳定研究方向，注重科研能力培养；博士阶段发挥整个学科的指导作用，重点放在创新能力的培养。为规范研究生培养过程、提高研究生培养质量，地质学系出台了《西北大学地质学系研究生培养细则》，细化、量化研究生教育的各个培养环节。实践证明，这种模式的实施，使得学生培养质量不断提高。本科毕业生一次就业率连续10年达到100%，考研率连续8年在60%以上，先后有5篇博士学位论文入选"全国百篇优秀博士学位论文"。在教育部提出实施"质量工程"的当下，这样的探索和实践具有举足轻重的意义。

六、紧贴国家需求：实现自身发展

新中国成立之初，地质学系创办了中国第一个石油地质专业，为国家培养了大批急需的石油地质专业人才。一段时期内，全国14个大油田中，有13个油田的局长或总地质师出自西北大学地质学系的毕业生，成为实至名归的"石油战线上的黄埔军校"。20世纪80年代中期，西北大学率先同石油工业部签订了联合办学协议，拉开了新时期高校改革的序幕，极大地缓解了我国石油地质行业人才紧缺的状况。近年来，为适应国家创新战略调整，西北大学与陕西延长石油集团签署全面合作协议，共同组建了"中国特低渗油气田勘探开发研究院"和人才培养基地，为延长油田提供技术支撑和智力资源。当能源危机、地质灾害、环境污染等日渐成为国家国民经济建设和社会可持续发展的瓶颈，地质学系再次把自己的发展机遇与国家目标紧紧相连，承担了大量解决国家能源战略问题的科研课题。同时，以西北地区为主要研究基地，在工程地质灾害及其环境影响、黄土动力学及黄土滑坡、多年冻土变化对公路路基稳定性影响等方面取得突出成果，为郑—西高速铁路，青藏、川藏公路等重大工程提供了决策依据。此外，地质学系还首次为国土资源部提供了中国北方荒漠化数据，发现中国北方大量湖泊干涸造成的裸露湖床是沙尘暴的重要物源区，提出荒漠化治理的新思路。

重点突破带动整体提升　大力推进特色学科发展

方光华①

胡锦涛总书记在清华大学百年校庆重要讲话中指出,重点学科建设是提高高等教育质量的基础。然而,地方高校尤其是西部地方高校,如何推进学科建设,推动整体办学层次的提升,仍然面临不少困难。西北大学是地处西部的综合性大学,最近几年,经过国家"211工程"建设与省部共建,依托区域资源,形成学科特色,以重点突破促进了学科建设的整体提升。

一、解剖"一座山",发展地质与生命学科

秦岭山脉不仅是我国地理上的南北分界线,也是"动植物的天然王国"。进行秦岭山脉的地质构造研究,合理保护与科学开发秦岭生物资源,西北大学具有得天独厚的地理区位优势。早在20世纪80年代,学校地质学科就开始致力于秦岭造山带形成和演化等方面的研究,在秦岭深处建立了调研考察基地、综合教学实践基地等,开发整理了秦岭造山带研究方面具有典型意义的"秦岭大剖面",并利用秦岭造山带成矿背景研究方面的相关成果,对陕南地区资源能源普查与勘探进行了探索。近年来,地质学科又将研究视野由陆相地质延伸向更加广阔的海相地质,开展了海相油气资源前景研究,获得了中石化1.5亿元的战略性重大基础理论研究项目。

生物学科抓住秦岭动植物资源的多样性特点,长期关注秦岭动植物资源的研究、保护与开发。在野生濒危动物保护方面,在秦岭腹地建立了我国第一个金丝猴野外研究基地,并在金丝猴种群研究方面取得了一系列国内首创的研究成果。近年来,又积极进行秦岭中草药及后续产业链开发研究,已经开发出用于治疗肝炎的国家一类新药"秦龙苦素"和治疗心血管疾病的五类新药"黄姜素胶囊",并成功实现技术转让。目前正在开展利用其他秦岭中草药为原料的多个候选药物的研究。

由于鲜明的资源特色和较为丰硕的研究成果,西北大学地质学科成为一级学科国家重点学科,矿产普查与勘探、植物学成为二级学科国家重点学科,并建设了大陆动力学国家重点实验室、国家微检测工程技术中心、西部资源生物和现代生物技术教育部重点实验室,地质学、生物学国家基础人才培养基地等高水平教学科研平台,在此领域先后获得国家自然科学奖等一系

---

① 方光华:西北大学原校长,现任陕西省副省长、省工商联主席,教授。该文原载《中国高等教育》2011年第Z2期。

列成果与荣誉。

二、治理"一条河",发展地理与环境学科

渭河是中国大动脉黄河水系的最大支流,滋养着八百里秦川大地,孕育了古老的周秦汉唐文明。渭河的生态状况关系着秦地生民的生活环境状况,更关系着母亲河黄河的生态状况。在渭河流域综合研究方面,地理学科与环境学科充分发挥在区域可持续发展研究、人口—资源—环境系统耦合等方面形成的研究传统,近年来主持完成的《陕西省主体功能区规划》,对以渭河为主轴的关中板块主体功能区进行了科学规划,提出了以渭河、关中环境保护为前提,发展高新技术为主的新思路。目前,该规划已经陕西省政府讨论通过,成为指导陕西经济社会发展的蓝图。针对渭河流域污染严重的现状,该学科牵头制定了"渭河水污染防治与水资源开发利用规划",进一步明确了关中、渭河总体治理的核心理念,成为陕西省政府治理渭河的行动纲领,推动了地方经济的可持续发展。

三、建设"一个家园",发展史学与文学学科

陕西是中国文明的发祥地之一,长安是中华文明的精神家园,周秦汉唐文明构建了中华古代文明的骨架。西北大学地处中华周秦汉唐精神文化发祥地,经过百余年的积淀和数代学人的努力,在哲学社会科学基础研究领域名家辈出、成果丰硕,形成了周秦汉唐文明研究、理论经济学研究和世界史研究等一批特色学科。在挖掘中华民族精神遗产方面做出了一定贡献,学科特色和整体实力得到了显著提升。

学校的史学、文学等学科长期致力于中国传统文化,尤其是陕西周秦汉唐文化的发掘整理,在"中国思想史""周秦汉唐文明""唐代文学"等方面享有较高的学术声誉。组织撰写的《中国历史》《中国思想史》《中国思想学说史》《中国传统文化》《中华人文精神》等先后荣获国家教学成果奖、中国高校人文社会科学研究优秀成果奖等多项殊荣。近年来,学校着力在陕西地域文化挖掘整理方面加大力度,特别是在今年又启动了两部大型丛书《关学文库》与《陕西古代文献集成丛书》的编撰工作。此外,学校充分发挥其学科特色,连续多年承办陕西省政府委托的清明黄帝陵公祭之"黄帝与中华文化"高层学术论坛,先后主办了第二届中国经学国际学术研讨会、中日鲁迅研究学术研讨会等学术交流活动。这一领域的众多专家学者参与了大型纪录片《大秦岭》《大关中》的制作,组织编撰大型丛书《陕西通史》《话说陕西》等,在保护和构建周秦汉唐文明精神家园方面发挥了积极作用。

四、打通"一条路",发展考古与文化遗产学科

长安是古代著名丝绸之路的起点。丝绸之路在沟通中国与西方的文明交往中曾经发挥了不可替代的桥梁作用。西北大学是国内最早建设考古学、文化遗产保护学和博物馆学的高校之一,并率先从文化遗产的价值认知、价值保存、价值实现三个层次有机结合的理念出发,构建了文化遗产研究(考古学)、文化遗产保护(文物保护技术)、文化遗产管理三位一体的文化遗

产学科体系，建成了特色鲜明的文化遗产学科。同时，学校在20世纪60年代成立的中东研究所，也是国内中东和西亚北非问题研究的重镇，在中外文明交往理论等方面取得了一批具有重要影响的学术成果。

长期以来，学校考古与文化遗产学科对西部文化与中国文明起源的关系、周秦汉唐文明以及丝绸之路上的文明交往进行了艰苦探索。"新疆巴里坤东黑沟遗址发掘"等连续三年获得"全国十大考古新发现"。承担的"东天山地区古代游牧民族大型聚落遗址考古与文物保护"项目2009年获准国家大遗址保护专项资助，是国内高校人文社科研究领域获得经费资助数额最高的项目之一。近年来，考古与文化遗产保护学科逐渐将研究重点从个案的发掘整理拓展到宏观视野的对"丝绸之路"沿线文明交往的整体考察，并将其学术视野拓展到中亚游牧民族文化遗产保护方面，与中亚等国家合作举行了多次高层学术论坛。"丝绸之路"考古与申遗已成为学校考古与文化遗产保护学科的重要特色。

五、依托"一个原"，发展地质工程与能源化工学科

陕北黄土高原，有着世界上最为深厚的黄土层。陕北独特的梁塬峁黄土地貌，历来是国际黄土研究者梦寐以求的宝库。近年来在陕北黄土高原发现的储量丰富的煤油气等能源资源，又使陕北成为国内能源资源勘探开发的焦点和我国重要的能源资源战略接续基地。同时，在陕北这一自然生态环境本身就比较脆弱的地方，如何寻求资源的科学开发利用与生态环境保护的平衡点，也是我们必须面对的重大现实问题。

在黄土研究方面，地质工程学科已经逐渐形成了以黄土动力地质灾害为主线的科学研究体系。其相关研究成果已经在"郑（州）—西（安）高铁""大（同）—西（安）高铁"等重大建设工程中得到应用，为国家带来了巨大的经济效益和社会效益。通过对陕北能源资源的科学开发与合理利用问题的研究，学校在矿产普查与勘探、能源化工以及环境治理等方面也形成了一批特色明显的研究方向。针对主体位于陕北的鄂尔多斯盆地油、气、煤、铀多种能源矿产共存，开发利用难度大，效益低等问题，学校主持承担了国家"973计划"重大专项，取得了一批重要研究成果。针对陕北石油资源一直面临的低渗、稠油、低产等特点，依托学校组建的"陕西能源化工研究院"，正在进行减少能源化工废气排放、二氧化碳气体的收集和封存以及利用二氧化碳提高采油率等方面的研究，直接与陕北能源化工基地建设技术需求实现对接。

同时，针对陕北煤炭大多富含挥发成分的问题，开展了一系列煤炭资源综合开发利用方面的研究，将为陕西煤化工产业可持续发展提供技术支撑。目前，该学科已经成为支撑陕北能源资源开发与利用的重要智力支撑与人才培养基地。同时，针对在陕北资源开发利用过程中产生的生态问题，学校利用现有力量，先后进行了立体化可持续生态修复与应用新模式构建、陕北地区环境容量、污染物排放总量控制及发展对策研究与建议、推广利用治沙作物长柄扁桃开发生产生物柴油及食用油等相关研究，得到地方政府的高度肯定和大力支持，已经初现成效。

六、借助"一个西部政策",发展经济、管理和高新技术学科

依托经济学、管理学等方面的基础研究优势,学校积极为西部经济社会发展建言献策。在"国家星火产业带""国家一线两带""关中—天水经济区"等方面提出的一些政策建议,已经反映在国家相关规划中。连续编纂的《中国西部经济发展研究报告(西部蓝皮书)》受到了广泛关注。尤其是在西部城乡经济社会一体化研究以及应急管理与社会保障方面的研究,得到了地方与国家的重视。

西安高新技术开发区是三大国家高新技术开发区之一,是西部特别是西北地区高新技术成果转化的重要平台。围绕陕西支柱产业,学校将物理学科、化学学科、生物学科以及计算机学科等基础理论学科方面的传统优势向应用领域延伸,使光纤光栅传感、现代生物医药、新型电能、风能材料以及数字媒体处理新技术等新兴研究方向得到快速发展,产生了一批在产业升级改造和结构调整方面具有重要社会与经济效益的技术成果,先后获得国家技术发明二等奖等多项殊荣,为能源勘探、医疗卫生、先进制造、软件生产等新兴产业的蓬勃发展发挥了重要作用。

学校紧紧围绕特色学科的内涵,依托百年名校历史上形成的传统、优势学科资源,南依秦岭、北临渭河与黄土高原资源,又坐拥周秦汉唐文明、丝绸之路起点的区位资源,借助西部大开发的政策机遇,坚持走特色学科发展之路,带动了学校的学科实力和办学水平快速提升。我们坚信,地方大学,特别是西部地方高校的发展虽然存在许多不利因素,但只要我们因地制宜,发挥优势,完全可以走出健康发展的道路。

弘扬学校文化传统　营造民主科学学术氛围推进学校学术水平提升

乔学光[①]

一、充分认识学术委员会的重要意义

一是学术委员会是顺应时代需要、完善现代大学制度的必然要求。《高等教育法》明确提出大学学术事务的组织形式是高校学术委员会,它是高校的主要权力组织之一。《国家中长期教育改革和发展规划纲要》也强调要把"完善中国特色现代大学制度,充分发挥学术委员会的作用"作为当前和今后一个时期的一项重要任务。按照教育部去年颁布的《高等学校章程制定暂行办法》的要求,近期,学校也已经着手启动制定西北大学大学章程。"学术"无疑将成为大学章程的核心关键词之一。此次学校重新修订的学术委员会章程,进一步明确了学术委员会的组织构建、职责权限和议事规则,就是要加强专家学者在学校学术工作中的主体地位,保障学校学术决策规范科学和学术评审公开、公正、公平。这也是我们贯彻落实国家有关高等教育大政方针,完善现代大学制度的重要举措。

二是学术委员会是建设高水平研究型大学建设的重要推动力量。去年,学校出台了中长期事业发展规划,召开了第十二次党代会。学校今后一个时期事业发展的指导思想、目标定位、发展战略、具体任务和建设指标、保障措施都得以进一步梳理和明确。特别是学校事业发展规划明确提出"质量提升、开放发展、改革创新"的发展战略,第十二次党代会明确了"质量立校、人才强校、文化兴校"的战略抓手,都突出了把全面提高高等教育质量作为学校建设和发展的主题。修订学术委员会章程,建立和完善新一届学术委员会,对学校学术事务进行咨询、论证、审议和决策,以学术质量、学术人才、学术文化建设来促进人才培养水平的提升、科学研究能力的增强、服务经济社会发展和推进文化传承创新,这是破解学校发展难题、实现事业新突破的必由之路和不竭动力,也是全面提高高等教育质量、建设高水平研究型大学的有力保障和重要推动力量。

三是学术委员会是实行依法治校、教授治学和民主办学的具体体现。实行学术委员会学术

[①] 乔学光:西北大学原党委书记,教授。本文节选自作者2012年4月18日在西北大学第七届学术委员会聘任仪式上的讲话,题目系编者据原文另拟。

评议、审议和学术决策咨询制度，充分发挥专家学者在学术决策和管理中的作用，是依法治校和制度创新的具体体现，是实践以学术为主导办学理念的制度保障。学校新修订的学术委员会章程，将学术委员会界定为我校"最高学术组织"，严格执行"管理岗位委员人数不得多于三分之一"的条款，突出了学术功能，强调了学术自治。章程同时还对学术委员议事规则、议事程序等进行了明确规范，并对委员会、分委员会、基层委员会的职责及关系进行了明确界定。这样做的目的，就是为了以制度规范促进学术发展，以学术自治促进学术繁荣，对营造宽松自由、公平公正、健康向上的学术氛围具有重要意义。

二、正确处理好几个关系

一是要正确处理党委领导、校长负责、教授治学与民主治校四者之间的关系。党委领导、校长负责、教授治学和民主治校是中国特色现代大学制度的核心内容，四个方面相辅相成、不可分割。党委领导下的校长负责制是高等学校的根本领导体制。教职工代表大会制度是"民主治校"的重要载体，它重在调动教职工的工作积极性，维护教职工的合法权益。教授治学，就是要充分发挥专家学者在学校学术发展中的重要作用。教授治学的主要形式就是通过学术委员会"治学科""治学术""治学风""治教学"。所以，从这个意义上讲，学术委员会也是高等学校运行机制的重要组成部分。学校党政工要充分尊重和自觉维护学术委员会在学校工作中重要的"治学"地位，在事关学校发展的重大问题上，认真听取学术委员会的意见和建议。各位委员也要切实发挥教学、科研、管理等方面的专长，积极参与到学科建设、人才培养、科学研究等重大事项的决策中来，从而实现民主治校，共同推动我校整体办学水平的提高。

二是要正确处理学校行政管理和学术管理的关系。学术权力虽建立在权威的基础之上，但需要通过制度予以确认和机制化，否则难以发挥影响。承认并尊重学术权力，就是要在学术管理活动中通过制度设计，给学术权力以应有的地位和权威，建立发挥其效能的制度保障机制，合理规范学术权力与行政权力各自发挥作用的领域、范围和程序，使二者在学术管理活动中建立一种有机合作与制约的关系。行政权力的依据是国家的法律法规或规章，它主要涉及教学、科研等行政管理工作，它要求自上而下地贯彻执行。行政权力的价值追求是保证教育方针和办学理念的落实，它的目标是维持学校的正常秩序，保障大学组织目标的实现。学术权力的依据除了法律法规外，更主要的则是学术规则和高等学校的办学规律，它的运作基础主要在于专业知识、学术水平和学术声望。

学术委员的职责归纳起来主要有四个方面：一是咨询。即充当学校发展的顾问，对学校事业发展、学科发展等大事进行咨询，提出建议或对策。二是论证。充当学校学术事务规划等专家，对学校学科建设、师资队伍建设、科学研究、人才培养和学科、专业设置规划等进行论证，提出修订意见与建议。三是审议。即充当学校学术事务裁判员，对学校学校学术工作具体方案，如职称评审办法等进行审议；对学术人才学术水平进行认定，如根据工作需要，对拟引进的优秀人才、拟聘请的名誉教授等进行学术评议；另外对学科建设、师资队伍建设、科学研究、人才培养和学科、专业设置工作及学术不端行为中有关的学术问题举报进行评判。四是沟通。即充当学校管理、行政与教师之间的桥梁,加强学校行政与作为学校主体的教师之间的联系,加强学校与外部学术团体间的交流合作等。可见,行政权力与学术权力是从不同的方面来开展学校管理工作的。因此,必须正确处理高校行政权力与学术权力的关系,形成校长负责行政管理工作、学术委员会负责学术事务的互相促进的良性的互动关系。

三是要正确处理学术建设与学术事务的关系。任何一所大学要可持续发展,人才是第一资源,是一切工作的关键。首先,各位委员要带头在自己的研究领域内百尺竿头更进一步。各位委员不仅要以追求真理的献身精神投身到科学研究中去,而且要致力于打造有影响力的学术团队,以团队建设凝练学科方向,构建学科平台,牢牢把握学科发展的战略主动权,争取取得更多的标志性成果。其次,要以主人翁的姿态参与学校的学术管理工作。只有教授自己治了学术,才有资格去治学校的学术;只有高水平的教授管理学术,才可能促进学校学术管理水平不断提高。各位是各个学科的骨干和带头人,又将参与到学校学术事务的管理工作中,如何定位好自身的角色,协调好二者的关系,是各位应该认真思考的重要问题。

三、进一步加强学术委员会自身建设

教育部近期出台的《关于全面提高高等教育质量的若干意见》,又进一步提出完善现代大学制度,发挥学术委员会在学科建设、学术评价、学术发展中的重要作用;发挥教授在教学、学术研究和学校管理中的作用。

一要注意推进学术管理的规范化。要充分发挥学术委员会在学术评价与学术批评中的权威作用,在学术审议、决策时,要坚持以人为本的理念,坚持客观、公正、公开、公平的原则,以尊重学术价值为基点,忠实地代表学术发展的方向,本着对决策对象负责的态度,通过令人信服的威信、影响、声誉,实施学术权力,正确引导和规范学术评价和学术批评。

二要完善校院两级学术委员会制度。一方面要建立健全学校学术委员会制度,明确学术委员会的职责与权限,确保专家学者参与学术事务决策的权力落到实处。另一方面,要进一步加强院系一级学术委员会建设,确保教授参与学术管理的权力落到实处,激发基层组织学术活力,提升学术创新能力。

三要注意规范学术权力表达的方式和程序。既要完善旨在保护学术自由的外在制度,又要培育以学术自由精神为核心的内在制度。同时,对于学术腐败或学术失范要严肃处理。在处理学术事务的过程中一定要注意规范约束自己的言行,科学合理的行使权利。各位委员要本着尊重科学、尊重规律、实事求是的科学态度,坚守学术良知,切实履行委员的职责。要带头遵守学术规范,努力做维护学术道德的楷模。

"双一流"背景下
地方高水平大学建设的认识与思考

汪 涛[①]

众所周知,上世纪末启动实施的"211工程""985工程",在促进中国高等教育快速发展的同时,在一定程度上出现了身份固化、竞争缺失、重复交叉等问题。国家最新启动的"世界一流大学和一流学科"建设(简称:"双一流"建设),能够有效打破高校的身份限制,强调绩效优先原则,以更为广阔的国际视野,构建更加开放公平的竞争环境,为地方高校争创一流、实现高水平目标提供了更多的选择性和可能性。

一、地方高水平大学建设的可行性分析

国家"双一流"建设的适时提出,为地方高水平大学的超越发展提供了更多可能性和选择性,有利于促进高等教育"百花齐放"格局的形成,标志着我国高等教育即将迎来追赶超越的新时期,更好地为国家战略和经济社会发展需求提供有力支撑。根据教育部官方网站数据,截止2015年5月21日,全国共有高等学校2 852所,其中普通高等学校2 553所(教育部属院校77所,其他部委所属院校32所,省属院校2 444所)。从数量来看,地方高校占全国普通高等学校总数的95.73%,地方大学(本科类)占全国普通高等学校(本科类)的91.14%。地方高校构成了我国普通高等教育的绝对主体,也应该成为"双一流"建设的主力军。"双一流"不仅仅是部属"尖子院校"的建设目标,更是广大地方高校的建设目标。从这个意义上说,如果没有一批地方高水平大学进入国家一流大学方阵,也就难以真正优化高等教育布局,不利于高等教育强国目标的实现。

首先,建设具有中国特色的一流大学和一流学科,必须坚持以区域特色为核心,提升文化自信和文化竞争力。中国的高等教育与中华文化密不可分,历史的积淀和时间的冲刷造就了中国31个省(市、自治区)独特的文化符号,各地区的文化符号融合创新,构建了中华文化的内涵。中国的高等教育根植于中华文化的土壤上,就要求我们以区域特色为中国特色的核心。而高等教育的区域特色,更集中的汇聚在地方高水平大学。地方高水平大学是该区域发展最为

[①]汪涛:西北大学发展规划与学科建设处处长,副研究员。该文原载《陕西社会科学》2016年第4期。

典型的大学，最容易和该区域对接，形成区域特色，以区域特色汇集成中国特色的"双一流"建设。

其次，建设具有国际视野的一流大学和一流学科，必须坚持将国际标准引入评价体系，走国际化发展道路。纵观汇聚最多世界一流大学的美国高等教育，以美国加州高等教育为例，一方面拥有三大公立高等院校，包括10所研究型大学（加州大学体系）、24所教学型大学（加州州大学体系）和119所社区学院（加州社区学院体系）；另一方面还有众多的私立大学和学院，如斯坦福大学。美国高等院校"多点开花"，其发展方向有一定的差异。而且，尽管不同高校资金支持来源不同，但美国公立和私立院校都得到较好的支持，得以全面发展，形成较为完善的高等教育体系。将美国高等教育经验与我国部属、省属高校发展实际相结合，充分表明众多地方高水平大学的存在，可以很好地补充和完善我国的高等教育体系。将国际公认的标准引入评价体系，指导地方高水平本科院校和专科院校的发展，有利于与国际接轨，吸收先进理念和经验，通过开放发展推进一流大学和一流学科建设。

再次，建设具有协同创新活力的一流大学和一流学科，必须坚持以服务区域和地方发展为目的，提升产学研的区域社会经济效益。地方高水平大学具有服务区域经济社会发展的得天独厚的优势，从人才输入、人才培养和人才输出的角度来看，地方高水平大学可以有效吸纳区域优质生源，利用平台建设和师资队伍提升人才科学研究水平，最终输出三部分成果：一是优秀毕业生人才，直接服务于该区域各行业；二是优质师资队伍人才，事实上，绝大多数地方高水平大学集中在相对贫困的中西部地区，地方高水平大学输出人才反向投入该区域等教育建设行列，这样能解决地方高水平大学难以从其他地区获得优质师资的困境，固化欠发达地区的人才队伍，形成良性循环；三是创新科研成果产学研结合的经济效益，创新驱动是经济社会发展的不竭动力，地方高水平大学推进"双一流"建设，可以形成一批一流学科，以地方高水平大学为"创新旋涡中心点"，带动区域"大众创业、万众创新"的步伐，以一流学科促进区域创新发展、以一流大学提升区域经济社会影响力，为国家全面建成小康社会提供有力支撑。

最后，从"双一流"建设资助模式看，以"总体规划，分级支持"为原则，鼓励"不同类型的高水平大学和学科差别化发展"，推动地方政府参与"双一流"建设，为地方高水平大学建设提供政策依据。国家"双一流"建设方案出台后，广东省明确提出，专门安排50亿元支持高水平大学建设。上海市出台的"高峰高原"计划，也加大对地方高水平大学的支持力度。此外，山东、福建、江苏、浙江、四川、山西、海南、甘肃、内蒙古自治区等省份也相继出台有关政策，大力支持地方高校建设。"双一流"建设拓宽了资金投入渠道，鼓励"多元投入，合力支持"，强调"完善政府、社会、学校相结合的共建机制"，适当鼓励"高校要不断拓宽筹资渠道"，吸收社会资源，推进自身"双一流"建设，支持渠道的拓宽政策，在一定程度上能够缓解分级支持下，地方高水平大学过分依赖地方财政的困境，也为高校多样化、差异化发展提供了可能。

二、地方高水平大学建设的路径思考

从高等教育发展现状来看，地方大学在资源获取、经费投入、政策倾斜等方面，历史欠账较多。如何能够扬长避短，紧抓国家"双一流"建设契机，实现跨越发展、赶超发展，是众多地方高校的亟需解决的一个难题。结合我校实际，对地方高水平大学创建"双一流"的路径提出以下思考和认识：

第一，着力学科，扎实做好内涵建设。学科是高等学校教学、科研的基本单元和承载体。一流大学建设必然以一流学科建设为标志和着力点。国家"双一流"的一个重要导向，就是要求高校尊重学科发展规律，真正回归办学本质，摒弃急功急利、好高骛远的思想，久久为功，持续做好学科建设，静下心来做好内涵建设。地方高水平大学受发展规模和办学经费等因素制约，应根据现有的办学条件和发展潜能，坚持有所为有所不为，集中力量重点建设关键学科，努力发展为世界公认的一流水平的学科，是有效的战略选择。在保障优势学科优先发展的前提下，再发挥其示范、辐射效益，以点带面，加大与其他学科的交叉融合力度，有效促进学校学科整体提升。以我校学科为例，地质学和考古学两个学科经过多年发展，长期围绕几个相对固定的学科方向，培养和汇聚一批高水平研究人才，产出优秀科研成果，部分学科方向已经达到世界一流水平。优势学科在自身发展的同时，也相应带动了我校软件工程、物理学、生物学、化学等学科的快速发展，促使这些学科形成优势和特色。

第二，凝练特色，形成独特办学风格。习近平总书记在北京大学讲话中说："世界上不会有第二个哈佛、牛津、斯坦福、麻省理工、剑桥，但会有第一个北大、清华、浙大、复旦、南大等中国著名学府。"从本质上说，建设高等教育强国就是建设有中国特色、世界水平的现代高等教育体系。在以往的发展模式上，大多数地方高校过度追求上规模、上层次，学科同质化问题严重，多学科或综合性院校越来越多，专科性或专门性院校越来越少，呈现"千校一面"的趋势。纵观世界一流大学，既有多科性、综合性大学，也有突出主干学科及强势学科的特色鲜明型大学。我国地方大学数量庞大、类型多样，容易形成区域特色，这与世界一流大学的评价是接轨的，也容易形成中国特色的世界一流大学。地方高水平大学应秉持"和而不同"的原则，将更多精力用于培育和凝练大学和学科的地方特色、国情需要，不盲目追随国际排名指标。地方高水平大学要依托区域优势资源，形成"高峰"凸显的学科群，以特色为一流学科建设的评价标准，以建设"一流学科"来突破身份困扰，进而实现晋位"世界一流大学"的目标。

第三，立足地方，增强服务地方能力。世界一流大学大多是围绕国家重大战略需求、重大科技项目，为解决重大难题和关键性技术，建立联合实验室或研发中心。地方高水平大学依托先天的地理优势，可以所在区域无缝对接，也最容易服务地方经济社会发展。地方高水平大学要摒弃"跟随式"发展的模式，以国家和地方经济社会发展为导向，立足于区域发展和资源禀赋，引导学科顶天立地，着力提升解决地方或区域重大问题的能力和原始创新的能力，抢占知识生产和科技创新的战略制高点，为国家创新驱动发展战略提供强大支撑。同时，要加大科研成果转化力度，形成"高校—地方政府—地方产业"的共融共享机制，强化地方高水平大学带给区域的经济效益和声誉。人文社科学科也要关注现实，研究解决重大理论和现实问题，努力成为地方政府、企业的高端智库，构建具有中国特色、中国风格、中国气派的哲学社会科学，建设一批达到世界水平、享有国际声誉的学术高地。地方高水平大学与区域经济社会发展密切联系，也可以取得更好的发展机遇和空间。以国家级"2011 协同创新中心"为例，截至目前，共立项两批，建立了 38 个中心，其中地方高校牵头立项的中心共有 5 个（详见表格），其定位类型全部为"区域发展"。这说明，不断提升服务区域、地方的能力，与地方经济社会发展联结为命运共同体，是地方高水平大学"双一流"建设的必经之路。

地方高校牵头的国家级"2011 协同创新中心"一览表

序号	中心名称	核心协同单位	类型	批次
1	河南粮食作物协同创新中心	河南农业大学、河南工业大学、河南省农科院等	区域发展	第一批
2	长三角绿色制药协同创新中心	浙江工业大学、浙江大学、上海医药工业研究院、浙江食品药品检验研究院、浙江医学科学院、药物制剂国家工程研究中心等	区域发展	第一批
3	苏州纳米科技协同创新中心	苏州大学、苏州工业园区等	区域发展	第一批
4	江苏先进生物与化学制造协同创新中心	南京工业大学、清华大学、浙江大学、南京邮电大学、中科院过程工程研究所等	区域发展	第一批
5	南方粮油作物协同创新中心	湖南农业大学、湖南杂交水稻研究中心、江西农业大学等	区域发展	第二批

第四，抢抓机遇，充分利用后发优势。从众多世界一流大学发展历程来看，许多高校利用后发优势，实现了学校的跨越发展和赶超发展。美国斯坦福大学在短短的几十年时间里，因创造"硅谷"而由一所乡村大学而跨入世界一流大学行列。卡内基·梅隆大学在上世纪 70 年代初，敏锐地觉察到信息与计算机科学将来会大有作为，1975 年创办了计算机科学系，将信息与计算机科学作为发展重点和本校特色，且尤为重视跨学科研究，崇尚协同创新，很快在信息与计算机科学等相关学科占据前沿地位，并跃入世界一流大学的行列。约翰·霍普金斯大学在新建阶段，抓住当时诸多大学研究生教育不成规模的弱点，抢先发展研究生教育，推崇德国式大学教育，提倡科学研究，开创了美国研究型大学的先河并一跃成为世界一流大学。这些成功的范例，可以为地方高水平大学"双一流"建设提供良好的借鉴和参考。地方高水平大学必须要主动作为，要有前瞻性思维和眼光，超前布局，及时关注科学空白点，抢占科技未来发展前沿高地，抓住"双一流"建设的大好时机，充分利用自身的特色，采取超常规的策略，实现跨越式发展，才能决胜于未来，赢得一席之地。

第五，拓展视野，主动提升国际化水平。国际化既是建设世界一流大学的应有之义，也是迈向世界一流水平的必由之路。受政策、经费等诸多因素影响，大多数地方高水平大学在国际化方面存在短板和不足，也是"双一流"建设亟需弥补的环节。地方高水平大学创建"双一流"时，必须以开阔的国际化视野和胸怀，大力推进国际化进程，持续为学校发展注入资源和信息。在推进国际化过程中，不仅要加强自然科学方面的交流合作，也要加强人文社会科学方面的合作，切实推进民心相通和文化认同，持续扩大学校的国际知名度和影响力，树立良好声誉。以西北大学为例，近年来积极响应国家"一带一路"战略和陕西省建设丝绸之路经济带新起点的号召，充分发挥区位优势，率先在中亚地区开展考古研究，并加大与中亚地区高校的联合培养力度，中亚地区留学生规模逐年扩大，已经取得了较为显著成效。

深化数字管理　突出科学运营

卓　宇　胡　莎①

一、节能工作与水电暖管理有效结合背景

西北大学始建于 1902 年，新中国成立初期，西北大学为中央教育部直属的综合大学，1958 年归属陕西省主管，1978 年被确定为全国重点大学。现为国家"211 工程"大学、国家"一省一校计划"重点支持建设院校，教育部和陕西省共建高校。学校总占地面积约 157.3 公顷，建筑面积 70 余万平方米，全日制在校生 26 188 人，教职工 2 640 人。

西北大学现有太白、长安、桃园三个校区，其节能工作与水电暖管理有以下特点：

（1）学校教学、科研、生活服务等功能齐全，能源消费包含水、电、天然气，消费量巨大。随着新建楼宇以及空调项目的建设，能源消费量呈上升趋势；

（2）学校历史悠久，建设时间长，基础设施老化严重，经常出现停电、停水等突发事件，管理部门较为被动；

（3）因校史久远、人员变动等历史性原因，目前基础资料缺乏严重。新建、改造项目资料没有专人管理，不能及时更新。尤其是太白校区地下管网，校园内的上水、下水管线经过多年建设，情况复杂，不仅新、老管网并存，而且存在部分废弃管线，主要靠老职工的经验和记忆，管网位置和走向难以查找的问题越来越突出，这给管网的维护和维修带来了很大困难；

（4）水、电、暖各个环节参与部门较多，经常出现二次建设，浪费大量资金。如建设单位为基建处，改造单位为工程技术部、动力服务中心、公寓管理中心、三校区物业，运行管理维修部门为社区、动力服务中心、公寓管理中心、三校区物业。

二、节能工作与水电暖管理总体思路

（1）统一规划，顶层设计——节能工作要站在全校高度，统一规划，顶层设计；

（2）领导统筹，全面参与——节能主管部门要参与水电暖的建设、改造、管理、运行等各个环节；

---

① 卓宇：西北大学原副校长，现任渭南师范学院党委书记，高级工程师；胡莎：西北大学后勤集团高级工程师。该文原载《中国管理信息化》2017 年第 11 期，此题目由编者据原文另拟。

（3）以点带面，注重效果——节能项目先做试点，效果明显后再全校推广，并注重节能项目的运行效果；

（4）健全制度，明确责任——逐步落实目标责任制；

（5）防范未然，专人专岗——以防为主，抢修为辅，专人负责；

（6）数据储备，及时更新——做好资料的整理与更新；

（7）互联互通，智慧管理——促进水电暖信息化管理。

三、节能工作与水电暖管理具体措施

在保障使用不降低舒适度的前提下，通过管理节能节水、行为节能节水和技术节能节水三种方式，最终达到节电节水的目的。

1. 管理节能节水

节能监管平台为能源管理者和决策者提供管理和决策的技术工具或手段，辅助以能耗监测、统计和分析，找出能源浪费的关键环节，并采取有效的节能措施和管理办法对之加以改进，从而达到管理节能的目的。同时，节能监管平台也可以辅助对已耗能源的利用效率进行评估、对未来能源使用的需求趋势加以分析，以提升学校能源管理和决策的水平。可实现水电等能源资源精细化管理与信息化管理。

（1）管理节能节水做法。

学校每周会出一份漏水分析报告，并将其发送给公寓、物业、饮食等各中心主任，同时将漏水分析结果公布在后勤集团科级干部微信群，起到公示作用。各中心根据报告结果进行自查，并及时处理，三周之内未处理，主管副处级干部会亲自督查。2015年4月第二周，各楼宇每小时漏水总量为46.9吨，12月第二周，每小时漏水总量为3.3吨。如果漏水情况没有被发现或者发现后不处理，那么每小时将漏水约43.6吨，每年节约了38.1936万吨水资源，将

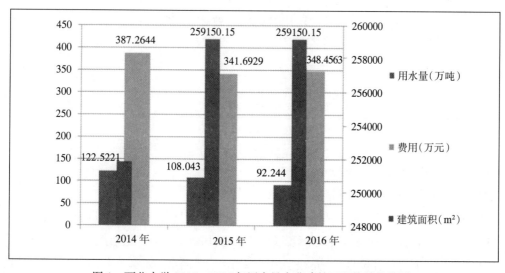

图1　西北大学2014—2016年用水量水费建筑面积统计柱状图

近 110.76 万元水费。在建筑面积增加的前提下，用水量逐年下降。2016 年和 2015 年相比，水费单价由 2.9 元增加到 3.9 元的前提下，水费基本持平。西北大学 2014—2016 年用水量水费建筑面积统计柱状图如图 1 所示。随着数据的统计，根据实际用量逐步推进定额管理。

（2）管理节能节水案例及其效果。

案例 1：全校总节水量

当供水正常时，72 小时用水中应该有某一小时用水量为 0，当 72 小时用水量均不为 0 时，系统报警，并认为 72 小时中最小的不为零的值为小时漏水量。

各楼宇用水情况一般比较规律，将每日用水量与前几天对比，可判断漏水情况。表 1 为 4 月第二周—12 月第二周每小时漏水情况统计表。

表 1 2015 年 4 月第二周—12 月第二周每小时漏水情况统计表

中心	4月第二周	4月第三周	5月第一周	5月第二周	5月第三周	5月第四周	6月第一周	6月第二周	11月第一周	11月第二周	11月第三周	11月第四周	12月第一周	12月第二周	节约量
公寓	19.61	9.59	8.27	8.12	8.8	8.44	10.92	11.16	3.2	1	1.9	2.3	2.8	1.8	17.81
饮食	5.8	7	2.08	2.13	2.16	2.16	3.94	4.16	1.2	1.2	1.2	1.8	3.1	0.2	5.6
太白物业	14.16	4.44	2.24	1.97	1.8	1.8	1.44	2.4	1.1	0.8	1.3	1.1	0.7	0.5	13.66
其他（学院）	7.33	7.37	1.44	1.76	1.52	1.52	2.24	1.92	2.6	2.5	2.5	2.4	0.8	0.8	6.53
合计	46.9	28.4	14.48	13.98	14.28	13.92	18.54	19.64	8.1	5.5	6.9	7.6	7.4	3.3	43.46

2015 年 4 月第二周每小时漏水量为 46.9 吨，2015 年 12 月第二周每小时漏水量为 3.3 吨，合计每小时节约量为 43.6 吨，每吨按照 2.9 元计算。节水效益和节水效果如表 2 所列。

表 2 节水效益和经济效益统计表

时间	节水效益	经济效益
每小时	43.6 吨	126.44 元
每天	1 046.4 吨	3 034.56 元
每月	31 392 吨	91 036.8 元
每年	38.193 6 万吨	110.76 万元

案例 2：太白校区公寓地下管网漏水

2015 年 6 月 9 日，节能监管平台报警太白校区公寓二号楼每小时漏水量为 4 吨，6 月 9 日 2：00，每小时用水量瞬间从 3 吨/小时增长为 7.5 吨/小时，并且一直持续。

漏水是由两个因素引起的，一是楼宇内终端用水设备漏水，如水龙头、冲水阀等；二是从水表到楼宇的地下管道漏水。发现该问题后，公寓白天晚上对楼宇的水龙头、冲水阀进行巡视，并对坏的进行更换，在卫生间内张贴节约用水的提醒标志。解决完终端漏水问题后，该数据还是没有明显下降。

异常前，每天用水量为八九十吨，2015年6月9日以后，每天用水量为200吨以上。相关人员通过探测设备，沿着水表到楼宇的管道进行勘测，发现一次管道漏水，情况比较严重。

同时，通过72小时柱状图也可以看到，6月26日10：00，数据明显从每小时7.5吨降低到每小时2吨，如图2所示。

通过每天的用水量图也可以看出，9日之前用水正常，从9日开始用水异常，26日以后用水恢复正常，如图3所示。

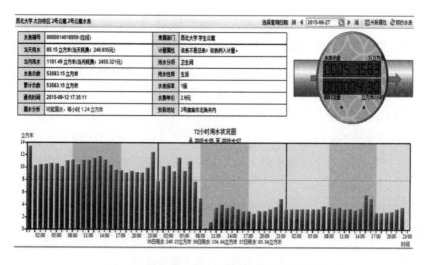

图2　2号公寓恢复正常用水72小时柱状图

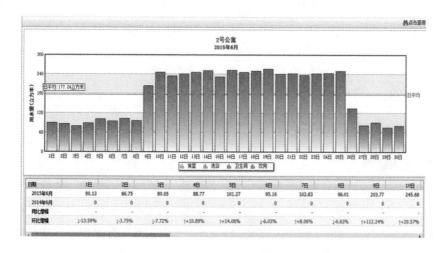

图3　2号公寓6月份用水柱状图

2. 行为节能节水

目前，学校因未关闭接线板电源、饮水机电源、电脑电源而引起的待机功耗在学校属普遍现象，根据系统检测，学校三个校区每天晚上的用电量为6 127.78度，即0.61万度，每度按照0.49元计算，并按照用电量总额的70%核算，每年有较大的节电空间，通过行为节能后，这部分可以减小为零。一个习惯，聚集在一起将产生巨大的效益，让大家自然形成节约一张纸、一滴水、一度电的良好行为习惯，形成全员节约共建的良好氛围。并呼吁全体师生，未使用状态时请随手关闭电源，为节能减排出一份力。

3. 技术节能节水

（1）技术节能节水做法。

每年学校有一定的节能改造资金，如何把这部分资金合理高效使用，将其花费在最需要的地方，并且取得最好的效果，这是困扰水电管理人员的一个难题。节能监管平台给出一个明确的方向。2015年照明插座用电占得比例最大，用电32.28万度，占总量的75.8%，那么，节能改造就可以从照明插座，如节能灯、零待机插座入手进行节能改造。同时，可以通过系统查询到照明插座用量最大的楼宇，从这栋楼入手进行节能改造，根据节能监管平台提供数据，改造前后进行对比，效果明显后再大范围推广。同样，水可以从引用水、卫生间用水开始。

（2）技术节能节水案例及其效果。

案例：公寓卫生间节水改造

表3为太白校区公寓每小时漏水量，因这几栋楼采用高位水箱，无论是否用水，每小时均冲水一次，一次冲水约0.3L。

根据以下数据可以发现，公寓部分需要进行节能改造，那么改造时，如果资金有限，就从每小时漏水量最大的7号公寓入手，这样节水效果、经济效益最为明显，如表3所列。

表3　公寓每小时漏水量分析表

楼宇	漏水量（m^3/h）	楼宇	漏水量（m^3/h）
太白1号公寓	1.16	太白2号公寓	1.32
太白4号公寓	0.1	太白5号公寓	0.24
太白6号公寓	1.52	太白7号公寓	5.96
太白8号公寓	4.08		

四、未来规划及思考

1. 加强组织领导

成立以副校长为组长的节能工作领导小组，各院系、部门一把手负责，并确认专员一名。主要职责为制定全校节能减排工作长远规划及管理办法；研究水电天然气改革方案确定重大节能改造项目；制定水电天然气管理相关政策；研究处理水电天然气管理和运行过程中的重大问题；检查和考核全校节能减排工作落实情况。

节能办为处级及以上建制，下设资料管理科、水电技术科、设备备案科、管网管理科、巡检维护科等科室。节能办指导全校水电暖与节能工作，对学校水电暖管理和节能工作进行统筹规划，参与水电暖规划、方案、新建、改造、管理、运行、维护等各个环节，并提出明确节能与规划要求。水电暖和节能项目立项时在节能办备案，付款前提交竣工资料，做固定资产。考核、监督各部门节能运行情况。进行指标定额的分配与监督。

2. 做好顶层设计

站在全校高度，统筹规划，指定规章制度。主要规章制度如下：

全校所有水电暖新建、维修、改造项目立项时在节能办备案，节能办站在全校高度（并非项目本身）做好该项目的水电暖保障工作，如楼宇进楼电缆、水暖接口，必要时可向学校申请同时进行对应主电缆、配电室的改造项目。从项目方案开始，节能办提出使用节能灯、节水型器具、智能电子表具等要求，避免二次建设。项目付款前，在节能办进行水电暖固定资产备案。节能办不断更新资料，并根据设备寿命等对后期改造提出科学性预计，防止停水、停电等突发事件的发生。

3. 健全管理制度

新建、装修楼宇电缆分户计量，计量采用指定水表、电表，使用节电、节水产品，配电室、网络间在独立房间。项目结束后，水、电、暖电缆、管道走向图等资料在节能办备案。

各部门每两周将建筑能耗现状和整改方案进行汇总，交节能工作领导小组，由工作领导小组协调各部门水电的维修。建立各类能源资源的管理制度，同时建立各种审核机制，将能源资源的管理与人事考核管理紧密结合。

4. 培育绿色人才

层出不穷的节能管理理念和节能新技术对工作人员的业务素质能力提出了更高的要求，较少的节能岗位（兼职）不能满足繁重的专业节能工作。需要增加水、电、暖等专业技术人员。

5. 促进信息交互

为提高水电暖管理水平，减少人员成本，提高水电暖精细化管理，需要建设节能监管平台、地下管网探测、配电室远程监测、锅炉房远程监测、公寓商品房教工网上支付水电费、网上报修系统、仓库管理系统等。

水电暖信息化管理需要统筹规划，同一数据库编码要求，要求后续项目与现有项目进行无缝对接，避免成立信息孤岛。对于学校而言，信息化项目建设完成仅仅是一个开始，项目能否达到预期效果，取决于建设完成后的制度保障、人员保障、考核落实等。因此，要加强后期保障工作。

6. 创新运管手段

节能办定期尤其是用电、供暖高峰之前委托专业部门对变压器、配电柜、锅炉、水暖管道进行巡检维护，并且编写巡检记录、运行记录、维修记录。根据巡检结果及时进行改造。

节能办根据水电暖资料以及设备使用寿命及时找出可能出现停水、停电事故，提前申请改造，避免事故的发生，避免消防式抢修。

五、结语

　　构建节约型校园是大学的义务,培养节约型人才是大学的使命,服务节约型社会是大学的责任,节能减排工作需要全校动员,人人参与。高校是培养人才和促进科技进步的主要阵地,深入开展高校节约型校园建设工作,不仅可以促进学校本身的能源资源节约,降低办学成本,在社会起到示范和带动作用,还有利于促使广大学生树立节能环保意识,掌握节能环保技能,对我国经济和社会发展将产生深远影响。

　　2016年12月20日,国务院关于印发"十三五"节能减排综合工作方案的通知,明确到2020年公共机构单位建筑面积能耗和人均能耗分别比2015年降低10%和11%,围绕这样的目标,学校也将会继续在节约型校园、绿色校园的建设上不断探索与前行。

新形势下地方高校学科建设规划的认识与实践

汪 涛[①]

在"双一流"建设中，学科建设是基础；在学校事业发展中，学科建设是龙头。规划的制定及论证是整个学科建设决策过程中的第一步，科学合理、具有前瞻性和可行性的规划是获得学科最佳管理投入产出比的前提条件。编制学科规划的重要目的就在于做好顶层设计，服务于"双一流"高质量内涵式发展。

一、当前地方高校面临的新形势

众所周知，"双一流"建设是继"211 工程""985 工程"之后，国家面向高等教育领域实施的又一项重大战略工程。地方高校是我国高等教育的主力军，全国 3 005 所高校，部属高校只有 116 所，地方高校共有 2 622 所。但是，在"双一流"建设中，地方高校的境地却很尴尬。入选的 140 所"双一流"大学中，部属高校 94 所，占 67.1%，地方高校 46 所，占 32.9%；入选的 465 个世界一流学科中，地方高校仅占 11.2%。尽管如此，全国高校仍然对"双一流"建设十分欢迎，也充满期待。毕竟，和"211 工程""985 工程"相比，"双一流"建设打破了身份固化，避免了竞争缺失，为地方高校争创一流提供了可能。根据首轮"双一流"建设名单，140 所"双一流"高校中有 25 所"双非"地方高校。

随着经济全球化和现代信息技术的飞速发展，国家重大战略调整以及经济社会发展的诸多新变化，高等教育的发展既拥有广泛的机遇，也面临诸多挑战。科学制定发展规划，必须深入研判外部环境变化带来的新形势。

一是科技革命的新趋势。第四轮工业革命的浪潮席卷全球，人工智能、大数据等新兴信息技术扑面而来，在信息化时代与后疫情时代双重叠加的背景下，改革教育模式、创新教学组织形式、科研范式以及学科交叉融合组织方式，成为当前面临的全新课题。

二是经济社会发展的新变革。当今世界正处于"百年未有之大变局"的时代，转变经济增长方式、转换经济增长动能、调整产业消费结构势在必行，服务中省重大战略和经济社会发展，成为新时期提升高校综合实力的必然选择。

[①] 汪涛：西北大学发展规划与学科建设处处长，副研究员。该文节选自作者 2020 年 11 月 28 日在陕西省高等教育学会 2020 年会暨陕西高等教育论坛上的报告。

三是"双一流"建设的新要求。"双一流"建设旨在解决高等教育分类管理、差异化发展问题,将一流大学与一流学科适度分离,未来也有可能实现部属高校和地方高校的分类评价,这为地方高校实现追赶超越提供了可能。

四是区位与资源禀赋的新调整。"一带一路"倡议、新时代西部大开发、秦岭生态保护、黄河流域高质量发展等国家战略的相继实施,为我省高校带来了发展机遇。但与此同时,中省财政收入增长趋缓,教育经费投入增长减速,高校争取财政资金的难度进一步加大。

五是多元化发展带来的新机遇。"双一流"战略就是要解决高等教育分类管理、分层发展的问题,即使一所大学在整体上达不到一流水平,也不妨碍部分学科,甚至学科方向可以达到一流甚至超越一流。翁铁慧副部长在2019高等教育国际论坛年会上指出,未来"双一流"高校可能不再分A类、B类等层次,既要涌现一批世界一流的研究型大学,也要涌现一批世界一流的特色型大学,既要涌现一批综合实力强劲的一级学科,也要打造一批在某些方面冒尖的学科方向或学科点,还要形成一批支撑区域经济社会发展的优势特色学科。这就是说,各个高校可能做不到"百花齐放",但是可以努力做到"一枝独秀"。开放竞争机制为地方高校打开了希望之门,争创一流不再只是重点高校的使命,而是整个高等教育系统的责任。

二、西北大学学科建设的实践与特色

对地方高校而言,信心要有,理念要新,改革要准,措施要实。作为一所入选"双一流"的地方高校,西北大学在学科建设方面开展了卓有成效的实践探索。

1. "四项举措"

一是以争创一流为引领。对标世界一流学科,打造学科建设"特区",通过政策优先保障、机制优先突破、经费优先投入,全力支持地质学率先达到世界一流水平,重点培育考古学进入"世界一流学科"建设行列。

二是以学科建设为基础。坚持"精基础、强应用、育交叉、促转化"建设思路,实施分层次学科建设计划,全力构建"学科方向—学科团队—学科平台—学科集群"一体化递进式发展体系,发挥一流学科示范辐射作用,提升整体水平。

三是以绩效评价为杠杆。加大一流学科建设经费投入力度,建立"政策引导—资源配置—绩效考核—动态调整"全方位运行保障机制,强化目标管理,突出投入产出比与建设实效。

四是以深化改革为动力。推动"放管服"和"一院一策"改革,践行"学院办大学"理念,给予院(系)人、财、物管理自主权,实行学科建设目标责任制,构建部门分工负责的学科建设协同发力机制,激发院(系)办学主体活力。

2. "五个特色"

经过近五年的探索与实践,学校发展形成了五个方面的鲜明特色。

一是综合改革激发了活力。充分利用全国"管办评"改革唯一高校试点的机遇,全面推进"一院一策"和重点领域综合改革,有效地激发了院(系)办学主体活力,改革红利不断释放,内部治理体系不断完善,改革成为"双一流"建设的核心驱动力。

二是基础学科创新研究取得突破。无论从人才团队的集聚效应、国家基金的立项表现，还是大陆构造与深部过程理论创新、寒武纪大爆发三幕式新假说的提出及"清江动物群"的首次发现，充分体现了我校强劲的基础科学研究能力。

三是支撑共建"一带一路"大格局的作用不断彰显。致力于服务"一带一路"人文交流基地建设，中亚考古队深入开展丝绸之路考古研究，构建了丝绸之路考古的中国话语权和研究主导权，多次受到国家主要领导人的肯定与问候。

四是服务社会能力显著增强。开展以"社区学院、技术转化、消费带动、产业复兴"为核心的西大教育精准扶贫新模式，扶贫成效荣获中省市县区各项表彰，与陕西龙头企业共建新型校企研发平台，实现了千万级的重大成果转化，入选国家发改委《百佳案例》。

五是建设效率领先优势明显。办学投入在一流学科高校中处于中下游水平，但高层次人才引育成效和科研产出分列一流学科高校第8位、第24位，国家基金人均承担项目数和平均资助率均位居全国前列，体现了"低投入、高产出"的建设效率。

三、西北大学学科建设规划编制的思考

"十四五"期间，西北大学将以一流学科建设为主线，以内涵发展为核心，创新学科组织模式，优化资源配置方式，强化分层分类建设，巩固基础学科的传统优势，挖掘应用学科的内在潜力，激发新兴交叉领域的发展活力，着力构建优势突出、特色鲜明、定位科学、布局合理的学科发展体系。

1. 构建良好学科生态

学科的整体发展需要各个学科找准定位、凸显特色，形成有序竞争的学科生态。西北大学将积极引导多元化发展，坚持有所为有所不为，明确有限目标，确保不同层次、不同类型的学科能够各安其位、和谐共生。

按照非均衡、分层次的思路，基于"金字塔模式"和"雁阵模式"，实施分层分类建设，打造一流学科特区，筑牢高峰，拓展高原，形成高峰引领、高原支撑、各安其位、有序生长的学科生态体系。

2. 持续加强内涵建设

以"扶优、扶强、扶特、扶需"为导向，持续构建"方向—团队—平台—集群"递进式、一体化学科发展体系，规划实施"学科内涵发展工程"，包含一流学科登峰计划、基础学科提升计划、应用学科振兴计划和超学科发展计划。

3. 加快学科交叉融合

推进学科交叉融合是学校"十四五"期间的重点发力方向，并提出了"一个目标（学术引领、学科融合、科教融合），两条路径（集中攻关、自由探索），三种模式（项目驱动模式、集群聘任模式、研究机构模式），四大任务（组建学术团队，构建育人体系，设立研究计划，搭建共享平台），五项保障（加强组织保障，完善成果认定，强化激励措施，优化资源配置，创新工作机制）"的初步设想。

4. 优化资源配置

坚持"目标与任务挂钩、资源与项目挂钩",结合规划目标,聚焦战略优先问题,设置若干重大项目。把有限资源聚焦到重点任务、重点项目上,持续提升学科管理的专业化、科学化、精细化水平,做到资源配置跟着方向走、跟着团队走、跟着项目走、跟着绩效走。

四、几点认识与体会

1. 坚持学科建设龙头地位

在"双一流"建设中,必须突出学科建设的龙头地位,充分发挥学科在大学事业发展中的基础性、引领性作用。学科建设的龙头地位如何体现,从管理层面讲,要树立有利于学科发展的机制体制改革思维(试点"学部制"改革;探索跨学科组织模式,以重大项目研究为驱动,成立跨学科无行政级别的实体研究机构,"学科特区");要建立以学科统筹为主导的学科管理协同发力机制(学科建设目标责任制);要形成适应学科需求的资源配置与使用模式(学科建设项目四个类别的资助模式);要建立以学科目标任务为导向的绩效考核体系(学科建设目标体系)。

2. 重视学科组织建设

学科建设的核心目的是提升学科组织的知识生产能力和学术创新能力。

首先,要优化"三位一体"内涵建设模式。聚焦人才培养、学术团队、科研创新"三位一体",将本科教育作为学校发展的第一要务,加快打造结构优化、满足需求、各方资源联动的卓越而有灵魂的研究生教育。科学研究应坚持"顶天立地",选择具有前瞻性、前沿性、持续性、创新性的研究方向,以能够产出新思想、新理论,能够解决国家和地方亟待解决的重大问题为目标。高水平学术团队是连接人才培养和科学研究的纽带,是支撑人才培养和科学研究的关键因素。

探索跨学科的新型学科组织形式。不断创新组织模式,打破学科壁垒,建立学术共同体。通过系统设计,把人才、平台、项目等要素有机地整合到一个有序的组织之中,形成若干个学术团队,围绕一个特定领域或方向持之以恒地做下去,搭建大平台,承担大项目,产出大成果。

3. 注重构建特色学科生态

良好的学科生态系统,就是要巩固优势、凝练特色,瞄准关键聚合资源,实现各安其位、有序生长,维持学科发展的系统性平衡。

坚持内涵建设和机制创新"双轮驱动",涵养有序分层的学科生态系统。坚持分层次建设思路,不断完善学科建设的资源统筹、制度安排和系统评价,全面激发学科建设活力。通过内涵建设和机制创新的"双轮驱动",推动学科高质量内涵式发展。

坚持有所为有所不为,统筹高峰与高原协调发展。在资源有限的情况下,必须坚持有所为有所不为,引导每个学科找准目标定位,依托"高原"筑牢"高峰",围绕"高峰"拓展"高原",通过优化学科结构,促进学科之间形成功能互补、相互依存的学科生态链,以多样化的学科种类、优势学科群落来体现学科生存能力与竞争力。

对于不同高校来说，各自的学科结构不同，优势特色各异，学科建设并非是"自古华山一条路"，某个单一的学科规划很难承载"放之四海而皆准"的使命，但是所有院校争创一流的目标是一致的。面向"十四五"，什么是一流学科？这是值得深入思考的问题。根据西北大学的经验，在保持相对稳定的学科方向的基础上，不断培育和打造一流的人才团队、一流的平台设施、一流的运行机制，促进三者有机融合，最大限度地发挥合力，培育产出一流的成果，这应该是一流学科无一例外的成长路径。因此，学科建设规划的编制，应结合自身优势和定位进行谋划，既要体现个性特色，又要尊重共性规律，有一个科学可行的战略规划为引领，才可能实现学科建设水平的不断提升！

"双一流"背景下高等学校学科建设策略分析

赖绍聪[①]

国家"双一流"建设《统筹推进世界一流大学和一流学科建设总体方案》的出台，拉开了中国高等学校建设发展的新序幕。根据《统筹推进世界一流大学和一流学科建设总体方案》的相关要求，我国"双一流"建设工作将实施三步走的战略目标。2020年，我国将有若干所大学和一批优秀学科进入世界一流；2023年，更多大学和学科进入世界一流，一批优秀学科进入世界一流学科前列；至21世纪中叶，我国一流大学和一流学科的数量和质量将进入世界前列，实现由高等教育大国向高等教育强国的巨大跨越。显然，中国高等教育当前面临的最重大任务就是"双一流"建设。面对当前科学技术的快速发展以及复杂多变的国际形势，我国高等学校"双一流"建设，尤其一流学科建设应该如何更为有效实施？我们应该有什么样的指导思想，应该采取何种有效的建设策略？这已经成为我国高等学校每一位管理者和每一位教师都应该认真思考和探索的重大课题。本文依据国家"双一流"建设总体方针，结合西北大学地质学科长期的建设经验，主要针对一流学科建设过程中关键环节的建设策略与举措进行了初步的分析与总结。

一、学科建设的指导思想

《统筹推进世界一流大学和一流学科建设总体方案》明确了"双一流"建设的五个核心内涵：（1）以一流的人才汇聚为核心；（2）以一流的科学研究为基础；（3）以一流的教育治理为支撑；（4）以一流的社会服务为动力；（5）以一流的经费投入为保障。

一流大学建设和一流学科建设是"双一流"建设过程中两个重要的方面。就一流大学建设而言，《统筹推进世界一流大学和一流学科建设总体方案》明确了七个方面建设指导思想：（1）明晰的办学理念与目标定位；（2）先进的培养模式与质量保障；（3）优质的学科建设与科学研究；（4）开放的国际视野与交流合作；（5）精良的人力资源与物质资源；（6）科学的治理体系与运行机制；（7）优良的校园文化与育人环境。

就一流学科建设而言，《统筹推进世界一流大学和一流学科建设总体方案》也提出了六个方面的重要战略指引。（1）优化学科规划。重点包括了突出学科交叉融合，调整学科结构，进

[①] 赖绍聪：国家级教学名师，西北大学副校长，教授。该文原载《中国地质教育》2021年第1期。

一步凝练学科方向。在学科规划过程中，尽可能实现重点突破。（2）汇聚学科队伍。队伍建设始终是学科建设的重中之重，高质量学科人才队伍的培育和引进，以及团队合作精神、奉献精神等优良团队文化构建是学科队伍汇聚的核心。（3）搭建学科基地。有了明确的学科规划，汇聚了一支优秀的学科队伍，紧接着就是要围绕学科队伍的学术专长和实际需求，有目的、有计划、有针对性地搭建适合他们的工作平台，包括高水平专业实验室建设、先进仪器设备购置与建设以及建设资金的有力保障等多个方面。（4）创新学科管理。要激发科技人员的工作积极性和学术创造创新力，就必须实施治理结构体系的系统改革，倡导协同创新，突出绩效评价，着力构建良好的激励奖励机制。（5）培养拔尖人才。培养高质量一流拔尖人才是高等学校学科建设最为核心的目标导向，面向未来的人才培养更加强调创新能力、综合素质的提升。同时，在人才培养过程中，更加关注科教融合、产教融合。我们培养的人才，必须能够服务于国家社会主义建设事业。（6）产出原创性成果。对于原创性成果的认定，将遵循"国际标准，中国学派"的基本理念，突出成果对推动人类文明与进步、促进国家重大战略与经济社会发展的贡献度。

总之，我国新一轮高等学校"双一流"建设战略目标，大体可以用八个字来概括，那就是"中国特色，世界一流"。

需要特别强调的是，在"双一流"建设过程中，学科建设一定要凸显自身的特色，绝不能照搬西方模式，要坚持"将论文写在祖国的大地上"。同时，高质量的学科建设也离不开"国际标准"。由此，在一流学科建设过程中，仅有特色是不够的，"特色"并不等于"高水平"，特色学科不能够简单地等同于一流学科。在特色的基础上，一定要形成自身学科在国际同类学科中的比较优势，形成核心竞争力，这样的学科才能真正成为符合"国际标准，中国学派"检验标准的世界一流学科。

二、学科建设的策略分析

1. 现代大学的基本功能

现代大学主要包括了五项最基本的功能。人才培养是大学的核心工作；科学研究是大学的重要职能，是人才培养的重要载体；而服务社会、传承文化、国际合作与交流是人才培养和科学研究功能的重要延伸。但是，归根结底，高水平的学科建设是大学基本功能的综合载体。可以说，没有一流学科的大学不是一流大学，一流学科群是一流大学的重要标志。因此，建设一流学科是"双一流"建设的核心和基础。

2. 学科及学科建设的内涵

什么是学科？一般认为，学科就是相对独立的知识体系，也就是自然科学、哲学与社会科学范畴内学术领域或学术方向相对独立的知识体系。然而，在我国高等学校学科建设体系中，学科不仅仅指知识体系，它大体包含了两个重要的含义：一是指科学领域或一门科学的分支；二是指高等学校教学科研等的功能单位。因此，本文所讨论的学科建设体系中的"学科"应该是知识形态与组织形态的共同体。

那么，什么是学科建设？我们是否可以这样来理解，学科是知识形态和组织形态的共同体，其知识形态就是自然科学、哲学与社会科学范畴内学术领域或学术方向、科目或分支相对独立的知识体系，而组织形态就是高等学校开展教学科研等活动的功能单位和组织，是实现办学职能的基础和平台。因此，高等学校的"学科建设"实际上就是一种基于知识形态的组织行为。

3. 学科建设策略与举措分析

按照上述对高等学校学科建设内涵的理解，结合西北大学地质学科80多年的建设历史，尤其是近年来地质学世界一流学科建设经验，我们认为学科建设主要应该包括："奠定学科建设基础—实施学科建设过程—形成学科建设效果"三个重要的阶段（图1）。

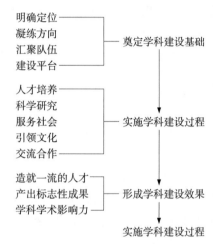

奠定学科建设基础是前提，是后续实施建设过程的条件保障，没有坚实的建设基础就很难展开有效的建设过程。而奠定建设基础的核心包含了"明确定位、凝练方向、汇聚队伍、建设平台"四个环环相扣密切关联的环节。"明确定位"将为我们的学科建设勾勒宏观蓝图，谋划长远愿景，明确战略目标，它是确保学科长期稳定健康发展的总指南；"凝练方向"必然要契合学科建设的总体定位，依据宏观蓝图准确选择和凝练学科发展的重

图1 高等学校一流学科建设的三个重要阶段

点学术方向，而重点突破的学术方向将为我们指明学科建设的战术目标；围绕重点学术方向汇聚和建设具有知识技能互补、层次结构合理、水平高、能力强、能够承担重大科技攻关任务的学科学术团队，就成为我们的必然选择；立足学科学术团队的研究特色和实际需求，有计划、有目的、有针对性地购置仪器设备，建设实习实验科技平台，从而完成学科建设基础奠定的完整逻辑闭环。

实施学科建设过程是关键，强有力地推进高质量的学科建设是大学实现其办学功能的最重要途径，是高等学校事业发展的总引擎。学科建设过程的实施必然体现为一流的人才培养、符合国际前沿发展趋势的科学研究、契合国家重大战略需求和地方经济社会发展急需的社会服务，以及先进文化引领和广泛的国际交流与合作。

高质量的学科建设过程必然形成良好的学科建设效果，形成学科重大学术影响力，并最终实现建设一流学科的目标。

（1）奠定学科建设基础。

①明确定位。学科建设过程中，明确学科建设的定位是首要任务。我们究竟要把我们的学科建设成为一个什么样的学科？也就是学科建设与发展的长远规划与宏观定位问题。在思考论

证学科建设定位过程中，应该主要考虑以下三个方面的原则。第一是要依据特色发展，不可替代的原则。也就是有限目标，有所为，有所不为。第二个重要的原则就是要立足前沿，引领方向。要依据学科的国际国内发展趋势，明确我们的学科建设定位，学科建设愿景一定要契合学科的国际发展前沿，学科建设所达成的目标要能够在学科学术领域起到国际引领的作用。第三个重要的原则就是要脚踏实地，实事求是。学科建设定位要依据所在高校的办学总体定位，学科建设定位与学校总体办学定位与目标应该有很高的契合度。

②凝练方向。在明确了学科建设总体定位的前提下，凝练学科建设的方向就显得极为重要。学科方向凝练，主要应该考虑三个核心要素：一是本学科学术发展国际前沿领域；二是国家急需与地方经济社会发展的需要；三是本学科长期建设发展过程中形成和积累的特色优势。具体而言，可以分解为以下五个方面：①依托学科长期发展的优势。高等学校的学科体系常常都有长期的历史积累，在长期的发展过程中，形成了自身独有的研究特色和优势，这是我们选择学科方向的一个重要依托点。也就是要基于自身优势，发扬自身长处。②依托学科领军人才的研究特色。在我们的学科队伍里，常常拥有一批高水平的领军型人才。那么，他们的研究方向也可以作为我们学科建设过程中选择方向的一个重要依据。③依托学科平台的特色与优势。在我们的学科体系中，如果已经拥有一些重要的学科学术科研平台（比如国家重点实验室、国家工程技术中心、国家级创新引智基地等），那么这些平台将为学科建设提供重要的基础支撑，同时它们也成为我们凝练选择学科方向时需要考虑的重要依据之一。④依托行业优势。在我们的高等教育体系中，不同高校常常具有自身独有的特色，高校也存在不同的办学类型，通常可以划分为综合性大学、行业性大学和专科性大学。对于一些行业性学校和专科性高校，其在本行业往往具有较强的研究特色和优势。因此，依托自身在本行业的优势凝练和选择学科方向是可取的。⑤依托地域优势。我们的学科建设要服务于国家战略和地方经济社会发展。因此，我们也可以将高校所在地域所具有的特色和优势作为学科方向凝练和选择时的重要依据。

总之，学科方向的凝练十分关键。正确合理的学科方向应该是符合该学科领域国际发展趋势前提下，自身学科特色优势最大化的体现，这才是我们应该选择的学科方向。需要指出的是，学科方向不能是一个领域的名称（比如地球科学），也不应该是一个一级学科或二级学科的名称。比如，我们不能把"地质学"或"矿物学岩石学矿床学"这样的一级学科名称或二级学科名称简单地作为我们学科建设的学术方向，这样的方向实际上并不代表学科学术研究方向。因为，它既没有反映出我们所在学科长期积累的优势，也没有反映出该领域的国际前沿发展趋势。以西北大学地质学科为例，学科总方向是"中国中西部典型造山带盆山耦合动力学及其资源能源和环境效应"。这样一个学科方向，既体现了当前地学领域的国际前沿，同时也反映了西北大学地质学科80多年发展历程积累的优势与特色。

③汇聚队伍。学科团队建设一定要紧紧围绕学科方向，建设结构合理的高质量学科团队是当前"双一流"建设过程中的核心任务，也是实现"双一流"建设目标的最根本保障。通常，学科学术团队有三种不同的定义：①由部分具有互补技能，愿意为了共同的目标而努力，且相互承担责任的人们组成的群体。②以科学研究、人才培养为共同目标，为完成共同目标而分工

协作、相互承担责任的知识技能互补的个体所组成的团队。③以提高学术研究水平、产出高质量学术成果、提高人才培养质量为目的，以推进学术发展和教学改革为主要任务而建立起来的相互承担责任的教师群体。

学科学术团队应该具有师德优良、理念先进、目标远大、结构合理、水平高、能力强六项基本特质。学科学术团队建设是一项系统工程，师德师风建设是先导和保障，结构是基础，水平和能力建设是目标。团队建设的关键要素包括五个结构、五种能力和五项保障。五个结构主要是指知识结构、学缘结构、学历结构、职称结构和年龄结构。五种能力主要是指知识创新能力、知识传授能力、人才培养能力、服务社会能力和教学管理能力。而五项保障主要是指团队负责人的学术能力和人格魅力、团队成员的事业心和向心力、有效的团队运行机制、客观合理的评价体系以及有力的资源资金保障。

在汇聚学科队伍、建设学科团队过程中，统一团队目标，提高团队成员认同度，培养优良师德师风，提升学术水平和整体素质，提升教学能力和水平，是团队建设的一个基本路径。通过激发全体成员的能力和潜力，形成凝聚力，营造人人皆是人才、人人皆可成才、青年人才脱颖而出的优良环境，强化队伍梯队的培育力度，促进团队的整体进步，实现科学研究与人才培养质量的提升。

④建设平台。学科平台建设同样要紧密围绕我们的学术团队，应该坚持有所为有所不为的建设思路，充分发挥有限资金、有限资源的最大效益，依据学术队伍的技能特点和研究特色构建我们的学科研究平台。

以西北大学地质学科为例，我们主要依托大陆动力学国家重点实验室为主要的建设平台，根据地质学科的三个学科方向和三支学术团队展开建设。我们根据实验室的技术特长，集中有限的财力投入，打造了设备技术和理念先进的国际一流激光微区原位分析测试和研究中心，并实现与国内其他重点实验室大型仪器设备的远程联网资源共享，积极推进公用社会技术平台建设。实验室15次参加国际地质分析家协会组织的有全球63～87个实验室参加的地球化学分析水平测试，结果12次名列或并列全球第一，从而为学科建设奠定了一个高质量的学科平台。这样的平台才能够有效地支撑学科核心研究方向。

（2）实施学科建设过程。

明确学科建设定位，精心凝练学科方向，围绕学科方向汇聚和建设学科团队，围绕团队搭建平台。这些工作为全面展开高质量的学科建设奠定了坚实基础，而学科建设的核心任务是实施高质量的人才培养、科学研究、服务社会以及文化引领和交流合作。

我们要充分认识到人才培养在高等教育中的首要地位。进一步完善培养方案，优化课程设置，打造品牌金课，推进国际化课程建设，创造成才条件，培养一流人才。科学研究要契合国际学科发展前沿，团队协同攻关，不断理论创新与技术突破，产出具有世界影响的标志性成果。要着力服务国家重大需求和地方经济社会发展，建立学校与行业企业全面互动的良性机制。同时，还要加强国际交流与合作，扩大学科的学术影响与学术自信。

(3) 形成学科建设效果。

①造就一流人才。拥有明晰的学科建设理念，具备良好的学科建设基础，实施强有力的学科建设举措，学科建设必然取得良好的建设成效。以西北大学地质学科为例，高质量的学科建设助推了高质量的人才培养和高质量的专业建设，地质学专业成为国家一流本科专业、国家级特色专业、基础学科拔尖学生培养计划2.0基地；地质学人才培养基地在全国仅有的3次评估中均评为全国优秀基地，6篇博士学位论文入选全国优秀博士学位论文，多人次获得地矿行业学生最高荣誉奖"李四光优秀博士研究生奖""李四光优秀硕士研究生奖"和"李四光优秀本科生奖"，地质学系荣获"全国教育系统先进集体"称号。近5年本科学生研究生考取率保持在85%以上，本科生承担大创项目国家级25项、省级18项，理科基地科研小课题256项，在读本科生公开发表论文98篇，获省部级以上学生竞赛奖励183人次，毕业生中涌现出一批优秀人才。

目前，西北大学地质学科共有教师110余人，其中有中国科学院院士4人，长江学者12人，国家杰出青年科学基金获得者6人，国家优秀青年科学基金获得者3人，"万人计划"入选者6人，国家教学名师1人，有国家自然科学基金委创新群体2个，教育部创新团队3个，国家级教学创新团队3个，国家级人才在教师中占比高达30%以上。

②产出标志性成果。通过我们长期不懈的努力，学科建设产出一系列标志性成果。多年来，西北大学地质学科获得了国家自然科学奖一等奖、国家自然科学奖二等奖、国家科技进步奖二等奖、陕西省科学技术最高成就奖、长江学者成就奖一等奖。研究成果两次入选全国十大科技进展。以第一作者身份在 Nature 和 Science 杂志发表学术论文15篇。2016—2020年首轮国家一流学科建设周期内，西北大学地质学科获国家级教学成果奖二等奖1项，2个专业获批国家一流本科专业，2个专业通过工程教育认证。新增国家级高层次人才18人次，其中中科院院士2人、长江学者8人、"杰青"项目获得者1人。获批国家自然科学基金创新群体1个，入选"全国高校黄大年式教师团队"1个、科技部重点领域创新研究团队1个。获国家自然科学奖二等奖1项，获批国家重大、重点项目19项，获批陕西地方高校首个国家"111"引智基地，新增国家地方联合工程研究中心1个。2篇学术论文分别在 Science、Nature 期刊发表，CNS发文总数达15篇，高水平论文篇均引文数位列中国高校前列。积极参与国际大科学计划与工程，发现并命名距今5.18亿年的寒武纪特异埋藏软躯体化石库——"清江生物群"，被誉为进化古生物学里程碑事件。CCUS研究团队多次作为中国政府代表参与应对气候变化重要国际会议，交流研发进展、分享治理经验。西北大学地质学科排名最高位列世界107位。

③形成学科学术影响力。面向科学前沿与国家重大战略需求，西北大学地质学科已经在大陆构造、早期生命演化及盆山系统及其资源环境效应三大主干方向取得系列重大成果，形成了鲜明的学科特色优势和国际影响力。

通过上述分析，我们可以看到，学科建设应该包括"奠定学科建设基础——实施学科建设过程——形成学科建设效果"三个方面。学科建设的基础是明确定位、凝练方向、汇聚队伍、建设平台；人才培养、科学研究、服务社会以及文化引领、交流合作是学科建设的过程；经过不懈努力，学科建设一定能够产出标志性的成果，造就一流的人才，形成重要学术影响力，并最终实现建成一流学科的目标。

三、结语

在高等学校建设和发展过程中，学科建设是龙头，学科建设是学校事业发展的总引擎。学科建设需要明确定位，持之以恒，久久为功。在学科建设过程中，要有甘于奉献的精神风貌，要形成良好的学科文化；要突出自身特色，坚持有所为有所不为的发展思路；要群策群力，谋定而后动；要通过策划重大科研项目，不断提高科研水平，以项目凝练团队；要坚持可持续发展的队伍建设思路，重心前移，狠抓青年师资队伍建设；要树立教学质量是生命线的思想意识和管理基调，狠抓教学质量，构建创新型人才培养模式；要本着以服务求支持，以贡献求发展的思路，主动适应国家展目标，不断为国家的经济社会发展作出重要的贡献。

我们相信，在国家宏观规划的正确指导下，在各高校师生的不懈努力下，中国高等学校"双一流"建设一定能够取得重要的进展，建成满足国家重大需求、特色更加鲜明、能够有效凝聚和稳定一流人才、在国际上占有一席之地的一流学科群。

志存高远谋发展　敢为人先谱新篇
——奋力推进考古学世界一流学科建设

马　健[①]

一、建设基础

西北大学考古学科肇始于 1938 年考古委员会对张骞墓的考古、保护与修缮。1956 年国家在西北大学设立了全国第二个考古学专业。

西大考古紧密围绕国家文物事业发展的重大需求，立足陕西丰厚文化遗产资源，面向西部，形成了"立足长安、面向西域、周秦汉唐、丝绸之路"的学科定位。响应行业急需，先后在 1989 年、2008 年创设文物保护技术专业、文化遗产管理方向，形成了以文化遗产价值为核心的认知、保护、传承"三位一体"学科体系，在学校、行业、国家支持下，取得了长足的发展，在第四轮学科评估中获评 A+。

1. 人才培养方面

积极响应文博行业发展需求，66 年来培养培训考古学专门人才 6 000 余名，已建设成为全国规模最大、人才培养最完备的考古学专门人才培养基地。

考古学、文物保护技术入选国家一流本科专业建设点，获评国家规划教材、马工程教材 4 部，国家一流课程 2 门，全国高校考古学科首批优秀思政课程 1 门，国家级教学成果奖二等奖 2 项。

人才培养成效显著，近四年"全国十大考古新发现"中 15 项由西北大学优秀校友主持。最近正在评选的百年百项中国重大考古发现，入围的 43 项是由西北大学优秀校友主持。

2. 科学研究方面

坚持基础研究，坚持原始创新，在文明起源与周秦汉唐文明研究、丝绸之路考古研究、文物保护与文化遗产管理等领域取得了系列重大成果。"十三五"以来，出版学术专著 38 部，获批科技部重点研发计划，国家社科与自科基金重大、重点和一般等项目 52 项，经费超过 1.1

[①] 马健：西北大学文化遗产学院院长，教授。本文节选自作者 2021 年 10 月 13 日在西北大学考古学一流学科建设方案专家论证会上的报告。

亿元。荣获国家科技进步奖二等奖、教育部高等学校科学研究优秀成果奖二等奖等国省级科研奖励11项。

3. 师资队伍方面

以学术团队建设为抓手，从国内外高水平大学和科研机构引育37人，国省级高层次人才16人次，现有专任教师59人、外籍教师3人、师资博士后11人，聘请海内外知名学者53人担任兼职导师，学科人才梯队层次分明、结构合理，师资规模在全国高校考古学科中位居第一，为建设世界一流的考古学科提供了充足的师资储备。先进典型不断涌现，西北大学中亚考古队获评"全国教育系统先进集体"。

4. 平台建设方面

整合优势科教资源，在已有6个国家级教学科研平台的基础上，"十三五"期间，新增获批了"丝绸之路科技考古与文化遗产保护学科创新引智基地""中国—中亚人类与环境'一带一路'联合实验室"，积极融入"一带一路"建设大格局，目前正在筹备建设外交部"丝绸之路考古合作研究中心"。

5. 社会服务方面

建议并获批"国家文物局文博人才培训示范基地""高层次文博行业人才提升计划"建设点高校，为国家文博行业培训培养行业骨干1 249人，2020年培训示范基地在国家文物局评估中获评为A级。向陕西省政府建言献策，提交资政报告10份，有力推动"陕西延安革命文物国家文物保护利用示范区"入选首批国家文物保护利用示范区创建名单。

6. 国际影响方面

西北大学率先走出国门，组建联合考古队，在10个"一带一路"国家开展了60余次考古与文物保护工作，发起并与"一带一路"沿线17个国家54家单位联合成立"丝绸之路文化遗产保护与传承联盟"，开展联合科考，在乌兹别克斯坦国家博物馆举办"中乌联合考古成果展"，用文物唤醒了中乌人民共同的历史记忆与情感，赢得了乌兹别克斯坦总统沙夫卡特·米尔济约耶夫的高度赞誉与认同，有力推动了"一带一路"国家人文交流、民心相通。2016年以来，西北大学中亚考古队先后4次受到习近平总书记、李克强总理的肯定、接见与问候。

积极探索文物保护人才培养新模式，与意大利萨兰托大学共建全国高校考古学科首个中外合作办学机构——安莱学院，与波城大学等法国三所大学联合开展双学位培养，获批教育部创新型人才国际合作培养项目。

二、建设目标

我们的建设目标是：

建成中国特色、世界一流的考古学国际人才培育基地，为国家培育一批具有国际视野、家国情怀的卓越创新人才。

建成开放共享、世界一流的国际合作研究中心，在文明起源周秦汉唐考古、丝绸之路考古等领域取得系列国际影响力的重大成果。

建成设施完备、国际领先的科技研发中心，创新研发出一系列国际前沿的测试分析与文物保护技术体系。

三、建设任务

包括以下六个方面：

1. 人才培养方面

一是深刻挖掘中国优秀传统文化、中国考古学、西大考古学顽强奋进的精神品格，推进课程思政建设。二是探索一流人才分类、分层培养新路径。对本科生，实施"强基型人才培养计划"，着重加强综合人文素养和专业基础教育；对专业硕士，实施"应用型人才提升计划"，着重加强专业实践，为文博行业培养行业急需应用人才；对学术硕士，实施"研究型人才拔尖计划"，引导学生加入一流学术团队，培养科学精神和原始创新能力；对博士，实施"领军型人才储备计划"，设置开放课题，为考古学科培养后备领军人才提供充分保障。三是深化教学体系改革。推进建设一批专业基础的精品平台课程、特色鲜明的方向课程、紧跟学科前沿的选修课程，编撰译介优秀教材，完善建设综合实践教学基地，搭建学生"全生命周期"管理与服务平台，建立研究生培养激励机制，为专业教学提供全方位保障。

2. 科学研究方面

立足西部、面向西域，依托学科高水平科教平台，开展以下几个方向的创新研究。

一是中国国家文化的考古学研究。依托中华文明起源发展的黄河中上游区域，开展中华文明科学技术、天文礼制、社会治理体系形成、发展的过程与对外交流情况研究，阐释中国国家文化五千年不断裂的根源与机制。二是开展丝绸之路考古学研究。持续开展多学科、多国联合的综合考古研究，构建丝绸之路文明发展的时空框架和年代序列，揭示跨越喜马拉雅喀喇昆仑网路的交通路线，有效保护丝路沿线石窟寺、土遗址历史文化风貌，为传承保护丝绸之路文化遗产贡献学科力量。三是总结凝练西大33年文物保护修复实践经验。重点开展：建立国际领先的丝路古人类基因库、石窟寺岩体标本库，创新丝路沿线土遗址、石窟寺、壁画等新型保护材料研发，及文物残留物无损微损分析技术集成。四是文化遗产保护利用研究。凝练构建以汉唐帝陵都城为核心的中国特色的大遗址保护利用理论方法体系，拓展陕北革命文物保护利用示范区，建设发展新模式。

3. 社会服务方面

一是依托学科教学科研优势，积极参与"考古中国"等重大课题，为构建长征、长城和黄河国家文化公园等中华文明精神标识体系提供学术支撑。二是将"丝绸之路考古国际合作研究中心""西北大学革命文物保护研究中心"建成全国高校新型智库，为传承保护丝绸之路、红色革命文化遗产建言献策，提供科学支撑。三是持续开展文博行业人才培训，制定国际领先的砖石质文物保护行业标准2~5项，支撑文博行业发展。

4. 文化传承创新方面

丰富文化载体，弘扬中华优秀传统文化。举办"丝绸之路文明"等专题展览，开设田野考古暑期学校、文物保护修复研究生国际暑期学校，支持引导学生参与革命文物保护利用的调查和研究，传承学术报国之志，赓续红色血脉。

5. 师资队伍建设方面

一是以培育一流学者为根本任务，回归常识，尊重规律，破除"五唯"，推动学术代表作评审机制，推动多元化学术成果评价机制，推动教学科研岗与专职科研岗的动态流转分流考核机制。二是实施青年教师、骨干教师扶持培育计划，为学科培育卓越创新人才。三是实施"培菁计划"，设立"领英学者"岗位，为育引高层次人才提供平台保障，形成人才高地聚集效应。

6. 国际交流合作方面

一是实施"卓越人才国际交流支持计划"，推动学生"走出去"。依托中意联合办学机构，实行中外学位互授、学分互认，建立国际化人才培养标准与体系；招收"一带一路"沿线国家留学生，帮助铁尔梅兹大学建设考古专业。二是依托"111"引智基地，组建国际学术团队，设置国际开放课题，引导骨干教师参与国际联合科考，开展一流研究，融入世界，引领国际，在国家重大需求和世界学术前沿取得突破。三是依托"丝绸之路文化遗产保护与传承联盟"，举办世界文明交流国际学术论坛和专题展览，出版中英俄多语版国际开源期刊，全面提升中国考古学的传播力。

西北大学地质学系一流学科建设暨"十三五"科研成果总结

——献礼西北大学百廿华诞

张志飞　龙晓平　李青彦　李政伦　封从军　黄康俊①

西北大学地质学科创建于抗战时期。学科创立之初，全体师生即以保家卫国、民族振兴为目标，始终将自己的发展与国家的命运需求紧密联系在一起。为了服务国家能源需求和经济发展，1949年西北大学地质学系创办了新中国的第一个石油地质专业，培养了新中国第一批石油地质专业人才。据统计，在20世纪80年代全国14个大油田中，曾有13个油田的局长、总地质师或总工程师均毕业于西北大学地质学系。西北大学地质学系因此被誉为"中华石油英才之母"和"中国石油战线的黄埔军校"。

社会主义建设初期，地质学科服务国家重大需求，1960年新增地球化学与放射性地质专业，为国防建设人才培养做出重要贡献。改革开放之后，地质学系服务国家科技发展，发力人才培养。1993年获批首批国家理科基础科学研究和人才培养基地，在历次国家基地建设评估中均获优秀。地质学系以培养国家地质学领军人才为己任，高度重视本科教学，6次获评国家教学成果奖。在教育部的全国优秀博士学位论文评选中，有6篇博士学位论文入选教育部全国百篇优秀博士学位。

在80余载的办学历史中，地质学系形成了构造地质学、古生物学、第四纪地质学和石油地质四大核心学科，相继涌现出杨钟健、张伯声、王永焱、赵重远等多位学科、学派创始人，为学科发展奠定了坚实基础。办学至今，为国家培养了万余名毕业生，其中包括8位中国科学院院士、1位中国工程院院士和2位省委书记等杰出校友代表。

在中国共产党成立百年之际，我国脱贫攻坚战取得了全面胜利，中华民族乘势而上，开启全面建设社会主义现代化国家新征程，向第二个百年奋斗目标奋进。新阶段，新理念，新格

---

① 张志飞：西北大学地质学系主任，教授；龙晓平：西北大学地质学系教授；李青彦：西北大学地质学系副主任；李政伦：西北大学地质学系党委副书记；封从军：西北大学地质学系副主任，副教授；黄康俊：西北大学地质学系副主任，教授。该文原载《西北大学学报（自然科学版）》2021年第6期。

局,在当前国际形势面临百年未有之大变局,国家对高校的定位更加明确,科学研究要坚持"四个面向",坚持面向世界科技前沿、面向经济主战场、面向国家重大需求、面向人民生命健康。作为国际一流建设高校,大学的职能和作用也更加明确,高校要发挥自身优势,把"科学技术是第一生产力、人才培养是第一资源,科技创新是第一动力"更好地结合起来。为深入贯彻全国教育大会精神,落实新时代全国高校本科教育工作会议精神,地质学系将继续深入贯彻习近平总书记关于"加强基础学科拔尖学生培养,在数理化生等学科建设一批基地,吸引最优秀的学生投身基础研究"的重要指示和中央人才工作会议精神,加快培养基础学科拔尖人才。西北大学地质学、资源勘查工程和地质工程3个本科招生专业全部获批"国家一流本科专业"建设点,实现本科专业国家一流全覆盖。2021年地质学科获批基础学科拔尖学生培养2.0基地。

"十三五"期间,国家启动高校"双一流"建设,西北大学地质学系地质学以国家认定的方式入选"世界一流学科"建设行列,成为西部唯一的拥有国家级实验平台的地质学"世界一流学科"建设单位,也是陕西省属高校中唯一的世界"一流学科"建设单位。首轮"一流学科"建设期间,地质学系聚焦世界一流学科建设,提出引育世界一流队伍、培养世界一流学生、产出世界一流成果、建设世界一流平台、开展世界一流国际交流与合作的总体目标。全体教师围绕"世界一流学科建设",查找问题,凝聚共识、科学谋划、明确方向和目标,最大限度地激发广大师生改革创新的活力和动力。一流学科建设的根本是队伍建设,而一流学科建设的终极目标是"国际一流人才培养"。因此,地质学系坚持党建引领方向,改革促进发展,政策激发活力,改革方向聚焦"人事制度改革和人才培养体系建设"两条主线,推出了《地质学系全面深化改革暨世界一流学科建设方案》,在学科发展的历史关头,把握历史机遇,不断为建设"中国特色、西大风格"的世界一流地质学科奠定坚实基础。

一、立足国际学术前沿、服务国家需求思考与举措

1. "破五唯"、有所为,探索揭榜挂帅激励机制,培养领军人才

地质学系拥有地质学、地质资源与地质工程两个一级学科国家重点学科,具有大陆动力学国家重点实验室、大陆构造协同创新中心、早期生命与环境"111"引智基地和二氧化碳捕集与封存技术国家地方联合工程研究中心。为建设世界一流学科,吸引和稳定优秀教学科研人员,突出业绩导向,引导教学科研人员提升创新能力,产出高水平教学科研成果,做出实质性贡献,地质学系于2017年推出年薪制薪酬改革。以按劳取酬、优质优酬为原则,依据教学、科研、社会服务等业绩情况,实行薪酬分级制度,包括以人事代理身份留系的博士后出站人员在内的教学科研人员均可根据实际情况申请年薪制。薪酬分级制度推出后,教学科研人员积极响应,当年申请年薪制人数达到73人,占当年教学科研人员总数的78.5%。新的薪酬方式极大激发了教学科研人员工作热情,国家基金申请数量逐年增加。2019年在全体教学科研人员不到110人的教师队伍规模下,国家自然科学基金申报数量首次突破100项,申请数量相当于2016年的3倍。国家自然科学基金获批率稳定在30%以上,2019年和2021年获批率均达到38%,获批数量分别为36项和33项。"十三五"期间,我系以第一单位在 *Nature* 发表论文2

篇，在 Science 发表论文 1 篇，SCI 及 NI 指数论文数量稳步增加。共计发表 SCI 论文 564 篇，较"十二五"期间翻倍，年增长近 20%（图 1）。

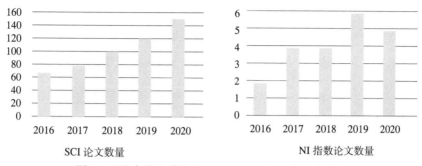

图 1　西北大学地质学系 2015—2020 年论文发表情况

以分级薪酬为杠杆，利用有限资源，激励教学科研人员瞄准高标准的聘期目标任务，有利于盘活人才资源，也为构建多维度、高效能的高质量人才成长体系提供了动力保障。

2. 探索多元的人才评价和激励机制

为建设世界一流学科，引育世界一流队伍，保证地质学系持续稳定地发展，在人才考评方面，以尊重人才成长规律为前提，持续探索人才在博士、博士后、教授、教授后（一至四级教授）不同阶段的考评方式，最终建立了"破五唯"、长周期的人才考评机制。职称评审和绩效考核坚持推行评聘分离、优质优酬；人才评价坚持不唯职称、不唯帽子。在人才选拔方面，建立了博士、博士后、人事代理和固定编制的人才选拔体制，副教授、教授和国家级领军人才的多维度考评机制。根据学科特点，在选聘人才时实行同行评议，注重引进新兴学科和交叉学科人才，支持青年学者挑大梁、当主角，开设博士后直接晋升、优秀青年人才职称特聘评审和人才项目引进等特殊通道，实现了多元化人才选拔和引进。

为进一步完善教师培养体系，实施博士后接收及考核体制改革，全面实施师资博士后制度，博士后尤其是脱产博士后数量和质量均有了跨越式提升。近 3 年，博士后年均获批国家自然科学基金项目 10 项以上，博士后作为人才蓄水池和科研生力军的作用得到了充分发挥，博士后出站人员成为了选聘教学科研人员的主要来源。

3. 把握学科前沿方向，巩固学科发展特色，组建优势学科团队

为了进一步强化优势学科高地，凝练特色学科方向，形成团队力量和团队攻关效应，提升团队自主创新能力，首轮"一流学科"建设初期大力推进学科团队建设，努力形成具有国际影响力的特色学科方向，着力培养引进在国内外有重要影响的高层次人才，培育产出在国内外有重要影响的原始创新成果。经教学科研人员自愿申报，团队负责人统筹设计，最终组建了"早期生命与环境""前寒武地质""岩石学与地幔地球化学""超大陆""大陆构造"5 个由院士领衔的学科团队。

团队组建后，地质学系赋予团队更大更多的技术路线决定权和资源分配权，力求最大限度地解放思想、激发活力，让科研人员敢于提出新理论、开辟新领域、探索新路径，在独创、独有上下功夫,支持他们持续稳定地开展探索研究。为引进培育世界一流人才,搭建人才梯队,地质学系持续探索团队整体产出和个人业绩相结合的考核方式,赋予团队更大人才考核评价权,实施支持、成果、薪酬等多元素的学科团队考评机制。鼓励团队自主扶持青年学者,形成"传—帮—带"特色鲜明的人才雁阵。发挥团队成员的特长和优势,践行"人人都是人才,人人都可成才"的西大人才理念,完善人才成长机制,推动学科发展提速增质。

二、"十三五"暨世界一流学科建设成效和重要研究进展

面向科学前沿、中省重大战略和经济社会发展需求,在学校一院一策综合改革政策的支持下,地质学系紧抓各项建设任务和改革任务,事业发展呈现出蒸蒸日上的大好局面。

随着相应政策的落实,地质学系科研成果投入产出比持续攀升,教师承担重大项目和产出标志性成果能力持续增强,标志性科研项目不断涌现。国家基金申请和获批数量较"一流学科"建设初期成倍增长,批准率长期保持在30%~38%之间(图2)。标志性项目不断增加,新增重点及以上级别项目23项。在学科团队的引领下,人才育引方面取得了井喷式增长。张宏福教授、赵国春教授先后当选中国科学院院士,引入和培育"长江学者"8人,国家杰出青年科学基金获得者1人,累计新入选国家级人才项目26人次,各类省级人才项目21人次。

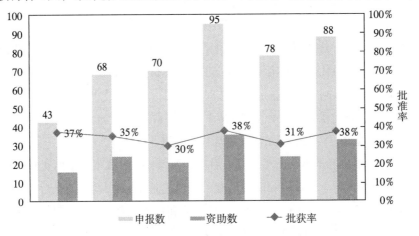

图2 西北大学地质学系近6年国家基金申请和资助情况

在科学研究方面,依托传统优势学科的深厚积累,为充分发挥顶级科学家团队负责人在学科发展中的引领作用,地质学系大力推进在大陆地质与地球早期演化、早期生命与环境、盆山系统及其资源环境灾害效应3个核心学科方向形成"方向—团队—平台"一体化科研模式,产出了一系列重大科学发现和原创成果。以第一单位在 *Nature* 和 *Science* 发表论文3篇,高水平论文篇均引用次数位列内地高校前列,科研成果4次入选中国古生物学十大进展,以第一完成单位获得国家自然科学奖二等奖和国家科技进步奖二等奖2项,科技创新能力迈上新台阶。

在面向国际学术前沿领域,"地球动物树成型"获国家自然科学奖二等奖,提出了寒武纪大爆发三幕式新假说;在陕西南部寒武系底部发现微型后口动物——皱囊虫,论文以 *Nature*

封面、亮点论文发表；首次发现特异型保存的化石库——"清江生物群"，改变了地质学界在"滞留缺氧"的黑色页岩深水环境中不能产出软躯体化石的传统认识，刷新了人类对动物门类起源与寒武纪大爆发的认知，该成果在 Science 发表后，中央电视台、学习强国、BBC、Nature 等媒体和国内外学者广泛关注，被誉为国际进化古生物学领域具有划时代意义的里程碑事件，成果当选 2019 年度中国古生物学十大进展之首；在国家重大项目支持下，提出了全新的 Pangea 东亚重建方案，构建了中央造山系多阶段复合造山过程与大陆深俯冲及折返动力学模型，产生了大陆构造与深部过程理论创新研究成果，在中央造山系研究领域起到了国际引领作用；揭示了前寒武纪重大地质事件、华北克拉通形成演化与成矿作用的耦合关系，发现并证明了导致稳定克拉通被破坏的深部根源。

在面向国家重大战略需求方面，主动服务经济发展主战场。立足于鄂尔多斯盆地，重点服务中石油、中石化、延长等油田企业，在油气、煤、铀、地热等多种能源勘探开发方面开展深入研究和应用，为确保国家能源安全做出了重要贡献；在黄土地区高铁重铁、匈牙利—塞尔维亚高铁、东南亚铁路等"一带一路"援外工程建设中出色地解决了路基湿陷振陷、滑坡失稳侧挤、隧道变形塌方等一系列重大地质灾害防治难题，获得国家科技进步二等奖及国际 FIDIC 奖；在国家"碳达峰、碳中和"战略中，二氧化碳捕集与封存（CCUS）研究团队围绕绿色低碳发展、应对气候环境变化，多次作为中国政府代表出席重要国际会议，交流研发进展，分享治理经验，发出了西大声音，贡献了西大智慧，提出了西大方案。

三、新时代、新格局，开启"十四五"、献礼西大百廿华诞

艰难方显勇毅，磨砺始得玉成。回忆往昔，地质学系全体师生艰苦奋斗、众志成城，在首轮一流学科建设中创造出了引以为傲的业绩。展望未来，我们要继续秉承"公诚勤朴"的西大校训，弘扬"无私奉献、团结拼搏、奋发进取、敢为人先"的西大地质精神，不等不靠不懈怠，苦干实干加油干，开启新时代地质学系"十四五"建设的新格局，为早日建成"中国特色、西大风格"的世界一流地质学科而不断努力奋斗！

本期专刊依靠学科团队，从大陆地质与地球早期演化、盆山系统及其资源环境灾害效应及早期生命与环境三个方向总结地质学系"十三五"期间科学成果，为西北大学 120 周年校庆献礼。

大陆构造学科团队综述了地质学系大陆构造研究团队近年来在中央造山系和贺兰川滇构造带（即"十字构造带"）的主要研究成果，为进一步深刻理解中国大陆、乃至东亚大陆的复杂拼合过程奠定了基础；在总结造山带多圈层相互作用的基础上，选择四个不同侧面来展现多圈层作用特征并探讨其效应，提出秦岭始终是大陆多圈层相互作用的落脚点；厘定了贺兰山地区岩石学记录和构造变形，认为贺兰山西部阴山陆块与东部的鄂尔多斯陆块最终拼合于 1.85~1.95Ga，形成贺兰山地区变质结晶基底岩系后经历了多阶段的演化历史。

岩浆岩岩石学与地幔地球化学学科团队系统总结了扬子陆块西北缘新元古代拉伸纪岩浆岩的时空分布规律和地球化学特点，分析了扬子西北缘拉伸纪岩浆活动过程；揭示了峨眉山大火

成岩省内带攀西地区中酸性岩浆岩的成因机制,提出这套中酸性岩浆岩的高精度年代学研究可以进一步约束峨眉山地幔柱岩浆作用的时限。

前寒武纪创新团队系统总结了华北克拉通南缘古元古代早期岩浆作用及构造演化过程,提出所谓的构造活动"静寂期"的古元古代早期很有可能是前寒武纪构造机制发生转折的关键期;限定了祁连造山带马衔山岩群内两类新元古代花岗质岩石形成于活动大陆边缘环境,揭示了祁连造山带与华南板块具一定构造亲缘性,并在新元古代早期参与了 Rodinia 超大陆的聚合过程。

超大陆学科团队通过内蒙古白乃庙岛弧带东段二叠纪三叠纪岩浆作用综合研究,限定了古亚洲洋的最终闭合时限,认为古亚洲洋最终闭合于晚二叠世;深入分析了晚新元古代—早寒武纪现代板块构造与现代地球系统的内在联系,提出冈瓦纳大陆聚合阶段现代板块构造建立与全球构造联动的观点。

早期生命与环境学科团队系统总结了新元古代地球环境与生命演化研究进展与趋势;深入探讨了寒武纪生命大爆发与地球生态系统起源演化的内在联系,综合全球重大地质事件和寒武纪大爆发动物界成型,地球生态系统循环的生物动力,提出地球生态系统存在三大演化阶段的划分方案,即原始进化生态系统阶段、初级进化生态系统阶段和现代进化生态系统阶段。原始进化生态系统是以菌藻类初级生产者演化为核心的原始 2 极生态系统,代表岩石圈、生物圈循环的开始;初级进化生态系统是以动物消费需求驱动的初级生态系统,其间地球动物(树)界成型,3 极食物链海洋生态系统形成并繁盛;现代进化生态系统是在地球海洋生态系统的基础上,诞生了陆地生态系统,动植物登陆,地球海陆交互、高效循环,进入以陆地植物为高级生产力和牵引力的现代进化生态系统阶段。

以家国情怀引领世界一流团队建设

——西北大学早期生命与环境创新研究团队访谈报告

赵丹龄 刘 伟 万 聪[①]

古城西安，坐落着众多西北地区著名高校。创建于 1902 年的西北大学，办学历史悠久，位列首批国家"世界一流学科建设高校"。2019 年 9 月，我们"高校青年人才培养和选拔机制研究"课题组一行来到西北大学，访谈该校优秀教学和科研团队——"早期生命与环境创新研究团队"。

早期生命与环境创新研究团队是一支活跃在国际古生物学界的"世界一流"团队。西北大学早期生命演化研究起始于 20 世纪 60 年代，1995 年整合成立早期生命研究团队。经过多年的努力、发展，形成了以中国科学院舒德干院士领军、张兴亮教授领衔，以及多位高层次人才、科技创新领军人才和各类优秀青年人才等组成的结构层次合理、多学科交叉、在国内外有重要影响力的研究队伍。

该团队瞄准科学前沿，长期聚焦"动物起源与寒武纪大爆发"这一国际难点课题，取得了一系列具有世界领先水平的研究成果。在世界顶级期刊《自然》(*Nature*)和《科学》(*Science*)上发表论文、评论，研究成果获得国家自然科学奖、教育部自然科学奖、长江学者成就奖、陕西省最高科学技术成就奖等，两次入选"中国十大科技进展"和"中国高校十大科技进展"。

一、以党建促进团队建设，发挥先锋模范作用

团队始终坚持以党建促进团队建设。团队现有 12 名成员中有中共党员 10 名。他们将学高为师、身正为范，充分发挥党员先锋模范作用，积极和团队一起为学校一流学科建设、一流人才培养、一流成果产出做出贡献，作为团队的共同追求。团队成员结合自己担任或兼任的党政职务，按照"一岗双责"要求，践行党建目标。访谈中，地质学系主任兼党委副书记张志飞教授说："党政联席会议研究认为，促进党员发挥模范带头作用，要有具体措施和政策导向。要求党员坚定信念，自觉以习近平新时代中国特色社会主义思想为指导，在做好自己本职工作的同时，还要乐于奉献。"作为团队成员和党建工作的优秀代表，张志飞教授荣获"陕西省优秀

[①]赵丹龄：教育部人事司原一级巡视员；刘伟：北京科技大学人事处、人才办公室副处长；万聪：西北大学高层次人才项目办公室副主任。该文原载《中国高等教育》2022 年第 2 期。

共产党员"称号，地质学系地史与古生物党支部书记傅东静荣获西北大学党支部书记微党课大赛比赛二等奖。

二、坚持立德树人，推动教学与科研互相促进

团队坚持立德树人根本任务，以"培养世界一流学生"为己任，着力探索"精英式古生物教育"模式。舒德干院士作为团队领军人物，长期秉持立德树人理念，并率先垂范，润物细无声地引领团队践行高校培养人才的根本任务，于2017年8月获得"陕西省教书育人楷模"称号。而早在2001年，舒院士就荣获"全国模范教师"荣誉称号；2014年张兴亮教授也获得这一荣誉称号。

在疫情期间，以舒德干院士和张兴亮、张志飞、刘建妮等高层次人才领衔的地质学系古生物学与地层学教研室18位教师，全员携手，以大课串讲的形式，用中英双语为古生物学与地层学专业硕士生博士生线上开授"高级门类古生物学+古生物学原理"专业平台课。团队成员充分发挥本人专长和研究优势，将前沿科学知识融入到教学中，分享最新科研进展，培养学生对专业的兴趣，激发其好奇心和求知欲。团队非常注重教材建设，张兴亮教授编写的"地球生物学"教材被评为国家级规划教材，主讲的"地球生物学"被评为国家双语教学示范课程；刘建妮教授主讲的"化石趣谈"被评为国家精品视频公开课，同时获得2017年全国首届大学青年教师地质课程教学比赛一等奖；傅东静副教授在2016年获得陕西省高等学校青年教师教学竞赛二等奖。

三、瞄准重大前沿科学问题，探索科学规律、推动学科创新发展

团队始终坚持瞄准重大前沿科学问题，集中力量围绕六大自然科学难题之一"寒武纪大爆发"这一世界科学前沿开展持续研究。在舒德干院士提倡并躬身实践的"甘坐冷板凳"精神和潜心治学态度影响下，团队成员在长期的野外踏勘、大量化石实证研究的基础上，大胆进行理论创新。通过数十年如一日的不懈努力，揭示了动物三大亚界关键门类的起源和演化关系，实证了前寒武纪与寒武纪动物演化的连续性，进而首次构建了完整的早期动物树框架图。团队在收获荣誉和认可的同时，不忘书写科学发展史中的"中国之声"，将发现的古老生物命名为"华夏鳗""长江海鞘""昆明鱼""西大动物"，记载中国在科学发展史上所做的重要贡献。该团队在早期生命研究领域已然位居全球第一梯队。

面对上述成就，一位现场参加访谈的博士生好奇地提问："我们学校地处西部，面临人才流失压力，各位老师是如何做到与国际接轨、打造古生物领域的世界一流团队的？"张志飞教授回答说："一是国家的改革开放，让我们有机会与国际学术同行进行深入的交流；二是国家的高层次人才计划，在西部高校设立引智基地，吸引一流国际人才进行合作研究，为团队的国际化创造了条件。"多年来，团队按照优势互补、互相促进、共同发展的原则，通过"早期生命与环境学科创新引智基地"、国家人才引进计划等平台，从英国剑桥大学、美国加州大学、德国哥廷根大学等国际一流大学和研究机构引进14位杰出的外国专家，开展合作研发，推动

早期生命与环境学科创新发展。例如，在与英国剑桥大学 Simon Conway Morris 教授的合作过程中，利用我国及世界其他地区新元古代寒武纪的特异保存化石资源，充分发挥研究团队优势和外籍专家个人学术专长，进一步揭示早期生命与环境协同演化规律，并形成系统性的理论认识。还有，通过与德国哥廷根大学 Joachim Reitner 教授的合作加快了西北大学早期生命与环境研究团队探讨前寒武纪寒武纪生物圈和岩石圈相互作用，生物与环境协同演化的科学步伐，巩固和发展早期生命演化研究的领先地位。张志飞教授说："要打造国际一流团队，最重要的就是要国际化；我们目前从硕士研究生培养开始就充分开放国际合作；以引智为契机，吸引国际一流学者，重要的前提是我们要有研究的热点和前沿问题，并坚持以我为主、开放合作，就能在世界范围内推动早期生命领域的学科发展，保持团队的学术研究始终处在世界领先水平。另外，为与国际接轨，加强研究生培养质量，邀请国际学术同行参与博士学位论文答辩，也收到良好效果。"

四、培养优秀青年人才，传承科学精神

团队重视青年人才的培养，以树立理念为先导。作为团队带头人，舒德干院士坚持学术传承高于个人得失，为年轻人创造最大的发展空间，让年轻人拥有独立的研究方向。在舒院士从入门到成才、从为学到为人的教导引领下，团队内部的共享交流十分顺畅，团队整体资源优势得到充分发挥，"学术之树"得以枝繁叶茂。

访谈现场的"对话教师"环节，主持人之一、西北大学经济管理学院院长任保平特聘教授说："特别想听听舒院士亲自介绍团队培养青年人才不断成长的经验。"舒院士一席肺腑之言，让我们领悟到了这个优秀团队重视、培养和提携青年人才的理念和独到之处。他说："做学术研究有三个方面的动力。第一，对于青年科学家、优秀科学家来说，必须有科学兴趣。第二，要有崇高的科学理想，不仅要有对自然科学的兴趣，同时要有强烈的民族责任感，将自己的理想和民族的前途、国家发展的利益结合在一起。第三，家庭责任和自己人生价值的最大化。三种动力有机结合，全方位推动。'要用欣赏和赞许的眼光看待青年的创新创造'，这是至理名言，我们要关心和爱护青年人才，要创造条件甚至让青年站在我们的肩膀上提高和发展。"

该团队有 3 位德国洪堡学者，项目完成后都回国加入团队。刘建妮教授提到，当初在德国完成洪堡学者项目时，有机会留在德国高校任教，但自己还是选择了回国，是家乡西北大学和舒院士团队对青年人才的重视和培养吸引她回国。回国后赶上了国家对青年人才发展的好政策，加入了一个好的学术集体，自己在学术、事业、教书育人各方面都得到顺利发展，是一种幸运和幸福。

五、致力科学普及，服务社会和文化传承

舒德干院士担任西北大学博物馆馆长，在科研之余坚持在一线做科学普及工作，他用自己的一言一行，培育、召唤着社会大众对科学的认知与热爱。他曾做客北京大学"博雅讲坛""一席"讲坛，到西北大学附中、西安交通大学附中、湖北黄冈中学、宜昌市长阳一中等数十所中

学作古生物学科普报告。2020年1月,课题组长赵丹龄有幸参加了舒院士在中央电视台《世纪大讲坛》的科普节目演讲录制活动,舒院士以"思想史上的最大叛逆——达尔文的《物种起源》与《人类由来》"为题,为现场和电视观众带来了一场科学盛宴,充分展示了科学家的修为和担当。

在舒德干院士带领下,团队成员中许多人都积极投身科普工作,服务文化传承。中国青年女科学家奖获奖者刘建妮教授录制的网络公开课"化石趣谈"在线上好评如潮。多次举办"小小古生物学家"科普活动,让小学生参与模拟化石挖掘和鉴定;多次深入贫困地区中小学开展科普讲座,在偏远地区孩子的心中埋下科学的种子;组织召开"青年科学家社会责任论坛",号召更多的科研工作者挤出时间做科普。2018年,刘建妮教授荣获"陕西最美科技工作者"称号。

六、弘扬家国情怀,建设独特团队文化

多年来,"早期生命与环境创新研究团队"坚持求真务实、严谨执着、开拓创新的科学精神和开放包容、团结互助、顽强拼搏的合作理念,不断打造团队文化,推动团队持续向前发展。团队以下几个方面的文化传承给课题组留下深刻印象。

领军人物家国情怀的引领,形成了团队共同的精神风貌。舒德干院士在介绍团队培养青年人才的经验体会即科学兴趣、胸怀国家、家庭和个人价值追求"三合一"发展动力时,满怀深情地说:"要有意识地学习老一辈科学家的爱国和献身精神,将自己与国家前途、民族命运联系在一起。"

团队成员真诚团结和互相尊重,正确把握团队目标和个人发展的关系,在保持个人研究兴趣的同时,共同追求和实现团队发展目标。舒德干院士说:"我们追求学术理想,不特意追求物质利益;我们瞄准重大科学难题,用团队目标和共同发展凝聚大家,尊重每个成员的创新创造,不占用团队成员的科研成果。"张兴亮教授说:"我们每个人都是团队的一分子,每个人都在踏踏实实地奔着科学问题埋头钻研;在重大科学问题的引领下,坚持不懈地往前走,没有别的捷径,就像郑板桥写的竹石——咬定青山不放松,能忍受孤独,耐得住寂寞;同时要有甘为人梯的精神,个人做得好了团队自然就发展得好。"张志飞教授则指出,我们要思考古生物学科如何持续稳定发展,要有使命感和危机感。傅东静老师说:"作为女性学者,很重要的问题就是事业家庭平衡,女性要承担更多的责任,有时会因为一些因素导致出野外受阻等,但整体来说影响不大;而团队里并没有歧视女性,更多的是关照,主要看重的还是学术水平和教书育人的能力。"

正确的人才发展观指引团队和成员科学理性对待考核评价和社会评价,在荣誉面前保持良好和淡定的心态。课题组现场提问,团队是如何看待人才"帽子"、如何解决"破五唯"等问题的。张兴亮教授指出,每个学科、领域都有自己的特点,作为基础研究,写论文、发文章是基本功,破"四唯""五唯"是不能唯文章;对基础研究来讲,奖项、人才项目、科研项目,其实是一个选优的过程;国家要把项目给有能力、信得过的人,筛选过程很重要。刘建妮教授

说:"我做学术、教书不是有意追求'帽子',之所以入选几个国家重大人才项目,是正好赶上国家'聚天下英才而用之'的时代,有这样的机会,加上有前期积累,拿到了一些荣誉称号;机遇是有前提的,机会是给有准备的人的,我也很感谢这些项目,正因为这些人才和科研项目,促使我快速地成长。"

舒德干院士在访谈快结束时非常坚定地说:"我们团队要不忘初心,保持好奇心,好好把科学研究做到底,把学生培养好;要瞄准重大科学难题,既要实现个人价值,也要为国家基础研究在国际地位提升做出贡献;我们现在的势头很好,澄江生物群、清江生物群、前寒武纪,都是解决重大科学问题;学校非常支持团队建设,让青年教师更多发挥特长。衷心希望西北大学有更多的优秀团队,可以引进或内在培育,只要坚持初心、牢记使命,一定能做到最好。"

参加访谈的王正斌副校长非常感慨,他指出,访谈立意高远,创意新颖,形式活泼,聚焦问题。舒德干老师是科学家,也是教育家,甘为人梯,热爱科学,热爱生活,奉献社会,形成"传帮带"氛围。年轻教师要有崇高理想和科学精神,要瞄准大科学问题,站在世界舞台上为国争光。

以中亚考古为契机 构建丝路沿线
文明交流与国际合作新格局

张银仓 任惠莲 纪喆 董鹏飞①

党和国家领导人多年以来高度重视、多次强调历史文化遗产考古在传播文化、传递友谊、促进文明交流互鉴、推动构建人类命运共同体方面具有独特而重大的意义。习近平总书记多次强调"文明因多样而交流，因交流而互鉴，因互鉴而发展"，倡议深入开展考古领域人文合作、开展亚洲文化遗产保护行动。西北大学中亚考古队是首支走出国门、赴中亚多国开展丝绸之路研究的中国考古队，团队以一流的考古发现、研究成果和敬业精神，获得了国际考古学界和中亚人民的广泛关注和高度赞扬，在与丝路沿线国家文明交流方面极大地发挥了桥梁作用。

一、发展国际考古，扩大交流合作

2009 年，西北大学考古学科按照"立足长安、面向西域，周秦汉唐、丝绸之路"的学科定位和发展方向，积极拓展丝绸之路考古学术研究，王建新教授在国内甘肃河西走廊、新疆东天山多年考古工作的基础上组建中亚考古队，开始进入中亚各国进行考古调查和学术交流活动。

2013 年，习近平主席提出共建丝绸之路经济带和 21 世纪海上之路的倡议后，在陕西省人民政府的支持下，我校与乌兹别克斯坦、塔吉克斯坦、吉尔吉斯斯坦等国学术机构先后签署合作研究协议，深入开展联合考古工作。2018 年 6 月在乌国泰尔梅兹大学，与乌国科学院考古研究所主办的"中乌联合考古工作会议"，中乌双方 60 余名考古专家与机构代表以及当地师生共百余人参会。2019 年 2 月，与乌国科学院考古研究所、国家历史博物馆联合主办的"中乌联合考古成果展——月氏与康居的考古发现"在乌国首都塔什干开展。2019 年 3 月，与乌兹别克斯坦、塔吉克斯坦、吉尔吉斯斯坦三国考古学术机构达成共识，开展"费尔干纳盆地"四国联合考古工作。在已有中国学术机构与国外学术机构双边合作的基础上，由中国学术机构主导开创了多国合作开展联合考古工作的新机制、新方式、新内容。

从 2016 年至今，在中亚地区持续开展大范围系统区域调查和多点科学精准发掘，获批国

---

① 张银仓：西北大学国际教育学院副院长；任惠莲：西北大学国际教育学院院长，副教授；纪喆：西北大学国际教育学院助教；董鹏飞：西北大学国际教育学院助教。该文原载《2021 来华留学年度报告》。题目系编者据原文另拟。

家重点研发计划、国家自然科学基金、国家社科基金等各级科研项目十余项，在《考古》《文物》等期刊上发表学术成果十余篇。初步确认了《史记》《汉书》等中国古代文献记载的中亚地区古代康居和月氏文化的特征和分布范围，这是我国考古学家在中亚考古研究领域的重要突破，为丝绸之路考古提供了广为认可的中国方案。与此同时，中乌两国考古学家对古代月氏文化的考古学探索，揭示了 2 000 多年前中乌两国友好交往的历史篇章，为促进"一带一路"沿线国家的人文友好交往贡献了力量。

二十多年来，西北大学中亚考古队，在中亚建立和推行的"考古发掘+遗址保护+人才培养"三结合模式，用不惧艰辛的稳健脚步丈量着丝绸之路，用孜孜以求的科学精神寻找历史印记，用尊重包容的品格架起丝路文明对话的桥梁。

二、肩负使命担当，服务"一带一路"

西北大学中亚考古队由王建新教授牵头领衔，由骨干教师、中外学子组成的国际化团队，他们始终坚守学校办学初心，继承发扬丝绸之路人文交流学术传统，紧跟党和国家推进"一带一路"建设的时代步伐，以古丝绸之路起点西安为原点，用双手书写出精彩的文明篇章，用脚步丈量出坚韧不拔的精神，把考古研究和国际交流合作播撒到中亚的大地上，为"一带一路"从"大写意"到"工笔画"增添了浓墨重彩的一笔。中亚考古队在中亚地区开展的考古工作取得了重要的进展和突破，在欧美、俄罗斯和日本等国长期主导的丝绸之路考古研究领域发出了中国声音，不仅产生了良好的学术影响，还在促进我国与中亚各国人文交流、民心相通、文明互鉴等方面发挥了重要作用。得到中亚各国学术合作伙伴、社会公众、媒体和领导人的关注，更获得习近平总书记、李克强总理及中央深改委、国家文物局、陕西省委省政府、省文物局、我国驻外使馆的高度肯定与好评。

2016 年 6 月 21 日，习近平主席在乌兹别克斯坦媒体发表署名文章中指出："中国国家文物局、中国社会科学院、中国西北大学等单位积极同乌方开展联合考古和古迹修复工作，为恢复丝绸之路历史风貌作出了重要努力。"习主席还特别接见了包括我校中亚考古队队长王建新教授等在乌中国考古及文物保护工作者，这是对我校中亚考古工作的高度肯定与褒奖。

2019 年 6 月 10 日，习近平总书记通过陕西省委转达对我校中亚考古队全体成员的亲切问候。翌日（6 月 11 日），习近平主席在吉尔吉斯斯坦媒体发表署名文章中指出："我们愿同吉方扩大人文交流。朋友越走越近，邻居越走越亲。双方要提升教育、科技、文化、卫生、青年、媒体、联合考古等领域合作水平，让两国人民心更近、情更深。"6 月 12 日，习近平主席在塔吉克斯坦媒体发表署名文章中提出"我们要推进民心相通，深化语言教学、名著互译、考古发掘、文物保护、影视制作等方面合作，让中塔两个悠久文明在交流融汇中更加多彩。"这表明我校在乌、吉、塔三国开展的考古和文物保护工作，得到了习近平总书记的高度关注、肯定和支持。

2019 年 11 月 1 日，赴乌兹别克斯坦正式友好访问的李克强总理和中国政府代表团一行，在塔什干会见了在乌企业、华侨、华人教师、留学生代表和使馆工作人员，我校中亚考古队队长王建新教授参加了会见。李克强总理在会见时的讲话中说：乌兹别克斯坦是古代中亚文化的中心地区，历史悠久。我看到了西北大学考古的老师，你们的工作很重要嘛！西北大学考古学科在国内也是名列前茅的。对我校的中亚考古工作给予了高度评价。

2019年9月，西北大学"中亚考古队"荣获全国教育系统先进集体称号。2021年2月，西北大学中亚考古队当选陕西省第七批"三秦楷模"。西北大学中亚考古队2021年当选"全国向上向善好青年集体"。

三、聚焦人才培养，推进国际传播

西北大学坚持"开放办校"的战略，主动对接国家外交和教育对外开放战略，深度融入"一带一路"建设，对外合作交流规模不断扩展，质量不断提升，影响不断扩大，权力提升"留学西大"质量，精心打造更具国际竞争力的留学教育，着力将来华留学生培养成具备全球竞争力的国际化、复合型、应用型人才，结合学校地质、考古等特色学科为沿线国家和地区共建"一带一路"提供人才支撑和智力支持，基本形成"立足中亚、辐射丝路、面向世界"的人才培养和国际交流格局。

1. 储备"一带一路"留学生考古人才

2005年，考古专业就开始招收来华留学生，同时拉开了留学生考古团队的建设序幕。至今，先后有美国、法国、塞尔维亚、乌兹别克斯坦、马来西亚等10个国家的28名学生分别来校攻读本硕博学位。克罗地亚籍博士伊娃，毕业后就职于法国里昂高等师范大学。马来西亚籍考古硕士柯佳亿毕业后回国为砂拉越州的博物馆建设和海上丝路文物修复做出积极贡献。留学生考古团队，对境外考古、国际交流合作、学科国际化建设以及提升我校国际声誉具有积极的促进作用。

在西北大学中亚考古队中，有两名来自乌兹别克斯坦籍国际学生——苏河、比龙。

KHAMDAMOV SUKHROB（苏河），2014年加入团队，获得硕士学位后，正在攻读博士学位。2018年，他作为全国高校22名来华留学博士之一，参加"学在中国"改革开放四十年来华留学博士生论坛并做发言，发表《中亚河间地区出土中国文物的早期铁器时代遗存研究》等文章。就像他说，"中国的老师，不仅毫无保留地教导我，还为我国的遗址保护、文物保护做了很多开创性的工作。从老师那里，我学到了大爱无私。"如今，苏河已经成为乌兹别克斯坦国考古学界冉冉升起的一枚新星。

NASIBILLO KAMBAROV（比龙），2016年在撒马尔罕接触西北大学中亚考古团队后，怀着对考古的热爱和梦想，2017年他来到西北大学留学，成为王建新教授的硕士研究生，目前攻读博士学位。正如比龙所说："我正在收集整理中国考古的先进经验和成果，再用我们国家语言进行翻译""学成后，我要为两国文化交流做贡献。"

2. 实施外国本土汉语教师教学能力提升工程

举办东干族教师培训班。2000年至今，每年招收10~20名中亚国家东干族学生。提高中亚国家东干族中小学汉语教师的教学水平，西北大学与哈萨克斯坦东干协会达成协议，开设东干族教师培训项目，分别于2014年6月和2016年8月举办两期培训班，来自哈萨克斯坦和吉尔吉斯斯坦的39位东干族老师先后参加培训。举办"一带一路"国家中华文化高级研修班。

2019年12月，受教育部国际司委托，培训来自中亚和东南亚"一带一路"沿线5国的20位大、中学本土汉语教师，帮助海外汉语和中国文化传播的骨干力量不断加深对中国优秀传统文化的理解。组织本校汉语国际教育领域专家和资深教师，编写《中华传统文化外国留学生读本》系列教材，助力汉语和中国文化的国际推广。

3. 构建西北大学外教＋留学生翻译团队

设立中国传统文化外译和陕西作家外译项目，鼓励和指导外籍教师和优秀留学生用母语翻译中国传统文化相关书籍和陕西作家作品。近十年以来，先后获得陕西籍著名作家贾平凹、陈忠实、陈彦、叶广芩、杨争光、红柯、吴克敬、阎安授权，英国籍外教罗宾吉尔班克先后参与叶广芩的《山地故事》、杨争光的《老旦是一棵树》《屋檐水》、贾平凹的《土门》《贾平凹散文集》、红柯的《狼嚎》、吴克敬的《血太阳》、阎安的《玩具城》等多部英文译著并出版。参与《中国古戏台研究与保护》《关学文库》《中国历史十五讲》等多项国家重大翻译项目的审校工作；土耳其籍白振国、白鹿原及埃及籍艾小英等留学生先后翻译陕西籍著名作家贾平凹授权著作，并分别以土耳其语、阿拉伯语在各自国家出版发行；越南籍留学生阮友善（NGUYEN HUU THIEN）和李氏霜（LYTHI SUONG）等人翻译李利安教授的《观音信仰的渊源与传播》（越文版）在越南正式出版发行。

4. 推进平台建设，构建合作模式

2022年1月25日，国家主席习近平在北京主持中国同中亚五国建交30周年视频峰会并发表题为《携手共命运一起向未来》的重要讲话。习近平主席全面总结30年来中国同中亚关系发展经验，同时在"构建多元互动的大家庭"的建议中强调"文明因交流而多彩，因互鉴而发展。我们要建立多元互动的人文交流大格局，加快互设文化中心，积极开展文化遗产对话"。2021年5月12日，国务委员兼外长王毅在陕西西安主持"中国＋中亚五国"外长第二次会晤时强调，要合力打造互利共赢的合作发展带，致力于构建中国中亚命运共同体，在第五点建议中专门提出：中方计划在中国西北大学建设"丝绸之路考古合作研究中心"。

2021年7月，西北大学成立丝绸之路考古合作研究中心，充分发挥丝绸之路考古在推动"一带一路"地区、国家人文交流、民心相通中的重要作用，以"立足丝路、融合发展、促进交叉、引领国际"为宗旨，以传统优势学科——考古学为依托，充分整合历史学、地质学、化学、信息科学等多学科资源，立足长安，积极协同陕西省、国家文博行业高水平大学与科研机构，面向西域，积极联合中亚等"一带一路"地区、国家，通过短期、中期、长期三个阶段的建设，打造集科学研究、人才培养、交流展示"三位一体"的"丝绸之路考古合作研究中心"。

多年以来，西北大学通过中亚考古，在科学研究、人文交流和国际人才培养方面不断推进"携手构建更加紧密的中国—中亚命运共同体"。新时代，面对当今世界百年未有之大变局，西北大学继续学习贯彻习近平中国特色社会主义思想及习近平总书记关于教育对外开放的重要论述，围绕"一带一路"建设，抢抓新机遇，应对新挑战，聚焦特色学科，深入推进"学科发展＋留学生培养＋国际传播"新模式，向世界讲好中国故事、传播好中国声音，与丝路沿线国家共同搭建"一起向未来"的文化交流之桥。

夯实马克思主义理论学科建设的五个支撑

吕建荣[①]

马克思主义是我们立党立国的根本指导思想,也是我国大学最鲜亮的底色。"坚持以马克思主义为指导,是当代中国哲学社会科学区别于其他哲学社会科学的根本标志"。党的十八大以来,党和国家高度重视马克思主义理论学科建设,用中国理论阐释中国实践、用中国实践升华中国理论,加快构建了具有中国特色、中国风格和中国气派的学科体系。马克思主义理论学科建设是一个系统工程,需要加强队伍建设、推动教学改革、深化科学研究、培养后备人才、构建宣传高地,这样就可以形成学科发展的合力。

一、加强队伍建设,形成一流马克思主义理论教学研究团队

讲好思政课的关键在教师,办好马克思主义理论学科的关键也在教师。近年来,全国高校思政课教师队伍不断强化壮大,截至 2021 年底,全国高校思政课专兼职教师超过 12.7 万人,较 2012 年增加 7.4 万,其中 49 岁以下教师占到 77.7%,一支专职为主、专兼结合、数量充足、素质优良的思政课教师队伍正在形成。

在扩大增量的同时,也要盘活存量,通过构建多层次、多元化的培训体系,提升教师的教学水平和科研能力。一是注重学科带头人和中青年学术骨干的培养。以学科建设为支撑、以制度建设为保障、以提高教学质量为目标,培养一批政治方向坚定、理论功底扎实、学术视野宽广的研究团队;二是做好青年教师的培育工作。要通过实施择优资助计划、青年教师扶持计划等,提高青年教师的学术能力及整体素质,培养全国高校思政课教学能手、影响力人物、中青年杰出人才,发挥其在思政课教学中的示范性带头作用;三是营造人才成长的良好环境。通过举办"全国马克思主义理论青年论坛""马克思主义理论学术沙龙"等系列活动,为青年教师创造良好的学术环境,使青年教师尽快成长为教学科研骨干力量。

二、推动教学改革,实现思政课内涵式发展

马克思主义理论学科与其他学科不同,其与思想政治理论课建设是直接的对应关系。基于此,马克思主义理论学科建设首先要注重课程内容建设,围绕立德树人根本任务,建成"习近平

[①] 吕建荣:西北大学党委副书记,研究员。该文原载中国社会科学网 2022 年 3 月 29 日。

新时代中国特色社会主义思想"课程群。课程群应包括两个层次的思政课程，第一个层次是教育部规定的思想政治理论课必修课程；第二个层次是包括"四史"教育、中华优秀传统文化等具有学校特色的思政选修课。同时，还要打造具有学校优势的课程思政，这样就可以实现思政课程和课程思政同向同行，形成协同育人的合力。

思政课教学改革还要善用"思政大课堂"，突出教学一课堂、激活实践二课堂、占领网络新课堂、用好社会大课堂，实现"四堂联动"。一是坚持课堂教学的主渠道作用。要针对学生成长成才的特点，破解教学的难点重点，关注社会聚焦的热点，让学生学会运用马克思主义立场观点方法观察世界、分析世界，深刻感悟马克思主义的真理力量。二是进一步规范实践教学。要利用学校所在地域的优厚文化资源，探索建立以主题实践、校外实践为主的课程化、全覆盖的实践教学模式，形成移动的思政课堂。三是继续发挥网络云课堂的有效补充。要勇于运用云课堂，将直播、短视频等新技术运用于思政课堂，实现线上线下融合发展。四是用好社会大课堂。要把论文写在祖国大地上，也要把思政课讲在祖国大地上，要围绕抗击疫情、脱贫攻坚、乡村振兴等主题，引导学生关注社会，服务社会，增强文化自信。

三、关注国家战略，深化马克思主义理论学科研究

马克思主义理论是学科，也是科学。明乎此，我们要关注国家战略，深化对马克思主义理论特别是习近平新时代中国特色社会主义思想的研究，推出一批有深度、有分量的研究成果，构建中国特色、中国风格、中国气派的学科体系、学术体系、话语体系，彰显在研究回答重大现实问题中推进马克思主义中国化时代化大众化的理论本色。

马克思主义是科学体系，为此首先要在整体上加强对马克思主义理论的科学研究，聚焦学科方向，丰富学科内涵，逐步形成特色鲜明、优势明显、全面发展的马克思主义学科研究范式；其次，要凝练学科方向，构建科研团队，在发挥学校学科优势的前提下，形成自己的研究特色，为马克思主义理论总体性研究作出贡献；再次，要实施马克思主义理论学科交叉融合计划，利用自身优势，加强与哲学、经济学、新闻学等相关学科的协同与合作，发挥马克思主义理论学科的领航作用。

四、注重长远发展，提升马克思主义理论学科人才培养质量

人才兴则国兴，人才强则国强。办好马克思主义理论学科，关键在人才。后备人才是学科发展的动力和源泉，为此要统筹推进马克思主义理论学科的本硕博一体化人才培养体系建设，为高水平后备人才培养构筑通道；要深入实施思政课教师后备人才培养计划，选拔培养高素质人才从事思政课教学和马克思主义理论研究宣传工作。

人才培养质量是学科建设的关键环节，培养造就一批又一批有政治追求、社会担当、创新精神和实践能力的高质量人才，是新时代马克思主义理论教育的历史责任和重要使命。一是完善马克思主义理论研究生培养体系。要科学制定人才培养方案，坚持过程管理、注重文本研究

和现实观照，夯实马克思主义理论专业研究生专业基础。二是实施研究生培养质量提升计划。要加强科研、实践、教学和学术交流平台建设，加大对短期访学和参加学术会议的资助力度，鼓励研究生参加国内外高层次学术会议，丰富研究生学术交流经历。三是提升研究生学位论文质量。要通过严格的过程管理，把好开题关、中期考核关、论文答辩关，培养青年马克思主义理论学者。四是加强导师队伍建设。要遴选更多青年教师进入研究生导师队伍，鼓励导师结合经济社会发展，将最新研究成果融入到教学之中，提升研究生培养质量。

五、关注社会需要，构建马克思主义理论宣传高地

"意识形态工作是党的一项极端重要的工作"，而"高校是意识形态工作的前沿阵地"。针对马克思主义在有些领域被边缘化、空泛化、标签化，在一些学科中"失语"、教材中"失踪"、论坛上"失声"的现象，马克思主义理论教学和研究者要勇于"发声"、有效"发声"。

加强马克思主义理论学科建设，可以增强马克思主义理论的解释力和影响力，能够使思政课教师厚实学理支撑、增强理论自信，有效应对意识形态领域的各种挑战。思政课教师首先要站好三尺讲台，发挥思政课的主渠道作用，引导青年学生树立正确的世界观、人生观、价值观，培养中国特色社会主义事业的建设者和接班人；其次，思政课教师还要弘扬理论联系实际的学风，走出校园，走进社区、走入基础，发挥自身的专业优势，积极投身马克思主义理论特别是习近平新时代中国特色社会主义思想的宣传和普及工作，让党的创新理论飞入寻常百姓家；再次，思政课教师还要利用好主流媒介，关注社会关切，撰写理论文章，引导社会舆论，打造马克思主义理论研究的高端智库。

第六编

学术创新与社会服务

集聚优势学科　提升高校科技创新能力

朱恪孝　郭鹏江　赵　强　杨　晶[①]

高校要提高科技创新能力，学科建设是根本和基础。无论是建设平台还是组织创新团队，最后都要以学科建设为核心。西北大学作为西北地区建校历史最为悠久的高等学府之一，近年来根据国家"科教兴国"和"西部大开发"的战略规划，通过"211工程"学科基础建设和科研管理制度创新，整合培育优势学科，并充分发挥其聚集辐射作用，建设了一批国家和省部级创新研究基地和工程技术研究中心，承担了一批国家重大课题，学校科研经费逐年大幅增长，为国家、地方经济建设与社会发展做出了巨大贡献。

一、汇聚优势学科，凝练特色方向

高校是科技创新的一支重要力量，为国家经济建设与社会发展提供创新知识和高技术成果是新时期的紧迫任务。只有以学科建设为核心，通过平台和团队建设等有效形式把学科水平提上去，学校的教学和科研才有更大的后劲和潜力，科技创新能力才能持久。作为一所地方综合性大学，结合学校实际和西北的现实，注重发挥优势学科资源、形成优势研究方向、走特色发展之路，是学校科学研究长期坚持的指导思想。

在历史积累的基础上，本着"扬优、支重、改老、扶新"的原则和"文理并重、理工结合，优化结构，发展应用"的思路，学校在"九五"之初，将学科分为接近或达到国际先进水平，在国际上占有一席之地、保持或达到国内领先水平，为国民经济建设与社会发展做出重大贡献和为地方和行业经济建设与社会发展急需服务的三个层次，分别确定了在国家立项、陕西省和学校重点建设的学科，制定了不同建设要求和评估标准。经过不断整合、凝练，形成了中国中西部山—盆动力学及资源环境效应、西部资源生物与生物技术、分析科学物理无机化学与现代分离科学、中国发展经济学与西部经济发展等具有一定优势的学科群和特色研究方向。中国中西部山—盆动力学及资源环境效应优势学科，依托秦岭、祁连、天山等西部造山带和鄂尔多斯、准格尔、柴达木等含油气盆地，瞄准其科学研究和经济建设中的重大问题，在国家科技

[①] 朱恪孝：西北大学原副校长，西安美术学院原党委书记，教授；郭鹏江：西北大学科研处原处长，教授；赵强：西北大学文学院正处级调研员，副研究员；杨晶：西北大学地质学系正处级调研员，副研究员。该文原载《中国高等教育》2005年第10期。

攻关、攀登计划、国家自然科学基金及国家"973计划"等一系列重大项目的支持下，经过不断发展，在构造地质、前寒武纪地质、造山带与盆地、新生代地质与环境等诸方面形成了自己的优势和特色。

二、瞄准科学前沿，承担重大课题

承担国家重大科研课题，既是高水平科学研究能力的体现，也是对优势学科综合实力的检验，更是重大成果形成的重要途径。学校在近年制定的科研发展规划中，确立了明确的指导思想：瞄准世界科技文化发展趋势，围绕实施科教兴国和西部大开发战略，主动适应国家、地方经济建设和社会发展需要，坚持科学研究与学科建设、高层次人才培养相结合；坚持自然科学与人文社会科学研究并重，重视基础研究、强化应用与技术开发研究，加速科技成果和高新技术产业化，突出特色，集成优势，实现文、理、工、管、法多学科共同繁荣，相互促进、协同发展。

在"211工程"学科建设规划中，把瞄准科学前沿重大基础理论和高技术难题、争取承担国家重大科研项目，进行科学探索和技术开发作为支持优势学科建设的重要内容。同时在科研奖励、职称评聘、津贴分配等政策措施中鼓励各个学科积极参与国家或省里的重大课题。在课题申报中，根据国家和陕西省科技计划，本着依托学校优势学科，发挥地域优势资源，立足陕西，扎根西部，服务国家和地方经济文化建设与社会发展的原则，组织多层次的论证会，集中学校多学科资源，联合校外优势研究力量，认真策划确定年度主要课题目标，积极争取立项。如长期从事电化学分析研究的高鸿院士，承担国家自然科学基金重大项目，开创了示波分析这一电化学分析的新领域，并将示波分析由示波滴定发展到示波测定的新阶段！在国际上处于领先地位。张国伟院士长期从事构造地质与前寒武纪地质的前沿科学研究，先后主持"秦岭造山带岩石圈结构、演化及其成矿背景""秦岭勉略构造带组成、演化及其动力学特征"等国家自然科学基金重大、重点项目，并以大陆板块构造和大陆动力学探索为学术指导思想，采用地质、地球化学、地球物理等多学科相结合的综合方法开展了系统探索研究，取得了创造性成果和突破性进展。解决了一批秦岭重大地质问题，开拓性地进行了造山带综合地球化学探索研究。通过秦岭研究，探讨了当代地学发展前沿课题，并在更高层次上提出了新问题，显著地深化、提高了秦岭造山带研究，使之推进到一个新的研究阶段和层次，丰富并提高了我国造山带与大陆动力学研究的理论与方法。刘池阳教授围绕鄂尔多斯盆地油、气、煤、铀多种能源矿产共存富集的5个关键科学问题开展研究工作，主持的"多种能源共存成藏（矿）机理与富集分布规律"项目，2003年获国家"973计划"资助。何炼成教授长期从事理论经济学研究，关于西部经济发展的观点和研究成果被政府、企业广泛采用。另外还发挥了学校考古学科的优势，在"三峡库区及淹没区文物抢救与保护""扶风案板发掘""城固宝山遗址发掘"等考古项目研究中取得了重要突破。

三、加快基地建设，构筑创新平台

重点科研基地建设有助于凝练学科方向，整合研究资源，聚集造就一流学术带头人，培养高水平研究群体，同时也是国家创新体系建设的主体内容。

围绕国家基础研究、战略高技术研究目标，围绕地方经济、社会发展的需求，学校深化科研体制改革，在优势学科中加快重点科研基地建设步伐，组建了一批基础研究、多学科交叉的国家级、省部级重点实验室和工程中心。大陆动力学实验室是教育部重点实验室，依托学校地质学优势学群建成的，2003年经科技部批准成为省部共建国家重点实验室培育基地，成为地质学科科学研究的重要平台，有力地支撑了重大科研课题的承担。5年来，该实验室X荧光光谱仪和激光等离子质谱仪2台仪器3次参加了由国际地质分析家协会组织的"盲样品测试"，结果所提供的分析准确率3次均名列第一。2004年度该实验室在参加教育部26个数理和地学类重点实验室的评估中被评为5个优秀实验室之一。生物芯片技术是20世纪90年代中后期兴起的一种新型生物技术。在学校生物工程和生物技术学科的发展基础上，2000年初，学校引进了美国加州大学旧金山分校生物芯片中心实验室主任陈超博士，在当年5月即联合有关企业组建了"西北大学生物芯片研究开发中心"，2002年获准组建"国家微检测系统工程技术研究中心"。其研制出的第一批高覆盖率寡核苷酸基因芯片，点样密度、设计和点样质量等各项指标均达到国际领先水平。该中心是西北大学乃至陕西省属高校第一个国家级工程技术研究中心。

建设人文社会科学重点研究基地，是高校人文社会科学繁荣计划的重要内容。学校整合优势学科资源"中东研究所""中国思想文化研究所""西北史研究室"集聚了专业力量，长期开展了卓有成效的研究工作。2001年组建的"西部经济发展研究中心"，成为教育部人文社会科学重点研究基地，在西部大开发战略实施与西部经济发展领域开展了广泛而深入的研究。2004年，陕西高等哲学社会科学重点研究基地首次启动建设的第一批17个基地项目中，西北大学"中东研究所""历史文化遗产保护与规划研究中心"等获准立项建设。为进一步整合陕西省各文物考古研究机构的科研力量，发挥团队优势，依托学校教育、科研资源优势，解决在考古与文化遗产保护研究领域的前沿和重大问题，培养考古学及文化遗产保护高层次专业人才，构建陕西考古与文化遗产保护事业科技创新平台，促进陕西及全国考古与文化遗产保护事业快速发展，学校与陕西省文物局联合组建了"陕西考古研究院"。目前，西北大学共有各级各类科技创新研究基地22个，为学校高水平科学研究凝聚了学术资源，搭建了良好的创新平台。

四、创新管理制度，激励科学研究

管理创新推动科技创新。西北大学发挥优势学科、推进科研上水平的同时，也在积极探索着管理制度的创新和突破，争取在西部大开发与全面建设和谐社会进程中做出更大贡献。

不断创新组织管理机制，为优势学科和特色研究方向科技创新工作的深入开展提供必要的制度支持。学校定期召开科研工作专题会议，结合实际，借鉴兄弟院校的先进经验，狠抓管理创新，建立科学的科研评价体系，树立"竞争、合作、创新、经营、管理、服务"的科研工作理念，加大科研投入，先后出台了一系列政策措施。启动重大科研项目策划机制、横向科研发展鼓励机制、青年教师科研培育计划，设立科研发展基金、重点科研基地开放基金、学术著作出版基金等，实施科研奖励办法、学术休假制度等，将科研管理渗透到科研活动的各个层面和环节，大力营造出"投身科学、认识世界、探索创新、奉献社会"的科研氛围，激发和调动了广大教师和科研人员的积极性和主动性。

在职称评定和岗位聘任中引入科研导向机制，专门规定了科研方面的要求。在进行岗位聘任时，学校将科研业绩作为关键性的衡量标准，破格聘任了一批思想素质好、业务能力强、富有开创精神、科研业绩突出的年轻学者进入关键岗位，而对一些长期不搞科研或科研业绩较差的教授，学校排除各种干扰，坚持予以低聘，形成了"低职可以高聘，高职可以低就"的动态管理模式。在学校出台各项配套激励措施的引导下，各院系和科研机构也结合本单位情况，制定和实行科研工作量认定与奖励等办法，形成了分类型、有层次、较为合理的激励机制和约束机制，有力地推动了学校科研工作的快速发展，取得了一批重大成果。其中以舒德干教授为首的研究群体在"寒武纪大爆发"方面的研究取得关键性突破，以第一作者在 *Nature*、*Science* 上发表论文 10 篇，其中 3 篇 Article 形式的论文分别被评为 1999 年、2001 年"中国十大科技进展"和 2004 年"中国高校十大科技进展"，其本人也先后获得长江学者成就奖一等奖及 2003 年度国家自然科学奖一等奖。孙文基教授利用秦岭地道药材研制的治疗肝炎国家一类新药"秦龙苦素"，2002 年获得临床批件并已进入二期临床试验，其他两个五类新药也已进入临床研究阶段。张岂之教授主编的《中国学术思想史》、何炼成教授主编的《中国发展经济学》、彭树智教授主编的《中东国家通史》等分别填补了国内各自学科领域的空白。由于奖励制度的激励，全校 SCI 收录论文排名由 1996 年的 65 位提升到 2003 年的 28 位。

论高校科技工作的统筹规划和重点突破

马朝琦　郭鹏江　杨　晶①

2004年11月，在中国科学院庆祝建院五十五周年茶话会上，国务委员陈至立谈到当前我国科技工作的重要任务时，突出强调要"统筹规划科学技术发展，力争在若干重要领域和重大方向实现科技创新能力的跨越发展"。当前，我国高等教育逐渐形成了多元、开放和竞争的办学格局，各个高校都在积极研究和制定自身的发展战略，对于每一所高校的科技工作而言，要实现更好更快地发展，就必须树立"以人为本、创新跨越、竞争合作、持续发展"的新的科技发展观，坚持以人为本的办学理念，辩证地认识和处理好与发展相联系的各种重大问题，合理、准确地进行规划和定位，这样才能紧紧抓住和充分用好战略机遇，实现各项事业的高速发展。也正是基于上述认识，西北大学近年来较好地协调了规划与发展的问题，立足实际、大胆创新，在重点突破的前提下，从一定意义上实现了科技工作的跨越式发展。

一、统筹规划，突出特色，在不断创新的过程中实现科技工作的跨越式发展

随着我国高等教育的飞速发展，高等学校已成为"培养和造就高素质创新型人才的摇篮，认识未知世界、探索客观真理、为人类解决面临的重大课题提供科学依据的前沿，知识创新、推动科学技术成果向现实生产力转化的重要力量，民族优秀文化与世界先进文明成果交流借鉴的桥梁"。高等院校在国家创新体系中的作用和地位已经得到共识。但是，一所大学不可能办齐所有学科，也不可能在所有学科领域都保持一流水平。高校必须充分发掘利用所具有的办学资源，走有自己特色的路，有所为有所不为。

在学科建设、人才培养、学校发展等基本目标上高等院校不宜盲目求大求全求高，而要集中有限资源，瞄准区域经济与社会需求，在人才的知识结构和能力体系的某些方面有所突破，形成特色和品牌；必须坚持育人为本，人才强校，坚持全面协调和统筹兼顾，促进学校建设实现跨越式发展。所谓"跨越"往往不是发生在相同方向的竞争上，而是发生在技术转折的时

---

①马朝琦：西北大学社会科学科研管理处原处长，现任西北政法大学副校长，教授；郭鹏江：西北大学科研处原处长，教授；杨晶：西北大学地质学系正处级调研员，副研究员。该文原载《技术与创新管理》2006年第1期。

机,是在规划之初的立异标新。试想如果仅仅把发展目标定位为"别人的今天就是我们的明天",这样下去,差距只会越拉越大,只有斜着跨越,我们才能迎头赶上。

西北大学是一所地处我国西部的地方综合性大学,所在的陕西省经济基础薄弱,省属高校数量众多,因此学校的发展长期受到经费严重不足的制约,基础条件落后、学科设置陈旧、科技发展的起点相对较低,为了迅速扭转这一不利局面,近年来,该校确立了"科学研究是强校之本"的办学理念,2001年提出了"建设研究型、具有特色的国内一流、国际知名的社会主义现代化综合大学"的发展目标。2003年,在全校科研工作会议上,进一步提出"要以超常规的思路、超常规的举措、超常规的干劲,团结努力,开拓进取,实现学校科学研究工作的跨越式发展"。

五年来,全校共获得各类科研奖励207项,其中省部级以上奖励107项,其中,包括2003年度国家自然科学奖一等奖和1999年度国家自然科学奖二等奖在内的标志性科研奖励11项;发表各类研究论文8 200余篇,其中被SCI内圈(光盘版)收录论文数在全国高校的排名由1997年的第36位跃升至2001年的第26位;近年来,该校科研经费到款年均增幅接近30%;五年来,共承担各类科研项目1 310项,其中作为第一主持单位主持了国家"973计划"项目、国家"863计划"重大项目、国家计委重大产业化示范项目、国家自然科学基金重大项目、国家社科基金重大项目等一批国家级重大、重点项目,使学校的科研水平、创新能力及科研地位有了较大提高。根据网大推出的"中国大学排行榜",1999年,西北大学综合排名并列第82位,2002年攀升到第52位,其中科研得分第49位,2003年学校综合排名第44位,学术成果的得分升至全国高校此项排名的第22位。

二、明确形势,重点突破,在为地方经济建设服务中拓展科技工作的发展空间

随着我国改革开放步伐的加快,科技生产力在我国经济、社会发展中发挥了巨大的推动作用,我国高等教育为适应社会需要,也加快了改革与发展的步伐。集中优势力量,大力开展科学研究,积极为国家和地方的经济发展和社会进步做出贡献,已成为我国高校改革与发展的主旋律,高等学校只有"结合地方经济建设和社会发展的战略布局来制定高校科技工作的发展方向,把高校自身的发展融入地方经济建设和社会发展之中,才能够从服务地方中获取生存和发展的必需资源"。

无论从科技能力的储备、科研条件的建设,还是资金投入等方面,西部地方高校都不具备与其他地区高校竞争的优势,在许多研究领域存在明显差距。以往,西北大学在学科建设的过程中,存在着没有重点或者重点过多的现象,资金的分散投入带来的是综合效能的降低,其结果是各个学科都想发展却一个也发展不了,都是重点,就等于没有重点,都是特色,就等于没有特色。因此,在科技资源十分有限的情况下,必须结合自身的学科特点及地方、区域经济建设的需要,瞄准国际前沿,集中投入、优先扶持,培育起真正具有强势竞争力的优势学科,同

时带动相关学科的发展，最终实现"共同富裕"的目标。

西北大学作为省属高校，首先肩负着为地方经济建设与社会发展服务的神圣职责，为此，学校发展目标及战略发展规划首先把围绕国家西部大开发的整体战略、加强科技创新能力建设放在核心位置，同时出台一系列措施充分调动广大教师及科研人员立足西部、服务西部的积极性。据不完全统计，近五年间，在该校承担的1 457个科研项目中，70%以上属于为地方经济与社会发展服务的项目，以该校地质学系为例，最近三年间，地质学系的各类科研项目中，85%以上属于西部矿产资源开发及环境治理的研究课题。他们的研究成果，对于我国西部包括陕西省在内的油气、金属矿产、煤炭和地下水等资源的开发以及道路建设、城市规划和环境治理等做出了重要贡献。特别是围绕油气资源的勘探开发，西北大学地质系不仅为西部培养了1 000多名油气勘探科技工作者，而且为吐哈、玉门、青海、长庆和延长等油田的勘探开发做了大量的理论研究工作。

与此同时，学校也得到了陕西省委、省政府的大力支持，除每年从省上争取大量的科研经费以外，自1996年以来，陕西省政府在财政十分困难的情况下，累计给学校投入"211工程"经费达到3.2个亿，对学校的飞速发展起到了决定性的作用。

三、立足实际，瞄准前沿，把高水平的科研成果同国家需要紧密结合起来

当代科学技术的迅猛发展，为高校实现重点领域的跨越发展带来了重要机遇，我们完全有可能利用后发优势，在广泛吸收国外先进科技成果的基础上，在一些具有相对优势的关键技术领域取得突破。作为一所科技工作基础较差的西部综合大学，西北大学从哪些方面入手提升自己的科研水平以及如何提升，成为学校科技发展工作首先解决的问题。通过反复研讨，该校领导层认为，我国西部地区幅员辽阔，自然资源丰富，但发展水平较低，蕴藏着巨大的投资机会、市场潜力和发展潜力，随着国家西部大开发战略的深入实施和西部经济实力的不断增强，其对科技的需求将日渐迫切。该地区存在很多填补空白式的研究领域，科研的原创性非常强，本身具有突出的后发优势。只要充分发挥西部科技工作者不畏艰辛、吃苦耐劳、勇于奉献的精神，将国家需求、科学前沿及西部特色三者紧密结合，整合优势力量，突出重点，就完全有可能成就国际一流的研究成果。

近年来，西北大学确立了立足西部，瞄准前沿，抓大促小，扭住主攻方向不动摇，实现重点跨越的科研工作思路。针对以前学校科研工作中单干多、合作少；"缠住"地方课题的多，瞄准国家课题的少；选题分散、缺乏群体优势等具体问题，积极从管理上入手，坚持发挥学科优势，紧紧依靠学术带头人，在全国乃至国际范围内选择学术带头人和合作伙伴，瞄准国际前沿领域和西部地区乃至国家经济建设及社会发展急需的重大课题，适时启动了重大项目策划机制，由科研管理部门的同志与学术带头人共同策划运作包装课题，整合科研团队，组织协作攻关，取得了良好的效果。

2003年度，西北大学作为主持单位获得批准立项的国家"973计划"项目"多种能源矿产共存成藏（矿）机理与富集分布规律"正是在上述科研指导思想下论证成功的。

该项目针对我国目前主要能源矿产供需矛盾严峻的形势，围绕加快我国能源后备基地建设、确保国家能源安全的战略，选择富集多种能源矿产于一体的地处我国西部的鄂尔多斯盆地为重点研究地区，以该地区多种主要能源为研究对象，以多种能源矿产共存富集成藏（矿）机理为核心，通过对盆地演化—改造过程的研究，探讨不同阶段、不同环境各种能源矿产共存的内在联系、演变和成因机制以及时空分布规律。

该项目的论证历时五年，大致分为三个阶段：

从1999年开始，该研究的题目最初是"用盆地动力学理论研究我国改造型盆地油气运移及富集规律研究"，经多方论证后，有专家提出该项目虽然结合了国家重大需求，但特色不突出，科学问题尚需进一步凝练。

在多方面的修改和充实后，课题名称确定为"鄂尔多斯盆地多种能源矿产共存成藏（矿）机理与富集分布规律研究"，讨论过程中，又有专家评价该项目已经将国家需求、及西部特色紧密结合，但仅研究鄂尔多斯盆地，在所提科学问题的普遍性方面需进一步论证。

最后，课题组再次组织人员悉心论证，2003年，最终以"多种能源矿产共存成藏（矿）机理与富集分布规律"为题目获得了国家正式立项，项目总经费2 400万元。研究工作将围绕油、气、煤、铀等多种能源矿产共存富集的三个关键科学问题进行。项目的研究目标是从深层次揭示多种能源矿产同盆共存、富集成藏机理，创建有机与无机、金属和非金属能源矿产共存富集和分布预测的科学理论体系，完善多种能源矿产共存富集的判识标志体系和评价预测理论方法，探索协同综合勘探模式，增强能源矿产的预测能力。从而为多种能源综合基地的建设和持续发展，提供理论基础和决策依据。

四、革新观念，尊重人才，竭力产出国际一流的科研成果

当前，建立和形成人才辈出、人尽其才的体制和机制，培养和造就大批优秀的科技人才，特别是学术带头人，是我国科技发展的一项十分紧迫而又重大的战略任务。教育大计，教师为本，人才是教育事业发展的第一资源。办学以人才为本，以教师为主体，高校要以超常规的热情、超常规的投入、超常规的举措来抓人才工作，加强教师队伍建设。没有一流的队伍，不可能建设一流的学科、培养一流的人才、开展高水平的科技创新、出一流的科研成果，实现科技创新的关键归根到底还是人。

人才是实现科技创新的关键，没有学科带头人和学术骨干，没有结构合理、素质过硬的研究梯队，要想实现科研工作的跨越发展是不可能的。近年来，西北大学校通过对科技资源的合理配置，打破选人用人中论资排辈的观念和做法，促进人才合理流动，积极营造各方面优秀人才脱颖而出的良好环境。通过研究制订教师思想、业务、道德和行为规范，完善教师质量评价综合体系，改革和规范教师选拔、评聘、管理、考核制度，建立优胜劣汰的竞争机制，使具有高素质、高素养和科技创新潜能的教师脱颖而出，形成用事业造就人才、用机制激励人才、用

制度保障人才的良好环境，最大限度地释放人的潜能，为他们的创业提供广阔的舞台。此外，学校还始终抓住科学研究这一培养和锻炼创新型人才的核心环节，在发挥名师传帮带作用，让青年教师在学科前沿得到锻炼的同时，鼓励和扶持青年教师承担各类科研项目，加速自身学术水平的提高，带动了整个师资队伍的建设水平。前不久，该校舒德干教授带领的"寒武纪生命大爆发及其环境演化"团队成功入选教育部2004年度"长江学者和创新团队发展计划"；同时，该校对美国生物芯片研究专家陈超博士的成功引进，尤其为学校在相关研究领域跻身国际前沿，起到了决定性的推动作用。

生物芯片技术是20世纪90年代中后期兴起的一种新型生物技术。1998年6月，美国宣布正式启动生物芯片计划后，包括我国在内的世界各国陆续加大了在这一领域的投入，以生物芯片技术为核心的相关产业在全球迅速崛起。为此，西北大学大胆决策，果断引进了时任美国加州大学旧金山分校基因芯片实验室主任陈超博士，回国后不久，陈超博士便成为国家"863计划"生物技术领域专家组成员。为了更有效地支持陈超博士的工作，该校尝试由学校发起，用法人单位+校内自然人的模式，由多家单位和陈超博士联合成立股份公司，出资350万元为陈超博士建了研发中心，配备研究人员。由于在生物芯片领域的突出研究，受到了各界的广泛关注，李岚清、陈至立、徐冠华等领导人先后专程视察了西北大学生物芯片研发中心，对中心的工作给予了充分肯定。2002年，陈超教授申报的国家"863计划"生物领域重大专项课题获准立项，获科技部资助研究经费2 200万元。西北大学生物芯片研发中心更是三年迈了三大步，第一年组建，第二年获批成为省级工程技术研究中心，第三年被科技部批准组建国家工程技术研究中心。

五、加强学科渗透，增进创新能力，培育具有自主创新能力的科研成果

科学的飞速发展打破了传统学科之间的界限，解决社会经济发展中遇到的重大现实问题必须依赖各种学科专业的协同努力；科学研究中的许多新思想、新观念也都产生于学科的交叉和渗透，新学科的产生与建立也大都依赖于此；学科之间的渗透与交叉是创新思想的源泉，也是产生重大科技成果的有效方式，据统计，交叉学科的成果获奖数量在诺贝尔奖的获奖成果中比例已经由最初的36.23%发展到47.37%。相对于其他机构而言，高校具有能激发创新思维的独特人文环境、大跨度的学科交叉渗透及数量巨大、源源不断脱颖而出的创新人才，凭借着在探索性较强的基础科学和前沿高科技方面的独特优势，高校一定能在地方经济建设中发挥关键作用，这种功能的发挥，对于区域经济和高等院校的自身发展都是至关重要的。

西北大学拥有文、理、工、管、法等多个学科门类，近年来，围绕西北生态脆弱区重大资源、环境问题以及生态环境演变预报、预警理论和技术问题，充分发挥了学校多学科综合优势，在深化黄土高原、秦巴山区重点资源开发方式与开发规模决策研究，生态破坏损失评估与生态恢复、重建的模式与技术对策研究，不同区域可持续发展模式及监控体系研究，以及区域生态重建和可持续发展的动态监控系统研究等研究方面均取得了可喜得进展。

长期以来，西北大学结合地方经济和社会发展的需要，坚持文理交融，多学科协同攻关，

引导教师积极走出传统研究领域，实现理论和实践的有机结合，积极参与西部大开发和陕西"一线两带"建设，发挥高校的智囊作用，当好政府、企业发展和决策的顾问。结合渭河流域水资源短缺、水质污染及环境恶化等问题，在前不久，西北大学组织该校地质、城资、生物、经济、法律及公共管理等学科的优势力量开展的渭河流域综合治理战略研究，目前，该项目已列入陕西省科技重大专项课题，由该校六个院系数十名研究人员共同完成的《渭河流域综合治理战略研究》，将为政府综合治理渭河流域提供重要的科学依据。西北大学张富昌教授主持的国家"九五"重点科技攻关计划"秦巴山区弱智人成因及综合防治研究"也是基于地域特点和优势，联合第四军医大学等六家科研单位，集中了生物学、医学、营养学、遗传学、社会学、教育学、心理学等多学科联合攻关，近期内有望取得重要成果。

六、优化资源配置，营造良好环境，加速高新技术产业化进程

由于受到自身条件和资金短缺等方面的限制，高校更应该合理配置科技资源，把有限的人、财、物等资源投入到科研平台建设及科研项目的前期培育上，并应该想方设法吸引企业资金进行科研平台建设，同时遵循社会分工原则，建立合理的退出机制，把成果后期投入、市场化运作和市场营运工作交给社会中介机构和企业，股份制公司等形式完成科技成果的开发和转化，实现良性循环。

由于办学经费严重不足，西北大学设立的校内科研基金，多年来一直停留在较低水平，由于总量受限，只能把资助的侧重点放在基础研究上。相形之下，投入到技术开发的经费往往屈指可数。这样，必然造成学校科技成果在源头上就"先天不足"。为了迅速扭转这一困境，从2004年起，学校投入专门资金设立西北大学科技成果转化基金，专门用以扶持和资助科技成果的转化。2003年，在经费十分紧张的情况下，学校挤出大批经费重点建设"陕西省资源环境化工工程中心"，目前该中心已正式开始运行，解决了长期困扰学校的小试成果放大试验的问题，对推动该校科技成果转化、增加无形资产价值有着十分重要的意义。

企业是创新的主体，加大校企合作的力度，充分调动企业的积极性和参与意识，是实现校内创新资源向现实生产力转化过程中最有效的途径之一。近年来，西北大学通过吸引企业与学校共建中试生产线和研发中心等办法，吸引企业尽早参与项目研发，并与之形成长期稳定的合作关系。学校先后与企业合作在校内外共同组建了十多个研发中心和中试生产线，形成了利益共享、风险共担的合作研究格局，有效弥补了各自的不足，促进了科技成果的开发和产业化进程。

西北大学的"秦龙苦素一类新药研究"和"黄姜素二类新药研究"项目自研发初期就一直得到陕西西大永和科技发展有限公司的关注和持续支持。1998年，学校联合陕西永和科技发展有限公司于共同投资组建了注册资本3 000万元的"陕西西大永和科技有限公司"，几年来，由于新颖的合作方式和企业化的运行机制，显示出强大的活力，由企业投资数百万元与学校联合组建的陕西省生物医药重点实验室专门进行生物医药物的研发，近年来，先后承担国家"十五"攻关项目，国家自然科学基金项目以及横向项目13项，取得了一批高水平研究成果。在

药物的研发和逐级申报过程中，正是由于发挥了企业灵活机动的体制优势，确保了该一类新药依次顺利通过了前期药理、药效和预临床研究，并通过国家药品监督管理局组织的新药评审专家论证，目前已顺利进入二期临床，投产后将结束陕西至今没有一个一类新药批件的历史，可望为解决数以亿计肝炎患者的痛苦做出积极贡献，蕴藏着可观的经济效益和巨大的社会效益。

总之，当前形势下，高等学校科技工作的发展，只要突出创新，坚持重点突破，坚持有所为有所不为，增强改革开放意识，重视原始性和集成性创新，加强基础研究和前沿高技术研究，坚持从实际出发，扬长避短，合理定位、积极创新，就一定能够在为经济、社会的可持续发展做出实质性贡献的同时，实现自身各项事业的跨越式发展。

以策划实施重大项目为突破口提升高校科研水平

朱恪孝　郭鹏江　杨　晶　杨　英[①]

高校尤其是高水平大学,作为我国基础研究和高技术领域原始创新以及解决国民经济重大科技问题、实现技术转移、成果转化的主力军,应该把推动科技创新体系建设,为建设创新型国家做出应有贡献当作使命,同时利用学科、人才集成优势更好地服务区域经济的发展。西北大学作为地处西部的全国重点综合性大学,近年来牢固确立了"科学研究是强校之本"的办学理念,按照"扬优、支重、改老、扶新"的发展思路,坚持不求全必求尖的方针,以组织策划重大项目为提升科研水平的突破口,立足科学前沿,整合优势力量,集成原有基础进行整体规划,分步实施,逐步建立和不断强化较为稳定的跨学科研究群体,开展团队联合攻关,获得了一批重大科研项目,催生了一系列的重大科技创新成果。

一、依托学科优势搭建创新平台,积极策划和承担重大科研项目

学科发展水平体现出一所高校的核心实力和发展潜力。结合学校实际和地处西部的区域现实,西北大学积极利用优势学科资源形成优势研究方向、走特色发展之路,在历史积淀的基础上,本着"文理并重,理工结合,优化结构,发展应用"的思路,在"九五"之初就明确将学科分为接近或达到国际先进水平,在国际上占有一席之地、保持或达到国内领先水平,为国民经济建设与社会发展做出重大贡献和为地方及行业经济建设与社会发展急需服务的三个层次,分别确定了在国家立项、陕西省立项和学校重点支持建设的三类学科,制定了不同建设要求和评估标准。经过不断整合凝炼,学校形成了中国中西部山—盆动力学及资源环境效应、西部资源生物与生物技术等具有较强优势的学科群和特色研究方向,充分体现保持历史传统、依托优势学科,发挥优势资源,立足陕西、扎根西部,服务国家和地方经济文化建设与社会发展的特点。在学科建设过程中,学校更是将瞄准科学前沿重大基础理论和高技术难题,争取承担国家重大科研项目进行科学探索和技术开发,作为优势学科建设的重要内容。同时,紧密围绕相关优势学科的研究方向,先后投资上亿元资金,加快重点科研基地建设步伐,组建了一批国家

[①]朱恪孝:西北大学原副校长,西安美术学院原党委书记,教授;郭鹏江:西北大学科研处原处长,教授;杨晶:西北大学地质学系正处级调研员,副研究员;杨英:西北大学科学技术处主任编辑。该文原载《中国高等教育》2007年第Z2期。

级、省部级重点实验室和工程中心，为优势学科争取重大科研项目、进行高水平科学研究提供了重要的条件保障与技术支撑。

实验室和工程中心的建成和高水平运作，成为科学研究的重要平台，有力地支撑了重大科研课题的承担，为研究活动提供了高水平条件和学术环境，促进了重大成果的产出。除了建成大陆动力学国家重点实验室之外，结合学校在化学工程和生物技术方面的优势，针对陕北能源、陕南生物资源和地道药材开发，西北大学还相继组建了陕西省资源化工应用工程技术研究中心、陕西省生物技术重点实验室和陕西省生物医药重点实验室。目前全校各级各类科技创新研究基地共24个，为高水平研究聚集了学术资源，搭建了良好的创新平台。近几年来，学校在基础理论和高技术研究领域获得的重点、重大项目，取得的重大科研成果，有60%多出自这些科研基地。

国家重大科研课题的承担，既是对学科综合实力的检验，也是高水平科学研究能力的体现，更是重大成果形成的重要途径。长期以来，学校支持优势学科瞄准科学前沿的重大基础理论和高技术难题，勇于承担国家重大课题任务，进行科学探索和技术开发。高鸿院士长期从事电化学分析研究，先后承担国家自然科学基金重大、重点项目子课题多项，开创了示波分析这一电化学分析的新领域，并将示波分析由示波滴定发展到示波测定的新阶段，在国际上处于领先地位。以舒德干教授为带头人的"创新团队"首次揭示出了寒武纪大爆发的全貌轮廓，并在后口动物谱系的起源、脊椎动物和棘皮动物等重要门类的实证起源和演化探索上取得了突破性进展。先后在 Nature、Science 发表论文12篇，荣获2003年国家自然科学奖一等奖和2004年陕西科学技术最高成就奖。张国伟院士、高山特聘教授等重点围绕中国大陆构造及其动力学、壳幔交换作用等关键问题进行了新的系统解剖研究，连续承担4项国家自然科学基金重点项目和"973计划"项目二级课题，发表一批高水平重要论文，荣获1999年度国家自然科学奖二等奖，在大陆动力学领域中国中央造山系和中国东部岩石圈拆沉作用研究中取得系列新进展。

二、围绕国家重大需求，依托校企联盟实现基础研究和开发应用对接

随着科学技术的进一步发展，科学与技术、基础研究和应用开发之间的关联越来越紧密。因此，在进行科学研究时，我们必须紧紧围绕国家创新体系建设的需要，把个人自由探索与国家目标导向及企业的迫切需要结合起来，积极推动基础研究为企业的生产实践服务，从而不断提高国家和企业的自主创新能力。

目前，我国经济建设的快速发展对油气需求迅速增加，而能源的紧张和短缺已经成为制约我国国民经济健康发展的瓶颈。如何有效寻找未来中国油气资源的战略接续地，从根本上解决我国能源短缺，保证国民经济的健康发展，是当前国家能源战略的重大需求。我国南方海相油气勘探研究工作已经进行多年，耗资巨大，但仍有一些基本核心地质与勘探问题长期悬而未决，而这些问题又是油气勘探领域选择与勘探战略选区的关键。面对这一高风险、高难度、长期困扰我国地学界的科学难题，学校著名的地质学家张国伟院士及其研究群体，立足当代地球科学

发展前沿，重新研究认识中国大陆及海域，包括南方大陆海相油气地质，揭示本质，取得了一系列新发现，新突破，提出中国大陆具有突出的在全球共性中的独特性，我国应站在全球变化的高度，针对我国大陆地质与大陆构造在全球共性中的突出特殊性，对南方海相区带整体地质与油气的分布情况进行重新审视，并进行系统、完整、深入、精细的研究，以发展适合我国实际的海相油气地质理论与勘探技术体系。这一独到的见解，得到了我国地学界乃至大型能源企业的极大关注，张院士多次被国内各大能源企业邀请作学术报告，并就一些理论问题进行探讨，中石化有关领导还多次与张院士一道进行野外地质勘查，并就科研立项问题进行了初步协商。2006年11月，以张国伟院士为首席科学家，主持承担了中国石油化工股份有限公司"十一五"重大前瞻性基础研究项目——"中国南方中上扬子大陆构造与海相油气前景"项目正式实施。该项目由中科院地质与地球物理研究所、中国地质大学（武汉、北京）、成都理工大学和成都地质矿产研究所等18家高校和研究机构参与，项目总投资达1.5亿元，参加的知名学者达150多人，是目前我国特大型企业结合自身发展需要，设立重大项目支持应用基础性研究的第一个重大项目。

准噶尔和塔里木两大富油盆地是我国新兴的能源基地，为了加快西部新区尤其是准噶尔、塔里木两大盆地的山前带的建设，2006年，学校与中石化西部新区勘探指挥部经过多次调研、考察，最终签订了"准噶尔、塔里木新区山前带构造演化与油气成藏"合作研究项目，获得项目经费1050万元。该项目将对我国西部山前复杂构造带油气勘探科研攻关，两盆及邻区盆地分析以及油气分布规律提供基础资料，寻找和确定有利油气聚集区带提供科学依据，同时对于西部大开发，推动西部地区经济建设具有举足轻重的作用。

三、立足西部瞄准社会发展需求，抓大促小加快应用型重大项目研究

面对西北大学地处我国西部的现实，从哪些方面入手提升自己的科研水平以及如何提升，成为学校科技发展工作首当解决的问题。通过反复研讨最后形成一致共识：我国西部地区幅员辽阔，自然资源丰富，但发展水平较低，蕴藏着巨大的发展潜力，随着国家西部大开发战略的深入实施和西部经济实力的不断增强，其对科技的需求将日渐迫切。该地区存在很多填补空白式的研究领域，科研的原创性非常强，本身具有突出的后发优势。只要将国家需求、科学前沿及西部特色三者紧密结合，整合优势力量，突出重点，实施重大项目战略，就完全有可能成就国际一流的研究成果。据此，学校确立了立足西部，瞄准前沿，抓大促小，扭住主攻方向不动摇，实现重点跨越的科研工作思路。从管理上入手，坚持发挥学科优势，紧紧依靠学术带头人，瞄准国际前沿领域和西部地区乃至国家经济建设及社会发展急需的重大课题，适时启动了重大项目策划机制，整合科研团队，组织协作攻关，由科研管理部门人员与学术带头人共同策划运作包装课题，取得了良好的效果。

早在20世纪70年代，学校就指出了在馆陶系存在气田的可能，后在勘探中证实了世界级大气田的存在。近年来，刘池阳教授领导的研究群体，针对我国目前主要能源矿产供需矛盾严峻的形势，选择富集多种能源矿产于一体的鄂尔多斯盆地为重点研究地区，进行持续、系统、深入的研究，提出了油气煤铀多种能源矿产的同盆共存成藏（矿）的新思路，并获得国家"973

计划"项目立项。这是陕西省省属高校首次作为第一主持单位承担的国家"973计划"项目。学校陕西省中药及天然产物化学工程技术研究中心研究人员，自20世纪60年代开始便以秦巴山区生物资源为研究对象，积极开展秦岭珍稀濒危动、植物及其栖息地的保护生物学研究，通过持续、系统、深入的研究，在金丝猴生态行为学、华山新麦草保护生物学、揭示重要药用植物结构与药用成分积累间的规律及我国特有被子植物科属的系统发育研究方面达到国际先进水平。近年来共承担国家"973计划"项目、"十五"科技攻关项目、国家自然科学基金项目等20余项。据不完全统计，最近5年，在全校承担的国家级重点、重大项目中，70%以上属于为西部地区经济与社会发展服务的项目。

　　随着国家西部大开发战略的进一步深入实施和西部经济的不断发展，为了使学校的科研工作与区域经济社会发展相结合，学校教师与科研人员经过长期不懈探索与追求所取得的大批优秀基础研究成果向应用研究延伸，使之迅速向现实生产力转移。本着"立足陕西，聚焦西部，锁定前沿，矢志创新"的原则，结合陕西省经济社会发展的实际，对长期积累起来的大批基础研究成果进行认真梳理，选择能将国家战略需求与重大科学问题相结合，学术思想新颖并富有创新，紧密结合和服务于地方经济社会发展，能体现学校研究特色和研究实力、并具有广阔应用前景的成果进行重点扶持，取得了丰硕的成果。实践证明，只要将学校的生存与发展和地方经济繁荣、社会发展紧密结合，以服务为宗旨，在贡献中发展，就会寻找到科学研究与科技创新的广阔空间。

高校科研管理理念若干思考

张远军　胡胜强①

高等学校承载着知识创新和知识传播的使命，是社会发展和文化进步的动力之源。所谓知识创新就是高校的科学研究职能，知识传播就是教学职能。只有大力加强这两方面的职能建设，才能促进高校服务社会的长效竞争能力的持续发展。特别在科研管理方面，应当根据高校的特殊管理环境，秉持特殊的科研管理理念，构建与专门科研机构或单位相区别的科学的科研激励机制，提升高校的知识创新能力。

一、高校科研管理的特殊性

科研管理就是对科学研究工作的管理，通过构建科学的管理机制和激励措施，以期用较少的投入获得较多的高质量科研成果。科研管理工作包括从科研的规划、选题、立项到研究过程的控制、科研团队的建设和科研成果的评价奖励等。科研管理的对象是从事科学研究工作者的创造性科学活动，通过调节时间、资金、设备和研究者的组合方式来实现最终科研成果在质和量方面的最优。科研管理在一定程度上是对知识创造过程的一个加速和强化，因此，可以说科研管理就是知识管理，就是如何设计有效机制激发知识创新者潜能的问题。

同其他的管理活动相比，包括同学校一般的教学、行政活动相比，高校的科研管理是一种特殊的管理活动。这种特殊性体现在以下几个方面：

1. 管理对象具有高度不确定性

科研管理的对象是科学创新性活动，而科学创新性活动的本质就在于它是前无古人的全新知识生产过程，是在未知领域的艰难开拓。

现实中的科学创新性活动特别是社会科学创新活动主要包括这样四类：

其一，对于新的学科领域或者特定学科新的内容的开拓，这种科研创新性活动较为容易识别或鉴别；其二，科学研究方法的创新，一种新的研究方法往往会改变既有的学科内容甚至学科疆界；其三，可被称为新的综合的创新性活动，既有知识的不同组合也会带来或多或少知识格局的重构，这种知识的综合会加速知识的传播和知识的应用与再创造；其四，新的知识对

---

①张远军：西北大学副校长，副研究员；胡胜强：陕西师范大学国际商学院讲师。该文原载《陕西行政学院学报》2009 年第 4 期。

现实世界的解释和改造,这也是一种科学创新性活动,而且这种创新在理性化的时代显得尤为重要。

这四类科学创新活动在不同程度上都具有不确定性,即在创新活动之前很难对其有精确的预测和规划,这种状况既肇因于科学研究活动自身的特性,也和特定科学研究者的人力特性有着密切的关联。从微观管理层面上来说,特别是对于单个的科学研究活动而言,更是如此。

2. 管理对象不便测度

科学创新活动并不是自在的活动,它是特定的科学研究者有意识的、有目的的、有一定规划的自为活动,特定科学研究活动的运行过程极端依赖于特定的科学研究者,这一点为无数的科学研究实践所证实。进一步而言,与其说科学研究活动对特定科学研究者有较强的依赖性,不如说,科学研究活动的运行依赖于特定的科学创新能力。

所谓科学创新能力,指的是能够运用既有的知识储备,对特定的认知结构进行重构的能力。这种能力表现为对特定未知领域的强烈兴趣,感知和把握新兴事物的洞察力和直觉力,以及锲而不舍的执着精神。大致可以概括为先天和潜意识的非理性力量和后天刻苦训练而获取的理性力量。它在人类社会中的分布是不确定的,并且相对于需求一定是稀缺的,这也正是科学创新能力显现其弥足珍贵的原因。因此,科学研究工作也可以理解为围绕科学创新能力如何最大限度地发掘这种能力的一个过程,而资金设备组织体制等实物部分不过都是服务于这个中心工作的客观外设罢了。这一点,在当今知识经济的时代更加突出。知识尤其是稀缺性的创新性知识成为社会发展的原动力,新知识的生产在社会分工中具有了核心性的地位,其他的物质设备反而下降到了从属的地位。这一发展趋势使科学创新能力在社会发展特别是科学研究活动中取得了主导性的地位。与其说"所谓大学者,非有大楼之谓也,乃有大师之谓也",不如说大学者,非有大师之谓也,乃有大创新力之谓也。因此,科研管理也就是对科学创新力的管理和配置。

科学创新力作为一种类似于企业家能力的特殊才能,一般表现为相辅相成的两种形态,一种以编码化的知识形态出现,这部分科学创新力较为容易鉴别和观测,例如在正式开始科学研究活动以前,需要掌握一定的科学知识和研究方法,通过高度分化的社会部门,这种形态的科学创新力是进行有意识的科研活动的基础条件,比较容易鉴别,在科研团体中大量存在的职称和学历管理法就是着重于对此种形态能力的管理;另外一种创新力表现为非编码化的知识形态,或者说表现为一些无法进行编码的非连续性的知识,这种形态的创新性能力是科研活动得以展开的关键(所谓成功等于百分之九十九的刻苦加百分之一的天才,但是百分之一的天才更为关键),一般而言,这种形态的科学创新能力难以识别和观测。

正是鉴于科学创新力的难以观测和鉴别性,因此,对运用这种能力的科学研究活动的运行过程及其质量便很难进行有效控制。

二、建立有效科研管理机制的思考

鉴于科学研究活动的特殊性,在科研管理工作中应当坚持一些特殊性的理念。这些理念是对科研管理工作的本质特征、活动原则的理性认识，是对于科研管理内在规律性的高度抽象。科研管理理念决定和统领管理工作中的具体制度和措施。

1. 坚持科研管理工作以激励为主，控制为辅

科研管理对象的特殊性决定了必须以激发科研工作者自身的积极性和主动性作为管理工作的出发点。科研管理是对科研活动的管理，科研活动又是科学创新能力的发掘过程，而科学创新能力的发挥需要具备一定的外部条件，因此，科研管理也就是通过资源的配置营造一种有利于最大化发掘科研创新力的外部条件，这种目的指向性贯穿于科研管理工作的各个环节中。

在科研工作中，创新能力发挥着主导性的作用，而创新力又是一种特殊的心智模式，这种心智模式的运用受到诸多因素的影响。其一，它受到先赋因素影响，这种影响因素不在科研管理的控制范围内，故不赘述；其二，受到特定物质条件的影响，这种物质实体通过构筑一定的物质环境对科研创新能力起到巨大的促进或制约的作用；其三，受到特定心理环境的影响，一定的心理环境是特定物质制度环境作用于科研主体的心理意识并经过处理加工以后形成的感觉认知态度情感等的结合体，心理环境也可以认为就是特定科研主体主观化的外部环境，它是沟通主体与环境的桥梁。适宜的心理环境可以最大化地凝聚主体的注意力和思维能力，并营造一种自由开放或轻松愉悦或适度紧张的精神氛围，有利于创新能力的发挥；反之，不适宜的心理环境则使人注意力分散、思维混乱、内心焦虑踯躅、创造力枯竭等。

在影响创新能力的因素中，前两个因素作用的发挥受制于第三个因素，也可以说，第三个因素才是真正开启创新之路的钥匙。这种分析也符合创新力自身所蕴涵的一对矛盾，即创新力形式的主观性和其内容的客观性，客观的创新能力的发挥必须通过主观的形式才能得以实现。主观形式的创新力的发挥依赖于创新主体，创新主体掌握着创新力的阀门，拥有对创新能力流量和质量的最终控制权。就创新主体而言，创新力的发挥需要耗费成本，这种成本包括创新能力得以形成中的知识储备思维训练成本、创新力得以开启的物质条件的成本以及二者的机会成本；对于社会而言，创新力的发挥是有外溢性的。因此，创新主体会不会、愿不愿进行主观形式的知识创新是一个问题。如前所述创新性才能是一种体现在针对特定社会或思维问题拥有重构知识，寻求解决之道的独特能力，它的主观形式决定了很难对其进行外在的规划和控制，只能通过诱导创新主体的兴趣爱好，或者借助于对创新主体内在需求的调控使外在的制度机制和创新才能的发挥产生联动，从而激发创新主体的主动性。

此外，创新性才能最终是要凝结成一定结构的创新性知识产品，这种知识性产品的价值需要在未来的不确定的时空环境中得到明确的评估，而目前的评估手段都是一种现时的评估，很难精确。过分依赖这种有缺陷的评估手段来强化对科研活动的控制可能带来创新性才能对未来不确定性无限感知把握能力的下降，最终丧失科研活动的创新性内涵。因此，科研管理中应当以激励为主，强化科研创新欲求的无限动能，而以约束为核心的控制为辅。

2. 坚持科研管理工作以结果管理为主，过程管理为辅

科学研究是一项通过激发研究者的创造性潜能实现知识生产的活动。它的产出是具有创新性的知识产品。科学研究中存在着一些共同的特征和一般性规律。但是，给人以深刻印象的往往是科学研究中的个性化特色。因为，不同的研究者具有不同的知识背景理论训练和学术经历乃至于学术偏好，这些差异化特征在他们的研究活动中体现得十分突出。也正是如此，才使学术研究保持了其应有的生机和活力。根据管理理论，标准化程序化的产出可以通过过程控制保质保量的生产，这一点集中体现在泰罗科学管理学派中关于作业管理的讨论中。相反，对于非标准化非程序化的产出进行严格的过程管理是十分困难的。科学研究是一种极端差异化个性化的生产活动，显然利用强调标准化程序化的过程管理对其进行严格控制，无异于阉割了科学研究的创新性精髓，窒息了学术活动的生机。在科研管理中，过程管理只能是一种辅助性的管理理念和方法。

在科研管理中应当大力提倡结果管理为主。结果管理在科研管理工作中具有过程管理不可比拟的优势。

首先，结果管理可以充分释放创新性能力在科研活动中的主导性作用。结果管理在管理理念和管理方法上，同过程管理有巨大的区别。过程管理是一种控制型管理，强调标准化和程序化，期望通过最正确的过程导引出所欲的产出，这种管理理念假定管理环境是固定的或者是可控制的，因而有强烈的内部取向性，是一个封闭的管理系统。结果管理是一种激励型管理，强调创新性和差异性，期望通过发挥主体积极性能动性促进效能和满足人格需求，这种管理理念假定管理环境是不确定的，是动态发展的甚至管理对象都在动态发展，因而结果管理有强烈的外部取向性，是一个开放的内部赋有充分张力的管理系统。科研管理和作业管理显然是两种管理理念所对应的两个极端。以结果管理为主指导的科研管理，可以最大限度地创造一个自由的学术空间，发掘创新性能力。

其次，结果管理还可以减少科学研究中的机会主义行为，降低管理成本。结果管理以科学的学术评价机制为依据，减少管理中的繁文缛节，较少的评估管理环节可以大大节约交易费用，进而减弱对各个评估管理环节中研究者采取机会主义行为的几率，尽量避免科学研究中的短视效应和急功近利现象。

3. 坚持科研管理以"赛马中相马"为主，"相马中赛马"为辅

科研管理的实质就是把有限的资源配置给能够高质量高数量产出科研成果的科学研究者，在此过程中，必然涉及到对科研工作者的科研创新能力及科研成果的评估。科研创新能力附着于特定的科学研究者，体现于客观化的科学研究成果，因此，科研管理中的激励落实在对科研创新能力的评估中，而对科研创新能力的评估又必须着眼于对科学研究者和科学研究成果的精确评估。

管理中的评估可以分为静态评估和动态评估，系统开放评估和单项封闭评估。在科研管理中的静态评估着眼于相马，通过对科研创新能力的把握抽象出一些表象性的特征，由这些特征的评估对科学研究者进行评估。典型的以学历职称和年龄作为基准的评估模式就是一种静态评估。静态评估所着眼的特征和评估的目标可能存在较强的相关性，但也可能相关性并不强，二者之间极可能只是一种或然性关系，在此前提下，静态评估结果投入到科研管理中可能只起到一种偏置的激励效应，而不是高强度地激励了科研创新。所谓动态评估，和静态评估恰恰相反，动态评估更着眼于赛马而不是相马，通过具体的科研实践取得精确数量和质量指标的产出数据，对这些和产出直接相关的信息进行评估。动态评估把评估和结果产出直接联系在一起，加强了评估数据和评估目标的联系。但科研动态评估中至关重要的产出数量和质量信息的获取还需要借助于系统开放评估系统。

实际上，科研产出数量和质量的评估涉及到巨大的信息收集和处理工作，对于单个的任何一个高校都是难以承受的。在此情况下，科研产出的评估可以利用主观测评法，例如在国外较为盛行的高校学术委员会对科研成果价值的评估就是一种典型的主观测评法。主观测评法具有成本低廉的特点，在特定前提下可能精度也极高，有时还能不拘一格降人才地对创新性成果起到超强度激励的效果。但是主观测评法具有不可克服的适用性缺陷，其一，它以优良的学术道德规范体系和宏观学术制度、文化环境为其良好运行的前提；其二，它对评测者的个人素质及评测机关的组织技术和制度有较强的依赖性。在我国，一是缺乏深厚的现代学术道德规范体系的积淀，二是学术研究整体水平的不高导致评测者的个人素质和评测机构的组织技术和制度也不容乐观。因此，主观评测法在我国的使用不能完全满足需要。在此情况下，系统开放式评估便可以弥补这种缺陷。

所谓系统开放式评估，指学术评估系统是一个开放系统，通过广泛的社会、市场和官方评估平台，通过国内外科学的评估机制进行学术评估的信息收集和处理，以此提高评估的精度，降低评估的成本。科学研究是社会的知识生产机制，对科研产出价值进行有效评估的唯一办法就是将其投入社会应用中（知识的价值就在于其能够被不断的重复利用），只有在社会实践领域，大学科研管理部门所难以获取的评估信息、数据、资料才可能通过体验的方式低成本、高精度地获取。因此必须重视社会、市场和官方评价机制，而且，社会的不断分化已经产生了许多和科研评价有关的中介服务性系统，有效地利用这些社会评价机制就有可能构建高校系统开放的评估平台，从而为科研激励中的赛马为主而相马为辅管理理念的推行提供精确科学的数据信息。

通过以上关于科研管理特点和科研管理理念的分析和总结，可以看出高校科研管理体制的创新必须首先在管理理念领域掀起一次革新，而这种管理理念的更新将直接影响我国高校的科研管理效率，从而决定我国能否由一个粗放型的科研大国转型为科研强国。

论高校人文社会科学研究的几个误区

刘　丰　陈理娟[①]

新中国成立以来，特别是改革开放三十年以来，在党的高度重视和正确领导下，我国人文社会科学事业发展取得辉煌成就，而作为传承文明、创新理论、资政育人、服务社会等功能的完成者之———高等院校，其为繁荣我国人文社科学做出了巨大的贡献，为国家经济社会发展、文化繁荣和人才培养做出了显著成绩。

如"十五"以来，高校人文社会科学工作者紧紧抓住前所未有的发展机遇，坚持把人才培养作为根本任务，迈出了新步伐，取得了新进展，呈现了新气象，做出了新贡献。目前，在队伍、项目、经费、成果、获奖等方面的大量数据都表明，高校人文社会科学是我国人文社会科学领域里的主力军。

当前，全国普通高校拥有一支25万人的人文社会科学教师队伍，建立了100多个人文社会科学重点研究基地200多个全国重点学科、近3000个硕士点、400多个博士点，承担着221万人文社会科学全日制在校本科生和17万在校研究生的培养任务。这支队伍目前承担着5.1万个在研项目，每年发表19万篇论文、出版1万部专著、向各级政府和企事业单位提交1万份研究咨询报告。高校的人文社会科学研究能力和成果已成为我国综合国力的一个重要组成部分。

从整体上来讲，高校人文社会科学的研究实力大为增强，争取项目经费的能力大大提高，团队攻关、整体作战的观念和能力显著增强，研究解决重大理论和现实问题的能力明显提高，参与国际对话的能力与范围均相对于改革开放前有了前所未有的大发展。

一、高校人文社会科学研究目前存在的"误区"

我国高校人文社会科学研究虽然取得了巨大成就，但发展过程中也依然存在着一些阶段性的问题，概括起来说，就是高校人文社会科学研究内容和发展速度还不能完全适应时代的发展要求，与社会、经济以及高校自身发展的紧迫性相比较，科研创新、科研成果转化的总水平仍然较低，科研与社会经济发展、科研与人类文明的进步之间的脱节问题还没有从根本上得到解决。高校人文社会科学研究所面临的这一不尽如人意之处追根溯源，主要归结为以下几个误区：

[①]刘丰：西北大学博物馆正处级调研员，研究员；陈理娟：西北大学博物馆副馆长，研究馆员。该文原载《技术与创新管理》2010年第3期。

1. 对人文社会科学研究的科学本质认识一定范围存在偏颇

当下的人文社会科学研究中，大量地出现了一些像咨询报告和调研式的论文，这在一定程度上弱化了科学研究的真正含义。当然这不是说，一味地去掉这一类工作，毕竟在科研发展之初，它有其内在价值：一是引导研究者走出书斋、关注现实；二则是它能帮助研究者框定研究对象，并梳理、整理一些一手的资料。但无可否认，毕竟这样的基础工作离科学研究本质意义还有一定的距离。

为什么会存在这样的现状？洛克和休谟认为只有一个人亲身观察到的东西才能作为一个信念的合理的理由，因此，他人的陈词从来就不是信念的正业理由，这也符合传统哲学的经验主义和理性主义强调个人的感觉经验或者理性的理解作为知识基础的理念。这样我们得到了这样一种结论，我们并不知道我们认为我们所知道的大部分东西。这也不难理解，为什么在最近的二十年，大量地出现了一些像咨询报告和调研式的论文。

然而许多人误解了科学研究的本质，科学成为了事实，理论和方法的总汇。那么科学的发展就成为一种积累的过程，而科学史也就变成一门编年史学科。库恩看来，有"范式"才会成为"科学"，而科学就是解谜的过程，人文科学和自然科学一样既有说明又有解释。刚刚加入科学共同体的人，需要由资深科学家解释科学符号的意义以及科学仪器的使用。尤其在科学革命之后，许多新的概念或仪器更需要解释。换言之，普遍定律中的符号、意义、应用等，本身不能靠普遍定律来说明，只能靠解释。在人文科学的研究中不能仅仅靠说明性的研究，更需要解释性的研究。所以在科研管理中应该适时地引导这一类与社会发展相关的研究，去回答实际中提出的各种问题。

2. 科研立项仍不同程度地存在功利性

许多地方高校缺乏科研发展的整体规划，校级重点科研方向不明确，科学研究处于一种自发的、分散的、即炒即卖的状态，缺乏长期的科研规划和目标导向。从课题的立项看，科研人员为获取项目与经费的支持，以争取到最终立项为目的，很少去考虑长远的科研方向。从科研人员自身的需求看，不少科研人员从事科学研究不是为了兴趣与追求，也缺乏献身科学的精神，只是为了满足职称评审的条件和完成工作量，带有明显的功利性、实用性，很少在长远的科研方向上动脑筋，也不太关心学校长远的科研发展。

3. 闭门造车做学问

由于教育体制的缘故，我国地方高校多数从业者是单科类院校出身的，跨学科、复合型人才较少，所以知识结构和研究思维会较为单一，对于高水平的科学研究而言显然是不够的。而且长期以来，人文社会科学研究队伍往往以教研室或院系为单位组成，学科背景过于单一，而目前的社会对科学研究的需求已大范围地成综合性、交叉性的趋势发展，这种以行政院系为单位的管理体制在一定程度上限制了研究人员相互之间的了解和沟通，当研究需要时，中于相互缺乏了解或体制的影响无法寻找到合适的合作同伴，影响了一些综合性、交叉性研究工作的进行，也阻碍了地方高校综合性优势的发挥。高校研究人员经常忽视与社会实践者的沟通合作，大学上政府、企业、研究机构的关联缺乏政策支撑，横向科研交流缺乏，阻碍了信息交流、知识传播和技术转化，造成理论与实践相脱离，对地方高校科技创新产生制约。

4. 科研管理机制不完善

长期以来，人们一直在探索科学合理的科研管理机制，以形成一个稳定的制度体系，促进科技发展，但从总体上看，这些措施还不完善、不配套，一些深层次的问题尚未得到根本解决。首先，公平机制不完善，例如，课题审批人即评委本身同时又是有关课题的申报人（主持人或参与者），这种裁判兼运动员的现象仍一定范围内存在；其次，缺乏合理的激励机制：传统的科研管理为控制管理，往往由组织来决定研究者的分工，属被动管理，不利于科研积极性的发挥，需要引进科学的、完善的激励机制，充分调动每个研究者个人的积极性。再次，评价机制存在缺陷性：对于人文社会科学的评价比较困难，质评与量评标准不一；最后，就科研管理部门来看，其管理监管环节也存在一些理念上的偏差，"重立项、轻管理""重数量、轻质量"现象仍很严重。无论从科研人员自身还是从学校科研各级管理部门都缺乏对科学研究的统筹规划、可持续发展科学理念的认识。

二、如何实现高校人文社会科学研究事业的可持续发展

繁荣发展人文社会科学作为一项重大而紧迫的战略任务摆在了每一位从事人文社会科学事业的人员面前，高等学校的人文社科研究，既要在整个国家的领域中体现出人文社会科学的进步，也要积极地参与地方人文社会科学的发展，还要有自己的声音充分体现特色。人文社会科学事业需要我们在尊重其发展规律的基础上，抓住机遇，落实科学发展观；在统筹学科建设规划、扩大学科交叉、优化资源配置突出特色研究，以及建立人文社会科学研究管理的和谐机制等方面积极谋划，全面推进高校人文社会科学研究事业的可持续发展。

具体来说，要做好以下几方面的工作：

1. 按照统筹规划、分类管理的原则推动人文社会学科健康发展

今后高校的人文社会科学建设，尤其是在制定中长期发展规划时，要按照统筹规划、分类管理的原则和思路进行整体部署。在应用性比较强的学科领域，坚持科研与实际紧密结合的要求，坚持以项目带动发展的思路，并积极鼓励和支持各个有关学科不断在市场中开拓科研的发展空间；而对于人文社会科学中的基础性学科和部分理论性比较强的学科领域，则应该充分尊重这些学科领域的特点，积极鼓励自由探索性的研究，注重积累和持续发展，并且适当采取有针对性的科研管理和经费资助政策。切实统筹规划好不同学科的理性发展目标，推动人文社会学科的全面、健康发展。

2. 实施"畅通工程"，加强学科交叉

创造有利于高校人文社会科学发展的政策环境与社会环境，创造有利于高校人文社会科学发展的学术环境，切实推动高校人文社会科学繁荣与发展。要从体制和机制上打破"象牙塔"意识，实施"畅通工程"，促进高校人文社会科学与经济社会紧密联系，用政策支撑大学与政府、企业、研究机构的关联，推进横向信息交流。

同时，努力改变人文社会科学研究"散兵游勇'的状态，利用综合优势，大力推进学科融

合、学科交叉，努力造就大规模集团作战的局面。突破行政院系划分的限制，打造高水平、综合性的人文社会科学的科研平台，一方面为人文社会科学研究人员提供沟通交流的渠道，使不同学科领域的研究人员，从不同角度碰撞出学科交叉与融合的火花，营造良好的科学研究氛围；另一方面可以使不同学科领域中的强势研究力量形成合力，有利于产生新的研究方向产生边缘学科或新兴学科的研究成果。

3. 突出重点，抓重大项目和重大成果，促进科研队伍的建设

人文社会科学科研应解决国家社会、经济、文化发展的重大问题，要了解该学科的前沿热点和国家社会的重大需求，争取能够引领社会文化的建设与创新。所以应通过政策杠杆和宣传引导，积极引导教师将研究重点和精力放在需要迫切解决的重大问题上。在重大科研项目的申报过程中，既要鼓励科研团队积极申请和自主策划一些能够反映人文社会科学领域满足改革和发展需要的大课题，也要持续稳定地支持个体长期深入地对基础科学领域中某些重大问题的研究；特别倡导在重大科研领域中跨学科的合作式研究，争取能够在若干领域形成文社会科学研究的制高点和特色。

在积极推动重大科研项目中，要努力探索符合实际的相关政策措施，争取能够在科研体制和制度建设上有所创新，特别是培育和建设一个能够出重大成果和优秀成果的科研生态环境；要在推动重大科研项目和重大成果的过程中，积极有力地促进人文社会科学科研队伍的建设。在整个科研水平和实力提高的基础上，通过培养与引进的措施，重点抓好一批学科带头人队伍的建设，不断扩大他们在国内外的影响和提高他们的学术地位；同时，积极有效地抓好年轻学术人才和骨干队伍的建设，形成充满生气和活力的科研团队；而且，还应该积极创造条件，在科学研究的实践过程中，有意识地培育有特色的人文社会学科的学派。

4. 建立和谐的人文社会科学研究管理机制

一是以质量为导向，以资源的整合和优化配置为目的，以尊重人文社会科学规律为准则，深化高校人文社会科学管理改革与创新，建立健全一个促进高校人文社会科学良性发展的引导机制；二是要高度重视，采取积极措施，构建一个能够促进高校人文社会科学持续发展的动力支持体系，重点是增强其自身的造血功能；三是建立健全高校人文社会科学竞争和激励机制，以竞争为动力，使优秀人才脱颖而出，使精品成果不断涌现；四是坚持科学的评价原则，把重视研究质量的要求和建设目标放到一个更加重要和更高的地位上，形成一种比较科学的发展与建设导向，突出工作质量，增强精品意识。同时，要根据科学研究中"求真"和"求实"的不同目标和原则，积极探索符合实际并且能够有效推动各个学科协调可持续发展的评价机制。

综上，我们要以科学发展观为统领，继续推动各项工作全面协调的发展。树立人本管理的思想，着力调动一切积极因素，充分发挥高校人文社会科学工作者的主动性、积极性和创造性，共同努力，为繁荣发展高校哲学社会科学，为建设高等教育强国和人力资源强国，为促进社会主义文化的大发展大繁荣，为完成党的十七大提出的战略任务和宏伟目标做出新的贡献。

提升地方高校哲学社会科学学科社会服务能力

任宗哲　卜晓军[①]

《国家中长期教育改革和发展规划纲要（2010—2020年）》提出，"高校要牢固树立为社会服务的意识，全方位的开展服务"。全面提高高等教育质量，必须大力服务经济社会发展，高等学校要紧紧围绕科学发展这个主题、加快转变经济发展方式这条主线，不断增强服务经济社会发展能力。作为我国普通高校主力军的地方高校，如何充分挖掘哲学社会科学学科的社会服务潜力，切实提升为地方经济建设和社会发展服务的整体功能，这是一个重大的现实问题。

一、转变思想观念，正确认识哲学社会科学发挥社会服务功能的特点

近年来，地方高校将社会服务作为一项重要使命，努力提高对地方经济社会发展的贡献率，取得了很大的成绩。从现实情况看，目前社会服务还主要集中在自然科学学科领域，哲学社会科学学科则相对滞后，这种"一手硬、一手软"的状况影响和制约了地方高校社会服务整体功能的发挥。

哲学社会科学学科社会服务之所以滞后，与人们的思想观念有关。长期以来，在人们的思想认识中存在一个误区，即社会服务是自然科学的责任，哲学社会科学的责任重在人才培养、文化传承及意识形态的塑造，这种观念甚至在地方高校从事哲学社会科学教学科研工作的教师中也普遍存在。这种片面的观念反映了人们对哲学社会科学学科性质认识不足，对哲学社会科学发挥社会服务功能的特点不甚了解。

实际上，哲学社会科学以人和人类社会为研究对象，以探求人的本质和社会发展规律为己任，是指导人们认识世界、改造世界的强大思想武器，在现代社会，无论是解放和发展生产力、创造物质财富，或者是提高人的思想道德素质和科学文化素养，哲学社会科学都发挥着不可替代的作用。就社会服务功能而言，由于学科性质的独特性，哲学社会科学服务社会的特点与自然科学相比有所不同。一是服务方式的间接性。"哲学社会科学服务社会的路径更多的是以思想观念形式出现的"，不易直接物化为现实的生产力，它往往是通过各种传播方式，使新思想、新观念、新观点在潜移默化中影响人们的价值观念、思维方式和生活方式，从而间接作

[①] 任宗哲：西北大学原副校长，现任陕西省委副秘书长、省委党史研究室主任，教授；卜晓军：西北大学现代学院党委书记，副研究员。该文原载《中国高等教育》2012年第23期。

用于社会生产活动；二是社会效益的隐形性。与自然学科成果转化的社会效益易于客观量化不同，哲学社会科学成果转化产生的社会效益不易准确计量，也无法直接查验实效；三是社会价值的远期性。哲学社会科学任何重大创造性成果的形成过程都是十分漫长而艰辛的，其成果在被社会承认与接受之前，需要通过较长周期的鉴别与比较，因此相对于自然科学研究成果的近期价值，哲学社会科学研究成果更多的表现为远期价值。

上述这些特点，使得人们在现实生活中往往只能看到自然科学成果转化对经济发展和社会福利增进带来的直接效益，而不能直接看到或感知哲学社会科学对经济社会发展所具有的间接效益和远期价值，这是人们对其社会服务功能发生认识偏差的重要原因。实际上，在人类社会发展中，哲学社会科学与自然科学犹如车之两轮、鸟之两翼，缺一不可。"哲学社会科学也是发展生产力的重要要素，它通过思想和观念的先导性变革来作用于社会生产力，通过制度和政策的重新安排作用于社会生产力，是生产力中'软件的软件'"。随着社会的发展以及研究方式方法的转变，更多的哲学社会科学研究成果将日益直接介入生产、管理和决策的过程，转化为现实的生产力。地方高校开展社会服务，需要首先切实转变思想观念，正确认识和把握哲学社会科学的学科性质及其发挥社会服务功能的特点，充分挖掘其社会服务的潜力，改变目前学科之间社会服务不均衡的状况，从而提升学校社会服务的整体功能，为地方经济社会发展做出更大的贡献。

二、围绕地方需要，努力拓展哲学社会科学学科社会服务的有效途径

在高等教育竞争日趋激烈的今天，地方高校的哲学社会科学学科必须立足地方、服务地方，充分发挥与地方联系紧密的优势，紧密结合地方经济社会发展的特点和需要，不断拓展服务领域，努力探索社会服务的有效途径，提升社会服务能力，以贡献求发展，以服务求支持。

关注现实问题，加强应用理论研究。在现代社会，科学研究的生命力源于它对社会现实的关注和作用，其价值在于产生实际的社会效益，获得社会的广泛认可，哲学社会科学研究也是如此。长期以来，高校哲学社会科学研究在很大程度上存在着重基础、轻应用的倾向。许多教师局限于自己的专业视野和个人兴趣，热衷于搞纯理论研究，对现实问题关注不够，对经济社会发展的重大理论和现实问题敏感性不强，这种研究取向导致理论与实践相脱节，使哲学社会科学研究更多的表现为一种书斋式的研究，与社会现实及人们的生活相距较远，从而得不到人们的认可。实际上，在我国转型时期，地方经济社会发展中面临着许多新情况、新问题、新矛盾，诸如"三农"问题、地区差距问题、就业问题、人口老化问题、社会保障问题、公共卫生问题、财政改革问题、生态环境问题等等，迫切需要哲学社会科学进行深入研究。地方高校哲学社会科学学科要想更好地发挥社会服务功能，就必须积极回应社会、努力走向实践，更加关注这些现实问题并探求解决问题的方案和对策，努力推出带有前瞻性的、具有重要指导作用和实践应用价值的研究成果，真正为地方经济社会发展起到思想保证、精神动力和智力支持的作用。

重视成果转化，推动地方文化产业的发展。进入21世纪以来，文化产业作为一种重要的经济形态，已经在很多发达国家的国民经济中占据了主导性地位，发挥着战略性作用。近年

来，随着全面建设小康社会步伐的加快以及城乡居民消费结构的变化，文化产业在我国得到迅速发展。据统计，2009年我国文化产业增加值为8 400亿元左右，比2008年增长10%，高于同期GDP的增长速度3.2个百分点，占同期GDP比重的2.5%左右。目前，在经济结构转型升级过程中，我国许多地区已经将文化产业作为地方新兴支柱产业加以重点扶持和发展，从中可以看到文化产业所蕴藏的巨大经济效益和增长潜力。哲学社会科学研究成果是发展文化产业的重要载体，其转化和应用蕴育于文化产业的发展链条之中。地方高校要提升社会服务的整体功能，就要充分认识到哲学社会科学在发展文化产业中的巨大潜力，紧密结合地方文化产业发展的特点和需要，努力探索学术研究与市场需求的结合点。积极树立市场化、产业化意识，紧紧抓住哲学社会科学优秀研究成果的核心价值，根据市场的不同需求，应用不同方式开展成果推广、应用与转化工作，实现优秀成果向文化产业开发方向的延伸，推进哲学社会科学研究成果向现实生产力转化。

做好决策咨询，为地方政府科学决策服务。随着社会主义市场经济体制的逐步完善，地方政府对本地区国民经济和社会发展等各个方面决策的职能将进一步强化，这势必要求政府在深入了解地方经济和社会资源状况的基础上，应用现代科学理论，制订和优化地方经济社会建设的长期规划，出台相关政策措施，以指导和推进地方各项事业的发展。地方高校要提升哲学社会科学学科社会服务的功能，就需要把握地方经济社会建设战略实施中的重大实践和应用问题，充分发挥自身人才和学科优势，加强相关方面的应用对策研究，为地方政府制定重大经济社会建设规划、完善各种法规和政策措施提供有说服力的论证和理论支持，努力成为地方政府制定政策与决策的"智囊团"。

发挥资源优势，提升所在地区的文化竞争力。"文化越来越成为民族凝聚力和创造力的重要源泉，越来越成为综合国力竞争的重要因素"，文化以及公民的文化素质作为一种"软实力"，日益渗透到生产力的发展中并发挥着越来越重要的作用，一个地区经济社会能否又好又快地发展，在很大程度上取决于人们整体文化素质的高低以及由此形成的文化竞争力。在这样的背景下，地方高校应充分发挥自身所拥有的人才优势和对各种思想文化的鉴别能力，利用多种渠道开展各种社会活动，如为当地政府、企业和农村举行哲学社会科学知识培训活动，与地方相关机构、社会团体和社区组织联合举办形式多样的文化活动，与城市社区和农村乡镇开展精神文明建设共建活动等等。以这些活动为载体，把高校哲学社会科学优秀研究成果加以推广，将校园文化中先进的价值观念、高品位的文化、优秀的民族精神和科学精神传播和辐射到广大人民群众中去，推动地方精神文明建设，提升公民的文化素质，增强地区的文化竞争力，为地方经济社会建设提供强大的精神支持和动力保障。

三、加强政策引导，形成哲学社会科学学科社会服务的良性保障机制

提升哲学社会科学学科社会服务功能是一个系统工程。目前地方高校哲学社会科学研究在组织管理、成果评价、成果转化方面还存在着诸多问题，也制约着其社会服务功能的发挥，这就需要地方高校从科研管理制度的变革入手，加强相关方面的激励和引导，从而形成哲学社会

科学学科服务社会的良性保障机制。

完善哲学社会科学研究评价体系。大学是为学术而存在和生长的，学术性是大学社会服务特殊性的根源所在。在现代社会，"大学是'象牙塔'，需要保持独立与自主，以'烛照社会之方向'，但同时大学也是'服务站'，不能'遗世独立'，否则就会被社会超越，也就无从提供高质量的社会服务"。地方高校要提升社会服务功能，就需要正确把握学术研究与社会服务的辩证关系，把二者有机地结合在一起。高校的科研评价体系具有导向作用、激励作用，在科研中发挥着指挥棒作用。实际上，在目前地方高校哲学社会科学科研评价中，在很大程度上仍然存在着重基础轻应用，重学术价值轻社会效果，重学术专著、科研论文轻调研报告、咨询建议、普及读物等其他形式成果的事实，这就引导教师将更多的精力投入到"务虚"的理论研究，制约了其关注现实、服务社会的积极性和创造性。地方高校要挖掘哲学社会科学学科社会服务潜力，就必须改变这种片面的评价制度，根据不同类型的科研活动实行分类评价，制定不同的评价标准，真正把社会服务与学术研究放在同等重要的位置，并在教师的人事考核、职称评审中制订相应配套政策和措施，引导和激励广大哲学社会科学教师积极投身到社会服务的洪流中去。

健全哲学社会科学优秀成果转化机制。恩格斯曾说过，一个市场需求比十所大学更能拉动技术进步。这句话直接反映了市场需求对技术进步的内在动力。从市场经济的角度看，目前许多地方高校具有的深厚哲学社会科学资源并未得到充分开发，哲学社会科学研究成果的推广和应用转化率过低，没有发挥出应有的经济和社会效益。这固然与哲学社会科学成果的推广应用比自然科学更间接、更复杂、更不易的特点有关，但成果应用和转化机制尚不健全也是一个重要原因。因此，地方高校的科研管理部门要具有更加开放的思维，树立市场意识，充分发挥内联外引的中介作用，为哲学社会科学成果转化应用创造良好条件。要从有利于成果转化应用的角度出发，优化资源配置，搞好课题合理配置，引导教师自觉围绕社会需求展开科研，在选题上尽可能与地方经济社会发展急需衔接、与政府及企业的需求对路。要加强与社会各界之间多方位、深层次的接触，积极与地方政府、企业挂钩，从社会需求出发多方面争取横向项目，为将来研究成果的及时转化奠定良好基础。要积极探索研究成果的后续管理模式，加强成果延伸，尝试用市场化的手段，采取各种措施主动将优秀成果推向社会，以不断扩大成果的社会效应。

加强哲学社会科学学科资源整合和团队建设。现代科学研究日益呈现出多学科交叉融合、协同发展的趋势和特点。但是从总体上看，目前地方高校哲学社会科学学科在很大程度上依然沿袭着传统的科研方式，教师在从事科研过程中往往是单枪匹马、各自为战，这种作坊式的科研方式造成学科间的割裂、研究力量的分散，无法承担大型研究项目，科研层次水平很难提高，成果的转化应用更是无从谈起。因此，要提升哲学社会科学学科社会服务能力，地方高校就需要建立与现代科学研究发展特点相适应的科研组织管理形式。要紧紧围绕地方经济社会发展急需，结合学科特点和优势整合现有研究力量，优化资源配置，打破学科、单位的界限，建立跨学科、跨院系的综合研究机构，形成强大的研究合力。要以重大项目为依托，集结各方面的优势力量，加强创新团队建设，发挥不同学科之间交叉融合、集团作战、联合攻关的优势，为推进哲学社会科学更好地为地方经济社会发展服务提供坚实人力保障。

全面提升高校科技创新能力

高 岭[①]

高等教育作为科技第一生产力和人才第一资源的重要结合点,在创新型国家建设中具有重要的地位和作用。我们必须进一步增强使命感、责任感和紧迫感,充分发挥高校科技、学科、人才综合优势,全面提升高校科技创新能力,为建设创新型国家作出更大贡献。

"十三五"规划纲要提出"实施人才优先发展战略"。当前我国已进入全面建成小康社会决胜阶段,必须牢固树立人才资源是第一资源的观念。要高度重视人才在加快转变经济发展方式中的重要作用和战略地位,统筹规划好经济社会发展与人才发展的关系,坚持人才资源优先开发、人才结构优先调整、人才投资优先保证,着力推进人才优先发展。

近年来,我国在科研水平与成果数量方面有了长足进步。英国《自然》杂志日前发布数据显示,中国对世界高质量科学研究总体贡献居全球第二位,仅次于美国。但我国很多科研成果转化率不高,不能较好地服务于经济社会发展。除基础研究外,目前我国一些科研项目在立项阶段就没有充分考虑现实产业需要,科研项目与市场结合不够紧密,不能有效面对生产发展的需求,成果落地转化难度较大。

"十三五"规划纲要提出"改革院校创新型人才培养模式,引导推动人才培养链与产业链、创新链有机衔接"正当其时。现在的评价体系更多关注项目大小、发表论文数量等,忽视了科研成果的质量和实际取得的社会经济效益,导致科技人员不太关心研究成果是否能够实用或转化,难以潜心研究出真正有应用价值的科研成果。对此,高校要面向国家需求,增强科技服务能力。高校要广泛开展产学研合作,以国家战略引导创新研究,以市场需求牵引技术创新;完善高校科技成果转化和技术转移机制,推进技术成果产业化,促进产业转型和技术升级,大幅提升高校服务经济社会发展的能力。高校科技创新要坚持服务发展,积极推动教育科技与经济紧密结合,坚持需求导向、全面开放、深度融合、创新引领的原则,积极融入国家创新体系建设,使高校成为知识创新和技术创新的策源地,力求在一些重大理论和现实问题的解决上取得重大突破。

此外,呼吁完善人才评价激励机制。"十三五"规划纲要提出,"完善人才评价激励机制和

[①] 高岭:西北大学原副校长,现任九三学社陕西省委会主委、陕西省教育厅副厅长,教授。该文原载《中国社会科学报》2016年3月25日。

服务保障体系，营造有利于人人皆可成才和青年人才脱颖而出的社会环境"。我们应该以科学的人才观为指导，破除"唯学历、唯职称、唯资历、唯身份"的观念，打破标准单一的人才评价激励模式。把能力、业绩、品德、知识等要素结合起来，针对不同类型、不同特点、不同层次的人才制定相应的人才评价激励体制机制，只有这样才能充分调动各类人才的积极性和创造性，让他们各展其能。

高度重视"硬科技"创新和发展

陈 超[①]

当前,科技创新正在成为重塑世界格局、创造人类未来的主导力量。十九大报告提出,要瞄准世界科技前沿,强化基础研究,实现前瞻性基础研究、引领性原创成果重大突破。以科技创新为核心的"硬科技"是国家科技实力的标志,是国之重器和利器,需要长期研发投入、持续积累。在核心技术上追赶超越、掌握先机,把事关国家发展的关键领域核心技术牢牢地掌握在自己手里,已刻不容缓。

所谓"硬科技",就是以航空航天、光电芯片、新能源、新材料、智能制造、信息技术、生命科学、人工智能等为代表的关键领域高精尖科技,是对民族复兴、对人类社会发展和文明进程具有重大推动作用的关键性技术。"硬科技"区别于互联网模式、是需要长期研发投入、持续积累形成的原创技术。"硬科技"具有高门槛、难以被复制和模仿,需要五到十年以上的积累才能形成。"硬科技"强调自主性、原创性、核心性,与实体经济紧密相连,是推进供给侧结构性改革,建设现代化经济体系的重要抓手。

核心技术必须靠自力更生。今年两会期间,电影《厉害了,我的国》热映,影片展示了我国在桥、水、陆、港等一大批基础建设工程上的辉煌成果,这些成就离不开自力更生和科技创新的支撑。硬科技的概念诞生于西安的光机所。"硬科技"是和习近平总书记对科技创新驱动战略的重视和关心分不开的。2015年2月15日,习近平总书记在中国科学院西安光机所调研时对科研人员说,转方式调结构,首先是创新驱动。我们的科技创新同国际先进水平还有差距,当年我们依靠自力更生取得巨大成就,现在国力增强了,我们仍要继续自力更生,核心技术靠化缘是要不来的。

从全球范围来看,航天技术、火箭发射与卫星发射技术、量子通信、高铁技术、无人机属于"硬科技"范畴;从国内范围来看,中国首款按照最新国际适航标准,具有自主知识产权的干线民用飞机C919的研制与生产,属于"硬科技";光子芯片研发、智能服务机器人、工业无人机、北斗导航应用技术、集成电路制造、通信终端设备制造、雷达及配套设备制造、光电子器件及战略性新兴产品以集成电路中的高性能传感器用关键芯片等均属于"硬科技"范畴。

[①] 陈超:西北大学原副校长,教授。本文节选自作者2018年3月14日接受《中国社会科学报》采访的内容,经编者整理而成。

发展"硬科技"是一项系统工程，需要前瞻布局，需要制度创新。

一、要从与国家安全有关的层次认识"硬科技"

"硬科技"是衡量一个国家科技创新实力的标尺、是当前振兴实体经济的强大内生驱动，更是国之重器和利器、是国家间特别是大国之间"硬实力"角逐的决胜之地。与发达国家相比，我国的科技创新还没有实现全面突围，在相当多领域仍然缺少话语权。同时，从新中国成立后的历史经验看，当年如果不咬牙发展自己的以"两弹一星"为代表的国之重器，就不会有今天的和平发展的环境。这些"硬科技"的研究和投入，是我们砸锅卖铁也必须做的国家战略。

二、要从为经济发展提供硬支撑的层面看"硬科技"

经过近40年的改革发展，我国总体上进入工业化后期，要实现从工业大国转变为工业强国和服务业大国的产业结构升级，必须从"要素驱动"转向"创新驱动"。实体经济是强国之本、兴国之基，硬科技集聚的实体经济领域将成为提质增效的主战场。目前我国还有不少产业处于全球价值链的中低端，企业的国际竞争力总体上还不够强，特别是在品牌、质量、标准上差距还比较大。我国的高铁、航天、核电等领域能够成功走出去，正是因为攥住了核心关键技术。

三、要从"中国制造2025"看"硬科技"

"中国制造2025"所强调的新一代信息技术产业、高档数控机床和机器人、航空航天装备、先进轨道交通装备、节能与新能源汽车、新材料、生物医药等领域与硬科技所涵盖的领域是高度一致的。这些"比高科技还要高"的硬科技，不仅"硬"在技术的高壁垒和原创性上，更"硬"在其激活创新活力、提升经济的价值和能力上，能够为新工业革命提供强大支撑。有科技人士指出："在硬科技领域，中国终将领跑全世界。"

因此，高度重视"硬科技"创新和发展。一是将"硬科技"上升到国家创新体系建设中，制定国家级"硬科技"发展战略，瞄准世界科技前沿，强化前瞻性基础研究，引领原创性成果。列为国家"刚性"支持计划。二是针对西部地区做好"硬科技"布局，夯实发展平台和基础条件，形成"硬科技"生态体系。在综合性国家科学研究中心建设、重大科技基础设施建设、重大政策先行先试、重大产业布局和重大项目落地上给予倾斜，建立健全"硬科技"发展的长效机制。三是完善"硬科技"发展政策、优化环境，为科研人员减少羁绊束缚，建立符合科技创新规律和市场经济规律的科技成果转移转化体系，优化扶持方式，促进科技成果产业化。加快"硬科技"的转化和应用，助推实体经济发展。

学科、学术、学养、学人：
构建中国特色哲学社会科学的四个维面

吴振磊[①]

党的十八大以来，以习近平同志为核心的党中央高度重视哲学社会科学工作，提出了加快构建中国特色哲学社会科学体系的重大命题。2016 年 5 月，习近平总书记在哲学社会科学工作座谈会上的重要讲话中深刻阐释了哲学社会科学工作的极端重要性，为新时期我国哲学社会科学发展提供了根本遵循和行动指南。在习近平总书记重要讲话精神的指引下，中国特色哲学社会科学构建迈出了强有力步伐：一是在理论创新上形成了习近平新时代中国特色社会主义思想，这一当代中国的马克思主义；二是马克思主义理论研究与建设工程成效显著，学科体系、学术体系、话语体系不断强化，取得系列标志性成果；三是马克思主义在意识形态主导地位不断强化，长期困扰哲学社会科学发展的方向性、根本性、全局性问题得以破解，马克思主义的底色更加鲜明，社会主义核心价值观广泛弘扬；四是中国文化软实力大幅提升，在中华优秀传统文化研究与传播、世界问题的中国话语的发表与交流、中国模式的研究与传播等方面更加增强了自信；五是哲学社会科学的成果转化效应凸显，一批高质量的智库机构不断壮大，哲学社会科学服务党和人民的能力不断提升。以习近平新时代中国特色社会主义思想为指导，加快构建中国特色社会主义哲学社会科学，新时期高校应该从学科、学术、学养、学人四个层面激发新动能、协同推进。

一、学科：立足"双一流"，构建优势学科、特色学科、新兴交叉学科、冷门学科共生发展的新格局

当前，在"双一流"建设的背景下，结合教育部"第四轮"学科评估，各高校基本上确定了优势学科、特色学科建设方向，未来重点应该是推进学科提升计划，突出优势、拓展领域、补齐短板、完善体系。

一是加强马克思主义理论学科建设，加强哲学社会科学各学科门类领域马克思主义相关学科建设，巩固马克思主义在各学科领域的指导地位。贯彻落实好习近平总书记提出的"坚持以马克思主义为指导，是当代中国特色哲学社会科学区别于其他哲学社会科学的根本标志，必须

[①] 吴振磊：西北大学副校长，教授。该文原载《中国高等教育》2018 年第 23 期。

旗帜鲜明加以支持"的要求。

二是发挥各高校已有的学科优势，持续加强优势、特色学科建设，引导各高校重点支持优势学科的特色方向的研究。如西北大学的考古学、世界史、理论经济学等学科在全国居于前十名，学校在重点支持各学院优势方向的同时，紧密结合学校地处西部的区位优势，将优势学科研究方向集合在"一带一路"研究上，在丝绸之路经济带考古、历史、经济带建设等方面形成研究合力。

三是创新开拓，促进交叉学科、新兴学科发展，重点打造学科交叉类创新平台。特别是以国家重大理论与现实问题为导向，以学术前沿为牵引，打造新的研究高地和增长极。围绕中华优秀传统文化传承创新，西北大学成立了中国文化研究中心，统筹全校文科科研优势力量，进行多学科交叉研究；围绕大数据应用与转化，成立大数据研究院，搭建文理交叉平台，推动学科融合，促进大数据应用研究成果转化；围绕"一带一路"研究，成立"一带一路"研究院，整合地质学系、城市与环境学院、丝绸之路研究院、中亚学院、中东所、叙利亚研究中心等校内研究力量，打造新型科技创新智库平台，实现自然科学和社会科学融合。

四是大力支持"冷门学科"、绝学等发展，特别是与中华优秀传统文化传承和发扬相关的学科，如古文字研究、文献学等，确保持续研究、后继有人。总的目标是努力实现"基础学科健全扎实、重点学科优势突出、新兴学科和创新学科创新发展、冷门学科代有传承、基础研究和应用研究相辅相成、学术研究和成果应用相互促进的学科局面"。

二、学术：坚持问题导向，激发提升学术原创能力、学术话语权的新动能

习近平总书记指出："面对新形势新要求，我国哲学社会科学领域还存在一些亟待解决的问题，学术原创能力还不强，还处于有数量缺质量、有专家缺大师的状况。"受历史原因的影响，中国哲学社会科学长期以来受西方影响，形成了世界历史上最大规模的全面系统地译介、研究、吸取和借鉴国外社会科学成果的场景，出现了史无前例的中西学术文化的大交流大碰撞大汇合的奇观，初步形成了比较齐全的学科框架和科研教学队伍。这使得中国哲学社会科学长期处于跟随的状态。随着我国现代化进程的加快，中国正在经历着巨大的历史变化，并将面对一些西方国家从未面对的问题，照抄照搬西方的理论、生搬硬套西方规则已经不能解决中国的实际问题，这就对强化我们的主体性和原创性提出了新的具体要求。习近平总书记指出："新中国成立以来特别是改革开放以来，中国发生了深刻变革，置身这一历史巨变之中的中国人更有资格、更有能力揭示这其中所蕴含的历史经验和发展规律，为发展马克思主义做出中国的原创性贡献。"

承担好这一历史使命，一是坚持马克思主义主导，巩固马克思主义话语权。要继承和发展马克思主义，在中国特色社会主义理论上推进重大原始创新理论成果产出，做到理论上的彻底，赢得社会意识领域对马克思主义和社会主义的认同和肯定。二是深入学习研究宣传习近平新时代中国特色社会主义思想，推进核心思想、关键话语融入到各学科。习近平新时代中国特色社会主义思想是党的十九大报告的灵魂，是新时代中国共产党人的旗帜，更是哲学社会科学

创新发展的指导思想。一方面要用新思想指引学术创新，确保坚持正确的方向；另一方面要强化对新思想的学理阐释，通过系统的学术研究，形成符合学术特点、学术范式的表述方式、表达风格，将其内化到哲学社会科学各学科的话语体系中。通过学理化完善进一步丰富和发展这一马克思主义中国化的最新成果，显示其独特魅力。三是聚焦中国改革发展中的重大理论与现实问题，为创新发展提供中国智慧。当前中国特色社会主义进入新时代，新矛盾、新挑战、新变化要求我们必须在理论与实践两个层面拿出创新性成果。四是立足国际视野，在中国学术话语上形成更大影响。习近平总书记指出，"观察中国当代哲学社会科学，需要有一个广阔的视角，需要放到世界和我国发展的大历史中去看"。哲学社会科学的使命是促进人类文明的传承和社会发展进步，学术研究更应以学术为本，解决人类发展面临的理论和现实问题。当前我国学术话语权和影响力在国际上与我国的地位极不匹配，强化国际眼光和视野，学习西方科学的、先进的研究范式和研究方法，并与中国实际相结合，提炼具有世界意义的标识性话语和概念，增强在国际上的话语权，具有十分重要的战略意义。要进一步深入概括中国道路、中国模式的普遍性内涵和实践要求，在人类命运共同体理念和"一带一路"倡议、反贫困中国实践等重大命题中形成中国话语标识，在推进中国道路不断完善的同时，为世界文明发展做出中国贡献，为发展中国家改革发展提供中国理论。

三、学养：面向国家需求，提升教师著书立说的新境界

2014 年 10 月，习近平总书记主持召开中央全面深化改革领导小组第六次会议并发表重要讲话，指出重点建设一批具有较大影响和国际影响力的高端智库，重视专业化智库建设。2016 年习近平总书记指出："各级党委和政府要发挥哲学社会科学在治国理政中的重要作用，要建设一批国家亟需、特色鲜明、制度创新、引领发展的高端智库，重点围绕国家重大战略需求开展前瞻性、针对性、储备性政策研究。"坚持问题导向，服务国家战略是中国哲学社会科学应有的鲜明特点，也是新时期哲学社会科学科研成果转化的重要内容。因此，高校应立足学科特色、整合优势资源，将哲学社会科学的研究与大学服务社会的功能紧密结合，实施"智库引领计划"，激发教师立时代之潮头，通古今之变化，发思想之先声，积极为党和人民述学立论、建言献策，担负起历史赋予的光荣使命。一是引领广大教师坚持人民的主体地位。人民群众是历史的创造者，是决定党和国家前途的根本力量。高校科研工作者应始终坚持以人民为中心，牢牢把握"为谁研究""研究什么""怎么研究""成果怎么用"这一根本问题，主动在为党和人民服务的过程中体现价值追求。高校应鼓励广大科研工作者不断强化为人民做学问的初心，从人民的伟大实践中源源不断地汲取营养。二是引导科研工作者树立问题导向和精品意识，"推动形成崇尚精品、严谨治学、注重诚信、讲求责任的优良学风，营造风清气正、互学互鉴、积极向上的学术生态。"切实提高科研成果质量，出精品力作，特别是在马克思主义理论和马克思主义中国化、时代化、大众化研究方面加大支持力度，力求出精品、出大作，多出经得起检验的标志性成果。引导广大科研工作者不固守已有文献，在当代实践与政策研究中发现新问题；不固守已有结论，大胆探索，推陈出新，在揭示大逻辑大趋势中寻找新答案；不固守已有

平台，立足全国、放眼全球，在国际舞台上为推进国家战略做出新贡献。

高校哲学社会科学在服务立德树人、发挥育人功能上有着不可替代作用，特别是对于提升青年大学生人文精神和人文素养方面发挥着重要作用。发挥育人功能的主要途径是哲学社会科学教师言传身教和研究成果传播。其中教师的素质素养影响作用最大。因此，持续加强师德师风建设，打造一支政治素质过硬、业务能力精湛、育人水平高超的高素质队伍是当前工作重点。习近平总书记在全国高校思想政治工作会议上强调："要加强师德师风建设，坚持教书和育人相统一，坚持言传和身教相统一，坚持潜心问道和关注社会相统一，坚持学术自由和学术规范相统一，引导广大教师以德立身、以德立学、以德施教。"在2018年5月的北京大学师生座谈会上，习近平总书记再次强调师德师风是评价教师队伍素质的第一标准，这都为哲学社会科学教师学养境界养成提供了指引。

四、学人：创新体制机制，激发科研活力的新动能

习近平总书记指出："形成培养哲学社会科学人才的良好激励机制，促进优秀人才不断成长。"在中国科学院第十九次院士大会、中国工程院第十四次院士大会上，习近平总书记强调："要营造良好的创新环境，加快形成有利于人才成长的培养机制、有利于人尽其才的使用机制、有利于竞相成长各展其能的激励机制、有利于各类人才脱颖而出的竞争机制，培植好人才成长的沃土，让人才根系更加发达，一茬接一茬茁壮成长。"当前我国哲学社会科学需要通过深化改革，协同各方力量破解发展中的难题，激发学人的活力，推进哲学社会科学繁荣发展。

一是推进管理体制改革，激发办学主体的活力。西北大学以"放、管、服"改革为抓手，推进校院两级管理体制改革，在统筹管理、分类指导的原则下，通过实行"一院一策"，推动管理重心下移，强化院系办学主体地位，赋予院系在人员聘用管理、资金使用分配、职称评审、资源调配等方面的更大自主权，充分调动院系的积极性，激发院系活力。

二是更新人才服务理念，营造尊重学人的氛围。牢固树立"人人都是人才，人人皆可成才，人人尽展其才，人人为培养人才做贡献"的全面人才观，将人才作为办学的第一资源和学校事业发展的原动力，以事业发展凝聚人才、感召人才、激活人才，根据人才需要打破体制障碍，为学人提供精准化对接服务。

三是进一步完善学术评价机制，使学术评价更充分体现不同学科领域研究成果的质量、学术品位、社会贡献和业界影响，引导教师从重视数量和指标走向重视质量和贡献，逐步形成以质量为导向的新机制。发挥高质量咨询成果在职称晋升、聘期考核中的作用，继续推进专任教师在评优、评级、延聘等方面与服务社会成果挂钩机制，充分调动教师科研积极性。

四是持续提高科研管理部门的服务效率。坚持问题导向，优化对科研人员的服务流程。针对普遍反映的经费问题，在国家相关制度框架下，结合学校学科实际修订科研经费管理办法，改革科研项目、科研经费的管理，简化预算编制，按要求增加间接费用、增加人员费用，改进结余资金的留用处理方式，给基层科研单位和科研人员更大自主权，为各单位教师提供针对性、"菜单式"精准服务。

齐心守护丝路遗产　聚力弘扬中华文化

王亚杰[①]

作为高等教育工作者,我们始终在思考高等学校究竟要培养什么样的人,用什么来培养他们健全的人格和心理,用什么来填充他们的灵魂和精神。我以为,最重要的是要借助我们中华民族独一无二的丰厚文化遗产。回溯 2 000 多年前,张骞率领 100 多人的西汉使团从长安出发,踏上漫漫征途,一路向西北,经过河西走廊,到达敦煌,而后出玉门关,进入新疆,直至中亚地区。这条由张骞开辟出的经天山南北、横贯东西、融通欧亚的通道,成了千古传颂的丝绸之路。"张骞出使西域图"也成为莫高窟壁画中的经典作品。

千年古丝绸之路展现的绝美画卷,始终深刻印记在中华大地上,成为中华文化、中华文明发展历史上一道绮丽隽永的壮丽诗篇,其中所创造的文化精神和文化价值是中华民族的珍贵文化财富,至今绵延不息、历久弥新。习近平总书记去年 8 月 19 日在敦煌研究院座谈时深刻指出,中华文明 5 000 多年绵延不断、经久不衰,在长期演进过程中,形成了中国人看待世界、看待社会、看待人生的独特价值体系、文化内涵和精神品质,这是我们区别于其他国家和民族的根本特征,也铸就了中华民族博采众长的文化自信。西北大学开展丝路考古 20 多年,翻开这些历史遗迹,不难发现,人类历史的发展过程正是多种文明和文化的交流与融合的过程。我想,中华民族的先辈们在 2 000 年前那种极端困难的条件下创造的敦煌文化和丝路精神正是中华文化的鲜明代表,正是承载和传承中华民族历史与传统文化的形象特征,正是体现和展示中外交流、中西融合的强大文化力量。

今天,我们齐聚敦煌研究院,在习近平总书记敦煌座谈会一周年之际,共同探讨以敦煌为代表的丝绸之路文化遗产价值阐释、保护与传承创新这一重要命题,具有十分重要的历史意义,尤其是在百年未有之大变局的今天,深刻研究和阐发中华民族这种强大自信的文化力量和"和平合作、开放包容、互学互鉴、互利共赢"的丝路精神,更加具有深远的时代价值。

长安是丝绸之路的起点,敦煌是丝绸之路上的一颗靓丽明珠,这两个地理位置是丝绸之路的重要节点,共同支撑起丝绸之路文化长河的主干。作为位于丝绸之路起点长安的高等学府,一个多世纪以来,西北大学始终扎根祖国西北,立足西北人文与自然资源,坚守"公诚勤朴"校训,秉承"发扬民族精神,融合世界思想,肩负建设西北之重任"的办学理念,自觉承担起

[①]王亚杰:西北大学党委书记。该文原载《敦煌研究》2020 年第 6 期。

开发西北、建设西北的历史使命，创新发展理念，突出办学特色，发挥综合优势，培养了一大批才任天下的杰出人才，为国家和西部经济社会发展和文化传承创新做出了不懈的努力和贡献。尤其是西北大学考古学科，从1938年西北联大设置考古学专业发端至今，一代代西北大学考古人从丝绸之路起点出发一路行进至中亚，与丝绸之路结下了不解之缘，也与敦煌研究结下了不解之缘。

1938年，西北联合大学历史系师生对位于陕西省城固县丝绸之路开创者张骞的墓葬进行了发掘和修缮，开启了丝绸之路考古研究的漫漫征程。在这个过程中，以黄文弼、王子云两位先生为代表，创造性地拓展了中国考古学的研究范围，开创了中国考古学研究的新方向、新流派。

西北大学教授黄文弼先生是丝绸之路考古尤其是新疆考古学的奠基人。他一生四次深入丝路沿线开展考古发掘，行程达38 300公里，为探讨丝绸之路沿线地区不同时期的历史文化积累了相当丰富的资料，奠定了汉代丝路沿线考古的科学基础。无论就其从事西北史地和新疆考古的时间之早、之长，还是就其考察领域之广、之深，以及取得成果的丰硕程度而言，黄文弼先生都是中国当之无愧的从事西北考古的第一人。

中国现代美术运动先驱、西北大学历史系教授兼文物研究室主任的王子云先生将艺术与文物考古相结合，开创了中国美术考古学之先河。抗日战争时期，王子云先生痛感于国土沦陷，无数珍贵的文化遗产惨遭破坏，刚刚回国的他立即向国民政府教育部申请，成立了西北艺术文物考察团，力图通过在西北地区运用专业考察的方法，迅速抢救尚未被日军占领的西北地区的古代艺术珍品。他组建考察团专程赴敦煌莫高窟进行考察，对敦煌壁画艺术进行了深入研究，留下了许多珍贵的资料和重要的成果，被誉为"中国美术考古的拓荒者"和"敦煌艺术考古的奠基人"。

在此后的数十年里，几代西北大学考古学人围绕丝绸之路进行了大量工作，培养了大批专门人才，取得了一系列重要成果。特别是进入21世纪以来，在明确学术目标的指引下，西北大学考古学人走出国门，走向中亚，围绕丝路沿线，持续开展考古研究，在史前考古、游牧考古等领域取得了骄人的成果。像张骞出使西域寻找大月氏一样，以王建新教授为队长的中亚考古队10余年来坚守学术初心，沿着张骞的足迹，以寻找古代月氏人的文化遗存、探索丝路沿线人群迁徙交流的历史进程为学术目标，与乌兹别克斯坦和塔吉克斯坦的考古学家们合作，持续开展中亚考古研究。目前，已初步廓清古代月氏和康居的考古学文化特征与分布范围，取得了重大研究成果，为用中国话语阐释丝绸之路真实历史提供了实证资料和科学依据。相关研究成果在乌兹别克斯坦国家历史博物馆展出，得到了乌兹别克斯坦总统米尔济约耶夫的充分肯定和学界、公众的高度关注。

2016年6月，习近平总书记出访乌兹别克斯坦前，发表署名文章指出"中国国家文物局、中国社会科学院、中国西北大学等单位积极同乌方开展联合考古和古迹修复工作，为恢复丝绸之路历史风貌作出了重要努力"，对西北大学等单位与乌兹别克斯坦开展联合考古工作给予高度肯定。在乌兹别克斯坦访问期间，习近平总书记在塔什干亲切接见了王建新教授等中亚考古队员。去年，习近平总书记再次向西北大学中亚考古队员转达了亲切问候，这是继撰文表扬、亲切接见之后，第三次褒扬我校中亚考古队。

当前，西北大学考古学科正在瞄准"世界一流学科"建设目标，结合所在区位优势，紧紧围绕"立足长安、面向西域、周秦汉唐、丝绸之路"的学科定位，持续深化改革，成立大史学部，整合高层次人才队伍，统筹推动高水平科研平台建设，努力深化学术交流合作，不断提升学科综合实力。目前，已建成"文化遗产研究与保护技术教育部重点实验室""文化遗产保护技术国家级实验教学示范中心""丝绸之路科技考古与文化遗产保护国家级创新引智基地"等高水平教学科研平台，形成了以考古学研究为价值的认知体系、以文物保护技术为价值的保存体系和以文化遗产管理为价值的实现体系的"三位一体"考古学学科体系，形成了以周秦汉唐文明研究、丝绸之路考古研究、文化遗产价值认知与保护为三个主要方向的研究特色，在西北地区史前文化研究、早期周秦文化研究、古代游牧文化研究、历代长城综合研究、佛教考古研究、科技考古研究以及文物分析、土遗址保护等文物保护关键技术研究、文化遗产管理和大遗址保护规划研究等领域，形成了鲜明的学科优势和特色。在教育部第四轮学科评估中，西北大学考古学科获评 A$^+$，为国家"一带一路"建设、保护我国文化遗产、传承优秀传统文化、增强文化自信提供了有力的人才及科研支撑。

敦煌是中华文化宝库中一颗闪耀的明珠。1900 年，敦煌石室藏书的发现，被称为中国近代历史上史料学的四大发现之一。由此而兴起的敦煌学，已成为国际东方文化研究中的一门显学。习近平总书记指出，敦煌文化属于中国，但敦煌学是属于世界的。把莫高窟保护好，把敦煌文化传承好，是中华民族为世界文明进步应负的责任。

西北大学在敦煌学的研究方面可谓历史悠久、渊源深厚，在一代代考古学人的积淀和传承下，不断产出新的成果。特别是近年来，西北大学持续不断地深化与敦煌研究院的研究合作，把推动敦煌学研究作为发掘和弘扬中华文化的重要职责，作为学科发展的重要牵引。

2016 年，西北大学与敦煌研究院签署了全面合作协议，联合开展文物保护研究、佛教考古艺术研究、高层次人才培养以及服务社会等工作，共同推动中国文化遗产事业的发展。2017 年，为响应国家"一带一路"倡议、弘扬中国优秀传统文化，由西北大学和敦煌研究院联合主办、西北大学文化遗产学院、西北大学博物馆、敦煌石窟文物保护研究陈列中心共同承办的"丝路拾珍：敦煌文化艺术展——敦煌壁画艺术精品高校公益巡展"在西北大学博物馆成功展出。2018 年，西北大学与敦煌研究院、故宫博物院、陕西省文物局共同创建"西北大学文物保护修复学院"，充分发挥各单位文物保护修复专业的技术资源优势，将高等院校专业教育与文博机构"师承制"教育紧密结合，创新研究型文物修复人才培养模式，为国家文物保护修复事业提供了人才支撑。2019 年，西北大学与敦煌研究院进一步深化合作，共同建设"丝绸之路石窟和土遗址保护创新型人才培养基地"，进一步协同推动了丝绸之路石窟、古代壁画、土遗址等文物的保护以及丝路沿线的考古学研究工作，不断探索符合文物工作发展需求、具有创新能力及实践技能的文化遗产保护人才培养模式。

全面合作开展以来，已经在多方面取得了许多标志性成果。人才培养方面，作为西北大学文物保护技术专业的教学和综合实习基地，敦煌研究院长期支持我校相关专业的人才培养工作，为学生提供了宝贵的学习资源和良好的实习条件。研究院的王旭东、赵声良、苏伯民、郭青林等多位专家受聘成为我校考古学科研究生指导教师。同时，西北大学也充分发挥高校优势，通过设立申请考核制，招收定向博士生等多种方式为敦煌研究院培养了多名专业科技人员。科学研究方面，2017年，双方合作完成的"干旱环境下土遗址保护关键技术研发与应用"获得国家科学技术进步二等奖。2019年以来，双方联合申报国家重点研发计划专项，联合参与编写国家"十四五"规划中的"文物保护子领域战略研究报告"和"文化遗产传承利用子领域战略研究报告"，共同组建的"土遗址保护研究团队"主持了我国陕西、甘肃、内蒙古、宁夏及新疆等地区的大量土遗址保护工程的勘察、方案设计及工程实施保护项目，多次荣获"全国文物保护工程十佳优秀方案"和"全国十大文物保护工程奖"，为丝绸之路沿线文化遗产的安全和价值传承做出了贡献。目前，双方正在抓紧推动丝绸之路石窟和土遗址保护创新型人才培养基地建设，积极筹划联合考古考察项目，力图以中亚为重点，深入开展丝绸之路沿线的考古、保护工作，努力产出更多高水平的丝路考古研究成果。

敦煌文化是一个需要通力合作、共同挖掘的"宝库"。我们将紧密合作，继续推进双方全方位、宽领域的合作交流，实现优势互补、资源共享，共同为传承和弘扬中华文化贡献智慧和力量。

一是共同守护好敦煌文化瑰宝：我们将与敦煌研究院深入开展科研合作，充分发挥各自所长，协同创新，优势互补，继续联合申请考古和文化遗产保护相关的重大科研课题，进一步提升双方科技人才的合作交流，拓展研究视野、激发科研活力、壮大研究队伍，培养创新型专业人才，发展和完善文化遗产保护教学和科研体系，通过我们的共同努力，把敦煌这颗文化瑰宝保护好、传承好，使它在新的时代更加熠熠生辉、光彩夺目。

二是培养更多高水平考古人才：我们将与敦煌研究院在考古人才的培养方面继续深化合作，以新成立的"丝绸之路石窟和土遗址保护创新型人才培养基地"为依托，整合双方资源，凝聚双方力量，全面提高人才培养水平，努力走出一条校院联合，培养高水平、创新型人才的新路径，为我国考古事业培养更多可堪大任的高水平考古人才。

三是深入合作开展丝路考古研究：我们将在已有合作的基础上，联合丝路沿线各国的相关科研机构和高等院校，以中亚为重点，共同开展丝绸之路沿线的考古和文化遗产保护工作，进一步揭示敦煌在丝绸之路文明发展脉络中的重要地位，深入诠释丝绸之路沿线文化遗产所蕴含的丰富价值，为国家"一带一路"建设贡献更大力量。

敦者大也，煌者盛也。敦煌文化一千多年的历程充分显示出中华文化的强大生命力。进一步挖掘敦煌文化的价值、深入揭示蕴含其中的中华民族的文化精神、不断坚定文化自信，是我们共同肩负的责任与使命。我坚信，只要我们全体同仁携手共进，悉心守护好敦煌这颗灿烂的文化明珠，就一定能够将敦煌这座世界文化遗产宝库代代相传，就一定能够在中华文明发展的历史长河中铸就不朽的文化丰碑，使中华文化、中华文明在新的时代更加自信昂扬地立于世界民族之林。

分类指导　强化统筹　开启科技创新新征程

杨　涛[①]

西北大学紧密围绕中省关于科研工作的重大战略部署，遵循"精基础、强应用、育交叉、促转化"工作方针，围绕"四个面向"，强化目标牵引和需求导向，积极探索资源约束条件下奋进型科技工作新路径，不断推动科技创新水平迈上新台阶。

一、工作举措

1. 加强政策引领，释放创新活力

深入落实破"四唯"要求，以职称改革为抓手，探索建立以质量和贡献为导向的科研评价机制。废止《西北大学科研工作奖励办法》，修订《西北大学科研奖表彰工作实施细则》，出台《西北大学国家重点研发计划暂行办法》《西北大学虚体研究机构管理办法（自然科学类）》，制定《西北大学理工科合作承担科技项目级别认定标准》；建立和完善职务科技成果知识产权权属改革；起草《西北大学职务科技成果改革实施办法》《西北大学专利管理办法》等系列科技成果转化制度，发挥政策引导，激发科研创新活力。

2. 强化资源统筹，促进交叉融通

创新科研组织模式，强化资源统筹与优化配置，建立"学科+"协同创新机制，在基础前沿、交叉学科领域组建一批跨学科的重点科研基地。以地学为引领，整合相关学科筹建地球系统科学基础学科研究中心，凝聚化学生物学交叉领域建设陕西基础科学（化学、生物学）研究院。服务国家重大战略需求，整合校内外力量，聚焦碳中和技术布局科开展平台建设、技术研发、人才培养和产学研合作等。

3. 创新管理模式，提升服务效能

继续发挥科技管理服务"五个三"工作模式功能，加快推进学校—学院—团队三级管理体系建设。提升精准服务、专业化服务能力，编写《西北大学"十三五"科技工作分析报告》，为"十四五"发展把脉引航。推出国家自然科学基金团队支持计划，通过国家自然科学基金申报政策和申请书格式审查培训提升院系科研秘书业务能力。围绕标志性成果、科学普及等开展成果分享会、诺奖科学沙龙等活动，切实推进交叉融合。

[①] 杨涛：西北大学科学技术处处长，教授。本文节选自作者 2022 年 3 月在全省科技工作会议上的交流材料。

4. 聚焦需求导向，促进成果转化

加强与政府、企事业单位和科研院所合作对接，通过平台共建、联合攻关等推动政产学研用融合创新。强化与企业对接，推动与企业共建联合实验室、"四主体一联合"校企研发平台持续推进高校研发能力为企业需求服务；举办技术经理人培训，加强与第三方专业服务机构合作，打造校内外专业技术经理人队伍；把握秦创原建设契机，深化科技交流与合作，加大成果推介力度，引导成果落地转化。

二、工作成效

1. 科技创新基地建设迈上新台阶

获批中国—中亚人类与环境"一带一路"联合实验室，是陕西省唯一的国家"一带一路"联合实验室；与中国科学院动物研究所同获批大熊猫金丝猴多样性野外科学观测站。获批省部级科技创新基地 15 个。积极布局交叉学科科技创新基地，获批建设陕西省碳中和、文化遗产数字人文重点实验室。陕西基础科学（化学、生物学）研究院为陕西省教育厅批准建设的首批两个研究院之一。

2. 高水平科研成果亮点纷呈

获 2020 年度国家科技进步奖二等奖 1 项、教育部高等学校科学研究优秀成果奖（科学技术）青年奖 1 项，当年全国仅 8 名青年科学家获此奖项，这也是在陕高校历年来获得的第三个该奖项。主持获得 2020 年度陕西省科学技术奖最高奖 1 项、一等奖 3 项。在 Nature、Science 发表研究成果 3 篇。在理化生地自然指数期刊和其他学科一区 TOP 等高质量期刊上发表论文 80 篇。

3. 国家级项目取得新突破

立项国家级项目 160 项，重大重点项目 12 项，包括国家自然科学基金重点项目 4 项、原创探索项目 1 项，国家重点研发计划项目 2 项、课题 4 项。其中国家自然科学基金指南引导类原创探索项目和国家重点研发计划政府间科技合作创新专项项目均为我校首次获批。

4. 人才团队建设取得新进展

1 人获国家优秀青年科学基金资助，3 人获陕西省杰出青年科学基金资助，2 人入选陕西省中青年科技创新领军人才，4 人入选陕西省青年科技新星。获批 2 个陕西省重点领域科技创新团队。在校内推出团队培育计划，征集国家自然科学基金申报团队 70 个。

5. 服务国家重大战略需求能力不断提升

围绕应对气候变化，统筹协调全校相关学科力量，推进 CCUS 建设，相关工作列入陕西省、榆林市 2021 年政府工作报告及"十四五"规划纲要。与榆林市人民政府共建西北大学榆林碳中和科创中心，以及全国首家培养碳中和领域专门人才的西北大学榆林碳中和学院；组织举办具有重大社会影响力的 CCUS 高端会议 5 场。

践行习近平生态文明思想，聚焦秦岭生态环境保护和高质量发展，依托秦岭研究院，西北大学、中国海洋大学、西安气象局组织相关学科领域专家联合开展首次秦岭综合科考；与鄠邑

区人民政府共建西安市鄠邑区秦岭生态环境保护研究中心、西北大学秦岭研究院鄠邑中心及太平、涝峪基地，围绕秦岭生态环境保护开展深度合作。

6. 社会服务能力显著增强

积极融入秦创原创新驱动平台建设，推动政产学研用融合创新，授权发明专利 328 件，完成科技成果转化 19 项；签订"三技"合同 409 项，合同额 1.68 亿元；获批陕西省科技成果知识产权规范管理试点工作高校、国家（西安市）新一轮系统推进全面创新改革试点单位。与西安市气象局、易辑科技共建西安气象科技研究院，与西安巨子生物基因技术股份有限公司共建陕西省首批未来产业创新研究院，与铜川市耀州区共建地方科技工作站。获得国防工业领域相关资格认定，强化作为科学研究增长极作用。由长庆油田设立，张国伟院士牵头的"鄂尔多斯盆地中元古界—奥陶系构造沉积演化、成源机制与勘探新领域"油气重大专项项目实现了我校"十四五"企业揭榜挂帅基础研究项目的突破。

三、工作设想

2022 年，学校将秉承新发展理念，聚焦"四个面向"，强化统筹，坚持目标牵引和问题导向，持续发挥科学研究推动学校"双一流"建设和事业发展的强劲引擎作用。一是持续深化科技体制改革，释放科技创新动能；二是深化"学校—院系—团队"科研组织模式和"五个三"科研管理模式，加强科研团队建设，提升科学研究水平；三是围绕"四个面向"，加强在交叉学科前沿领域的战略布局，提升承担重大科研任务能力；四是强化战略布局与内涵建设，提升科技创新基地支撑作用；五是贯通产学研用，多学科协同攻关，促进基础研究与应用研究深度融合，提升服务经济社会发展能力。

联合考古谱写中乌友好新篇章

王建新①

乌兹别克斯坦位于阿姆河与锡尔河之间，是古代中亚文明的核心之地。回顾历史，中国与乌兹别克斯坦间的友好交往源远流长。考古资料表明，早在青铜时代，来自中国的小米就已经抵达乌兹别克斯坦，在以苏尔汉河州萨帕利特佩为代表的若干遗址中被发现。

公元前2世纪中叶，游牧人群月氏经伊犁河、楚河流域到达乌兹别克斯坦南部的阿姆河流域。张骞出使西域，就是为了寻找月氏人。约公元前138年，张骞出发后不久就滞留匈奴，在当地生活了10多年后，才经大宛（今费尔干纳盆地）、康居，到达阿姆河流域的大夏（巴克特里亚），找到了月氏人。这些都是《史记》《汉书》等中国古代文献记载的历史，那么，古代月氏人的考古学文化遗存究竟在哪里？长期以来，这一问题都没有定论。从2000年起，我率领西北大学考古团队沿着张骞的足迹，踏上了寻找古代月氏文化遗存之路。

一、追寻古代月氏

从2000年起的10年间，考古队在甘肃、新疆等丝绸之路沿线区域开展考古调查发掘，最终确认公元前5世纪至公元前2世纪，以新疆东天山地区为中心分布的游牧文化遗存，应是古代月氏在中国境内的遗存。然而，要使这一发现得到国际学术界的公认，只有找到西迁中亚后的月氏文化遗存，通过系统比较研究后，方能实现两者互证。

为此，我们从东天山地区出发，追踪月氏西迁路线，最终到达乌兹别克斯坦。2009年，我第一次前往乌兹别克斯坦考察。2011年，西北大学、中国国家博物馆与陕西省考古研究院成立联合考察队，对乌兹别克斯坦和塔吉克斯坦展开全面考察。2013年，我们与乌兹别克斯坦科学院考古研究所正式组建了中乌联合考古队。

针对古代游牧族群的考古调研，我们摸索总结出一套"游牧聚落考古"的理论和方法，打破了学术界长久以来所认为的"游牧民族居无定所"的论断，并逐步探索出"大范围系统区域调查与小规模科学精准发掘相结合"的研究模式。通过大范围系统区域调查，我们踏遍乌兹别克斯坦南部的山山水水、沟沟坎坎，克服语言障碍，逐步了解并掌握了各时期、各类型文化遗

---

① 王建新：西北大学丝绸之路考古合作研究中心首席科学家，教授。该文原载《人民日报（国际版）》2022年9月16日。

存的特征、分布现状和分布规律。同时，针对以往考古研究的空白、缺陷和错误观点，中乌联合考古队开展了科学精准的小规模考古发掘。

在新疆和中亚地区，我们新发现了大量古代游牧聚落遗址，从而使我们在游牧考古研究领域的理论、方法和实践都处于国际领先水平。2015 年，中乌联合考古队在位于撒马尔罕市西南的西天山北麓山前地带，找到了属于康居文化遗存的撒扎干遗址，与《史记·大宛列传》所记载的张骞经康居抵达月氏的史实相呼应。这一发现令人兴奋不已：找到了康居的遗存，就离找到月氏文化遗存不远了。

功夫不负有心人。2016 年，在西天山南麓的苏尔汉河州拜松市拉巴特村，一处古代墓地因当地居民取土建房而被暴露。我们对该墓地进行了发掘，共清理了 94 座小型墓葬。从拉巴特墓地的墓葬形制、埋葬习俗来看，这类文化遗存在本地区找不到来源，却与新疆东天山地区公元前 5 世纪至前 2 世纪的游牧文化遗存面貌相似。从其时间、空间和文化特征看应是西迁中亚后的古代月氏留下的文化遗存。至此，中乌联合考古取得阶段性成果，为我们进一步知悉古代丝绸之路的繁荣兴盛，在全球视野下深入研究中国与中亚地区的文化交往史提供了更加丰富的实物佐证。

二、复原丝路历史

自古以来，中亚是东方文明与西方文明、农业文明与草原文明的交汇之地，也是文化交流的重要纽带。古代人群的迁移、商旅贸易和货品转运，使这里成为国际考古的热点地区。2014 年，我们在撒马尔罕遇到著名考古学家、意大利博洛尼亚大学教授毛里齐奥·托西，他率领的意大利考古团队已在撒马尔罕盆地进行了 15 年的考古工作。刚见面时，他认为我们的工作已经没有必要。然而，当得知我们在他们工作多年的区域新发现了一批古代游牧聚落遗址后，他的态度立刻发生转变，要与我们商谈合作事宜。

在我们发掘拉巴特墓地时，一位日本学者拿着他们从一座古城遗址发掘的陶器图问我："你们发掘的陶器与我们发现的陶器一样，为什么说你们挖的是月氏的，我们挖的是贵霜的？"通过多年对古代农牧关系的研究，我们发现，由于生活方式、生产技术和原料来源等原因，古代游牧人群不会像农业人群那样大量使用和普遍制作陶器，他们使用的陶器来自农业人群的作坊是很常见的，不能因为陶器一样就认为他们是同一文化、同一人群。这也提示我们，在找到月氏遗存后，需要进一步厘清古代月氏与稍晚的贵霜帝国之间的关系。

厘清古代月氏与大夏、贵霜、康居和粟特之间的关系随之成为我们新的课题，并取得了一些重要突破和进展。2018 年至 2019 年，通过系统区域调查和勘探，我们在苏尔汉河东岸的乌尊市谢尔哈拉卡特村发现了一处大型墓地，清理了早期贵霜和贵霜帝国时期的墓葬 25 座。这批同时期的墓葬形制和埋葬方式多样，真实反映了早期贵霜至贵霜帝国时期河谷平原区域多个人群、多元文化的历史，与以拉巴特墓地为代表的游牧人群的墓地内墓葬形式、葬式葬俗等相对单一的文化面貌形成鲜明对比，二者应属两类同时并存的、不同人群的文化。我们的发掘工作吸引了法国、意大利、日本等多国考古学家前来参观，他们均对在如此短的时间内取得如此显著的成绩表示惊讶和钦佩。目前，中乌联合考古队正在通过多学科的方法和技术手段，完善系统的证据链条，使我们的研究成果及突破性观点得到国际学术界的公认。

如果说，此前我带领团队在中国境内进行丝路考古，填补了我国丝路考古领域的空白，那么走出国门开展东方视角下的丝路研究，则改变了过去西方视角下的丝路研究一枝独秀的局面，为复原丝绸之路的真实历史提供了实证资料和科学依据。

三、谱写合作新曲

多年来，我们与乌兹别克斯坦科学院考古研究所、国立民族大学和铁尔梅兹大学的学者建立了深厚的友谊。乌兹别克斯坦科学院考古研究所研究员哈萨诺夫·穆塔利弗，是我第一次赴乌就认识的老朋友。经过10多年的合作与朝夕相处，尽管在语言上还有障碍，但我们在思想上互相理解，在工作中配合默契。可以说，中乌联合考古队能在学术研究上取得突破和进展，与乌方学者的通力合作密不可分。

相互尊重是联合考古队建立互信的基础。我们尊重所在国的历史、文化遗产和人民，尊重我们的合作伙伴。19世纪末到20世纪上半叶，我们曾经历过外国考古学家和探险家在我国进行掠夺式考古的历史，许多发展中国家有着相同遭遇，留下了许多令人痛心的记忆。"己所不欲，勿施于人"，我们在境外开展联合考古工作时，绝不重蹈一些外国考古学家和探险家的覆辙，在联合考古工作中秉持负责任的态度，不仅要获取科学研究的资料和信息，而且必须要做好文物的保护、展示和考古成果的社会共享。例如，为了更好地保护和展示考古发掘现场，我们在撒扎干遗址一座大型墓葬的发掘过程中，修建了保护性展示大棚。这种做法在当地获得了广泛好评。

2019年，"中乌联合考古成果展——月氏与康居的考古发现"展在乌兹别克斯坦国家历史博物馆举行，金银器、铜器、铁器、玻璃、玉石、玛瑙等80组（件）于撒扎干遗址和拉巴特遗址发掘的文物首次展出，用最新的考古成果续写了中乌两国友好交往的历史。为进一步扩展考古研究领域的国际交流合作，同年，我们与乌兹别克斯坦、塔吉克斯坦、吉尔吉斯斯坦的学术机构，在已有双边合作研究机制的基础上，共同建立了费尔干纳盆地考古中、乌、塔、吉四国交流合作机制，开创了中亚地区联合考古工作的新局面。此外，我们坚持多学科、多单位合作的工作方式，国内外许多大学和研究机构的学者、学生都参加了联合考古工作。这既为我国培养了一批从事丝路考古研究的中青年学者，也为乌兹别克斯坦培养了青年一代学者。

今年，中乌联合考古工作再次启动。8月，我率领丝绸之路考古合作研究中心代表团再次访问乌兹别克斯坦，与乌学术机构开展合作交流。乌文化遗产署第一副署长图尔苏纳利·库齐耶夫对我说，他希望中方在文化遗产保护，特别是考古遗址保护方面向乌方提供帮助。他的想法与我不谋而合，我国本世纪以来逐渐形成的、具有中国特色的大遗址保护和大遗址考古的理念和实践，值得与乌方分享，这会成为未来中乌联合考古工作的新方向。多年联合考古工作令我感受到，在新时代背景下，我们以文化遗产为载体，通过联合考古实现了中乌人文交流合作，促进了中乌两国民心相通，为双方的深厚友谊谱写了新的篇章。

第七编
综合改革与创新发展

改革就要放权给院系

郭立宏①

谈及高校内部改革，权力过于集中、管理效率不高、组织协调不力、办学活力缺乏等是出现频率最高的词语。针对上述问题，西北大学结合实际，梳理出如下改革思路：

改革的理念是要围绕一流大学一流学科建设，围绕学科如何上水平、进位次，围绕"十三五"规划的制定实施，精基础、强应用、促结合，打破体制机制壁垒，激发活力，形成新的生长点。

改革的路径就是要坚持问题导向，找准集中反映深层次问题的关键领域和薄弱环节。

改革的核心就是深化校院两级体制改革，实施"一院一策"，实质就是放权给院系，做实二级学院教学科研和办学主体地位，激发基层活力。

改革的内容要从机制创新、政策调整、投入增加三个方面着手。

改革的目标就是要建立统筹管理、分类指导的管理模式，统筹管理就是要从战略性、全局性、关键性的角度，做好顶层设计，解决院系解决不了、解决不好的事情。具体说，就是解决协同和共享的问题，协同学科力量，交叉融合，产生新的增长点等；共享学科学位点、共享大型仪器设备、图书资料等。分类指导是基于学科实际，解决差异和特色的问题。文、理、工的差异，学科内部不同方向的差异，都需要差异化对待。比如，基础学科要"养"，要少而精，应用学科要"放"，要大而强。只有这样，才能显现出学科的特色和优势。

建立统筹管理、分类指导的管理模式，旨在明确院系是学校的办学主体、教学科研主体、质量主体，推进学校管理重心下移，权力下放，让办学主体和专家学者具有学术行动能力和资源掌控能力，最大程度激发"院系办大学"的力量和活力，将学校发展的牵引力由普通火车的"车头带"模式变为动车组"节节发力"的同步同向模式，从而激发各个领域、各个层面的积极性，释放开放办学活力。学校层面主要做好宏观决策与管理服务，处理关系学校改革发展的全局性、方向性、战略性重大事项。教师聘用、科研项目管理、课程设置、资源使用等都授权给院系，使院系在人、财、物管理上拥有更多的自主权。

为深入推进综合改革，西北大学专门强化了改革领导小组办公室的配置，由两位校级领导分别担任办公室主任、副主任，以便于统一协调处理改革日常事务，落细抓实改革事项。为使

---

①郭立宏：西北大学校长，教授。该文原载《光明日报》2016年11月29日13版。

改革稳步推进，学校启动了院系改革试点工作，目前已审议通过了生命科学学院、地质学系全面深化改革方案，其他院系也在结合实际加紧制定本单位深化改革方案。生命科学学院全面深化改革方案主要从管理体制、运行机制、人事制度、学科建设、师资队伍建设、科学研究、研究生培养、本科教学、国际化建设、实验办公用房十个方面进行改革，印发了一系列与之相适应的制度。学校将教师职务评审、教师选聘的权力下放生命科学学院，赋予其诸多自主权；地质学系主要从引育世界一流队伍、培养世界一流学生、产出世界一流成果、建设世界一流平台、开展世界一流交流合作等方面深入推进改革，推出了一揽子办法举措。学校同样将教师入职、研究生招生及指标分配等权力交给了地质学系。

校院两级管理体制改革是一项牵一发而动全身的举措。如何保障管理重心下移后学校层面和院系层面都能各司其职，顺畅高效运转？在这个过程中，学校职能部门就需要及时适应院系改革的趋势，不断进行职能优化、流程再造，最主要的就是要提升管理服务水平，对接好院系改革的各项工作。基于此，学校开展了机关效能建设，旨在不断强化管理服务理念、改进工作作风、提升能力水平。与此同时，为解决院系人才的团队建设，学校创新机制，先后设立中国文化研究中心、陕西宏观经济研究院、关学研究院、汉唐文学研究院、玄奘研究院、延安精神与党的建设研究院、科学史高等研究院等一批无行政级别的学术实体机构，实施首席学术专家负责制，真正使学术回归学术本质，让专家有更大的技术路线决策权、更大的经费支配权、更大的资源调动权。

一石激起千层浪。院系改革试点实施仅仅几个月，学院的工作就回归了常态，青年教师不再要课抢课，坐回了实验室，专家教授回归了讲台，广大教职员工谋事的氛围强了，做事的动力足了。生命科学学院、地质学系的师生认为院系改革试点使他们放开了手脚，有了更大的施展才华的空间和机会，全院上下呈现出积极健康、蓬勃向上的良好局面。以生命科学学院为例，今年以来，学院积极申报国家自然科学基金83项、陕西省科学技术奖一等奖4项，在优青（2项）和国家重大专项（2项）方面实现了新突破。

"靡不有初，鲜克有终。"改革是一项艰巨复杂的系统工程。要完成改革任务，实现改革目标，就必须依靠教职员工共同为改革出招，一起为改革发力，坚持不懈、久久为功，才能扎实推进各项改革举措落地生根、开花结果。也只有进一步更新理念，坚持回归大学常识，紧紧抓住人才培养这一本质，尊重高等教育发展规律和人才培养规律，以"功成不必在我"的胸怀，多做打基础、利长远的事情，围绕综合性、研究型、国际化的大局，坚定不移地深化改革，持续推进内涵式特色化发展，才能推动学校朝着国际知名的有特色高水平研究型一流大学一流学科健步迈进。

"一流学科"建设背景下的地质学系综合改革

华 洪 喻明新 刘 涛①

国家《统筹推进世界一流大学和一流学科建设总体方案》的正式公布,必将引导和支持高校进一步凝练学科发展方向,突出学科建设重点,为高校打造学科高地、提升学科水平带来了难得的战略机遇,为我国高等教育的发展与改革吹响了冲锋号角、提供了政策依据。

然而随着全球人才竞争与高等教育竞争日趋激烈,国内高校和学科间的发展竞争亦是愈演愈烈。我校与部属高校在经费投入和政策支持方面的差距越拉越大,与东部地方高校在经费投入方面的差距也在不断拉大,进入国家"中西部高校综合实力提升计划"的14所中西部地方高校在获得中央财政资金投入和政策支持方面已将我校甩入中西部地方高校的第二阵营。这些都给我校的发展带来了极大挑战,使我校陷入形势严峻的困境之中,随之相伴使得地质学系的发展受到极大影响。与同处于国内一流的"985"高校和科研院所的相同院系学科相比,西北大学在学校地位和影响力、经费投入和政策机遇等方面的劣势很难改变,这直接制约了地质学系世界一流学科建设目标的实现。地质学系自身忧患意识和危机感不强、发展动力和活力不足、追赶超越劲头欠缺、高端人才太少、师生国际化水平太低等一些制约发展的瓶颈和问题普遍存在,不仅难以适应地质学系提高质量和内涵式发展的需要,影响早日实现建设世界一流学科的目标进程,而且极有可能使学校和地质学系出现稍有不慎就会发生优势学科水平和排名大幅度下滑的现象。

在此背景下西北大学提出了"统筹管理,分类指导"的改革思路,通过管理重心下移,突出院系办学主体地位,深化校院两级体制改革,实施"一院一策",激发院系办学活力,这为地质学系抢抓机遇、追赶超越和全面发展提供了良好契机。

一、确定目标,整体设计

改革的目的是推动地质学系更好更快地发展。那么,地质学系的发展目标和存在的主要问题是什么?

近年来,地质学科在学科方向凝练、学科队伍建设、科研平台建设、科学研究、人才培养

---

① 华洪:北大学地质学系教授;喻明新:西北大学发展规划与学科建设处正处级调研员,副研究员;刘涛:西北大学化学与材料科学学院党委书记。该文原载《中国地质教育》2018年第4期。

以及国际交流与合作等方面取得了长足的进展，但仍然面临着不少的困难和挑战。从地质学系自身发展方面考虑：我们具有较好的发展基础，但同时也存在着一些突出问题，比如在国家的前两轮学科评估中，地质学学科由第二轮的并列第二到第三轮的第四，地质资源与地质工程学科由第二轮的第三到第三轮的并列第八。现在，面对国内高校和学科间日趋白热化的激烈竞争，北京大学、南京大学、中国科学技术大学、浙江大学、中山大学、吉林大学等国内名校在学校地位和影响力、政策机遇和经费投入等方面远强于我们，这些都使地质学系的发展面临着严峻的形势和极大的挑战。地质学科在如何紧密跟踪和把握学科发展趋势，主动适应国家重大战略需求，不断凝练聚焦学科方向，优化学科结构，实现源头创新和持续发展；在学校身份与区位不利的条件下如何适应对高端人才的激烈竞争，创造良好的科研教学条件和环境，科学民主的文化氛围，增强吸引力，汇聚优秀人才；如何深化教育教学改革，进一步提高人才培养质量；如何进一步提高和扩展国际影响，把地质学科建设成为更加具有特色和优势，从跟踪、并行到引领的世界一流学科等。地质学系在确定发展目标时必须面对这些现实，回答好以上问题。

基于上述思考和研判，我们确定了地质学系"建设世界一流学科"的发展目标。明确地质学系要紧紧抓住学校全面深化改革的机会，落实学校"变机车组为动车组"的理念和"一院一策"的改革思路，把学校给予院系的这种活力传导到全系师生，打通激发活力的"最后一公里"，以改革为动力，通过全面深化改革，层层激发活力，调动全系师生的积极性共同努力来推动地质学系发展。

为了落实发展目标，我们按照"整体设计、重点突破，大胆探索、稳步推进，着眼长远、激发活力"的改革思路，围绕学科建设的几个方面，对改革和建设任务进行了整体设计。

（1）队伍建设是学科建设的核心。我们的设计思路是：坚持人才优先，大力引育高端人才，确保人才投入优先保证、政策优先创新、任务优先落实，推进人才发展体制改革和机制创新，形成具有明显竞争力的一流人才制度优势，聚天下英才而用之；完善人才评价激励机制和服务保障体系，营造有利于人人皆可成才和青年人才脱颖而出的系内环境。

（2）学生培养是学科建设的根本。我们的设计思路是：深化育人为本理念，稳定规模，紧扣培养质量进行优化和完善，培养并尊重学生兴趣和个性化发展，既严格要求又关爱引导学生，助推学生成为具有国际视野且能在世界舞台竞争的一流拔尖创新人才，使地质学系成为学生为实现梦想奠定坚实基础的良好场所和幸福家园。

（3）科学研究是学科建设的关键。我们的设计思路是：创新科研评价体系，创新团队建设政策，强化问题导向和需求牵引，紧抓国际学术前沿重大问题及国家和区域经济社会发展重大需求，积极承担重大项目，产出标志性成果，鼓励教师开展持续稳定的探索研究和问题研究，产出原创性成果，使地质学系成为不断产出一流成果的国际地质研究重镇。

（4）平台建设是学科建设的保障。我们的设计思路是：紧密围绕学科优势和特色开展平台建设，完善平台管理和运行机制，提高平台设施的开放共享和使用效益，促进教学科研一体化，提升平台建设水平，构筑与学科建设水平相适应的服务体系和基础设施，为师生的工作学习与地质学系的发展提供强有力的支撑保障。

(5)交流合作是学科建设的载体。我们的设计思路是：坚持"开门办学、开放合作"，充分汇聚国内外各种资源推动地质学系发展，大力推进国际化工作，不断提高国际化水平，以国际化作为队伍建设和学生培养的重要抓手，为师生的成长成才提供更广阔的舞台，推动学科建设达到更高水平，提高全球影响力。

据此，我们将"建设世界一流学科"的发展目标细化为五个具体目标，围绕这五个具体目标设计改革和建设任务，按两个五年的建设期制定了《地质学系全面深化改革暨世界一流学科建设方案》，上报学校获得批准，完成了地质学系全面深化改革的整体设计。在整体设计中，我们以问题为导向、以目标为牵引来设计推动地质学系的全面深化改革，进而推动地质学系的发展。

二、找准关键，重点突破

我们的方案将建设世界一流学科的发展目标细化为五个世界一流具体目标，其中的每个部分都需要找准关键去设计改革和建设任务。方案是按两个五年建设期制定的，在改革工作的具体推进上，也需要找准关键，取得重点突破后，再以点带面逐步推进改革整体进展。按照这个工作思路，截至目前，我们经过认真分析和研判，已重点在高层次人才等队伍建设、学生培养、国际化等方面先后出台了 29 个改革办法和 7 个征求意见稿，力争取得实质性进展。

为激发教师活力，引导、鼓励教师逐步产出一流成果，取得突出业绩，我们正式出台了年薪制办法。考虑到现状，我们实行的是年薪制与目前正常的薪酬分配制度同时并行的双轨制，教师可以在两者之间自愿选择。年薪制分为 10 个档次，个别业绩非常突出的讲师 A 档教师的年薪高于副教授 B 档，与教授 C 档的年薪一样，突出了工作业绩，淡化了职称限制，给所有教师都提供了努力工作取得突出业绩进而提高收入的空间。年薪制人员实行聘期考核，聘期三年，必须完成高要求的聘期任务。聘期结束后，要继续获得年薪，就必须继续完成新一个聘期的高要求任务，这也从制度上解决了教师获得教授职称后的工作积极性问题。

在激发教师活力方面，我们除了从鼓励、激励方面出台年薪制办法外，还从压力方面入手，在 2016 年 3 月推出了一个征求意见稿，对青年教师提出了一些要求，写明拟从 2018 年 9 月开始执行，拟从 2019 年 9 月开始对现有青年教师实行"非升即转、非升即走"。这个征求意见稿到现在我们也没有定稿，但让青年教师感受到了压力，了解了我们的导向，促使青年教师更加努力工作。

研究生招生录取制度改革是以问题为导向推动改革的一个实例。我们统计了前几年我系录取研究生的生源质量情况，是逐步下滑的，本系生源也是如此。如果任其发展，提高质量培养一流学生的目标只会渐行渐远。针对这一突出问题，我们在前期针对 2016 级研究生生源实行奖励的基础上，出台了《地质学系研究生资助标准及招生指标分配办法（试行）》和《地质学系研究生录取暂行办法》，从根本上推进研究生招生录取制度改革。通过较大幅度提高研究生资助标准、采用经济杠杆促使导师注重质量而非追求数量这两个方面来吸引招收优质生源，尤其是先吸引招收本系生源。这两个办法在 2016 年上半年出台，从 2017 年入学的研究生开始执行。按照办法，所有非在职研究生均不交学费，硕士生每月2 000元资助，博士生每月4 000元资助；在此基础上，导师可视研究生参与项目情况，从科研项目经费中为研究生提供更多资助。每位导师三年可获得1个全奖（或在职）招生指标，无须项目承担经费；三年中可再获得2个部分资助指标，每个指标需由导师项目承担3万元（每年1万元）；三年中除上述3个指标外，其余均为全额资助指标，每个硕士指标需由导师项目承担8.4万元，每个博士指标需由导师项目承担15万元。同时我们把研究生招生的入口交给导师，在初试合格的基础上，研究生的复试充分发挥导师积极性，由导师或导师组主导研究生录取。

现在，按照新改革办法招生录取的硕士生已经两届，我们也在贯彻落实国家要求的导师责任制和导师项目资助制方面进行了有益的探索尝试。另外，作为研究生招生录取制度改革的配套改革，我们还进行了研究生导师遴选制度的改革，原则上将导师资格与职称脱钩，真正将研究生导师作为一个工作岗位而非职级，建立了研究生导师岗位动态调整机制。研究生培养不追求人数多，要高精尖，导师的招生指标按计划配给，与自己承担的科研项目、科研经费挂钩，须承担一定数额的研究生资助经费，有利于导师不断提高研究生培养质量。

针对选留毕业生方面存在的问题我们也进行了改革，出台了《地质学系选聘制教学科研人员聘用管理暂行办法》，在全校率先推行了所有选留毕业生都实行人事代理制度。按照这个办法，新选聘的教学科研人员均实行A类人事代理，按聘期管理，一个聘期三年。第一个聘期考核结果为优秀者，转为事业编制聘用；考核结果为合格者，可申请续聘第二个聘期或不再续聘；考核结果为不合格者，不再续聘，自行退出。续聘第二个聘期结束时，考核优秀者转为事业编制聘用；达不到考核优秀者，不再续聘，自行退出。目前，按新改革办法选聘的教学科研人员已来校到岗工作。为深入推进这项改革，与之配套我们还实行了教师职称评聘分离制度改革，实行了博士后制度改革。

针对教学质量下滑的问题，我们全面修订了人才培养方案，加大实习、实践课时，强化实验考核；实施了本科课程教师申报制度，进一步完善本科课程教考分离，鼓励小班化和挂牌授课。在每学期中公布下一学期拟开设课程目录及要求，符合条件的教师申请下学期拟承担的课程，教研室论证后拟定授课人选；若多名教师申请同一门课程，可实行挂牌授课；实行本科课程的上课与考试分离制度，考试前，由教务员在题库中抽题进行考试。

针对国际化程度差的短板，先后制定实施了《地质学系资助推荐免试生出国学习交流办法》《地质学系资助基地班学生出国学期交流办法》《地质学系资助本科生出国学习交流办法》《地质学系资助研究生出国（境）联合培养暂行办法》《地质学系资助师生参加国际学术会议暂行办法》《地质学系资助教学科研人员出国（境）短期合作交流暂行办法》《地质学系资助教师赴国外课程进修暂行办法》。从本科生、研究生到青年教师的一系列出国交流办法，有效地推进了地质学系国际化的进程。

在推进全面深化改革的工作中，我们对工作做法也进行了改革。我们在正式出台《地质学系全面深化改革暨世界一流学科建设方案》和具体的改革办法前，先以征求意见稿的方式发给全系师生，充分听取大家的意见和建议，对师生们提出的意见和建议进行认真思考、分析和研判，在此基础上再研究确定后推出定稿，正式开始实施。

三、初见成效，任重道远

回顾地质学系前期的全面深化改革，既需要广泛了解国内外高等教育情况、认真思考高等教育办学规律并充分解放思想、勇于开拓创新去超前设计、大胆探索，又需要面对学校的现实和全系师生的承受力并善于发现关键和瓶颈问题、找准关键环节，善于拿出切实可行的改革措施和办法并从细节上精心设计、精心组织实施，稳步推进，在巨大的压力面前容不得半点闪失。这些都考验着我们的智慧、能力、经验和神经。一路走来，其中的艰辛、酸甜苦辣令人五味杂陈、百感交集。好在功夫不负有心人、一分耕耘一分收获，在学校和各职能处室的大力支持下，经过我们的艰难推进，地质学系全面深化改革工作已经取得了一些初步成效。

全系活力得到激发。教师们都在积极争取项目，努力做好工作，产出一流成果。最明显的例子就是这两年的国家基金申报。2017年初临放寒假的前几天科技处来座谈时我们系还没有完成学校下达的申报任务，放寒假前的最后一天我们给全系教师发出了年薪制办法的征求意见稿，寒假一收假，一批教师申报了2017年的国家基金，结果是地质学系大大超过了学校下达的国家基金申报任务，申报数创历史最高，2018年更创新高，达到了73项。各学科团队也纷纷行动起来。大陆构造团队积极策划申报国家重大科研项目、国家高层次人才项目，为做好重大项目和高层次人才申报工作，配合学校和地质学系的"一流学科"和围绕第四轮学科评估中存在的问题，巩固扩大学术声誉和影响力，大陆构造团队以西大名义联合国家基金委等单位于2017年4月发起主办了"21世纪大地构造学发展战略研讨会"，20多位院士齐聚西安，影响深远；该团队成员还以我校作为合作单位共同承担国家基础科学中心项目，该类项目是国家首次设立，旨在抢占国际科学发展制高点，全国仅资助3项。地质资源与地质工程学科2016年底获批的"二氧化碳捕集与封存技术"国家地方联合工程研究中心举行了揭牌仪式正式启动建设；该学科还同时获批了两项国家基金重点项目。早期生命演化团队积极策划申报基金委重大国际合作项目和基金委重大项目，为此连续主办了三次国际学术会议；该团队2016年获得一项国家自然科学奖二等奖，并获批国家基委会创新研究群体，次年获得学校首个"高等学校学科创新引智计划"（简称"111计划"），2018年获批科技部重点领域创新团队；团队成员瞄准国际学术前沿潜心钻研，产出一流成果，于2017年在 Nature 以封面亮点文章形式发表，该成果获2017年度"中国古生物学十大进展"。

高层次人才工作进展喜人。在2016年新增3名长江学者的基础上，2017年院士、"千人计划""青年千人计划""青年长江学者""长江讲座教授"等全面突破。通过出台《地质学系高层次人才队伍建设奖励办法》等多种方式调动系内外各方人士的积极性，经过系主管人员和教师们主动寻找争取和积极推荐沟通，目前已达成高层次人才申报初步意向的人选已超过前三年之和。

突出问题得到初步解决。在研究生生源质量方面，2017级、2018级硕士生生源质量明显改善，本系生源尤其是推免生生源大幅度增加，专业对口率显著提高，三本院校生源基本消失。按新办法选聘的教学科研人员质量有了大幅提升，新选聘教学科研人员的退出机制已经建立，解决了教师能进不能出、新选聘教师质量难以把控的问题，一些原准备通过各种方式挤进地质学系的人员知难而退。国际化的短板有了较大幅度的弥补，近两年先后有33名学生出国进修或联合培养（长期），仅2017年就有21位研究生出国参加学术会议；以多种方式聘任9位外国专家来系工作，50余位外国专家来系讲学；9位外国专家或外教为本科生授课，一年级和二年级所有本科生都享有了外籍教师外语授课；举办"Office Hours"，3名外教轮流在地质楼外教办公室定时接待地质学系任何一名学生。

  西北大学地质学系推进全面深化改革、建设世界一流学科是一项创新性的探索，地质人为之呕心沥血，砥砺前行。正是学校"动车组"的理念、"一院一策"的思路、全面深化改革的强力推进，才给地质学系的改革和建设提供了舞台和空间。虽然我们取得了初步成效，但存在的问题依然很多，前路漫漫、任重道远，我们希望为改革发展当好探路者、先遣队，为院系的深化改革当好铺路石。

实施"一院一策"推进高校内部管办评分离改革

郭立宏　姚聪莉[①]

深入推进教育管办评分离是新时代中国高等教育综合改革的重要内容,是推进政府教育治理能力和治理体系现代化的关键环节。管办评分离改革的基本宗旨是通过深化教育领域综合改革,实现教育管理、办学过程和教育评价相对分离,彻底摆脱政府"管教育、办教育和评教育"的状态,形成"政府管教育、学校办教育、社会评教育"的格局,构建政府、学校、社会之间的新型关系,达到政府对教育的良治、善治和共治的理想状态。从改革实践看,管办评分离改革应该分为两个层次,宏观上应该通过顶层制度设计,推进教育治理能力和治理体系现代化建设;微观上应该通过高校内部改革,用好办学自主权和优化内部治理结构。西北大学作为教育部确定的唯一一所管办评分离改革试点高校,近年来立足学校内部改革,按照"一院一策"进行校内试点,积极探索"管""办"分离改革,正在从改革试点进入成果推广阶段。

一、实施"一院一策"改革的基本前提

政府推进管办评分离的改革目标是将政府在教育领域承担的"管理员""运动员""裁判员"角色相互剥离,彻底改变政府角色"三合一"的状态。改革之后,政府只保留"管理员"角色并承担管理职能,将"运动员"角色转给学校,使其成为拥有办学自主权的执行主体,将承担教育评价职能的"裁判员"角色委托给社会力量承担。这是目前高等教育界关于管办评分离的一种共识。西北大学被确定为高等教育管办评分离试点高校之后,陕西省在很大程度上赋予了西北大学更大的办学自主权。西北大学党政经过综合研判后,决定采取"一院一策"的推进方式,将"学校层面的管"与"院系层面的办"进行分离,拉开校内综合改革的序幕。

确立学校管办评分离改革的目标和模式。深入推进管办评分离,需要政府层面的"放管服"改革,更需要学校的主动探索。学校进入发展攻坚期之后,会面临许多复杂问题和多重矛盾的困扰。只有依靠学校内部的制度创新,才能激发教职工的积极性和发挥教职工的创造性。院系是教学、科研、质量主体,是人才培养工作的最前沿,是办学的主要支撑。落实学校的办学自主权和用好学校的自主办学权,最为关键的是扩大和落实院系的自主权。如果说"只有先

[①] 郭立宏:西北大学校长,教授;姚聪莉:西北大学高等教育研究中心主任,教授。该文原载《中国高等教育》2018年第7期。

改革政府的'管',才能为学校的'办'创造空间,为社会的'评'培育土壤",那么只有先改革学校的"管",才能为院系的"办"创造空间,为日后的"评"奠定基础。因此,学校将构建"统筹管理、分类指导"的管理模式确立为改革目标,将"深化校院两级体制改革,实施'一院一策'"作为重要抓手,按照"主动提出、论证判断、授权承诺"原则开展院系改革试点。经过两轮改革试点,已经形成了具有西北大学特色的教育管办评分离改革的"动车模式",即立足"一院一策"推进学校管理重心下移,激发校内各个层面、各个领域的积极性,释放开放办学活力的新模式。

明晰"一院一策"改革的目标和任务。"一院一策"改革作为管办评分离改革的重要抓手,其目标是建立学校职能部门宏观管理、院系自主运行的体制,理清校院两级管理职能,制定院系责任目标,明确院系在教学、科研、师资队伍、学科建设等方面的权利和义务。"一院一策"改革的根本任务是建立健全院系内部管理机构,规范管理行为,充分发挥院系党政联席会议、学术委员会等机构作用。学校除了对关系改革发展的全局性、方向性、战略性重大事项进行统筹管理之外,教师聘用、科研项目管理、课程设置、资源使用等都授权给院系,落实院系作为办学主体、教学科研主体的能动作用,使院系在人、财、物管理上拥有更多的自主权。"一院一策"改革的最后落脚点是最大限度调动每一位教职员工的积极性和主动性。

二、实施"一院一策"改革的主要措施

为了全面做好高等教育管办评分离改革试点工作,西北大学党政领导班子凝心聚力进行全方位谋划,围绕管理主体、治理体系、制度改革、经费保障、政策环境和教学改革等六个方面全方位推进校内"管办分离"。

以坐实院系主体地位为前提,推动管理重心下移。实施"一院一策"改革的实质是放权给院系,实现管理重心下移,坐实二级院系的办学主体地位,为院系突破瓶颈、激发活力、加快发展提供良好契机。在改革中,学校坚持问题导向原则,要求院系通过分析自身发展中存在的问题与短板,找准集中反映深层次问题的关键领域和薄弱环节,制定适于学校和院系实际的改革方案,实现"定制化"改革。从程序上,坚决贯彻"主动提出、论证判断、授权承诺"原则,先由院系针对自身存在的问题确定改革任务,形成改革方案;再由学校对院系改革方案进行审议,审议通过后学校立即将相应的人财物管理权力下放给改革院系,赋予其诸多自主权。职能部门按照"主动对接、解读政策、提出建议、精准服务"的原则为院系改革保驾护航。

以党政学分工合作为基础,创新院系治理体系。制度、机制和效能是"一院一策"改革成功的关键。坚持和完善党政联席会议制度,建立党、政、学(教授委员会)共同负责、分工合作的治理体制,是夯实"一院一策"改革制度基础的重要举措。其中院系党组织围绕服务型党组织建设,发挥政治核心和保证监督职能;行政领导班子集中精力抓制度建设、学科建设、队伍建设和平台建设等,在完善制度、构建机制和提高效能方面下功夫;教授委员会行使内部监督职能,对学术业务、教学业务、学位授予和资源管理拥有发言权。党、政、学联席会共同决策的事项由党政班子内相关业务负责人具体落实和执行,涉及教职工重大利益的事项提交教职

工代表大会讨论通过，党、政、学联席会最终向职工代表大会负责。

以人事制度改革为核心，扩大院系人事权限。人事制度关系到教师的切身利益，是教师最关心，也是最易产生矛盾的问题。例如，学校最早开展"一院一策"改革试点的生命科学学院，将人事制度改革作为核心任务推进，采取教师队伍分系列管理制度，设置研究系列、教学研究系列、教学系列、资深教学系列四个不同岗位系列；改革津贴分配制度，坚持"按劳取酬，优质优酬"的原则；率先建立师资博士后制度；深化职称评审制度改革，加强人事管理自主权。为了让"勇于改"的生命科学学院"放心改"，学校将职称评定和博、硕士导师遴选权限全面下放，由生命科学学院结合自身实际，制定相应的、不低于学校总体要求的职称评审和博、硕士导师遴选的标准和量化指标，并在生命科学学院设置10个专职科研编制。同样，作为首批参加"一院一策"改革试点的地质学系，推出年薪制与正常薪酬分配制度并行的双轨制，率先推行新选聘教学科研人员全部实行人事代理制度，得到学校大力支持。

以高层次人才引育为目标，改革经费保障政策。加强高端人才引育力度是优化人才队伍结构，培养学术带头人和青年骨干的重要措施。学校生命科学学院坚持"坚定引进高端人才，厚待重用现有人才，着力培养未来人才"的原则，不断创新人才工作体制机制，完善人才服务体系。在引进人才的基础上，瞄准一批四十岁左右、教学科研业绩突出且极具发展潜力的中青年学者进行重点培养和扶持，针对每位青年学者的不同特点，实行"一人一策"，有针对性、持续地予以支持、培育。学校为支持生命科学学院改革，每年为生命科学学院单列入才队伍建设经费100万元，并在成功获得"杰青"等各类国家级人才支持计划时，按每位50万元给予奖励。

以学科建设及科技创新为重点，改善院系科研政策环境。进入国家"双一流"建设行列的地质学系，主动参加了首批"一院一策"改革试点，确立了"建设世界一流学科"的发展目标和"五个世界一流"的具体目标，即引育世界一流队伍、培养世界一流学生、产出世界一流成果、建设世界一流平台、开展世界一流交流合作。改革中，地质学系按照"整体设计、重点突破，大胆探索、稳步推进，着眼长远、激发活力"的改革思路，把人才队伍、学生培养、科学研究、平台建设、交流合作作为学科建设的重要内容，对改革和建设任务进行整体设计，将高层次人才等队伍建设、学生培养、国际化等作为关键改革点，先后出台了22个改革办法和7个征求意见稿。生命科学学院将3个一级学科分为优势学科、振兴学科、特色学科三个层次，明确学科建设主体责任与范围。在科学研究方面，着力建立科学问题导向和研究对象导向的科技创新体系，根据基础研究、应用研究、成果转化三类科研活动的不同特点，构建"养""促""放"的不同政策环境和支持体系，激发创新、鼓励应用、促进转化。这两个首批试点院系的改革措施均取得了较好的效果。

以提高人才培养质量为根本，深化研究生及本科教学改革。大学的首要任务是培养人才，生命科学学院始终将提高人才质量作为改革的根本任务，进一步加大人才培养模式及课程体系改革力度，精心打造激发学生创新思维和培养学生创业能力的创新实验平台。生命科学学院对教授为本科生上课提出了强制性要求，要求教授回归讲坛，并加强教学团队建设。在学院出台相应政策的同时，学校也在政策及资金上给予支持：一方面，学校适当扩大生命科学学院的博、硕士招生指标，使其在人才选拔上有更多的自主权；另一方面，每年给予生命科学学院200万元的本科实验室建设经费，并将生均经费提高至1 000元，保证了本科教学的经费投入力度。

三、"一院一策"改革取得的主要成效

通过实施"一院一策"改革，西北大学在制度建设、治理体制、科研成果、人才引育、效能建设等多个方面取得了显著成效。

院系主动完善制度体系，校院改革衔接良好。学校主动建立健全多项规章制度，形成了覆盖教师职称评审、师资队伍建设、科研奖励机制、研究生录取标准及办法等多个方面的制度体系。这些政策的出台，保证了管理重心下移后学校及院系均能各司其职，高效运转。

教授问学治学作用凸显，治理体制不断优化。学术权力和行政权力在各自边界范围内高效地发挥作用，是学校治理能力和治理体系现代化的重要标志。实行"一院一策"改革的院系，在坚持和完善党政联席会议制度的基础上，积极践行"教授治学，民主管理"理念，探索建立"党、政、学"共同负责、分工合作的治理体制，将学术委员会、教学委员会、学位委员会、资源管理委员会统一纳入教授委员会。教授委员会作为教授"问学""治学"的制度平台和组织运行机制，在学院决策咨询、评价监督、桥梁纽带等方面充分发挥了积极作用，有效保障教职员工行使民主权利。

院系用人自主程度增大，干事创业热情增加。生命科学学院作为获得"一院一策"改革授权的首批试点单位，2016年首次自主开展了院内教师职称评审、教师高级职务特别评审和师资博士后选聘工作，首次邀请校外专家进入教师职务评审委员会。随着院系人事权限的扩大，用人自主程度、政策透明程度都在增大，有效避免了各类争议，全面激发了教师干事创业的热情。

科研管理改革成效显著，科研成果再创新高。推行"一院一策"改革后，生命科学学院教职工申报国家自然科学基金、杰青、优青和国家重大创新计划的积极性迅速增加，在国际高水平期刊发表论文数量明显增加，部分指标超过该试点单位"十一五""十二五"的总和。2016年以来，地质系新增国家自然科学基金创新研究群体1个，获得了国家自然科学奖二等奖。

人才工作体制机制创新，高层次人才引育见成效。生命科学学院启动全面深化改革以来，始终以人才队伍建设为首要任务，明确将高层次人才引育工作作为"一把手"工程，列入学院重大任务策划机制。2016年，生命科学学院引进国家"千人计划"特聘专家2人、"青年千人计划"2人，获批国家优秀青年科学基金项目资助2人，实现学院国家级人才计划零的突破。2017年地质学系张宏福教授成功当选为中国科学院院士，学校新增长江学者3人、国务院政府特殊津贴获得者2人，学校人才培育效果显著。学院年度经费打包使用，资金使用效益显著提升。2016年初，生命科学学院根据自身事业发展实际，提出包括人才培养、师资引育、学科建设以及重大任务策划等在内的年度预算，经学院党政学联席会审定后，提交学校进行审核。学校将审定后的预算整体打包给学院，由学院在预算框架内自主支配、打通使用，克服了

以前经费使用"买米的钱不能用于买油"这一弊端,提升了学院对于经费的自主使用权,契合了学院师资队伍、学科建设等迫切需要,让有限的经费产出了最大的办学效益。

机关效能建设取得成效,职能部门服务水平提高。校院两级管理体制改革是一项牵一发而动全身的举措。为了确保改革的有序推进,学校开展了机关效能建设,助推职能部门主动适应改革趋势,不断进行职能优化、流程再造,提升管理服务水平,对接好院系改革的各项工作。"主动对接,精准服务"理念成为职能部门的行动指南。

学术工作回归学术本质,专家决策权得到落实。为解决院系人才的团队建设难题,学校先后设立中国文化研究中心、陕西宏观经济研究院、关学研究院、汉唐文学研究院、玄奘研究院、延安精神与党的建设研究院、科学史高等研究院等一批无行政级别的学术实体机构,实施首席学术专家负责制,真正使学术回归学术本质,让专家有更大的技术路线决策权、更大的经费支配权、更大的资源调动权。

四、"一院一策"改革模式的推广价值

从西北大学两年多的改革实践看,"一院一策"改革作为一种定制化改革模式,不仅有利于真正落实院系主体地位,也有利于促进学校特色发展,是一种值得推广的改革模式。具体的推广价值体现在两个方面:

"一院一策"是落实院系主体地位的精准措施。谈及高校内部改革,权力过于集中、管理效率不高、组织协调不力、办学活力缺乏等是出现频率最高的词语,"一院一策"正是针对上述问题作出的改革调整。学校通过建立统筹管理、分类指导的管理模式,明确院系作为学校办学主体、教学科研主体、质量主体的地位,实现学校管理重心下移和权力下放,真正赋予办学主体和专家学者学术行动能力和资源掌控能力,最大程度激发"院系办大学"的力量和活力,将学校发展的牵引力由普通火车的"车头带"模式变为动车组"节节发力"的同步同向模式,进而激发各个领域、各个层面的积极性,释放开放办学活力。

"一院一策"是促进学校特色发展的重要支撑。"一院一策"坚持把"尊重院系、师生首创"作为一项重要原则,强调通过院系制定适合学校和院系实际的改革方案,从基层发力推进改革进程。任何院系均可根据自身的实际情况制定相应的改革方案,制定不同的改革方案。改革内容可以是完善治理体系、优化运行机制,也可以是建设科研团队、平台或者学科。只要改革思路明确,改革措施得力,均可得到学校层面的支持。"一院一策"改革的实质决定了其在推广中可以充分结合各高校特点,促进高校特色化、内涵式发展。推进"一院一策"改革,贯彻院系方案"成熟一个,推行一个"的原则,会倒逼学校行政处室职能转变、流程再造,从而实现"自下而上"的改革与"自上而下"的改革有力结合,以改革释放院系和学科活力,提高学科建设质量与水平。

此外,从西北大学开展教育管办评分离改革试点的经历来看,成功实施"一院一策"改革需坚持如下三条基本经验:

一是坚持依法依规治校,即始终遵循学校章程,坚持依法依规治校,执行好党委领导下的

校长负责制、学术委员会制度、教职工代表大会制度等,健全议事规则和程序。

二是提升职能管理水平,彻底改变职能部门一管到底、一统全部的观念,将工作重点转移到研究不同院系教学、学科、队伍发展的专业性和特殊性,研究学校宏观目标的制定、任务完成情况的评估和办学资源的争取上,减少一些计划思维,增加一些实实在在的调查研究和有针对性的服务。

三是夯实院系主体责任,着力提升院系承接重心下移的能力,要求院系制定出以国家和学校发展目标为导向的人才培养、学科建设、师资队伍建设、科学研究等发展规划,建立完善的学院内部治理结构并与学校签订目标责任书,获得相应的权力、利益的同时,也要承担相应的责任。

使命与担当：西北大学化学教育领域锐意进取

马向科　谢　钢[①]

70年栉风沐雨，70年砥砺前行。新中国成立70年来，西北大学化学与材料科学学院（简称西北大学化材学院）始终坚守初心，与时代同步、与祖国同行，在培育化学人才方面取得了可喜的成就、以优异的成绩向祖国献上70周年贺礼。

西北大学化材学院结合生源实际，遵循人才培养规律，紧紧围绕"培养什么人，怎样培养人，为谁培养人"这个核心问题，以"树立学生自信，开阔眼界思维，秉承求真务实，恪守公诚勤朴"为旨归，以"三全育人"教育为主线，以本科教学向本科教育转变和建立激励保障机制为两翼，以构建"科研训练体系、国际化培养体系、评价激励体系、实践育人体系"四个体系为支撑，以"回归常识、回归本分、回归初心、回归梦想"为遵循，培养了一批脚踏实地、综合素质高的化学人才。

初心因执着而历久弥新，使命因担当而神圣宏伟。西北大学化材学院作为陕西省首批创新创业试点学院，以绝对的忠诚和实际行动坚决贯彻总书记在全国教育大会上提出"新、高、实、深"的要求。引导学生早期介入科研走进科学前沿，鼓励学生参加国内外学术会议和海外研修，增强学生创新精神——着力做到"新"；汇聚一流师资和一流科教平台服务本科教育，提高人才培养的质量和水平——着力做到"高"；紧扣家长、教师和学生关注的学生管理问题，结合学生成长痛点，实施"导师+班主任+辅导员"管理模式——着力做到"实"；加强教学中理论概括、学理实践和经验集成，专业基础课实行"课堂+辅导"的教学模式，提升知识掌握的深度——着力做到"深"。

学院以学生成长成才的过程中的需求为出发点和落脚点，直面育人过程中存在的问题，通过构建四个体系，打通了人才培养的高速路。

以本科生导师制为核心的科研训练体系。本科生按照"准研究生"进行培养，大一进入课题组，学习文献查阅，实验设计，参加导师课题组组会，开展科研训练，培养独立思考，自主学习的习惯，强化了实践能力。以拓展学术视野为核心的国际化培养体系。大二为其开设雅思托福课程，大四支持参加国际交流项目，开拓国际化视野，全程育人。以调动教师教学投入为

[①]马向科：西北大学人力资源部部长；谢钢：西北大学化学与材料科学学院教授。该文原载人民网2019年9月29日。

核心的评价激励体系。创新教学工作量计算办法，把开展教学研究、指导本科生发表论文、帮助本科生出国及就业等均折合成一定教学工作量，极大地调动了教师投入本科教育的积极性，全方位育人。以提升创新意识为核心的实践育人体系。开展院级创新设计大赛，鼓励本科生参加"挑战杯""创青春"和"互联网+"大赛，开阔思维，增强创新意识，提升综合素质。开设创业指导培训班，从意识培养、能力提升、环境认知、实践模拟四个方面加强创新创业体系建设。与中科院理化技术研究所创办"化学菁英班"，开设专题讲座，并为本科生暑期实习实践提供机会。

全院开展"不忘初心、牢记使命"主题教育活动。以积极的担当作为落实"不忘初心、牢记使命"主题教育活动，把理想和目标扛在肩上、抓在手上、装在心上、体现在行动上。通过革新教学理念、完善考评办法、规范教学制度，实现了本科教育的六个转变：一是从传统的本科4年"课本灌输式""片面追求专业化"向"3+1"分段个性化培养方式转变；二是教师从"课堂知识传播者"到通过"课堂传授+课后解惑"激发学生创新创造性的"积极引导者"的教风转变；三是教师工作量核算从片面追求"上课数量"向以"辅导课+学年论文+创新创业+…"综合考评其人才培养投入的多维度考核机制转变；四是从注重知识理论传授的单一课堂教学向"导师制"的"知识+思维方式+探索实践"的理论与实践深度融合教学方式转变；五是学生从在课堂"单渠道"知识获取向参加国内国际学术会议、海外交流等"多渠道"知识获取转变；六是学生从被动学习、"考试型学霸"向主动学习、"科研创新能手"的学风转变。

跨入新世纪以来，学院荣获首届和第二届国家级教学名师奖，3项国家级教学成果奖二等奖，在高等教育出版社和科学出版社出版教材30余部，获批国家级实验教学示范中心、国家级教学团队和国家级精品课程，拥有国家级教学名师、杰青、优青、青千等省部级以上各类人才共计58人，占本专业教师总数的38%。2016年以来，本科生参加国内外会议341人次，发表SCI论文152篇，包括在影响因子为52.613的Chemical Reviews和影响因子为11.384的ACS Catalysis以第一作者发表论文。每年有12%的本科生赴海外一流高校进行3个月以上科研交流，25%本科生有长短期出境交流经历，有2名本科生获得美国麻省理工学院和莱斯大学的全额博士奖学金，20余人本科生被美国密歇根大学、日本京都大学、昆士兰大学等世界一流名校录取，21%的本科生进入到国内一流大学继续深造。

70年来的风雨历程和新时代的伟大实践表明，历史从不眷顾因循守旧、满足现状者，机遇属于勇于创新、永不自满者。西北大学化材学院以"时不我待、只争朝夕"的紧迫感，以一颗对祖国赤诚的红心，践行初心使命，坚持以文育人、以文化人，增强文化自信，补足精神之钙，以新气象新担当新作为在化学教育领域锐意进取，在实现中华民族伟大复兴中国梦的新征程上，努力创造无愧于新时代的新业绩！

"放管服"改革如何激发大学办学活力

郭立宏[①]

党的十九届四中全会提出推进国家治理体系和治理能力现代化。深化高等教育领域"简政放权、放管结合、优化服务"改革,构建活力、高效、顺畅的体制机制,是推动实现高校治理体系和治理能力现代化的突破口。西北大学是教育部12个全国管办评分离改革试点单位中唯一一所高校,近年来,西北大学聚焦"放管服"改革,在高校办学体制机制上进行了探索,取得了一定的经验,具有一定的启发和借鉴意义。

一、确立与"放管服"契合的治校理念

推进"放管服"改革,首先要有教育治理理念的现代化,要明确高等教育面向世界、面向未来、面向现代化的管理服务理念。要明确大学不是政府部门、不是科研机构,不能任由不合理的条条框框束缚高校和教师的活力。要回归大学的本来面目,抓住求真育人的本质,遵循教育教学规律,多做打基础、利长远的事情,以"回归常识、抓住本质、尊重规律、注重长远"的治校理念,正确处理好大学和政府、大学和社会的关系,处理好学校和教师、学校和学生、学校和院系以及教学和科研的关系,将大学的根本任务坚决地指向立德树人。这既要求教育主管部门要向高校放权,给高校松绑减负、简除烦苛,也要求高校向院系放权,院系向教学科研领军人物放权,彻底打通高等教育改革发展的"最后一公里"。

当前我国高等教育处在社会转型和高等教育转型发展相互叠加的历史时期,在推进"双一流"建设的形势下,对高校本身来讲,没有政策壁垒,没有身份限制,谁先改革创新,谁就先赢得机遇、分享改革红利。可以说,不改革不行,改革慢了也不行。错过了改革窗口期,以后再改成本会更大、代价会更高,还会有更多后遗症。高校要发展,就必须将"放管服"改革作为推动发展的内生动力,进一步理顺内部治理体系,最大限度盘活一切资源,激发内部干事创业的动力、活力。同时要摒弃按部就班的思路,不能只是爬行式追赶、等距离竞赛,要有超常规的思维和举措,抓住真问题,推进真改革,在尊重规律、不触碰红线和底线的前提下,突破传统的思维模式和工作方式,打破定势、主动出击、主动作为。

[①] 郭立宏:西北大学校长,教授。该文原载《光明日报》2019年12月17日13版。

二、"放管服"改革的目标

高等教育领域的"放管服"改革,不仅是教育主管部门面向高校的改革,也是高校面向院系、面向师生的改革。

传统办学中,学校与学院的关系是"大学办学院""大学管学院",学校处于支配、主导和强势地位,学院处于依附、从属和弱势地位。学院的专业设置、学生招录、职称评审、经费使用、人事招聘、教学管理、科学研究等诸多事宜都受制于学校的管制和计划,院系在上述方面的自主权非常有限,"等、靠、要"成了很多学院日常管理的基本思想和主导原则,其主动性和积极性受到极大抑制。如何解决这些问题,最根本的就是要通过"放管服"改革,超越传统的大学治理模式,通过重心下移、权力下放,将院系作为发展的动力源和发力点,将"大学办大学"转变为"学院办大学"模式,把传统的内燃机车头牵引模式转变为全方位发力的动车模式,改变学校发展的动力结构,使高校内部的运行机制更加科学、顺畅、高效。高校内部的"放管服",从学校层面来讲,通过破解体制给予活力,使放权放得彻底有序、管理管得科学有效、服务做到精准到位;从院系层面来讲,通过优化机制产生动力,使接权接得有力,治理治得顺畅,目标定得精准。

"放管服"改革要有明确的目标指向,即建立"统筹管理、分类指导、一院一策"的管理模式。"统筹管理"就是要从战略性、全局性、关键性的角度,做好顶层设计,解决院系解决不了、解决不好的事情。具体说,就是解决协同和共享的问题,协同学科力量,交叉融合,产生新的增长点等;共享学科学位点、共享大型仪器设备、图书资料等。"分类指导"是基于学科实际,解决差异和特色的问题。文、理、工的差异,学科内部不同方向的差异,都需要差异化对待。"一院一策"就是要尊重院系、学科之间的差异特色,调动院系办学的主动性,由院系聚焦核心办学指标,剖析自身发展中存在的问题与短板,找准集中反映深层次问题的关键领域和薄弱环节,制定适合学校和院系实际的改革方案,实施精准化、个性化改革发展举措。

三、"放管服"改革的内容

"放管服"改革的内容要从政策突破、机制创新、投入增加着手。政策突破主要是获得上级部门授权,争取纳入改革试点,并在校内开展改革试点。只要有利于发展,就放手探索政策突破点。机制创新主要是畅通师生评价、激励和校内治理方面的渠道,使得各方面运行有序、通畅、高效。投入增加是在改革的框架下,目标牵引,在主要的几个方面加大资金支持力度。投入有保障,条件才有改善,质量才会有提升。要从三个方面系统思考,全面谋划,争取获得更大办学效益。

在简政放权方面,放得有序彻底。把学校的权力、资源向下沉、向下放,在权力和资源配置等方面赋予院系更大自主权。西北大学在深化和改革过程中,人力资源部下放职称评审权等5项,研究生院下放导师首次上岗资格审核权等12项,教务处下放调整本科专业权等9项,科学技术处下放横向经费使用权等8项。学校在率先实施改革试点的院系给予政策上的多项突破。如,学校下放职称评审、人员聘任与退出、考核分配、研究生导师遴选等权力给地质学系,该系可以用结余项目经费招录博士后,教学科研人员可以根据情况延迟退休,实行货币化住房资助,教学科研人员可以带项目到企业工作,各类经费打通使用。学校下放职称评审、导师遴选和津贴分配等权力给生命科学学院,该学院引育人才可实行一人一策,设立特别奖学金吸引优秀生源,用市场杠杆调整用房资源,设立专职研究岗位等。

在放管结合方面,管得科学有效。既包括学校层面的"管",主要是管全局、管宏观、管标准;也包括院系层面的"管",主要是院系内部管理和机制运行。校院结合的"管"才能形成治理的合力。下放权力,实施"一院一策",并不代表完全的"放羊"和"松绑",也绝不意味着增加投入降低标准,而是每一个院系都应提出既切合实际又更加高远的目标。院系改革能否成功的关键在于,问题找得准不准,原因分析得透不透,目标制定得合适不合适。学校成立了全面深化改革领导小组,这个小组不是只领导不做事的"虚设"班子,更不是只挑毛病的"管卡"班子,而是基于院系发展的差异化,对各院系改革方案逐一进行认真分析,与院系一起把脉,共同会诊,开出良方,并在后续方案实施过程中,由全面深化领导小组各成员单位拿出切实的"放管服"举措,为院系改革保驾护航。同时建立对接院系工作机制,实施精准考核,加强对院系改革方案的宏观指导,确保学校"放"得有序,院系"接"得有力。学校层面下放权力给院系,也倒逼院系要完善本院系的内部治理结构,只有这样,才能把权力接得住、接得好。比如,生命科学学院成立了教授委员会,构建起教授问学治学的制度平台和组织运行机制,同时还进一步探索建立"党、政、学"联席会制度,形成"党、政、学"共同负责、分工合作的治理机制。

在优化服务方面,要做到精准到位。职能部门在服务院系、服务师生方面上更加注重针对性和精准性。人力资源部、教务处、研究生院等10多个职能部门,深入院系开展调研,分析院系办学发展中存在的困难、面临的问题和需求,管理重心下移、管理流程再造、服务流程优化,形成了对接院系768条精准服务清单。清单在政策、机制、投入等方面明确指向,充分体现"精准"特征,为优化服务和质量问责提供依据。投入有保障,条件有改善,质量才会有提升。学校开设专门财务账户,设立院系一流学科建设专项经费。如,地质学系教职工薪酬按该系基数130%核算,研究生奖助学金按照改革起始年上一年度标准的120%发放。生命科学学院试行年度综合预算,增拨30%岗位津贴,每年单列上百万元人才队伍建设经费等。

四、"放管服"改革的逻辑

"放管服"改革的逻辑是基于调动师生积极性,从聚焦教师群体到聚焦学生群体,从聚焦院系本身到聚焦学科之间的交叉融合,最终回归到惠及全体师生和学校的整体发展上。

第一个层面,主要从尊重教职员工的主体地位着手,推出"放管服"系列改革举措,院系活力得以充分激发,广大教职员工对"统筹管理、分类指导、一院一策"有更加深入的认识,成为全面综合改革的支持者、参与者、推动者和受益者。

第二个层面,主要在"放管服"改革夯基垒台、立柱架梁、整体框架基本建立,教职员工积极性充分调动的基础上,将改革聚焦学生,重点推进完全学分制改革,逐步建立专业自主选择机制,建立按学年注册、按学分收费、按学分毕业、按绩点授予学位的学籍与学费管理机制,建立"以选课制—导师制为核心,以重修制、主辅修制、学分互认制等为辅助"的教学管理模式。目前,已经在2018级、2019级本科学生中实施,学生的个性和兴趣得到充分尊重,这既是"放管服"改革的重要延伸和拓展,也反过来进一步推进教学、人事、财务、后勤、学生管理等更加聚焦"放管服",进一步巩固综合改革成果。

第三个层面,在院系有动力、师生有活力,"一院一策"改革顺畅实施的基础上,学校逐步打破行政边界、打破学科边界,充分将资源优化整合起来、高效融合起来,目前已经在行政方面成立人力资源部、国际合作部,学科交叉融合方面成立生命科学与医学部、史学部,正在论证成立地学部。这三个层面层层推进,又相互融合和促进,形成了深化"放管服"改革的良性闭环效应。

五、"放管服"改革带来的启发

经过近四年的推进,目前,所有院系都在按照"量身打造"的方案稳步推进综合改革,各方面的活力得以充分激发,率先改革的试点院系已经享受到了"放管服"改革的红利。西北大学作为"放管服"改革试点进行的实践探索还带来如下启发:

一是在深化"放管服"改革方法论上,以问题为导向,以目标为牵引,坚持"自下而上"与"自上而下"相结合。坚持问题导向,是要找准集中反映深层次问题的关键领域和薄弱环节,精准聚焦,确定达到什么样的改革目的。"自下而上"强调从院情、系情出发,深入研究本院系发展弱项在哪,束缚发展的症结是什么,切实梳理出本院系本学科真正存在的突出问题,弄清楚问题之间的关系,系统推出院系自身的"顶层设计"。"自上而下"强调改革的整体思路和改革中共性的内容由学校整体把握,统一部署。学校要围绕"放管服"建立对接院系的工作机制,强化"统筹管理、分类指导、一院一策"的系统性、科学性。同时要充分考虑到人才培养、师资队伍建设、学科建设的关联性和一致性,整体推进,协同发展。

二是在深化"放管服"的条件支撑上,聚焦制度体系构建和信息化建设。首先要构建和完善好学校的章程、党委领导下的校长负责制、教职工代表大会制度、学术委员会制度、教师申诉制度、学生申诉制度、财经委员会制度、理事会制度、信息公开制度,抓好"一章八制"建设,抓住推进高校依法治校、自主办学的关键,找准深化高校治理改革的制度保障。其次要有管理制度的制度,及时做好制度的废、改、立工作,及时跟进中央和省里最新的形势与政策。同时要大力推进智慧校园建设,建立起与"双一流"建设相匹配、相适应的信息化平台和空间。积极推动基于信息化条件下大学的管理模式、教师的教学模式和学生的学习模式的转变和创新。利用大数据、人工智能等现代化手段,保证决策的科学化、提升管理的精确度、提高问责的便利性,建构资源共享网络,破解"一院一策"改革进入"深水区"后出现的问题,推动教育"放管服"改革向纵深发展。

以大部制改革推动内涵式建设　积极探索西大特色的"大健康"学科发展新路径

陈富林①

"十三五"期间，学校积极探索"大部制"改革，作为首家试点单位，生命科学与医学部自 2018 年 5 月 22 日成立以来，各项事业发展均取得了积极成效。

一、前期工作的成效和感悟

学部成立以来，生命科学学院"一院一策"改革目标任务提前完成，部分指标还实现了倍增，首获国际生命科学领域全球大赛金奖，获批"国家一流专业"，国字号人才育引实现新突破，高水平原创新成果频出，临床医学、药理学与毒理学一年之内先后进入 ESI 全球前 1%，学部的学术影响力和社会声誉日益彰显。

特别是，以最少的人财物投入完成了学校交办的复办医学任务。回顾当初，医学要不要办，学院要不要建，学生要不要招，在复办医学历程中的多个关键节点，我们有过分歧，有过担忧，有过顾虑，但最终促使我们下定决心全力以赴的最大底气是，生命科学学院雄厚的学术积淀、完备学科体系，尤其是全体生科人的责任与担当。学院全体师生也正是肩负着学校的信任与希望，统筹资源，竭尽全力，为了学校的中心工作，全体生科人做出了巨大的牺牲和奉献，贡献了全部的力量。

临床医学专业获批之后,怎么解决师资问题？怎么解决平台问题？怎么解决经费问题？是当时摆在我们学部人面前最急迫的现实问题。一味地等靠要只会让工作陷入僵局，让我们处于被动，根本兑现不了当初对各方作出的承诺。医学怎么办，医学怎么建，摆在我们面前的唯一破题之道就是转变思路、转换观念，充分发挥大部制运行的体制机制优势，通过师资共享、平台共建、经费共用，用最短的时间、最高效的方式解决了最根本的"生存"问题。也正是这一突破才为后续"大健康"学科的快速发展提供了最有力的支撑。

回顾这段历程，我们体会深刻：一是学部的活力更强了，师生参与改革、共谋发展的主动

---

① 陈富林：西北大学副校长，教授。本文节选自作者 2021 年 1 月 8 日在西北大学第十一届教代会上的报告，此题目系编者据原文另拟。

性、积极性得到了极大激发,"等、靠、要"的思想已经成为过去。二是运行体制机制更顺了,大部制框架下,两个学院各项工作运行更加有序、衔接更加紧密、协作更加高效。三是解决实际问题的方法更准了,我们立足实际,深入研究学部发展弱项在哪、束缚发展的症结为何,现存突出的问题是什么,真正切中要害、破题解题,谋划符合发展实际的"顶层设计"。更让我们欣慰地是,历经改革,全体师生敢想、敢闯、敢拼的那股子精气神更足了,对专业的认同、对学科的自信、对学部的自豪更加凸显。借用郭校长的话,学部人不容易、学部人了不起,我想这也是我们学部人践行西大"公诚勤朴"精神最生动的体现。

二、当前面临的形势与问题

昨天,郭校长的工作报告对学校的发展形势做了精准分析,面临疫情变化和外部环境等诸多不确定性,学校财力仍处于持续吃紧状态,学校"十四五"规划也更加强调强化统筹、优化结构、内涵发展,如何用大部制改革来推进学部建设提质增效,向纵深发展?如何能主动适应学校低投入高产出的发展定位,发挥现有人才团队、科研创新、学科平台的全部优势?对我们来说,不仅需要转变思维、刀刃向内,自觉把学部的发展置身于学校发展的全局中,更要深挖改革内涵、激发后追潜能,以较小投入做出新贡献,以敢想敢干争取新成绩,以大部制改革升级实现事业发展新突破。

去年以来,我们学部班子经过认真研究,决定从学部层面统筹谋划、深入推进"一院一策"综合改革2.0升级,反复论证梳理出一些制约未来发展的核心问题。主要集中在建设学科多、发展资源少,跨学科的学术交叉融合不充分;科研创新与科研产出由量变到质变还不明显;学科核心竞争力和学科集群的学术带动力还需增强;学部治理能力和治理体系的科学化、精细化水平有待加强等方面,归结到一点上,就是要以大部制改革为牵引,以内涵式建设为遵循,积极探索面向国家需求、彰显西大特色、符合学部实际的"大健康"学科发展新路径。

三、谋划新发展的思路与原则

立足"双一流"建设要求,按照"交叉融合、协同创新、共建共享"原则,引入竞争机制、盘活现有资源、有序激发增量,通过体系再造和流程优化,构建大平台、组织大团队、实现大交叉、确立大目标、承担大项目、产出大成果,全面提升生命科学与医学部"大健康"学科的综合实力和核心竞争力。总结起来,以实现有利于创新人才培养模式,提高人才培养质量;有利于发挥学科综合优势,优化资源配置,推动学科交叉;有利于进一步规范和完善学术组织及其功能,激发学术组织创新活力和自我发展能力;有利于规范科学管理、提升管理效能,释放出最大活力的改革目标。

四、大部制探索的抓手与举措

我们认为,大部制改革是一项系统工程,涉及的工作方方面面,只有抓住主要矛盾,把准靶向脉点,才能进一步激发潜力,促进改革再升级。

一是做好大部制下的学科大融合，以互联互通延伸科研创新链。在科学研究方面，生命科学领域的科研工作偏基础，关注原理和机理。医学领域的科研工作偏应用，需要在搞清楚原理和机理的基础上，更进一步分析其影响并提出解决方案。通过学科融合，将科研创新链进行了延展，构成了从原理机理到实践应用的闭环式科研创新通路，形成了创新链与学科链互通共荣的发展模式。

比如学部严健教授，长期致力于人类遗传疾病研究，将基础研究与临床应用紧密结合，去年以来先后在国际知名期刊发表多篇高水平文章。近期以他为第一通讯作者西大为署名单位的文章已被 *Nature* 正刊正式接收，这是学部成立以来的一项里程碑式突破，也彰显了大健康学科孵化重大标志性成果的集群效应。

二是建强大部制下的学科大平台，以共建共享促进资源集约增效。充分整合学部现有资源，重组凝练新的学科生长点，围绕学科建平台，立足平台育团队。竭力建设一流学科共享平台，突出平台的包容性、科学性、系统性、实用性和可操作性，不重复购置、不盲目购置，精细管理、周到服务，完善平台大型仪器设备的相关管理制度，运用现代信息化手段实现从部内到校内共享，充分提高平台使用效率；聚力打造一流教学科研团队，组建"大健康"学科群，形成"生物生态""医药卫生"交叉融合，对标"B+"、力争"A−"，打造一流学科，成立"生命科学与医学部前沿交叉研究院"，推进生命科学和医学与其他相关学科全方位、多角度、多领域的交叉融合与协同创新。

下一阶段，我们还构想整合太白校区相关学科公共平台，将驻留涉及"大健康"学科集群单位公共实验平台集成整合，进一步实现学校赋予的"建设中国西部最好的生命科学与医学教学科研共享平台"的目标。

三是促进大部制下的学科大交叉，以协同创新凝练新的学科生长点。在国家重大战略需求的驱动下，多学科交叉会聚与多技术跨界融合将成为常态，并不断催生新学科前沿、新科技领域和新创新形态。从国家急迫需要和长远需求、学部自身发展和长远战略出发，必须加紧布局多学科交叉会聚的战略方向，既是应对变局、开拓新局的需要，也是面向未来、决胜未来的需要。

大部制背景下的交叉融合并不仅仅限于学部之内，而是内外兼顾。破除旧的学科壁垒，不形成新的学部壁垒，敞开胸怀、坦诚以待、合作共赢。今年上半年，学部郭松涛教授和信息学院房鼎益教授团队展开合作，利用金丝猴图像大数据和 AI，开创了全球首个通过图像识别动物个体的先河，我们把他们的研究形象地称为"猴脸识别"，该成果解决了动物行为研究中智能个体识别的一大技术难题，突破了现有的仅针对单一物种的机器识别的研究瓶颈。

可以说，大部制下的学科大交叉，为协同创新集合大团队，抢占学科制高点，打造学科增长点提供了强有力的支撑。

四是保障大部制下的学科大发展，以体制机制创新推动学部行稳致远。近期，围绕成果奖励、博士指标分配、团队制、深化改革等方面，我们先后出台了四个管理办法，贯彻"四个面向"的新要求，强化导师师德师风建设，引入成本核算提高效益，注重原创性、创新性和突破性。进一步通过机制体制创新提升治理体系与治理能力、培养拔尖创新人才、打造优质师资队伍、产出重大标志成果、加强国际交流合作、构建共享平台资源，标志着我们大部制改革又迈出了具有实质性意义的一步。

"十四五"的蓝图已经绘制，西大的发展已经迈向新的征程，作为学校改革的"尖兵"，生命科学与医学部此次的大部制探索不再是简单的加减乘除，而是以最小投入实现最大增量；我们不再是拿出逢山开路、遇水架桥的改革精神，而是"我已是路，我已为桥"。因为起跑就是冲刺，开局即是决战，我们必须召之能战、战之必胜；谋划开局、赢得新局，为把生命科学与医学部早日建成引领学校发展的"新引擎"而不懈奋斗！

坚持问题导向 凝聚共识共为
以"一院一策"改革推进事业蓬勃发展

杨 晶 张 宇①

生命科学学院自 2016 年开始"一院一策"改革，2021 年着手启动生命科学与医学部二期综合改革，自改革开始以来，学院始终坚持以立德树人为根本，以建设一流学科为引领，以实现内涵发展为主线，以不断深化改革为动力，扎扎实实练好内功，聚精会神提质增效，在全院师生员工共同努力下，较好完成了各项改革任务，学院事业发展迈上了新台阶。

生命科学学院最早可追溯至创建于 1924 年的西北大学生物学科，是我国大学中创建最早的生物学科之一，1937 年设立生物学系，2000 年组建为生命科学学院。西北大学医学教育最早可追溯至创建于 1903 年的京师大学堂"医学实业馆"，1956 年因学科调整，西北大学医学学科作为西安医学院整体独立设置后从学校分出。在 2019 年初，以申报获批复办的临床医学本科专业为基础而重新复办。现有临床医学、生物医学科学、口腔医学 3 个本科专业和基础医学硕士学位点。

大部制改革开展进一步促进了生命科学和医学学科领域融合，将科研创新链进行了延展，构成了从原理机理到实践应用的闭环式科研创新通路，形成了创新链与学科链互通共荣的发展模式。通过充分整合学部现有资源，重组凝练新的学科生长点，围绕学科建平台，立足平台育团队。竭力建设一流学科共享平台，突出平台的包容性、科学性、系统性、实用性和可操作性，用共建共享充分提高平台使用效率；聚力打造一流教学科研团队，组建"大健康"学科群，形成"生物生态""医药卫生"交叉融合，打造一流学科。

生命科学学院的改革历程主要包括两期，一是 2016 年开始的生命科学学院"一院一策"改革；二是 2021 年开始的生命科学与医学部深化事业发展改革。

一、机遇与挑战

回顾学院改革历程，在学院改革工作研究筹划期，时任生命科学学院班子成员经过反复研

---

① 杨晶：西北大学地质学系正处级调研员，副研究员；张宇：西北大学医学院书记，副研究员。本文节选自生命科学与医学部"一院一策"改革成效报告。

究，认为需要首先回答四个问题：

1. 为什么要改革

从外部环境看，资源环境及人类健康两大主题，已经成为世界各国共同关心的话题，这些科学问题都与生命科学息息相关。此外，"双一流"建设已经成为我国高等教育界讨论最热烈、点击率最高的热词，在这样的大背景下，生命科学学院却缺少一条发展的主线。

从内部环境看，自2005年到2015年的十年间，校内其他院系纷纷在快车道上高歌猛进、屡创佳绩时，生命科学学院却逐渐滑向了慢车道，始终难有大的建树。

从自身发展看，自1924年生物学科在西大设立以来，历经90余年的发展，经过几代生科人的努力，在20世纪90年代末到本世纪初，生科院迎来了十年的发展机遇期，得到了爆发式的发展，但如果继续按照以往的管理理念、体制机制和工作思路运行下去，是否能让生科院实现跨越发展，是时任领导班子和生科人必须要面对和回答的问题。

基于以上思考，生命科学学院的改革势在必行。从学校层面看，本次的全面深化改革，是学校在管理体制、运行机制及管理理念等方面的一次重大变革，将会影响学校未来5～10年的政策走向及发展的重点方向，学校"统筹管理，分类指导"的改革思路为学院突破瓶颈、加快发展提供了令人鼓舞的良好契机，为学院进一步提高教学科研水平、凝练学科方向、加强师资队伍建设、提升人才培养质量提供了有力保证，这是学院进行改革实现跨越的最佳时机和最后的机会。

2. 怎么改

在起草改革方案时，学院始终坚持问题导向，注意把握好以下几个原则：

（1）分析问题精准到位。认真分析学院在内、外部环境方面面临的机遇与挑战，聚焦制约学院事业发展的关键问题和薄弱环节，是改革的关键所在，因此，在分析问题时必须做到不遮丑、不护短，不强调客观，也不妄自菲薄。

（2）改革措施科学务实。坚持问题导向，目标牵引，是制定改革方案的基本原则。因此，在制定改革方案时，一定要注重改革的整体推进与重点突破相结合，正确处理改革、发展与稳定的关系，按照有利于破除制约办学的体制机制弊端、有利于促进学院事业发展、有利于广大师生受益的原则，制定各项改革措施。

（3）目标明确宏伟可达。明确的目标，是改革能否成功的基础。在制定改革方案初始，坚定将创建国际一流学科作为学院发展的总目标，坚持阶段性目标和长远目标相结合，形成更加清晰的改革思路，将深化综合改革各项任务按照目标相关程度、问题紧迫程度和条件成熟程度，制定切实可行的实施方案，精心组织、整体谋划、分步推进、立足长远。

3. 改革的主体是谁

在改革这个问题上，学院党政班子和广大教职员工是荣辱与共的命运共同体，绝不是对立的关系，不是改革者与被改革者的关系，因此必须坚持尊重师生的改革主体地位，增强师生的改革主人翁意识，聚焦师生关注的突出问题，广泛凝聚共识，形成全院师生共同谋划改革、参与改革、推进改革的合力。为此，学院多次召开改革宣讲会，向广大教职员工宣传学院改革的紧迫性与必要性，增强教师们的责任感和使命感，目前，全院上下已经形成了人人思考改革、积极投身改革的良好氛围。

4. 遇到困难怎么办

经过反复研讨，学院党政班子下定决心，义无反顾地选择实行改革，这也是推动学院事业发展迎头赶上的唯一选择，更是面对新形势、抢抓新机遇、实现新发展的必由之路。2015年7月，学院成立了"学科建设""师资队伍建设""平台建设""科研与研究生""本科教学与人才培养"和"管理服务"6个调研小组，对学院现状、存在问题及成因进行了认真的本底调查并形成调研报告，8月开始制定改革方案，在学校相关领导的亲自指导下，六易其稿，最终形成了学院全面深化改革的整体方案并上报学校改革领导小组。

二、内容与目标

1. 改革的指导思想

以学校推进综合改革工作精神为指导，以立德树人为根本，以提高质量为核心，以体制机制改革和制度创新为着力点，围绕学校"十三五"事业发展规划和一系列重大部署，秉承"教学立院、科研强院、人才兴院"的工作理念，聚焦制约学院事业发展的关键问题和薄弱环节，坚定信心，凝聚共识，科学谋划，锐意进取，激发广大师生改革创新的活力和动力，不断推动生命科学学院各项事业又好又快发展。

2. 改革的基本原则

坚持问题导向和目标导向相结合，改革整体推进与重点突破相结合，正确处理改革、发展与稳定的关系，按照有利于破除体制机制弊端、有利于促进学院事业发展、有利于广大师生受益的原则，精心组织，有序推进，重点突破，分析问题精准到位，改革举措科学务实，目标明确宏伟可达，充分调动广大师生投身改革的积极性，形成全院师生共同谋划改革、参与改革、推进改革的合力。学院的改革，是增量基础上的改革，先做大蛋糕，再切好分好蛋糕，让改革红利人人享有，这是推进改革的不竭动力。

3. 改革的内容

基于制约学院发展的瓶颈问题，改革内容涉及"管理体制、运行机制、人事制度、学科建设、师资队伍建设、科学研究、研究生培养、本科教学、国际化、公用房"等10个方面。

4. 改革的预期目标

以争创国际一流学科为总目标，力争到2020年，生命科学学院治理体系和治理能力现代化水平明显提升，发展步伐进一步加快，人才培养、师资队伍、学科建设与科学研究等关键指标大幅提升，部分学科达到国际先进或国内领先水平，教育教学质量和办学水平进一步提升，对国家和区域经济社会发展的服务贡献率进一步提高，学科整体影响力和竞争力进一步增强，具体而言：

（1）学科评估排名整体提高10%~15%，力争生态学学科进入前20%，生物学学科进入前30%，中药学学科进入前50%；

（2）发表影响因子大于8的高水平研究论文15篇，获得国家三大成果奖励1项；

（3）承担国家级重大、重点项目2项，面向"主战场"的国家科技计划项目6项，2项成果实现转化或推广；

（4）获得国家教学成果奖二等奖以上奖励1项，中组部"万人计划"教学名师1名，省级教学团队1个；

（5）培养、引进杰出青年基金、千人计划等高水平人才项目获得者3名；

（6）学院教师队伍整体规模达到150人，实验技术队伍达到20人，服务管理队伍达到20人；

（7）新增省级重点实验室或工程中心1个。

三、改革的进程

2015年12月，学校深改组批准了学院的改革方案。在学校领导的关怀、鼓励和各部门的大力支持下，学院全面深化改革工作一直在稳步向前推进。

2016年1月19日，学院教授委员会正式成立，下设学术委员会、教学委员会、学位委员会、资源管理委员会等四个分委员会，初步构建了教授"问学""治学"的制度平台和组织运行机制。同时，学院进一步探索建立了"党、政、学"联席会制度，积极践行"教授治学，民主管理"理念，形成"党、政、学"共同负责、分工合作的治理体制，推进学院决策的科学化、民主化。一年多来，教授委员会在决策咨询、评价监督、桥梁纽带等方面都发挥了积极的作用。

2016年至今，学院实施了院内教师职称自主评审、教师高级职务特别评审和师资博士后选聘工作。依据《生命科学学院教师职务评审暂行办法》，放宽了关于教学工作量的要求，同时在科研方面制定了远高于学校标准的条款，邀请校外专家进入教师职务评审委员会，遵循公平公正原则，按照既定程序，晋升教授职务5人、副教授职务10人，即时启动了教师高级职务特别评审程序。依据《生命科学学院师资博士后实施办法》，开展了师资博士后选聘工作。以上评审工作，过程公开，效率提升，反响良好，有效避免了各类争议，体现了学科特点和师资队伍的现实需求，促进了学院对高端人才的引进和培养。

2016年下半年，学院又相继出台了《重大任务策划机制》《重大标志性成果奖励办法》等一系列文件。特别在经费预算方面，学校首次对学院试行年度综合预算，给予专项经费单列。学校审核年度预算报告后，同意学院在预算框架内自主支配、拉通使用，克服了以前经费使用"买米的钱不能用于买油"这一弊端，提升了学院对于经费的自主使用权，契合了学院师资队伍、学科建设等迫切需要，让有限的经费产出最大的办学效益。以上一系列制度的实行有效推进了学院引育高端人才、鼓励青年学者、发掘潜力团队、产生高水平科研成果等各项工作。

2017年下半年，又出台了《生命科学学院学术团队制度（PI制）管理办法》，进一步加强人才培养，凝练学科方向，打造高水平学术团队。进一步完善竞争、激励与退出机制，坚持"按劳取酬，优质优酬"的原则，强化考核、责酬一致、效率优先、兼顾公平，坚持向科研教学一线倾斜，向高层次人才和高水平成果倾斜。

在一期改革后期，学校为学院确立了复办医学学科的任务目标，学院以最少的人财物投入完成了学校交办的复办医学任务。2018年5月，生命科学与医学部成立后，学院改革发展的重心逐步调整到了大部制改革的方向。立足"双一流"建设要求，按照"交叉融合、协同创新、共建共享"原则，引入竞争机制、盘活现有资源、有序激发增量，通过体系再造和流程优化，构建大平台、组织大团队、实现大交叉、确立大目标、承担大项目、产出大成果，全面提升生命科学与医学部"大健康"学科的综合实力和核心竞争力。总结起来，以实现有利于创新人才培养模式，提高人才培养质量；有利于发挥学科综合优势，优化资源配置，推动学科交叉；有利于进一步规范和完善学术组织及其功能，激发学术组织创新活力和自我发展能力；有利于规范科学管理、提升管理效能，释放出最大活力的改革目标。

这段改革，对学部产生了深远影响：一是学部的活力更强，师生参与改革、共谋发展的主动性、积极性得到了极大激发，"等、靠、要"的思想已经成为过去。二是运行体制机制更顺，大部制框架下，两个学院各项工作运行更加有序、衔接更加紧密、协作更加高效。三是解决实际问题的方法更准，师生立足实际，深入研究学部发展弱项和束缚发展的症结，真正切中要害、破题解题，谋划符合发展实际的"顶层设计"。历经改革，全体师生敢想、敢闯、敢拼的那股子精气神更足，对专业的认同、对学科的自信、对学部的自豪更加凸显。借用郭校长的话，学部人不容易、学部人了不起，这也是学部人践行西大"公诚勤朴"精神最生动的体现。

四、改革取得的成效

（1）依托生命科学学科，成立生命科学与医学部，复办医学院。第四轮学科评估2个参评学科进入全国前30%。临床医学、药理学与毒理学、农业科学、植物与动物科学、环境/生态学、生物与生物化学学科进入ESI前1%学科，在全校进入1%的学科排名中处于前列。在原有的4个本科专业基础上新增获批临床医学、生物医学科学、药学、口腔医学等4个本科专业。

（2）实现国家重点研发计划零的突破，自然科学基金申报数和获批数连创新高，申报数从原来的年均50项左右提升到2020年的165项；获准数从原来的年均10~15项提升到2019年获批28项、2020年获批30项。共4个团队进入国家重点研发计划。

（3）2016—2019年共发表SCI论文529篇，年均130余篇。其中影响因子5分以上的高水平论文80余篇，仅2018年就发表影响因子6分以上的高水平论文20余篇，其中8分以上的16篇。2020年发表SCI论文150篇以上，文章质量进一步提升。学部有史以来第一篇 *Nature* 正刊文章已于2021年2月发表，系西北大学发表的第16篇 *Nature* 和 *Science* 正刊论文，是学校科学研究多点突破的标志性成果。

（6）获陕西省科学技术奖6项，其中一等奖2项，二等奖4项。新增授权专利20余项，其中1项专利转让金额900余万元。获批校内第二个陕西省"四主体一联合"产学研平台。

（7）在疫情防控中做好智力支持，从疫情检测试剂盒、疫情防控药物、消毒用品、大数据分析、附属医院医疗队援助等多方面开展疫情防控工作，获批全省抗疫先进单位。

（8）本科生获全球 iGem 大赛金奖 1 次、银奖 1 次、铜奖 2 次。本科生升学率连年在 50% 以上，最高超 60%。学生就业率一直保持 90% 左右。

（9）积极拓展社会办学资源，2020 年，医学院外引导入建设资金首超校内经费投入，实现了西大医学建设发展投入产出模式的初步优化。新增附属医院 6 所，其中三级甲等医院 5 所。

西北大学建设"全国继续教育示范基地"的实践探索与理论思考

杨德生　赵春林　梁　炜　许　杰[①]

一、基地建设的研究与实践

1. 提升整体认识，明确我校继续教育发展定位

我校大规模地发展继续教育始于20世纪80年代中期，在有效整合全校优质的教育资源、充分依托强大的科研教学能力的基础上，大力开展了多领域、多层次、多形式的继续教育，使得我校继续教育迈上了一条持续、协调、创新的发展道路。

随着《国家中长期人才发展规划纲要》《国家中长期教育改革和发展规划纲要（2010—2020）》的颁布，加快发展继续教育已成为我国重要国策，这也使我校继续教育的发展面临着新的机遇和挑战。我们认识到，继续教育不仅能够通过培养人才和提供社会服务使高校产生巨大的社会影响力，同时能够为学校带来发展的新机遇和新增长点。基于此，我校逐步加大了对继续教育事业发展的重视和支持。在发展定位方面，学校党政将积极发展继续教育作为学校办学的一项重要任务，总体事业发展的重要内容，纳入了西北大学《"十二五"暨中长期事业发展规划》之中，明确了继续教育的发展愿景、办学格局、重点任务和阶段目标，在2014年全校工作要点中又特别指出，要加强继续教育事业的整体谋划；在办学指导思想方面，提出要举办与社会需求和学校发展目标相适应的高水平、高质量的继续教育，在构建学习型社会和全民终身学习体系中作出应有贡献；在目标任务和办学方针方面，提出继续教育的发展要与学校的总体发展战略和阶段发展目标相吻合，按照"适度规模、优化结构、提升层次、提高质量、加强管理、增强效益"的工作方针，构建继续教育的新格局，走出一条新的发展道路。

[①] 杨德生：西北大学宣传部原部长，研究员；赵春林：西北大学软件职业技术学院党委书记，副研究员；梁炜：西北大学公共管理学院讲师；许杰：西北大学职业技术学院实习研究员。本文为节选，原载《高等学校继续教育示范基地研究成果汇编》（四川大学出版社，2014年11月），原文共25 000余字（2013年12月成稿），于2022年7月节选部分内容修订完成本稿。

2. 深化机制改革，建立健全学校继续教育管理运行体系

我校制定修订了一系列规章制度，进一步完善了校内继续教育管理规章制度。制定与修订了 20 多个管理办法，重新编纂了《西北大学函授教育管理文件汇编》。2011 年底，校党委常委会又通过《西北大学收益分配管理暂行办法》，鼓励各专业院系发展非学历继续教育。同时，对继续教育的管理机制、培训项目开发机制、质量保障监控机制，在原有基础上逐步完善。

3. 适应地方需求，推进校企继续教育合作办学模式创新

为适应西部大开发和陕西大发展的战略要求，我校发挥自身的学科专业优势，选择能源资源开发、生态环境保护、金融财会、农村发展等经济建设的重点领域，教育、政法、宣传思想文化等社会发展的重点领域，作为开展教育培训的重点方向，校内专门培训机构和多个院系按照自身职能、依托学科专业平台，举办了多形式、多层次、多类型的非学历教育培训，特别是积极开展对党政管理干部、专业技术人员、企业经营管理人员、社会工作者、农村基层干部的继续教育培训。基地建设三年来，一方面不断深化巩固原有校企合作关系，一方面与当地企业和地方支柱行业建立了新的人才培养合作关系，推进了校企继续教育合作办学模式的不断创新。基地建设以来，我校新建了国家知识产权局、国家民政部、陕西省人力资源和社会保障厅、陕西省妇联、中国石油长庆油田公司、李嘉诚基金会等 8 个合作办学基地，大力推动与政府部门、行业、企业继续教育合作办学模式的不断创新。

4. 发挥地缘优势，为区域经济社会的发展提供智力支持

一是适应地方需求，加大基层党政干部的培训力度。以优势项目为基础，主动深入省内基层单位，与省市县各级党政机关的组织、宣传、公安、司法等多个部门建立了密切的人才培养合作关系，到市县和企业上门开展培训，同时为地方举办大量的公益性培训，采取公开课、讲座、短期培训等多种方式，向基层党政人才提供继续教育服务，扩大了继续教育的覆盖面和受众面，积累了基层党政人才培养经验。在完成省直机关干部培训的同时，面向市县区基层干部开发了更加适合他们的培训项目，并设计了模块化培训课程供学员自主选学，大大激发了领导干部的学习热情，培训效果显著。二是围绕西部特色产业和支柱产业，力行多元化、深层化、全程化的合作办学。我校始终立足于陕西省支柱产业和特色产业，与文物、文化产业、旅游多个行业，与延长石油集团、陕煤集团、陕西兴化集团、长庆油田等多个企业，都建立了密切的人才培训合作关系。三是探索新型合作领域，拓宽了服务地方经济社会发展的多个领域。我校整合校内外相关力量，在慈善事业、应急管理等多个领域积极探索，为陕西省社会公益、农村扶贫开发和社区建设、公共安全管理等方面发挥积极的作用。

5. 优化办学结构，加快继续教育发展转型的步伐

为顺应新的形势，我校加快了继续教育发展转型的步伐，构建了新的继续教育办学格局。从原来的学历教育与非学历教育均衡发展，转变为现在的加快发展非学历教育，重点发展开放式、专业化在职人员培训，稳步发展学历教育，积极发展网络教育，并写进了学校"十二五"规划中。在开展在职人员培训过程中，我校逐步形成和强化自身特色，打造了六大系列品牌培训项目，即：能源开发与化工专业人才系列培训项目、党政管理干部系列培训项目、文化和文博专业人才系列培训项目、企业经营管理人才系列培训项目、知识产权专业人才系列培训项目与高校和中、小学教师系列培训项目。高层次、规模化、开放式非学历培训系列品牌成为了我校继续教育发展的增长点和新亮点，显示出良好的社会经济双重效应。

6. 深化教育改革，探究不同类型继续教育学习成果的衔接机制

为建立高等继续教育学分积累与转换制度，推进不同类型继续教育学习成果的互认与衔接，构建通过各种学习渠道成才的"立交桥"，2012年5月26日，作为发起院校之一，我校与省内16所高校联合签署了《陕西高等继续教育学分银行院校公约》。"学分银行"是以终身教育理念为指导，以各类继续教育机构之间学分认定、积累和转换的新型学习制度与教育管理制度为保障，由政府主导，面向全民的学历教育和非学历教育学习成果的管理与服务机构。"学分银行"是模拟或借鉴银行运行的基本机理，对学分进行存储、转换与兑换的教育管理机制，从而实现学分的记录与累积、学分互换、学分兑换等功能，并提供学习咨询、学分查询和学分信用保证等公共服务。

7. 打破传统模式，构建非学历继续教育工作新理念、新模式

我校继续教育在教学内容、方法、手段上不断创新，打破单一的老师讲、学生听的传统模式，加大学习者参与力度，注重学习者学习能力和实际能力的提升，强化教与学的交流，运用多媒体技术、网络技术、教学道具等辅助手段，以启发式、互动式、参与式、案例式、情景式、讨论式、模拟式、角色扮演式等多种方式，充分让学习者体验真实场景中的情况，达到学习理论知识、启迪创新思维、提高综合素质的多重效果。

8. 根据培训目标，建立灵活、科学的培训课程研发机制

经过多年的实践探索，我们逐步树立了"理论结合实际，着眼能力提升，教学互动相长，激发自主学习，调动学员潜能，启迪学员思维"的"六位一体"培训理念，以学员需求为导向，根据不同领域、行业类型的人员特点开发贴近社会发展和社会成员实际需要的项目和课程。根据不同领域、行业特点的培养目标要求，以"求新颖、求实用、求个性、求特色"为原则，制定出配套、合理、有效的培养项目方案，针对不同层次人员的需要研发不同课程体系。在培训实践中，针对存在的问题，结合最新热点焦点，及时对课程加以充实和改进，优化课程结构。

9. 结合工作实践，探索西部高校继续教育发展的理论研究

我校将继续教育办学中遇到的问题作为研究重点，通过理论研究来指导继续教育实践工作。近三年来，在继续教育方面的理论探索也取得了可喜的进展。一是结合办学实际，撰写了《西北大学延长石油集团领导干部培训项目》《陕西省干部教育培训西北大学基地》等6篇成功案例和《以高质量有特色的继续教育服务西部大开发》等3篇经验材料，其中有4篇案例被收录入总课题组编制的《高等学校继续教育案例汇编》、1篇经验材料被收录至总课题组编制的《高等学校继续教育经验汇编》；二是在《继续教育》杂志上公开发表4篇学术论文，获准立项2个省级教育改革研究重点课题，均已结题；三是完成经验总结和专题材料若干，西部组先后召开了六次小组工作会议，我校分别撰写形成了文字材料若干，并承办第六次工作会议，与兄弟院校一道，就基地建设工作开展和继续教育事业发展等相关问题进行了深入交流和探讨。

二、制约我校继续教育发展的主要问题

一是继续教育作为我校人才培养体系的重要组成部分，与其他教育相比还未受到应有的重视。认识不足就会导致投入不到位，缺乏专项事业经费投入，办学收入中留成的有限经费成了其拓展新业务所需经费的主要来源。

二是科学高效的继续教育管理机制尚未完全形成。办学主体责任的界定亟需制度保障，项目准入和退出机制尚未明确建立，全校继续教育资源的有效整合缺乏政策引导，继续教育学院的监督协调职责有待于进一步强化。

三是非学历教育办学在充分整合和利用我校优势资源方面尚有一定差距。由于统筹管理还不够到位，加之有的教学院系往往把继续教育看作一种创收的手段，管理和投入的规范性与稳定性相对较弱，长此以往将不利于继续教育长远而稳定的发展，也不利于建立与继续教育相适应的教学模式。

四是非学历教育市场运作意识较为淡薄，评价体系不够完善。继续教育的发展必须适应经济发展和社会需求的变化，我校面向非学历教育市场的调研意识和项目开发能力仍有待提升，有必要建立以市场为导向的继续教育办学机制和评价体系，对社会需求变化作出灵敏反应，并根据运行目标要求和教学效果评价及时调整办学内容。

五是现代信息化手段在非学历教育中的应用程度不高。目前我校非学历教育教学仍以传统的线下面授形式为主，理论教学偏多，多元化、灵活性的学习体验活动较少，在信息技术与教育教学深度融合的大趋势下，有可能削弱我校在日趋激烈的培训教育市场中的竞争力。

三、进一步促进学校继续教育创新发展的几点思考

1. 大力推进综合改革，建立健全学校继续教育管理体制

其一，进一步完善继续教育管理体制。目前我校采用"管办合一"的管理体制对全校的继续教育工作进行协调，继续教育学院既是对继续教育行使行政管理职权的一个部门，也是对外开展招生并实施教育教学活动的主体，这种状况不可避免地会使继续教育学院与其他专业院系之间出现权责不很明晰等问题。

今后我校继续教育工作将采用哪一种管理体制，是实行"管办分离"，还是沿用"管办合一"，应该与学校管理体制改革和继续教育的具体工作实践紧密结合，深入探索。从兄弟院校的经验来看，"管办分离"是一种更好的选择，这也与教育部倡导的方向一致。

其二，继续教育监管与考核机制有待于不断完善。我校各个继续教育办学单位在一定程度上存在各自为战的现象，学校对继续教育统一的监管与考核虽然也有相应的制度，但执行和落实情况有不尽如人意之处。

2. 加大继续教育政策支持，努力探索新型运行机制

目前，在继续教育办学院校和机构中并存两种办学模式。在原先"独立办学"的传统培训

运行模式的基础上，新型"合作分工"的运行模式应运而生，这种新型的办学运行模式仍在探索阶段。"合作分工"的运行模式是将继续教育、尤其是非学历继续教育分为招生、教学和技术支持等三个环节，分别交付于社会专门机构、学校主体和技术支持平台等三个单位承担。这种运行模式具有"市场化、项目化、多元化"的特点，能够极大地适应开放、灵活的非学历继续教育办学体制，继续教育院校能够最大程度将精力集中于教学环节，不断创新课程本身和教学质量，因而受到越来越多的继续教育院校的采纳。

3. 创新继续教育合作办学模式，充分发挥地方高校优势和特色

通过开办幅度更广、程度更高、针对性更强、以及形式更加灵活多样的合作办学模式，不断适应经济、社会发展对高等继续教育赋予的新要求和新使命。近年来，为适应西部大开发和"丝绸之路经济带"的战略要求，我们发挥自身的学科专业优势，选择能源资源开发等经济重点领域开发了一系列特色鲜明、成效显著的精品培训项目与精品课程，受到了社会的欢迎。

"十二五"以来，陕西省各项经济指标不断增长，社会事业全面发展，人民生活总体上不断上升。陕西省六大特色产业——高技术、旅游、国防科技、能源化工、果业、畜牧业等增势强劲，占生产总值的比重不断提高，能够引导生产要素向优势领域集中，充分发挥其带动作用。基于此，我们应该充分依托西北大学自身学科优势，围绕陕西省六大特色产业，尤其是能源化工业、生物医药业和文化产业等支柱产业，作为开展教育培训的重点突破领域。

中东研究所教学与科研改革的成效与存在问题

韩志斌[①]

中东研究所（简称中东所）是1964年国务院在高校设立的首批国际问题研究机构之一，拥有国内最早的"中东—南亚史"博士点（1986年）。作为世界史一级学科博士点和博士后流动站，是我国规模最大的中东研究人才培养基地，拥有规模最大，层次最高的中东研究学术团队。已培养毕业博士117名，硕士200余名。

本研究所是学校首个进行"一院一策"改革的实体研究机构。改革的总体思路是：以学科建设为龙头，通过中东所的建设带动辐射我校世界史学科发展，以年终津贴分配为突破口，进一步激活科研与教学热情，充分释放教师的潜力。

一、近年来综合改革举措

1. 津贴分配

按照学科建设的规律，津贴分配的原则和目的是鼓励人尽其才、劳有所得。

具体措施包括：（1）基本保障与激励并重，将年底绩效的40%按照教师的绩效进行二次分配。（2）以三年作为科研考核的周期，进行量化考核，鼓励产出高水平研究成果。（3）将科研立项、高水平论文、获奖、教学、社会服务、资政活动全部纳入考核，充分发挥教师的潜力。（4）加大对高水平成果的奖励，向青年教师一定程度的倾斜。

2. 人才培养

近年来，中东研究所设立了世界史学位分委员会，以统筹世界史的人才培养。在博士招生方面，全面实行"申请—考核"制度，将博士生招生与导师的人才培养质量挂钩：若博士生四年不能毕业，则博导暂停招生；若博士生七年不能毕业，则取消博导资格。此外，对研究生的招生和毕业实行多元评价，将论文、项目、获奖、社会服务、专著、译著等都纳入考核，重质不重量。同时，研究所全面修订研究生人才培养方案，优化课程体系，开始招收中亚史和南亚史方向的博士研究生。最后，研究所启动"中东史系列教材"建设计划，凝练人才培养的经验与特色。

[①] 韩志斌：西北大学社会科学科研管理处处长，教授。本文节选自2020年陕西省研究生教育综合改革研究与实践项目"以文明交往论为特色的世界史研究生培养模式改革研究与实践"的阶段性成果。

3. 青年教师成长与团队建设

近年来，研究所在扶持青年教师成长和团队建设方面贯彻以下措施：

（1）凝练研究方向，形成前沿性的研究团队，使青年教师融入科研团队，实现教师成长与团队建设的相互促进。（2）建立青年教师的指导教师制度，帮助论文发表、项目申请和研究方向的凝练。（3）建立常态化的"西北大学世界史学术沙龙"，向全校相关研究的教师开放，通过专家研讨，针对性地指导论文和科研项目申报。（4）以在研的国家重大项目为切入点，组建科研团队。如今已形成了四个具有特色方向的团队。

截至目前，研究所已经与历史学院合作召开多次世界史学术沙龙，并邀请校内外知名专家为我校从事世界史和国别区域研究的相关教师提供的职业规划、论文发表和项目申报提供指导。上述举措效果明显，已有多名青年教师在《世界历史》《史学月刊》《西亚非洲》等权威学术刊物上发表论文，并获批国家级科研项目。

4. 跨院系合作与学科交叉

研究所积极发挥学科辐射作用，带动我校相关院系世界史和国别区域研究的发展：

（1）与历史学院、叙利亚研究中心、外国语学院的非洲研究中心开展合作。（2）与历史学院、叙利亚研究中心、非洲研究中心联合举办多场高水平学术会议，实现资源共享。（3）与历史学院合作，建设世界史本科专业；（4）与外国语学院合作培养国别和区域方向的研究生；招收外国语学院部分青年教师攻读博士学位；指导相关院系教师的科研活动等；邀请外语学院教师开设第二外语等。

5. 对外交往与平台建设

近年来，研究所积极加强与国内外学界的交往，拓展学术资源并扩大学术影响力，具体措施如下：（1）与国内知名学术期刊联合召开多场全国性的学术会议，为青年教师成长提供平台。（2）在学校"侯外庐学术讲座"和"名家讲坛"的基础上，设立"世界历史名家讲座"和"中东高端讲座"，借此扩大与国内学界的交往。其中，世界历史名家讲座主要邀请国内顶尖的学者，已进行了8讲；中东研究高端讲座主要针对国内中东研究领域，已进行了20讲。此外，结合中国和伊朗建交50周年，设立了相关讲座，共进行了7讲。（3）积极提升学术刊物的质量与影响力，通过主办《世界历史文摘》加强与学界联系，同时获取学术评价的主动权。（4）加强平台与基地建设，积极申报省部级平台。

6. 党建与内部治理

中东研究所始终将党组织建设作为立所之基：（1）积极发扬和学习彭树智先生在教书育人、科研育人等方面的先进经验与事迹，发挥党支部在学科建设和师德师风建设中的堡垒作用。（2）在所内治理上，坚持公开的原则，重大事项和制度建设由所内班子事先沟通，全体教师民主决策。（3）建章立制，使所内的治理有章可循。规范图书资料借阅制度、办公室管理制度、教学管理制度、教师和学生的请假制度、教师和学生对外交流制度等。

二、综合改革取得的成效

1. 形成了国内规模最大、层次最高的中东研究团队

在学校的大力支持下，本研究所拥有专职教师24人（不包括行政），其中高级职称17人，相较2019年分别增加7人和8人。2021年，4人获评副教授、1人获评研究员。

在人才交流方面，柔性引进两名国内世界史和国际问题研究的顶尖学者，如中国社会科学院美国研究所倪峰和郑州大学张倩红作为特聘教授。一是协助整合我校欧美史的研究力量，提升在该领域的影响力。二是加强我校世界史学科的影响力，协助我校世界史学科的发展。

目前，中东所初步形成了中东通史、中亚文明史、中东部落社会史、伊朗研究等特色和前沿的研究团队，并入选"三秦学者创新团队支持计划"。在2020年"软科"的高层次人才指标中，我校世界史学位排在全国第二位，从侧面反映了中东所科研团队建设的成果。

中东研究所以"大项目—大团队—大成果"为建设思路，发挥集体攻关与团队建设并举的传统，着力打造优势和特色的研究团队。并以团队为基础，培育和凝练前沿的研究方向，助力青年教师成长，产出标志性的研究成果。重点建设的团队如下：

（1）文明交往理论研究团队：团队负责人为彭树智先生，成员有王铁铮、黄民兴、韩志斌等教授，从历史理论和实证研究的角度阐释人类文明交往互鉴，建构学术话语体系和学派特色。

（2）中东通史研究团队：团队负责人为王铁铮教授，成员有黄民兴、韩志斌、李福泉、闫伟等教授，以两个国家社科基金重大项目为依托，编撰西亚北非地区20余国的国别通史。

（3）中亚史研究团队：团队负责人为黄民兴教授，成员有邵丽英、赵广成、席会东等，以国家社科基金重大项目为依托，以文明交往论为指导，撰写五卷本的中亚通史。

（4）中东部落社会史研究团队：团队负责人为韩志斌教授，成员有蒋真、闫伟、张玉友等教授，以国家社科基金重大项目为依托，撰写四卷本中东部落社会通史，填补国内外的研究空白。

未来，中东研究所将继续加大学术团队的建设力度，通过团队建设推动我校世界史学科建设，尤其是对于相关院系教师的辐射和指导力度。重点与历史学院合作、外国语学院合作，加大对非洲史、欧美史研究团队的建设。重点培育的团队如下：

（1）世界宗教史研究团队：团队负责人为李福泉教授，成员有谢志斌、黄麟等，研究伊斯兰教、基督教和佛教等。

（2）伊朗史研究团队：团队负责人为蒋真教授，成员有李福泉、赵广成、王猛等，研究伊朗史和当代伊朗问题。

（3）南亚史研究团队：团队负责人为闫伟教授，成员有申玉辉、谢志斌等，研究阿富汗、巴基斯坦等南亚国家的历史与现状。

（4）智库与社会服务研究团队：团队负责人为韩志斌教授，成员有王晋、李玮等，针对中东地区的重大现实问题，进行社会服务和资政活动。

2. 高水平科研成果提质增量

改革之后，中东所在科研方面取得了较大突破，据统计，成果数量如下：

（1）2019—2021年，中东研究所共发表50篇C刊，其中权威17篇；在2021年，已发表C刊收录论文28篇，其中权威9篇。相较而言，从2016—2018年，共发表C刊38篇，其中权威期刊论文7篇。

（2）2019—2021年，获得国家社科基金资助12项，其中重大1项、重点1项。相较而言，2016—2018年，共获国家社科基金各类资助8项，其中重点项目2项；目前，中东所在研的国家社科基金项目重大项目3项、重点项目3项，16项（含重大子项目）年度项目，其他省部级项目21项。

（3）2019—2021年，中东研究所出版专著、译著15部；2016—2018年，共出版11部（含4部普及型读物），学术著作出版量翻了近一倍。2021年，王铁铮教授主持的国家社科基金重大项目八卷本《非洲阿拉伯国家通史》，已全部提交商务印书馆，将于次年出版。王铁铮教授负责修订的《阿拉伯国家史》《中东史》已提交出版社，黄民兴教授负责修订的《二十世纪中东史》已提交出版社。韩志斌主编的《中东史教程》正在撰写中。

在上述基础上，近三年，中东研究所荣获8项省部级科研和教学奖励。

未来，在"十四五"期间，中东所将以2021年获批的国家社科基金重大项目为契机，全面修订13卷本《中东国家通史》，形成18卷本的丛书。此外，在研的"文明交往视野下的中亚文明史研究""中东部落社会通史研究"两个国家社科基金重大项目也将结项，形成两套丛书，共计9卷。

3. 人才培养水平的彰显度提升

（1）研究生培养改革使导师和研究生形成了更加紧密的科研共同体，研究生科研能力和意愿显著提升：2019—2021年，研究生在C刊发文量达到30篇，其中权威6篇，相较而言，2016—2018年，研究生C刊发文量仅为22篇。

（2）在教材撰写方面，中东研究所与高等教育出版社合作，启动了"中东史系列教材"，其中2部教育研究生推荐教材《阿拉伯国家史》《二十世纪中东史》已完成修订，《中东史教程》正在编写之中。

截至目前，中东研究所在学生培养和教材编纂方面多次获奖：彭树智先生作为主要参与人编写的六卷本《世界史》荣获首届全国教材建设奖一等奖；黄民兴教授担任马工程教材《世界现代史》的首席专家；教学研究成果荣获陕西省高等教育教学成果一等奖；获批陕西省研究生教育综合改革研究与实践项目1项等。此外，研究生培养国际化水平增强，近三年有将8名研究生获得国家留学基金委资助或者中东所资助。

4. 智库建设与社会服务能力增强

中东研究所于2016年入选首批中国智库索引（CTTI）来源智库。并于2018年入选陕西省高校新型智库（A类）。此后数年内，围绕"一带一路"和中东热点问题，本所向国家有关部委提交数十篇资政报告和调研报告，其中25篇获得国家领导人和省部级领导的批示、采纳。

同时，本所承担教育部国际司国别区域研究项目8项，外交部安全司委托项目7项，国家民委委托项目2项。

其中，李玮副教授提交的资政报告获得正国级领导人肯定性批示、入选国家社科基金成果要报，其本人获评为民盟中央反映社情民意信息工作先进个人；王晋副教授在中央电视台、中国广播电视台、东方卫视、《光明日报》《人民日报》《耶路撒冷邮报》、意大利第六电视台等国内外知名媒体上接受采访、撰写评论性文章近500次，为公众客观了解相关问题发挥积极的舆论引导作用。

5. 平台与学术刊物建设取得重大突破

目前，中东研究所是教育部国别和区域研究中心、国家民委国别和区域研究中心、陕西省哲学社会科学重点研究基地。2020年，教育部对全国400余家国别和区域研究中心进行评估，中东研究所获评为优秀（42家），并作为代表赴中宣部介绍基地建设经验。

中东所主办三个学术刊物：《中东研究》《世界历史文摘》《中东形势与战略》。其中以《中东研究》为代表性刊物，其办刊目的是通过高水平的期刊进一步提升学科影响力与话语权；办刊标准为：专家办刊、专业办刊、规范办刊、以学术质量为王、严格实行匿名评审制。截止目前，《中东研究》已进入了国内主流的学术评价体系，稿源质量明显提升，投稿量巨大。刊物在6年内4次荣获社科文献年度优秀集刊。2021年，《中东研究》入选南京大学CSSCI集刊索引，为我校唯一入选的集刊。

《世界历史文摘》以第三方客观评价为主，邀请国内相关领域顶尖学者进行评审、决审。该刊物已产生了一定的学术影响和示范效应：在学校的推动下，历史学院、科学史高等研究院、文学院分别推出了《中国历史文摘》《科技史文摘》《中国语言文学文摘》。《世界历史文摘》在学界已产生了良好的学术反响，并逐渐成为世界史学术评价的重要补充。在当前"破五唯"和学科评估的新形势下，文摘的评价功能日益凸显。未来，随着我校系列文摘的陆续出版，将逐渐产生品牌效应，提升在国内学术评价的影响力。

6. 社会影响

随着改革逐步推进，中东所的影响力也进一步扩大，引起北京大学、清华大学、中国社会科学院等国内顶尖高校和研究机构的广泛关注，十余所国内一流高校和科研机构曾访问中东研究所，并交流经验：

2019年11月22日，北京大学外国语学院组团来中东所进行考察；2020年11月8日，清华大学国际与地区研究院访问西北大学中东研究所，并就人才培养和学科建设进行交流；2020年11月25日至26日，浙江外国语学院国别和区域研究中心主任周烈教授和环地中海研究院院长马晓霖教授带队的浙外代表团到访；韩志斌教授参加高校国别和区域研究人才培养院系联盟2020年会并作题为"世界史学科国别和区域研究人才培养的西北大学模式"的主旨发言。

2021年4月27日，郑州大学历史学院赴西北大学中东所进行交流和考察，调研人才培养和学科建设的经验；2021年4月13日，上海国际问题研究院前院长，国际问题专家杨洁勉研究员赴西北大学中东所进行交流和考察；2021年5月20日上午，聊城大学太平洋岛国研究中心代表团到访西北大学中东研究所。

三、建设规划与目标

1. 学科建设总体规划

在教育部第四轮学科评估中，西北大学世界史学科的学科评估为 B +。

（1）学科定位：经过 5~10 年的建设，进入 A 类学科行列，具有冲击国家一流学科的实力。

（2）学科方向：立足中东史（西亚北非），拓展中亚史和南亚史，培育非洲史，提升中东现实问题研究（智库）。

（3）学科规模：未来 10 年，中东研究所规模扩大到 45 人左右，其中 30 人左右从事中东研究，15 人左右从事中亚、南亚和非洲研究。

2. 近期目标（2021—2025）

中东研究所近期将严格按照本单位"十四五"规划的建设目标和路径发展，在学科发展、学科范围拓展、人才培养、学术刊物和学科平台建设、社会服务和国际交流等方面取得突破，具体而言：

（1）学科发展目标。力争进入 A 类学科；学科发展方向：加强在西亚北非历史研究的优势地位；加大对中亚史、南亚史的投入，形成有竞争力的团队；加大对历史学院欧美史的整合与引导，形成特色方向；与外语学院合作，启动非洲史研究；团队发展规模：扩大到 40 人左右，引进 5~7 名优秀的中亚和南亚中青年研究人员，并保证 3~5 人入选省部级以上人才项目。

（2）学科范围拓展。目前中东所的研究主要聚焦于中东（西亚北非）地区，未来努力将研究视域向中亚和南亚拓展。

（3）人才培养预期。一是建构多学科和国际化的人才培养体系，贯通我校的从本科到博士后的世界史人才培养体系，进一步强化我校在亚非研究领域人才人的优势与特色，以及对服务国家重大战略的人才支撑度；二是与历史学院合作申报"世界史"一流本科专业、积极配合历史学院申报"教育部基础学科拔尖学生培养计划2.0"；三是在高等教育出版社出版 5 部"中东史系列教材"，申报省级和国家级教材奖；四是建设 2 门左右省级以上精品课程；五是进一步凝练中东所的人才培养经验和改革举措，申报高等教育成果奖，获得 3 项左右省部级及以上的教学成果奖励。

（4）科研成果预期。一是出版 8 卷《非洲阿拉伯国家史》、5 卷《中亚文明史》、4 卷《中东部落社会史》，以此为基础筹划教育部人文社科优秀成果奖；二是完成 18 卷《新编中东国家通史》的修订；二是筹划国家社科基金重大项目：《中亚国家通史》《南亚国家通史》《中东史学史》《中亚史学史》的申报工作；三是启动《中东史译丛》《中亚史译丛》《南亚史译丛》《非洲史译丛》；四是获批国家社科基金项目 15~20 项，其中重大重点项目 3 项以上；五是获得教育部人文社科优秀成果奖 1~2 项，其他省部级科研奖励 6 项左右；六是在《历史研究》《世界历史》等顶尖学术刊物发表论文 20 篇左右，力争在《中国社会科学》等有所突破。

（5）学术刊物建设预期。一是《中东研究》由半年刊转变为季刊，争取刊号，进入 CSSCI

期刊行列；二是加强与其他院系在文摘上的合作，强化西北大学文摘的品牌，《世界历史文摘》进入国内世界史学界主流的学术评价；三是《中东形势与战略》进行升级与改版，强化执政功能与社会服务功能。

（6）学术平台建设。一是以国家级智库标准建设现有的平台；二是加强与校内外高水平科研平台的互动与交往。在"一带一路"研究、中亚和南亚史、宗教学等领域与国内相关院系合作、加大学科交叉力度；三是在校外加强与国家部委、高水平高校和科研院所的合作，加大对外部资源的汲取与利用。

（7）社会服务。一是与国家有关部委加强联系，建立通畅的资政渠道；二是获批国家级科研平台；二是在"一带一路"、中东热点问题上持续发声，进行舆论引导；三是具有持续服务国家决策的能力，并形成鲜明的社会服务与资政案例。

（8）国际化预期。一是充分利用国家留学基金委的政策，与主要的中东国家高校签署合作协议，建立常态化的学术联系；二是聘请4名左右长期的高水平外教；三是选派10名以上优秀研究生赴欧美和中东国家访学；四是人才培养体系进一步国际化。

3. 中期目标（2026—2030）

中东研究所在未来十年的目标为冲击国家一流学科，具体而言：

（1）学科方向。一是中东史领域达到国际知名，并建构独具特色的学术话语体系；二是中亚史、南亚史在国内具有优势，产出代表性的研究成果；三是欧美史形成特色的研究团队；二是培育非洲史的研究团队。

（2）科研团队建设预期。一是团队稳定在45人左右，新引进7~8名优秀的中青年教师；二是新增国家级和省部级人才5名左右；三是在中亚史、南亚史领域形成国内领先的研究团队，并培养出国内一流、国际知名的团队带头人。

（3）科研成果预期。一是完成《中亚国家通史》（多卷本）、《南亚国家通史》（多卷本），启动《非洲国家通史》（多卷本）；二是获批国家社科基金20项左右，重大项目3项；三是获得国家级科研奖励1~2项。

（4）人才培养预期。一是与历史学院和外国语学院在人才培养方面建立稳定和制度化的合作关系，实现从本科到博士期间人才培养的贯通；二是在人才培养方面形成典型的案例和值得推广的方案，获得1~2项国家级教学成果奖，1~2人获得省级及以上教学名师；三是建设1~2门国家级课程。

（5）社会服务、平台与对外交往。一是形成具有国际影响力的国家级高端智库；二是以文明交往论建构我国的世界史研究话语体系，从文明交往的视角向国外学界叙说中国对世界历史叙事。

四、面临的挑战与问题

（1）学科竞争压力增大。近年来，北京、上海等东部和发达地区高校加大了对世界史学科的投入力度。国内世界史学科存在强者逾强、弱者不弱的新局面，这对我校世界史学科形成了严峻挑战。(2)学科口径较窄。就国内世界史学科建设而言,即便一流学科也是聚焦于若干特色研究领域,而非面面俱到。如同彭先生在中东史领域的布局,若能够在南亚、中亚史领域实现突破,那么便在国内学界具有了奠基性的影响。(3)学科团队青年教师比例高,成长需要时间和资源。(4)本科人才培养仍是缺环。在学科建设中,立德树人尤其是本科教学已成为关键因素。世界史本科专业仍未能入选国家"一流专业",世界史本科课程建设方面也存在缺环。虽然中东研究所与历史学院已在世界史学科建设方面已有诸多合作,如在学校支持下设立世界史学位评定分委员会,将中东所的学科经费向历史学院世界史教研室开放,但在本科专业建设方面,院所的壁垒仍然未能很好突破,需要学校加强顶层的设计。

五、进一步提升学科建设质量的诉求

(1)支持建立从世界史本科到博士后的人才培养体系。(2)持续的经费支持。(3)政策支持。一是在人才引进、高层次人才申报、职称评定、博士后等方面给予政策支持。支持成立世界史职称评定委员会。二是在强化顶层制度设计、真正打破院系的行政壁垒,为中东所、历史学院、外国语学院等在世界史人才培养、团队建设、资源共享与学术研究方面的融合发展提供制度的支撑。三是为中东所申报国家级科研平台提供指导和政策支持。四是在研究生尤其是博士生招生和教学成果的推荐上给予支持。五是继续支持中东所在"十四五"期间师资队伍建设,给足优秀师资引进的指标,落实高层次人才引进的各项待遇。

后 记

作为西北大学组织编辑的120周年校庆出版物之一,《西北大学办学理念与改革实践文选（2003—2022）》（以下简称《文选》）选录了2003—2022年期间学校教育管理者和专家学者关于办学理念与改革实践的文章及发言材料,力求客观真实地反映出学校在办学理念指导下进行的改革探索及取得的改革成效,彰显学校120年办学精神底蕴及独具特色的办学经验。在学校领导的统筹指导及大力支持下,经过几个月的努力,书稿得以付梓。

编委会在成立初期即制定了工作方案,初步确定了《文选》名称、编辑思路、收录范围及格式要求。一是鉴于2004年西北大学曾经出版过《西北大学教育理念文选》,收录文章中不乏体现学校102年来办学理念的文章。为更好衔接《西北大学教育理念文选》的收录时间范围,并充分展现近年来学校在综合改革、人才培养、教学科研、学科建设等方面的显著成效,本《文选》的编撰内容和时间节点重点聚焦近20年来学校在办学理念与改革实践方面的研究成果。二是确定了《文选》名称和编排模块。三是确定了文选征稿作者涵盖学校各类国家级人才、陕西省首届社科名家、校级领导、相关处室及院系负责人等,力求全方面多层次展现西北大学在办学理念引领下的改革成效。

在文章搜集过程中,为了确保《文选》内容充实,编委会通过多种渠道开展了文稿搜集工作。一是充分搜集发表在国内知名学术期刊、报纸及媒体上的文章,如《中国高等教育》《中国大学教学》《中国高教研究》《光明日报》等。二是从学校创办的《西北大学学报》《西北大学报》《高教发展研究》等刊物及报纸进行查找,力求文章既有较强学术性又能紧密契合学校实际,反映学校改革实践。三是积极联系并向学校15个党政部门和22个院（系、所）发送征稿函,全方面搜集内容素材。四是梳理了2003—2022年间学校校级领导、相关管理人员及各类人才名单,其中校级领导39人,院系、科研机构及处室负责人153人,各类国家级人才31人,陕西省首届社科名家3人。编委会根据名单逐一搜索文稿,确保不漏一人。经过多轮搜索及开展多形式征稿,编委会共收集文章220篇,合计90余万字。五是编委会通过筛选、审定所搜集的文稿,最终共收录文章101篇,共计60余万字。六是逐一完成了文稿的作者授权工作。七是为了使本书的内容更好地聚焦主题,编委会对部分文稿的标题和内容进行了适当调整。

  本书共分为序言、前言、正文及后记四部分。编委会按照理念引领改革实践和以时间为序的编排思路,将入选文章分为了七编:第一编"教育理念与大学精神"强调理念引领,选取了11篇具有理论深度且思想性较强的文章;第二编至第七编分别围绕"教育思想与实践探索""学校党建与文化育人""教学改革与人才培养""战略规划与一流学科""学术创新与社会服务""综合改革与创新发展"等主题,突显了学校在立德树人、教学改革、学科发展、学术研究、社会服务、综合改革等方面的探索与实践,向读者展现了近20年来西北大学的改革与发展历程。

  《文选》由常江副校长初始提议,并在内容的编辑和出版过程中给予了悉心指导,也得到了党校办、校庆办的大力支持。学校部分专家学者也给予了诸多宝贵意见,党校办、宣传部、期刊管理中心、《高教发展研究》编辑部等部门提供了学校的年鉴、报纸及学术刊物,校内其他相关处室及院系也积极提供文稿素材,在此一并致以诚挚的谢意。感谢研究生胥晚舟、蒙恬、刘源宏、孙艳梅、唐梅等参与了文章搜集及书稿文字校对工作,同时感谢西北大学出版社编辑在《文选》编辑方面的辛苦付出。

  由于我们的水平有限,本书肯定存在诸多瑕疵,难免会有所遗漏,敬请大家批评指正,给予的宝贵意见会经编委会研讨后在后期修订中予以反馈。

编 者

2022年11月